Georg Feuerstein
**Heilige Narren**

Georg Feuerstein

# Heilige Narren

Über die Weisheit ungewöhnlicher Lehrer

Aus dem Amerikanischen von
Theo Kierdorf und Hildegard Höhr

Wolfgang Krüger Verlag

Die amerikanische Originalausgabe erschien 1991
unter dem Titel »Holy Madness«
im Verlag Paragon House Publishers, New York
© 1990 by Georg Feuerstein
Deutsche Ausgabe:
© 1996 Wolfgang Krüger Verlag, Frankfurt am Main
Lektorat: Micheline Rampe
Umschlaggestaltung: Buchholz / Hinsch Hensinger
Satz: Fotosatz Otto Gutfreund GmbH, Darmstadt
Druck und Einband: Franz Spiegel Buch GmbH, Ulm
Printed in Germany 1996
ISBN 3-8105-0632-X

# Inhalt

Für Trisha,
die mehr als fünf Jahre lang die Heiligkeit und die Verrücktheit
aller Dinge mit mir teilte.

# Vorwort

*Eines der ersten Anzeichen für einen Heiligen ist der Umstand, daß andere Menschen nicht wissen, was sie von ihm halten sollen.*[1]

Thomas Merton

Alle Weltreligionen, und insbesondere die kontemplativen Traditionen, sind sich erstaunlicherweise darüber einig, daß wir unseren Intellekt überschätzen, unser gesamtes geistiges Potential hingegen erheblich unterschätzen. Diese Traditionen, die in ihrer Gesamtheit die *Philosophia perennis*, die ewige Wahrheit oder die ewige Psychologie verkörpern, sehen in unserem gewöhnlichen Bewußtsein nichts weiter als halbbewußte Träume, *Mayā* oder die Trance der alltäglichen Realität. Doch behaupten sie andererseits auch, wir könnten uns aus dieser alltäglichen Trance befreien und dadurch einen Zustand erreichen, der Erleuchtung, Befreiung, Erlösung, *Moksha* oder Erwachen genannt wird.

Es wird wohl kaum jemanden wundern, daß diese Sichtweise zu allen Zeiten immer wieder starke Gegenreaktionen hervorgerufen hat und daß sie dies in besonderem Maße auch in unserer Zeit tut. Schon die bloße Möglichkeit der Erleuchtung – einmal ganz abgesehen davon, ob es einen Bereich reinen Gewahrseins oder einen höheren Geist, den die Erleuchtung angeblich enthüllt, tatsächlich gibt – ist von Materialisten, Marxisten und Szientisten bestritten worden. Genauso sind die Aussagen von Menschen, die von sich behaupten, zu mystischen Einsichten und zur Befreiung gelangt zu sein, als pathologisch abgetan worden, wobei die Psychoanalyse und das, was William James »medizinischen Materialismus« nennt, eine wichtige Rolle gespielt haben. In seinem mitt-

11

lerweile klassischen Werk *Die Vielfalt der religiösen Erfahrung* schreibt James:

> Medizinischer Materialismus scheint in der Tat eine gute Bezeichnung für die allzusehr auf Vereinfachung gerichtete Denkweise zu sein, die wir gerade betrachten. Medizinischer Materialismus beschließt sein Paulusstudium mit der Feststellung, Paulus sei ein Epileptiker gewesen und seine Vision auf der Straße nach Damaskus die Entladung einer Beschädigung seines Sehzentrums. Er erledigt die heilige Theresa als Hysterikerin, den heiligen Franz von Assisi als erbmäßig degeneriert. George Fox' Unzufriedenheit mit der Anmaßung seiner Zeit und seine Sehnsucht nach geistlicher Wahrhaftigkeit behandelt er als Symptom einer Darmverstimmung. (...) Er behauptet, jede solche geistige Überspanntheit ist, wenn man der Sache auf den Grund kommt, (...) verursacht durch die Dysfunktion verschiedener Drüsen, die die Physiologie einst entdecken wird.[2]

Im anderen Extrem sind Menschen, die ihr Leben spiritueller Übung widmen, manchmal derartig idealisiert worden, daß ihre menschliche, unvollkommene Seite völlig geleugnet wurde. Nach dieser Anschauung können spirituelle Lehrer nichts falsch machen, und alles, was sie tun, wird als vom Göttlichen inspirierte, unfehlbare Belehrung zum Wohle anderer verstanden. Die Gefahren, die diese Sichtweise in sich birgt, sind nun schon seit vielen Jahren eines der Lieblingsthemen der Boulevardpresse.

Um der Ausgewogenheit der Darstellung willen möchte ich hier jedoch anmerken, daß es ebenso problematisch ist, spirituelle Gestalten oder gar spirituelle Meister generell als unfehlbar anzusehen, wie es problematisch ist, sie gänzlich abzutun. Schließlich haben viele bedeutende Denker gesagt, die großen Heiligen und Weisen seien Repräsentanten der höchsten Stufen menschlicher Entwicklung, und ihr Einfluß auf die Geschichte der Menschheit sei beträchtlich. Zu denen, die sich so geäußert haben, zählen der Historiker Toynbee, der Schriftsteller Tolstoi, die Philosophen Bergson, Schopenhauer und Nietzsche, die Psychologen James, Maslow und Wilber sowie noch viele andere. Toynbee schrieb:

12

»Wer sind die größten Wohltäter der heute lebenden Generation der Menschheit? Ich persönlich würde Konfuzius, Lao-tse, Buddha, die Propheten von Israel und Judah, Zarathustra, Jesus und Mohammed und schließlich Sokrates zu ihnen rechnen.«[3]

Wenn wir davon ausgehen, daß abgesehen von der großen Zahl der Betrüger tatsächlich auch echte Heilige und Weise existieren und daß diese zu sehr tiefgreifenden Erkenntnissen über ihr und unser Wesen gelangt sind, wie sollen wir dann unsere Reaktionen auf solche außergewöhnlichen Gestalten begreifen? Denn sie haben ja nicht nur buchstäblich Milliarden von Mitmenschen inspiriert, sondern sind auch gefoltert, vergiftet, gekreuzigt und auf dem Scheiterhaufen verbrannt worden, und zwar oft von gesetzestreuen Bürgern, die die Gesellschaft vor dem Einfluß jener außergewöhnlichen Erscheinungen schützen wollen.

Erschwert wird die Beantwortung der Frage durch die Tatsache, daß einige jener religiösen Gestalten und Meister sich nach konventionellen Maßstäben äußerst merkwürdig verhalten haben. Einige von ihnen scheinen sich absichtlich über die gesellschaftlichen Konventionen ihrer Zeit hinweggesetzt, die Herrschenden provoziert und ihre Zuhörer beleidigt zu haben. Manche haben sich sogar so absonderlich verhalten, daß man sie heilige Narren, Lehrer verrückter Weisheit oder von Gott Berauschte genannt hat.

Was sollen wir von diesen Menschen mit ihrem paradoxen Verhalten denken? Unsere Antwort auf diese Frage hat natürlich erheblichen Einfluß auf unser Verständnis der menschlichen Natur sowie des Potentials und der Pathologie des Menschen, und sie wirkt sich außerdem darauf aus, wie wir über Religion, Erleuchtung, das Phänomen des Heiligen und kontemplative Übungen und ihre Wirkung denken. Und doch hat sich bisher noch niemand die Mühe gemacht, sich im Rahmen einer seriösen Untersuchung mit jenen paradoxen religiösen Gestalten zu beschäftigen.

Das vorliegende Buch ist wohl das erste, das sich der sorgfältigen Untersuchung dieses Phänomens widmet. Es beschäftigt sich mit verrückten Weisen und Heiligen in den verschiedensten Traditionen, Kulturen und Zeitaltern und berücksichtigt sowohl die Möglichkeiten als auch die Gefahren spiritueller Übung. Weder wird das Phänomen der spirituellen Verrücktheit idealisiert noch als krankhaft dargestellt oder verteufelt. Vielmehr ist der Autor bemüht, sowohl die positiven als auch die bizarren Verhaltensweisen jener spirituellen Betrüger, ernsthaften Übenden und Meister zu verstehen, die das verkörpern, was Georg Feuerstein »heilige Verrücktheit« nennt.

Und wer könnte diese Aufgabe besser erfüllen als Georg Feuerstein, ein angesehener Autor und einer der größten westlichen Kenner des Yoga, der die Methode außerdem selbst praktiziert. Daß Feuerstein Yoga und jene anderen kontemplativen Methoden, über die er schreibt, selbst praktiziert hat, ist sicherlich eine wichtige Qualifikation für die Aufgabe, die er sich gestellt hat. Denn wie sowohl die immer zahlreicher werdenden psychologischen und philosophischen Theorien als auch die vielfältigen persönlichen Erfahrungsberichte zeigen, gewinnt das intellektuelle Verständnis kontemplativer Übungen, Traditionen, psychologischer und philosophischer Theorien durch persönliches Erfahren ebenjener Praktiken und Traditionen erheblich und wird in manchen Fällen dadurch überhaupt erst möglich. Zwar ist der Wert unabhängiger Objektivität in vielen Bereichen kaum anzuzweifeln, doch scheint es beim Studium kontemplativer Methoden und derjenigen, die sie praktizieren, am besten, die Bemühung um Objektivität mit einem persönlichen Erfahren der betreffenden Methoden zu verbinden.

Seien Sie darauf gefaßt, durch die Berichte über die »heilige Verrücktheit«, die Sie in diesem Buch finden, belehrt, unterhalten, herausgefordert und verwirrt zu werden. Denn die Männer und Frauen, um die es dabei geht, setzen sich über Konventionen und Gebote der Höflichkeit ebenso wie über einiges andere hinweg, das den meisten von uns lieb und teuer ist. Sie zerstören unsere liebgewonnenen Vorstellungen und Illusionen und stellen unsere hübschen Theorien und konventionellen Überzeugungen in Frage. Sie werden also beim Lesen nicht nur über jene merkwürdigen Gestalten, sondern auch über sich selbst eine Menge erfahren.

*Roger Walsh*

# Einleitung

In unserer »verweltlichten« Welt erwacht heute erneut ein starkes Interesse an individueller religiöser Erfahrung und an der mystischen oder spirituellen Dimension des Lebens. Doch grassieren andererseits auch unzählige Mißverständnisse über die verschiedenen Aspekte von Spiritualität. Unter dem Eindruck der vielen Medienberichte über Bewegungen wie die der Anhänger Rajneeshs und der »Hare Krishnas« in den letzten beiden Jahrzehnten fragen sich heute viele Menschen, welche Rolle östliche esoterische »Kulte« für die Zukunft unserer westlichen Zivilisation spielen beziehungsweise spielen sollten. Jene nicht-christlichen spirituellen Wege geraten zwangsläufig mit dem eingefleischten Individualismus und dem demokratischen Wertesystem der westlichen Industrienationen in Konflikt, und gewöhnlich stellen sie die moralistische, theistische Ideologie der »Zivilreligion«* in Frage. Doch ist es nun einmal eine Tatsache, daß in den westlichen Industrieländern mittlerweile schon Millionen von Männern und Frauen von der einen oder anderen östlichen Tradition beeinflußt worden sind, wobei der Kontakt oft durch einen charismatischen Lehrer entstanden ist – im Hinduismus *Guru* genannt, im Sufismus *Scheik*, im tibetischen Buddhismus *Lama*, im Zen *Rôshi* und im Chassidismus *Zaddik*.

Angestachelt durch die Medien und durch den christlichen Fundamentalismus steht die Öffentlichkeit insbesondere der traditionellen Lehrer-Schüler-Beziehung äußerst skeptisch gegenüber. Oft vergessen diese Kritiker jedoch, daß die Schüler- oder Jüngerschaft auch in der christlichen Tradition eine wichtige Rolle spielt, seit Jesus von Nazareth seine Apostel um sich scharte.

---

* einer pragmatischen Koalition fundamentalistisch-christlicher und »staatstragender« Kräfte.

Die Phänomene des spirituellen Lehrers sowie der Schüler- oder Jüngerschaft werfen zweifellos viele berechtigte Fragen auf. Diese werden im vorliegenden Buch behandelt. Doch möchte ich gleich zu Anfang darauf hinweisen, daß es bei der anstehenden Untersuchung um nicht weniger geht als um unser gewohntes Bild vom Universum und um die Moralvorstellungen, die mit jenem Bild verbunden sind. Die esoterische oder spirituelle Weltsicht steht in krassem Gegensatz zur allgemein akzeptierten Sicht der Welt, die ihrem Wesen nach materialistisch ist. Die esoterische Sicht der Wirklichkeit ist derjenigen, nach welcher die meisten Menschen in unserer postmodernen Welt ihr Leben gestalten, genau entgegengesetzt. Am wichtigsten ist jedoch, daß jene esoterische Sichtweise auch eine andere Vorstellung von Moral beinhaltet, die nach der Meinung vieler nicht das Geringste mit Moral zu tun hat, sondern eher einer Negation aller Moralvorstellungen gleichkommt.

Dieser Unterschied tritt besonders deutlich hervor, wenn wir uns mit jener weltweiten Tradition spiritueller Adepten befassen, deren Verhaltensweisen und Lehren für die Befürworter herkömmlicher Moralvorstellungen schockierend sind. Damit meine ich die verrückten Weisen des tibetischen Buddhismus, die exzentrischen Lehrer des chinesischen Ch'an- und des japanischen Zen-Buddhismus, die heiligen Narren der christlichen Tradition und des Islam, die *Avadhūtas* und *Bauls* des Hinduismus und die Trickster und religiösen Clowns der Naturreligionen.

Um spirituelle Wahrheiten zu vermitteln, greifen jene Meister häufig zu sehr unkonventionellen Mitteln, die man von religiösen Menschen nicht erwarten würde. So benutzen sie beispielsweise Alkohol sowie Drogen aller Art und Sexualität für die religiöse Unterweisung. Ob sie in der Gosse oder im größten Luxus leben, ist ihnen gleichgültig, und ihr nach konventionellen Maßstäben oft unerhörtes Verhalten entspricht meist ganz und gar nicht unseren liebgewonnenen Vorstellungen von Religion, Moral und Heiligkeit. Sie setzen die von Nietzsche verkündete Umkehrung der Werte in die Tat um und proklamieren ebenso wie Nietzsche den Tod des väterlichen Gottes, der immer noch das Denken der meisten heute lebenden Menschen bestimmt.

Die Lehren jener Adepten verschiedenster Traditionen lassen sich unter dem Oberbegriff der heiligen Verrücktheit oder verrückten Weisheit zusammenfassen. Dieses Phänomen, das in religiösen Traditionen auf der ganzen Welt zu finden ist, ist von der Religionswissenschaft bisher praktisch ignoriert worden. Und, wichtiger noch: Heilige Verrücktheit ist bisher nicht als allgemeingültige Kategorie der Religiosität akzeptiert worden. Da religionswissenschaftliche Untersuchungen zu diesem Thema bisher völlig fehlen und weil eine generelle Unkenntnis über dieses Thema herrscht, ist es unmöglich, sich ernsthaft mit dem Phänomen der heiligen Verrücktheit auseinanderzusetzen, ohne es in einem größeren Zusammenhang zu betrachten: Man muß sich gleichzeitig mit dem Wesen des spirituellen Prozesses, mit der Rolle des charismatischen Lehrers (des Gurus), mit Autorität, mit der Rolle des Schülers, mit Hingabe, Willensfreiheit, nonverbaler Übermittlung und den neuen religiösen Bewegungen beschäftigen.

Dieses Buch versteht sich als ein erster Versuch, das Phänomen der verrückten Heiligen und der heiligen Verrücktheit bzw. der verrückten Weisheit eingehender zu untersuchen. Bei diesem Bemühen kommen mir meine Kenntnisse in den Bereichen der Indologie, Anthropologie und Psychologie zugute. Abgesehen davon wird mein Umgang mit der Thematik natürlich durch meine persönliche spirituelle Praxis beeinflußt. Ich habe fünf Jahre lang erfahren, was es bedeutet, Schüler eines spirituellen Lehrers zu sein. Ich war Mitglied einer spirituellen Gemeinschaft und habe mich mit Entsagung, Hingabe und Meditation befaßt und mich nicht zuletzt auch mit dem vorhersehbar unvorhersehbaren Verhalten eines Lehrers der verrückten Weisheit auseinandersetzen müssen. Obwohl ich dieses Experiment vor einigen Jahren beendete, profitiere ich noch heute von dem, was ich damals gelernt habe. Daß ich die ich-vernichtende Erfahrung spiritueller Schülerschaft und der verrückten Weisheit selbst gemacht und die oft irrationalen Anforderungen des Lebens in einer um einen Guru gescharten Gemeinschaft persönlich kennengelernt habe ermöglicht es mir – so glaube ich zumindest –, die Thematik, um die es hier geht, auf eine relativ ausgewogene und kompetente Weise zu behandeln. Ich schreibe nicht ausschließlich oder auch nur vorwiegend aus der Perspektive eines Theoretikers, sondern ich habe ein starkes persönliches Interesse an Reflexion über meine Erfahrungen, zumal andere offenbar ähnliche Erfahrungen gemacht haben. Andererseits schreibe ich auch nicht als Anhänger einer bestimmten Tradition, der eine bestimmte ideologische Position legitimieren und seinen Lesern »verkaufen« will.

Doch da ich selbst eine Zeitlang Mitglied einer Gruppe war, die gewisse Kreise als »neuen religiösen Kult« bezeichnen, habe ich ebensowenig für jene bösartige Kritik der Anti-Kult-Bewegung übrig. Meiner Einschätzung nach werden diese Kritiker eher von religiösem Fanatismus als vom redlichen Bemühen um eine ausgewogene, vorurteilslose Einschätzung angetrieben. Ich möchte ausdrücklich betonen, daß ich der erwähnten Gruppe freiwillig beigetreten bin und daß ich sie später aus freien Stücken wieder verlassen habe. Natürlich war es für mich ebenso schwer, nach jener Erfahrung mein inneres und äußeres Leben neu zu organisieren, wie es mir zuvor Mühe bereitet hatte, mich an das Leben in einer spirituellen Gemeinschaft zu gewöhnen. Alte Freunde und Kollegen hatten auf meinen »Ausstieg« aus der akademischen Welt mit Unverständnis reagiert, einige sogar mit Feindseligkeit. Doch ebensowenig konnten später bei meinem »Ausstieg« aus jener spirituellen Gemeinschaft meine Weggefährten verstehen, warum ich die Gruppe wieder verließ. Einige wurden wütend, und manche verübeln mir jenen zweiten »Ausstieg« noch heute.

Unter anderem verließ ich jene Gruppe, weil es für mich im Laufe der Zeit immer schwieriger geworden war, das in der Gruppe vorherrschende Verständnis des spirituellen Prozesses mit meiner eigenen Sichtweise in Einklang zu bringen. Ich selbst hatte nie das Gefühl, meine Verpflichtung dem spirituellen Prozeß und meinem Lehrer gegenüber beinhalte die Vernichtung meiner Persönlichkeit. Ich habe mir auch nie die Sichtweise zu eigen machen können, Entsagung bedeute, daß das Leben all seine leuchtenden Farben verlieren muß. Reife Teilhabe an einer spirituellen Gemeinschaft habe ich nie als eindimensionale Konformität und als Verzicht auf alle kreativen Impulse begriffen, und ich habe nie unreflektierte

Unterwerfung gegenüber Weggefährten (»*der* Gemeinschaft«) mit spirituellem Gehorsam gleichgesetzt. Auch konnte ich mich mit Ansichten wie der, Vertrauen schließe Zweifel in jedem Fall aus oder Gehorsam dem Lehrer gegenüber bestehe in der Mißachtung aller eigenen Gefühle und intuitiven Einsichten, nie identifizieren.

Zum Glück hatte ich nicht jene machtvolle Ideologie oder Pseudo-Mythologie verinnerlicht, mit deren Hilfe spirituelle Gemeinschaften sich von der übrigen Welt weitgehend isolieren und durch welche ihre Mitglieder den Persönlichkeitskult um den spirituellen Führer oft rechtfertigen. Tendenzen dieser Art fördern lediglich Lieblosigkeit, Vergötterung des Führers, den narzißtischen Rückzug nach innen und einen heimtückischen, unentwegt tobenden Machtkampf um das Privileg des persönlichen Kontakts zum Guru.

Ich verließ jene Gruppe, als mir klar wurde daß ich alle Lektionen gelernt hatte, die ich dort – zumindest zu jener Zeit – lernen konnte. Bei meinem Entschluß vertraute ich meinem Instinkt und öffnete mich auf diese Weise neuen Erfahrungen. Unter anderem war mir damals klargeworden, daß ich mit jener autokratischen Art der »Belehrung«, die die meisten Gurus bevorzugen, letztlich herzlich wenig anfangen konnte. Meiner Meinung nach ist dies für die meisten Menschen der westlichen Welt nicht die geeignete Form, und dafür gibt es sehr gute psycho-historische Gründe: Unsere postmoderne Welt ist stark vom Individualismus geprägt, einem in der Geschichte des menschlichen Bewußtseins und der menschlichen Kultur relativ neuen Phänomen. Viele spirituellen Lehrer ignorieren diese wichtige Tatsache, insbesondere jene, die aus dem Osten stammen, wo der Einfluß des Individualismus sich noch nicht in dem Maße entfaltet hat wie bei uns. Lehrer aus dem Osten sehen die menschliche Persönlichkeit gewöhnlich als eine Illusion an, die man nicht ernst nehmen sollte. Doch halte ich dies sowohl aus metaphysischer als auch aus didaktischer Sicht für einen schwerwiegenden Fehler. Das Ich, jenes Gefühl, eine von der Haut begrenzte Insel zu sein, ist für alle Menschen außer den wenigen Erleuchteten eine unmittelbare Erfahrungstatsache. Daß es jenen Zustand der Erleuchtung gibt, in welchem das Ich-Gefühl transzendiert wird, soll hier nicht bestritten werden. Daß jene Überwindung des Ich erstrebenswert ist, steht hier ebenfalls außer Frage. Doch kann beides nicht die Erfahrung von Milliarden von weniger erleuchteten Wesen, zu denen ich auch mich selbst zähle, entkräften. Selbst wenn das Ich tatsächlich eine Halluzination ist, würden die, die jene Halluzination erleben, dieselbe immer noch für die Wahrheit halten. Diese Tatsache sollte stets bedacht und respektiert werden. Meiner Meinung nach ist es den meisten östlichen oder von östlichen Lehren geprägten Traditionen gerade wegen ihrer metaphysischen Anschauungen, die den illusionären Charakter alles Weltlichen so stark betonen, nicht gelungen, ihre westlichen Anhänger zu einer tiefen und dauerhaften Transformation zu führen.

Dennoch blicke ich mit Dankbarkeit auf meine eigene Zeit der Schülerschaft zurück. Ich habe in jener Zeit viel über guruzentrische Spiritualität, über das Leben in einer spirituellen Gemeinschaft und nicht zuletzt auch über mich selbst gelernt. Einige jener Lektionen waren sehr angenehm, viele waren schmerzhaft, doch alle waren nützlich und meiner jeweiligen Situation angemessen. Ich bereue nichts von dem, was geschehen ist, und ich bin mir dessen bewußt, daß jede spirituelle Methode ihre Vor- und Nachteile hat. Wir alle müssen in jedem Augenblick selbst entscheiden, was für uns die richtige und angemessene Verhaltensweise und Stellungnahme ist.

Während der letzten drei Jahre habe ich mich an Gautama Buddhas klugen Rat gehalten und mich in der Tugend der Eigenständigkeit auf dem spirituellen Weg geübt. Ist der spirituelle Prozeß erst einmal in Gang gebracht worden, so entwickelt er, sofern man weiterhin bewußt daran arbeitet, eine Eigendynamik. Der wahre »Guru« befindet sich in mir selbst, und etwas anderes würde ich auch nicht wollen. Doch gibt es hin und wieder Situationen, in denen ein echter Lehrer einen Schüler aus dem Nest stoßen muß oder in denen man den Buddha töten muß, wenn man ihm auf der Straße begegnet, wie der Zen-Meister Rinzai es formuliert hat. Tun Schüler dies nicht, wenn die Zeit dazu gekommen ist, so hemmen sie ihr eigenes Wachstum. Ein Lehrspruch der Sufi-Tradition lautet: »Wenn die Tür offen ist, dann wirf den Schlüssel weg.« Ich möchte keineswegs den Eindruck erwecken, daß ich die Möglichkeit einer lebenslangen Lehrer-Schüler-Beziehung völlig ausschließe oder ihren Sinn gänzlich abstreite. Doch kann eine solche Beziehung meiner Meinung nach in unserer Zeit und in der westlichen Welt nur dann ihren Zweck erfüllen, wenn der Lehrer in der Lage ist, traditionelle autokratische Verhaltensweisen aufzugeben, und wenn er statt dessen eine auf Gleichwertigkeit und beidseitiges Lernen ausgerichtete Beziehung anstrebt.

Dieses Buch enthält meine Reflexionen über jene Formen von Spiritualität, die versuchen, eine im Grunde nicht mitteilbare Verwirklichung jenen zu vermitteln, die die »donnernde Stille« noch kaum vernehmen. Im Zentrum der Betrachtungen steht dabei das Phänomen der heiligen Verrücktheit, welches den tiefsten Einblick in das Herz des spirituellen Prozesses ermöglicht. Doch muß ich dazu wesentlich weiter ausholen und gewisse Zusammenhänge erläutern, weil uns sonst die heiligen Narren und die Meister der verrückten Weisheit wahrscheinlich lediglich als etwas verrückte Außenseiter erscheinen würden, als amüsante Exzentriker, die wegen ihrer derben Art nicht so recht in unsere Zeit passen, geschweige denn, daß sie irgendeine wichtige Aufgabe erfüllen würden.

Im ersten Teil des Buches werde ich den Leser mit heiligen Narren der verschiedensten religiösen Traditionen und ihren häufig sehr absonderlichen »Heldentaten« in Vergangenheit und Gegenwart bekannt machen. Diese ersten Kapitel enthalten zahlreiche Anekdoten. Sie bilden das Grundmaterial für meinen Versuch einer ersten Analyse des Phänomens der verrückten Weisheit, die im dritten Teil des Buches folgt. Ein ganzes Kapitel habe ich Da Love-Ananda gewidmet, jenem zeitgenössischen Adepten der verrückten Weisheit, dessen Lehren mich persönlich am stärksten beeinflußt haben. Ihm bin ich zu großem Dank verpflichtet, und zwar nicht nur, weil er mein theoretisches Interesse am Phänomen der verrückten Weisheit oder heiligen Verrücktheit geweckt hat, sondern weil er mir außerdem auch ermöglicht hat, am eigenen Leibe zu erfahren, was der direkte Kontakt zu einem Lehrer dieser Art bedeutet. Nicht alles, was ich durch diese Beziehung gelernt habe, läßt sich in schriftlicher Form oder auch nur in Worten wiedergeben, doch würde diesem Buch ohne jene praktischen Lektionen Entscheidendes fehlen. Andererseits wird sich zeigen, daß meine Dankbarkeit Da Love-Ananda gegenüber keineswegs naiver Enthusiasmus ist, denn gegen die Art zu lehren, die er ebenso wie andere Lehrer praktiziert, habe ich einiges einzuwenden. Deshalb fühle ich mich verpflichtet, meine Dankbarkeit durch ehrliche Kritik zu ergänzen. Dies würde im Rahmen einer autokratischen Guru-Jünger-Beziehung als Affront angesehen. Doch glaube ich nicht, daß eine solche Beziehung in der westlichen Kultur eine Chance hat, sich zu einer wirklich konstruktiven Kraft zu entwickeln.

Im zweiten Teil des Buches versuche ich, den Kontext für das Verständnis der verrückt-weisen Verhaltensweisen jener spirituellen Exzentriker zu liefern, die ich im ersten Teil vorgestellt habe. Deshalb beschäftige ich mich dort mit verschiedenen Aspekten des spirituellen Prozesses: mit dem Wesen spiritueller Übung, mit der Erleuchtung, mit der Rolle des Gurus und mit Sinn und Wesen der Schülerrolle.

Im dritten Teil versuche ich, das Phänomen der heiligen Verrücktheit als einen wichtigen Ausdruck religiösen Strebens zu interpretieren und zu verstehen. Dabei beschäftige ich mich auch mit der Frage der Moral sowie damit, ob beim Verhalten und bei der angeblichen Verwirklichung einiger verrückt-weiser Adepten eventuell pathologische Faktoren eine Rolle spielen. Die beiden Aspekte, deretwegen die östlichen spirituellen Traditionen immer wieder angegriffen werden, sind ihre grundsätzlich moral-verneinenden metaphysischen Anschauungen (»Die Wirklichkeit ist jenseits von Gut und Böse.«) und das ungeheure Maß an Autorität, das dem spirituellen Lehrer zugestanden wird (»Der Guru ist Gott.«). Beide Aspekte kommen im unkonventionellen, »verrückten« Verhalten spiritueller Exzentriker sehr stark zum Ausdruck, wobei es heißt, ihre scheinbar verrückten Handlungen sollten die sogenannte Konsensus-Realität oder Alltags-Trance außer Funktion setzen und so spirituelle Durchbrüche ermöglichen.

22

Ich versuche in diesem Buch, die fragwürdigen Aspekte der guruzentrischen Traditionen im allgemeinen und der heiligen Verrücktheit im besonderen so objektiv und mitfühlend wie möglich zu untersuchen. Doch möchte ich *auch* die Authentizität *und* die *bedingte* Legitimität heiliger Verrücktheit als Lehrmethode hervorheben und würdigen. In diesem Zusammenhang stelle ich sogar Spekulationen über den möglichen sozialen und evolutionären Nutzen der Sichtweise der verrückten Weisheit an. Ich bin mir dessen bewußt, daß ich mich mit meinem Vorhaben auf einem schmalen Grat zwischen der heute grassierenden generellen Kritik an Spiritualität und den Anschauungen der zeitgenössischen Parteigänger der guruzentrischen Traditionen bewege, und ich hoffe, daß beide Lager – das der Kritiker ebenso wie das der Befürworter – meine Beobachtungen nicht nur als kontrovers, sondern auch als konstruktiv, anregend und hilfreich empfinden werden.

Mein Buch ist nicht als wissenschaftliche Untersuchung, sondern als engagierter Bericht über das Phänomen der verrückten Weisheit und als konstruktive Kritik dieses Phänomens zu verstehen. Dabei wird zwangsläufig auch die konventionelle Religion und die Pseudo-Religion des wissenschaftlichen Materialismus, die Ideologie des Szientismus, kritisiert. Sicher wird meine Orientierung nicht allen meinen Lesern behagen. Einige werden »harte Beweise« für einige meiner Annahmen und Aussagen fordern, andere werden Sinn und Zweck konventioneller Formen der Religion verteidigen. Deshalb möchte ich schon gleich zu Anfang betonen, daß meine Kritik auf der radikalen Spiritualität echter Mystik basiert. Damit will ich den *relativen* Nutzen und die positive Funktion von Wissenschaft und konventioneller Religion keineswegs abstreiten. Doch hindert mich dies nicht, aus der Perspektive einer spirituellen Übung, die auf Transzendierung des Selbst zielt, die Begrenztheit jener herkömmlichen Formen aufzuzeigen.

Der heilige Thomas von Aquin erlebte gegen Ende seines Lebens seine erste mystische Vision. Dieses Erlebnis erschütterte ihn so sehr, daß er die Arbeit, mit der er vor jenem Ereignis beschäftigt gewesen war, nicht mehr abschließen wollte, weil sie ihm danach als unwesentlich erschien. Auch mir erscheint dieses Buch manchmal als ziemlich unwesentlich. Doch während ich dies sage, ist mir sehr wohl bewußt, daß es andererseits wahrscheinlich nicht völlig sinnlos ist, denn meine Grübeleien können dem Leser als Brennstoff für seine eigene spirituelle Flamme dienen.

*Georg Feuerstein*, Nord-Kalifornien

# TEIL I

## Das Phänomen

# Kapitel 1:
# Heilige Verrücktheit: Gemäßigte spirituelle Exzentriker in verschiedenen religiösen Traditionen

## 1. Die verkehrte Welt der Trickster und Clowns

Heilige Verrücktheit oder verrückte Weisheit ist eine radikale Methode, um spirituelle Lehren zu vermitteln oder zu veranschaulichen. Ich werde diesen Begriff im Text für eine Reihe verschiedener, wenn auch ähnlicher Phänomene innerhalb der großen spirituellen Traditionen der Welt verwenden. Gemeinsam ist ihnen allen die Figur eines Meisters, Weisen oder Heiligen, der seine Lehren mit Hilfe von Methoden und Strategien vermittelt, die den gewöhnlichen Verstand in einen Schockzustand versetzen. Diese Art der Unterweisung kann sich entweder an die Schüler des betreffenden Adepten oder an die Öffentlichkeit richten. Aus konventioneller Sicht sind die verrückt-weisen Lehrer Exzentriker, die mit Hilfe ihres unkonventionellen Verhaltens eine Perspektive vermitteln, die sich von der allgemein akzeptierten Sichtweise, die unser Alltagsleben prägt, stark unterscheidet. Sie verstehen sich meisterhaft darauf, alles auf den Kopf zu stellen und Tabus zu durchbrechen. Sie lieben die Überraschung, den Widerspruch und die Ambivalenz. Diese Fähigkeiten und Vorlieben haben sie mit den Gestalten des Tricksters und des Clowns gemeinsam.

Der Trickster, gewöhnlich männlichen Geschlechts, hat seine Heimat in den Naturreligionen und in der Mythologie. Er ist entweder ein Gott oder ein Held mit übermenschlichen Zügen, ist äußerst schlau, hält sich an keinerlei Prinzipien und hat seine Freude an irrationalen Verhaltensweisen. Viele Trickster-Gestalten haben boshafte Züge, obwohl sie nie wirklich dämonisch sind. Sie sind darauf aus, ihre Gegner übers Ohr zu hauen, und sie scheuen vor keiner List zurück, um ihre Ziele zu erreichen. Ein fester Bestandteil ihres Spiels ist, daß sie sich oft dumm stellen. Gewöhnlich werden sie als erbarmungslose, grausame Sieger beschrieben. Manchmal wird der Trickster in einem Kampf getötet, doch wird immer angenommen, daß er wieder zum Leben erwachen wird.

Immer wieder ist auch vom unersättlichen sexuellen Appetit des Tricksters die Rede, was in Abbildungen häufig durch einen riesigen Penis veranschaulicht wird. Typisch für ihn ist ein Nebeneinander von Fleischlichkeit und Spiritualität. Mehr als jede andere mythologische Gestalt feiert der Trickster die physische Existenz, wobei er all das einbezieht, was die Zivilisation zu unterdrücken oder unter Kontrolle zu halten versucht. Nach der Schöpfung stieß der Winnebago-Trickster Wakdjunkaga einen gigantischen Furz aus, durch welchen die Geschöpfe über die ganze Erde verteilt wurden. Seine Flatulenz war also von entscheidender Bedeutung für die Ausbreitung des Lebens auf der Erde.

Gewöhnlich wird angenommen, Trickster-Geschichten würden einzig und allein der Unterhaltung dienen, doch enthalten sie immer eine tiefe Bedeutung. Sie wollen uns auf den chaotischen und unberechenbaren Aspekt der Natur und auf die Realität des Todes aufmerksam machen, also auf Dinge, die unser von der Kultur gezähmtes Bewußtsein gewöhnlich zu leugnen und zu vermeiden versucht. Der Trickster ist eine Verkörperung der antikulturellen Kräfte, die die menschliche Gesellschaft umgeben und die durch jene zahllosen Strukturen in Schach gehalten werden, welche eine Kultur aufrechterhalten: Rituale, Mythen, Dogmen, wissenschaftliche Theorien, zwischenmenschliche Vereinbarungen, persönliche Überzeugungen und vieles mehr.

In seinem zu Recht berühmten Buch *The Hero with a Thousand Faces* erzählt Joseph Campbell die folgende Geschichte über Eschu nach, den Trickster-Gott des westafrikanischen Joruba-Stammes: Als Eschu einmal zwei Bauern pflichtbewußt ihre Felder pflügen sah, beschloß er, ihnen einen Streich zu spielen, um sie aus ihrer Ernsthaftigkeit aufzustören. Er setzte sich einen Hut auf, der auf jeder Seite anders gefärbt war – rot, weiß, grün und schwarz –, und ging so durch die Felder. Am Abend sprachen die beiden Bauern miteinander über den Fremden mit dem Hut, den sie beide gesehen hatten. Dabei beharrte der eine darauf, der Hut sei rot gewesen, und der andere schwor, er sei weiß gewesen. Beide waren sich ihrer Erinnerung so sicher, daß es schließlich zu einem Handgemenge zwischen ihnen kam. Zuschauer der Szene trennten die beiden Streitenden und brachten sie vor den Dorfhäuptling. Doch auch dieser konnte die Streitfrage nicht klären. Da tauchte Eschu aus der Menge auf und gab sich zu erkennen. Er gestand, er habe den Streit zwischen den beiden Bauern angezettelt, und bemerkte: »Unfrieden zu stiften ist mein größtes Vergnügen.«[1]

Trickster-Geschichten wollen die Naturvölker daran erinnern, daß jenseits von Magie, Ritual und Stammesorganisation Tod, Zerstörung und Willkür lauern. Außerdem helfen diese Geschichten dem Einzelnen, mit den zahlreichen Einschränkungen fertig zu werden, die die Gesellschaft ihm im Laufe der Entwicklung einer Kultur auferlegt. Trickster-Geschichten haben archetypische Züge. Sie schlagen den Zuhörer oder Leser selbst in unserer Zeit noch in ihren Bann. Sie bringen uns zum Lachen oder entlocken uns zumindest ein Lächeln, weil der Trickster uns an Wahrheiten erinnert, die wir gewöhnlich gern vergessen – vielleicht weil wir vage ahnen, daß in jedem von uns ein Trickster steckt, der sich gegen die unzähligen kulturellen Einschränkungen unserer Spontaneität auflehnt und sich von ihnen lösen möchte.

Carl Gustav Jung hielt die Trickster-Gestalt für »die Widerspiegelung einer früheren, elementaren Bewußtseinsstufe«.[2] Jung setzt den Trickster mit dem »Schatten« gleich, der dunklen Seite der Persönlichkeit. Er schreibt:

Er ist unter- wie übermenschlich, ein göttlich-tierisches Wesen, dessen durchgehende und eindrucksvolle Eigenschaft die Unbewußtheit ist. (...) Der Trickster ist ein »kosmisches« Urwesen *göttlich-tierischer* Natur, dem Menschen einerseits überlegen vermöge seiner übermenschlichen Eigenschaften, andererseits unterlegen vermöge seiner Unvernunft und Unbewußtheit.[3]

Doch ist der Trickster nicht *nur* eine Personifizierung des Unbewußten. Wir können ihn auch als Symbol für das Streben des Menschen nach höheren Stufen des Bewußtseins verstehen oder für jenes Streben zu dem hin, was Ken Wilber »Ātman-Projekt« genannt hat.[4] Insofern ist der Trickster der mythologische Vorläufer des verrückt-weisen Gurus, der es als seine Aufgabe ansieht, alle kulturspezifischen Scheuklappen und den ganzen falschen Schein der Rationalität wegzureißen, so daß wir einen Blick auf die ungeschminkte Wirklichkeit werfen können. Beide Gestalten stellen, indem sie der höheren Natur und dem Unbewußten zum Ausdruck verhelfen, das konventionelle Universum auf den Kopf und kehren sein Innerstes nach außen. So wie der Trickster Unfrieden stiftet, bemüht sich der Guru, die Automatismen, die der Schüler verinnerlicht hat (und die »Kultur« genannt werden), aufzulösen. Er will in ihm einen Zustand der Unzufriedenheit hervorrufen, eine Krise des Bewußtseins.

Konflikte sind keineswegs immer nur schlecht oder schädlich. Sie gehören ebenso zum Leben des Menschen in der Gesellschaft wie das Streben nach Harmonie und Integration. Doch leugnen wir alle gern die Konflikte, die in unserem Inneren und in unserer Umgebung toben. Dadurch entgeht uns leicht, daß *ein gewisses Maß* an Konflikt positiv und durchaus wünschenswert ist. Der Zen-Lehrer und Management-Berater Albert Low schreibt:

> Statt Konflikte zu unterdrücken, könnte man spezielle Kanäle schaffen, um Konflikte deutlich zu machen, und es könnten dann Methoden zu ihrer Lösung entwickelt werden, die Wachstum ermöglichen. Ungelöste Konflikte hingegen erzeugen Frustration und Feindseligkeit, was wiederum individuelle Unterschiede und Persönlichkeitsmängel hervorhebt und letztlich die Feindseligkeiten zwischen Menschen fördert.[5]

Obgleich sich Low in erster Linie an Manager wendet, bezieht sich das, was er sagt, auch auf viele andere Situationen. Er bemerkt: »Überhaupt *zu sein* bedeutet, daß wir uns im Konflikt befinden.«[6] Low kritisiert beispielsweise Arthur Koestler, der in ähnlicher Weise äußerte, Schizophrenie (er sprach von »Schizophysiologie«) sei unserem menschlichen Wesen eigen; doch versuchte Köstler, seine Ratlosigkeit angesichts dieser Situation zu überwinden, indem er eine biochemische Lösung vorschlug, um das »dynamische Gleichgewicht« wiederherzustellen. Low ist zu Recht der Ansicht, daß ein dynamisches Gleichgewicht nicht möglich ist: Dynamik schließt ein Gleichgewicht aus, denn andernfalls gäbe es nur Statik.

Low postuliert, daß Konflikte letztlich ein natürliches Phänomen und deshalb nicht vermeidbar sind, weil ohne sie die Existenz erlöschen würde. Doch gibt es eine »Lösung«, die darin besteht, daß man zu einer dritten Position gelangt. Darüber schreibt er:

> Wir glauben, daß wir eine Welt »hier drinnen« haben. Wir glauben, daß der Geist vom Körper getrennt ist, daß die Gefühle vom Denken getrennt sind und daß sich das Gute vom Schlechten grundlegend unterscheidet… Diese Fixierung auf die *Realität der Gegensätze* ist unsere Krankheit. Sie ist das, was ein Zen-Meister einmal die »Tölpelkrankheit« nannte, und sie kann nur geheilt werden, wenn wir erwachen. Dies ist die einfache und geradlinige Lehre des Zen: Wir müssen erwachen. Das bedeutet nicht, daß wir zu einer neuen Einsicht gelangen oder neuartiges Wissen oder Macht erlangen. Einsicht, Wissen und Macht sind allesamt Folgen der Gegensätzlichkeit. Erwachen hingegen liegt vor jeder Gegensätzlichkeit. Das Erwachen des Zen ist ein Gewahrwerden dessen, daß *Gegensätze zwei akzeptable Arten zu sein sind.*[7]

Die Trickster und die wahrhaft verrückt-weisen Adepten oder Gurus bewegen sich, wenn sie ihre Spiele treiben, außerhalb der konventionellen Sphäre von Gut und Böse. Diesen Eindruck vermittelt zumindest die Mythologie sowie auch ein großer Teil der Mystik: Die nackte Realität, ob mythologisch beschrieben oder mystisch realisiert, transzendiert die moralische Dimension menschlicher Erfahrung. Sie birgt alle Gegensätze in sich. In ihr treten Orchideen ebenso wie fleischfressende Pflanzen, Delphine wie Haie, echtes Gold und Narrengold, Gandhi und Hitler, lebenspendende Sonnen und Sterne verschluckende schwarze Löcher gleichermaßen in Erscheinung.

Eine andere Gestalt, deren Vorliebe für Tricks bekannt ist, ist der religiöse oder rituelle Clown. Er ähnelt dem Zirkus-Clown nur entfernt. Im Zirkus gibt es zwei Arten von Clowns, den sogenannten Weiß-Clown, den Repräsentanten alles Zivilisierten, und den stark geschminkten »dummen August«, der unzivilisiert und amoralisch ist, ein Trickster. Der religiöse Clown vereinigt diese beiden Aspekte in sich.

Das Wort »Clown«, das nach dem *Oxford English Dictionary* ursprünglich die Bedeutung von *clod* oder *clot*, »Trottel«, hatte, ist in der zweiten Hälfte des 16. Jahrhunderts aufgetaucht. Der Clown, gewöhnlich ein Mann, erweckt den Eindruck, dumm und nicht von dieser Welt zu sein, obgleich er in Wahrheit ebenso wie der Trickster über eine gehörige Portion Witz und Schläue verfügt. Der rituelle Clown ist eine sehr ambivalente Gestalt: Er, oder seltener sie, ist ein Mensch, unterscheidet sich aber sehr stark von jedem anderen menschlichen Wesen, da er (oder sie) sich auf der Grenze zwischen Idiotie und Heiligkeit befindet.

Diese Grenzposition des Clowns kommt am stärksten in dem alten Brauch zum Ausdruck, einen Clown zum Sündenbock zu machen, der bei Festen anläßlich des Jahreszeitenwechsels zum Wohle der Gemeinschaft geopfert wird. Das Element des Opfers finden wir auch bei den spirituellen Clowns, jenen Gurus, die, nachdem sie ihre Ich-Identität überwunden haben, ihr exzentrisches Leben den spirituell Suchenden widmen. Aufgrund ihrer inneren Freiheit können sie sich den Gesetzen und Gepflogenheiten ihrer Zeit widersetzen und die wahrscheinlichen Folgen dieser Opposition ertragen, was bestenfalls gesellschaftliche Ächtung, schlimmstenfalls Martyrium beinhaltet.

Sowohl der religiöse Clown als auch der spirituelle Adept repräsentiert die *Axis mundi*, die Achse der Welt, weshalb man diese Gestalten als radikal »*kon*zentrisch« bezeichnen muß. Aus der Perspektive der konventionellen Gesellschaft jedoch erscheinen sie als »*Ex*zentriker« – als aus ihrem Zentrum gefallen, aus der Bahn geworfen, nicht mehr Herr ihres Verstandes. *Lame Deer*, ein Schamane der nordamerikanischen Indianer, hat hierzu gesagt: »Ein Clown wird in unserer Sprache *Heyoka* genannt. Bei ihm ist das

Oberste zuunterst, hinten und vorne sind vertauscht, er ist ein Ja-und-nein-Mann, eine lebende Verkörperung des Widerspruchs.«[8]

Der Clown bewegt sich ebenso wie der Guru auf der feinen Grenzlinie zwischen Transzendenz und Immanenz, zwischen Heiligkeit und dunkelster Profanität. In seinem ausgezeichneten Buch *Zen and the Comic Spirit* schildert M. Conrad Hyers folgende Beobachtung:

> Der Clown steht mit seiner Freiheit außerhalb des gewöhnlichen Bewußtseins und jenseits gesellschaftlicher Konventionen, heiliger Tabus und der Rationalität. Und der Narr steht seinem Wesen nach jenseits des Gesetzes, des Moralgesetzes ebenso wie der gesellschaftlichen Konventionen und Regeln sowie des Gesetzes der Vernunft, was bedeuten kann, daß seine Existenz nicht nur *vor* dem Gesetz steht oder sich *gegen* das Gesetz richtet, sondern daß er tatsächlich *das Gesetz transzendiert.* Indem Clown und Narr eine ambivalente Position zwischen Heiligem und Unheiligem, Gut und Böse, Weisheit und Unwissenheit, Vernunft und Unsinn einnehmen, sind sie besonders geeignet für die Aufgabe des Hinausweisens über alle derartigen Unterscheidungen. Dies bezieht sich sowohl rückwärts auf die Zeit, die vor ihnen liegt, als auch vorwärts auf die Zeit, die hinter ihnen liegt. Die Fähigkeit des Clowns, alle Unterscheidungen durcheinanderzuwerfen, und die Unfähigkeit des Narren, (im konventionellen Sinne) »richtig« zu unterscheiden, sind Vorboten der Fähigkeit des Weisen, über Unterscheidung und Dualität hinauszugehen.[9]

Die Beziehung des Clowns zur transzendenten Wirklichkeit erklärt, warum ihm von alters her magische Fähigkeiten zugeschrieben werden – ebenso wie dem Guru. Clowns tragen Masken und merkwürdige Kleidung, so wie Gurus mit erstaunlichem Geschick unterschiedliche *Personae* annehmen, so daß ihre Schüler (und die Öffentlichkeit) sich niemals sicher sein können, »wer« ihnen gegenübersteht. Der Guru kann in einem Augenblick weise und gelassen wirken und im nächsten Moment erregt sprechen und umherlaufen. Dem einen Schüler mag er gutmütig und lachend antworten, und nur eine Sekunde später schreit er den nächsten an.

Rituelle Clowns kann man als institutionalisierte Vertreter des Antinomismus ansehen: als Ventile für aufgestaute persönliche und gesellschaftliche Energien. Diese Funktion des Clowns wird besonders deutlich beim mittelalterlichen Narrenfest, das in vielen europäischen Ländern Anfang Januar gefeiert wurde. Dieses jährliche Fest wird erstmals gegen Ende des 12. Jahrhunderts ausdrücklich in den Annalen erwähnt, doch leitet es sich von wesentlich früheren Gebräuchen der Umkehr gesellschaftlicher Regeln her, wie beispielsweise den römischen Saturnalien. Anläßlich solcher Festlichkeiten wurden die strengen sozialen Verhaltensregeln und Moralvorschriften zeitweilig aufgehoben. Die Massen machten sich bei diesen Anlässen das konträre Verhalten des Narren oder Clowns zu eigen. Kein Repräsentant der herrschenden Macht oder Moral, so hochstehend oder heilig er auch sein mochte, blieb von Kritik verschont. Sie alle wurden der Lächerlichkeit preisgegeben. Selbst Mönche, Nonnen und einige kirchliche Würdenträger beteiligten sich am fröhlichen Treiben. Und nicht selten entwickelte sich die Ausgelassenheit der Feiernden zu hemmungsloser Sinnlichkeit oder gar Gewalttätigkeit. Wildes Tanzen, Nacktheit und sexuelle Orgien waren dabei keine Seltenheit. In manchen Gegenden wurden sogar Fahnen mit Abbildungen der männlichen und weiblichen Genitalien durch die Straßen getragen.

Verständlicherweise sahen die weltlichen und kirchlichen Autoritäten dem Narrenfest stets mit Unbehagen entgegen. Doch trotz der Verdammung des Narrenfestes im Jahre 1431 auf dem Konzil zu Basel gelang der Kirche über viele Jahrhunderte die Unterbindung dieses Festes nicht, so wie es früheren Konzilen nicht gelungen war, den antinomistischen Vorläufern der Narren den Garaus zu machen. Erst als im 16. Jahrhundert zur Zeit der Reformation die puritanische Lebensweise die Oberhand gewann, verlor das Narrenfest an Bedeutung. Unser moderner Karneval, *Mardi Gras*, *Halloween* und die heute üblichen Neujahrspartys sind nur noch ein schwacher Abglanz jener alten Narrenfeste.

Eine weitere Erfindung des europäischen Mittelalters, der Hofnarr, ein weltlicher Clown, hat ebenfalls Vorläufer in der Antike. Wohlhabende Griechen und Römer beschäftigten bei ihren Festbanketten einen Narren oder Hanswurst, der die Gäste erheitern sollte. Häufig tat er dies, indem er seinem Auftraggeber auf eine Weise widersprach, die allgemeines Gelächter auf Kosten des Herrn hervorrief, womit der Narr Bestrafung oder sogar den Tod riskierte. Alle Clowns lieben das Risiko. Ihr Weg ist der des mutigen Helden. Auch diesen Aspekt teilen sie mit dem Adepten und Lehrer, der sich um der Erleuchtung anderer willen selbst in Schwierigkeiten bringt. Die Tätigkeit des spirituellen Lehrers ist mit beträchtlichen Risiken verbunden, weil das Ich des Schülers sich dem Transformationsbemühen des Gurus naturgemäß widersetzt. Deshalb laufen die heute lebenden Lehrer der verrückten Weisheit ständig Gefahr, von enttäuschten und verärgerten Ex-Schülern verklagt zu werden. Der Wahrheit halber muß ich allerdings zugeben, daß derartige Anklagen nicht immer völlig grundlos erhoben werden – zumindest an konventionellen weltlichen Maßstäben gemessen.

## 2. Die Narren um Christi willen: Torheit als Tugend

»Before you are wise; after you are wise. In between you are otherwise.«[11] Dieses *Bon mot* des mittlerweile verstorbenen Bhagwan Rajneesh (der sich in seinen letzten Lebensjahren *Osho* nennen ließ) veranschaulicht die Situation des konventionellen Geistes sehr gut. Unsere »Anderweitigkeit« macht es uns unmöglich, unsere vermeintliche Klugheit letztlich als Dummheit zu begreifen und den wahren Narren als den Weisen zu erkennen, von dem wir lernen können. Aus dem gleichen Grund ist im modernen Christentum die Tradition der Narren um Christi willen fast völlig in Vergessenheit geraten. Diese Gestalten werden in einigen der renommiertesten Lexika der Theologie und Religionswissenschaft nicht einmal erwähnt, und nur wenige Gelehrte haben sich die Mühe gemacht, ihre faszinierende Geschichte zu erforschen oder sich mit ihrer Weisheit zu befassen, die alles auf den Kopf stellt.

Die einstmals blühende Tradition der Narren um Christi willen soll bis auf den Apostel Paulus von Tarsus zurückgehen, der diesen Ausdruck in seinem ersten Brief an die Korinther (4:10) geprägt hat. Im Grunde hat sie ihren Ursprung noch früher, nämlich in der Prophetentradition des Judentums. Der Prophet Hosea (9:7) nennt in seiner anklagenden Rede den Propheten einen Narren und den Mann des Geistes einen Verrückten.

Da es zwischen den Korinthern zu starken Machtkämpfen darüber gekommen war, wem unter ihnen die höchste spirituelle Position zukomme, bezeichnete Paulus, möglicherweise in nur gespielter Bescheidenheit, sich selbst als ein Beispiel für einen schwatzhaften Narren *(moros)*, der lediglich über seine zahlreichen Schwächen sprechen könne. In seiner tadelnden Epistel vertritt er die Ansicht, Gottes Gnade könne nur in jenen gedeihen, die sich selbst erniedrigten und deshalb von allen anderen für Narren gehalten würden. Paulus schrieb: »Wer unter euch meint, weise zu sein in dieser Welt, der werde ein Narr, daß er weise werde« (1 Kor. 3:18). Der Christ, der an den gekreuzigten und wiederauferstandenen Christus glaubt, erscheint in den Augen der Welt, der es an Glauben mangelt, als Narr. Doch beharrt Paulus darauf, daß ebendiese Narrheit wahre Weisheit sei.

Paulus, der frühere Saulus, war ein gebildeter Mensch, der viel von seiner alten Identität aufgegeben hatte. Im weltlichen Sinne verhielt er sich damit nicht klug. Seine Hinwendung zum damals neuen Kult des Christentums sahen viele als ein Zeichen von Verrücktheit an. Paulus wußte also, wovon er sprach. Doch erwuchs ihm Stärke aus seinem Glauben und aus der Tatsache, daß sein Guru Jesus selbst der Verrücktheit und dämonischen Besessenheit bezichtigt worden war.

Heilige Verrücktheit war von Anfang an eng mit dem christlichen Mönchtum verbunden. Die Wüstenväter des dritten und vierten Jahrhunderts christlicher Zeitrechnung waren enthusiastische Verfechter der Torheit Gottes. Viele von ihnen waren zwar Analphabeten, aber trotzdem weise. Einige wenige waren hochgebildet, gaben jedoch vor, dumm zu sein, um ihre eigene spirituelle Hingabe zu stärken. In manchen Fällen war die Torheit oder die Selbsterniedrigung so offensichtlich, daß sie sogar Glaubensgenossen in Erstaunen versetzte, die jene *idiōtai* deshalb »Narren um Christi willen« nannten. Die christlichen Einsiedler des Mittleren

36

Ostens haben die heilige Torheit offenbar zu einer Art »Beruf« gemacht.

Um ihres Ziels der Selbst-Negation willen gaben die frühchristlichen Narren oft ihren gesamten Besitz auf und lieferten sich so gänzlich der Gnade ihres Gottes aus. Manchmal nahm dieses Aufgeben der ichhaften Persönlichkeit so extreme Formen an, daß die spirituellen Narren für »wirklich« verrückt gehalten wurden. Sarapion Sindonites soll sich selbst an eine griechische Schauspielertruppe verkauft haben, um Geld für die Armen aufzutreiben. Als er einmal eine Einsiedlerin traf, soll er deren Entsagung unverzüglich auf die Probe gestellt haben, indem er sie aufforderte, sich auf der Stelle nackt auszuziehen. Die Frau weigerte sich, weil es die Umstehenden schockiert hätte und diese sie dann als verrückt bezeichnet hätten. Sarapion wußte natürlich nur zu gut, daß sie recht hatte. Dennoch sagte er, wenn sie nicht bereit sei, seine Bitte zu erfüllen, solle sie nicht länger glauben, sie sei heiliger als andere. Zur Bekräftigung seiner Worte nahm er, während er redete, seinen eigenen winzigen Lendenschurz ab. Durch solche Akte der Entsagung versuchte jener Narr Gott näherzukommen.[12]

Im 10. Jahrhundert nahm der heilige Andreas, der Lehrer jenes Epiphanius, der später Patriarch von Konstantinopel wurde, das Leben eines scheinbar verrückten Bettlers auf. Er lief zu allen Jahreszeiten nackt umher, und er schlief in Gesellschaft von Hunden unter freiem Himmel. Nacktheit war eine verbreitete Art, Armut und »Verrücktheit« zum Ausdruck zu bringen. Insbesondere gilt dies für Rußland, wo die Tradition der Narren um Christi willen trotz der dortigen harten Winter über lange Zeit bestehen blieb.

Der wahre Heilige muß Beschämungen und Schmähungen hinnehmen können. Oft sucht oder schafft er sogar selbst Situationen, in denen er die Stärke seiner Selbst-Entsagung prüfen kann. So zogen im 6. Jahrhundert zwei junge Menschen aus gutem Hause, Theophilius und Maria, in der Verkleidung eines Komödianten und einer Prostituierten umher. Niemand wußte, wer sie ursprünglich gewesen waren, und, was noch wichtiger ist, niemand war sich über ihre spirituellen Ziele im klaren, bis Johannes von Ephesus sie in tiefes Gebet versunken entdeckte. Durch ihre Theatervorstellungen ernteten sie keineswegs nur Beifall, sondern setzten sich auch der rauhen Behandlung ihrer Mitmenschen aus. Sie waren um ihrer spirituellen Übung willen »in den Untergrund gegangen«.

Außerdem gab es Narren wie den heiligen Simeon, die ihre scheinbare Verrücktheit noch drastischer und unter großen Gefahren für die eigene Person zur Schau stellten. Um seines spirituellen Stolzes Herr zu werden, verließ Simeon, der Mitte des 6. Jahrhunderts lebte, seine friedliche Einsiedelei und kehrte in der Rolle eines verrückten Außenseiters in die Zivilisation zurück. Einmal band er das Seil, das er als Gürtel benutzte, an einen toten Hund, den er dann hinter sich her zog. Er erntete den Spott der Zuschauer und wurde außerdem oft geschlagen. Ein anderes Mal erschien er zum Sonntagsgottesdienst und löschte, als die Liturgie beginnen sollte, alle Kerzen. Die Gläubigen versuchten, ihn aus dem Gebäude zu vertreiben, doch er verschanzte sich auf der Kanzel und bewarf die Frauen mit Nüssen. Mehr als einmal wurde er wegen seiner Streiche blutig geschlagen. Obgleich er ständig fastete und sich fortwährend strenger Disziplin unterwarf, suchte er gelegentlich Wirtshäuser und Bordelle auf, und es heißt, er habe Geld gesammelt und so Prostituierten die Heirat ermöglicht. Doch verbarg er seine guten Taten hinter seiner scheinbaren Verrücktheit.

Ebenfalls im 6. Jahrhundert gab der christliche Mönch Markus der Verrückte sein Einsiedlerleben in der Wüste auf und verbreitete, er habe sich gegen die Reinheit versündigt. Nachdem er fünfzehn Jahre lang in der Einsamkeit gelebt hatte, kam er in die Stadt Alexandria, angeblich um für seine Sünden zu büßen. Er lebte von seinen Gewinnen beim Pferderennen und schlief auf dem Rennplatz auf den dortigen Bänken. Seine Mitmenschen hielten ihn für verrückt und behandelten ihn schlecht. Als Daniel, ein anderer Heiliger jener Zeit, ihm begegnete, verfiel Markus in hysterisches Gezeter und schrie um Hilfe. Die Menge riet Daniel, sich nicht um diesen Verrückten zu kümmern. Doch der Heilige versetzte die Anwesenden in Erstaunen, indem er sagte: »Ihr seid die Narren! Dies ist der einzige vernünftige Mensch, den ich heute in dieser Stadt gefunden habe.« Markus der Verrückte war einer der Narren um

Christi willen. Er folgte dem Rat des Apostels Paulus und wählte ein Leben, das Gottes Weisheit, die in den Augen der Welt närrisch ist, pries. So zeigte er, daß die Weisheit der Welt die größere Narrheit ist.

Ein anderer heiliger Narr wurde einmal gebeten, ein krankes Kind zu heilen. Zunächst weigerte er sich, doch schließlich gab er dem Drängen eines seiner Schüler nach. Als er sich mit diesem dem Dorf näherte, in dem das Kind wohnte, kam den beiden eine Menschenmenge entgegen, die den Heiligen mit großer Ehrerbietung begrüßen wollte. Da hielt der Einsiedler inne, entledigte sich aller Kleider und sprang in den nahen Fluß, um ein Bad zu nehmen. Der Schüler, der sich wegen des merkwürdigen Verhaltens seines Lehrers schämte, entschuldigte sich bei den Dorfbewohnern für ihn und riet ihnen umzukehren, da der alte Mann offenbar den Verstand verloren habe. Als der Eremit wieder aus dem Wasser auftauchte, fragte sein Schüler ihn: »Warum hast du das getan? Jetzt sagen alle, du seist verrückt!« Woraufhin der Alte erwiderte: «Genau das wollte ich hören.«[13]

Im 13. Jahrhundert entschloß sich ein angesehener Notar, Jacopone da Todi, nach dem Tod seiner geliebten Frau, fortan das Leben eines Narren zu führen. Als eines Tages in der Stadt Todi ein Fest stattfand, wurde Jacopone von so starker religiöser Inbrunst ergriffen, daß er sich aller Kleider entledigte und auf allen vieren umherkroch, wobei er wie ein Pferd auf dem Rücken einen Sattel trug und ein eisernes Gebiß im Mund hatte. Die Menge war zutiefst schockiert darüber, daß ein angesehener, »aufrechter« Bürger sich auf so erniedrigende Weise präsentierte und sich damit zum allgemeinen Gespött machte. In einem seiner Gedichte brachte Jacopone seinen Wunsch zum Ausdruck, nackt zu Christus ans Kreuz zu steigen und freudig in den Armen seines Retters zu sterben. Doch in einem anderen Gedicht *(Lauda LXXV)* bekennt er:

Ich fliehe das Kreuz, das mich verschlingt;
Ich kann seine Hitze nicht ertragen.
Ich kann die große Hitze nicht ertragen,
die das Kreuz ausstrahlt; ich fliehe vor der Liebe.

Ich finde kein Versteck, denn ich trage es in meinem Herzen,
und die Erinnerung daran verzehrt mich.[14]

Der Geist der »Sanftmut« und der Selbstverleugnung war auch unter Nonnen lebendig. Ein frühes Beispiel hierfür hat Palladius erzählt. Nach seiner Historie, die Anfang des fünften Jahrhunderts entstanden ist, hatte Abba Pitiroum einmal eine Offenbarung, in der er die Stimme eines Engels vernahm. Der Engel warf ihm vor: »Du denkst oft an dich selbst. Möchtest du eine Frau sehen, die Gott wohlgefälliger ist als du? Dann gehe in das Nonnenkloster in Tabennisi. Dort wirst du eine Frau finden, die eine Krone trägt.« Pitiroum begab sich sofort zu jenem Kloster und bat die Nonnen, sich vor ihm zu versammeln. Als er unter ihnen keine sah, die eine Krone trug, beharrte er darauf, daß die Versammlung nicht vollzählig sei. Die Schwestern entgegneten, die einzige Nonne, die fehle, sei eine Verrückte. Als sie sie auf seine Bitte hin aus der Küche herbeizerrten, bemerkte Pitiroum sogleich das Licht auf ihrer Stirn, fiel zu ihren Füßen nieder und bat sie um ihren Segen. Daraufhin warf sich auch die Nonne zu Boden und bat Abba Pitiroum ebenfalls um seinen Segen.

Pitiroum schalt die versammelten Nonnen, weil sie die Heiligkeit jener Frau nicht erkannt hatten. Er sagte, in Wahrheit seien *sie* die Verrückten. Daraufhin warfen sich die Schwestern nieder und baten die heilige Närrin um Vergebung dafür, daß sie sie all die Jahre so schlecht behandelt hatten. Sie hatten sie geschlagen, ins Wasser geworfen und ihr Senf auf die Nase geschmiert, ganz zu schweigen von den ständigen verbalen Beleidigungen, die die Frau hatte erdulden müssen. Nach diesem Vorfall veränderten die Mitschwestern ihr Verhalten der Heiligen gegenüber und ehrten sie auf gebührende Weise. Sie erduldete dies einige Tage und stahl sich dann heimlich aus dem Kloster. Später hieß sie Heilige Isidora.

Ein byzantinischer Heiliger des 14. Jahrhunderts, Sabas, stellte sich taub, dumm und verrückt, und er hielt diesen Eindruck zwanzig Jahre lang aufrecht. Dennoch konnte er sich den Gefahren des Ruhms nicht dauerhaft entziehen. Als er Zypern besuchte und eine große Menschenmenge ihm Ehre erweisen wollte, setzte er sich unvermittelt auf einen Dunghaufen und blieb dort für den Rest des Tages sitzen. Der Kaiser von Konstantinopel bat ihn inständig, das Amt des Patriarchen zu übernehmen. Doch Sabas nahm dieses Angebot nicht an. Er ließ sich nicht einmal zum Priester ordinieren. Als der Kaiser ihn mit Hilfe einer List ordinieren lassen wollte, ergriff Sabas die Flucht. Da der Kaiser den Heiligen jedoch unbedingt zum Bleiben bewegen wollte, suchte er ihn persönlich auf, bat um Vergebung und versprach ihm feierlich, sich fortan nicht mehr in Sabas' Leben einzumischen.

Das völlige Desinteresse jener heiligen Narren an ihrer eigenen weltlichen Existenz kommt in der folgenden Anekdote über Abt Moses zum Ausdruck, der die Narrheit zu seinem Pfad zu Gott gemacht hatte. Eines Tages besuchte ein hochgestellter Herr das Kloster und traf zufällig als erstes auf Abt Moses. Da er ihn nicht als den Abt erkannte, fragte der Fremde ihn, ob er ihm Moses' Zelle zeigen könne. Der Abt entgegnete: »Was wollt Ihr denn von ihm? Er ist nur ein Narr und ein Häretiker dazu!«

Während die Griechen dem heiligen Narren den Namen *salos* gaben, nannten die Russen ihn *yurodivy* (Plural: *yurodivye*). Von den 42 anerkannten christlichen Heiligen, die das Leben eines Narren führten, gehörten nicht weniger als 36 der russisch-orthodoxen Kirche an. Seit dem heiligen Isaak Zatvornik, der im 11. Jahrhundert lebte, hat Rußland ein ganzes Universum spiritueller Verrückter (darunter auch einige Frauen) hervorgebracht, die die Straßen Moskaus als nackte Landstreicher durchstreiften. Wie Jesus und der byzantinische Heilige Simeon (6. Jahrhundert) sowie viele andere Narren brachte der heilige Basileus die Menge auf, indem er freizügig Kontakt mit Kriminellen und Prostituierten pflegte. Wenn er verfolgt wurde, »revanchierte« er sich, indem er Steine in die Fenster seiner selbstgerechten Angreifer warf, doch an der Türschwelle von Sündern weinte er.

Die *Yurodivye* spielten insbesondere während der Regierungszeit Ivans des Schrecklichen eine wichtige Rolle, und einer von ihnen, der große Nicholas Salos († 1576), begegnete dem Zaren sogar persönlich, als dieser mit seinem Heer vor der Stadt Pskow stand, die er zerstören wollte. Nach dem 17. Jahrhundert verschwand der

Narr allmählich von der religiösen Szene Rußlands, obgleich er in der russischen Literatur als Charakter weiterlebte. Dostojewskis *Idiot* ist wohl das berümteste Beispiel hierfür. Ein Zeitgenosse Dostojewskis war Alexis Bukharew (1822–1871), der im Alter von vierzig Jahren seine Mönchsgelübde aufgab und heiratete. Er wollte auf diese Weise seine spirituelle Übung intensivieren und Zeugnis für die höhere Weisheit Gottes ablegen. Seine Rückversetzung in der Laienstand verursachte einen großen Skandal, und er verlor unverzüglich seine Bürgerrechte, seine akademischen Titel, sein Gehalt sowie die Achtung und das Wohlwollen seiner Freunde und Nachbarn.

Die Tradition der heiligen Narren gedieh jedoch auch in der westlichen Kirche. Der heilige Bernhard von Clairvaux (11. Jahrhundert), der Begründer des Zisterzienserordens, bezeichnete sich selbst als Narren. Er predigte, die spirituelle Weiterentwicklung hinge davon ab, ob man in immer größerem Maße bereit sei, an der Torheit Gottes teilzuhaben, und Selbsterniedrigung sei die beste Methode, wahre Demut zu entwickeln. Sankt Bernhard war ein Extremist, und dieses Merkmal war auch charakteristisch für den Orden, den er gründete. Er war ein leidenschaftlicher Visionär, der keine Zeit mit Mittelmäßigkeiten vergeudete. Andererseits war seine Art der Narrheit reiner als der »Pfad des Tadels«, wie die Sufi-Tradition jene Lebensweise nennt, der einige der griechischen und russisch-orthodoxen Vorläufer Bernhards folgten.

Seit der Zeit Bernhards von Clairvaux bis ins frühe 16. Jahrhundert hinein spielte die Gestalt des Narren – sowohl des heiligen als auch des profanen – in der westeuropäischen Kultur eine wichtige Rolle. Anfang des 13. Jahrhunderts erlangte der heilige Franz von Assisi als Narr Gottes erstaunliche Popularität. Der Sohn eines reichen Kaufmanns verließ seine Familie, verzichtete auf sein Erbe und nahm ein Leben als Pilger auf, wobei er sich mit anderen Randfiguren der Gesellschaft zusammentat, vor allem mit Leprakranken und Bettlern. Er rief ungeheure Entrüstung in der Öffentlichkeit hervor, als er anläßlich seiner zweiten »Geburt«, seiner Bekehrung zu einem Leben in Gott, alle seine Kleider auszog. Dies tat er vor einer großen Menge auf einem öffentlichen Platz, der nicht weit von seinem Elternhaus entfernt lag. Nach einem kurzen Aufruhr verfiel die Menge jedoch in Schweigen, sichtlich bewegt durch jene Geste der Entsagung. Der Bischof, der zugegen war, weinte, nahm den jungen Mann in den Arm und hüllte ihn so in seinen Mantel.

Obgleich der heilige Franziskus oft über das Leid der Menschheit weinte und trauerte sowie auch über alles, was sein geliebter Herr hatte erleiden müssen, hörte man ihn ebenso häufig fröhlich zu Ehren Gottes singen und beten. Kurz nachdem er sein Wanderleben aufgenommen hatte, begegnete Franz einer Räuberbande. Als den Banditen klar wurde, daß es bei ihm nichts zu stehlen gab, rissen sie ihm die Kutte vom Leib und jagten ihn nackt in ein Schneetreiben. Nachdem die Räuber sich entfernt hatten, rappelte sich Franziskus aus einem Graben hoch und stimmte mit klappernden Zähnen glücklich ein Loblied an.

Im 17. Jahrhundert wurden die heiligen Narren selten, und mit Anbruch des Zeitalters der Aufklärung verschwanden sie praktisch ganz von der Bildfläche, ebenso wie die Heiligen und Mystiker. Dies war, wie es der französische Historiker Michel Foucault genannt hat, die Zeit der »großen Gefangenschaft«, eine für Europa in ökonomischer Hinsicht sehr schwierige Zeit. Verrückte und Landstreicher wurden nun nicht mehr geduldet,[15] sondern öffentlich gedemütigt, geschlagen und in Asyle und Arbeitshäuser eingesperrt. Damals wurden die Grundsteine für das Arbeitsethos und für die spirituelle Verarmung unserer Zeit gelegt. Die heroischen Ziele, die Passion und das Mitgefühl der heiligen Narren existieren heute nur noch als verschwommene Erinnerung.

Man könnte die heiligen Narren der Christenheit als *passive* Adepten der verrückten Weisheit bezeichnen, da ihre Verrücktheit in oft spektakulären Akten der Selbstverleugnung bestand – der Übung der Demut oder »Sanftmut«. Doch war ihre Torheit keineswegs nur passiv. Erstens mußten ihr spiritueller Eifer und ihre extreme Askese die Gemeinschaften, in denen sie lebten, zutiefst beeindrucken, auch wenn sich dies oft nur in Form von Mißfallen und Spott äußerte. Zweitens war ihr Verhalten das in ihren Augen dem gewöhnlicher »Weltlinge« spirituell überlegen war, implizit eine Kritik an der üblichen weltlichen Lebensweise. Drittens beinhalteten ihre Torheiten manchmal provozierende Handlungen, die schockieren und eine Reaktion hervorrufen sollten. Dabei ist es relativ unwichtig, ob diese Taktiken einfach nur das Mißfallen der Öffentlichkeit erregen und dadurch dem Narren eine Möglichkeit eröffnen sollten, sich in Demut zu üben, oder ob sie die Menschen mit der Dunkelheit ihrer eigenen spirituellen Situation konfrontieren wollten. Die wahren Motive waren vermutlich auch den Narren selbst nicht immer völlig klar. Sie taten ganz einfach, wozu sie sich aufgrund der Eigenart ihres selbstgewählten Lebens veranlaßt fühlten. Doch vielleicht ist es korrekt zu sagen, daß diese heiligen Narren mit ihrem exzentrischen Lebensstil in erster Linie möglichst optimale Bedingungen schaffen wollten, unter denen sie sich in der Kunst des »Loslassens« oder, wie der große deutsche Mystiker Meister Eckehart sagt, in *»Gelāzenheit«* üben konnten. Die gleiche Haltung rühmt der Hinduismus als die »Sicht der Gleichheit« *(sama-darshana)*: die Fähigkeit, einen Goldbarren und einen Klumpen Dreck mit unterschiedsloser Gelassenheit und mit Gleichmut anzuschauen.

Man kann nicht umhin, die Beharrlichkeit zu bewundern, mit der die Narren um Christi willen ihr Ziel der Selbsterniedrigung verfolgten. Und doch wirft ihre merkwürdige Methode eine schwerwiegende Frage auf: Könnte sich hinter all ihrer Demut und ihrem spirituellen Streben eine gewisse Ich-Zentriertheit verbergen, die es ihnen als recht und billig erscheinen ließ, ihre Mitmenschen zu manipulieren und sie zur Förderung ihrer eigenen Entsagung zu benutzen? Ich würde diese Frage mit einem zaghaften Ja beantworten. Unerleuchtetes Leben *ist* letztendlich ichhaftes Leben. Das heißt, daß wir auch in unserem intensivsten religiösen und spirituellen Streben die Selbstbezogenheit nicht völlig ausmerzen können, solange wir die Erleuchtung nicht erlangt haben. Und vermutlich teilen die meisten Kenner der spirituellen Traditionen der Welt meine Ansicht, daß wohl nur die wenigsten bekannten Narren um Christi willen vollkommen erleuchtet waren. Jene Narren verherrlichten Gott, den ewigen Vater, und sie versuchten, sich ihm zu nähern. Tatsächlich waren viele von ihnen eher Asketen als Mystiker. Sicherlich waren sie Meister »selbstgewählter Einfachheit«, wie Duane Elgin es genannt hat.[16] Die Hindu-Tradition würde sie wohl als Übende des *Sannyāsa-Yoga* (des Pfades der Entsagung), *Karma-Yoga* (des Pfades der guten Werke) oder *Bhakti-Yoga* (des Pfades der Hingabe) bezeichnen, jedoch nicht des *Jñāna-Yoga* (des Pfades der höheren Wahrnehmung und Gnosis). Dies gilt ebenso für die heiligen Narren des Islam, mit denen wir uns nun als nächstes beschäftigen werden.

## 3. Der Sufi-Pfad des Tadels

Die meisten gebildeten Menschen der westlichen Welt haben wahrscheinlich schon einmal von den unglaublichen Streichen des Mullah Nasrudin gehört, die in zahllosen Sufi-Geschichten erzählt werden. Die Gestalt des Mullah Nasrudin haben die Sufi-Lehrer wohl erfunden, um zahllose Lehren über Leben, Tod und das große Jenseits zu vermitteln. In jenen Geschichten beschreibt Nasrudin sich so, als lebe er in dieser Welt »auf dem Kopf stehend«. Authentische Spiritualität ist stets mit einer vollständigen Umkehrung aller gewöhnlichen Werte, Einstellungen und Handlungen verbunden. Was ein gewöhnlicher Mensch für ungeheuer wertvoll hält (Arbeit, Heim und Familie), ist für jene, die ihr Leben wahrhaft spiritueller Übung widmen, höchstens zweitrangig. Ihr Herz strebt über all dies hinaus, weil sie entdecken wollen, was wahrhaft und dauerhaft wirklich ist – ob man dies nun Gott, Seele, Geist oder Selbst nennen mag. Nasrudin ist ein Symbol für den Sufi-Pfad der inneren Wandlung *(metanoia)* und der Umkehr.

Ebenso wie das etablierte Christentum ist auch der Islam in einer dualistischen Metaphysik verwurzelt, die Gott als den Schöpfer der Welt ansieht, ihn jedoch als letztlich getrennt von seiner Schöpfung versteht. Trotz dieser theistischen Weltsicht hat die Religion Mohammeds eine reiche Tradition von Mystikern hervorgebracht, die Sufis, deren Erfahrung den metaphysischen Dualismus des Propheten Mohammed und seiner gemäßigten Anhänger weit

45

hinter sich gelassen hat. S. Spencer schreibt in seinem Buch *Mysticism in World Religion*:

> Die Entwicklung der islamischen Mystik (oder des Sufismus) veranschaulicht auf eindrückliche Weise die Kraft der mystischen Tendenz in der Religion. Vom ersten Eindruck her kann man von der Religion Mohammeds kaum behaupten, daß sie ein fruchtbarer Boden für jene Entwicklung gewesen sei. Doch entstand schon innerhalb vergleichsweise kurzer Zeit nach dem Tode des Propheten unter seiner Gefolgschaft eine Bewegung, die einige der größten Mystiker hervorgebracht hat... Die Sufis haben Mohammed selbst stets als den größten aller Mystiker bezeichnet. Doch hält diese Sicht kritischer Untersuchung kaum stand. Weder in seinem Leben noch in seiner Lehre finden wir Anzeichen für eine Erfahrung der Einheit mit Gott. Der Abgrund, der nach Mohammeds Ansicht den Menschen von Gott trennt, ist zu groß, als daß auch nur die Möglichkeit einer solchen Erfahrung zugestanden werden könnte. Gleichzeitig enthält Mohammeds Einstellung und Lehre Elemente, die man als Keimzelle einer mystischen Entwicklung verstehen kann. Mohammed selbst glaubte, er sei der Empfänger einer göttlichen Offenbarung. Gott (so lehrte er) sei »dem Menschen näher als seine Halsvene«; er sei »das Licht des Himmels und der Erde«; jedesmal, wenn wir uns bewegten, sei Sein Gesicht da, welches, in Majestät und Ruhm erstrahlend, bestehen bleibe, wenn alles auf Erden vergehe.[17]

Diese fast pantheistischen Vorstellungen dienten den mystischen Visionären innerhalb des Islam als Ankerpunkte. Doch half dies jenen unter ihnen nicht, die sich keine Mühe gaben oder die nicht in der Lage waren, ihren visionären Enthusiasmus durch eine für orthodoxe Moslems akzeptable Ausdrucksweise zu kaschieren. So wie der Schöpfergott der Hebräer ist auch der Gott der Muslime ein eifersüchtiger Gott, der es nicht duldet, daß seine Geschöpfe sich zu seiner Schöpferposition erheben. Jeder, der behauptet, er sei mit Gott identisch, wird daher nicht nur für verblendet gehalten, sondern als blasphemischer Häretiker angeklagt. Doch viele Generationen von Sufis haben das Göttliche als wesentlich toleranter erfahren. Ihre Geschichte ist reich an Zeugnissen für die Wahrheit *(al-haqq)*, die sich, wie der Häretiker Mansur al Hallaj es formuliert hat, »innerhalb dieses Mantels befindet«. »Ehre gebührt Mir! Wie groß ist Meine Majestät!« rief Abu Yazid, ein Sufi des 9. Jahrhunderts, ekstatisch aus. Der Sufi-Scheik Shibli, ein ehemals hoher Beamter, der seine Position aufgegeben hatte, wurde einmal von einer ekstatischen Erfahrung der Vereinigung mit dem Göttlichen überwältigt. Er rief aus: »Gott!« Daraufhin tadelte ihn ein frommer Wächter des islamischen Gesetzes, er habe Gottes Namen gelästert, indem er ihn in der Öffentlichkeit ausgesprochen habe. Shibli erwiderte: »Ich spreche und ich höre. Wer ist in beiden Welten außer mir?«[18] Bei einer anderen Gelegenheit fand man Shibli, wie er ein Stück Holz in der Hand hielt, das an beiden Enden brannte. Auf die Frage, was er da tue, antwortete er: »Ich werde mit dem einen Ende die Hölle in Brand setzen und mit dem anderen das Paradies, damit die Menschen sich nur noch mit Gott befassen.«

Solche radikalen Aussagen, vom Gipfel der spirituellen Verwirklichung aus gesprochen, mußten in den Ohren gewöhnlicher Muslime natürlich häretisch und ziemlich verrückt klingen. Deshalb ist es kaum überraschend, daß man Shibli wegen seiner merkwürdigen Äußerungen eine Zeitlang in ein Irrenhaus sperrte. Als er dort in Ketten lag, besuchten ihn seine Sufi-Gefährten. Er fragte: »Wer seid ihr?« – »Deine Freunde«, antworteten sie. Als er sie daraufhin mit Steinen bewarf, brachten sie sich eiligst in Sicherheit. »Ihr Lügner!« brüllte er hinter ihnen her. »Laufen Freunde nur wegen ein paar Steinen vor einem Freund davon?« Vielleicht hatte Shibli gespürt, daß seine Weggefährten sich trotz ihres Besuchs wegen seines launischen Verhaltens innerlich von ihm distanziert hatten und das Wesen seiner *Unio mystica* nicht verstanden. Aus der Sicht der Sufis zumindest war Shiblis Verhalten untadelig, weil es im Zustand der Ekstase kein Ich gibt, dem man die Verantwortung für das geben kann, was der Betreffende sagt oder tut. In seiner ausgezeichneten Einführung in den Sufismus erzählt Reynold A. Nicholson eine Geschichte, die diesen Aspekt unterstreicht.

Ein gewisser Derwisch, ein Schwarzer mit Namen Zangi Bashgirdi, hatte ein solches Maß an spiritueller Vollkommenheit erreicht, daß der mystische Tanz nicht beginnen konnte, bevor er eingetroffen war. Eines Tages wurde er während des *Sama'* von Ekstase ergriffen. Er stieg in die Luft auf und setzte sich auf einen hohen Torbogen, der die Tanzenden überragte. Als er von dort wieder herabkam, sprang er auf Majduddin von Baghdad und umschlang mit seinen Beinen den Hals des Scheiks, der sich weiter im Tanz drehte, obwohl er sehr schwach und schlank und der Schwarze groß und schwer war. Als der Tanz geendet hatte, sagte Majduddin: »Ich weiß nicht, ob ein Schwarzer oder ein Spatz auf meinen Schultern saß.« Beim Herabsteigen biß der Schwarze den Scheik so kräftig in die Wange, daß eine Narbe darauf zurückblieb. Majduddin sagte später häufig, am Tage des Gerichts werde er sich keines Verdienstes rühmen außer der Tatsache, daß er der Abdruck der Zähne jenes Schwarzen auf seinem Gesicht trage.[19]

Im 11. Jahrhundert zog der weithin bekannte Scheik Abu Sa'id viel Mißfallen auf sich, weil er rauschende Feste mit Musik und Tanz und Tausenden von brennenden Kerzen feierte. Er brachte sogar einige seiner Sufi-Gefährten gegen sich auf. Der Sultan von Nishapur beauftragte eine Gruppe von Gelehrten, Nachforschungen über diesen exzentrischen Sufi-Meister anzustellen, der behauptete, er sei ein Asket, obgleich er ein Fest nach dem anderen feierte. Mit Hilfe seiner übersinnlichen Fähigkeiten soll Abu Sa'id von diesem Vorhaben erfahren und daraufhin prompt ein weiteres Fest vorbereitet haben. Doch als die Beauftragten des Sultans Zeugen seines großen Charismas, seiner spirituellen Autorität und seiner unglaublichen Gleichgültigkeit weltlichen Dingen gegenüber wurden (insbesondere gegenüber den Gefahren, die sie für einen weniger hoch entwickelten Menschen darstellten), beendeten sie ihre Untersuchung sehr schnell. In Abu Sa'ids Augen lebte der wahre Heilige ein gewöhnliches Leben, ging einem normalen Beruf nach und heiratete sogar, hörte jedoch bei alldem niemals auf, sich auf Gott zu besinnen. Weltliche Freude stand in seinen Augen nicht im Widerspruch zu einem spirituellen Leben.

Wenn das Eine verwirklicht ist, nimmt alles die gleiche Wertigkeit an.

Als Ausdruck der Gleichheit aller Dinge trug Abu Sa'id manchmal ein einfaches Wollkleid, zu anderen Zeiten ein kostbares Seidengewand. So wie Hallaj erklärte er, in der Robe, die er trage, sei niemand außer Allah. Um seine Behauptung zu unterstreichen, so fügt sein Hagiograph hinzu, pflegte der Scheik seinen Zeigefinger durch sein Gewand zu stoßen, als sei da, wo eigentlich sein Körper hätte sein müssen, nur leerer Raum. Über den Sufismus hat Sa'id respektlos gesagt, er sei eine Form des Heidentums. Er benutzte das Wort *Shirk* (»Assoziation«), womit er ein fälschliches Für-real-Halten meinte, durch welches die Seele vom Einen ferngehalten werde.

In seiner ekstatischen Identifikation mit Gott durchbricht der Sufi-Adept ein grundlegendes Tabu des exoterischen Islam. Dieser Verstoß wird als Manifestation von Verrücktheit angesehen. Der islamische »Verrückte« wird *Majzub* genannt (manchmal auch *Majdhub* oder *Madzub* geschrieben). Pir Vilayat Inayat Khan hat über diese religiöse Gestalt einmal gesagt: »Man könnte den Madzub (jemanden, der sich im Gott-Bewußtsein verloren hat) als eine außergewöhnliche Art von Derwisch bezeichnen. Das Verhalten des Madzub ist immer schockierend und unberechenbar.«[20]

Inayat Khan bezeichnet Shams-i-Tabrizi, den Lehrer des weltberühmten Rumi, als einen Majzub, und er erzählt die folgende Geschichte über ihn:

Der hitzige Fakir mit Augen wie Sonnen machte auf Mevlana Jelalud-Din Rumi einen so überwältigenden Eindruck, daß dieser praktisch über Nacht zu einem der größten *Murshids* [Lehrer] wurde, den es je unter den Sufis gegeben hat. Shams soll den Gelehrten Rumi, der auf dem Gelände der *Medarsa* (Akademie) auf seinem Esel ritt und von seinen Schülern umgeben war, angepöbelt, ihm ein Manuskript aus der Hand gerissen und dasselbe in einen Brunnen geworfen haben. Dann habe er Rumi gefragt: »Soll ich es wieder aus dem Brunnen herausholen? Es wird dann trocken sein.« Der verwirrte Professor atmete tief, um zu Sinnen zu kommen, und antwortete dann:

»Nein!« Dieses Nein transformierte sein ganzes Leben, da es ihn über jene Art von Geist hinausführte, die das Buch repräsentiert. Es machte ihn schließlich zu einem der größten persischen Dichter.[21]

Diese Geschichte sagt ebensoviel über Rumis Hinwendung zur Spiritualität wie über Shams' »verrücktes« Verhalten aus. Rumi das Manuskript zu entreißen und es in einen Brunnen zu werfen zeugt – nach konventionellen Maßstäben – zumindest von sehr schlechten Manieren. Doch lag diesem exzentrischen und vermutlich sehr spontanen Akt der verborgene Sinn zugrunde, in Rumi den Mystiker zu wecken. Der weitere Verlauf der Ereignisse bestätigt, daß Shams offenbar genau zum richtigen Zeitpunkt eingegriffen hatte.

Während des 15. Jahrhunderts erlangte Scheik Hasan wegen seiner heiligen Verrücktheit unerwünschten Ruhm. Er pflegte durch die Straßen von Delhi zu gehen und zu verkünden, Prinz Nizam sei sein Geliebter – ein unverzeihliches Verhalten, das einen ungeheuren Skandal verursachte. Der Prinz rächte sich, indem er den Scheik mit dem Kopf in einen heißen Schmelzofen stieß. Doch zum Erstaunen des Prinzen überstand der Scheik dies ohne jede Verletzung und zeigte sich außerdem völlig furchtlos. Daraufhin warf Prinz Nizam den *Majzub* in einen Kerker, mußte jedoch bald feststellen, daß sein Gefangener auf rätselhafte Weise verschwunden war.[22] Ähnlich erstaunliche Wundertaten werden auch von anderen Muslim-Heiligen berichtet, unter anderem von Scheik Ala'ul Bala'ul, einem Zeitgenossen von Scheik Hasan. In Delhi und Agra versammelten sich große Menschenmengen, um Zeugen seiner Wundertaten zu werden, insbesondere seiner seherischen und prophetischen Fähigkeiten.

Saiyid 'Ali, ein Sufi des 16. Jahrhunderts, war ebenfalls ein bekannter *Majzub*. Manchmal trug er das Gewand der Sufis, in anderen Situationen war er wie ein Soldat gekleidet. Scheik Kamal, ebenfalls ein *Majzub* des 16. Jahrhunderts und ein unermüdlicher Pilger, warf Steine auf Schaulustige, die seine außergewöhnlichen Fähigkeiten bestaunen wollten. Daß er kein gewöhnlicher Narr war, zeigen seine tiefgründigen Bemerkungen über mystische Themen. Illah-Din von Narnaul lief in zerrissenen Kleidern umher und trug Eisenringe um die Beine. Manchmal stand er regungslos viele Stunden lang auf einem Abfallhaufen. Auch soll er angekettete Gefangene befreit und ihren Platz eingenommen haben.

Der im 17. Jahrhundert lebende Miyan Abud-Ma'ali hatte Frau und Heim verlassen und der Welt entsagt. Er war ein *Malamati*, jemand, der den Pfad des Tadels *(mala)* gewählt hatte, und er hatte seinen Spaß daran, gegen die traditionellen islamischen Gesetze zu verstoßen. Ein weiterer berühmter Sufi-*Majzub* aus der gleichen Region war Muhammad Sa'id Sarmad, ein armenischer Jude, der zum Islam konvertiert war. Der reiche Kaufmann verliebte sich in einen Hindu-Jungen namens Chand. Als die Eltern des Jungen sich seinen Avancen widersetzten, wanderte Sarmad nackt durch die Straßen von Thatta und nannte Abhai Chand seinen Gott. Nachdem er dies mehrere Monate lang getan hatte, erkannten die Eltern des Jungen, daß Sarmads Begehren spiritueller Natur war, und waren fortan von seiner moralischen Untadeligkeit überzeugt. Sie vertrauten ihm Abhai Chand an, und der Junge gelangte später aufgrund seiner vollendeten persischen Poesie zu einer gewissen Berühmtheit. Von jenem Zeitpunkt an trug Sarmad keinerlei Kleidung mehr, es sei denn, er befand sich in Gegenwart des Königs. Dies begründete er mit einem Hinweis auf den Propheten Isaiah, der ebenfalls in seinen letzten Tagen auf jegliche Kleidung verzichtet hatte. Eines von Sarmads Gedichten veranschaulicht sehr treffend das Prinzip der Umkehrung und die Schock-Taktik, die so charakteristisch für heilige Torheit ist:

> Sprich nicht mit jedem über Ka'ba und Tempel,
> Und im Tal des Zweifels geh' nicht wie die Abgeirrten.
> Erlerne die Form der Anbetung von Satan selbst!
> Mache nur Einen zum Objekt der Verehrung,
> beuge dich vor keinem anderen.[23]

Sarmads Exzentrik, insbesondere seine Nacktheit, war und blieb für die Öffentlichkeit ein Stein des Anstoßes, und er ist schließlich unter dem Herrscher Aurangzeb hingerichtet worden. Als der Henker versuchte, dem Verurteilten die Augen zu verbinden, lächelte Sarmad ihn an und sagte: »In welchem Kleid du immer kommst, ich kenne dich.«

Wir finden also im Sufismus eine Form verrückter Weisheit, welche derjenigen der heiligen Narren des Christentums sehr stark ähnelt. Beide Arten von verrückt-weisen Gläubigen suchten das »Königreich Gottes«, ohne sich darum zu kümmern, daß die von ihnen gewählte Lebensweise starken Widerstand in der Öffentlichkeit provozierte. Sie wollten sich von der Abhängigkeit von Dingen befreien (was sich häufig in freiwilliger Armut und einem Vagabundenleben äußerte), sich in Demut üben und sich der geistigen Welt überantworten. Dies verbanden zumindest die christlichen Narren häufig mit strenger Askese. Manchmal brachten diese Narren ihre Mißachtung herkömmlicher weltlicher Anschauungen und Institutionen in Form von absichtlicher Respektlosigkeit und Kritik an der Gesellschaft zum Ausdruck. Doch erwarteten diese Außenseiter keineswegs, daß ihr Tadel und ihre Prophezeiungen ihre Zeitgenossen zu tiefgreifenden Veränderungen veranlassen würden. Vielmehr waren sie auf Diffamierung durch jene Zahllosen gefaßt, die über keinerlei spirituelle Unterscheidungsfähigkeit verfügten, die Dinge und Menschen lediglich aufgrund ihrer äußeren Erscheinung beurteilten und deshalb die Herzensreinheit der Narren nicht erkennen konnten. Man könnte sogar sagen, daß diese heiligen Verrückten ihre Mitmenschen geradezu dazu aufforderten, sie der Unmoral, der Blasphemie und der Verrücktheit zu bezichtigen, weil eine solche Kritik sie zur Intensivierung ihrer Übung strikter Selbstverleugnung anregte. Eine ähnlich waghalsige Vorgehensweise ist auch für die indischen Hindu-Meister der verrückten Weisheit typisch, mit denen wir uns im folgenden Kapitel beschäftigen werden.

# Kapitel 2:
# Verrückte Weisheit:
# Radikale spirituelle Exzentriker
# in verschiedenen religiösen Traditionen

## 1. Avadhūtas, Masts und Bauls:
## Die Helden der indischen Gegenkultur

Indiens Vielfalt religiöser Traditionen ist größer als die jedes anderen Landes der Welt. Unter anderem sind dort auch einige besonders exzentrische Formen religiöser Praxis entstanden, was sicherlich mit der außergewöhnlich toleranten Haltung der Inder gegenüber allen Manifestationen religiösen Strebens zusammenhängt. An der spirituellen Genialität der Hindus, Buddhisten, Jainas und Sikhs wird sicher niemand zweifeln, denn die großen spirituellen Forscher und Lehrer jener Traditionen haben Entscheidendes zum Bemühen der Menschheit um ein Verständnis der Grundlagen ihrer Existenz beigetragen. Zwar sind nicht alle jene bedeutenden Gestalten Meister vom Format eines Gautama Buddha, Nāgārjuna, Vardhamana Mahāvāra, Shankara, Rāmānuja oder Guru Nanak gewesen, doch haben unzählige Pilger versucht, die verborgenen Tiefen der menschlichen Psyche zu erforschen, und dadurch nicht nur das Leben ihrer Zeitgenossen, sondern auch unser heutiges Leben bereichert. Zur Schar dieser spirituellen Reisenden zählen auch die *Avadhūtas* und *Bauls* des Hinduismus.

Das Sanskrit-Wort *Avadhūta* bedeutet wörtlich übersetzt: »Er, der [alles] abgeworfen hat«. *Avadhūtas* nennt man Menschen – gewöhnlich Männer –, die alle gesellschaftlichen Konventionen negieren. Der Avadhūta ist häufig völlig nackt, was seine vollkommene innere Reinheit oder gar »Leerheit« anzeigen soll. Er ist sich dessen, was in der Welt vor sich geht, ganz und gar nicht bewußt, nicht einmal seines eigenen körperlichen Wohls, und in den Augen der Allgemeinheit ist er ein schwachsinniger Idiot. Doch bezeichnet der *Avadhūta* selbst seinen Zustand als »transmental«

*(amanaska)* und erhöht *(unmani)*, was eher auf eine höhere Form des Gewahrseins als auf Idiotie schließen läßt.

Die radikale Entsagung des Avadhūta und seine chamäleonartigen Fähigkeiten, die auf seiner Identifikation mit der transzendenten Realität beruhen, werden in den folgenden Sanskrit-Versen aus dem sechsten Kapitel des *Siddha-Siddhanta-Paddhati* (»Fußabdrücke der Lehren des Adepten«), einer mittelalterlichen Hindu-Schrift, beschrieben.

Es folgt nun eine Beschreibung des *Avadhūta-Yogin.* Sag mir, wer ist dieser sogenannte *Avadhūta-Yogin?* Der *Avadhūta* ist derjenige, der alle Modifikationen der Natur ablegt. Ein *Yogin* ist ein Mensch, für den »Vereinigung« *(Yoga)* besteht. *Dhūta* ist [von] *dhun* (»schütteln«) [abgeleitet], wie in »zittern«; es hat also die Bedeutung von »zittern«. Zittern oder Schütteln [tritt auf, wenn] der Geist sich mit Sinnesobjekten wie Körpern oder körperlichen [Zuständen] befaßt. Nachdem der Geist [diese Sinnesobjekte] ergriffen und sich später wieder von ihnen zurückgezogen hat, ist er, der in die Pracht seines eigenen Reichs *(Dhāman)* versunken ist, frei von Phänomenen und frei von den verschiedenen »Wohnstätten« *(Nidāna)* [d. h. Objekten], die einen Anfang, eine Mitte und ein Ende haben. (1)

Der Klang *Ya* ist die Keimsilbe des Elements Wind; der Klang *Ra* ist die Keimsilbe des Elements Feuer. Nicht verschieden von beiden ist der Klang *Om*, der als die Form des Bewußtseins gepriesen wird. (2)

So wird er klar benannt: Er, der geschoren *(vimundana)* ist durch Abschneiden der ganzen Vielfalt der Bindungen des Leidens, der von allen Zuständen frei ist – er wird *Avadhūta* genannt. (3)

Der *Yogin*, der in seinem Körper mit der glanzvollen Erinnerung an die angeborene [Wirklichkeit] geschmückt ist und für den [die »Schlangenkraft« oder *Kundalinī-Shakti*] aus der »Stütze« [am untersten Punkt der Wirbelsäule] aufgestiegen ist – er wird *Avadhūta* genannt. (4)

[Der *Yogin*, der] fest im Zentrum der Welt steht, frei von allem »Zittern« [d. h. frei von jeder Anhaftung an Sinnesobjekte], dessen Freiheit von Niedergeschlagenheit sein Lendenschurz und Stab ist – er wird *Avadhūta* genannt. (5)

[Der *Yogin*] der die Lehre bewahrt wie die Verbindung der Klänge *Sham* [was] Freude [bedeutet] und *Kham* [was] das höchste Absolute [symbolisiert] im Wort *Shamkha* [»Muschelhorn«] – er wird *Avadhūta* genannt. (6)

Der, dessen Grenze [nichts als] das höchste Bewußtsein ist, dessen Kenntnis des [höchsten] Objekts seine Sandalen sind und dessen »großes Gelübde« sein Antilopenfell ist – er wird *Avadhūta* genannt. (7)

Der, dessen unablässige Abstinenz sein Gürtel ist, dessen Essenz sein gepolsterter Sitz ist [und der] Enthaltung von den sechs Veränderungen [der Natur] [praktiziert] – er wird *Avadhūta* genannt (8)

Er, dessen Licht des Bewußtseins und dessen höchste Glückseligkeit seine Ohrringe sind und der aufgehört hat, mit seiner Mālā zu rezitieren – er wird *Avadhūta* genannt. (9)

Er, dessen Stetigkeit sein Wanderstab ist und [für den] der Raum des höchsten Strahlens *(Para-Akāsha)* seine Stütze ist und [für den] die angeborene Macht *(Nija-shakti)* seine yogische Armstütze *(Patta)* ist – er wird *Avadhūta* genannt. (10)

Er, der selbst Unterschied und Gleichheit [von Welt und Gott] ist, für den die Almosen seine Freude am Geschmack der sechs Essenzen *(Rasa)* sind, dessen Zustand des Angefüllt-Seins [mit der höchsten Wirklichkeit] seine Gottverehrung ist – er wird *Avadhūta* genannt. (11)

Er, der sich mit seinem inneren Wesen in das Undenkbare begibt, in jene entlegene innere Region, und der ebenjenen Ort als sein Untergewand hat – er wird *Avadhūta* genannt. (12)

Er, der [danach strebt], seinen eigenen unsterblichen Körper mit dem Unendlichen zu verbinden, dem Unsterblichen, der allein dies [den Trank der Unsterblichkeit] trinken würde – er wird *Avadhūta* genannt. (13)

Er, der die *Vajri* verschlingt, die in den Verunreinigungen des Verlangens in großer Zahl zu finden sind, und der stark ist wie ein Blitz *(Vajra)* [der nichts anderes ist als] Nicht-Wissen *(Avidyā)* – er wird *Avadhūta* genannt. (14)

Er, der sich stets vollständig in sein innerstes Zentrum wendet und der die Welt mit Gleichmut sieht – er wird Avadhūta genannt. (15)

Er, der sich selbst versteht und der ausschließlich in seinem Selbst weilt, der völlig in Mühelosigkeit verwurzelt ist – er wird *Avadhūta* genannt. (16).

Er, der mit [der Kunst] höchster Ruhe vertraut und mit der Grundlage der Mühelosigkeit ausgestattet ist, der das Prinzip kennt, das aus Bewußtsein und Zufriedenheit gebildet wird – er wird *Avadhūta* genannt. (17)

Er, der die Bereiche des Manifesten und des Nicht-Manifesten verzehrt und der die gesamte Manifestation [der Natur] vollständig verschlingt, während er in seinem inneren Sein verwurzelt ist und die innere Wahrheit [besitzt] – er wird *Avadhūta* genannt. (18)

Er, der fest in seiner eigenen Leuchtkraft verwurzelt ist, der [jener] Glanz der Natur des Strahlens ist, der sich in der Welt mit Spiel *(Līlā)* erfreut – er wird *Avadhūta* genannt. (19)

Er, der sich manchmal Freuden und manchmal der Entsagung hingibt, der manchmal nackt umherläuft oder wie ein Dämon, manchmal wie ein König und manchmal wie ein gutsituierter Bürger – er wird *Avadhūta* genannt. (20)

Er, der von der Essenz des innersten [Selbst] ist, während er unterschiedliche Rollen in der Welt spielt, der mit seiner essentiellen Sicht aller Lehren vollständig zur Wirklichkeit durchdringt – er wird ein *Avadhūta-Yogin* genannt. Er ist ein wahrer *Guru*. Weil er in seiner essentiellen Schau aller Sichtweisen eine [große] Synthese schafft *(Samanvaya)*, ist er ein *Avadhūta-Yogin*. (21)[1]

Die *Avadhūta*-Tradition entwickelte sich nach Beginn der christlichen Zeitrechnung, obgleich es bereits wesentlich früher Vorformen davon gab. Sie wird mit dem halb-mythischen Adepten Dattatreya in Verbindung gebracht, der von seiner Anhängerschaft wie ein Gott verehrt wurde. Nach einer Legende begab sich Dattatreya in einen See, aus dem er nach vielen Jahren in Begleitung einer wunderschönen jungen Frau wieder auftauchte. Seine Jünger ließen sich dadurch nicht beirren, da sie sich der vollkommenen Nicht-Anhaftung ihres Lehrers völlig sicher waren. Um ihr Vertrauen noch stärker auf die Probe zu stellen, trank Dattatreya mit der jungen Schönheit zusammen Wein, was ein unerhörter

Verstoß gegen die Gesetze der Hindu-Gesellschaft war. Auch damit vermochte Dattatreya bei seinen Anhängern nicht den geringsten Zweifel an seiner Integrität zu erregen.[2]

Weil der *Avadhūta* keinerlei Anhaftung hat und seinem Schicksal in der Welt gegenüber gleichgültig ist, hat er keine Frau, keine Kinder, kein Zuhause, keine Arbeit, keine gesellschaftliche Verantwortung und keine politischen Pflichten. Eingetaucht in die Glückseligkeit der Kontemplation über die ewige Grundlage aller Dinge kümmert er sich oft nicht einmal um sein körperliches Wohl. Der moderne Weise Swami Samarth aus Akkalkot, einem Dorf im indischen Bundesstaat Maharashtra, mußte sowohl gefüttert als auch gewaschen werden. Wie so viele andere verrückte Adepten war er auch bekannt für seine häufigen und unerklärlichen Stimmungsumschwünge. Sein Biograph schreibt:

Niemand konnte es wagen, sich über Sri Swami Samarths Wünsche hinwegzusetzen, auch wenn sie manchmal merkwürdig und exzentrisch erschienen. Er verhielt sich sehr launisch und exzentrisch, und es war völlig unvorhersehbar, was er im nächsten Moment tun würde. Manchmal konnte man sich ihm nähern und völlig ungezwungen mit ihm sprechen, so wie man mit der eigenen Mutter spricht, doch in anderen Situationen wirkte er unnahbar und sehr streng. Manchmal sprach er sehr frei und mit großer Liebenswürdigkeit, doch dann wieder schwieg er tagelang.[3]

Ein anderer Adept jüngerer Zeit, Zipruanna, streifte nackt durch die Dörfer des westlichen Indien. Sein Wanderleben war wie bei den Narren um Christi willen ein Symbol für die völlige Nicht-Anhaftung des Entsagenden. Er fühlte sich auf Müllhalden zu Hause, und es machte ihm nicht das geringste aus, inmitten von Exkrementen zu sitzen. Swami Muktananda, der Zipruanna sehr schätzte, fragte diesen einmal, warum er so oft auf Unrat sitze. Der Adept antwortete: »Muktananda, innere Unreinheiten sind viel ekelhafter als dies. Weißt du denn nicht, daß der menschliche Körper ein Sack voller Unrat ist?«[4] Eines Tages soll eine Gruppe englischer Damen, denen Berichte über Zipruannas Heiligkeit zu Ohren gekommen waren, diesen besucht haben. Sie waren schockiert, ihn völlig nackt vorzufinden. Da er die Geziertheit der Damen sogleich bemerkte, nahm er seinen Penis in die Hand, schüttelte ihn und fragte die Besucherinnen, ob dieses »kleine Ding« sie störe. Zipruanna bat Besucher auch häufig um eine Zigarette. Diese zündete er dann an, zog ein paarmal daran, warf sie fort, bat um eine weitere, und dieser Kreislauf wiederholte sich mehrere Male. Er gab keinerlei Erklärung für sein Verhalten, es entsprach keinem nachvollziehbaren logischen Schema. Man könnte es jedoch als Parodie unseres »normalen« Verhaltens verstehen.[5]

Neem Karoli Baba, der im Jahre 1973 starb, ist in spirituellen Kreisen der westlichen Welt durch seinen Schüler Ram Dass (Richard Alpert) bekannt geworden. Ram Dass hat mir gegenüber keinen Hehl daraus gemacht, daß sein Guru einer der umstrittensten verrückten Weisen des modernen Indien gewesen sei und daß manche ihn für einen regelrechten Betrüger gehalten hätten. Ein besonders krasses Beispiel für Neem Karoli Babas exzentrisches Verhalten ist die Geschichte einer seiner Anhängerinnen, einer kinderlosen Witwe, die zu ihm kam und ihre Besorgnis darüber zum Ausdruck brachte, wer für sie sorgen würde, da sie nun alt und alleinstehend sei. Neem Karoli Baba antwortete, er werde ihr Kind sein, setzte sich auf ihren Schoß und begann, an ihren Brüsten zu saugen. Angeblich soll dabei so viel Milch aus ihnen geflossen sein, daß man damit ein ganzes Glas hätte füllen können. Die alte Frau soll nach dieser ›Behandlung‹ nie mehr bereut haben, daß sie keine Kinder hatte.[6]

Neem Karoli Baba lebte zwar die meiste Zeit über sexuell enthaltsam, hatte aber dennoch gelegentlich Sex mit Schülerinnen. Enthaltsamkeit war seiner Meinung nach für Menschen auf dem spirituellen Pfad über weite Strecken notwendig, doch schloß dies für ihn nicht aus, mit einer Frau zusammenzuleben, da eine reine Frau einem Manne helfen könne, Gott sehr schnell zu realisieren. Eine seiner Schülerinnen berichtet über folgenden Vorfall:

> Als er mich zum erstenmal mit in seinen Raum nahm, saß ich bei ihm auf dem Tucket, und er benahm sich wie ein siebzehnjähriger Knabe,

der mich verführen will. Ich kam mir vor, als sei ich fünfzehn und noch unschuldig. Er fing an, mich zu streicheln, und es war bezaubernd, rein. Für einige Augenblicke ließ ich mich mitreißen – dann begann es in mir Alarm zu schlagen: »Halt! Er ist mein Guru. So etwas tut man nicht mit seinem Guru!« Ich rutschte von ihm weg. Maharajji legte den Kopf auf die Seite, sah mich zärtlich an und zog fragend seine Augenbrauen hoch. Er sagte kein Wort, aber sein ganzes Wesen drückte die Frage aus: »Hast du mich nicht gern?«

Aber sobald dieser Darshan vorüber war, wurde ich so krank, daß ich am Abend das Gefühl hatte, mein ganzes Inneres erbrochen und ausgeschissen zu haben. Ich mußte aus dem Ashram getragen werden. Dabei hielten wir vor Maharajjis Raum, damit ich Pranam vor ihm machen konnte. Ich kniete vor dem Tucket nieder und beugte meinen Kopf zu seinen Füßen hinunter – und er trat gegen meinen Kopf und sagte: »Schafft sie hinaus!«

Während der nächsten drei Tage konnte ich kein Glied rühren, aber am vierten Tag fühlte ich mich wieder vollkommen wohl. Und ich hatte viele meiner Reaktionen auf diesen Darshan verarbeitet: Empörung, Verwirrung und so weiter.

So war es beim ersten Mal, und es sollten dann zwei Jahre werden, die ich dort blieb. Während des letzten Monats war ich jeden Tag bei ihm in seinem Zimmer. Das Einvernehmen zwischen uns wurde immer tiefer. In einer gewissen Weise schien er mich in eine Mutter zu verwandeln, und er half mir zu verstehen, daß Sex in Ordnung ist. Manchmal berührte er mich nur an den Brüsten und zwischen den Beinen und sagte: »Das ist mein, das ist mein, das ist mein. Alles ist mein. Du bist mein.« Ihr könnt das nach Belieben interpretieren, aber als diese Darshans zu Ende gingen, war es, als sei er mein Kind. Manchmal hatte ich das Gefühl, ein kleines Baby zu säugen. Obwohl sich seine physische Gestalt nicht änderte, schien er in meinen Armen sehr klein zu werden. Es war eine wundervolle Transformation.[7]

Andere Schülerinnen haben von ähnlichen Begegnungen mit diesem Guru berichtet, die ebenfalls jenen Charakter »infantiler Sexualität« hatten. Neem Karoli Baba liebte sie körperlich und sah dabei in ihnen nicht nur eine hübsche Frau, sondern die kosmische Mutter. Er sagte oft: »Betrachtet alle Frauen als Mütter, dient ihnen wie eurer Mutter. Wenn ihr die ganze Welt als die Mutter anseht, fällt das Ego von euch ab.«[8] In Übereinstimmung mit der tantrischen Tradition glaubte er, daß sexuelle Energie ein Werkzeug für die Umwandlung des Bewußtseins bis hin zur Gott-Verwirklichung sei.

Upasani Baba, der im Jahre 1941 starb, war Arzt, bevor er sich im Alter von vierzig Jahren aus der Welt zurückzog und fortan auf einem Leichenverbrennungsplatz lebte. Er sorgte für großen Aufruhr in der Öffentlichkeit, als er die alte vedische Sitte der »spirituellen Heirat« *(Brahma-Vivaha)* wiederaufleben ließ, indem er nicht weniger als 25 Jungfrauen heiratete. Er war bekannt dafür, daß er sehr offen über Sexualität sprach und sich einer sehr ungehobelten Sprache bediente. Für sein unorthodoxes Verhalten gab er die folgende Erklärung:

Ein *Satpurusna* [gott-verwirklichter Mensch] kann sich einer gepflegten oder einer groben Ausdrucksweise bedienen, schickliche oder unschickliche Dinge erzählen und Menschen liebevoll tätscheln oder sie schlagen. Doch steht es einem Anhänger niemals zu, das, was der Satpurusha tut oder sagt, anzuzweifeln oder auf seine Weise zu interpretieren. Er ist nicht in der Lage, den wahren Grund für das, was der *Sadguru* der wahre Lehrer] sagt oder tut, zu verstehen. Der menschliche Verstand kann in Wahrheit nicht einmal auch nur die Dinge der Welt verstehen... Der Zustand eines *Satpurusha* unterscheidet sich völlig von dem eines normalen menschlichen Wesens; deshalb dienen alle seine Handlungen stets dem Wohle der Welt.[9]

Von 1922 an sperrte sich Upasani Baba eine Zeitlang in einen kleinen hölzernen Käfig ein. Aus seiner schwerverständlichen Erklärung für dieses merkwürdige Verhalten kann man entnehmen, daß er 15 Monate in diesem Käfig blieb, um die Sünden seiner Anhänger zu sühnen. Es war also sein Kreuz von Golgatha.

Swami Nityananda, ein anderer großer indischer Meister, wurde selbst unter Avadhutas mit großer Ehrerbietung behandelt. Er war der Lehrer des weltbekannten Swami Muktananda und spielte auch im Leben von Da Love-Ananda und dessen erstem Lehrer, Swami Rudrananda (»Rudi«), eine wichtige Rolle. Nityananda war stets nur mit einem Lendenschurz bekleidet, und in den ersten Jahren lief er sogar völlig nackt umher. Seine Nacktheit rief das Mißfallen der Öffentlichkeit hervor, und er wurde schließlich von ein paar Dorfbewohnern vor den zuständigen Dorfrichter gebracht. Als dieser ihn fragte, warum er sich weigere, einen Lendenschurz zu tragen, antwortete Nityananda mit der Gegenfrage: »Um was womit zu bedecken?«[10] In seiner Erfahrung war alles ein und dieselbe Wirklichkeit. Doch das traditionelle Rechtssystem war nicht bereit, die Erfahrung der Nicht-Dualität gelten zu lassen. Der Richter befahl den Dorfpolizisten, Nityananda einen Lendenschurz anzulegen. Doch so sehr sie sich auch bemühten, das Tuch an Nityanandas Körper zu befestigen, es soll immer wieder herabgefallen sein. Schließlich bat einer von seinen Anhängern, ein Schneider, Nityananda, den Lendenschurz zu tragen. Daraufhin willigte der Adept ein.

In jener Zeit aß Nityananda nur, wenn er gefüttert wurde. Er war viel umhergezogen und hatte in Höhlen und Wäldern gelebt. Sein Körper war sehr dünn, wirkte jedoch strahlend. Oft stand er über lange Zeit völlig regungslos in einer Baumspitze. Dorfbewohner, die die Heiligkeit des jungen Mannes erkannten, versammelten sich unter dem Baum, und Nityananda segnete sie dann mit einem Blätterregen. Nityananda soll auch viele Wunder bewirkt haben. Einmal ging eine junge schwangere Frau auf der Straße an ihm vorbei. Nityananda lief zu ihr hin und preßte ihre Brüste zusammen. Obwohl die Frau sich diesem Tun nicht widersetzte, eilten Dorfbewohner ihr zur Hilfe. Der junge *Avadhūta* lief rasch davon, rief den Dorfbewohnern aber noch zu, diesmal werde das Kind der jungen Frau nicht sterben. Die Frau bestätigte, daß ihre ersten drei Kinder gestorben seien, als sie ihnen zum ersten Mal die Brust gegeben habe. Da ihr viertes Kind tatsächlich überlebte, schickte das Dorf eine Gruppe los, die den mächtigen Heiligen suchen und ihn ehren sollte.

In jenem Fall hatte Nityananda offenbar einen guten Grund für sein unkonventionelles Verhalten, was man von vielen anderen Situationen nicht behaupten kann. Beispielsweise versteckte er sich als Zwanzigjähriger gern hinter Bäumen, wartete geduldig, bis eine Kuh vorbeikam, und wenn diese einen Kuhfladen fallen ließ, rannte Nityananda zu ihr hin, schnappte den Fladen noch in der Luft und verspeiste ihn.

Bei einer anderen Gelegenheit beschmierte er sich von Kopf bis Fuß mit Exkrementen. Er saß in der Nähe der Latrinen und hatte einen großen Haufen von Exkrementen vor sich aufgeschichtet. Jedesmal wenn einer seiner Anhänger vorbeikam, rief er: »Bombay-Halwa [eine Süßigkeit] – sehr lecker – möchtest du etwas davon essen? Ich kann dir etwas abwiegen.« Zur Bestürzung seiner Anhänger saß er so den ganzen Tag da. Am Abend schließlich ließ er zu, daß man ihn wusch. Als Nityananda später an jenem Abend gewaschen unter seinen Anhängern saß, hielt er seine Handflächen empor und forderte die Anwesenden auf, daran zu riechen: »Feines Pariser Parfüm«, sagte er. Niemand konnte sich das merkwürdige Verhalten des Gurus erklären, bis schließlich einige der Anwesenden zugaben, sie hätten sich gefragt, ob ihr Guru auch Exkremente als Nahrung annehmen würde, wenn sie ihn statt mit normalem Essen damit füttern würden. Am folgenden Morgen kamen alle, um ihn um Vergebung zu bitten.

Einer der wahrhaft großen indischen Heiligen des 19. Jahrhunderts, Sri Ramakrishna, wies ebenfalls einige Züge eines *Avadhūta* auf. In seinen frühen Jahren verehrte er gelegentlich seinen eigenen Penis als den Phallus *(Linga)* des Gottes Shiva, des männlichen Aspekts des Göttlichen. Auch kleidete er sich oft wie eine Frau, um sich mit der universellen Mutter zu identifizieren. Seine Liebe zum weiblichen Aspekt des Göttlichen war so überwältigend, daß er in allen Dingen die Mutter sah. Lange Zeit hatte er Angst, den Verstand zu verlieren.

Berauscht von dieser befreienden Vision der Immanenz der Mutter zerbrach die orthodoxe Metastruktur von Ramakrishnas Denken und Handeln wie ein Bambus in einem Taifun. Der *Brahmin*, der ein paar Jahre zuvor noch aus Furcht vor Verunreinigung seiner Kaste die

Tempel-Opfer nicht angerührt hatte, sammelte nun die nur halb aufgegessenen *Chapatis* und Currys der Unberührbaren und genoß sie, als seien sie das heiligste *Prasad* (Geschenk). Er nahm ein Büschel seines eigenen verfilzten Haars in die Hand und kehrte damit die Hütten der Ärmsten der Armen aus. Wenn er sich gerade auf ein rituelles Nahrungsopfer vor einer Gottheit im Tempel vorbereitete, und eine Katze kam vorbei, hielt er die Opfergabe der Katze hin und sagte: »Möchtest du es nicht nehmen, Mutter?« Er tat so etwas keineswegs, um zu provozieren, um die Verhaltensregeln der Menschen lächerlich zu machen oder um sich vor der Welt mit seiner eigenen befreiten Spiritualität zu brüsten, sondern er tat es, weil das alte und vertraute Universum vor seinen Augen zerfiel.[11]

Obgleich Ramakrishna verheiratet war, waren Sex und Geld in seinen Augen die beiden größten Hindernisse für das spirituelle Leben. Seinen eigenen Lehren gemäß lebte er in völliger sexueller Enthaltsamkeit und Entsagung und sah in seiner Frau, Sarada Devi, sowie auch in allen anderen Frauen die göttliche Mutter. Während seiner spirituellen Ausbildung *(Sādhana)* hatte er eine Lehrerin, die ihn in Tantra initiierte. Bestandteil dieser tantrischen Initiation war ritueller sexueller Verkehr mit einer weiblichen Initiierten. Ramakrishna fürchtete sich sehr davor, eine Frau sexuell zu berühren, doch gehorchte er seiner Lehrerin. Sobald er während des Rituals in physischen Kontakt mit der jungen Frau trat, verfiel er in einen Zustand ekstatischer Vergessenheit und kehrte erst ganz am Ende der Zeremonie wieder in den Zustand des gewöhnlichen Bewußtseins zurück. Später brachte einer von Ramakrishnas Anhängern, der glaubte, die exzessive Religiosität seines Lehrers, seine ständigen Visionen und seine ekstatischen Zustände beruhten auf der Unterdrückung des Sexualtriebs, den Heiligen dazu, ein Apartment in Kalkutta aufzusuchen, in dem mehrere Prostituierte ihn erwarteten, um ihm zu Diensten zu sein. Sobald Ramakrishna klar wurde, in welcher Situation er sich befand, sprach er den Namen der Mutter aus und verfiel prompt in ekstatische Bewußtlosigkeit. Als die Frauen merkten, wen sie vor sich hatten, erschraken sie, denn sie fürchteten, von dem Heiligen verflucht zu werden, weil sie versucht hatten, ihn zu verführen, und baten ihn deshalb unter Tränen um Vergebung.

Bevor Ramakrishna, der ein einfacher Tempelpriester gewesen war, von den brahmanischen Theologen seiner Zeit zu einer lebenden Inkarnation *(Avatāra)* des Göttlichen erklärt wurde, hielten viele ihn für verrückt. Besonders beunruhigt und düpiert fühlten sie sich, weil er so unverhohlen vertraulich mit der Göttin Kali umging. Er betrat das Allerheiligste des Tempels, ohne sich niederzuwerfen, legte sich, offenbar ohne sich seines Tuns bewußt zu sein, auf die geweihte Liege, die für die Göttin reserviert war, und nahm von den Speisen, die ihr dargeboten wurden. Außerdem wurde beobachtet, daß er in dem Tempel, in dem er Dienst verrichtete, statt des Bildes der Göttin seinen eigenen Körper verehrte. Doch gelang es Ramakrishna, den schlimmsten Anfeindungen derjenigen zu entgehen, die seinen inneren Zustand nicht begriffen. Eine seiner überzeugtesten Verbündeten war die Prinzessin Rasmani, über die folgende Geschichte erzählt wird:

Als die Prinzessin eines Tages neben Ramakrishna saß und seinem ekstatischen Gesang lauschte, brach Ramakrishna plötzlich ab, schlug ihr zweimal auf die Wangen und rief aus: »Solche Gedanken, sogar hier!« Die Rani [Rasmani] schwieg, doch ihre Begleiter waren empört und forderten schimpfend die sofortige Entlassung des unverschämten Priesters. Die Rani hatte im Augenblick von Ramakrishnas Verweis geistesabwesend über ein noch nicht abgeschlossenes Gerichtsverfahren sinniert. Sie antwortete ihren Dienern ruhig: »Ihr versteht nicht. Die Göttliche Mutter selbst hat mich gestraft und dadurch mein Herz erleuchtet.«[12]

Nicht alle *Avadhūtas* bringen ihr Desinteresse am konventionellen Leben zum Ausdruck, indem sie sich auf Haufen von Unrat niederlassen oder sich von Abfällen ernähren. Einige demonstrieren dies durch das gegenteilige Extrem, nämlich indem sie in Luxus schwelgen, ohne auch nur das geringste Maß an Anhaftung zu zeigen. Die Anhänger von Narayan Maharaj (1885–1945) behandelten ihren Guru wie einen Kaiser. Er gab jedes Bestreben auf, ein eigenständiges, normales Leben zu führen, und verließ sich völlig auf die Zuneigung seiner Gefolgschaft. Er ließ zu, daß ihn seine Anhänger wie ein lebendes Abbild des Göttlichen behandelten und ihn schmückten und verehrten. Narayan Maharajs Einsiedelei in Maharastra glich einem königlichen Palast. Er hatte eine große Leibwache, mehrere luxuriöse Autos, unzählige kostbare Gewänder und eine gut gefüllte Schatztruhe. Er hielt prunkvoll Hof und gestattete es seinen Anhängern, ihre Hingabe durch großzügige Geschenke zum Ausdruck zu bringen. Sie sahen in ihm eine Art »Supraleiter« zwischen ihren eigenen spirituellen Impulsen und dem Göttlichen. In ihren Augen war er Gott in konkreter und sichtbarer Form. Doch gelegentlich erlebten sie auch, daß Narayan Maharaj selbst die Rolle des Gott-Verehrenden annahm, indem er den Herrn anrief und inbrünstig zu ihm betete.

Wenn wir uns mit den *Avadhūtas* der Vergangenheit und Gegenwart beschäftigen, sehen wir fast unglaubliche Leistungen der Entsagung. Außerdem können wir Verhaltensmuster beobachten, die zumindest nach den Maßstäben der westlichen Psychologie psychotischem Verhalten ähneln. Einige *Avadhūtas*, beispielsweise Sri Ramakrishna, haben sich selbst Gedanken darüber gemacht, ob das, was sie erfahren hatten, nicht zumindest teilweise »krank« gewesen sei. Mit Sicherheit konnten und können sie sich nicht anders verhalten, als sie es tatsächlich taten oder tun, ganz unabhängig davon, ob ihr exzentrisches Verhalten der Unterweisung anderer diente oder nicht. Sie sind (oder waren) in einen neuen Bezugsrahmen eingetreten, in dem die Transzendierung der konventionellen Wirklichkeit an erster Stelle steht. Daß sie die Wirklichkeit auf andere Weise *erfahren*, mag der Grund dafür sein, daß sie auch zu Menschen und Dingen auf unerwartete Weise in Beziehung treten. Sri Rang Avadhoot, der 1968 verstarb, hat einmal erklärt:

Die Welt nennt mich verrückt. Ich bin verrückt, du bist verrückt, die ganze Welt ist verrückt. Wer auf der Welt ist *nicht* verrückt? Trotzdem nennen sie mich verrückt. Manche sind verrückt nach Ansehen und Ruhm. Andere sind verrückt nach Geld. Wieder andere sind verrückt nach Haut. Doch gesegnet ist, wer verrückt ist nach Gott Rama. Ich bin ein Verrückter von jener Art.[13]

Verrücktheit oder psychische Labilität wird insbesondere mit einer anderen Art von spirituellen Verrückten assoziiert: dem *Mast*. Dabei handelt es sich um Menschen, die von ihren spirituellen Erfahrungen so überwältigt sind, daß sie kaum noch ein normales Leben in der Welt führen können. Das Hindi-Wort *Mast* bedeutet so etwas wie »Tölpel«. Doch wird diese Bedeutung der reichen inneren Welt der *Masts*, die trunken vom Göttlichen sind, kaum gerecht. Diese Gottberauschten, die zu Hunderten die Straßen Indiens bevölkern und die manchmal schwer von gewöhnlichen Verrückten zu unterscheiden sind, wurden von einem anderen großen indischen *Avadhūta*, Meher Baba, entdeckt.

Meher Baba erblickte im Jahre 1894 als Merwan Sheriarji Irani das Licht der Welt. Seine Eltern waren Inder persischer Abstammung. Er studierte am Deccan College in Puna und wurde während dieser Zeit im Alter von 19 Jahren unerwartet von einer alten weiblichen Heiligen initiiert, deren Blick und Umarmung ihn in einen Zustand reiner Ekstase versetzten, der neun Monate andauerte. Ein Jahr später empfing er den Initiationssegen von Shirdi Sai Baba, der weithin als Inkarnation des Göttlichen und als großer Wundertäter verehrt wurde. Später suchte Merwan den umstrittenen Upasani Baba auf. Als er gerade die Behausung des Weisen betreten wollte, warf dieser einen Stein nach ihm, der Merwan auf der Stirn traf, und zwar genau an der Stelle, die die alte Frau geküßt hatte. Mehrere Jahre später erklärte Upasani dem jungen Mann, er, Merwan, sei der *Avatāra*, die göttliche Inkarnation dieses Zeitalters.

Kurz darauf begann Merwan, der nun von seinen Anhängern Meher Baba genannt wurde, mit seiner spirituellen Arbeit. Im Laufe der Jahre versammelte er Zehntausende von Anhängern um sich. Viele sahen in ihm den *Avatāra* unserer Zeit. Andere, die sich vielleicht durch seine merkwürdige Physiognomie beirren ließen, hielten ihn für einen Betrüger. Seine prägnante Hakennase legte es nahe, eher an einen Betrüger als an einen Heiligen zu denken.

Außerdem liebte er es zu scherzen, und das war für jene, die Heiligkeit und Humor für unvereinbar hielten, beunruhigend. Meher Baba selbst sah sich als jemanden, der andere aufweckte, weniger als einen Lehrer. Er hatte nicht vor, eine neue Religion zu begründen, und er sprach sogar sehr abfällig über alle organisierten Religionen. Ihm lag an der Wahrheit jenseits aller doktrinären und rituellen Unterschiede, und dies war der Hauptgrund für sein jahrelanges Schweigen. Meher Baba hat einmal gesagt, Worte trieben den Geist nur zur Aktivität an. Ihm hingegen gehe es darum, die Herzen der Menschen für seine universelle Liebe empfänglich zu machen.

Im Jahre 1931 versuchte Mahatma Gandhi Meher Baba zu überreden, zum Wohle der Welt sein Schweigen zu beenden. Gandhi bemerkte, er habe Babas innere Größe gespürt, fügte jedoch hinzu, von Upasani Baba sei er ganz und gar nicht beeindruckt gewesen. Als Meher Baba ihn bat, dies zu erklären, antwortete Gandhi, Upasani Baba habe seinen Lendenschurz abgenommen, ihm seine Genitalien gezeigt und gesagt: »Du bist ein großer Mann; aber was bedeutet mir das! Warum bist du hierhergekommen?«[14] Gandhi, der für seine Prüderie bekannt war, war von der Unanständigkeit des *Avadhūtas* schockiert gewesen. Doch Meher Baba versicherte ihm, Upasani Baba sei einer der »vollkommenen Meister«.

«Wenn ich mein Schweigen breche, wird das eine so gewaltige Wirkung haben, als würden tausend Atombomben zugleich explodieren«[15], schrieb Meher Baba eines Tages auf die kleine Tafel, die er ständig bei sich trug. Er starb im Jahre 1969 im Alter von 75 Jahren, nachdem er 43 Jahre lang ununterbrochen geschwiegen hatte. Viele deuteten seine Ankündigung symbolisch, doch einige sahen darin den Beweis dafür, daß er letztendlich doch alle betrogen hatte.

Obgleich Meher Baba sehr bescheiden lebte, oft fastete und sich häufig in die Abgeschiedenheit zurückzog, ging er mehrmals auf Welt-Tournee. 1932 wurde er in Hollywood wie ein Prinz empfangen, und sein Bild erschien auf der Titelseite aller Zeitungen. Dieser Aspekt von Meher Babas Leben ist ebenso verwirrend wie seine Arbeit mit den indischen *Masts*. Er fing 1924 an, *Masts* zu suchen und Kontakt zu ihnen aufzunehmen, und er setzte diese Arbeit bis Mitte der sechziger Jahre fort.

> *Masts* sind häufig Mohammedaner, aber es gibt auch viele Hindus. Man findet sie fast überall in Indien, einige in Ägypten und in Arabien und sehr wenige in Tibet und Iran...
> Natürlich gibt es viele unechte *Masts* und *Sadhus*. Im Verlauf seiner Suche nach *Masts* und fortgeschrittenen Seelen besuchte Baba im Februar 1948 auch Allahabad, wo alle sechs Jahre ein großes Fest stattfindet, an dem Tausende von Sadhus aus ganz Indien zusammenkommen, um im Zusammenfluß zweier heiliger Ströme, des Jumas und des Ganges, zu baden. An diesem Fest waren unter den ca. 1 Millionen Anwesenden auch schätzungsweise 30 000 Sadhus... Im Laufe des Vormittags besuchte Baba all diese verschiedenen Gebiete und nahm mit ungefähr 4000 Sadhus Kontakt auf. Er sagte den Mandalis nachher, daß von diesen 4000 Sadhus nicht mehr als sieben fortgeschrittene Seelen waren.[16]

Meher Baba schaute sich im Laufe der Jahre viele Tausende von *Masts* an und gab jedem von ihnen, was er für dessen weitere spirituelle Entwicklung für erforderlich hielt. Manchmal dauerte es ziemlich lange, bis er sie überredet hatte, wieder in den Zustand des Körper-Gewahrseins zurückzukehren, damit er ihnen Nahrung geben und sie säubern konnte, bevor er überhaupt anfangen konnte, sie zur Kooperation zu bewegen. Seine Geduld war beispielhaft. Die *Masts*, so erklärte er, hatten nur eine schwache oder überhaupt keine Beziehung zu ihrem Körper. Deshalb waren sie kaum in der Lage, sich um ihre eigene physische Existenz zu kümmern. Nicht allen *Masts* war Meher Babas Initiative willkommen, wahrscheinlich weil sie das Gefühl hatten, er stelle spirituelle Anforderungen an sie. Einer von ihnen weigerte sich sogar, mit Meher Baba auch nur zusammenzutreffen. Er sagte: »Mein Boot wird in jenem Meer untergehen.« Einige zeigten sich zornig, andere waren völlig passiv, und einige wenige verhielten sich wie verspielte Kinder. Von denjenigen, die auf Meher Babas Initiative ansprachen, wurden einige in speziellen Einsiedeleien versammelt, wo es

Menschen gab, die sich um sie kümmerten und sie bei ihrer Suche nach dem Göttlichen unterstützten. Meher Babas besondere Sympathie für die *Masts* hängt teilweise damit zusammen, daß er selbst »das Ertrinken des Geistes in Liebe« erfahren hatte.

Die *Masts* sind keineswegs nur *Verrückte*. Der britische Arzt William Donkin, ein Anhänger Meher Babas, teilt in seinem Buch *The Wayfarers* seine Beobachtung mit, daß die *Masts* nicht die für eine psychotische Störung typische Aura ausstrahlen, sondern ein Gefühl der Liebe und des Glücks.[17]

Eine andere Art von Verrückten in Indien sind die *Bauls*. Das bengalische Wort *Baul* stammt vermutlich vom Sanskrit-Wort *vatula* ab, das buchstäblich die Bedeutung »vom Wind beeinflußt« und somit »verrückt« hat. Es könnte sich aber auch vom Wort *vyakula* – »verwirrt« – herleiten. Einige Gelehrte sehen seinen Ursprung im arabischen Wort *auliya* – »Freund« –, wofür ebenfalls einiges spricht, da die *Bauls* vom Islam beeinflußt worden sind, obwohl sie primär der hinduistischen Kultur entstammen.

Die *Bauls* sind religiöse Exzentriker, die sich weigern, sich einer bestimmten Denkschule zu verpflichten. Sie bezeugen ihre Liebe zum Göttlichen, indem sie singen, tanzen und musizieren. Zu einem normalen weltlichen Leben sind sie nicht in der Lage. Sie sind Fahrende, spirituelle Troubadoure, die – insbesondere in Bengalen – in zerlumpten Kleidern durch das Land ziehen und sich über die Konventionen hinwegsetzen. Als Gruppe tauchten die *Bauls* irgendwann im 14. oder 15. Jahrhundert erstmals auf. Sie gehören jener großen *Bhakti*-Bewegung naiver Gottesverehrung an, die das mittelalterliche Indien überflutete. Ihre Sehnsucht nach dem »Menschen des Herzens«, dem Göttlichen, kommt in Tausenden von Liedern zum Ausdruck, die bis auf den heutigen Tag die Bauern Nordostindiens erfreuen und inspirieren.

Wann werde ich ihn finden, jenen Menschen des Herzens?
Er ist verschwunden.
Auf der Suche nach ihm habe ich Nah und Fern bereist...
Er nimmt meinen Geist gefangen.

Doch wenn ich ihn finde,
wird zumindest mein Geist Frieden finden...
Wenn du weißt, wo er sich verbirgt, dann sei so gut,
und sag mir, wo er ist.[18]

Weil die *Bauls* größtenteils ungebildet waren oder sich nicht die
Mühe machten, ihre Lieder für die Nachwelt zu erhalten, sind die
meisten dieser einfachen, aber äußerst anrührenden Schöpfungen verlorengegangen. Die ältesten ihrer noch bekannten Lieder
stammen aus dem 18. Jahrhundert, und sie sind uns nur münd-
lich überliefert. Sind die introvertierten *Masts* einsame Pilger
auf dem spirituellen Pfad, so sind sich die *Bauls* der zentralen
Rolle der Unterweisung durch einen Guru bewußt. Der Guru
entzündet das Herz des Schülers durch Lieder, bis auch der
Schüler vom göttlichen Wahn ergriffen wird. Ein unbekannter
*Baul* singt:

Verrückt, verrückt,
wir alle sind verrückt.
Warum ist dieses Wort
dann so verpönt?
Wenn du tief in den Strom des Herzens eintauchst,
wirst du sehen,
daß niemand besser ist
als der Verrückte.

Einige sind verrückt nach Reichtum,
andere nach Ruhm.
Einige werden verrückt nach Armut,
andere nach schönen Formen,
dem Geschmack von Gefühlen.
Manche sind verrückt verliebt.
Und einige von denen, die verrückt werden,
lachen oder weinen nur.
Der Glanz der Verrücktheit ist groß.

Verrückt und verrückt!
Verrücktheit wächst nicht auf dem Baum –
doch nur wenn Fälschung und Tatsache bedeutungslos sind –
und alle, da gleich, bittersüß.[19]

Die *Bauls* leben ein entrücktes Leben, in dem die Suche nach Gott
wichtiger ist als alles andere. Jene unter ihnen, die sexuell aktiv
sind, folgen den Lehren des Tantrismus, die die sexuelle Energie
als Manifestation der göttlichen Macht *(Shakti)*, als den weiblichen Aspekt des Absoluten, verstehen.

Eine ähnliche Form verrückter Weisheit, die guruzentrisch und
der Sexualität gegenüber weitgehend positiv eingestellt ist, finden
wir im tibetischen Buddhismus.

## 2. Die verrückten Adepten Tibets

Das Himalaja-Land Tibet, das zwischen dem riesigen chinesischen
Binnenland und der Halbinsel des indischen Subkontinents einge-
zwängt ist, hat eine völlig eigenständige Zivilisation entwickelt,
deren Fortbestehen heute vom kommunistischen China bedroht
wird. Die offizielle Religion des Kirchenstaats Tibet ist ein Zweig
des Buddhismus, das *Vajrayāna* (Diamantfahrzeug).

Der tibetische Buddhismus hat sich aus dem indischen entwickelt, speziell aus dem buddhistischen Tantra. Da sich innerhalb
des tibetischen Tantra eine wichtige Form der verrückten Weisheit
entwickelt hat, wollen wir uns kurz damit beschäftigen, was diese
Lehre beinhaltet. Das Sanskrit-Wort *Tantra* bedeutet »Webstuhl«
oder »Kette«. Die Schriften des hinduistischen und buddhistischen
Tantrismus, die ebenfalls *Tantras* genannt werden, leiten den Begriff von der Verb-Wurzel *tan* ab, die »strecken« oder »ausdehnen«
bedeutet. Sie erklären, mit Hilfe der tantrischen Lehren werde die
transzendente Weisheit *(Jñāna)* ausgebreitet. Philosophisch gesehen ist der Tantrismus also eine Form von Gnosis – ebenso wie der
Vedanta oder der Neuplatonismus. Doch wenn wir den Tantrismus
in einem umfassenderen Zusammenhang betrachten, erkennen

wir, daß er eine gewaltige kulturelle Strömung ist, die viele unterschiedliche Orientierungen und Schulen hervorgebracht und die großen spirituellen Traditionen des Hinduismus, Buddhismus und Jainismus beeinflußt hat.

Seit seinen Anfängen Mitte des ersten Jahrhunderts n. Chr. hat sich der Tantrismus als eine Art neuen Evangeliums verstanden. Seine Schriften behaupten, er eigne sich besonders für das immer noch andauernde *Kali-Yuga,* das »dunkle Zeitalter«, das durch einen immer weiter fortschreitenden Verfall von Moral und Sitte und durch eine zunehmende spirituelle Verarmung gekennzeichnet sei. Um eine spirituelle Lehre zu entwickeln, die der ständig schwieriger werdenden Situation des *Kali-Yuga* gerecht würde, bezogen die Begründer des Tantrismus freizügig Elemente einer Vielzahl bereits existierender Traditionen ein, unter anderem auch solche der Volksreligion und der Magie. Deshalb muß man den Tantrismus als eindeutig synkretistisch bezeichnen.

Ein wichtiges Element des tantrischen Synkretismus ist die Adaptation lokaler Formen der Gottesverehrung. Im Tantrismus wurde das Weibliche zu einem hochstehenden metaphysischen Prinzip in Form von *Shakti* erhoben, dem Macht-Aspekt des Göttlichen. Integraler Bestandteil dieser erneuerten Wertschätzung des Weiblichen war eine Neubewertung der kosmischen Existenz. Während die meisten früher entstandenen nicht-dualistischen Denkschulen die Welt als ein unbedeutendes, wenn nicht gar illusorisches Phänomen ansahen, feierte der Tantrismus den Kosmos als eine Manifestation des Göttlichen, als ein Spiel des weiblichen Aspekts Gottes.

Diese positive Sicht der Welt schloß auch eine positive Einstellung gegenüber den dunklen Kräften der Natur ein. Die meisten spirituellen Pfade versuchen, höhere Werte zu kultivieren, indem sie die Schattenseite der Existenz strikt meiden. Hingegen versteht der Tantrismus Gut und Böse als einander ergänzende Pole des Lebens, die nicht unabhängig voneinander existieren können. Deshalb leugnen die *Tantrikas* – so werden die Praktiker des Tantrismus genannt – auch nicht die »niedere« Natur des Menschen – die »Dämonen« der Psyche: Angst, Wut, Eifersucht, sexuelles Verlangen usw. Für sie ist Sexualität keineswegs nur ein unumgängliches Hindernis, das die Befreiung oder Erleuchtung erschwert, sondern ein integraler Bestandteil des Lebens und ein wichtiges Werkzeug spiritueller Transformation. Die metaphysische Grundlage für diese welt- und lebensbejahende Sichtweise ist die tantrische Anschauung, daß die konkrete Welt, die sich ständig verändert (*Samsara*), und die höchste Wirklichkeit *(Nirvāna)* aus der Sicht des Erleuchteten ein und dasselbe sind, oder, anders ausgedrückt, daß transzendente Wahrheit und relative Wahrheit im Augenblick der Erleuchtung eins werden.

Diese berühmte Gleichsetzung der tantrischen Lehren hat nicht nur eine erstaunliche Wiederbelebung spiritueller Bemühungen bewirkt, sondern leider auch der antinomistischen Ausbeutung dieser Ideen Tür und Tor geöffnet. Dies manifestiert sich besonders in Form sexueller Exzesse selbstsüchtiger Lehrer und ihrer irregeleiteten Schüler. John Blofeld, ein Anhänger des Vajrāyana-Buddhismus, bemerkt hierzu:

Anhänger des Tantrismus müssen der Tatsache ins Auge sehen, daß ihre Stellung zum Leben einen weiten Raum für Mißbrauch und Verleumdung läßt. Wenn man seinen geistigen Wert bemessen will, muß man im Sinn behalten, daß der tantrische Weg nicht für Sünder, sondern Heilige ist. (...) Den Anhängern ist es verboten, von der üblichen Moral der Buddhisten abzuweichen, bis sich ihr Benehmen tatsächlich von der Begierde abgewendet hat, um die Leere der Gegensätze zu erfahren. Sie dürfen niemals ihr ursprüngliches Ziel aus dem Auge lassen. Fortgeschrittene Schüler können tun, was ihnen gut erscheint, unabhängig von den normalen Verhaltensmaßregeln. Der Gedanke, daß ein Beobachten der Regel notwendig gut oder ein Überschreiten unbedingt schlecht ist, würde eine Bindung an den Dualismus bedeuten, der überwunden werden soll. (...)
Ein solches Verhalten wird unvermeidlich von einigen Seiten verurteilt werden. Schmutzige Menschen beurteilen andere nach ihrem eigenen Standpunkt, indem sie schlechte Motive aus jeder beliebigen Handlung herauslesen. Heuchler werden gern ihre eigenen Laster in jedem unkonventionellen Tun eines Menschen erblicken, der

ernsthaft geistigen Fortschritt sucht. Es ist schwierig, sie davon zu überzeugen, daß andere aus edlen Antrieben handeln. Ein wahrer Schüler aber wird nicht durch fehlgeleitete Kritik beunruhigt werden.[20]

Daß Blofelds Kommentar seine Berechtigung hat, werden wir verstehen, wenn wir uns mit den Geschichten über tibetische Meister wie Marpa, Tilopa und Drukpa Künley beschäftigen. Ihr unkonventionelles Verhalten wirkte und wirkt auf die meisten Menschen, die diese ganze Ideenwelt nicht kennen, höchst exzentrisch oder sogar unmoralisch. Doch versichern die tibetischen Quellen uns immer wieder, daß die von verrückter Weisheit bestimmten Handlungen dieser teilweise sehr ungewöhnlichen Meister nicht ichhaften Motiven entsprungen seien, sondern dem Wunsch, die tantrische Weisheit über die nahtlose Verbindung zwischen Endlichem und Unendlichem zu demonstrieren und zu vermitteln.

Die tantrischen Lehren des Buddhismus gelangten erstmals im 7. Jahrhundert n. Chr. nach Tibet. Sie stellten die einheimische schamanistische Bön-Religion in Frage und lösten sie (zumindest teilweise) ab. Die Tibeter verehren den indischen Meister und Dämonenbezwinger Padmasambhava (»der Lotus-Geborene«), der im 8. Jahrhundert wirkte, als den Begründer der älteren tibetischen Vajrayāna-Tradition. Sie nennen Padmasambhava *Guru Rinpoche*, den »kostbaren Guru«. Die Anhänger der von ihm begründeten Schule tragen den Namen *Nyingmapa*. Die Nyingma-Schule hat viele Lehren und Übungen aus der Bön-Tradition übernommen, und ihre Schülerinnen und Schüler, die häufig verheiratet sind, praktizieren eine Vielzahl magischer Rituale.

Heute stellt die »reformierte« und eher konservative Gelugpa-Schule, die im 15. Jahrhundert n. Chr. von Tsongkapa begründet wurde, das geistige und politische Oberhaupt der Tibeter. Sie führt ihre Ursprünge bis auf Atisha, einen Meister des 11. Jahrhunderts, zurück. Bei den Gelugpa steht die Einhaltung des Mönchsgelübdes mit seinem strengen Moralkodex und die intellektuelle Auseinandersetzung mit der buddhistischen Lehre im Vordergrund, und sie lehnen die starke Betonung magischer Rituale, die für die übrigen

Schulen charakteristisch ist, ab. Eine weitere wichtige Schule ist die der Kagyüpa, deren Lehrtradition bis auf Marpa und seinen berühmten Schüler Milarepa zurückgeht. In dieser Schule spielt strenge Askese die wichtigste Rolle.

In allen drei genannten Schulen ist *Guru-Yoga* von zentraler Bedeutung. Diese Übung reicht von der ehrfürchtigen Haltung dem persönlichen Lehrer gegenüber bis hin zu komplizierten Visualisierungsübungen, bei denen es zur meditativen oder sogar ekstatischen Identifikation mit dem Guru (im Tibetischen *Lama* genannt) kommt, der als das höchste Prinzip der Existenz erfahren wird. Anhänger des Vajrayana streben an, ihren persönlichen Lehrer als identisch mit dem ursprünglichen Buddha zu erfahren. Der Guru ist die Quelle der spirituellen Übermittlung, und im tibetischen Buddhismus herrscht die Ansicht, daß man Befreiung oder Erleuchtung ohne einen solchen persönlichen Lehrer nicht erreichen kann.

Ebenso wie in anderen Traditionen gibt es auch im Vajrayāna die unterschiedlichsten Lehrer. Einige lehren mehr durch ihr eigenes Beispiel und durch geistige Übermittlung als durch verbale Instruktion oder durch Verhaltensanweisungen, während andere lehren, indem sie direkt in das Leben der Schüler eingreifen. Die Adepten der verrückten Weisheit gehören zur letzteren Kategorie. Es gibt viele historische und zeitgenössische Beispiele für tibetische Lamas, die ihre angehenden Schüler schweren Prüfungen unterzogen, wobei körperliche Züchtigung keine Seltenheit war. Allerdings verhalten sich heute viele, um den Fortbestand ihrer Lehren zu sichern, zumindest westlichen Schülern gegenüber gemäßigter. In früheren Zeiten mußten angehende Schüler schwierige Prüfungen durchstehen, bevor sie von einem tibetischen Meister angenommen wurden. Und nach der formellen Initiation wurden die Prüfungen sogar noch schwerer. Die Ich-Persönlichkeit wird in keiner spirituellen Schulung geschont Der Lehrer erfüllt ja gerade die Funktion, jeden Rückzug in eine ichzentrierte Existenz unmöglich zu machen. Dabei gehen einige Gurus zweifellos extremer und schonungsloser vor als andere.

Die klassische tibetische Geschichte über Marpa, einen berühmten Meister des 11. Jahrhunderts, und seinen Schüler Milarepa beschreibt das Ideal der traditionellen Schülerschaft und veranschaulicht außerdem den Hang mancher Vajrayāna-Gurus zu verrückt-weisem Verhalten.

Milarepa (»der in Baumwolle Gekleidete«) hatte seinen Lebensunterhalt als Zauberer verdient, bevor er Marpa, den Übersetzer, darum bat, ihn in die esoterischen Lehren des Buddhismus einzuweihen. Da der junge Milarepa mittellos war, ließ Marpa ihn hart für seinen Lebensunterhalt arbeiten. Trotzdem verweigerte er ihm auch dann noch die Initiation, weil Milarepa in seinen Augen kein angemessenes Honorar für die Zeremonie aufbringen konnte. Schließlich versprach Marpa, Milarepa zu initiieren, wenn dieser für ihn schwarze Magie anwenden würde; er sollte ein paar räuberische Bergbewohner verhexen, die einige von Marpas Schülern beraubt hatten. Schweren Herzens gehorchte Milarepa der Aufforderung seines zukünftigen Lehrers und fügte den Räubern schweren Schaden zu. Doch Marpa »belohnte« Milarepa, indem er ihn wegen seiner verwerflichen Zauberei ausschimpfte und sich weigerte, ihn in den Lehren des Buddha zu unterrichten. Am nächsten Morgen jedoch entschuldigte Marpa sich bei Milarepa wegen seines Wutausbruchs und versprach ihm die Initiation, sobald er auf einer nahe gelegenen Hügelkette ein kreisrundes Haus errichtet hätte.

Milarepa bemühte sich, das Gebäude so schnell wie möglich fertigzustellen. Als etwa die Hälfte der Arbeit getan war, fand Marpa einen an den Haaren herbeigezogenen Grund dafür, daß Milarepa das halbfertige Gebäude wieder abtragen und jeden Stein wieder an den Platz zurückbringen sollte, wo er zuvor gelegen hatte. Dann trug Marpa Milarepa auf, an einer anderen Stelle ein halbmondförmiges Gebäude zu errichten. Als dieses allmählich Form annahm, änderte der Lehrer wiederum seine Meinung. Diesmal bat er den getreuen Schüler, ein Haus in Dreiecksform zu errichten. Nur wenig später jedoch tadelte er Milarepa, er vergeude seine Zeit mit dem Bau eines so unschönen Gebäudes, und befahl ihm, es Stein für Stein wieder abzutragen.

Mittlerweile litt Milarepa unter starken Rückenschmerzen, beklagte sich jedoch nicht. Unverhofft fand er in Marpas Frau, Damema, eine Verbündete. Sie legte bei ihrem Mann ein gutes Wort für Milarepa ein, doch sie stieß auf taube Ohren. Dann fing Marpa an, seinem Schüler Scheinunterweisungen zu geben, wobei er andeutete, Milarepa werde ohnehin nicht zu einer nennenswerten spirituellen Verwirklichung gelangen. Einige Tage später versprach Marpa Milarepa erneut, ihm wichtige Initiationen zu geben, wenn er zuvor an der Stelle, wo er beim erstenmal mit dem Bauen begonnen hatte, ein rechteckiges Gebäude errichten würde. Milarepa hatte bereits das zweite Stockwerk errichtet, als Marpa auftauchte, um sich über den Stand der Dinge zu informieren. Dabei fiel ihm auf, daß sein Schüler einen besonders schweren Felsbrocken als Eckstein verwendet hatte. Als er Milarepa fragte, wie er es geschafft habe, diesen zu bewegen, antwortete dieser, andere Schüler hätten ihn herbeigeschafft, um sich einen Spaß zu machen. Marpa forderte ihn wutentbrannt auf, den Felsbrocken sofort wieder zu entfernen, wobei ihm natürlich klar war, daß dazu das ganze Gebäude wieder abgetragen werden mußte. Milarepa erinnerte seinen Guru flehentlich an sein Versprechen, dieses letzte Gebäude nicht zerstören zu lassen. Doch Marpa entgegnete wütend, er habe ihn ja nur aufgefordert, diesen einen Felsblock zu entfernen. Also machte sich Milarepa erneut daran, sein eigenes Werk zu vernichten, und er schaffte es sogar, den gewaltigen Felsblock ohne fremde Hilfe zu entfernen. Anschließend baute er das Haus mit sieben Stockwerken von neuem auf.

Milarepa war sich nun sicher, daß er die begehrte Initiation und Unterweisung erhalten würde. Doch Marpa hatte sich noch eine weitere grausame Prüfung für ihn ausgedacht. Er erklärte sich bereit, seinen Schüler zu initiieren, sofern er ein angemessenes Honorar dafür erhielte. Er schlug Milarepa, schleifte ihn an den Haaren durch das Haus und warf ihn hinaus. Am folgenden Tag befahl er dem deprimierten Milarepa, dem bereits fertiggestellten Haus noch einen Anbau hinzuzufügen, wofür er ihm nun endgültig die gewünschte Initiation versprach. Schweigend machte Milarepa sich an die Arbeit, und er hatte das Werk fast vollendet, als eine Initiationszeremonie anberaumt wurde. In der Hoffnung, daß sein Guru seine Ergebenheit endlich anerkennen werde, bat er ihn erneut um Unterweisung. Als Marpa ihn daraufhin fragte, ob er das dafür notwendige Honorar aufbringen könne, bot Milarepa ihm verschiedene Gegenstände an, die Marpas Frau heimlich für ihn beschafft hatte. Das versetzte Marpa in eine solche Wut, daß er handgreiflich wurde und seinen Schüler mit Fußtritten aus dem Haus beförderte.

Nach diesem Ereignis war Milarepa kurz davor, sich umzubringen. Die Haut seiner Hände und Beine war rissig, und unzählige Wunden bedeckten seinen ganzen Körper. Hoffnungslosigkeit senkte sich wie eine schwarze Wolke auf ihn. Scheinbar unberührt vom inneren Zustand seines Schülers kam Marpa am nächsten Tag zu ihm und forderte ihn auf, den Anbau des Gebäudes fertigzustellen. Milarepa begann erneut mit der Arbeit, doch verweigerte sein geschundener Körper angesichts der neuen Belastung seinen Dienst. Daraufhin unternahm Damema, die wütend darüber war, daß ihr Mann den tapferen jungen Mann so schlecht behandelte, mehrere Versuche, Milarepas Initiation durchzusetzen. Doch auch ihre Bemühungen waren vergeblich.

Da Milarepa überzeugt war, daß sein Lehrer ihn niemals in die höheren Lehren initiieren werde, wenn er kein Honorar aufbringen könne, stahl er sich davon. Damema hatte ihm einen gefälschten Brief mitgegeben, aufgrund dessen Milarepa die gewünschte Initiation von einem von Marpas Schülern erhalten sollte. Milarepa verschaffte sich die Initiation tatsächlich durch diese List, doch half ihm dies in seinen Bemühungen um Erleuchtung auch nicht weiter. Marpa hatte inzwischen von seiner Frau erfahren, was geschehen war, und forderte seinen eigensinnigen Schüler zur Rückkehr auf. Als Milarepa bereitwillig zu seinem Guru zurückkam, jagte Marpa ihn wütend davon und gestattete es ihm tagelang nicht, sich ihm zu nähern. Schließlich änderte sich Marpas Stimmung. Mit Tränen in den Augen lobte er die Tapferkeit seines geliebten Schülers und lieferte ihm eine Erklärung für seine ständigen Wutanfälle. Heiliger Zorn, so erklärte er, sei etwas anderes als gewöhnliche Wut. Er diene dazu, das Herz des Schülers mit Reue zu erfüllen, wodurch sein spirituelles Wachstum gefördert werde. Marpa sagte auch, wenn es ihm gelungen wäre, Milarepa noch ein weiteres Mal zur völligen Verzweiflung zu bringen, wäre der Schüler mit Sicherheit augenblicklich erleuchtet worden. Er sei nur deshalb nicht von allen seinen Sünden gereinigt worden, weil seine Frau unangebrachtes Mitleid mit ihm empfunden habe. Dann versprach Marpa, ihn nun zu initiieren, so daß er noch in diesem Leben zur Erleuchtung käme.

Es ist allgemein bekannt, daß Milarepa später einer der berühmtesten Yogis und Heiligen Tibets wurde. Im Gegensatz zu seinem Lehrer, der mit seiner Frau zusammenlebte und ein großer Gelehrter war, zog Milarepa das einsame Leben eines Eremiten in einer Höhle vor, und obgleich er überragende Poesie verfaßte, gab er sich nicht mit dem Ansammeln von Buchwissen ab. Da Milarepa die sechs großen Yoga-Praktiken des Naropa beherrschte, überlebte er die eisigen Winter im Himalaja, obwohl er nur ein dünnes Baumwollgewand trug und oft sogar dieses ablegte. Sein Biograph berichtet, als Milarepa einmal von seiner Schwester besucht und von ihr gebeten wurde, seine Blöße zu bedecken, habe er geantwortet, er empfinde nicht die geringste Scham darüber, daß er als Mann geboren sei und den Pfad der Wahrheit als Mann entdeckt habe. Dennoch nahm er das Tuch an, das sie ihm mitgebracht hatte, und stellte daraus jeweils separate Umhüllung für seine Genitalien, seine Finger, seine Zehen und für seinen Kopf her. Als seine Schwester ihn später noch einmal besuchte, tadelte sie ihn wegen seiner Frivolität sowie dafür, daß er das Tuch zerschnitten hatte. Milarepa erklärte ihr daraufhin, daß er seine Genitalien nicht habe abschneiden können. Nur weil sie bei deren Anblick Scham empfunden habe, habe er darin eingewilligt, sie zu bedecken. Doch habe er sich entschlossen, seine übrigen Gliedmaßen ebenfalls zu bedecken, da auch sie Teile des gleichen Körpers seien. Dann stimmte er spontan einen Gesang an, in dem er ihr erklärte, am Körper sei nichts, dessen man sich schämen müsse. Das einzige, dessen man sich schämen müsse, sei ein unreiner Geist – verunreinigt durch Lüsternheit, Täuschung, Diebstahl und Gemeinheit. Ohne sich von der materialistischen Geisteshaltung seiner Schwester beirren zu lassen und bestimmt von seinem großen Mitgefühl, bat er sie, eine Zeitlang bei ihm zu bleiben, auf daß ihr Herz sich spirituellen Idealen zuwende. Dies geschah tatsächlich. Die Härten, die Milarepa unter seinem Lehrer Marpa erlebt hatte, hatten offenbar Wunder bewirkt.

Daß Marpa anderen Schülern gegenüber ähnlich hart war, zeigt die Geschichte von Ngokton. Dieser bat Marpa um die Initiation in besonders geheime Lehren und mußte ihm als Gegenleistung dafür seinen gesamten Besitz vermachen. Marpa ließ ihn sogar noch einmal in seine Heimatprovinz zurückkehren, um eine alte lahme Ziege zu holen, die er zurückgelassen hatte. In Marpas überlieferter tibetischer Biographie heißt es, er sei ein sehr wildes Kind gewesen und sehr leicht wütend geworden. Sogar seine eigene Familie habe sich vor seinen Wutanfällen gefürchtet und ihn zum Studium zu einem weit entfernt lebenden Lehrer geschickt. Offenbar ermöglichte gerade diese so überaus starke aggressive Energie Marpas überragende spirituelle Entwicklung sowie seine letztendliche Befreiung im Alter von 88 Jahren.

Auch Marpas eigene Studienzeit war nicht leicht gewesen. Da er in seinem Heimatland keine Möglichkeit sah, die tantrischen Lehren zu studieren, lernte er Sanskrit und andere indische Sprachen und machte sich auf die schwierige und gefährliche Reise von Tibet nach Indien, um Schüler des bekannten Adepten Naropa zu werden. Nachdem dieser Marpa willkommen geheißen und ihm einige Unterweisungen gegeben hatte, schickte er ihn zu Kukkuripa. Dieser hatte durch seine Liebe zu einem streunenden Hund, für den er die Freuden des Paradieses aufgegeben hatte, die Erleuchtung erlangt. Doch wie die Legende berichtet, stellte sich später heraus, daß jener Hund die Göttin selbst war. Kukkuripa wird als einer der 84 großen Mahāsiddhas des nördlichen Buddhismus verehrt.

Zwei Wochen später kam Marpa an Kukkuripas Wohnort an, konnte ihn jedoch nirgendwo finden. Doch sah er eine menschliche Gestalt unter einem Baum sitzen. Der Mann trug seinen Kopf unter einem Arm, und er war von Kopf bis Fuß mit Federn bedeckt. Als Marpa diese merkwürdige Gestalt fragte, ob sie Kukkuripa sei, mußte er wüste Beschimpfungen über sich ergehen lassen. Der Fremde sagte, es gebe hier keinen Kukkuripa. Allmählich wurde Marpa klar, daß dieser verrückte Vogelmann niemand anders als der große Adept selbst war. Daraufhin näherte er sich ihm ehrerbietig und erwähnte, Naropa habe ihn geschickt, auf daß er von Kukkuripa Unterweisungen erhalte. Nun fing Kukkuripa an, sich auch über Naropa lustig zu machen. Er sagte, Naropas Wissen sei absolut lächerlich, weil er keinerlei Erfahrung in den höheren Formen der Meditation habe. Marpa war verblüfft, ließ sich jedoch durch die Beleidigung seines geliebten Lehrers nicht von seinem Vorhaben abbringen und verhielt sich dem verrückten Weisen gegenüber weiterhin respektvoll. Wenig später gab Kukkuripa zu, was er über Naropa gesagt habe, sei nicht ernst zu nehmen, denn dieser sei in Wahrheit ein großer spiritueller Meister, der Marpa durchaus selbst die gewünschten Unterweisungen hätte geben können.

Marpa reiste insgesamt dreimal nach Indien. Die Zeit zwischen diesen Reisen verbrachte er mit harter Arbeit, um Naropa und anderen Lehrern für weitere Unterweisungen Gold anzubieten. Erst während seiner letzten Reise erhielt er die höchste Initiation. Als er in Indien ankam, erfuhr er, Naropa habe seinen irdischen Körper verlassen. Doch Marpa konnte dies nicht akzeptieren und machte sich, geleitet von Visionen, auf die Suche nach seinem Lehrer. Tatsächlich soll Naropa ihm in physischer Form erschienen sein. Er lehnte es ab, Marpas Goldopfer anzunehmen, doch als der Schüler es ihm unbedingt geben wollte, verstreute Naropa es achtlos im Wald. Dann gab er Marpa ein letztes Mal Unterweisungen, machte ihn zu seinem Nachfolger und schickte ihn zurück nach Indien.

Wenn uns schon Milarepas und Marpas Schicksal als Schüler bewegt, so übertreffen die Prüfungen, die Naropa als Schüler von Tilopa über sich ergehen lassen mußte, jegliches Vorstellungsvermögen. Obgleich es sich bei Naropas Geschichte vermutlich eher um eine Fiktion mit pädagogischem Hintergrund und um eine innere Biographie als um einen Tatsachenbericht handelt, ist ihr tiefer Symbolismus doch typisch für jene Art der Unterweisung, die als verrückte Weisheit bezeichnet wird.

Naropa (1016–1100 n. Chr.) war ein berühmter buddhistischer Gelehrter seiner Zeit. Er war acht Jahre lang Abt der bekannten buddhistischen Universität Nalanda. Im Alter von 51 Jahren gab er plötzlich das Gelehrtenleben und damit auch alle weltlichen Ehren auf und widmete sich völlig seiner spirituellen Entwicklung. Er machte sich auf die Suche nach seinem Lehrer, Tilopa, der ihm in einer Vision erschienen war. Wie in Trance und geleitet durch Visionen reiste Naropa durch das Land. In einem Zustand äußerster Verzweiflung beschloß er schließlich, sich das Leben zu nehmen. Genau in diesem Augenblick tauchte Tilopa auf.

Doch das war erst der Anfang der Prüfungen, die Naropa auf seinem spirituellen Weg durchstehen mußte. In seiner überlieferten Biographie heißt es, Tilopa habe ihm zwölf Aufgaben gestellt, allesamt unvorstellbare Akte der Selbstverleugnung. Jede dieser Aufgaben beinhaltete eine spezielle Form der Unterweisung über die Leerheit der Existenz, und jede hinterließ Naropa mit geschundenem Körper oder mit gebrochenem Herzen. Doch jedesmal erweckte Tilopa seinen geliebten Schüler wieder zu neuem Leben. Ohne auch nur einen Augenblick lang nachzudenken (eine Möglichkeit, die Tilopa immer offenließ), erfüllte Naropa die Forderungen seines Lehrers: Er sprang von einem Dach und in ein Feuer; er ließ sich halb zu Tode prügeln, weil er bei den gleichen Leuten zweimal gebettelt hatte; er ertrank beinahe bei dem Versuch, eine Brücke über einen zugefrorenen Teich zu bauen; er ließ zu, daß Tilopa ihm mit einem brennenden Stab schwere Verbrennungen zufügte und ihn dabei auch noch mit sanfter Stimme fragte, wie er sich fühle; er jagte einem imaginären Mann hinterher, einem Phantom, das sein Lehrer kraft seiner übernatürlichen Fähigkeiten geschaffen hatte, bis er vor Erschöpfung dem Tode nah war; er ließ sich fast bewußtlos schlagen, weil er einen Priester und dessen junge Braut geschlagen hatte, und später dafür, daß er das gleiche mit einem Prinz und sogar mit dem König und seiner Königin getan hatte; und als sein Lehrer ihn dafür tadelte, daß er eine sexuelle Beziehung zu einem Mädchen unterhalten hatte – was er allerdings nur auf die ausdrückliche Aufforderung Tilopas hin getan hatte –, kastrierte er sich. Später wurde seine spirituelle Hingabe einer noch schwereren Prüfung unterzogen, als Tilopa das betreffende Mädchen für sich beanspruchte und die junge Frau schlug, weil sie lieber mit Naropa zusammensein wollte. Schließlich soll Naropa seinen Körper zerstückelt und auf Tilopas Geheiß einen heiligen Kreis (ein *Mandala*) daraus geformt haben. Naropa soll durch Tilopas Gnade die höchste Verwirklichung erlangt haben. Sowohl Naropa als auch Tilopa wurden in das tibetische Pantheon der 84 Mahāsiddhas[21] aufgenommen.

Zu diesen *Mahā-siddhas* (»großen Adepten«) zählen auch Saraha, Kānha und der schöne Kālapa, der es nicht mehr ertragen konnte, daß die Leute ihn ständig anstarrten und der sich deshalb auf einen Bestattungsplatz zurückzog und zu einem heiligen Verrückten wurde. Zu der illustren Gruppe der Mahāsiddhas zählen zudem vier weibliche Adepten, von denen die berühmtesten Lakshmīnkarā und Manibhadrā sind. Die Erstgenannte war eine Prinzessin, die wahrscheinlich im 7. oder 8. Jahrhundert gelebt hat. Sie war eine Initiierte des buddhistischen Tantrismus und wurde, als sie gerade auf dem Weg zu ihrem zukünftigen Ehemann war, vom Bedürfnis nach Entsagung überwältigt. Deshalb verschenkte sie ihren gesamten Besitz, schloß sich in einen Raum ein, legte ihre Kleider ab und bestrich ihren ganzen Körper mit Öl und Kohlenstaub. Von diesem Zeitpunkt an behandelte der königliche Haushalt sie wie eine Verrückte. Sie schlief auf dem Bestattungsplatz und lebte von Abfällen. Nach sieben Jahren wurde sie erleuchtet. Ihre Vollendung wurde entdeckt, als ihr Schwiegervater sich während einer Jagd verirrte und zufällig zu Lakshmīnkarās Hütte kam. Als er sie fand, saß sie in vollkommener Ruhe da, und ihr Körper war von Licht umgeben.

Manibhadrā, die andere Adeptin, wurde von Kukkuripa initiiert, mit dem wir bereits Bekanntschaft gemacht haben. Als sie noch ein junges Mädchen war, stahl sie sich eines Nachts aus dem Haus ihrer Eltern davon, um Kukkuripa auf dem Bestattungsplatz aufzusuchen. Sieben Tage später kehrte sie, nachdem sie in die tantrischen Geheimnisse eingeweiht worden war, zu ihren Eltern zurück. Die Tracht Prügel, mit der ihre Eltern sie empfingen, ließ sie ruhig über sich ergehen und teilte ihnen dann mit, sie habe ihren Guru gefunden und werde ihr Leben von nun an dem Ziel widmen, noch in diesem Leben die Befreiung zu erlangen. Ihre Eltern waren ratlos, fügten sich jedoch schließlich ins Unabänderliche. Ein Jahr danach kam ihr Verlobter, und zur Überraschung aller folgte sie ihm bereitwillig und wurde eine mustergültige Ehefrau. Doch eines Tages, als sie auf dem Rückweg vom Fluß war, stolperte sie und zerbrach ihren Krug. Gleichzeitig zerbrach irgend etwas in ihrem Inneren. Stundenlang starrte sie die Scherben des Krugs an und hörte nicht einmal die besorgten Worte ihres Mannes. Am Ende jenes Tages schließlich stand sie strahlend auf. Sie hatte die vollkommene Erleuchtung erlangt – zwölf Jahre nachdem Kukkuripa sie initiiert hatte. Diese Geschichte will offensichtlich vermitteln, daß die höchste Verwirklichung Ehefrauen, die ihre häuslichen Pflichten treu erfüllen, keineswegs verschlossen ist. Doch demonstriert sie andererseits auch, daß selbst eine eher unspektakulär wirkende *Sādhana* (»spirituelle Disziplin«) ein Element des Unkonventionellen enthält. Manibhadrās »Verrücktheit« manifestierte sich also zunächst auf eine relativ harmlose Weise zu Beginn ihres spirituellen Lebens – in Form des siebentägigen Aufenthalts bei Kukkuripa und des Jahres abstrakter Kontemplation im Haus ihrer Eltern – und dann später wieder während der wenigen Stunden, die ihrem letztendlichen Erwachen vorangingen.

Saraha, von dessen belehrenden Liedern *(Dohas)* uns einige erhalten geblieben sind, lebte gegen Ende des 13. und Anfang des 14. Jahrhunderts in Südindien. Er war als Brahmane geboren, wurde jedoch später in die Geheimnisse des buddhistischen Tantra initiiert, und er nahm den Mönchsnamen Rāhula an. Eines Tages gaben ihm die Frauen seiner vier Brüder einen Krug Bier. Nachdem er sich eine Zeitlang dagegen zur Wehr gesetzt hatte, trank er den Krug schließlich leer und hatte daraufhin eine Vision von einem *Bodhisattva*, der ihn bat, eine gewisse in der Nähe wohnende Pfeilmacherin zu besuchen. Rāhula machte sich sofort auf den Weg zu jener Frau und schaute ihr zu, wie sie kunstfertig einen Pfeil herstellte und diesen dann auf eine Zielscheibe abschoß. Als er die Frau fragte, ob es ihr Beruf sei, Pfeile herzustellen, gab sie ihm eine kryptische Antwort, die besagte, die Lehren des Buddha könne man nur mit Hilfe von Symbolen und Handlungen verstehen, nicht durch Worte und Bücher. Da von ihrer Botschaft eine starke Kraft ausging, verstand Rāhula die tiefe Bedeutung. Damit war er unwiderruflich in den Strom eingetaucht, der ihn zur Erleuchtung führen sollte. Aufgrund seines durchdringenden Verständnisses der Wirklichkeit wurde er schließlich Saraha genannt, ein Name, der sich von zwei Sanskritworten herleitet: *sara* – »Pfeil« und *han* – »töten«, was insgesamt bedeutet: »Er, der den Pfeil ins Ziel geschossen hat.«

Saraha blieb eine Zeitlang bei jener Frau, was in den Dörfern einen nie versiegenden Strom von Gerüchten auslöste. Während der tantrischen Rituale, die beide gemeinsam ausführten, sang er und genoß köstliche Speisen und Getränke. Der Skandal wurde am königlichen Hof bekannt, und der König schickte eine Delegation zu Saraha, die von seinen vier Brüdern angeführt wurde und die ihn dazu bringen sollte, von seinem empörenden Verhalten abzulassen. Sarahas Antwort war, daß er den Abgesandten sechzig Verse zu Ehren des makellosen Geistes vorsang, der die höchste Wirklichkeit in *jeder* Handlung wahrnimmt. Als nächstes suchten die Damen des königlichen Haushalts Saraha auf, um ihm die gleiche Bitte erneut vorzutragen. Auch ihnen antwortete er, indem er ihnen Verse der Unterweisung vorsang. Schließlich kam sogar der König, um nach dem Rechten zu sehen, und wieder legte Saraha seine Ansicht in Form eines Gesangs dar. Auf diese Weise bekehrte er den Herrscher und sein gesamtes Gefolge.

> Es gibt nichts, das negiert werden und nichts,
> das bestätigt oder begriffen werden müßte;
> denn Es entzieht sich jedem Verständnis.
> Durch die Zerrissenheit des Verstandes werden die
> Verblendeten gefesselt;
> ungeteilt und rein bleibt die Spontaneität. (35)
> ...
> Was getan worden ist und wo und was daraus werden wird,
> ist nichts: doch dadurch war es für dieses und jenes nützlich.
> Ob leidenschaftlich oder nicht,
> das Muster ist Nichtheit. (39)

Wenn ich einem Schwein gleiche, das weltlichen Morast begehrt,
mußt du mir sagen, welchen Mangel ein tadelloser Geist aufweist.
Wie kann man durch das gefesselt werden,
was einen nicht betrifft? (40)[22]

Nach der Legende soll Saraha seine Unschuld dem König gegenüber sogar bewiesen haben, indem er seine Hände in einen Topf
mit kochendem Öl tauchte, ohne daß dabei auch nur ein Haar versengt wurde, und indem er einen Becher mit geschmolzenem Kupfer trank, ohne sich den Mund zu verbrennen. Der König gelangte
zu der Überzeugung, daß kein gewöhnlicher Sterblicher so etwas
tun könnte, und wenn er tatsächlich gegen das Gesetz der Hindus
verstoßen und Alkohol getrunken habe, wie man ihm vorgeworfen hatte, so solle man ihm gestatten, dies so lange zu tun, wie er
wolle. Saraha machte später eine Fünfzehnjährige zu seiner spirituellen Gefährtin und zog sich mit ihr an einen abgelegenen Ort
zurück, um sich der spirituellen Übung zu widmen, ohne von puritanischen Mitmenschen gehindert zu werden.

Die Legende über den Adepten Kānha, der vermutlich im 11.
oder 12. Jahrhundert n. Chr. lebte, interessiert uns hier hauptsächlich wegen der Rolle, die einer seiner Lehrer dabei spielte – ein Weber, der ein tantrischer Meister war. Die Geschichte ist auch deshalb interessant, weil sie zeigt, daß Ausbrüche von Gewalttätigkeit
und magische Verwünschungen auch noch auf den höheren Stufen des spirituellen Weges eine Rolle spielen: eine Warnung, die
besagt, daß selbst fortgeschrittene Initiierte keineswegs immer
Musterbeispiele der Tugend sind. Es kann sogar sein, daß sie nicht
einmal besonders vertrauenswürdige oder liebenswerte Menschen
sind, so wie Kānha unmittelbar vor dem Erreichen seiner Verwirklichung. Dies muß man berücksichtigen, wenn man sich mit Praktikern der verrückten Weisheit beschäftigt, die noch nicht (vollkommen) erleuchtet sind.

Als junger Mann machte Kānha zwölf Jahre lang eine bestimmte Übung, bevor er mit einer Vision von Hevajra für seine
Mühe belohnt wurde. Daraufhin glaubte er, er hätte die endgültige
Befreiung erlangt und wurde sehr stolz. Da erschien ihm eine

weibliche Gottheit und schalt ihn, er habe eine vorbereitende Manifestation mit dem höchsten Zustand verwechselt. Kānha wurde sehr nachdenklich und kehrte zu seinen Schülern zurück. Er konnte es sich jedoch nicht verkneifen, seinen spirituellen Entwicklungsstand von Zeit zu Zeit zu überprüfen, und jedesmal, wenn er dies tat, erschien ihm jene weibliche Gottheit wieder und schalt ihn wegen seiner Torheit und Ungeduld.

Eines Tages, als Kānha sich nach tiefer Meditation wieder erhob, hatte er die Vision, daß sieben königliche Baldachine über seinem Kopf schwebten und die Luft vom Klang von sieben Trommeln erfüllt war. Da war er sich ganz sicher, daß er nun endlich völlig erleuchtet sei, und er brach mit einer ganzen Heerschar von Schülern zur Stadt auf. Noch auf dem Wege konnte Kānha sein Bedürfnis, mit seiner neu erworbenen Macht anzugeben, nicht mehr im Zaume halten. Er rannte zum Fluß und lief zur Verwunderung seiner Schüler über die Wasseroberfläche. Hochmütig verkündete er, nicht einmal sein eigener Guru, der große Adept Jālandhara, sei in der Lage, solche Wunder zu vollbringen. Doch kaum hatte er diese Worte gesprochen, versank er wie ein Stein in den Fluten und wäre fast ertrunken.

Er hustete noch Wasser und Sand aus der Lunge, als er das laute Lachen von Jālandhara hörte, der in der Luft über ihm schwebte. Schamerfüllt bezeugte Kānha seinem Guru Ehrerbietung, und Jālandhara befahl ihm, einen anderen seiner Schüler aufzusuchen, der von Beruf Weber war. Nachdem Kānha diesen Mann gefunden und ihn um Unterweisung in den höchsten Lehren gebeten hatte, mußte er ihm versprechen, jede seiner Anweisungen strikt zu befolgen. Dann führte der Weber den stolzen jungen Mann auf den Bestattungsplatz und befahl ihm, ein Stück von einem Leichnahm zu essen. Kānha unterdrückte seinen Widerwillen, kniete nieder und und machte sich daran, ein Stück Fleisch aus der Leiche herauszuschneiden. Da brüllte der Weber ihn an, so habe er dies nicht gemeint, man müsse es anders machen. Augenblicklich verwandelte er sich in einen Wolf und fraß sich am Fleisch der Leiche satt.

Anschließend defäkierte der Weber vor Kānha, nahm ein Stück von seinen eigenen Exkrementen und forderte den jungen Mann auf, dieses zu essen. Doch Kānha weigerte sich. Dann gab der Weber ein Fest, das sieben Tage dauerte, und Kānha und seine Schüler aßen wie die Vielfräße die ungeheuren Mengen von Speisen, die auf wunderbare Weise ihre Eßschalen immer wieder füllten. Schließlich schlug Kānha die Warnung des Webers völlig in den Wind und verließ angeekelt die Stadt. Nachdem er Hunderte von Meilen gewandert war, entdeckte er eines Tages einen Litschi-Baum mit reifen Früchten. Unter dem Baum saß eine junge Frau, die er bat, ihm ein paar der Früchte zu geben. Als sie sich weigerte, pflückte Kānha mit bloßer Willenskraft einige Früchte vom Baum. Doch sobald die Litschis auf den Boden gefallen waren, sprangen sie wieder hoch und hefteten sich wieder an die Zweige des Baumes. In seiner Wut entging Kānha, daß das Mädchen unter dem Baum eine weibliche Gottheit war, und deshalb verwünschte er sie voreilig.

Die junge Frau fing an, stark zu bluten. Eine Menschenmenge versammelte sich und verdammte Kānha wegen seines Fluchs. Als er wieder zu Sinnen gekommen war, hob er den bösartigen Fluch auf, aber da war es schon zu spät, denn die junge Frau hatte schon einen todbringenden Fluch gegen ihn ausgesprochen. Kānha fiel zu Boden, blutete und erbrach sich. Der Fluch, der auf ihm lastete, ließ sich nicht aufheben, und sieben Tage später starb er. Doch half ihm diese letzte Erfahrung, zur nichtbedingten Wirklichkeit durchzubrechen, und heute wird er als ein großer *Siddha* verehrt. In einem seiner Gesänge bezeichnet Kānha sich als einen »Schädelträger« *(Kapālin)*, dessen Körper mit der Asche der Leidenschaft beschmiert ist und der den Halsschmuck der höchsten Befreiung trägt. In einem anderen Gesang singt Kānha von dem Mord, den er an seinen Eltern und an anderen Verwandten verübt hat – ein symbolischer Ausdruck für das Zerschneiden gesellschaftlicher Bindungen und für das Erreichen makelloser Identität mit der Wirklichkeit.

Bisher haben wir uns mit Fällen von verrückter Weisheit im Kontext der formellen Lehrer-Schüler-Beziehung beschäftigt. Doch ist Tibet auch bekannt für seine spirituellen Vagabunden, die »verrückten Lamas« *(smyon-pa)*, die das Land durchstreifen und die Rolle des spirituellen Tricksters gegenüber jedem, dem sie begegnen, spielen. Die wohl bekannteste jener Gestalten ist Drukpa Künley (auch »Brug-pa Kun-legs« geschrieben). John Ardussi und Lawrence Epstein bezeichnen in ihrer Untersuchung über tibetische verrückte Heilige die folgenden sechs Faktoren als die wichtigsten Charakteristika der *Smyon-pa*:[23]

Erstens eine generelle Ablehnung konventionellen Verhaltens und speziell der klösterlichen Tradition mit ihren kunstvollen Liturgien und ihrer klerikalen Hierarchie. Weil die klösterliche Umgebung keinen Raum für ihre spontane Wildheit ließ, wurden sie entweder gezwungen, die Klöster zu verlassen, oder sie verließen sie aus eigenem Antrieb.

Zweitens hatten sie eine Vorliebe für merkwürdige Kleidung, oder sie liefen völlig nackt herum.

Drittens »mißachteten sie die Feinheiten zwischenmenschlichen Verhaltens«, wie Ardussi und Epstein es nennen. Sie ignorierten die soziale Stellung und den spirituellen Status derjenigen, mit denen sie in Kontakt traten, und wenn sie darauf eingingen, dann gewöhnlich, um sich darüber lustig zu machen oder dem Betreffenden eine Lektion zu erteilen. Besonders grob gingen sie mit klerikalen Snobs um.

Viertens machten sie aus ihrer Verachtung für Bücherwissen keinen Hehl. Eigenständiges Denken und persönliche Erfahrung war ihnen wichtiger als alles andere, und sie begründeten dies, wie schon Milarepa es getan hatte – damit, daß auch intellektuelles Wissen vergänglich sei, weil es verschwinde, wenn der Geist älter werde, und daß es ohnehin nur Ballast sei.

Fünftens benutzten sie volkstümliche Formen der Kommunikation wie Poesie, Tanz, Lieder, Pantomime und Geschichten. Einer jener verrückten Weisen, Thanstong-rgyal-po, hat die tibetische Oper erfunden, und Drukpa Künley war für seine Schlagfertigkeit und seine Poesie bekannt.

Sechstens ist die Benutzung obszöner Handlungen und der Fäkalsprache typisch: Drukpa Künley, der in beidem ein Meister war, konnte Männern wie Frauen, Bauern wie Würdenträgern gegenüber unglaublich ordinär sein. Ebenso wie andere *Smyon-pa* wollte er seine Mitmenschen erschrecken und schockieren und sie so dazu bringen, sich zu verändern.

Den von Ardussi und Epstein angeführten sechs Charakteristika möchte ich noch ein siebtes hinzufügen, nämlich die Vorliebe für Humor, Scherze und komödiantenhafte Auftritte. Die verbalen und manchmal auch körperlichen Angriffe der verrückten Lamas auf einzelne Menschen und ganze Institutionen, die in konventionellem Denken und Verhalten gefangen waren, waren stets mit einer Prise gutmütigen Humors gewürzt – dem befreienden Lachen des Erwachten. Selbst ihre eigene Kritik am konventionellen Leben nahmen sie nicht allzu ernst.

Drukpa Künley, der in Tibet, Bhutan und Nepal als Erleuchteter verehrt wird, lebte im 15. Jahrhundert n. Chr. Nachdem er schon in frühem Alter Buddhaschaft erlangt hatte, ging er als spiritueller »Clown« auf Wanderschaft und bediente sich der verschiedensten Mittel, darunter nicht zuletzt des Sex, um seine spirituelle Botschaft zu verbreiten. Keith Dowman, der Drukpa Künleys tibetische Biographie ins Englische übersetzt hat, schreibt:

> Unbekümmerter Verzicht, überfließendes Mitgefühl, eine Freiheit von jeglichem Skrupel und der geschickte Einsatz der »Schocktherapie« sowie von Lachen und Weinen sind die besonderen Merkmale eines heiligen Narren. (...) Wenn man Verrücktheit als ein Abweichen von einer psychologischen Norm definiert, dann ist der göttliche Narr tatsächlich verrückt. Setzt man aber ein geistiges Ideal als Maßstab, ist es zweifellos die große Mehrheit der »Normalen«, die verrückt ist.[24]

Zum typisch zotigen Charakter der Geschichten über Drukpa Künley schreibt Dowman in seinem Vorwort die folgenden beschwichtigenden Sätze:

> Etwas sei hier im Interesse der Tibeter angemerkt: Wir sollten uns nicht zu der irrigen Schlußfolgerung verleiten lassen, daß die Tibeter ein obszönes Pack sind. Sie haben zwar in Hinsicht auf das Erotische wenig neurotische Zwangsvorstellungen, aber sie besitzen ein

90

starkes Schamgefühl. Erwähnt man die Sexualität, erröten die tibetischen Frauen; mit Mißtrauen betrachten s e auch die sexuell »befreite« westliche Frau. Und schon beim Hörer der harmloseren Witze des Drugpa Künley werden auch die tibetischen Mönche außerordentlich verlegen.[25]

Die Existenz eines Drukpa Künley war also offenbar seinen tibetischen Landsleuten peinlich. Trotzdem hatten und haben sie auch heute noch großen Respekt vor diesem exzentrischen Adepten, wohl weil sie seine spirituelle Authentizität spüren. Ob westliche Leser seine Lebensgeschichte mit dem gleichen Verständnis und mit der gleichen grundsätzlich positiven Haltung aufnehmen oder ob sie Drukpa Künley als irregeleiteten, mutwilligen Menschen oder gar als gefährlichen Psychopathen ansehen werden, bleibt abzuwarten.

Die Biographie beginnt mit einer ziemlich brisanten Anekdote, die durchaus auf Tatsachen beruhen könnte und die die moralischen Überzeugungen des Lesers gleich zu Anfang scharf attackiert. Kurz nachdem Drukpa Künley seine Mönchsrobe abgelegt und das Kloster verlassen hatte, besuchte er seine Mutter, die seine neugewonnene spirituelle Befreiung nicht bemerkte. Sie nörgelte an ihm herum, weil er sich in ihren Augen nur halbherzig auf seine spirituellen Verpflichtungen einließ, und empfahl ihm, sich doch besser eine Frau zu suchen, statt halbnackt als Bettelmönch durch die Gegend zu ziehen. Der junge Adept, der nicht mehr an sein mönchisches Keuschheitsgelübde gebunden war, beherzigte den Rat seiner Mutter und ging zum Markt, um sich eine Frau zu suchen. Er wählte eine zahnlose Alte aus, und da sie zu gebrechlich war, um allein gehen zu können, trug er sie den ganzen Weg bis nach Hause. Als seine Mutter sah, wen ihr Sohn sich als Braut ausgesucht hatte, war sie schockiert und forderte ihn auf, die Frau wieder dahin zurückzubringen, wo er sie gefunden hatte. Sie fügte noch hinzu, sie selbst könne die Pflichten einer Ehefrau besser erfüllen als diese alte Hexe.

Drukpa Künley tat, was seine Mutter von ihm verlangt hatte, und als die Nacht kam, betrat er mit einer Decke das Zimmer seiner Mutter. Als diese ihn fragte, was er wolle, erinnerte er sie seelenruhig, sie habe ihm doch gesagt, sie könne die Pflichten einer Ehefrau besser erfüllen als jene Alte. Außer sich über diese offene Aufforderung zum Inzest schalt die Mutter ihren Sohn. Doch Drukpa Künley ließ sich nicht beirren. Nach einer Weile wurde die Mutter etwas aufgeschlossener und äußerte ihre Befürchtung, was die Leute wohl denken würden, wenn sie herausfänden, was vorgefallen sei. Doch nachdem ihr Sohn ihr versprochen hatte, die Sache geheimzuhalten, gab die Mutter schließlich seinem hartnäckigen Drängen nach. Daraufhin stürzte Drukpa Künley sofort aus dem Raum. Am folgenden Morgen ging er wieder zum Markt und verkündete, jeder könne seine eigene Mutter verführen, wenn er nur beharrlich genug sei. Der Biograph fügt hinzu, auf diese Weise habe Drukpa Künley seine Mutter von ihrem sündigen Verlangen befreit, und sie sei danach noch 130 Jahre alt geworden.

Drukpa Künley hätte zweifellos nicht davor zurückgeschreckt, das Inzest-Tabu zu brechen, wenn er der Meinung gewesen wäre, dies sei dem spirituellen Wachstum seiner Mutter förderlich – genauso wie er sich nicht scheute, sexuelle Beziehungen zu verheirateten Frauen aufzunehmen. Schon allein an der Zahl seiner sexuellen Abenteuer gemessen – sein Biograph spricht von 5000 Frauen – war er eine Art Casanova. Doch ließ er sich offenbar auch nicht völlig wahllos mit Frauen ein, wie die folgende Geschichte zeigt. Er traf einmal auf der Straße eine Gruppe von fünf Frauen, die mit ihm zu flirten anfingen. Er hatte ihnen gesagt, er halte nach einem bestimmten Mädchen Ausschau, Samchuk, einer *Dakini*, einer Art übermenschlicher Frau. »Sie hat eine zarte Haut, weiches, seidiges, warmes Fleisch, eine enge, fuchsige Möse und ein rundes lachendes Gesicht.«[26] Dann beschrieb er ihnen die neun Arten von *Dakinis*, woraufhin die Mädchen begierig erfahren wollten, für was für eine Art von *Dakini* er sie wohl hielte. Drukpa Künley antwortete auf die für ihn typische unverblümte Weise: «Ihr seid habgierig, aber arm, sexuell verklemmt, aber ohne Freund. Selbst wenn ihr einen Tölpel findet, der eine Verbindung mit euch eingeht, wird keiner etwas davon haben.«[27]

Samchuk, das Mädchen, dessentwegen er Hunderte von Kilo-

metern gereist war, war eine Jungfrau, die im Dienst eines Dorfältesten stand. Drukpa Künley postierte sich vor dem Haus jenes
Dorfältesten und sang spontan erfundene Lieder zu Ehren des
Mädchens. Er sang von der Pracht der Erleuchtung, aber auch davon, daß er sie zum Liebesspiel in seine Arme schließen wolle.
Samchuk sah den wandernden Adepten vor dem Haus am Pfahl
der Gebetsfahne lehnen und war von seinem Gesang zutiefst angerührt. Sie antwortete mit einem Gesang über ihren Wunsch,
Buddhaschaft zu erlangen. Bald wurde der Dorfälteste aufmerksam
und wollte wissen, was da vor sich ginge.

Das Mädchen erzählte eine glaubwürdige Geschichte, und sie
konnte ihren Herrn dazu überreden, auf Wildgansjagd in die Berge
zu ziehen. Dann lud sie Drukpa Künley ein, zu ihr ins Haus zu
kommen. Sie verloren keine Zeit, sondern widmeten sich sogleich
dem Liebesspiel. Anschließend aß Drukpa Künley sich gründlich
satt und machte sich danach zum Aufbruch bereit. Samchuk bat
ihn, sie mitzunehmen, weil sie fürchtete, ihr Herrn werde sie nach
seiner Rückkehr schlagen. Doch der Adept wollte nicht, und er
warnte sie, der Geist eines *Yogis* sei »so unzuverlässig wie das Ge-
schwafel eines Verrückten und wie der Hintern einer Hure«.
Schließlich erlaubte er ihr, sieben Tage bei ihm zu bleiben – ein-
gemauert in einer abgelegenen Höhle. Er riet ihr, ununterbrochen
über ihn zu meditieren. Ängstlich, aber voller Vertrauen zu Drukpa
Künley, ließ das Mädchen sich einmauern. Am vierten Tag ihrer
freiwilligen Einkerkerung soll sie die Erleuchtung erlangt haben,
nach der sie sich so inbrünstig gesehnt hatte.

In einer anderen Geschichte wird erzählt, Drukpa Künley habe
einmal eine sechzehnjährige buddhistische Nonne auf der Straße
getroffen. Sie sagte zu ihm, sie sei auf dem Weg in die Stadt, um
dort Almosen zu erbetteln. Da er eine Vision hatte, daß diese junge
Frau ihm einen Sohn gebären werde, sagte er zu ihr, sie müsse sich
ihm hingeben. Sie antwortete scheu, sie wisse nicht, wie sie sich
dabei verhalten müsse, denn sie sei von ihrer Kindheit an Nonne
gewesen. Daraufhin nahm der Adept sie bei der Hand und liebte
sie am Wegesrand. Neun Monate später gebar sie ein Kind. Als der
Abt des Klosters, in dem sie lebte, hörte, wer der Vater des Kindes

war, erklärte er, sie habe keine Sünde begangen. Die übrigen jungen Nonnen waren neidisch. Weil ihnen bisher keine akzeptable Ausrede eingefallen war, beschlossen sie, von da an den heiligen Drukpa Künley immer als den Vater von Kindern anzugeben, die aus ihren verbotenen sexuellen Beziehungen hervorgingen. So kam es, daß das Kloster bald vom Geschrei vieler neugeborener Kinder erfüllt war.

Als der entsetzte Abt die jungen Mütter fragte, wieso sie alle Kinder bekommen hätten, gaben sie Drukpa Künley die Schuld. Diesem kam die Sache zu Ohren, und er begab sich zu jenem Kloster. Er verkündete den versammelten Nonnen, er werde die Sorge für alle Kinder übernehmen, die tatsächlich von ihm stammten, doch alle anderen werde er der Göttin opfern. Dann packte er seinen Sohn an einem Bein, rief die Göttin an und warf ihn in ein nahe gelegenes Feld. Im gleichen Augenblick ertönte ein ohrenbetäubender Donnerschlag. Das Kind blieb natürlich unverletzt. Doch die Nonnen, die Drukpa Künley fälschlich der Vaterschaft bezichtigt hatten, stürzten mit ihren Babys Hals über Kopf davon.

Bei einer anderen Gelegenheit war Drukpa Künley bei einem Paar zu Gast, das in einer Hütte lebte. Zwar war der Ehemann ein Schwachkopf, doch hatte seine Frau eindeutig spirituelles Potential. Der Adept verlor kein Zeit, sondern lud sie sofort zum gemeinsamen Liebeslager ein. Die Frau willigte ein, und so wurde die spirituelle Flamme in ihr geweckt. Als Drukpa Künley aufbrechen wollte, wollte sie mit ihm gehen. Sie reisten drei Tage gemeinsam, doch dann erklärte Drukpa Künley, ihr Mann suche immer noch nach ihr, und indem sie ihn verlassen habe, habe sie Schuld auf sich geladen. Er erklärte sich jedoch bereit, sie zu unterweisen, und empfahl ihr anschließend, allein in einer Höhle zu meditieren. Als er ein Jahr später in einem Kloster in der Nähe jenes Orts nach ihr forschte, sagte man ihm, wahrscheinlich sei sie tot, denn schon vor langer Zeit habe eine Lawine den Eingang zu ihrer Höhle verschlossen. Drukpa Künley machte sich auf den Weg zu der Höhle und stellte fest, daß der Eingang noch zugänglich war. Obwohl die Frau nur drei Tagesrationen Nahrung bei sich gehabt hatte, als er sie im Jahr zuvor dort zurückgelassen hatte, fand er sie zu seiner großen Freude lebendig und wohlauf. Sie hatte inzwischen große Fortschritte in der Meditation gemacht. Er unterrichtete sie drei Tage lang, und kurz darauf erlangte sie Buddhaschaft.

In einem anderen Fall blieb Drukpa Künleys Gesang zu Ehren einer Frau dem Ehemann nicht verborgen. In seiner Wut zückte dieser sein Schwert und stürzte sich auf den Adepten. Drukpa Künley gelang es, das Schwert mit einer Hand abzufangen, während er den Mann mit der anderen Hand am Hals packte. Als dieser merkte, daß er es nicht mit einem gewöhnlichen Vagabunden, sondern mit einem Adepten zu tun hatte, fiel er vor Drukpa Künley nieder und bat ihn, sein Schüler werden zu dürfen. Außerdem gab er jeden Anspruch auf seine Frau auf. Nach der mündlichen Überlieferung soll jener Ehemann außerdem gelobt haben, er werde einen Tempel zu Ehren der Göttin Tara bauen, woraufhin Drukpa Künley angeblich geantwortet hat: »Du liebst die Religion und ich die Möse. Mögen wir beide glücklich sein!«[26]

Drukpa Künleys sexuelle Eskapaden werden von seinem Biographen als initiatorische Ereignisse hingestellt, nicht als Versuchungen des Fleisches. Doch liefen sie eindeutig den Vorstellungen von Sitte und Anstand zuwider, die in jener Zeit herrschten. Drukpa Künleys positive Einstellung der Sexualität gegenüber entspricht den Anschauungen des buddhistischen und hinduistischen Tantrismus, allerdings insbesondere denjenigen der linkshändigen Schulen. Für die tantrischen Metaphysiker ist der menschliche Körper potentiell ein Tempel der höchsten Wirklichkeit. Sexualität wird als Manifestation des Energie-Aspekts der Wirklichkeit angesehen. Während die sogenannten rechtshändigen Schulen die sexuelle Kraft nutzen, indem sie sie durch asketische Übung sublimieren, versuchen die linkshändigen Schulen, durch tatsächlichen sexuellen Verkehr die sexuelle Energie zu stärken, bevor sie sie für den spirituellen Zweck der Selbst-Transzendenz nutzen.

Drukpa Künleys unkonventionelles Verhalten kam nicht nur in seinem sexuellen Antinomismus zum Ausdruck, sondern auch in seiner unerschrockenen Kritik an der religiösen Orthodoxie. Er prangerte sinnentleerte Formen und Korruption an und machte sie lächerlich, wo immer er sie antraf. Er zögerte nie, die Grenzen des

Konventionellen und der Moral zu überschreiten, wenn er glaubte, dadurch eine nützliche Lektion erteilen zu können.

In einem Fall schloß eine solche Lektion vorsätzlichen Mord ein. Drukpa Künley warf ein Schwert nach einer alten Frau, einer Schülerin, deren Todesstunde er hatte kommen sehen. Diejenigen, die Zeugen dieses Vorfalls wurden, waren verständlicherweise außer sich und klagten ihn des Mordes an. Doch aufgrund seines hohen spirituellen Ansehens willigten sie in seinen Vorschlag ein, den Körper der Frau eine Woche lang kühl aufzubewahren. Am Ende der Woche schaute der Sohn der alten Frau genau in dem Augenblick in den Raum, in dem der Leichnam aufbewahrt wurde, als er sich in einen Lichtkörper verwandelte. Nun könnte man einwenden, wir hätten es hier lediglich mit einer Legende zu tun. Doch glauben die Tibeter seit vielen Jahrhunderten an die Möglichkeit einer solchen Umwandlung des physischen Körpers in einen Lichtkörper. Auch die Tatsache, daß der Biograph ohne jeden kritischen Kommentar über diesen Mord aus religiösen Motiven berichtet, läßt darauf schließen, daß ein solcher Vorfall zwar als außergewöhnlich angesehen, aber vom tibetischen Klerus in einem entsprechenden Zusammenhang zumindest gebilligt wurde. Ähnliche Geschichten aus der buddhistischen und hinduistischen Überlieferung stützen diesen Schluß. Immer ist dabei jedoch die unverzichtbare Voraussetzung, daß der »Mörder« ein vollkommen bewußter Adept sein muß, dessen spirituelle Motive über jeden Zweifel erhaben sind.

Drukpa Künleys erklärtes Ziel war »...die Befreiung der Göttlichkeit des menschlichen Geistes von der Knechtschaft der religiösen Institutionen und der sittlichen und rituellen Konventionen, die ursprünglich dazu bestimmt waren, das geistige Streben zu unterstützen«.[29] Aus der Sicht der buddhistischen Esoterik war sein Anarchismus eine Manifestation seines grenzenlosen Mitgefühls für alle Wesen, für deren spirituelles Erwachen er wirken wollte. Dies unterscheidet ihn von einem anderen bekannten tibetischen Schwerenöter, Aku Tompa (Akhu sTon-pa), »Onkel Tompa«, dessen anstößige Heldentaten das Lieblingsthema der Geschichtenerzähler in den Tavernen Tibets waren. Während Aku Tompa eine völlig fiktive Gestalt ist, eine Projektion konventioneller sexueller Phantasien, wird Drukpa Künley von den Tibetern als Heiliger verehrt, der aufgrund seiner Erleuchtung nichts Böses tun konnte und für den deshalb die moralischen Vorstellungen seiner Zeitgenossen keine Gültigkeit hatten.

### 3. Die Zen-Meister Chinas und Japans: Traditionelle Schocktherapeuten

Als der Buddhismus im 7. Jahrhundert n. Chr. nach Tibet kam, wurde er schon bald von den Lehren und Übungen der einheimischen schamanistischen Bön-Religion beeinflußt. Ähnlich erging es dem Buddhismus auch in China, größtenteils unter dem Einfluß des philosophischen und religiösen Taoismus. Die taoistische Tradition geht auf das 6. Jahrhundert v. Chr. zurück, und ihre Entwicklung entspricht derjenigen der Gnosis der Upanishaden in Indien. Das klassische philosophisch-spirituelle Werk über die Lehren des »Weges« *(Tao)* ist das *Tao-te ching* von Lao-tzu, der vor dem 3. Jahrhundert v. Chr. gelebt haben soll. Das Tao ist sowohl Sein als auch Nichtsein, der differenzierte Kosmos und die ungeformte Essenz des Universums. Für Lao-tzu hat die begrenzte Existenz zyklischen Charakter, eine Vorstellung, die am besten in der Polarität von *Yin* und *Yang* zum Ausdruck kommt, des weiblichen und des männlichen Prinzips.

Das *Tao* läßt sich mit dem Verstand nicht erfassen; man kann nur intuitiv darauf reagieren. Der Taoismus tritt für eine spontane Ethik ein, die im Ideal des Nichthandelns im Handeln *(wu wei)* zum Ausdruck kommt. Doch ist diese Spontaneität keine bloße Willkür, sondern sie muß auf intuitivem Erfassen der ewigen Wirklichkeit basieren. Die Taoisten stehen dem Ansammeln von Wissen mißtrauisch gegenüber, weil Wissen die Spontaneität einschränken kann. Deshalb empfehlen sie, sich in zunehmendem Maße dem Vergessen anheimzugeben oder sich des Nicht-Selbst bewußt zu werden. Indem der spirituell Übende über die Grenzen des Geistes hinausgeht, erlangt er die Erleuchtung, die in der völligen Identifikation mit dem *Tao* besteht. Wenn der Zustand des Erleuchtet-seins erreicht ist, fließen alle Gedanken und Handlungen natürlich und ungehindert aus dem Zentrum des Seins. Spontaneität dieser Art wurde jedoch oft mit Inaktivität gleichgesetzt, was zum Fatalismus führte. Im Gegensatz zum »philosophischen« Taoismus hat der volkstümliche »religiöse« Taoismus, der im 3. Jahrhundert v. Chr. Gestalt annahm, das Erreichen physischer Unsterblichkeit zum Ziel. Somit ist er eine Form spiritueller Alchimie, nicht unähnlich dem indischen *Hatha-yoga*, den er beeinflußt zu haben scheint.

Als der Buddhismus um das 1. Jahrhundert n. Chr. in China ein-geführt wurde, traf er auf eine spirituell offene Atmosphäre. Um den ziemlich komplizierten Prozeß wechselseitiger Befruchtung vereinfacht darzustellen, könnte man sagen, daß die Chinesen von den Buddhisten die subtile Kunst metaphysischer Spekulation und das Beherrschen der Leidenschaften mittels strenger Verhaltensregeln erlernten, wohingegen die Buddhisten durch den für die Chinesen typischen Sinn fürs Praktische inspiriert wurden und dadurch etwas über Spontaneität lernten. Wegen offensichtlicher Ähnlichkeiten in ihrer Lehre und Praxis sind die beiden Traditionen häufig miteinander verwechselt worden, und das gilt nicht zuletzt auch für die Praktizierenden des Taoismus und des Buddhismus. Später sicherte der Buddhismus sich jedoch seine Unabhängigkeit vom Taoismus und verurteilte sogar einige der magischen und schamanistischen Praktiken der Taoisten vehement. Die Taoisten behaupteten nun ihrerseits, Lao-tzu sei nach Indien gegangen und dort zum Buddha geworden.

Trotz dieser Streitigkeiten und wiederholter Versuche, den Buddhismus zu unterdrücken, erblühte die buddhistische Tradition in China. Sie erreichte ihren Höhepunkt, als der indische Mönch Bodhidharma im Jahre 520 (oder 526) n. Chr. im Norden Chinas ankam. Er wird als der Begründer der *Dhyāna*- oder *Ch'an*-Schule des chinesischen Buddhismus verehrt.[30]

Nach der Überlieferung soll Bodhidharma volle neun Jahre lang in Meditation vor einer Wand gesessen haben, bis er die Erleuchtung erlangte. Während dieser Zeit wurden seine Beine brandig, so daß er kaum noch laufen konnte. Bodhidharma wird stets mit grimmigem, finsterem Blick abgebildet, als ein Lehrer, der sich nicht mit Halbheiten abgibt. Einer seiner Schüler soll sich einen Arm abgeschnitten haben, bevor Bodhidharma auch nur seine Gegenwart zur Kenntnis genommen haben soll. Nach glaubwürdigeren Quellen verlor jener Schüler seinen Arm in einem Kampf mit Räubern. Dennoch veranschaulicht die erste Version der Geschichte den Geist von Bodhidharmas von verrückter Weisheit geprägtem Weg zur Erleuchtung, der für die Entwicklung des *Ch'an* und des aus ihm hervorgegangenen japanischen *Zen* charakteristisch ist.

Beispielsweise wies der *Ch'an*-Meister I-Hsuan, der unter dem Namen Lin-chi (oder im Japanischen als Rinzai) bekannter ist, seine Schüler an, alles, was ihnen auf dem Weg zur Erleuchtung im Weg stünde, zu erschlagen *(wu)*, auch wenn es der Patriarch oder Buddha höchstpersönlich wäre. Um Übende aus dem Schlaf ihrer Gewohnheiten aufzuwecken, bedienten und bedienen sich die Meister dieser Schule einer speziellen Art von »Überraschungs«-Methoden. Unter anderem brüllen sie oft plötzlich, sie schlagen die Schüler, geben ihnen paradoxe Antworten und stellen ihnen Rätselfragen, die im Chinesischen *Kung-an* und im Japanischen *Kōan* genannt werden.

Lin-chi war berühmt für sein Gebrüll und für das »großzügige« Austeilen von Schlägen. Er selbst war von seinem Lehrer Huang-po (japanisch: Obaku) ebenso behandelt worden. Huang-po hatte Lin-chi immer wieder mit einem Stab geschlagen, noch bevor er den Mund aufmachen konnte. Da er den Grund dieser unentwegten schlechten Behandlung nicht verstand, beschloß er, Huang-po zu verlassen. Doch dann schickte sein Lehrer ihn zu einem anderen Meister, Tai-yu (japanisch: Daigu), und Lin-chi erlebte schon bei der ersten Begegnung mit diesem ein *Satori*. Als er später zu Huang-po zurückkehrte, hörte sich sein Lehrer seinen Bericht über das Geschehene sehr sorgfältig an. Dann bemerkte er, er müsse Tai-yu bei seinem nächsten Besuch in seinem Huang-pos, Kloster eine kräftige Tracht Prügel verpassen. Darauf antwortete Lin-chi spontan: »Du brauchst nicht zu warten, bis Tai-yu kommt; du kannst jetzt gleich eine Tracht Prügel bekommen!« Daraufhin gab er seinem Lehrer einen kräftigen Schlag auf die Schulter, wodurch er seine eigene Erleuchtung zum Ausdruck brachte. Huang-po fragte Lin-chi daraufhin, wie er es wagen könnte, »mit den Schnurrhaaren des Tigers zu spielen«, worauf sein Schüler mit einem lauten »Ho!« antwortete. Da rief Huang-po nach seinen Dienern und befahl ihnen, den »Verrückten« in seine Zelle zu bringen.

Der japanische Zen-Meister Gutei hatte die Angewohnheit, alle Fragen zu beantworten, indem er einfach einen Finger hob. Eines Tages bat ein Besucher einen von Guteis Schülern, ihm die zentrale Lehre seines Meisters zu erläutern. Als Antwort imitierte er den Meister und hielt einen Finger hoch. Gutei hörte davon, stellte den jungen Mann zur Rede und schlug ihm blitzschnell den besagten Finger ab. Vor Schmerz schreiend rannte der Novize davon. Gutei rief hinter ihm her, und als der Schüler sich umschaute, streckte der Meister seinen berühmten Finger empor. In diesem Augenblick kam der Geist des jungen Mannes zum Stillstand, und er war erleuchtet.

In dieser Geschichte werden drei Schocktechniken miteinander kombiniert – ein *Kōan* (die bekannte Ein-Finger-Geste, die Gutei von seinem eigenen Lehrer erlernt hatte), ein Akt physischer Aggression (das Abschneiden des Fingers) und der Schrei, der die Aufmerksamkeit des Schülers in einem Augenblick extremer Mobilisierung psychischer Energie konzentrierte. Die innere Spannung, die sich zweifellos über längere Zeit in jenem Schüler aufgebaut hatte, wurde abrupt frei, und dadurch wurde sein Bewußtsein in den Zustand des *Satori* (chinesisch *Wu*) katapultiert.

In einer anderen Geschichte wird berichtet, Yun-men, ein spirituell Suchender, habe einmal an Meister Mu-chous Tür geklopft und ihn um Unterweisung gebeten. Der Adept habe von Zeit zu Zeit die Tür geöffnet, den Besucher angeschaut und dann die Tür wieder zugeschlagen. Nachdem dies drei Tage so gegangen war, schaffte Yun-men es, sich durch die Tür zu zwängen, bevor Muchou sie wieder schließen konnte. Da packte Mu-chou ihn und brüllte ihn an: »Sprich, sprich!« Yun-men war so überrascht, daß ihm die Worte in der Kehle stecken blieben. Prompt warf der Adept ihn wieder vor die Tür und trat dabei Yun-men so kräftig, daß sein Schienbein brach – und er währenddessen erleuchtet wurde.

Gewalttätigkeiten dieser Art erscheinen westlichen Beobachtern meist befremdlich, selbst wenn sie östlichen Traditionen ansonsten wohlwollend gegenüberstehen. Der britische Buddhist Christmas Humphreys hat dazu folgendes geschrieben:

> Was *kann* der weise, erfahrene und zutiefst mitfühlende Lehrer tun, um dem Schüler in der Hölle des Strebens zu helfen, in der er selbst sich vor langer Zeit ebenfalls befand?... Gewalttätigkeit kann bewirken, was jahrelange sanfte Ermutigung niemals vermag. Immer wieder lesen wir über leidenschaftlich Suchende, die von einem »wütenden« Rōshi aus dem Kloster geworfen und denen beschieden wurde, sie sollten die Wahrheit anderswo suchen. Der Suchende sucht anderswo, und Jahre können vergehen, bis er zurückkehrt und seinen Triumph präsentiert. Um sich über die Behandlung seines Meisters zu beklagen? Nein, um ihm für die Gewalttätigkeit zu danken, die ihm den Weg in die Tiefen seines eigenen Geistes geöffnet hat. Während Ermutigung den Willen lediglich schwächt, kann die Wildheit eines Bodhidharma ihn zum letztendlichen Sieg anstacheln.[31]

In einem offenherzigen Bericht über seine Erfahrungen in einem japanischen Zen-Kloster erzählt Janwillem van de Wetering die Geschichte eines Zen-Schülers, der das *Kōan* »Halte den Intercity-Zug an, der aus Tokyo kommt«[32] erhält. Nachdem es ihm viele Jahre lang nicht gelungen war, dieses Rätsel zu lösen, sprang der Betreffende eines Morgens auf die Eisenbahngleise und opferte sein physisches Leben dem sich nähernden Intercity-Zug. Dieser Selbstmord war mit ziemlicher Sicherheit ein Akt purer Verzweiflung. Andererseits ist es aber auch möglich, daß der Zen-Schüler im Sekundenbruchteil des Aufpralls tatsächlich erleuchtet wurde.

Aus der Perspektive der Erleuchtung ist der Körper nur eine unter Myriaden von Formen, die das Bewußtsein nicht mehr binden. Erleuchtung beinhaltet Identifikation mit dem nicht-differenzierten transzendenten »Körper«, dem *Dharmakaya* des Buddhismus. Ist aber deshalb Selbstmord als Mittel zum Erreichen der spirituellen Verwirklichung zu rechtfertigen? Gewisse Schulen der Jaina-Religion sind offenbar dieser Ansicht. Und es gibt zahlreiche Geschichten über Adepten, die sich aus den verschiedensten Gründen dazu entschlossen, ihrem Leben bewußt ein Ende zu machen. Allerdings waren dies immer Menschen, die eine hohe Stufe spiritueller Verwirklichung, wenn nicht gar die vollständige Erleuchtung erlangt hatten. Sie hatten also vor ihrem Freitod bereits aufgehört, sich ausschließlich mit dem physischen Körper zu identifizieren, und konnten deshalb sicher sein, wohin sie nach ihrem Selbstmord gelangen würden, den sie im übrigen durch reine Willenskraft herbeiführten, nicht mit irgendwelchen Hilfsmitteln. Bei einem Verzweifelten hingegen erscheint die Option des Selbstmordes nicht nur tollkühn, sondern sie hat auch Fluchtcharakter, was kaum gutgeheißen werden kann.

Van de Wetering erzählt in seinem Buch noch eine zweite Geschichte, die heilige Verrücktheit in ihrer wildesten Form verkörpert. Darin wird ein außergewöhnlich eingebildeter und mürrischer zeitgenössischer Zen-Schüler beschrieben.[33] Als dieser Mann eines Morgens besonders unerträglich war, schlug sein Lehrer ihn mit einem Stock so kräftig, daß er auf der Stelle tot war. Der Vorfall wurde der Polizei gemeldet, doch wurde kein Strafverfahren gegen den Zen-Meister eingeleitet, weil die Beziehung zwischen Meister und Schüler in Japan als heilig und als etwas, das anderen Gesetzen unterliegt, angesehen wird. Einmal ganz abgesehen davon, ob diese Geschichte wahr ist, stellt sich die Frage, ob Mord in irgendeiner Form zu rechtfertigen ist, selbst wenn die Intention zugrunde liegt, dem Opfer zur Erleuchtung zu verhelfen. Die alten Traditionen äußern sich hierzu gewöhnlich ambivalent, doch halten die meisten Menschen unserer westlichen Kultur Brutalität und Mord im Kontext spiritueller Praxis für inakzeptabel.

Dieser extreme Fall von verrückter Weisheit ist keineswegs typisch für Ch'an oder Zen. Doch sind die Meister der »Schule des augenblicklichen Erwachens« alle ziemlich bilderstürmerisch. Sie setzen sich über abstrakte Spekulation, blutleere Logik, Götzen und ihre Abbilder, orthodoxe Lehren, Schriften, Götter und andere periphere religiöse Formen hinweg. Lin-chi ermahnte seine Schüler, sich Buddha nicht als die höchste Wirklichkeit, sondern als ein Guckloch in der Klotür vorzustellen. Tan-hsia, ein Meister des 8. Jahrhunderts, verbrannte eine Statue des Buddha, um nicht zu frieren, und der Adept Te-shan bezeichnete den Buddha als ein »Stück Scheiße«.

In seinem Werk *Dokugo Shingyo* kommentierte der japanische Zen-Meister Hakuin (1685–1768) Passagen aus dem heiligen Kanon der Schriften des Mahāyāna-Buddhismus.[34] Sein Kommentar ist ein Meisterwerk des Zen-Humors und ein lehrreiches Spiel mit dem Feuer. Beispielsweise kommentiert er die wohlbekannte Formel »Form ist Leere, Leere ist Form« mit den Worten: »Schund! Was für ein nutzloser Haufen Schrott! Versucht nicht, Affen beizubringen, wie man auf Bäume klettert! Diese Ware liegt seit zweitausend Jahren in den Regalen und eignet sich nur als Staubfänger.« Zu dem Satz »O Shariputra, alle Dinge sind leere Erscheinungen« bemerkt er: »Das ist so, als würde man sich die Augen reiben, um Blumen in der Luft zu sehen. Wenn alle Dinge sowieso nicht existieren, was wollen wir dann mit ›leeren Erscheinungen‹ anfangen? Er scheißt und pinkelt den ganzen sauberen Hof voll.«

Der Satz »Keine Weisheit, kein Erreichen‹ wird von ihm wie folgt kommentiert: »Schon wieder läßt er sich in jenem Grab zum Wohnen nieder! So viele verstehen diese Worte falsch! Ein Toter, der glubschäugig aus dem Sarg lugt. Du kannst Prinz Chang dort auf dem Papier anschreien und dich dabei heiser brüllen, und er wird nicht einmal mit den Augenlidern zucken.« Der Satz »Der Geist ist ungehindert; da er ungehindert ist, kennt er keine Furcht und ist weit von allen trügerischen Gedanken entfernt« veranlaßte Meister Hakuin zu folgendem Kommentar: »Daran ist nichts Außergewöhnliches. Übernatürliche Kräfte und Wundertaten sind nichts weiter, als Wasser zu schöpfen und Brennholz zu tragen. Wenn ich meinen Kopf hebe, sehe ich die Sonne über meinem früheren Heim im Westen untergehen.« Und zu der Aussage »Und erreicht das letztendliche Nirvāna« bemerkt er: »Das ist das Loch, in das alle Pilger fallen; sie füllen es jedes Jahr wieder auf. Er ist wieder mit den Geistern unterwegs. Es ist schlimmer als stinkende Socken! Aufrechte Männer unseres Schlages sind nicht so; der Vater verheimlicht um des Sohnes der Sohn um des Vaters willen.«

Hakuin war jedoch nicht nur ein säuerlicher Kritiker. Sein bilderstürmerischer Kommentar ist von seltener Tiefgründigkeit, und er war tatsächlich ein großer Meister des Zen, wie die folgende Geschichte zeigt. Einmal wurde ein junges Mädchen in seiner Nachbarschaft schwanger. Als ihre Eltern sie unter Druck setzten und von ihr verlangten, sie solle sagen, wer der Vater sei, nannte sie Hakuin. Außer sich vor Wut stellten die Eltern Hakuin zur Rede. Dessen einziger Kommentar lautete: »Ach, tatsächlich?« Als das Kind geboren wurde, gab man es ihm, und der Adept, der nun von allen gemieden wurde, kümmerte sich vorbildlich um das Baby. Nach einem Jahr bekannte die junge Mutter ihren Eltern, was wirklich vorgefallen war. Zutiefst beschämt suchten die Eltern Hakuin erneut auf, diesmal, um ihn um Vergebung zu bitten. Er gab ihnen das Kind zurück und sagte lakonisch: »Tatsächlich?«

Suiwo, ein begabter Schüler Hakuins, gab einmal einem zu Besuch weilenden Schüler das *Kōan*: »Höre den Klang einer klatschenden Hand.« Nachdem der Schüler drei Jahre lang vergebens versucht hatte, das Rätsel zu lösen, kehrte er unter Tränen zu Suiwo zurück und bat diesen, ihn von seiner Last zu befreien. Er wolle anschließend beschämt in seine Heimatprovinz zurückkehren. Aber Suiwo überredete ihn, noch eine Woche zu bleiben, dann eine weitere und schließlich noch eine. Doch dem Schüler gelang der Durchbruch einfach nicht, und er wollte endlich abreisen. Schließlich bat Suiwo ihn, nur noch drei Tage zu meditieren, fügte aber hinzu, wenn es ihm in dieser Zeit nicht gelänge, das *Kōan* zu lösen, solle er sich umbringen. Am zweiten Tag gelangte der Schüler zur Erleuchtung.

Geschichten wie diese sind im Laufe der Zeit zu Hunderten gesammelt worden. Man kann sie gewöhnlich aus verschiedenen Perspektiven verstehen, doch enthalten sie alle eine überwältigende Botschaft: daß *Ch'an* oder *Zen* ganz und gar diesseitig, erdverbunden, direkt und praktisch ist. D.T. Suzuki, der Zen-Meister und Gelehrte, schreibt:

Was Zen am meisten mißfällt ist Vermittlung, Überlegung, Wortreichtum und das Abwägen von Vorteilen. Unmittelbarkeit ist unmöglich, solange wir Zuschauer, Beobachter, Kritiker, Ideenkrämer, Wortmanipulatoren, Dualisten oder Monisten sind. Alle diese Mängel werden korrigiert, und Zen wird offenbart, wenn wir unseren sogenannten gesunden Menschenverstand oder unsere eindimensionale Logik aufgeben und eine vollständige Kehrtwendung vollziehen, wenn wir unmittelbar in das Wirken der Dinge eintauchen, während sie vor und hinter unseren Sinnen ihren Lauf nehmen. Nur wenn diese Erfahrung stattfindet, können wir auf intelligente Weise über Zen-Bewußtsein sprechen, aus welchem jene Zen-Ereignisse oder Zen-Dialoge entstehen, die die Annalen des Zen füllen.[35]

Irrationalität – oder genauer gesagt Trans-Rationalität – und diesseitige Spontaneität sind Kennzeichen von *Ch'an* oder *Zen*. Doch das charakteristischste Symbol für diese Tradition »plötzlicher« Erleuchtung ist Lachen – das Lachen, das übrigbleibt, wenn alle »goldenen Kälber« des Geistes eingeschmolzen worden sind, wenn die Persönlichkeit von allen Verformungen gereinigt worden ist, den diesseitigen ebenso wie den jenseitigen. Dies ist das Lachen der Befreiung, das Lachen des Wesens, das seine Authentizität oder seine wesenseigene Buddhaschaft wiederhergestellt hat. Es ist die Art von Lachen, die den Bauch des verrückten Han Shan schüttelte, der für die Klöster seiner Zeit zu exzentrisch war und der mehr als einmal von den Mönchen hinausgeworfen wurde. Han Shan (»Kalter Berg«), der von 627 bis 749 unserer Zeitrechnung gelebt haben soll, wird als Inkarnation Manjushris verehrt, einem transzendenten *Bodhisattva*, der unübertreffliche Weisheit symbolisiert.

Nach der Zen-Mythologie begann die »geheime Übermittlung außerhalb der Schriften« bereits mit Gautama Buddha selbst. Während einer Versammlung seines Ordens hielt er schweigend eine goldene Blume empor, woraufhin allein auf Kashyapas Gesicht ein Lächeln auftauchte. Die Lehre war von Herz zu Herz übermittelt worden, und Kashyapa war durch die einfache Geste des Buddha erleuchtet worden.

Der Buddha Maitreya, dessen Erscheinen im Mahāyāna-Buddhismus prophezeit wird, durchlief in China eine interessante Metamorphose. Er wurde zu Mi-lo-fo, dem lachenden Buddha. Er ist in den meisten buddhistischen Tempeln Chinas als eine Gestalt mit einem Kugelbauch und einem fröhlichen Gesicht zu finden. Doch reicht seine ursprüngliche Bedeutung wesentlich tiefer, wie M. Conrad Hyers in seinem bahnbrechenden Buch *Zen and the Comic Spirit* erklärt hat:

> Auf jeder Ebene der Manifestation zaubert Humor auf die eine oder andere Weise und in unterschiedlichem Maße Freiheit herbei. Humor *bedeutet* Freiheit. Dies ist eines seiner wichtigsten Charakteristika und Tugenden. Hier jedoch wird die Freiheit zu lachen, die sich innerhalb der Konflikte, Zweifel und Spannungen des Lebens bewegt – und somit die Freiheit, die noch in Beziehung zu Gebundensein und Unwissenheit steht – zur Freiheit, auf der anderen Seite (der *Innenseite*) der Erleuchtung zu lachen. Wer nicht mehr an das Begehren oder an das Selbst gebunden ist, wer nicht mehr durch Entfremdung und Angst innerlich zerrissen wird und wer nicht mehr in erster Linie von Ernst definiert und bestimmt wird, kann jetzt in das Lachen kleiner Kinder und großer Weiser einstimmen.[36]

Im Kontext spiritueller Übung ist Lachen kein Zeichen für Vergnügtheit, sondern für den Sieg über die Schattenseite der menschlichen Seele. Der grimmige Ausdruck auf Bodhidharmas Gesicht ist eine Vortäuschung; dahinter lauert ein immenses Lächeln. Nur der, der ständig bekümmert ist, nimmt alles ernst. Für solche Menschen ist das herzliche Lachen des Buddha oder des Lehrers ein Rätsel, ein Affront, etwas, worauf man neidisch sein kann – kurz gesagt: ein Problem. Sie haben die »Verrücktheit« der Erleuchtung noch nicht gekostet, die den Geist der großen Meister der Tradition des *Ch'an* und *Zen* »zerstört« hat. Der Suchende erfährt das Leben noch als ein tragisches Ereignis, doch das Lachen des Buddha und das Lächeln Kashyapas sind ein Signal dafür, daß mit Leben und Tod letztendlich alles zum besten steht. Die verrückt-weisen Methoden des *Zen* wollen immer wieder darauf hinweisen.

# Kapitel 3:
# Die Tricks und Marotten zeitgenössischer Adepten der verrückten Weisheit:
# Vom Gauner-Guru bis zum spirituellen Clown

## 1. Gurdjieff: Der Gauner-Guru

Alle großen Menschen bleiben für uns in einem gewissen Maße rätselhaft. Doch der umstrittene russische Lehrer Georgei Iwanowitsch Gurdjieff war besonders begabt darin, sich mit einer Aura des Geheimnisvollen zu umgeben. Über seine Anfänge ist so gut wie nichts bekannt. Alle autobiographischen Informationen, die er selbst lieferte, können seiner besonderen Vorliebe für das Fabulieren und für widersprüchliche Information entsprungen sein. Die Berichte über sein späteres Wirken beschreiben einen Menschen mit erstaunlich chamäleonesken Eigenschaften, dem es gefiel, sich in den unterschiedlichsten Rollen und Gestalten zu präsentieren. Einer seiner Schüler, Gorham Munson, erinnert sich:

> Sein Humor hatte das Format eines Rabelais, die von ihm gespielten Rollen besaßen dramatischen Zuschnitt, und die Schockwirkung auf alle, die zu ihm kamen, war erschütternd. Wer sentimental war, erwartete vielleicht, in Gurdjieff einer blassen Literatur-Christusgestalt zu begegnen; traf er dann mit ihm zusammen, so schwor er, Gurdjieff sei lediglich einer von jenen Handelsreisenden in Schwarzer Magie. Unter den Spöttern, die ihn näher kennenlernten, fragen sich manche immer noch, ob er vielleicht davon nicht doch mehr verstanden hat als Einstein von der Relativität.[1]

Gurdjieff wurde wahrscheinlich in Alexandropol, in der Nähe der Grenze zwischen Rußland und dem Iran geboren, möglicherweise im Jahre 1877. Er verließ sein Heimatdorf in jugendlichen Alter und bereiste während der nächsten 20 oder 25 Jahre den Mittleren und Fernen Osten auf der Suche nach höherem Wissen. Über diese Odyssee hat er in seinem Buch *Begegnungen mit bemerkenswerten Menschen* geschrieben, wobei allerdings zu sagen ist, daß dieses Buch mehr den Charakter eines Gleichnisses hat als den einer Autobiographie. Nach dem Bericht eines seiner Schüler, Rom Landau, hat Gurdjieff tatsächlich viele Jahre lang in Tibet gelebt – als Privatlehrer des Dalai Lama und als höchster Agent des russischen Geheimdienstes.

Im Jahre 1914 kehrte Gurdjieff nach Rußland zurück und hielt in den Kreisen der Intelligenzija in Moskau und St. Petersburg nach geeigneten Schülern Ausschau. Kurz darauf eröffnete er eine kleine esoterische Schule, das Institut für die harmonische Entwicklung des Menschen. Wegen der beginnenden Russischen Revolution wurde diese Schule im Jahre 1922 unter dem Schutz des berühmten französischen Mathematikers Jules Henri Poincaré in der Prieuré, einem Schloß in der Nähe von Fontainebleau in Frankreich, neu eröffnet. Der »seltsame Mann« aus Rußland zog rasch bekannte Persönlichkeiten aus ganz Europa und den USA als Schüler an. Unter ihnen waren der Architekt Frank Lloyd Wright, die Malerin Georgia O'Keefe, der Schriftsteller J. P. Priestley, der Physiologe Moshé Feldenkrais, der Physiker John G. Bennett (der unter anderem bei Einstein studiert hatte), der britische Literaturkritiker A. R. Orage und die berühmten Autoren Aldous Huxley und Arthur Koestler. Und dann war da noch der Journalist P. D. Ouspensky, dessen Rolle Gurdjieff gegenüber mit der Platos verglichen worden ist.[2]

Doch wurde Gurdjieffs Popularität in Intellektuellenkreisen auch von Skandalen überschattet. Als im Jahre 1924 die Schriftstellerin Katherine Mansfield im Schloß zu Fontainebleau starb, verbreiteten sich wie ein Lauffeuer wilde Gerüchte über die bizarren und gefährlichen Vorgänge innerhalb der Gurdjieff-Gruppe. Trotzdem gedieh Gurdjieffs Arbeit weiter. Er nutzte die allgemeine Aufregung über Katherine Mansfields unerwartet frühzeitigen Tod (sie war an Tuberkulose gestorben), um Amerika zu besuchen, wo man ihn mit großem Enthusiasmus empfing.

Nachdem Gurdjieff im Jahre 1934 einen schweren Autounfall überlebt hatte, begann eine neue Phase seiner Arbeit, da er sie nun der Öffentlichkeit zugänglicher machte. Er nahm eine große Zahl neuer Schüler an, deren Ausbildung von ihm eingesetzte Lehrer übernahmen, während er selbst nur noch die Rolle eines Supervisors spielte. Auch gestattete er jetzt die Veröffentlichung einiger seiner Schriften. Louis Pauwels schreibt über jene Periode:

> Von da an streute er die Geheimnisse in alle Winde, *entschied sich für Unordnung*, indem er dem Guten und dem Bösen an dieser Sache ihren Lauf ließ und die gleiche Chance gab. Dies aber tat er mit wachsender Verachtung und einem Willen, der sich mit Vorbedacht auf einen negativen Pol ausrichtete. Nietzsche hatte gesagt, er müsse einen Zaun um seine Lehren errichten, um die Schweine fernzuhalten. Unschuldige Worte! Gurdjieff riß mit einem Lachen, das lauter war als das Zarathustras, den Zaun ein, auf daß zumindest im Bereich seines Wirkens die Verwirrungen und Mißverständnisse seiner Zeit ihren Höhepunkt erreichen würden.[3]

Als Gurdjieff im Jahre 1949 starb, verkündete er den um ihn versammelten Schülern ganz ruhig: »Ich lasse euch in einem schönen Durcheinander zurück.« Chaos und Aufruhr im Leben seiner Schüler zu erzeugen scheint der zentrale Aspekt seiner Lehren gewesen zu sein. Einer seiner Schüler hat ihn einmal mit dem indischen Gott Shiva verglichen, dem Zerstörer-Gott der hinduistischen Tradition. Gurdjieff benutzte häufig Schockmethoden, um Gewohnheitsmuster seiner Schüler zu unterbrechen. Einem Raucher verbot er, Zigaretten zu rauchen; einen fanatischen Antialkoholiker zwang er, Alkohol zu trinken; ein strenger Vegetarier mußte deftige Fleischgerichte essen, ein Intellektueller die Ställe oder die Toiletten reinigen, ein stolzer Student immer wieder wüste Beschimpfungen über sich ergehen lassen, und vieles mehr. Von seinen unmittelbaren Schülern erwartete er, daß sie ein spartanisches Leben führten, und sie wurden ständig angetrieben, härter zu arbeiten, weniger zu schlafen und sich noch stärker zu engagieren. Er ließ seine Schüler oft an einem Tag Gräben ausheben, die sie dann am folgenden wieder zuschütten mußten. Auf Besucher wirkte das gesamte Schloß wie ein Arbeitslager.

Die beiden täglichen Gemeinschaftsmahlzeiten waren oft besonders anstrengend, allerdings manchmal auch amüsant – für die Schüler wie auch für ahnungslose Gäste, weil Gurdjieff sie nicht nur mit Speisen und Getränken bewirtete, sondern sie auch mit seiner besonderen Art von Humor bedachte. Er machte sich nicht nur systematisch über die Persönlichkeit der Anwesenden lustig, sondern lobte auch die, die sich ernsthaft seiner Arbeitsweise widmeten, weil sie den Mut hätten, sich mit sich selbst zu konfrontieren und weil sie auf diese Weise ihr Geschick in die eigenen Hände nähmen. Gewöhnlich sprach er einen Toast auf alle »Idioten« aus, mit denen er am Tisch saß. Nach seiner »Wissenschaft der Idiotie« war jeder, der an sich selbst arbeitete, ein Idiot im ursprünglichen Sinne des Wortes: jemand, der wahrhaft er selbst war und deshalb auf alle anderen wie ein Verrückter wirkte. Fritz Peters, der liebevolle Erinnerungen an Gurdjieff aus einer Zeit hatte, als er selbst (Peters) noch ein Junge gewesen war, schrieb folgenden aufschlußreichen Kommentar:

Sein Humor war oft sehr subtil, im orientalischen Sinne, doch hatte er auch eine derbe Seite, und er war ein sehr sinnlicher Mensch. Diese Seite zeigte er besonders dann, wenn nur Männer anwesend waren – beispielsweise im türkischen Bad oder im Sommer am Swimmingpool... Wenn alle sich ausgezogen hatten, fing Gurdjieff regelmäßig an, Witze über den Körper, die sexuellen Fähigkeiten und die verschiedenen körperlichen Gewohnheiten der Anwesenden zu machen. Die Witze, die er gewöhnlich machte, würde man normalerweise als »schmutzig« oder zumindest »schlüpfrig« bezeichnen, und er empfand alle Geschichten dieser Art als höchst amüsant, ganz gleich, ob er selbst oder die anderen Männer sie erzählten, die sich gewöhnlich schnell auf den von ihm angeschlagenen Ton einstellten. Eine seiner Lieblingsbeschäftigungen am Swimmingpool war, alle Männer aufzufordern, sich in einer Reihe aufzustellen, so daß sie alle in eine Richtung schauten, und dann ihre Sonnenbräune zu vergleichen. Dies wurde zu einem Ritual, das Gurdjieff den »Club der Weißärsche« nannte. Anschließend forderte er alle Anwesenden auf, sich herumzudrehen, und kommentierte dann die Größe und andere

Charakteristika der männlichen Genitalien, deren Anblick sich ihm nun darbot.[4]

Es hat auch Gerüchte über sexuelle Eskapaden Gurdjieffs mit einigen seiner Schülerinnen gegeben. Ob diese Geschichten zutreffen oder nicht, läßt sich nicht mit Sicherheit sagen, doch hat John G. Bennett in seiner Autobiographie zu diesem Thema folgendes geschrieben:

> Besonders entsetzt und sogar erzürnt war ich über alles, was Gurdjieff öffentlich oder unter vier Augen über Sexualität sagte. Über Frauen sprach er auf eine Weise, die allenfalls zu einem fanatischen moslemischen Polygamisten gepaßt hätte: Er brüstete sich mit seinen vielen Kindern von verschiedenen Frauen und sagte, Frauen seien für ihn nur Mittel zum Zweck. Solche Äußerungen schockierten all jene, die gewohnt waren, sexuelle Beziehungen als heilig zu betrachten – mochte ihr Privatleben auch alle Heiligkeit vermissen lassen. Gurdjieff zeigte sich außen stets vor seiner schlechtesten Seite und hielt das Beste in sich verborgen.
> Manchmal kamen junge Frauen nach Paris, um ihn zu besuchen. Er flirtete dann mit ihnen, was das Zeug hielt, und lud sie ein, spät am Abend wiederzukommen, wenn alle anderen gegangen waren. Manche hielten das für eine geheimnisvolle Prüfung oder waren neugierig und gingen hin. In allen Fällen, von denen ich gehört habe, öffnete Gurdjieff die Tür, machte ein erstauntes Gesicht und fragte: »Was wollen Sie denn jetzt hier?« Dann gab er der jungen Frau eine Handvoll Süßigkeiten und schickte sie weg. Aber es blieb natürlich nicht aus, daß seinem Handeln die schlimmsten Motive untergeschoben wurden. (...) Immerhin muß ich einräumen, daß er den Älteren manchmal Ratschläge gab, die zu vielen außerehelichen Beziehungen führten. Die ganze Atmosphäre war von einer fiebrigen Erregung durchtränkt, in der niemand mehr so recht wußte, was richtig und was falsch war.[5]

Rom Landau erinnert sich an den folgenden bemerkenswerten Vorfall, der veranschaulicht, daß Gurdjieff sicherlich nicht darüber erhaben war, mit dem Feuer zu spielen. Die Szene ereignete sich in einem Restaurant. Landau, dessen erstes Zusammentreffen mit Gurdjieff bevorstand, saß mit einer Freundin zusammen, und das Gespräch kam auf den Meister, der zufällig an einem Tisch in der Nähe saß. Landau wies seine Begleiterin auf die Anwesenheit Gurdjieffs hin. Dieser bemerkte die konspirativen Blicke der beiden und fing plötzlich an, auf eine bestimmte Weise zu atmen. Landaus Freundin wurde blaß, fing sich aber kurz darauf wieder. Als Landau sie fragte, ob alles in Ordnung sei, flüsterte sie ihm zu, in dem Augenblick, in dem ihr Blick dem von Monsieur Gurdjieff begegnet sei, hätte sie das Gefühl gehabt, irgend etwas habe sie mitten in ihr Sex-Zentrum getroffen. Sie warnte ihn, vorsichtig mit diesem Manne zu sein.[6]

Besucher des Schlosses in Fontainebleau haben berichtet, die Schüler hätten in Anwesenheit ihres Lehrers verängstigt und eingeschüchtert gewirkt. Verständlicherweise mieden sie es, seine Aufmerksamkeit auf sich zu ziehen, damit er sie nicht mit Beleidigungen und immer neuen Prüfungen und Aufgaben überhäufte. Außenstehende Beobachter und Ex-Schüler haben auch ein ziemlich ernstes und manchmal sogar mürrisches Auftreten bei Gurdjieffs Schülern bemerkt – ein Eindruck, den auch die Anhänger anderer guruzentrischer Kulte oft erwecken.

Mit seinen verrückt-weisen Interventionen wollte Gurdjieff persönliche Begrenztheiten seiner Schüler durchbrechen und ihre Aufmerksamkeit auf den spirituellen Prozeß konzentrieren. Dieser bestand in intensiver Selbstbeobachtung und in der Harmonisierung der Persönlichkeit durch verschiedenartige Disziplinen, darunter Übungen und Tänze. Wenn die Persönlichkeit – die Gurdjieff als Maschine bezeichnete und dementsprechend behandelte – mit Hilfe dieser Methoden korrigiert worden war, sollte sie sich angeblich weiterentwickeln. Doch scheinen die Schüler die Harmonie, die ihr Meister ihnen versprach, nie erreicht zu haben. Paul Serant, ein ehemaliger Schüler Gurdjieffs, der den Roman *Ritual Murder* (»Ritueller Mord«) geschrieben hat, erklärte:

Offensichtlich kann es zu einer gefährlichen Versuchung werden, wenn man als gegeben voraussetzt, daß alle Menschen Maschinen sind, man selbst aber anfängt, keine mehr zu sein: Wenn die anderen Maschinen sind, warum soll man sie nicht als solche benutzen? Doppelzüngigkeit wird dann zu einem völlig legitim erscheinenden Mittel des Strebens nach einem noch mehr verfeinerten Selbstbewußtsein.

An diesem Punkt kommt es zu einer Umkehr spiritueller Wertvorstellungen, zu einer wirklichen geistigen Gefahr, die unendlich viel größer ist als eine *als solche erkannte Unmoral*, wenn man nämlich das Gute als böse und das Böse als gut zu bezeichnen beginnt.[7]

Gurdjieff war zweifellos eine imposante, faszinierende und mächtige Persönlichkeit mit einem Hang zum orientalischen Despotentum und, wie einige behaupten, mit einer Tendenz zum Größenwahn. Selbst Menschen, die seinem Charisma und seiner Mystagogie gegenüber immun waren, brachten ihm Bewunderung entgegen. Als Gurdjieff einmal gefragt wurde, ob es einen Gott gebe, antwortete er: »Ja, und Gurdjieffs Beziehung zu ihm ist die eines etwas eigenwilligen, hartnäckigen und empfindlichen Ministers seinem König gegenüber.«[8]

Inwieweit Gurdjieffs wechselhafte Art der Selbstdarstellung ein fester Bestandteil seines Charakters war und wie weitgehend ein Rollenspiel, ist schwer zu sagen. Kenneth Walker, ein bekannter Chirurg, hat beschrieben, daß Gurdjieff im einen Augenblick fürchterlich zornig sein und im nächsten Moment ganz normal weiterplaudern konnte. Walker kommentiert:

Ich bin überzeugt, daß Gurdjieff den Forderungen seines Gewissens folgte und daß er, falls er sündigte, sich nur gegen den Moral-Kodex versündigte, der »die einzigartige Eigenschaft jenes Wesens hat, das Chamäleon genannt wird«. Wenn er gegen die konventionelle Moral verstieß, tat er dies ganz offen, denn niemand war weniger um seinen Ruf besorgt als er... Als ich ihn das letzte Mal anschaute und darüber nachdachte, wie viel er im Laufe seines langen Lebens erreicht hatte und wie viel ich ihm schuldete, waren die Merkwürdigkeiten in seinem Verhalten, die mich früher so sehr verwirrt und sogar beunruhigt hatten, völlig vergessen.[9]

Bhagwan Rajneesh (Osho), mit dem wir uns in diesem Kapitel ebenfalls beschäftigen werden, hat beifällig über Gurdjieffs Wutausbrüche bemerkt:

> Wenn Gurdjieff wütend wird, dann ist das wundervoll. Wenn ihr wütend werdet, ist es häßlich. Zorn an sich ist weder häßlich noch schön. Wenn Jesus wütend wird, ist es reine Musik – sogar sein Zorn. Wenn Jesus im Tempel eine Peitsche nimmt und die Händler verjagt, so ist dieser Handlung eine subtile Schönheit eigen. Sogar Buddha fehlt jene Schönheit; Buddha wirkt so einseitig.[10]

Gurdjieff war ein Mann von ungeheurer Willenskraft, und er versuchte, diese Tugend auch in seinen Schülern zu wecken. Seine Lehren eröffneten einen Weg zu Gott, der harte Arbeit erforderte, unermüdliche Anstrengungen, intensive Selbsterkenntnis, Unterwerfung unter den Lehrer und die Entwicklung von Kräften bzw. dem, was man in Indien *Siddhis* nennt. Doch war auf diesem Pfad nur wenig Raum für Mitgefühl oder Liebe.

Der Psychologe Charles Tart hat über Gurdjieff gesagt: »Gurdjieff war zweifellos ein Genie und ein Mensch, der wesentlich wacher war, als wir es sind. Wenn er heute leben würde, würde ich versuchen, ihn als Lehrer zu akzeptieren, und in einer Gruppe unter seiner Leitung üben. Ich würde bestimmt viele persönliche Konflikte mit ihm haben!«[11] Nach dem zu urteilen, was wir über Gurdjieff wissen, duldete er keine Meinungsverschiedenheiten, sondern erwartete von seinen Schülern bedingungslosen Gehorsam und völlige Unterwerfung. Von daher kann man sich fragen, wie lange Charles Tarts besonnen-rationales Verständnis dem Angriff eines Guru wie Gurdjieff standgehalten hätte. Merkwürdigerweise warnt Tart die Leser seines Buches davor, sich Kultgruppen anzuschließen – wozu er auch die Gurdjieff-Gruppen rechnet –, die einem charismatischen Führer große Macht zugestehen – als ob Gurdjieff selbst und seinem Schülerkreis dieses

Schicksal erspart geblieben wäre! Tart empfiehlt, ein Suchender solle sich wenn möglich einen Lehrer suchen, der »vollständig erwacht« sei und damit die höchste Stufe menschlicher Entwicklung repräsentiere. Man muß sich fragen, ob Georgei Iwanowitsch Gurdjieff solch ein Lehrer war. Ungeachtet unserer Antwort können wir sicherlich Claudio Naranjo beipflichten, der meint, daß »Gurdjieffs Platz in der Welt spiritueller Lehren und Lehrer geheimnisvoll, faszinierend und mit Sicherheit sehr wichtig«[12] ist.

## 2. Aleister Crowley: Der verrückte Magier

Aleister Crowley war ein Zeitgenosse Gurdjieffs und ebenso exzentrisch wie jener. Doch im Gegensatz zu Gurdjieff erregten Crowleys exzentrische Aktivitäten so große Empörung in der Öffentlichkeit, daß negative Presseberichte seine authentischen magischen und spirituellen Experimente überschatteten. Trotzdem hatte er während seines Lebens einen größeren Einfluß als Gurdjieff, der erst nach seinem Tode wirklich berühmt geworden ist. Sicherlich war Crowley einer der erfahrensten Magier der westlichen Welt, und man muß ihn in eine Reihe mit Okkultisten wie Guiseppe Balsamo (Graf Cagliostro), dem Grafen von Saint-Germain im 18. Jahrhundert sowie Eliphas Levi und Madame Blavatski im 19. Jahrhundert stellen.

Crowleys negative Berühmtheit hängt zweifellos mit seiner unersättlichen sexuellen Promiskuität zusammen, mit seinem freizügigen Eintreten für den Drogenkonsum und mit seiner antinomistischen (und tantra-ähnlichen) Philosophie. Die Zeitungen und einige Biographen haben ein verdorbenes Monster aus ihm gemacht – ein Bild, das er selbst gefördert zu haben scheint. Der Schweizer Schriftsteller Henri Birven hat über Crowley geschrieben: »Das Leben dieses ›Magus‹ ist eine Tragikomödie ungeheuren Ausmaßes, die nur ganz wenige Kenner wirklich vollständig würdigen können.«[13]

Israel Regardie, der Crowley mehrere Jahre lang (bis 1934) als Sekretär gedient hat, urteilte positiver, obwohl auch er sich schließlich von seinem Mentor trennte, wie alle, denen ihre körperliche und geistige Gesundheit lieb war. Nach Regardie hatte Crowley »als Lehrer und Autor eine beträchtliche Größe... Wenn ich ihn in nur einem einzigen Satz beschreiben sollte, würde ich ihn einen viktorianischen Hippie nennen.«[14] Diese Beschreibung läßt Crowleys aggressiven Antinomismus in einem romantischen Licht erscheinen. Er war nicht nur ein »Aussteiger«, der sich durch Drogenkonsum »antörnte« (obgleich er auch das tat), sondern er strebte auch ohne jede Rücksicht nach persönlicher Macht, und dabei hat er mit Sicherheit mehr als ein Leben ruiniert.

Crowley wurde 1875 geboren, im Jahr nach Eliphas Levis Tod. Er hat später von sich behauptet, er sei eine Reinkarnation von Levi und davor von Graf Cagliostro, die beide überragende Magier des abendländischen Okkultismus waren. Crowley wuchs unter den *Plymouth Brethren* auf, einer fundamentalistischen christlichen Sekte, die 1830 gegründet worden war. Schon mit elf Jahren war er der Faszinationskraft der dunklen Mächte erlegen. Seine empörte Mutter nannte ihn als erste »das Tier«, und er selbst übernahm diese Bezeichnung ohne zu zögern. Umgekehrt nannte er seine Mutter gern eine »hirnlose Fanatikerin«.

In einem gewissen Sinne war meine Mutter verrückt, nämlich in dem Sinne, in dem dies alle Menschen sind, die in ihrem Gehirn wasserdichte Abteilungen haben und die mit gleicher Leidenschaft nicht zu vereinbarende Ideen vertreten, die sie strikt voneinander getrennt halten, da ihr Zusammentreffen beide Seiten zerstören würde.[15]

Der hochbegabte Crowley fing am Trinity College in Cambridge an, Poesie und Erotika zu schreiben. Ein akademischer Grad interessierte ihn nicht sonderlich. Da er finanziell unabhängig war, konnte er unbekümmert seine persönlichen Interessen verfolgen. Er fühlte sich W. B. Yeats, einer der wichtigsten Persönlichkeiten im *Order of the Golden Dawn*, als Dichter (und zweifellos auch als Mensch) überlegen. Crowley schloß sich jenem westlichen esoterischen Orden zunächst als einfaches Mitglied an, beeinflußte ihn später, stiftete größte Verwirrung und verließ ihn schließlich wieder.

1897 machte Crowley eine spirituelle Erfahrung, die ihm die Vergeblichkeit allen gewöhnlichen menschlichen Strebens zeigte und die in ihm den Wunsch weckte, an etwas Dauerhafterem zu arbeiten. Er veröffentlichte auch weiterhin literarische Werke und tat sich durch das Besteigen von Bergen auf der ganzen Welt hervor. Andererseits erlangte er allmählich auch als spiritueller Forscher mit faustischen Charakterzügen eine gewisse Bekanntheit. Im Jahre 1898 trat Crowley dem zehn Jahre zuvor gegründeten *Hermetic Order of the Golden Dawn* bei, und er erreichte in der Hierarchie dieser Organisation schnell eine hohe Position. Sein persönlicher Tutor in diesem Orden war Allan Bennett (alias Iehi Aour), dessen Ruhm in okkulten Kreisen an den von MacGregor Mathers, dem Oberhaupt des Ordens, heranreichte. Da der *Order of the Golden Dawn* nur der äußere Orden der *Großen Weißen Bruderschaft* war, strebte Crowley nach Höherem. Im März des Jahres 1904 empfing er anläßlich eines Besuchs in Kairo von seinem Schutzengel Aiwas, den er angerufen hatte, im Laufe von drei Tagen das *Buch des Gesetzes (Liber Legis)*, das sein gesamtes weiteres Leben veränderte. Colin Wilson, der einen sehr gut lesbaren Bericht über Crowleys Leben geschrieben hat, bemerkt:

Eine andere Quelle, die Crowley kommentiert, Jean Overton Fuller, ist der Meinung, Aiwas sei in Wahrheit eine dämonische Wesenheit gewesen, die Crowley in Versuchung habe führen sollen. Die Autorin weist darauf hin, daß die Stimme von einem Punkt über Crowleys *linker* Schulter gekommen sei – womit auf die Implikation angespielt wird, daß der linkshändige Pfad der Pfad der Schwarzen Magie ist. Ebensogut könnte Aiwas aber auch die Stimme von Crowleys Unbewußtem gewesen sein (worauf auch die Tatsache hindeutet, daß Aiwas den Ausdruck *»pari passu«* verwendete, für eine altsumerische Gottheit eigentlich recht ungewöhnlich).[16]

Crowley sah in der Publikation dieses Buches den Sinn und Zweck seines ganzen Lebens. Das Buch brachte ihm und allen, die es lasen, eine neue Ethik nahe, die in der Maxime »Tue, was du willst, sei dein einziges Gesetz« zusammengefaßt ist. Dieser Satz wurde oft im Sinne von »Tue, was dir gefällt« mißverstanden. Tatsächlich ähnelt er jedoch einer in der *Bhagavad-Gītā* überlieferten Aufforderung der hinduistischen Tradition: »Folge deinem inneren Gesetz *(Svadharma)* und deiner inneren Natur *(Svabhāva).*«[17]

Crowley bemerkte, er habe sich den Prinzipien des Buches zu fast jedem Aspekt der Moral zunächst erbittert widersetzt.[18] Erst allmählich habe er das darin offenbarte esoterische Wissen als einen Führer nicht nur für die spirituelle Entwicklung, sondern auch bei praktischen Entscheidungen des alltäglichen Lebens schätzen gelernt. Daß jeder Mensch das Recht hat, in seinem Leben seine spezifische Aufgabe zu erfüllen, war für Crowley der Inbegriff der Demokratie. In Crowleys neuer Moral, die alle Konventionen aus den Angeln hebt, steht das Individuum an erster Stelle. »Im Neuen Aeon wird jeder Mensch ein König sein«, erklärte Crowley prophetisch.[19] Ihm war klar, daß die größte Schlacht in diesem Krieg um den wahren Individualismus die um die Sexualität sein würde, und er schrieb uneingeschränkt optimistisch:

Die Menschheit muß lernen, daß der sexuelle Instinkt von edler Natur ist. Die schockierenden Mißstände, die wir alle mißbilligen, beruhen in erster Linie auf jenen Perversionen, die durch Unterdrückung der Sexualität entstehen. Die Empfindung, daß Sexualität schändlich und sündhaft sei, führt zur Verheimlichung, was unwürdig ist, und zu inneren Konflikten, die Verzerrungen und Neurosen hervorrufen und letztlich in einer Explosion enden. Das bedeutet praktisch, daß wir absichtlich einen Abszeß erzeugen und uns dann fragen, warum dieser mit Eiter gefüllt ist, warum er schmerzt und warum soviel Gestank und Korruption dadurch entsteht. Wenn man andere physische Bedürfnisse auf diese Weise behandeln würde, so würde das gleiche geschehen. Würde man einen Menschen davon überzeugen, daß Hunger lasterhaft ist, ihn außerdem daran hindern, das zu essen, was ihm am besten schmeckt, und so seinen Hunger zu stillen, so würde der Betreffende bald zu einer verrückten und gefährlichen Bestie werden. Mord, Raub, Aufruhr und schwere Verbrechen resultieren aus der Unterdrückung des körperlichen Bedürfnisses nach Nahrung. *Das Buch des Gesetzes* löst das Problem der Sexualität vollständig.

118

Jeder Mensch hat das absolute Recht, seinen Sexualtrieb so zu befriedigen, wie es physiologisch für ihn richtig ist. Die einzige Bedingung dabei ist, jeden dieser Akte als ein Sakrament zu behandeln. Man sollte nicht fressen wie die Tiere, aber nur deshalb nicht, damit man sich dem eigenen Willen entsprechend verhalten kann. Dies gilt ebenso für die Sexualität. Wir müssen jede Fähigkeit nutzen, um das eine Ziel unserer Existenz zu fördern.

Ist der Sexualinstinkt auf diese Weise von seinen Fesseln befreit, so wird er nie mehr monströse Formen annehmen. Perversionen werden so selten werden wie die Freaks auf dem Jahrmarkt.[20]

Auf der Suche nach seinem eigenen inneren Gesetz entfernte sich Crowley im Jahre 1906 vom Golden Dawn. Nachdem er ein Jahr später seinen eigenen *Order of the Silver Star* (Argentum Astrum) begründet hatte, vertiefte er sich eingehend in die Sexualmagie, die auch homosexuelle Praktiken einbezog. 1914 reiste er in die Vereinigten Staaten, wo er die nächsten fünf Jahre verbrachte, bevor er 1919 nach Europa zurückkehrte. In der »Heiligen Abtei von Thelema«, einer ashramartigen Schule in einem entlegenen Dorf in Sizilien, machte er sich mit einer Gruppe von Schülern daran, die Philosophie des *Liber Legis* in die Tat umzusetzen. Orgien waren ein fester Bestandteil des täglichen Rituals. Crowley unterhielt einen fluktuierenden Harem, von dessen Mitgliedern er erwarten konnte, daß sie jeder sexualmagischen Anforderung, die er stellte, gerecht wurden. Die Mitglieder der Gruppe konsumierten Drogen ohne jede Rücksicht auf ihr körperliches und geistiges Wohl, und mehrere seiner Schüler wurden auf diese Weise verrückt. Einer von ihnen starb sogar, möglicherweise jedoch nicht durch Magie, sondern an vergiftetem Essen.

Im Jahre 1921, zu einem Zeitpunkt, als Crowley mit zwei Geliebten und mehreren Kindern völlig mittellos dastand, erreichte er nach eigenen Angaben die höchste Stufe der Entwicklung, die des Ipsissimus, des Adepten jenseits von Gut und Böse. Wie er in seiner Autobiographie behauptet, »überquerte er den Abgrund« oder wurde vielmehr ahnungslos in diesen hineingeworfen, wobei sich sein individuelles Gewahrsein mit dem kosmischen Geist vereinigte.[21] Nach Meinung der meisten Okkultisten jedoch ist dem Magus gerade dies *nicht* gelungen. Sie sind der Meinung, daß seine Selbsttäuschung und Hybris die Voraussetzungen für seinen anschließenden spirituellen Niedergang gewesen seien. Crowley selbst war weise genug, seine »Gottwerdung« nicht öffentlich zu verkünden, und seine entsprechenden Ansprüche blieben bis zur Veröffentlichung seiner vollständigen Autobiographie nach seinem Tode (also erst viele Jahrzehnte später) ein Geheimnis.

Crowley war sich darüber im klaren, daß er von 1907 an ständig von der Polizei beobachtet wurde. Die Häuser einiger seiner Anhänger wurden durchsucht, und er selbst wurde schikaniert, im Ausland arretiert und aus mehreren Ländern ausgewiesen. Anfang der zwanziger Jahre hatten die Zeitungen ihn zum »bösartigsten Menschen der Welt« hochstilisiert. 1923 wurde er aus dem mittlerweile von Mussolini regierten Italien ausgewiesen. Von jener Zeit an zog er rastlos umher, hoffte, Schüler zu finden, und versuchte, seiner Heroinabhängigkeit Herr zu werden. Er hielt sich für den Messias des neuen Zeitalters, der eine neue Religion bringen würde, die das in seinen Augen verknöcherte und unerträglich repressive Christentum ablösen sollte.

Crowleys Rabelaissches Spiel mit dem Feuer war zu seiner Zeit in der Kultur, in der er lebte, eine außergewöhnliche Erscheinung, da die abendländische Gesellschaft im Gegensatz zur indischen keine allgemein akzeptierten Modelle für »spirituelle« Aussteiger kennt, insbesondere nicht für solche, die der Sexualität einen so hohen Wert beimessen. Das überlieferte Bild des spirituellen Meisters der Christenheit, des Jesus von Nazareth, ist völlig asexuell. Nur wenige Christen haben sich jemals gefragt, ob Jesus verheiratet oder sexuell aktiv war oder warum die Bibel zu Fragen dieser Art schweigt. Und dieses überlieferte, praktisch antisexuelle Christusbild überträgt der westliche Kulturkreis auf alle Gestalten, die als spirituelle Lehrer wirken. Wenn Persönlichkeiten wie Crowley sich von dieser asexuellen oder gar antisexuellen Grundhaltung distanzieren, wird augenblicklich ihre spirituelle Seriosität angezweifelt.

Crowley verachtete das Christentum wegen seiner ablehnenden

Grundhaltung der Sexualität gegenüber. Er hatte offenbar einen unersättlichen sexuellen Appetit, und er bekennt in seinen Memoiren, daß selbst kurze Perioden sexueller Enthaltsamkeit ihm sehr zu schaffen gemacht und seine Kreativität sehr stark behindert hätten. In einer Passage über seine Zeit an der Universität in Cambridge schreibt er:

Ich war in jener Zeit sexuell sehr aktiv. Meine Beziehungen zu Frauen waren sehr befriedigend. Sie gaben mir ein Maximum an körperlichen Freuden, und gleichzeitig symbolisierten sie meine theologischen Vorstellungen von Sünde. Körperliche Liebe wurde vom Christentum als eine Gefahr angesehen und als Schande und Todsünde abgestempelt. Swinburne hat mich die Doktrin der Rechtfertigung durch die Sünde gelehrt. Jede Frau, der ich begegnete, ermöglichte es mir, auf magische Weise zu bestätigen, daß ich der Tyrannei der Plymouth Brethren und der Protestanten entronnen war. Gleichzeitig waren Frauen für mich auch eine Quelle romantischer Inspiration; und ihre Liebkosungen emanzipierten mich von der Knechtschaft des Körpers. Wenn ich sie verließ, hatte ich stets das Gefühl, wie auf Wolken zu gehen, wobei meine Seele die Freiheit hatte, die unendlichen Weiten des Himmels zu durchschweifen und ihre Gottheit in uneingeschränktem Nachsinnen über transzendente Erhabenheit zum Ausdruck zu bringen, ausgedrückt in einer Sprache, die die reinsten Bestrebungen mit den majestätischsten Melodien vereinte.[22]

Crowley war ein Adept jenes Weges, den man in Indien *Vamaacara* nennt, des linkshändigen Tantrismus. Mit Hilfe seiner magischen Methoden versuchte er, durch Manipulation sexueller Energien andere Bewußtseinszustände zu erreichen. Charakteristisch für ihn war ein gewisser Hang zur Waghalsigkeit, aber seinen Aktivitäten haftete auch etwas Verzweifeltes an. Sex und Macht erwiesen sich für ihn als die großen Stolpersteine, was übrigens in der Geschichte der Adepten des Ostens wie des Westens des öfteren vorgekommen ist.

Crowley lebte am Rande des Wahnsinns, und er wagte sich in

Bereiche vor, vor denen sich sogar die Engel fürchten. Auf diese Weise gelang es ihm, ungeheure kreative Kräfte in sich selbst und in seiner Umgebung freizusetzen, doch aktivierte er gleichzeitig auch starke destruktive Kräfte. Er hatte starkes Charisma und ein ebenso großes Ego. Seine Lebensgeschichte veranschaulicht, welche Gefahren auf einen Menschen lauern, dem es gelingt, die Tore zu den verborgenen Dimensionen der Existenz zu öffnen, ohne sich zuvor in Liebe und Mitgefühl verwurzelt zu haben. Crowley hatte den inneren Drang eines Doktor Faustus, doch fehlte es ihm am *Bodhisattva*-Impuls. Deshalb war sein letztendlicher Fall abzusehen. Die höheren Realisationen des spirituellen Lebens lassen sich nicht erzwingen, sondern sie setzen voraus, daß man jegliche vom Machtstreben bestimmte Motivation aufgibt. Die hohe *Siddhi* der Erleuchtung stellt sich nur ein, wenn man das Verlangen nach den vielen niederen *Siddhis*, den parapsychischen Fähigkeiten des *Yogin* niederer Art, aufgegeben hat. Crowleys Leben ist ein Beispiel für verrückte Weisheit, die in die Irre gegangen ist. Seine letztlich tragische Entwicklung kann uns als Maßstab dienen, an dem wir den relativen Erfolg oder das Versagen anderer Adepten der verrückten Weisheit messen können.

Dieser unerschrockene, wenn auch letztlich in die Irre gegangene Erforscher der inneren Welt starb 1947 im Alter von 72 Jahren in aller Zurückgezogenheit und als Heroinabhängiger. In den sechziger Jahren entdeckte die LSD-gläubige gegenkulturelle Bewegung Crowley wieder, und seinen Nachfolgern gelang es, nach einer langen Zeit der Stagnation neue Mitglieder für ihre Organisation zu rekrutieren. Seine Arbeit hat auch andere zeitgenössische magisch arbeitende Gruppen beeinflußt. Ein Abkömmling von Crowleys Bewegung ist die *Church of Satan*, die 1966 in San Francisco gegründet wurde und die Mitte der siebziger Jahre angeblich 25 000 Mitglieder gehabt haben soll, obwohl anzunehmen ist, daß es tatsächlich nie mehr als ein paar Hundert waren. Im Geiste Crowleys proklamiert diese Kirche einen ichzentrierten Individualismus.

## 3. Bhagwan Rajneesh (Osho): Der »Herr« der Täuschung

Bhagwan (»Herr«) Rajneesh wurde im Jahre 1931 als Rajneesh Chandra Mohan in einem kleinen Dorf bei Jabalpur in Indien geboren, und er starb in seinem Heimatland im Jahre 1990.[23] Er war das älteste Kind von sieben Brüdern und fünf Schwestern, und er wuchs bei seinen reichen Großeltern mütterlicherseits auf, die ihn verwöhnten. Seine Geburtsreligion war die der Jainas.

Als sein Großvater starb, war Rajneesh durch den Verlust dieser Bezugsperson zutiefst getroffen, und er wurde von jenem Zeitpunkt an zum Einzelgänger, der menschliche Nähe scheute. Später machte er folgendes interessante Geständnis: »Ich bin nie wirklich zu einem Mitglied der Gesellschaft geworden – ich bin ein Individuum geblieben, sehr zurückgezogen.«[24]

Rajneesh behauptete von sich, er habe sein erstes Erlebnis ekstatischen Bewußtseins *(Samadhi)* im Alter von sieben Jahren gehabt. Auch will er im Jahre 1953 mit 21 Jahren, einen Tag vor der Frühlings-Tagundnachtgleiche, die vollständige Erleuchtung erlangt haben. Nach jener »Explosion«, wie er dieses Ereignis genannt hat, sei er nicht mehr in seinem Körper gewesen. »Ich lungere um den Körper herum«, erklärte er viele Jahre später. »Ich bin immer wieder aufs neue überrascht: Bin ich noch da? Eigentlich dürfte das nicht so sein. Ich hätte jeden Augenblick gehen sollen, aber ich bin immer noch hier.«[25]

Dieses Ereignis unterbrach jedoch nicht seine akademische Karriere. Er besuchte die Saugar-Universität und qualifizierte sich im Jahre 1957 zum Magister der Philosophie. Danach lehrte er neun Jahre lang Philosophie und gab im Jahre 1967 seine Tätigkeit als Philosophieprofessor auf, weil er sich nur noch der Neubelebung der Spiritualität widmen wollte. Während einer Vortragsreihe am Bharatiya Vidya Bhavan in Bombay verkündete Rajneesh einem schockierten, vom hinduistischen Puritanismus geprägten Publikum, Sex sei natürlich und göttlich. Damit hatte er den Grundstein für den Widerstand gegen seine Lehrtätigkeit in Indien gelegt. Ein Jahr später machte Rajneesh sich noch unpopulärer, indem er Mahatma Gandhi, der in Indien wie ein Heiliger verehrt wird, anläßlich dessen hundertstem Geburtstag vehement angriff. Er bezeichnete Gandhi als einen Masochisten, Hindu-Chauvinisten und Perversen, wobei sich letzteres auf eine in der Tat merkwürdige Gewohnheit Gandhis bezog: Er ließ nackte Mädchen neben sich schlafen, um seine sexuelle Enthaltsamkeit zu prüfen und unter Beweis zu stellen.

Nachdem Rajneesh einige Zeit in Indien umhergereist war, ließ er sich mit einem kleinen Kreis von Anhängern zunächst in Bombay nieder. Die meisten seiner Schüler waren zu jener Zeit Inder; nur einige wenige Menschen aus dem Westen legten bei Rajneesh das Gelübde der Entsagung *(Sannyasa)* ab. Von 1971 an ließ Rajneesh sich »Bhagwan« nennen – »inkarnierter Gott«. Eine neue Phase seiner Lehrtätigkeit begann 1974, nachdem er mit seiner Gefolgschaft nach Puna übergesiedelt war. 1979 lebten in seinem blühenden Ashram 200 permanente Bewohner, in der Mehrheit Ausländer. Doch hatte dieser Ashram mit etlichen Schwierigkeiten zu kämpfen, nicht zuletzt damit, daß er immer überfüllter wurde. 1978 versuchte die Rajneesh Foundation in Indien ein kleines Tal zu kaufen, um einen Teil der in Puna lebenden Anhänger dort anzusiedeln. Die indische Regierung vereitelte diesen Kauf. Ein Jahr später mietete die Foundation ein Schloß aus dem 16. Jahrhundert in der gleichen Region, das 250 Jünger hätte beherbergen können. Doch kam es zu Protesten gegen den Bau einer 1000 Meter langen Rohrleitung, die die Wasserversorgung des Schlosses ermöglichen sollte. Die Eigentümer des Schlosses forderten die neuen Bewohner auf, das Gelände wieder zu verlassen, woraufhin Repräsentanten der Rajneesh Foundation Gewalt androhten, unter anderem auch, sie würden das Schloß in die Luft sprengen.

Im Jahre 1981 kündigte Rajneesh an, seine Arbeit trete nun in eine neue Phase ein, und deshalb werde er, nachdem er Hunderte von Vorträgen gehalten habe, fortan schweigen. Diese Neuentwicklung traf mit seinem heimlichen Umzug in die USA zusammen. Er betrat das Land, das er vorher immer wieder als »Heimat der Scharlatane und falschen Gurus« abgetan hatte, mit einem Touristenvisum und in der festen Absicht, Amerika zu seiner neuen Heimat zu machen. Um permanent in den USA bleiben zu können, heiratete er eine griechische Millionärstochter, die US-amerikanische Staatsbürgerin war.

Die Rajneesh-Foundation erwarb in der Nähe von Antelope im Staate Oregon, damals ein kleines Dorf mit 40 Einwohnern, eine Farm mit 64 000 Morgen Land. Pläne für die heimliche Errichtung einer Stadt, »Rajneeshpuram«, wurden entwickelt und aggressiv in die Tat umgesetzt. Um die 120 Millionen Dollar wurden in das gigantische Projekt investiert. Schon bald beherbergte der neue Ashram 300 feste Bewohner, doch der Guru hatte die utopische Vision, eine Stadt für 50 000 *Sannyasins* zu erbauen, die die Welt verändern sollten. Ambitionen des Ashrams, sich in der Lokalpolitik zu engagieren, in Verbindung mit einem immer unverblümteren Militarismus und gewissen kriminellen Aktivitäten führten schließlich zu Untersuchungen der Polizei, des FBI und der Einwanderungsbehörde.

1984 brach Rajneesh sein Schweigegelübde und hielt wieder Vorträge vor seinen Anhängern. Doch irgend etwas war anders als vorher. Ein Kommentator hat es wie folgt beschrieben:

> Bhagwans Gesicht hatte seine Ausgeglichenheit und sein Strahlen verloren, seine Augen ihre Zeitlosigkeit und Tiefe, seine Vorträge ihr Feuer, ihre Originalität und ihre Anmut, und die Gründung des Rajneeshismus ließ ihn all jene verlieren, die ihn wegen seiner einstmals beredten Mißachtung aller »Ismen« geliebt hatten. Eine absurde Zahl von Rolls-Royces wurde für ihn gekauft... bewaffnete Wachen tauchten auf, die Paranoia wurde stärker, Arbeit wurde nun »Worship« genannt... und Bhagwan, der immer häufiger wie unter Drogen wirkte, schien von all diesen Vorgängen nichts zu merken.[26]

Ein Jahr später fing er an, seine wichtigste Vertraute und Managerin Ma Anand Sheela und »ihre Gang« der unterschiedlichsten Verbrechen zu bezichtigen, unter anderem auch des versuchten Mordes. Er leugnete, auch nur das Geringste gewußt zu haben, und er wies jegliche Verantwortung für Sheelas zahlreiche Vergehen von sich. Am 16. September erklärte er das Ende des »Rajneeshismus« für gekommen und stürzte Tausende von Anhängern in tiefe

Verwirrung und Enttäuschung. Dies war der gleiche Mann, der einige Jahre zuvor beim Verlassen des Flugzeuges, das ihn nach Amerika gebracht hatte, stolz erklärt hatte: »Ich bin der Messias, auf den Amerika gewartet hat.«

Sheela floh nach Europa, wo sie festgenommen und an die USA ausgeliefert wurde. Von den amerikanischen Behörden wurde sie später wegen Mordversuchs, Körperverletzung, Brandstiftung und illegalem Abhören verurteilt. Rajneesh selbst wurde in den USA für kurze Zeit festgenommen, erhielt eine zehnjährige Gefängnisstrafe auf Bewährung und wurde schließlich aus den Vereinigten Staaten ausgewiesen. Unmittelbar nach der Anhörung vor Gericht, in deren Verlauf er dem Richter sagte, er wolle nie mehr nach Amerika zurückkehren, reiste er nach Indien ab, wo er am 19. Januar 1990 starb.

Was war schiefgegangen? Jeder Versuch, diese Frage zu beantworten, muß die ungeheure Komplexität der Situation berücksichtigen. Zunächst sind da die Widersprüchlichkeiten in Rajneeshs eigenem Leben: Wir haben es mit einem Guru zu tun, der laut seinen eigenen Aussagen nicht in seinem Körper war; der erklärte, er habe nicht vor, Anhänger um sich zu scharen, der aber trotzdem jahrelang als spirituelles Oberhaupt vieler Tausender von Männern und Frauen fungierte und von diesen bedingungslose Hingabe forderte; der sich als Entsagender bezeichnete; der es wegen seiner Kahlköpfigkeit haßte, daß Fotos von ihm gemacht wurden; der die Reichen und Einflußreichen bevorzugte und die Anschaffung eines Fuhrparks von 93 Rolls-Royces anregte; der behauptete, völlig erleuchtet zu sein, und es trotzdem für notwendig hielt, regelmäßig Lachgas zu benutzen; der sich zwanghaft Videos anschaute, um sich die Langeweile zu vertreben, und der zuließ, daß eine Gruppe von machtgierigen Frauen seine große Organisation und sein eigenes Leben beherrschten.

Außerdem ist da Rajneeshs erklärte antinomistische Philosophie und sein moralischer Anarchismus, die auf tantrischen Ideen basieren, wie die folgenden Zitate aus seinen Vorträgen veranschaulichen.

126

Moral ist eine falsche Münze. Sie täuscht die Menschen, und sie hat ganz und gar nichts mit Religion zu tun.[27]

Du magst ein Mörder, ein Dieb, ein Räuber oder gar ein Hitler, ein Dschingis-Khan gewesen sein oder jemand, der das denkbar Schlimmste in seinem Leben getan hat; doch das alles ist gleichgültig. Sobald du deiner selbst gewahr wirst, ist das Licht da, und die gesamte Vergangenheit verschwindet augenblicklich.[28]

Selbst die Sünde ist wundervoll, denn sie gibt deiner Heiligkeit Tiefe.[29]

Ein Mensch, der zu echtem Verständnis gelangt ist, ist weder gut noch schlecht, er versteht beides. Und in eben jenem Verstehen transzendiert er beides.[30]

Ihr braucht Lügen, so wie Kinder Spielzeug brauchen... Und wenn ein Mensch tiefes Mitgefühl hat, wird niemanden interessieren, ob er gelogen oder die Wahrheit gesagt hat... Alle Buddhas haben gelogen. Sie mußten das aus ihrem Mitgefühl heraus tun.... Die ganze Wahrheit wäre zuviel gewesen.[31]

Es fällt schwer zu glauben, daß Rajneesh nichts von Sheelas Machenschaften gewußt habe, obwohl er genau dies behauptet hat. Insbesondere gilt das für die völlig offensichtliche Tatsache, daß der gesamte Ashram bis an die Zähne bewaffnet war und daß Sheela selbst in aller Öffentlichkeit einen Revolver trug. Ebensowenig glaubwürdig erscheint mir, daß er nichts davon gewußt haben soll, daß viele seiner *Sannyasins* Geld mit Drogenschmuggel und Prostitution verdienten, um seine teuren Sammelleidenschaften und seine Weltmachtgelüste zu finanzieren. Wahrscheinlicher ist – und es würde auch eher seiner antinomistischen Philosophie in Verbindung mit einer eigenartigen persönlichen Indifferenz entsprechen –, daß er den Dingen einfach ihren Lauf ließ. »Akzeptiere nicht, lehne nicht ab«, hat er schließlich mehr als einmal gesagt. Als das Unheil schließlich über ihn hereinbrach, gab er sich angewidert und war offenbar völlig deprimiert und verbittert über das Geschehene.

Ein Faktor, der wohl ebenfalls zu jenem Fiasko in Oregon entscheidend beigetragen hat, war zweifellos Rajneeshs autoritärer Umgang mit seinen Anhängern. In Indien war er ein geradezu fanatischer Leser gewesen, und es ist bekannt, daß er sämtliche Bücher von Gurdjieff und Ouspensky verschlungen hat. Gurdjieff scheint sogar als eine Art Rollenmodell für seine Interaktion mit seinen Anhängern fungiert zu haben. Von Zeit zu Zeit verwandelte Rajneesh seinen Ashram in ein Arbeitslager, indem er seine Anhänger zu immer neuen Anstrengungen und zu immer extremeren Akten der Unterwerfung antrieb. Viele wurden aufgrund starker Erschöpfung krank und verloren ihr normales Urteilsvermögen. Eine erschreckend hohe Zahl von Sannyasins verübte Selbstmord. Viele andere fragten sich, wohin all das führen sollte. Ein ehemaliger Sannyasin schreibt:

> Wie wir später herausfanden, experimentierte Bhagwan ständig mit uns, indem er uns zuerst hungern ließ und uns dann mit Köstlichkeiten vollstopfte. Teertha (eine prominente Persönlichkeit in der Rajneesh-Organisation) erklärte uns, die Härten, die wir ertragen müßten, würden unseren Charakter formen; sie seien eine Art Feuerprobe. Die Hingabe an unseren Meister werde in jeder Hinsicht geprüft, und die Schwächsten unter uns würden diesen Prüfungen natürlich nicht standhalten.[32]

Wie so viele Gurus der Vergangenheit und Gegenwart forderte Rajneesh von seinen Anhängern, sich ihm vollständig zu überantworten und alle Zweifel fahren zu lassen.

> Wenn der Jünger so empfänglich ist, daß er keinen eigenständigen Geist mehr hat – er urteilt nicht mehr, ob etwas richtig oder falsch ist, er hat keinen eigenen Geist (no mind), er hat seinen Geist dem Meister überantwortet, er ist einfach nur noch empfänglich, eine Leere, bereit, alles, was gegeben wird, bedingungslos willkommen zu heißen, –, dann sind keine Worte und Symbole mehr notwendig, dann kann wirklich etwas übermittelt werden.[33]

Ich bin hier, und ich versuche, zu euch zu sprechen, aber das ist von sekundärer Bedeutung. Das Entscheidende ist, daß ich, wenn ihr offen seid, in euch hineinfließen kann ... und wenn ihr mich nicht kostet, werdet ihr nicht verstehen können, was ich sage.[34]

Als ein Anhänger seine Befürchtungen zum Ausdruck brachte, er könne zu einem Zombie werden, bestätigte Rajneesh unumwunden, seine Anhänger müßten perfekte Zombies werden, denn nur so könnten sie sich für die spirituelle Übermittlung öffnen. Rajneesh sagte:

Du wirst idiotisch. Du siehst aus wie ein Idiot! Die Leute werden sagen, du seist hypnotisiert, du seist nicht mehr du selbst, so wie du es früher warst. Das ist wahr; aber es ist eine Art Schock. Und es ist gut, weil es die Vergangenheit zerstört ... Das ist die wahre Bedeutung von Sannyas [Entsagung] und Schülerschaft: daß deine Vergangenheit völlig weggewaschen wird – deine Erinnerung, dein Ich, deine Identität – all das muß verschwinden.[35]

Nach dem Zusammenbruch von Rajneeshs religiösem Imperium gerieten viele *Sannyasins* in eine tiefe psychische Krise, da ihnen plötzlich klar wurde, daß sie wie Automaten gelebt hatten. Hugh Milne, ein prominenter Ex-Rajneeshee, gibt zu: »Die Guru-Schüler-Beziehung ... ist eine Sucht, von der man sich nur schwer lösen kann.«[36] Er fährt fort:

Als ich mich von Bhagwans Energiequelle abschnitt, fiel es mir sehr schwer, wieder einen Platz in der gewöhnlichen Welt zu finden. Ich hatte die Unterstützung einer riesigen, weltweiten Familie verloren, und es gab kaum etwas, das diese Beziehung hätte ersetzen können.[37]

Schülerschaft im Sinne des *Guru-Yoga* erfordert eine tiefe emotionale Verbindung zum Lehrer. Wenn diese Verbindung aus irgendeinem Grunde unterbrochen wird, kann das für den Schüler verheerende Folgen haben. Es dauert dann oft längere Zeit, bis er sich wieder im gewöhnlichen Alltagsleben zurechtfindet, und manchmal schafft er dies nicht ohne Hilfe von außen. Die Sache wird noch komplizierter, wenn der Schüler – was allerdings oft der Fall ist – emotional unreif ist und noch an der kindlichen Vorstellung vom Guru als einer Vaterfigur haftet. Andererseits ist aus spiritueller Sicht jede Krise von Vorteil, weil sie den Wunsch des Suchenden, seine eigene Neurose zu überwinden, intensiviert.

Rajneesh bezeichnet ebenso wie Da Love-Ananda und viele andere spirituelle Lehrer das gewöhnliche Individuum als zutiefst neurotisch. Neurose wird dabei als Endergebnis des Sozialisations- und Erziehungsprozesses angesehen, welcher der Dreh- und Angelpunkt der Zivilisation ist. Rajneesh war der Meinung, ein gewöhnlicher Mensch sei nicht in der Lage, entspannt sein Leben zu genießen; vielmehr sei er ständig gespalten. »Die Hölle ist immer da«, bemerkte er einmal.[38] Der Sinn des spirituellen Prozesses liegt darin, uns von jener Erfahrung der Hölle zu befreien, indem er uns zur Ganzheit leitet.

Doch um diese Ganzheit zu erreichen, müssen Suchende durch ihre Privathölle gehen oder, wie C. G. Jung sagen würde, sich mit ihrem Unbewußten bzw. mit ihrem Schatten auseinandersetzen. Dies ist ein beängstigender und manchmal auch gefährlicher Prozeß, weil er an die Schwelle des Wahnsinns führt. Doch gefährlich zu leben war laut Rajneeshs Definition das wichtigste Kennzeichen eines *Sannyasin*. In einem Vortrag, in dem er die Arbeit des berühmten Anti-Psychiaters R. D. Laing rühmte, sagte er: »Wer seine Neurose unterdrückt, wird immer neurotischer, während diejenigen, die sie bewußt zum Ausdruck bringen, sie schließlich loswerden. Das bedeutet, wenn ihr nicht ›bewußt verrückt‹ werdet, könnt ihr nie wahrhaft geistig gesund werden.«[39]

In einem anderen Zusammenhang hat Rajneesh bemerkt:

Beobachtet einmal einen Verrückten, weil Verrückte aus der Gesellschaft herausgefallen sind. Die Gesellschaft, das ist die Welt der fixierten Rollen und Spiele. Ein Verrückter ist verrückt, weil er keine festgelegte Rolle mehr spielt; er ist aus dem System herausgefallen: Er ist der perfekte Aussteiger. Ein Weiser ist ebenfalls ein perfekter

Aussteiger, allerdings auf einer anderen Ebene. Er ist nicht verrückt; er verkörpert sogar die einzige Möglichkeit wahrer geistiger Gesundheit. Doch die ganze Welt ist verrückt, festgelegt – und deshalb wirkt auch ein Weiser verrückt. Beobachtet einen Verrückten: Das ist die Art, wie wir aussehen müssen.[40]

Rajneeshs Äußerungen lassen vermuten, daß seine Lehre, die auf der Metaphysik des Tantrismus basiert, der Methode der verrückten Weisheit entspricht. Er hat einmal ganz klar gesagt: »Wenn Tantra nicht zur Grundlage des menschlichen Geistes wird, kann der Mensch sich nie vollständig entwickeln, denn keine andere Sichtweise akzeptiert den Menschen in seiner Totalität.«[41]

Mit dem Tantrismus oder mit Tantra haben wir uns bereits in den vorangegangenen Kapiteln beschäftigt. Die grundlegende Idee des Tantrismus, und das gilt sowohl für die hinduistischen als auch für die buddhistischen Varianten dieser Lehre, ist, daß selbst die weltlichsten Dinge als Signal und als Mittel zum Erreichen der Transzendenz dienen können. Deshalb wird die Frau, die in den spirituellen Traditionen der alten patriarchalischen Kulturen so oft herabgesetzt wird, im Tantrismus zu einem positiven Symbol erhoben. Sex wird nicht als Hindernis auf dem Weg echter Spiritualität angesehen, sondern als Tor zum Himmel, zum Göttlichen genutzt. Rajneesh sagte:

Tantra hat euch etwas sehr, sehr Schönes zu sagen, und das ist: Bevor ihr anfangt, irgend jemand anderem zu dienen, seid absolut selbstsüchtig. Wie könnt ihr jemand anderem dienen, wenn ihr nicht zuvor euer inneres Sein erreicht habt? *Seid absolut selbstsüchtig!*[42]

Dies ist zweifellos ein getreues Abbild von Aleister Crowleys Gesetz von *Thelema* – »Tue, was du willst.« Absolut selbstsüchtig zu sein bedeutet nicht, daß man unkontrollierbar selbstsüchtig ist, sondern daß man Selbst-ig ist, daß man der eigenen spirituellen Bestimmung gerecht wird, die beinhaltet, Gott zu verwirklichen. Doch kann diese Aufforderung von übereifrigen Schülern mit spirituellen Scheuklappen nur zu leicht mißverstanden werden, wenn diese in ihrer einfältigen Hingabe an den Guru ihre naturgegebene Unterscheidungsfähigkeit verraten und den Guru im buchstäblichen statt im metaphorischen Sinne verstehen. Die Folge sind Hedonismus und Machtspiele, wofür es innerhalb der Rajneesh-Bewegung und auch in Rajneeshs Privatleben viele Beispiele gibt.

Um seine Anhänger mit ihren emotionalen Blockaden in Kontakt zu bringen – womit allerdings letztlich ihr Widerstand gegen den Guru gemeint war –, entwickelte Rajneesh eine besondere Art von Intensivtherapien, deren Ziel es war, eine *Katharsis* herbeizuführen, auf welche die gewünschte *Metanoia* oder Transformation des Bewußtseins folgte. Manche dieser Intensiv-Erfahrungen erstreckten sich über mehrere Tage, und es kam dabei zu verbalen Beschimpfungen, Gruppensex und physischer Gewalt. Wer sich weigerte, an den Orgien teilzunehmen, wurde als egozentrisch, frigide und antisozial abgestempelt. Subtile und auch weniger subtile Formen der Nötigung waren normal. Willensschwache Teilnehmer vermochten der drohenden Ächtung durch die Gruppe gewöhnlich nicht standzuhalten und willigten deshalb wider besseres Wissen in die Teilnahme an Aktivitäten ein, die sie weder emotional noch moralisch verkraften konnten.

Für viele weibliche Teilnehmer erschöpfte sich die Prüfung, die sie durchstehen zu müssen glaubten, damit noch nicht. Oft mußten sie sich auch noch mit dem persönlichen Interesse des »Herrn« an ihnen auseinandersetzen. Eine von Rajneeshs früheren Schülerinnen, eine Psychotherapeutin, berichtete, sie sei öfters abends in Rajneeshs Privaträume gerufen worden, wo er sie als Werkzeug für die Übermittlung psychischer Energie benutzt habe:

Es war eiskalt. Ich zog meine Kleider aus und kniete mich vor ihm hin, Vivek zugewandt. Ich glaube, er hat mich benutzt, um Vivek »aufzuladen«. Er manipulierte meine Genitalien, stimulierte mich sexuell, aber es war auch so, als ob er etwas an meinen Energie-Stromkreisen ändern würde. ...Wenn das Licht aus war [während formeller Meditationen], berührte er manchmal unsere Genitalien, unsere Brüste, um unsere unteren Chakras zu stimulieren.[43]

Auf diese Weise zog Rajneesh sich seine weiblichen »Medien«
heran. Er suchte sie alle persönlich aus, und das Hauptkriterium
war offenbar die Größe ihrer Brüste. Nur Frauen mit großen Brüsten hatten eine Chance, einmal zu dieser Elitegruppe zu gehören.
»Ich bin seit vielen Leben von Frauen mit kleinen Brüsten gequält
worden, und ich werde nicht zulassen, daß es in diesem Leben
auch wieder passiert!« hat er einmal vor einer großen Versammlung gesagt.[44]
Doch berichtet Hugh Milne, der zehn Jahre lang einer der ver-
trautesten Schüler Rajneeshs war und der den allmählichen Niedergang seines Lehrers mit tiefem Bedauern verfolgte, über seinen
ernüchternden Einblick in das »tantrische« Verhalten seines früheren Gurus:

Obwohl Bhagwan dem körperlichen Aspekt der Sexualität eine so
große Bedeutung beimaß, war er selbst nach allem, was ich aus ver-
läßlichen Quellen gehört habe, keineswegs der größte Liebhaber der
Welt. ... Viele Frauen, mit denen Bhagwan im Laufe der Jahre ge-
schlafen hat, sagten, er sei weit davon entfernt, das zu praktizieren,
was er lehrte, nämlich daß man darauf hinarbeiten solle, eine sexuelle Begegnung auf eine Stunde oder sogar noch längere Zeit auszu-
dehnen. Tatsächlich war der Spaß bei ihm wohl oft schon nach wenigen Minuten vorüber. Ich weiß aus zuverlässiger Quelle, daß er
meist die traditionelle »Missionarsposition« auf der Frau einnahm, in
sie eindrang und dann fast unverzüglich seinen Samenerguß hatte.
Der größte Teil seines sexuellen Vergnügens schien im Vorspiel und
im Voyeurismus zu liegen, also weniger im tatsächlichen sexuellen
Verkehr.[45]

Widerwärtigkeiten dieser und anderer Art führten dazu, daß sowohl Außenstehende als auch Rajneeshees, die sich von der Bewegung gelöst hatten, Rajneesh selbst und seine Organisation des
Mißbrauchs und der Gehirnwäsche anklagten. Voyeurismus hat
ganz sicher nichts mit Tantra zu tun. Wenn ein spiritueller Lehrer
sich so Schülern gegenüber verhält, die ihm vertrauen, so ist das
keine heilige Verrücktheit, sondern ein unverzeihlicher Übergriff.
Zwar kann Rajneeshs positiver Einfluß auf Tausende von hoff-

nungsvollen spirituellen Suchenden nicht bestritten werden, doch kann auch kein Zweifel daran bestehen, daß sein Mangel an Unterscheidungsvermögen und seine persönlichen Eigenheiten und Unvollkommenheiten vielen seiner Anhänger beträchtlich geschadet haben. Für noch gravierender halte ich, daß Rajneesh von allen zeitgenössischen Gurus wohl am meisten dazu beigetragen hat, daß die traditionelle spirituelle Lehrer-Schüler-Beziehung und insbesondere die östlichen Traditionen der verrückten Weisheit heute in der westlichen Öffentlichkeit so sehr in Verruf geraten sind.

Rajneeshs Wirken weckt Erinnerungen an das des amerikanischen Evangelisten Father Divine, dessen Gottwerdung in den dreißiger Jahren Schlagzeilen machte. Stephen Zwick hat über jenen exzentrischen Prediger geschrieben: »Father Divine war vielleicht nicht Gott, aber er war ganz sicher ein großer Mann, der weitaus mehr Aufmerksamkeit verdient, als er von den amerikanischen Historikern erfahren hat.«[46]

Wird die Nachwelt dies auch über Rajneesh sagen? Ich halte das für mehr als zweifelhaft, selbst wenn sich der Staub der Desillusionierung und der zornigen Opposition wieder gelegt hat.

## 4. Chögyam Trungpa:
## Der schleichende Tiger der verrückten Weisheit

Chögyam Trungpa wurde 1939 in Tibet geboren, und er starb im Alter von 50 Jahren in den Vereinigten Staaten. Sein außergewöhnliches Leben war angefüllt mit Abenteuern, Einsamkeit, Tragödien, Ruhm und trauriger Berühmtheit.[47] Trungpa wurde in einem Zeltdorf in einer unwegsamen Gebirgsregion geboren, und seine Geburt soll von verheißungsvollen Zeichen begleitet gewesen sein. Unter anderem soll ein Regenbogen erschienen sein, und ein Wassereimer soll sich auf wundersame Weise mit Milch gefüllt haben. Als er gerade achtzehn Monate alt war, wurde er als die Reinkarnation *(Tulku)* des kurz zuvor verstorbenen Abts des Surmang-Klosters erkannt und inthronisiert. Er wurde der elfte *Trungpa* der Karma-Kagyü-Schule des tibetischen Buddhismus.

134

Man hatte verschiedene Objekte vor den kleinen Jungen hingestellt, und er hatte nur nach denjenigen darunter gegriffen, die seinem Vorgänger, dem zehnten *Trungpa*, gehört hatten – dies ist die
traditionelle tibetische Prüfung, durch die die Reinkarnation eines
*Tulkus* verifiziert wird.

Als Chögyam Trungpa fünf Jahre alt war, begann man mit seiner formellen Erziehung, und er erwies sich als ein außergewöhnlich begabter und eifriger Schüler. Im zarten Alter von nur acht
Jahren legte er seine Mönchsgelübde ab und begann mit einer ein-
monatigen Meditationsklausur. Bereits sechs Jahre später leitete er
zum erstenmal eine vollständige Initiationszeremonie, die sich
über sechs Monate erstreckte und in der er Mönchen, die von weit
her gekommen waren, geheime Lehren übermittelte. Später beschrieb Trungpa die Zeit seiner Unterweisung wie folgt:

> Während meiner Ausbildung bin ich ständig kritisiert worden. ... Je-
> desmal, wenn ich etwas richtig gemacht hatte – bzw. wenn ich
> glaubte, ich hätte etwas richtig gemacht –, wurde ich noch härter
> kritisiert. Mein Tutor hat mich ständig heruntergemacht. Da er im
> Korridor vor der Tür zu meinem Zimmer schlief, konnte ich mich nicht
> einmal heimlich davonstehlen. Er war ständig in meiner Nähe und
> beobachtete mich. ... Ich hatte keine Ahnung, wie es wohl sein
> mochte, ein gewöhnliches Kind zu sein, das im Schmutz oder mit
> Spielzeug spielte oder sich rostige Metallstücke in den Mund steckte
> und darauf kaute. Da ich keine anderen Bezugspunkte hatte, glaubte
> ich, die Welt sei nun einmal so, wie ich sie erlebte. Ich fühlte mich
> ein wenig darin zu Hause, aber gleichzeitig fühlte ich mich in star-
> kem Maße schikaniert und klaustrophobisch...
> Interessant ist, daß ich irgendwann aufhörte, mit meinen Vorgesetz-
> ten zu kämpfen, und anfing, mich zu entwickeln. Schließlich wurde
> die ganze Welt zu meinem Bezugspunkt, war also keine Schikane
> mehr – obwohl die Welt andererseits auch voller Schwierigkeiten
> war. Als ich diesen Punkt erreicht hatte, bekam mein Tutor allmäh-
> lich immer größere Angst vor mir; er sagte immer weniger... Meine
> Tutoren und meine Lehrer wurden nun *von mir* angetrieben, nicht
> mehr ich von ihnen.[48]

Trungpa war zu einem »schleichenden Tiger« geworden, wie er es in einem seiner Gedichte nennt, die er 1969 verfaßte.[49] In dem betreffenden Gedicht beschreibt er sich als einen Tiger mit einem vertrauensvollen Lächeln, einem Lächeln, das aus seinem Wissen resultiert, daß er dem Maul des Löwen entronnen ist, womit der Löwe der spirituellen Unwissenheit und somit der Tod gemeint ist. Ein schleichender Tiger ist eine ausgehungerte Bestie auf der Suche nach Beute. Das Bild suggeriert gnadenlose Zerstörung, und es wird noch durch ein zweites Bild im gleichen Gedicht verstärkt, in dem er sich mit einem Hagelschauer vergleicht, dem manches nicht standzuhalten vermag. Auch dies ist eine etwas unglücklich gewählte Metapher, da sie Assoziationen an Milarepas Zeit als Zauberer weckt, der Hagelschlag hervorzurufen vermochte, also wenig mit dem mitfühlenden Wirken zu tun hat, das einer hohen tibetischen Inkarnation ansteht. Obgleich man von jenen Gedichten Trungpas wohl kaum behaupten kann, daß sie von besonderem literarischem Wert sind, liefert uns das genannte Gedicht doch wertvolle Einblicke in die Psyche seines Verfassers. Wir finden darin nicht nur ein ungeheures Maß an Selbstsicherheit, sondern auch jenes für ihn so charakteristische Gefühl der Unbesiegbarkeit, das sich später als fatal erweisen sollte.

Im Jahre 1959 führte der damals zwanzigjährige Chögyam Trungpa eine Gruppe von 300 Tibetern, die vor den chinesischen Besetzern ihres Heimatlandes auf der Flucht waren, auf gefahrvollen Wegen ins indische Exil. Dort lernte Trungpa Englisch und entwickelte den Wunsch, in den Westen zu gehen und dort zu lehren. 1963 kam er nach Oxford in Großbritannien. Sechs Jahre später erlitt er einen tragischen Autounfall, bei dem er sich so schwer verletzte, daß seine linke Körperseite gelähmt blieb. Er war sich bis zu jenem Zeitpunkt nicht sicher gewesen, ob er tatsächlich als Lehrer im Westen bleiben sollte, doch im Anschluß an jene Krise entschied er sich endgültig. Danach unterrichtete er nicht nur interessierte Westler in der buddhistischen Lehre, sondern er gab auch seine Mönchsgelübde auf.

1970 kam Chögyam Trungpa zusammen mit seiner frisch angetrauten Frau, einer Engländerin, in Amerika an. Die Amerikaner waren schockiert über sein äußeres Erscheinungsbild und sein Auftreten. Die Mönchskleidung und andere exotisch anmutende Charakteristika seiner Religion hatte er abgelegt; er aß, was ihm gefiel, trank große Mengen Alkohol, rauchte und machte zusammen mit seinen neuen Freunden freizügigen Gebrauch von psychedelischen Drogen. Sein verrückt-weises Verhalten verstand er als einen Gegenpol zur weitverbreiteten Krankheit des »spirituellen Materialismus«, womit die heimliche Stärkung des Ich trotz eines scheinbar spirituellen Lebens gemeint ist. Trungpa schrieb:

> Das Ego ist dazu in der Lage, alles, selbst die Spiritualität, zu seinem eigenen Nutzen umzuwerten. Wenn wir beispielsweise in der spirituellen Praxis eine uns besonders zuträgliche Meditationstechnik erlernt haben, dann nimmt das Ego die Haltung ein, diese zunächst als faszinierendes Objekt zu betrachten und sie dann genauestens zu untersuchen. Da das Ego aber als etwas Feststoffliches erscheint und es nichts wirklich aufnehmen kann, bleibt ihm schließlich nur die Nachahmung. Daher versucht es, die Meditationspraxis und eine meditative Lebensweise zu ergründen und zu imitieren. ... Schließlich hat es eine greifbare Leistung zustande gebracht, eine Bestätigung seiner Individualität.[50]

Zunächst begann Chögyam Trungpas Arbeit ziemlich informell, aber allmählich führte er strengere Sitten ein. Dies vermittelte seinen Schülern einen Eindruck von jener Disziplin, der er selbst sich während seiner Ausbildungszeit hatte unterwerfen müssen. So bereitete er sie auf die höheren Lehren des Vajrayāna vor. Sein Verhalten war völlig unberechenbar. Er kam regelmäßig mindestens eine Stunde zu spät zu seinen Veranstaltungen und war dann oft betrunken. Selbst während seiner Vorträge trank er häufig Bier, und es wurde zuweilen beobachtet, daß er während einer Meditation einnickte. In anderen Fällen schlich er sich an nichtsahnende Meditierende heran, um sie mit einer Wasserpistole zu bespritzen (ein Streich, den auch Da Love-Ananda ungefähr zur gleichen Zeit gern spielte).

Auf lange Meditationssitzungen folgten häufig ausgelassene Partys, und Schüler mit einer puristischen Einstellung hatten das Gefühl, in einem riesigen Chaos gelandet zu sein. Doch mit den Partys und den geselligen Veranstaltungen ging eine zunehmend intensive Praxis der Sitzmeditation einher, und es wurden intensive Studien über grundlegende buddhistische Prinzipien betrieben. Ganz gleich, wie wild gewisse Abende enden mochten, am nächsten Morgen wurden alle vom Klang des Muschelhorns geweckt und versammelten sich in der Meditationshalle, wieder auf »Quadrat eins« wie Trungpa es zu nennen pflegte, »dem Ort, wo du am Morgen danach tatsächlich warst, und nicht dort, wo du glaubtest oder dir vorstelltest, daß du dort sein solltest«.[51]

Dann waren da Trungpas sexuelle Beziehungen, offenbar mit Schülern beiderlei Geschlechts. In dieser Hinsicht war er eine Art von modernem Drukpa Künley. Allen Ginsberg, der sowohl ein Schüler Trungpas als auch Trungpas »Poesie-Guru« war, hat seinem Lehrer einmal angeboten, mit ihm zu schlafen. Trungpa soll darauf geantwortet haben: »Ich glaube, das wäre interessant, falls jemals Zeit – und Raum – dafür vorhanden sein sollte, diese Gefühle zu erforschen.«[52]

Trotz seiner verrückt-weisen Launenhaftigkeit war Trungpa zutiefst konservativ, was in seiner formellen und ehrerbietigen Haltung dem Karmapa, dem spirituellen Oberhaupt der Kagyü-Schule gegenüber zum Ausdruck kam. Seine konservative Grundhaltung hat auch die Organisationen, die er gegründet hat, entscheidend geprägt. Dies wurde später von Peter Marin scharf kritisiert:

Das Naropa-Institut verkörpert eine in eine kapitalistische Umgebung transplantierte feudale, priesterliche Tradition. Die Attraktion, die sie auf ihre Anhänger ausübt, erinnert in fataler Weise an die Anziehungskraft, die die Aristokratie in der Frühzeit der kapitalistischen Expansion auf die Angehörigen der aufstrebenden Mittelklasse hatte. Diese Kinder der Mittelklasse scheinen nicht nur von der Disziplin, die man ihnen abverlangt, wie die Motten vom Licht angezogen zu werden, sondern auch von den Fallstricken der Hierarchie ... Wenn hier Mitgefühl am Werk ist, wie einige behaupten, dann ist

dieses Mitgefühl so distanziert, so geringfügig, so weit von konkreten Veränderungen in der Sozialstruktur entfernt, daß es im Grunde
keine nennenswerte Rolle spielt. ... Hinter dem öffentlich zur Schau
gestellten Bild verbirgt sich die Intrige und die gesamte Haltung eines mittelalterlichen Hofs.[53]

Marin fährt fort, indem er Trungpas »impliziten Konservativismus«
verdammt, der, wie er meint, nicht nur für seine Schüler schädlich
gewesen sei, sondern auch für die weniger vom Schicksal Begün-
stigten, also die Armen und Entrechteten, deren Wohl von gesellschaftlicher Veränderung und vom tatsächlichen Praktizieren von
Mitgefühl, nicht vom Verfolgen elitärer Zielsetzungen, abhängt.
»Man könnte meinen, daß das gesamte Institut ein ungeheurer
Streich ist, den Trungpa der Welt gespielt hat«, schreibt Marin,
»ähnlich dem Versuch eines heranwachsenden Kindes, selbst eine
vereinfachte komplette Welt zu konstruieren.«[54]
1973 begann Chögyam Trungpa, einige seiner Schüler in die
esoterischen Praktiken des Vajrayāna-Buddhismus oder des buddhistischen Tantra zu initiieren. Er warnte sie: »Mit der Energie des
Vajrayāna zu arbeiten ist so, als hätte man es mit einem unter
Spannung stehenden elektrischen Kabel zu tun.«[55] Er hätte noch
hinzufügen können – und wahrscheinlich hat er dies auch getan –,
daß die Arbeit mit einem tantrischen Adepten damit zu vergleichen ist, daß man dieses unter Strom stehende Kabel mit bloßen
Händen anfaßt. Das vorhersehbare Ergebnis ist ein ungeheuer starker Schlag, der einen Menschen für sein gesamtes weiteres Leben
zerstören oder zumindest ein starkes emotionales Trauma in ihm
erzeugen kann. Und genau das passierte dem Dichter W. S. Merwin.[56]
Merwin nahm 1975 an einem dreimonatigen Intensivseminar
teil, in welchem die drei wichtigsten Traditionen des Buddhismus
behandelt wurden – Hinayāna, Mahāyāna und das tibetische Vajrayāna. Obgleich es Merwin an der vorausgesetzten Vorbereitung
fehlte und er nicht einmal einer von Trungpas Schülern war, hatte
der verrückt-weise Adept der drängenden Bitte des Dichters nach-
gegeben und ihn teilnehmen lassen. Unmittelbar vor Beginn des

Kurses über Vajrayāna unterbrach Trungpa das Seminar mit einer Halloween-Party. Er selbst tauchte erst spät an jenem Abend betrunken auf, als die Party bereits in vollem Gange war. Er steigerte die allgemeine Hochstimmung noch, indem er die Anwesenden aufforderte, sich zu entkleiden, wobei er erklärte, dies symbolisiere ein Ablegen aller Masken. Auch er selbst zog sich nackt aus, woraufhin zwei seiner Schüler ihn auf ihren Schultern durch den Raum trugen.

Als Merwin mit seiner Frau den Raum betrat, gelangten beide schnell zu dem Schluß, die Party sei außer Kontrolle geraten. Daraufhin kehrten sie in ihr Zimmer zurück und packten ihre Koffer. Trungpa ließ ihnen mitteilen, sie sollten sich ihm und den anderen anschließen, was das Paar jedoch ablehnte. Die Antwort der beiden verstimmte Trungpa offenbar, und er stellte ihnen ein Ultimatum. Das Paar schloß sich in sein Zimmer ein und schaltete das Licht aus, doch kurz darauf stürmte eine Gruppe betrunkener Schüler herbei, die ihrer Entrüstung über den Widerstand freien Lauf ließen, die Tür eintraten und die Fensterscheibe zerbrachen.

Merwin geriet in Panik und schlug auf mehrere Angreifer mit Flaschen ein, die dabei zerbrachen, so daß die von ihm Angegriffenen verletzt wurden. Als er jedoch merkte, daß er einen Freund verletzt hatte, gab er jeden weiteren Widerstand auf. Daraufhin wurde er zusammen mit seiner Frau ziemlich unsanft vor den tantrischen Meister gezerrt. Es folgte eine verbale Auseinandersetzung, in deren Verlauf Trungpa Merwins Frau, die Asiatin war, mit rassistischen Bemerkungen beleidigte und dem Dichter ein Glas Sake ins Gesicht schüttete. Abermals forderte Trungpa die beiden auf, ihre Kleider abzulegen und sich an der Feier zu beteiligen. Da sie sich immer noch weigerten, ließ er sie vor allen Anwesenden unter Zwang entkleiden. Ein Schüler war mutig genug, sich der allgemeinen Mob-Mentalität entgegenzustellen, doch seine Bitten wurden von seinem Meister mit einem Schlag ins Gesicht quittiert. Das Ganze ging so lange weiter, bis der Dichter und seine Frau aller Kleider und ihrer Würde beraubt mitten im Raum standen.

Jener Vorfall hat Trungpas Ansehen sehr geschadet, und es gibt Stimmen, die meinen, er habe damit auch dem Ansehen des Buddhismus im Westen insgesamt schweren Schaden zugefügt. Ganz sicher hat er seiner eigenen aufstrebenden Organisation geschadet, weil sie nach jenem Ereignis nicht mehr von staatlichen Institutionen unterstützt wurde und infolge dessen allmählich an Bedeutung verlor. Als vier Jahre nach jener Party im *Boulder Monthly* ein verspäteter Bericht über den Vorfall veröffentlicht wurde, verursachte dies in der Öffentlichkeit, die noch unter dem Schock des schrecklichen Massakers in Jonestown, Guyana, im Jahre 1978 stand, eine Welle des Mißtrauens und der Verdächtigungen.

Eigenartigerweise entschlossen sich Merwin und seine Frau am Morgen nach jener Demütigung, weiter an dem Seminar teilzunehmen. Vielleicht konnten beide infolge des Schocks nicht klar denken. Offenbar hat Trungpa sich nie für sein Verhalten und für das Verhalten seiner Schüler bei ihnen entschuldigt, obwohl das Vorgefallene in buddhistischen Kreisen und sogar von manchen seiner Schüler verurteilt wurde. Aus Trungpas Perspektive stellte sich die Situation so dar, daß Merwin unbedingt die Höhle des Löwen hatte betreten wollen und daß er bekommen hatte, was er verdiente. Jahre früher war Trungpa einmal gefragt worden: »Würdest du Gewalt anwenden, wenn du überzeugt wärest, dies wäre für einen bestimmten Menschen nützlich?« Trunpga hatte darauf ohne zu zögern geantwortet: »Man tut es einfach.«[57] Wenn Merwin, ein überzeugter Pazifist, diese Antwort gekannt und darüber nachgedacht hätte, hätte er sich von seinem Wissensdurst wahrscheinlich nicht so schnell mitreißen lassen.

Eine sehr unglückliche Entscheidung Trungpas war, daß er 1976 seinen amerikanischen Lieblingsschüler Thomas Rich (Ösel Tendzin) zu seinem Nachfolger bestimmte. Ösel, der zuvor Schüler von Swami Satchidānanda gewesen war, hat einmal gesagt, der Grund für diese Entscheidung sei wohl sein einzigartiger Mangel an Ambitionen gewesen. Wenn das tatsächlich stimmt, so kommt dem nur Trungpas einzigartiger Mangel an Urteilsvermögen gleich. Wie tragisch Trungpas Entscheidung war, kam erst zutage, als sich herausstellte, daß Ösel, der angeblich wie sein Lehrer sexuelle Beziehungen zu vielen männlichen und weiblichen Schülern seines Ordens pflegte, an Aids erkrankt war.[58]

Niemand wird bezweifeln, daß Chögyam Trungpa sich mit jener Waghalsigkeit in den Strom des Lebens gestürzt hatte, die für Adepten der verrückten Weisheit charakteristisch ist. Die meisten, die ihn persönlich kannten, würden sogar einräumen, daß er seinem *Bodhisattva*-Gelübde, der leidenden Menschheit zu helfen und seine Mitmenschen und alle Wesen zum klaren Licht zu führen, bis zu seinem Ende treu geblieben ist. Was sowohl viele seiner früheren Schüler als auch viele interessierte Beobachter immer noch beschäftigt, ist die Frage, ob es ihm wirklich gelungen ist, Weisheit *(Prajñā)* mit hilfreichen Mitteln *(Upāya)* zu verbinden. Die Zweifel, die in Zusammenhang mit diesem Thema auftauchen, sind besonders schwerwiegend, wenn man weiß, daß Trungpa offenbar an Folgen seiner Alkoholabhängigkeit gestorben ist.

Richard Grossinger erinnert uns in seinem Buch mit dem merkwürdigen Titel *Waiting for the Martian Express* daran, daß »die Götter sich zuerst und vor allem entschieden haben, Trickster zu sein, jedoch nie dafür, die Rolle von Autoritäten zu übernehmen«. Dann fährt er fort:

> Viele buddhistische Meister, Da Free John und Chögyam Trungpa eingeschlossen sind wegen ihrer sogenannten verrückten Weisheit angegriffen worden. Trungpa ließ sich von seinen Schülern anläßlich einer Party nackt herumtragen, er brach gelegentlich auf der Straße Antennen von Autos ab und gab sie Schülern, und er vertrieb sich tagelang mit lustigen Versprechern die Zeit. Ausgehend davon, daß das Ich, der programmierte Geist, alles, was er vorgesetzt bekommt, zu untergraben versucht, selbst die schockierendsten Prophezeiungen und Erklärungen, versuchen diese Meister, Menschen durch extreme Verhaltensweisen aufzuwecken, die die Grundlage der alltäglichen Realität in Frage stellen. Während der New-Age-Guru unser Leben in das Raster eines ihm genehmen Skripts zu pressen versucht und uns Veränderung durch dramatische kosmische Ereignisse verspricht, unterbricht der Lehrer der »verrückten Weisheit« die ständige geistige Absicherung des Selbstbildes und der sozialen Rolle. Sogar ein Besuch von Marsbewohnern wäre weniger radikal und erschütternd.[59]

Grossinger scheint die verrückte Weisheit weniger Kopfzerbrechen zu bereiten als beispielsweise die Eskapaden eines Jimmy Swaggart, den er noch auf der gleichen Seite rundweg verurteilt. Eine Erklärung für seine naive Einstellung verrückter Weisheit gegenüber ist möglicherweise, daß er kürzlich selbst Schüler eines solchen Lehrers geworden ist. Doch könnte dies ebensogut die Ursache wie die Folge scheinbaren Desinteresses an der Auseinandersetzung mit moralischen Implikationen verrückt-weisen Verhaltens sein, das ja auch ein nur abweichendes, also anomales Verhalten sein kann. Eine kritische Haltung ist hier in jedem Fall angebracht, die nichtsdestoweniger mit geistiger Offenheit gepaart sein sollte.

## 5. Lee Lozowick: Ein spiritueller Clown

Eine eher etwas schrullige Gestalt der heutigen spirituellen Szene ist Lee Lozowick. Ich erwähne ihn hier nicht, weil er besonders großen Einfluß oder eine große Zahl von Schülern hat – was nicht der Fall ist –, sondern weil sich in seiner Person die absichtliche Bescheidenheit der Narren um Christi willen mit der Kühnheit der verrückt-weisen Lehrer verbindet.

Lozowick, der sich seit kurzem »Mr. Lee« nennen läßt, wurde 1943 in Brooklyn, New York, als einziger Sohn einer jüdischen Mittelklassefamilie russischer Herkunft geboren. Sein Großvater war ein Zaddik, und sein Vater ist als Künstler an der amerikanischen Ostküste bekannt. Lozowick verdiente ein Vermögen als Münz- und Briefmarkenhändler. Mehrere Jahre lang war er die führende Gestalt in der Silva-Mind-Control-Bewegung Er behauptet, er sei eines Morgens im Jahre 1975 aus tiefem Schlaf erwacht und habe sich dauerhaft verändert gefunden – er sei erleuchtet worden. Im gleichen Jahr sei er sich seiner Aufgabe als Lehrer bewußt geworden. Lozowick ist der Meinung, seine Erleuchtung sei derjenigen Da Love-Anandas ebenbürtig, zu welchem er eine recht merkwürdige Beziehung hat. Allerdings hat er einmal im Gespräch mit einem früheren Schüler zugegeben, er sei immer noch damit beschäftigt, seine Erleuchtung in sein Leben zu integrieren.

Es ist wichtig zu wissen, daß für Lozowick Erleuchtung einfach »das Wissen ist, daß jede Erfahrung vergänglich ist, auch die der Erleuchtung«.[60] Wir werden in einem späteren Kapitel sehen, daß diese Definition der Erleuchtung nicht dem traditionellen Verständnis entspricht, das Erleuchtung keineswegs als eine Erfahrung ansieht, sondern als ein Transzendieren aller Zustände des Wissens. Einer von Lozowicks Schülern sagte zu mir:

Ich glaube, daß Lee eine Art *Satori* erfahren hat, aber ich bin der Meinung, daß er sich selbst täuscht, wenn er von sich behauptet, er sei vollständig erleuchtet. Er hat ganz sicher »etwas«. Ich persönlich empfand seine Klarheit und seine Präsenz als sehr anziehend. Er hatte kein Interesse an den üblichen gesellschaftlichen Spielchen. Während des ersten Jahres meines Kontakts zu ihm erlebte ich in seiner Gegenwart häufig die verschiedensten Glückseligkeitszustände, und ich verlor oft das Gefühl, ein separates Bewußtsein zu sein. Ich habe auch eine Reihe von spontanen Bewegungen, *Kriyas*, erfahren. Nachdem ich seine Gemeinschaft verlassen hatte, habe ich lange gebraucht, um mich wieder im Leben zurechtzufinden, aber ich halte Lee nicht für gefährlich. Natürlich fühlte ich mich allein gelassen. Aber das kann ich ihm nicht zur Last legen. Schließlich war es meine Entscheidung, sein Schüler zu werden und so viele Jahre bei ihm zu bleiben. Allerdings sagt mir mein Gefühl, daß er aufgrund falscher Prämissen arbeitet.

Ein Teil von Lozowicks Selbstdarstellung besteht darin, daß er wie ein Abklatsch des bekannteren und umstrittenen amerikanischen Adepten Da Love-Ananda wirkt, mit dem wir uns im nächsten Kapitel beschäftigen werden. Auf die verblüffende Ähnlichkeit zwischen seinen Lehren und denen Da Love-Anandas ist von Lesern seiner Bücher immer wieder hingewiesen worden, und es hat auch Plagiatsvorwürfe gegeben. Entweder ist Lozowick tatsächlich nicht klar, daß er so starke Anleihen bei einem Kollegen macht, was allerdings kaum glaubhaft erscheint, oder er zieht es vor, über diese Tatsache einfach hinwegzusehen.

In einem Gespräch mit einem ehemaligen Schüler Lozowicks

hat Bhagwan Rajneesh diesen einmal als einen Betrüger bezeichnet, der Schüler von Da Love-Ananda gewesen sei, seinen Lehrer jedoch verlassen habe, um sich selbst die Position eines Meisters anzumaßen.[61] Diesem Kommentar muß man allerdings hinzufügen, daß Rajneesh Da Love-Ananda aus dem gleichen Grund verurteilt hat. Doch geht es uns hier nicht um Rajneeshs Urteil über andere Lehrer, zumal er selbst von anderen ähnlich beurteilt worden ist. Viele Gurus scheinen sich auf eine sehr »diesseitige« Weise dafür zu interessieren, wem von ihnen die höchste Position zukommt. Uns interessiert hier nur Rajneeshs Ansicht, Lozowick sei ein ehemaliger Schüler Da Love-Anandas, womit er die merkwürdige Ähnlichkeit zwischen den Lehren dieser beiden *Gurus* der verrückten Weisheit zu erklären versuchte.

Lozowick selbst hat eine solche Verbindung stets abgestritten.

Er ist ein selbsternannter spiritueller Lehrer im Stile der verrückten Weisheit und bezeichnet den südindischen Heiligen Ramsuratkumar als seinen »spirituellen Vater«. Yogi Ramsuratkumar war Schüler von Aurobindo, Ramana Maharshi und Papa Ramdas und hat in Südindien offenbar immer noch eine Anhängerschaft von etwa 110000 Menschen. Lozowick ist Ramsuratkumar nur viermal begegnet. Bei seinem ersten Besuch in Indien im Jahre 1976, als er Ramsuratkumar auf einer Müllkippe fand, erkannte er, daß der Heilige sein Lehrer war und daß er bei seinem spirituellen Erwachen im Jahr zuvor eine zentrale Rolle gespielt hatte. Bei seinem zweiten Besuch sagte Ramsuratkumar zu Lozowick, ihm sei es bestimmt, eine Rolle in der Welt zu spielen. Bei seinem dritten Besuch im Jahre 1986 ignorierte der Heilige ihn und schien ihn nicht einmal mehr wiederzuerkennen.

Bei Lozowicks letzter Pilgerreise im Jahre 1988 anläßlich von Ramsuratkumars siebzigstem Geburtstag hießen dessen Anhänger ihn mit traditionellem Pomp als einen spirituellen Meister des Westens willkommen. Lozowick bezeichnete seine Beziehung zu jenem Heiligen als vorwiegend innerlich. »Statt mein Herz mit wundervollen Dingen zu füllen, hat er mir das Herz gebrochen«, erklärte er in einer kurzen, aber dramatischen Rede vor Ramsuratkumars Anhängern.[62]

Lozowick sieht sich selbst als einen spirituellen Narren und seine *Hohm Community* als eine »Schule für Bettler«. Das Konzept des Bettelns spielt für ihn eine wichtige Rolle. Er versteht es als ein Äquivalent zur traditionellen religiösen Selbstherabsetzung der Heiligen.

Gewöhnlich halten wir Bettler für wertlose oder hilflose Menschen, für Sklaven ihrer bedauernswerten Lebensumstände. Die mystischen Traditionen jedoch sehen den Bettler als die einzige Gestalt in der Gesellschaft an, die sich von der Herrschaft der Umstände freigemacht hat. Weil der Bettler kein Zuhause und keinen nennenswerten Besitz hat, reist er leichtfüßig. Er kann sich auf nichts anderes verlassen als auf seinen eigenen Einfallsreichtum. Er hat keinen gesellschaftlichen Status zu verlieren und hat auch keinerlei Hoffnung, jemals einen solchen zu erreichen. Deshalb ist er frei von jeder Aufgeblasenheit. ...
Doch ein Bettler ist kein Penner. Nur ein von konventionellen Vorstellungen geprägter Beobachter sieht in ihm einen Narren. Der spirituelle Bettler gleicht jenen seltenen Heimatlosen, in deren Augen echtes Feuer glüht – nicht das Feuer der Aggression oder des Wahnsinns, sondern das Feuer der Freude am Leben. Der spirituelle Bettler ist immer genau da, wo er ist. Er kann es sich nicht leisten, Tagträumen nachzuhängen oder unaufmerksam zu sein. Er ist für die Welt nutzlos, doch versäumt er nie eine Gelegenheit. ... Er ist voller Leben.[63]

Lozowick stellte bewußt eine Verbindung zwischen seinen Bestrebungen und den indischen Bauls her. Er nennt seine Gemeinschaft die »westliche Baul-Tradition«. Wie wir im vorigen Kapitel gehört haben, sind die *Bauls* verrückte spirituelle Troubadoure, die wie Bettler von Dorf zu Dorf reisen und ihre Lieder zum Lob Gottes singen. Lozowick sieht sich selbst als einen solchen *Baul*, und seine Schüler sind gleichermaßen »Narren« und »Bettler«. Dies kommt in den Bezeichnungen zum Ausdruck, mit denen Lozowick die verschiedenen Grade von Engagement innerhalb seiner Gemeinschaft unterscheidet. Es gibt darin den Orden der gewöhnlichen Narren, den Orden der göttlichen Narren, den Orden der Zwischendrin-Narren und den Orden der Mandali, zu dem seine nächsten Schüler gehören, etwas 25 Männer und Frauen. Ein ehemaliger Schüler beschreibt Lozowicks verrückt-weises Verhalten folgendermaßen:

> Ich kann mich daran erinnern, daß ich vor seinem Verhalten oft regelrecht zurückgeschreckt bin. Gegenüber Neuankömmlingen war er besonders ausfallend. Man stelle sich vor, daß er einer Gruppe älterer, ziemlich konservativer Frauen sagte, alle Frauen wollten insgeheim vergewaltigt werden! Während öffentl cher Versammlungen benutzte er ständig unflätige Worte, schwadronierte über Sex und anale Fixierungen und sprach und verhielt sich generell so, als sei er ein völliger Idiot.
> Ich glaube, daß er angefangen hat zu lehren, bevor er wirklich wußte, was er da tat. Später hat er dann seine Fehler nicht zugeben wollen und deshalb seine Unwissenheit hinter seiner Clownsrolle verborgen. Aber das ist nur meine persönliche Meinung. Jedenfalls ist es ihm gelungen, sich erfolgreich als Narr zu präsentieren.

Was auch immer letztlich die Motive für Lozowicks spirituelle Clownerien sein mögen, man kann nicht umhin, eine gewisse jugendliche Rebellion in einigen seiner Handlungen zu erkennen. So veröffentlichte er 1985 eine Persiflage auf die von Da Love-Anandas Free Daist Communion herausgegebene Zeitschrift *Crazy Wisdom*, die er *Lazy Wisdom* nannte und wodurch er zu verstehen gab, was er von der weitgehend infantilen Haltung von Da Love-Anandas Anhängern hielt. Damit wollte er offenbar konstruktive Kritik üben, und viele seiner Beobachtungen sind zweifellos zutreffend. Doch wurde ihm sein Zynismus zum Problem und vertiefte die Entfremdung zwischen ihm und der Free Daist Community nur noch mehr. Ironischerweise trifft der größte Teil seiner Kritik, die sich gegen die kultistischen Tendenzen der Anhänger Da Love-Anandas richtet, auf seine eigene Anhängerschaft ebenso zu. Ein Autor hat im Hinblick auf Lozowick völlig richtig beobachtet: »Seine Überzeugung, daß alle seine Handlungen von Gott motiviert sind, gibt ihm die Möglichkeit, für alles eine Entschuldigung zu finden – für seine Widersprüche, für seine Reizbarkeit, für seinen Zorn und sogar für einige offensichtlich unverantwortliche Verhaltensweisen.«[64]

In den Anfangsjahren als Lehrer trat Lozowick oft autokratisch auf. Einer seiner ehemaligen Schüler hat gesagt: »Er war ein König.« Später jedoch entwickelte er eine etwas demokratischere Form der Interaktion mit seinen Schülern. Obwohl er weiterhin auf dem Wert dessen beharrt, was er als »spirituelle Sklaverei« bezeichnet, soll er mittlerweile kritische Äußerungen und abweichende Meinungen in einem gewissen Maße dulden, was man als Zeichen für eine gesunde Entwicklung ansehen kann. Das ändert jedoch nichts daran, daß auch ihn viele Schüler verlassen haben, weil sie ihn und seine Lehren nicht mehr für glaubwürdig hielten. Doch im Gegensatz zu einigen anderen zeitgenössischen Gurus, die ein von der Außenwelt abgeschottetes Leben führen und die in ihrer Interaktion mit den Schülern auf barock anmutenden Formalismen beharren, hat Lozowick eine relativ direkte Beziehung zur Welt. Man kann mit ihm reden, er führt selbst Telefongespräche, und er erledigt seine Korrespondenz persönlich. Von Zeit zu Zeit reist er sogar mit seiner eigenen Rockband durch die Welt. Er schreibt die Texte für die Songs, und es macht ihm nichts aus, sich als Sänger zum Narren zu machen. In der Zeitschrift seiner Schule schreibt einer seiner Schüler begeistert:

Lee ist so machtvoll wie jeder andere Lehrer, doch sieht er die Verantwortung, die mit dem Gebrauch seiner Macht verbunden ist. Dieser Da Dingsda ist ein Beispiel für die entgegengesetzte Haltung ... Da Dingsda gibt den Amerikanern, was sie wollen, was sie beeindruckt und was er glaubt, das man von einem echten spirituellen Meister erwarten würde. Aber al das hat seinen Preis, und der ist in diesem Fall, daß seine Schüler sich von Macht, Cleverness und von vergänglichen Phänomenen beeindrucken lassen. Sie entwickeln Hierarchien, die Da's Einfluß im Grunde behindern ...
Lee hingegen wirkt wie ein Verlierer. Niemand in seiner Gemeinschaft hat nicht schon das Ausmaß seiner spirituellen Macht erfah-

ren, aber es ist fast so, als sei das eher Zufall. Lee spielt gewöhnlich den Narren und bleibt im Hintergrund. Er gibt Empfehlungen, und er beschwert sich, wenn die Betreffenden seinen Rat nicht beherzigen. Aber er greift nie wirklich durch. Er ist ein Meister des Understatements.[65]

Obwohl Lozowick sich gern als »Just Mr. Typical American« bezeichnet, charakterisiert ihn diese Bezeichnung kaum zutreffend. Jedenfalls unterscheidet sich sein Lebensstil sehr stark von der Askese seines selbstgewählten Lehrers Yogi Ramsuratkumar. Lozowick ist verheiratet und hat sechs Kinder. Obwohl er generell Monogamie und einigen seiner Schüler sogar sexuelle Enthaltsamkeit empfiehlt, soll er selbst mehrere Gefährtinnen gehabt haben oder noch haben. Über mehrere Jahre wurden seine außerehelichen Beziehungen sogar vor seinen Anhängern geheimgehalten. Irgendwann beschloß er jedoch, Klarheit zu schaffen. Er erklärte, ein spiritueller Meister könne Dinge – und auch lebende Menschen – mit seiner eigenen Energie durchdringen. Diese Philosophie des spirituellen Klonens ist weit verbreitet und keineswegs nur auf tantrische Lehrer beschränkt. Selbst Gurus, die offiziell großen Wert auf Askese legen, sind beim sexuellen Verkehr mit Schülerinnen ertappt worden und haben dann die mittlerweile stereotype Erklärung für ihr Verhalten gegeben, sexueller Verkehr mit dem Guru sei eine Form der Übermittlung von Gnade. Später stellte sich bei einigen dieser Frauen das Gefühl ein, sie hätten in Mißbrauchshandlungen eingewilligt.

Was auch immer man über Lozowicks Behauptung bezüglich seiner Erleuchtung und seiner Fähigkeiten als spiritueller Führer denken mag, er ist, um es in den Worten eines seiner früheren Schüler auszudrücken, eher eine skurrile als eine gefährliche Gestalt der heutigen New-Age-Szene. Zumindest aber ist er nicht gefährlicher als jeder andere verrückt-weise Lehrer: Das Wirken eines Gurus ist für die Ich-Persönlichkeit immer mit Risiken behaftet.

# Kapitel 4:
# Die vielen Gesichter des Da Love-Ananda
# (Da Free John)

## 1. Die frühen Jahre

»Am 3. November 1939 wurde ich um 11.21 Uhr in Jamaica im amerikanischen Bundesstaat New York als Franklin Albert Jones geboren.«[1] Mit diesem prosaischen Satz beginnt eine der faszinierendsten Autobiographien unserer Zeit. Ihr Autor, der sich heute Da Love-Ananda nennt, wird von seinen Anhängern als *Avatāra*, als Inkarnation des Göttlichen verehrt. Sie und auch einige andere Leser von Da Love-Anandas Werken sehen in ihm einen wahrhaft erleuchteten Meister – vielleicht sogar das erste völlig erleuchtete Wesen, das aus unserer westlichen Zivilisation hervorgegangen ist. Sie teilen die Gefühle, die Alan Watts im Vorwort jener Autobiographie zum Ausdruck gebracht hat: »...hat er schlicht und einfach erkannt, daß er selbst, so wie er ist, genau wie ein Stern, ein Delphin oder eine Lilie, eine vollkommene und authentische Manifestation der ewigen Energie des Universums und deshalb nicht länger gewillt ist, mit sich selbst in Konflikt zu leben.«[2] Doch selbst für diejenigen, die gegenüber Da Love-Anandas Authentizität und Format als spiritueller Lehrer skeptisch bleiben, ist er eine überragende Figur. Von David Christopher Lane, der Da Love-Anandas Wirken insgesamt sehr kritisch sieht, stammt folgendes Zitat:

> Es gibt im 20. Jahrhundert nur sehr wenige Gestalten, die man mit Recht als religiöse Genies bezeichnen kann. Da Free John [Da Love-Ananda] ist eine von diesen. Sei er im Jahre 1972 seine Arbeit in Südkalifornien aufnahm, hat er in seinen Büchern ein Maß an radikaler Einsicht, Tiefe und Ausdruckskraft erreicht, das unter westlichen Philosophen seinesgleichen sucht.[3]

Beim Lesen der ersten Seiten von Da Love-Anandas Autobiographie, die den rätselhaften Titel *Das Knie des Lauschens (The Knee of Listening)* trägt, wird sofort klar, daß die Lebensgeschichte, die dem Leser präsentiert wird, ebenso außergewöhnlich ist wie die jedes Helden in mythischer Vergangenheit. Wir erfahren:

> Das Sternzeichen meiner Geburt ist der Skorpion, der durch den Adler und den Krebs, die bildlichen Symbole für Spiritualität und Sexualität, charakterisiert ist. Es ist das Zeichen für inneren Kampf, für das Problem und die Vollendung. In diesem Dilemma meiner natürlichen Möglichkeiten habe ich mich ausgespielt; doch schon seit meiner frühesten Lebenserfahrung habe ich mich eines Zustandes erfreut, den ich als das »Helle« bezeichnen möchte.
>
> Ich erinnere mich daran, wie ich als Kleinkind wißbegierig umherkrabbelte und ein unglaubliches Gefühl von Freude, Licht und Freiheit in der Mitte meines Kopfes empfand, der von Energien durchflutet war, die frei von oben herabflossen, dann wieder hochstiegen, sich abermals umwandten und abwärts meinen Körper und mein Herz durchströmten. Es war eine vom Herzen her sich ausdehnende Sphäre der Freude. Und ich war eine strahlende Gestalt, eine Quelle von Energie, Glückseligkeit und Licht.[4]

Dieser vor-individuelle bewußte Zustand, so erklärt Da Love-Ananda, verschwand in seinem zweiten oder dritten Lebensjahr allmählich, und er wurde sich seiner selbst als eines Individuums gewahr, das einer Welt von Objekten gegenüberstand. Dieser Verlust des »Hellen«, das der Adept später mit *Nirvikalpa-Samādhi*[5] gleichsetzte, war es, was ihn während seiner ersten Jahre dazu motivierte, jenen paradiesischen Zustand der Ganzheit wiederzuerlangen. Seit seiner Studienzeit am Columbia-College in New York, wo er Philosophie im Hauptfach studierte, hatte er versucht, zu jenem primären Zustand seiner Kindheit zurückzufinden. Während er verzweifelt die psychischen Mechanismen zu verstehen versuchte, die ihn von der Erfahrung des »Hellen« abschnitten, merkte er allmählich, daß das Ego selbst ein Prozeß psychosomatischer Kontraktion ist, durch den die Wirklichkeit ständig in Schach gehalten wird. Er verband diese Idee mit dem Bild von Narcissus, dem in sich selbst verliebten Jüngling der griechischen Mythologie.

In seiner College-Zeit erlebte Da Love-Ananda ein zeitweiliges Wiedererwachen. Während er sich an der Stanford University auf sein Abschlußexamen vorbereitete (in seiner Magisterarbeit befaßte er sich mit Gertrude Stein), machte er weitere wichtige psychische und spirituelle Erfahrungen und gelangte zu grundlegenden Einsichten. Dies brachte ihn nach Abschluß seiner Studien im Jahre 1964 zu Swami Rudrananda (»Rudi«), einem Schüler des berühmten Swami Muktananda. Wir wissen von anderen Schülern Rudis, daß Da Love-Ananda seinem neuen Guru gegenüber eine beispielhafte Hingabe entwickelte. Auf Rudis Aufforderung hin brachte er sein Leben in Ordnung, suchte sich eine feste Arbeit und studierte später sogar in einem christlichen Seminar, obwohl ihn das überhaupt nicht interessierte. Doch nach mehreren Jahren intensiver Übung und rückhaltloser Hinwendung zum *Guru-Yoga* empfand er Rudis »muskuläre« Art, Kundalini-Yoga zu lehren, als zu einschränkend.[6] Deshalb nahm er direkt mit Rudis eigenem Lehrer, Swami Muktananda, Kontakt auf.

Während seines ersten Besuchs in Muktanandas *Ashram* in Indien im Jahre 1968, der nur vier Tage dauerte, erlebte Da Love-Ananda zum erstenmal in seinem Erwachsenenleben den Zustand objektloser Ekstase *(Nirvikalpa-Samadhi)*. Diese Erfahrung wurde von Swami Muktananda in einem Brief bestätigt, den er Da Love-Ananda anläßlich seines zweiten Besuchs im Jahre 1969 aushändigte. In jenem Brief gab er Da Love-Ananda den Initiationsnamen »Kriyananda« und erteilte ihm formell die Erlaubnis zu lehren. In späteren Jahren hat Da Love-Ananda viel Aufhebens um diesen Brief gemacht. So ließ er ihn mehrmals von verschiedenen Sprachwissenschaftlern übersetzen – vielleicht weil in jenem Dokument klar und deutlich eine wichtige Aussage über Da Love-Ananda enthalten ist: daß er *nicht*, wie er selbst immer wieder suggeriert, aus seinem völlig eigenen Fundus an Erkenntnissen heraus lehrt, sondern daß er der Tradition des *Siddha-Yoga* entstammt.

Nach der Rückkehr von seinem ersten Besuch in Indien trennte er sich von Rudi, der offenbar Da Love-Anandas innere Entwick-

lung nicht wahrgenommen hatte. Er sah nun Swami Muktananda
als seinen Guru an. Seine zweite Pilgerreise nach Indien festigte
seine yogischen Errungenschaften, und als er im Jahre 1970 zum
dritten Mal nach Indien reiste, tat er dies in der Annahme, er werde
fortan als Yogi in Muktanandas Ashram leben. Doch seine innere
Entwicklung ließ ihn einen anderen Weg einschlagen. Eines Tages
hatte er, während er meditierte, eine machtvolle Vision der Jungfrau Maria, auf die er als nicht-ausübender Protestant sehr eigenartig reagierte. Er schrieb über dieses Erlebnis:

Mein erster Impuls war schallendes Gelächter. Ich hatte Jahre ohne
auch nur einen Funken Sympathie für das Christentum verbracht und
glaubte, durchaus meine religiöse Pflicht und Schuldigkeit getan zu
haben. Ich sah in dieser ganzen religiösen Tradition nichts anderes
als eine rein symbolische und rituelle Vermittlung von Dingen, die in
Wirklichkeit eine Sache unmittelbaren Bewußtseins, reinen Selbst-
gewahrseins und der Schlußfolgerungen des Vedanta über die Wirklichkeit waren. Nun aber, als wäre ich mit einem kosmischen Witz
konfrontiert, stand ich da in der lebendigen Gegenwart der Mutter
Christi![7]

Da Love-Ananda verstand die Jungfrau als eine Manifestation des
kosmischen weiblichen Prinzips *(Shakti)*. Ihm wurde klar, daß er
jede Anhaftung an einen äußeren Lehrer loslassen mußte. Deshalb
verließ er Muktanandas Ashram. Über mehrere Monate führten ihn
seine Visionen der Jungfrau an verschiedene heilige Orte in Europa und später auch in den USA. Insbesondere fühlte er sich zum
Vedanta-Tempel in Hollywood hingezogen, in dem er die Macht
der Mutter-Göttin besonders deutlich und stark spürte.
Die Visionen von *Shakti* gingen allmählich in ein Erfahren ihrer permanenten inneren Präsenz über. Und in einer letzten ekstatischen Klimax realisierte er seine vollkommene Identität mit dem
kosmischen kreativen Prinzip. Er schrieb:

Dann fühlte ich, wie die Shakti sich meiner eigenen Gestalt an-
schmiegte. Sie umarmte mich, und wir umklammerten einander in

sexueller Vereinigung. Wir hielten einander in einem Feuer kosmischer Lust umschlungen, als sollten wir die Universen gebären. Dann empfand ich die Einheit der göttlichen Energie und meines eigenen Wesens. Da war keinerlei Trennung.[8]

Als er das nächste Mal im Tempel meditierte, erwartete er, das gleiche mystische Feuerwerk zu erleben, doch nichts geschah. Er befand sich nicht einmal mehr in einem meditativen Prozeß. Er war sich einfach nur seiner selbst als eines reinen Bewußtseins gewahr.

Ich saß einfach da und wußte, was ich bin. Ich war das, was ich bin. Ich bin die Wirklichkeit, das Selbst, die Natur und Grundlage aller Dinge und Wesen. Ich bin das Eine Wesen, das Gott, Brahman, Ātman, der Eine Geist, das Selbst genannt wird.
Kein einziger Gedanke war an diesem Vorgang beteiligt. Ich bin dieses Bewußtsein. (...) Nun gab es tatsächlich nichts mehr, das noch wahrzunehmen wäre. Jede Erfahrung meines Lebens hatte auf diesen Punkt hingeführt.[9]

Von jenem Augenblick an soll Da Love-Anandas Identitätsgefühl eine dauerhafte Veränderung vom konditionierten Ego zum transzendenten Selbst erfahren haben. Er bezeichnete diesen Zustand als *Sahaja-Samādhi* oder die »Ekstase der Spontaneität«. Im Hinduismus wird dieser Zustand auch als der »Vierte« bezeichnet – der transzendente Plateau-Zustand jenseits der Zustände des Wachens, Schlafens und Träumens – sogar jenseits der zeitweiligen Gipfelzustände des Bewußtseins.

Da Love-Anandas Bericht, so wie er in der ursprünglich veröffentlichten Fassung seiner Autobiographie enthalten ist, hat den Klang der Authentizität und kann als ein bemerkenswertes mystisches Dokument bezeichnet werden. Alan Watts, der für seine Großzügigkeit anderen Lehrern gegenüber bekannt war, ist auf dem Rück-Cover des Buches wie folgt zitiert: »Aus allen möglichen feinen Anzeichen läßt sich ganz eindeutig erkennen, daß er weiß, worum ES geht... einer von jenen ganz wenigen.«[10] Spätere autobiographische Beschreibungen dieses Lehrers tendieren bedauerlicherweise zur Mythologisierung, was im übrigen für seine gesamte Selbstdarstellung in den letzten Jahren gilt.

Als Da Love-Anandas Erleuchtung im September 1970 eintrat, war seine Odyssee als spirituell Suchender zum erfolgreichen Abschluß gekommen. Ihm war jedoch nicht klar, daß dies keineswegs den endgültigen Abschluß einer spirituellen Entwicklung signalisiert. Erst später merkte er, daß auch ein Erleuchteter sich weiterentwickelt. Als Da Love-Ananda das Bedürfnis verspürte, seinem Lehrer von seiner neu erlangten inneren Freiheit zu berichten, zeigte Swami Muktananda sich den Äußerungen seines Schülers gegenüber sehr reserviert. Aus Transkripten der entscheidenden Gespräche zwischen beiden ist zu erkennen, daß Muktananda ziemlich ausweichend und verdrossen reagierte.

Da Love-Ananda glaubte, sein Guru gebe sich mit weniger als dem Höchsten zufrieden, wohingegen Muktananda Da Love-Anandas Mitteilungen und Argumentationen als anmaßend abtat. Wie so oft kam es auch in diesem Fall zu einem Bruch zwischen Guru und Schüler, der nie mehr überwunden wurde. Doch scheint Muktananda andererseits nie ernstlichen Groll gegen seinen früheren Schüler gehegt zu haben. Da Love-Ananda seinerseits fuhr fort, in seinen Vorträgen und in verschiedenen Publikationen Muktanandas Position zu kritisieren, wobei er gleichzeitig immer wieder darauf hinwies, wieviel er diesem beeindruckenden *Siddha* schulde.

Schon kurz nach seiner Erleuchtung begann Da Love-Ananda mit seiner Lehrtätigkeit. Zuerst ließ er sich auf relativ informelle Begegnungen mit allen ein, die ein gewisses Interesse an spiritueller Entwicklung zum Ausdruck brachten. Doch nach und nach führte er gewisse Formalitäten ein. Unter anderem verlangte er von seinen Schülern, den Konsum illegaler Drogen zu unterlassen und sich an gewisse Regeln der Ernährung und der Gesundheitspflege zu halten. Nur beiläufig interessierte Besucher wurden seltener, da er denjenigen, die ihn aufsuchen und mit ihm meditieren wollten, strengere Bedingungen stellte. 1972 eröffnete er seine eigene Schule (Ashram), wo es ganz im Stil traditioneller indischer Gurus einen Thronsessel für ihn, Teppiche und ein Meer von Blumen gab. Im gleichen Jahr gründete er seine Kirche, die heute den Namen *The Free Daist Communion* trägt. Anfangs ließ er sich »Franklin« nennen, doch nach seinem Besuch bei Swami Muktananda im Sommer 1973 bat er, man möge ihn von nun an »Bubba Free John« nennen.[11]

Als »Bubba« übernahm er gegenüber seiner wachsenden Gruppe von Schülern die Rolle des spirituellen Freundes. Doch war seine »Freundschaft« zu jener Zeit bereits mit Formalitäten durchsetzt, woraus sich im Laufe der Zeit eine zunehmend manierierte und stark formalisierte Kommunikation entwickelte, so daß ein einfacher, persönlicher Kontakt zu ihm praktisch unmöglich wurde. Er hatte das Gefühl, daß seine westlichen Zeitgenossen die Rolle des spirituellen Lehrers nicht oder nur unzureichend verstanden und daß er ihnen deshalb Schritt für Schritt die feine Kunst des *Guru-Yoga* – die Unterwerfung unter das Göttliche mittels Hingabe an den Lehrer – nahebringen mußte.

## 2. Verrückte Weisheit und die Nutzlosigkeit der Erfahrung

Im Dezember 1973 gewann Da Love-Anandas Lehrtätigkeit eine neue Dimension hinzu. Nachdem er seinen Schülern zuvor abverlangt hatte, sich streng einer ziemlich asketischen Lebensweise zu unterwerfen, veranstaltete er plötzlich eine Serie von »Festen«. Einer seiner Anhänger erinnert sich:

> Sie benutzten die traditionellen Rauschmittel wie Alkohol und Zigaretten, Fleisch und »Junkfood« – all die Dinge, die sie so lange Zeit strikt gemieden hatten. Bubba [Da Love-Ananda] nahm hemmungslos an diesen Feiern teil, nachdem er lange eine Art natürlicher Abstinenz eingehalten hatte. Er und seine Anhänger tranken und sangen und tanzten – und dann plötzlich, mitten in dieser Situation, entfesselte Bubba seine spirituelle Macht mit ehrfurchteinflößender Kraft. Nachdem sich seine Anhänger von der Einhaltung strikter Vorschriften und von ihrer vorherigen Selbstdisziplinierung entspannt hatten, erhob er sie alle spontan in höhere Zustände psychischen und mystischen Gewahrseins.[12]

156

Die Festlichkeiten ähnelten jenen tantrischen Festen, bei denen kleine Gruppen von Initiierten, immer unter der Leitung des Gurus, im Rahmen eines Rituals, das die Teilnehmer zu einer Bewußtseinsveränderung geleiten soll, wichtige Tabus der traditionellen Hindu-Gesellschaft durchbrechen. Aufgrund meiner vielen Gespräche mit langjährigen Anhängern Da Love-Anandas habe ich den Eindruck gewonnen, daß dieser mehrere Monate lang tatsächlich seine yogischen Fähigkeiten benutzt hat, um die psychische Situation von Hunderten von Schüler auf dramatische Weise zu beeinflussen. Sie erlebten Visionen, spontane Körperbewegungen, die *Kriyās*[13] genannt werden, Glückseligkeitszustände, Öffnungen des Herzens und das Aufsteigen der *Kundalini*.[14] Mehrere von ihnen erlebten angeblich mystische Einheitserfahrungen oder gar ein zeitweiliges *Sahaja-Samādhi*.[15] Diese wichtige Phase in Da Love-Anandas Lehrtätigkeit wird in einem seit langem nicht mehr erhältlichen Buch mit dem Titel *Garbage and the Goddess*[16] wiedergegeben.

Der Titel des Buches sollte die spezifische Lektion jener Periode zum Ausdruck bringen: daß alles im Bereich des Endlichen »Müll« ist und daß selbst die höchsten spirituellen Erfahrungen aufgegeben werden müssen. Im Gegensatz dazu kann Erleuchtung nicht mehr als Erfahrung bezeichnet werden, weil die Kluft zwischen Subjekt und Objekt, die den gewöhnlichen Geist nicht losläßt, vollständig überwunden ist. Da Love-Ananda erzählte seinen Anhängern:

Ich verbringe einen großen Teil meiner Zeit damit, euch euren Müll vor Augen zu führen, damit ihr ihn endlich erkennt. Sobald ihr erkannt habt, was es ist, werdet ihr ihn wegwerfen. Etwas, das ihr noch nicht als Müll erkannt habt, könnt ihr nicht aufgeben. Ihr haltet intuitiv daran fest. Ihr müßt es also unbedingt erkennen.
Aber ich sage euch hier und jetzt: Es ist alles Müll! Alles, was der Guru euch gibt, ist Müll, und er erwartet von euch, daß ihr es wegwerft. Ihr jedoch meditiert darüber. All diese kostbaren Erfahrungen, die ganze Philosophie... Nichts von alldem ist das Göttliche. Es ist alles Müll.[17]

Da Love-Ananda setzt hier Erfahrung mit der Göttin gleich, dem weiblichen oder dynamischen Prinzip der Existenz. Er bemerkte:

> Jeder überantwortet sich auf der einen oder anderen Ebene der Göttin. ... Die perfekte Funktion des Gurus ist daher, all dies zu unterminieren, die Welt ihr wahres Gesicht zeigen zu lassen. Er läßt die Göttin ihre Hosen herunterziehen, und dann seht ihr ihr Arschloch. Ich sollte so etwas nicht sagen.[18]

Der Dreh- und Angelpunkt von Da Love-Anandas »Weg des radikalen Verstehens« ist es, die »Göttin« in allen Erfahrungen und als diese zu erkennen und die kühle Einstellung der Nicht-Anhaftung gegenüber allem zu entwickeln, was als eine Manifestation der Göttin erkannt worden ist. Seiner Ansicht nach beinhaltet die traditionelle Orientierung, die Göttin zu verehren und sich ihr zu überantworten. Er behauptet, dies alles sei Unsinn, doch gelegentlich gesteht er verschmitzt ein, er könne sich auch irren. Im Zustand ekstatischer Trunkenheit während einer seiner Festlichkeiten sagte er:

> Was weiß ich schon? Dies alles könnte ein riesengroßer Irrtum sein. Es muß einer sein. Niemand stimmt mir zu ... Alle sagen zu mir, ich sei verrückt, ich sei nicht voll entwickelt. ... Muktananda sagte: »Gebt der Göttin nach«, doch das ist nicht das Prinzip. Die Göttin pflegte zu sagen: »Gebt mir nach«, und ich habe ihr das Gehirn weichgefickt. Ich habe nie auf irgend jemanden gehört. Vielleicht hätte ich das tun sollen![19]

Doch ist die Göttin nicht nur eine inhaltsleere pompöse Erscheinung. Da Love-Ananda gesteht ein, daß sie auch das Instrument ist, mit dessen Hilfe wir lernen, uns dem überpersönlichen Göttlichen zuzuwenden und dadurch erleuchtet zu werden. Im Sinne C. G. Jungs erfüllt sie die Funktion eines Archetypus. Auch wenn wir einen Archetypus akzeptieren und auf ihn reagieren, so bedeutet dies noch nicht, daß wir uns ihm überantworten. Da Love-Ananda drückt dies sehr anschaulich aus: »Die wahre Methode ist nicht, nach dem Schmuck der Göttin zu greifen und zuzulassen, daß sie euch durch die Wirbelsäule in ihren Schoß emporhebt, bis ihr Gott realisiert. Die wahre Methode ist, Gott in der Wahrheit zu realisieren.«[20]

Mit anderen Worten: Für Da Love-Ananda muß Selbst-Hingabe stets in Beziehung zur höchsten Wirklichkeit erfolgen, die er das Göttliche, Gott oder das »Strahlende transzendente Sein« nennt.

Eine wichtige Manifestation der Göttin ist die sexuelle Erfahrung, das Spiel zwischen den Geschlechtern. Diese bildet den Gegenpol zur mystischen Erfahrung. Doch sind diese beiden Extreme menschlicher Erfahrungsmöglichkeiten nicht so getrennt voneinander, wie es scheinen mag. Jedenfalls sind sie in Da Love-Anandas Lehren lediglich Erfahrungen und müssen als solche transzendiert werden. Deshalb wurden seine Anhänger während der Festlichkeiten im Zeichen des »Mülls und der Göttin« nicht nur dem oberen Ende des Erfahrungsspektrums ausgesetzt, sondern es wurde von ihnen auch erwartet, daß sie sich auf sehr konkrete Weise mit ihren sexuellen und emotionalen Fixierungen auseinandersetzten.

Im März 1974 leitete Da Love-Ananda im sogenannten »Samstagabend-Massaker« eine Auseinandersetzung mit Sexualität, Ehe und emotionaler Anhaftung ein, die viele seiner Schüler für Monate und manche sogar für Jahre in Aufruhr versetzte. Nachdem er dargelegt hatte, daß Beziehungen ebenso wie Ehen generell eingegangen würden, um ein Gefühl der Sicherheit und Unverletzlichkeit der Ich-Persönlichkeit zu erzeugen, forderte er seine Schüler auf, ihre kultartigen Beziehungen zueinander zu beenden. Insbesondere forderte er sie auf, ihre Ehe-Kulte, ihre sexuelle Anhaftung und ihre Eifersucht aufzugeben. »Eines der Geheimnisse des spirituellen Lebens ist, ständig die Verträge, die wir mit uns selbst machen, zu brechen.«[21] Getreu der Logik seiner radikalen Anschauungen forderte er seine Anhänger auch auf, ihn nicht in ein »goldenes Kalb« zu verwandeln. Statt dessen lud er sie ein, an seiner Freiheit und seinem Humor teilzuhaben. Daß im Laufe der Jahre nur äußerst wenige seiner Anhänger dieser Einladung gefolgt sind, liegt vielleicht an jenem Netz hierarchischer Formalitäten, das den Lehrer umgibt und in dem sich seine Anhänger fast zwangsläufig verfangen.

Er erinnerte sie daran, daß der Guru aufgrund seiner Funktion eine »gefährliche Person«[22] ist. Er hat diese Warnung während seiner Lehrtätigkeit viele Male wiederholt. Die Gefahr des Gurus liegt darin, daß er sich voll und ganz der radikalen psycho-spirituellen Umwandlung des Schülers verschrieben hat. Der Guru ist für alle Zeiten mit dem Schicksal des Schülers verbunden. Da Love-Ananda erklärte:

> Der *Guru* ist eine starke Irritation für seine Freunde. Niemand kann schlafen, wenn nebenan ein Hund bellt. ... Der *Guru* ist ein ständiger Weckruf. Er verärgert ununterbrochen Menschen mit seiner Forderung, sie sollten wachbleiben, aufwachen ... Deshalb stellt er den Suchenden nicht zufrieden. Diejenigen, die gekommen sind, weil sie zufriedengestellt werden wollen, werden beleidigt, nicht befriedigt.[23]

Als Da Love-Ananda mit seiner Lehrtätigkeit anfing, tat er dies in dem guten, aber naiven Glauben, daß andere die Erleuchtung erlangen würden, wenn sie einfach das, was er lehrte, aufnähmen und wenn sie während des *Sat-sang*[24] gelegentlich der spirituellen Präsenz seines eigenen erwachten Körper-Geistes ausgesetzt würden. Allmählich wurde ihm jedoch klar, daß nur wenige Menschen über die notwendigen Voraussetzungen für diese Abkürzung verfügen und daß die meisten eine lange, intensive Vorbereitungszeit brauchen, in der sie lernen müssen, ihre Aufmerksamkeit und Energie zu disziplinieren. So entwickelte er aufgrund dessen, was er für die Entwicklung seiner Schüler für erforderlich hielt, eine völlig neue Lebensweise, die Körperübungen, sexuelle Übungen, Meditationstechniken, religiöse Rituale und noch vieles andere umfaßte.

Meist wurden seine kulturellen Innovationen als Empfehlungen dargestellt, doch wurde ihnen durch seine charismatische Führerrolle beträchtlicher Nachdruck verliehen. Ganz sicher war dies der

160

Fall, als er im Jahre 1974 mit seinem »sexuellen Theater« begann, das Partnertausch, sexuelle Orgien, die Produktion pornographischer Filme und intensive Sexualpraktiken einschloß – wobei bestehende Beziehungen zeitweilig und in einigen Fällen dauerhaft in die Brüche gingen. Da »Verträge« innerhalb der Kommune nichts mehr galten, schlugen die Wellen der Emotionen hoch. Manche ertrugen diese emotionale Achterbahn nicht und verließen die Gruppe; und einige leiden heute noch unter den Wunden, die sie sich damals zugezogen haben. Die meisten jedoch blieben, trotzten dem Sturm der Gefühle und lernten allmählich, mit ihren Traumata zu leben oder, was aber sicher nur selten der Fall war, sie zu überwinden.

Da Love-Ananda, der es nie beim reinen Theoretisieren beläßt, war bei diesen Tumulten oft »mittendrin«. In seiner Funktion als Lehrer der verrückten Weisheit ging er dabei völlig im Geschehen auf. Daß er nicht aus dem gleichen Holz wie herkömmliche Heilige geschnitzt war, hatte jedem klar sein müssen, der seine spirituelle Autobiographie wirklich gründlich gelesen hatte. Schon im *Knie des Lauschens* hatte er den Lesern erzählt, wie er in seiner Studienzeit an der Columbia-Universität alle Möglichkeiten, »hoch und niedrig«, erforscht hatte. Er schreibt darüber:

Ich machte vor keiner Erfahrung halt. Es gab keine Tabus, keine Extreme, die ich hätte meiden wollen, und keine Tiefe des Irrsinns, keine Grenze des Leids, die meine Philosophie hätte verhindern können (...) Ich ging daher sogar über meine Angst hinaus, und auch meine Freuden und Vergnügen wurden so extrem, daß mein Leben zu einer hochtourig laufenden Maschine der Ekstase wurde. Ich konnte kein Mittelmaß, keine mittelmäßige Erfahrung dulden.[25]

Noch wichtiger ist, daß Da Love-Ananda erwähnt hat, er sei zu Swami Muktanandas Ashram mit seiner Frau gereist, die mittlerweile (auf sein Betreiben hin) von ihm geschieden, aber immer noch seine Schülerin ist, sowie mit einer anderen jungen Frau, die seit mehreren Jahren keine formelle Schülerin mehr ist. Das Trio verursachte im Ashram eine gewisse Empörung, doch hat Muktananda selbst zu seinem Schüler anscheinend nie etwas über dessen ungewöhnliche persönliche Situation gesagt.

Während der »Garbage and the Goddess«-Periode »heiratete« Da Love-Ananda zahlreiche seiner Schülerinnen, wobei er es deren Ehemännern und Liebhabern überließ, mit ihren aufgewühlten Emotionen und mit ihrer Verwirrung fertig zu werden. Diese Pseudo-Ehen waren keineswegs völlig platonisch. Im Gegenteil, die Schülerinnen erlebten ihren Lehrer als einen leidenschaftlichen Mann. Viele von ihnen verstanden zum erstenmal wirklich die Bedeutung seiner Beschreibung eines »Mannes des Verstehens«, des Erleuchteten, die er am Ende des Buches *Das Knie des Lauschens* gibt:

Er ist ein Verführer, ein Verrückter, ein Verkünder von Wahrheiten, ein Träger sämtlicher Erfahrung, ein selbstgerechter Schurke, ein Prinz, ein Kind, ein Greis, ein Asket, ein Gott. Er demonstriert die Vergeblichkeit aller Dinge. So macht er das Verstehen zur einzigen Möglichkeit. Verstehen aber ist ohne Konsequenz. Doch es ist die Wirklichkeit, und diese war bereits gegeben.[26]

Diese Worte, die Da Love-Ananda 1971/72 schrieb, sind ein echtes Selbstporträt. Er ist ein Mensch mit vielen Gesichtern, vielen Rollen, vielen Masken und vielen Stimmungen. Er spielt sein chamäleonhaftes Spiel, wie er immer wieder betont, zum Wohl seiner Schüler. Er behauptet, er wolle ihnen nichts geben, woran sie sich festhalten könnten. David Christopher Lane schreibt hierzu:

Da Free John [Da Love-Ananda] ist zweifellos der bilderstürmerischste Lehrer, dem ich jemals begegnet bin. Seine grundlegenden Lehren verändern sich nicht, doch erschüttert er immer wieder jedes Modell/Etikett, das er sich zulegt. Da Free John ist eine Art *Enfant terrible* der religiösen Welt. Wenn man meint, nun fielen ihm keine neuen Verkleidungen mehr ein, tritt er plötzlich wieder mit einem völlig neuen verrückten Kostüm an die Öffentlichkeit, um sein Publikum zu schockieren.[27]

Sogar einige seiner engsten Schüler sind immer wieder über Da Love-Anandas Trickster-Natur verblüfft, und die Absonderlichkeit seines Lebens ist für sie ein unlösbares Rätsel. Das jedoch scheint eines der Kennzeichen eines wirklich verrückt-weisen Adepten zu sein: daß er in der Lage ist, seine Schüler zu überraschen, zu erschrecken oder zu schockieren. Es heißt, wir könnten in Augenblicken, in denen wir aus unserer Selbstzufriedenheit aufgeschreckt werden, die gesamte Struktur unserer konventionellen Existenz betrachten und uns etwas Größerem öffnen.

Es gibt zahllose Anekdoten über Da Love-Anandas Zen-ähnliche Schock-Methoden. Oft enthüllten diese Aktionen ebensoviel über die habituellen Grenzen seiner Schüler wie über ihre Überzeugungen, insbesondere was ihre Vorstellungen davon betraf, wie ein Guru zu sein hatte und wie nicht. Ein langjähriger Schüler berichtete im Jahre 1975 folgendes:

[Als ich Da Love-Ananda zum erstenmal begegnete], wirkte Bubba fast kalt und völlig geschäftsmäßig auf mich. Ich fühlte mich niedergeschlagen und enttäuscht. ... Mein wachsender Kontakt zu Bubba frustrierte und enttäuschte mich auch weiterhin. Ich hatte erwartet, daß er zumindest »heilig« sein würde, doch diese Hoffnung wurde zunichte gemacht, als er ein Jahr lang eine Reihe von wilden Partys veranstaltete. In deren Verlauf machte ich einige der verrücktesten und wahnsinnig komischsten Erfahrungen meines ganzen Lebens. Außerdem wurden meine Erwartungen an ihn und mein eigenes Gefühl von Anstand unterminiert...

Etwa drei Monate nach meiner ersten Begegrung mit Bubba lud er mich ein, für ihn als Koch und Chauffeur zu arbeiten. Während ich in seiner Küche stand und Gemüse schnitt, überkamen mich mörderische Wutanfälle. Ich mußte mich eisern zusammenreißen, um nicht mit meinem Hackmesser im Haus Amok zu laufen. ... Zuvor hatte ich wohlerzogene (sprich »ängstliche«) Vorstellungen darüber gehabt, daß man höflich jeden Preis zahlt, den ein Händler für seine Ware fordert; doch Bubba zwang mich, unerbittlich zu feilschen und dabei den Preis so weit zu drücken, daß der arme Mann nicht einmal mehr sein Gesicht wahren konnte. Und wenn ich vorher »gesunde«

und »normale« (sprich auch hier wieder: »ängstliche«) Vorstellungen darüber gehabt hatte, was es bedeute, bei »gemäßigtem« und »vernünftigem« Feiern meinen Spaß zu haben, so ließ mich Bubba an einem sechswöchigen Saufgelage teilnehmen, das jeden Tag mit einer dreifachen Bloody Mary vor dem Frühstück begann, schon gegen Mittag ausuferte und mit einer unerschöpflichen Vielfalt von Spielen, Eskapaden, Streichen und ähnlichem einherging.[28]

Ein anderer Schüler, der Da Love-Ananda mittlerweile verlassen hat, hat mir folgenden Vorfall berichtet:

Ein paar von uns waren in der Küche dabei, Geschirr abzuwaschen, als Da Love-Ananda sich hereinstahl und seine Schüler mit einer Wasserpistole bespritzte, die er damals oft bei sich trug. Die meisten duckten sich oder liefen davon. Doch aus irgendeinem Grund spritzte ein Mädchen zurück. Er lachte, kam aber dann mit einem wassergefüllten Behälter und leerte ihn über ihr aus. Daraufhin schlugen alle Anwesenden sich auf die eine oder andere Seite und beteiligten sich an der Wasserschlacht. Die Situation eskalierte, und jeder suchte nach immer größeren Behältern.
Irgendwann nahm sich Da Love-Ananda einen Zwanzig-Liter-Behälter und füllte ihn mit Wasser. Um ihn zu necken, drehte ich ihm den Wasserhahn zu. Er versuchte, mich wegzudrängen, aber ich blieb hartnäckig. Da hob er mich plötzlich wild lachend in die Höhe und setzte mich auf den Herd, und bevor ich wußte, wie mir geschah, hatte er alle Brenner eingeschaltet. Ich muß wohl eine Zeitlang sprachlos dagesessen haben und völlig verdutzt auf die Flammen unter mir gestarrt haben, doch wie durch ein Wunder verbrannte ich mich nicht.
Als dieser Punkt erreicht war, entwickelte sich das ausgelassene Geraufe schnell zu einer wilden Essensschlacht, der alles Genießbare, das sich in der Küche befand, vom Senf bis zum Sauerkraut, zum Opfer fiel, bis der ganze Raum eine ekelhafte Schweinerei war. Mir war zwar nicht das Geringste passiert, aber ich war danach völlig fassungslos. Mir war nun klar, daß ich es tatsächlich mit einem »verrückten« Adepten zu tun hatte, der alle Grenzen überschritt, um uns

164

eine Lektion zu erteilen. Wir versuchen gewöhnlich, alles einzugren-
zen. Für ihn hingegen hat es nie irgendwelche Einschränkungen gegeben.

Ein Anhänger, der nun im mittleren Alter ist, schrieb darüber, wie
er Da Love-Ananda einmal umarmte und dabei das Gefühl hatte,
in eine Leere zu fallen – eine Erfahrung, die viele seiner Anhänger
gemacht haben. Jene Leerheit, das Fehlen aller herkömmlichen Be-
zugspunkte, wirkte auf diesen Schüler wie eine Form von Verrücktheit.

Als ich meine Augen öffnete und Bubba anschaute, erkannte ich, daß
er völlig verrückt ist, vollkommen verrückt – aber diese Verrücktheit
ist absolute Freiheit. Mir wurde klar, daß er *alles* tun konnte und auch
tun würde, absolut *alles*! Ich lachte lauthals und nannte ihn einen
Verrückten. »Du Chamäleon! Du Verrückter! Ich habe mich abge-
rackert, um all diese Disziplin zu entwickeln, und all das hat nichts
mit der Wahrheit zu tun! Es ist alles völlig nutzlos!« Ich sagte: »Was
machen wir jetzt?« Und er antwortete etwas wie: »Hierbleiben und
essen, bis wir sterben.«[29]

Die »Garbage and the Goddess«-Periode endete am 7. Juli 1974 und
hinterließ einen riesigen Trümmerhaufen emotionaler Verwirrung.
Da Love-Ananda selbst erklärt jene Periode des »Lehr-Theaters«
und seinen Anteil daran auf folgende Weise:

Was ich tue, ist nicht die Art, wie ich bin, sondern die Art, wie ich
lehre. Was ich spreche, ist keine Spiegelung von mir, sondern von
euch. Wenn Menschen sich von mir gekränkt oder schockiert fühlen,
so haben sie recht. Genau das ist meine Absicht. Aber ihre Reaktion
hat nur etwas mit ihnen selbst zu tun, denn ich habe ihnen mit alldem nicht mich selbst gezeigt. Alles, was ich tue und wovon ich spreche, offenbart den Beteiligten nur das, was sie selbst sind.[30]

Da Love-Ananda trug seinen Anhängern dann auf, die Lektionen,
die sie während der vorangegangenen Jahre gelernt hatten, zu
nutzen und individuell wie auch kollektiv Verantwortung für sich

zu übernehmen. Er erklärte, er wolle seine Lehrtätigkeit aufgeben und hoffe, daß seine Schüler nun reif genug seien, einander zu helfen, jene traditionellen Disziplinen zu üben, die er ihnen beigebracht hatte. Sie mußten sich nun mit seiner spirituellen Präsenz begnügen, statt sich von seiner physischen Gegenwart abhängig zu machen.

Da Love-Ananda hat offenbar von Anfang an ein ambivalentes Verhältnis zur Lehrerrolle gehabt. Er erklärte, die »Guru-Funktion« sei in ihm von selbst erwacht, und er hat seither viele Versuche unternommen, sich von seiner Verantwortung und von seinen Verpflichtungen als Lehrer zu befreien. Er wollte statt dessen nur noch als »spirituelles« Leuchtfeuer oder als eine Art »Transmitter« wirken. Doch haben ihn die Bedürfnisse seiner Schüler, so wie er sie wahrnahm, immer wieder in die Lehrerrolle zurückgebracht. Praktisch bedeutete dies oft, mit seinen Schülern »in emotional-sexuelle Erwägungen« einzutreten, wie er es nannte. Jenes »sexuelle Theater«, das während der »Garbage and the Goddess«-Periode stattfand, wiederholte sich also auch nachher noch häufig, allerdings nie mehr in dem Ausmaß wie in jener Periode, und er hat auch nie mehr in der damaligen eindrucksvollen Weise yogische Kräfte manifestiert. Meist beschränkte sich jene Arbeit an emotionalen und sexuellen Themen, die nie rein theoretisch blieb, auf den inneren Kreis seiner Schüler. Doch gelegentlich waren auch relativ neue Schüler daran beteiligt. So erging es einmal einem Paar. Der Ehemann hat den folgenden ausführlichen Bericht über einen Vorfall gegeben, der sich im Jahre 1982 ereignete.

Ich war erst seit wenigen Monaten formell Schüler, als ich eines Abends zusammen mit meiner Frau in Da Love-Anandas Haus eingeladen wurde. Wir hatten beide das Bedürfnis, persönlichen Kontakt zu ihm aufzunehmen, weil wir ihn bisher nur in ziemlich formellen Situationen kennengelernt hatten. Deshalb waren wir verständlicherweise sehr erfreut über die Einladung, aber gleichzeitig auch erschrocken, denn uns war klar, daß unser Lehrer ein »schwieriger Mensch« war und daß wir uns auf eine Prüfung gefaßt machen mußten.

166

Als wir eintraten, saß mein spiritueller Held auf seinem großen Bett und hielt ein Glas Bier in der einen und eine Zigarette in der anderen Hand. Er war in eine Wolke von Zigarettenqualm eingehüllt. Mir wurde angst und bange. In jenem Augenblick wurde in mir ein Bild zerstört, das ich liebgewonnen hatte: mein Ideal des Gurus als eines sanften Helfers, der an die üblichen Jesus-Darstellungen erinnert.

Wir verbeugten uns, und ich legte verlegen eine kleine Blüte auf das Bett. Sobald wir uns vor ihn hingesetzt hatten, bekam ich eine Dose Bier in die Hand gedrückt. Ich lehrte höflich ab. Ich hatte seit Jahren keinen Alkohol getrunken und wollte nicht ausgerechnet in dieser Situation mit dem Biertrinken beginnen. Da Love-Ananda neckte mich deswegen. Ich merkte, daß ich nervös wurde, und einen Augenblick später wurde mir klar, daß die Zurückweisung lediglich ein Programm meines Ego war. Also gab ich meinen Widerstand auf und trank das Bier. Und dann noch eins. Und noch eins.

Unterdessen sprach Da Love-Ananda mit uns, wobei er eine Zigarette nach der anderen paffte und ein Bier nach dem anderen herunterkippte. Sein Redefluß wurde immer lebhafter und amüsanter, aber auch bissiger. Offenbar hatte er es auf mich abgesehen. Ich wußte, daß dies »mein« Abend werden würde. Ich beantwortete seine vielen Fragen respektvoll, aber reserviert, hörte mir sein Sperrfeuer gutmütiger Kritik an, erzählte meine Geschichte so humorvoll, wie ich konnte, lachte mit ihm und über mich selbst, und wagte es sogar ein paarmal, mit ihm über Kleinigkeiten zu streiten. Doch ich blieb bei meiner reservierten Haltung. Trotz des vieler Biers war ich relativ nüchtern.

Als der Abend weiter fortschritt und alle allmählich betrunkener wurden – alle außer mir –, heizte Da Love-Ananda die Situation ein wenig auf. Vielleicht war er bereits fertig mit mir und hatte genügend »Schaden« in dem Gespräch mit mir angerichtet. Jedenfalls ließ er Pop-Musik laufen. Dann fingen wir alle an zu tanzen, wobei er sich rhythmisch zu den Klängen der Band wiegte. Die psychische Energie im Raum war ungeheuer stark. Sie schien jedesmal anzuschwellen, wenn er seine Arme hob. Ich spürte plötzlich eine unglaubliche Wildheit in mir, die mich beängstigte. Zwischen ihm und mir entwickelte sich ein seltsames inneres Drama. Er wollte meine Mauern niederreißen, und ich wollte sie um jeden Preis erhalten. Doch war da irgend etwas tief in mir, ein stiller Beobachter vielleicht, der die Mauern auch fallen sehen wollte.

Ich befand mich in einer schweren Krise. Die Musik und die Bewegung hämmerten auf mich ein, während eigenartige Energiewellen in meinem Körper aufwallten und meinen Geist zu zerschmettern drohten. Ich fühlte mich manipuliert und befürchtete, in einen schrecklichen Kult geraten zu sein. Doch die Stimme der Vernunft im Hintergrund meines Bewußtseins überzeugte mich immer gerade noch rechtzeitig davon, daß diese Gefühle Unsinn waren, reine Produkte meiner Paranoia. Immer wieder konnte ich mich selbst dazu bringen, noch ein wenig länger in der Situation zu bleiben.

In unserem Gespräch am Anfang des Treffens hatte Da Love-Ananda mich viele Male gefragt, was mein Ziel sei, und ich hatte ihm immer wieder geantwortet, ich wolle die Erleuchtung erlangen. Er hatte mich ein unbedarftes Individuum genannt und mich auf die Seltenheit solcher Erfahrungen hingewiesen, doch ich hatte auf meiner Aussage beharrt. Nachdem ich meine Entscheidung getroffen hatte, nahm er sich die Freiheit, mir eine richtige Lektion zu erteilen.

Vor meinen Augen wurden Vorbereitungen für eine sexuelle Begegnung zwischen meiner Frau und dem Guru getroffen. Ich versuchte, mit meinen irrationalen gewalttätigen Gefühlen fertig zu werden, indem ich mich in einen Zustand emotionaler Taubheit versetzte. Glücklicherweise brauchte ich nicht mit anzusehen, wie mein Lehrer sich mit meiner Frau vergnügte, denn wir wurden alle gebeten, den Raum zu verlassen. Ich wurde in ein anderes Gebäude geschickt, wo ich mehrere Stunden im Dunkeln warten mußte und mich mit dem emotionalen Orkan auseinandersetzen konnte, der in mir entfesselt worden war. Schließlich gewann ich wieder die Kontrolle über meine Gefühle. Mir wurde klar, daß meine Frau eine meiner größten Anhaftungen war und daß der Guru in dieser Hinsicht an mir einen chirurgischen Radikaleingriff vornahm. Ich hatte ihn – indirekt, aber laut und deutlich – darum gebeten, mir in meinem Ringen um Erleuchtung zu helfen. An jenem Abend tat er genau das.

Am Tag nach meinem persönlichen Massaker beschäftigte sich Da Love-Ananda eine Zeitlang mit meiner Frau und wandte sich dann wieder mir zu, wahrscheinlich weil ich mehr Widerstand hatte. Diese traumatische Episode machte uns noch mehrere Monate lang zu schaffen, doch erwies sie sich auch als eine wertvolle Initiation. Wir waren beide bis auf die Knochen entblößt worden, und dadurch war es uns möglich, uns mit versteckten Nischen unseres Charakters auseinanderzusetzen, die wir zuvor lieber im dunkeln gelassen hatten. Außerdem waren wir uns auch über etwas anderes sehr klargeworden, nämlich darüber, daß unser Guru »Nägel mit Köpfen« machte. Er betrieb nicht nur kosmetische Chirurgie, sondern sein Messer drang tief.

Ich habe mich oft gefragt, ob jene Episode im Zeichen der verrückten Weisheit wirklich notwendig gewesen war oder ob ich die gleichen Lektionen auch auf andere Weise hätte empfangen können. Ein Aspekt jener Situation hat mich *ständig* beschäftigt: der Druck auf mich, Alkohol zu trinken, um mich betrunken zu machen. Ich habe immer noch das Gefühl, in dieser Hinsicht manipuliert worden zu sein. Auch habe ich nie völlig verstanden, warum wir gebeten wurden, den ganzen Vorfall geheimzuhalten. Nach jener Erfahrung hätten meine Frau und ich sicherlich davon profitiert, mit unseren engen Freunden darüber zu reden. Auch hatte jene Geheimniskrämerei den Geschmack des Elitären und der Scheinheiligkeit, denn während wir bei jener privaten »Party« waren, lebte der Rest der Gemeinschaft unter einem ziemlich strengen täglichen Reglement mit Ernährungsvorschriften, Körperübungen, Meditation und Arbeiten für die Gemeinschaft.

Tantrisch anmutende Begegnungen dieser Art fanden bis Ende 1985 von Zeit zu Zeit immer wieder statt und wurden stets mehr oder weniger geheimgehalten, und sie führten 1986 erneut zu einer Reihe von Rechtsstreitigkeiten mit »abtrünnigen« Schülern. Da Love-Ananda ist sich stets der Gefahren der Lehrtätigkeit im Stil der verrückten Weisheit und auch generell der Gefahren der Arbeit mit westlichen Suchenden sehr bewußt gewesen, da diese Menschen auf die Guru-Schüler-Beziehung weder vorbereitet sind noch sie verstehen. Er hat einmal gesagt:

Mein Leben gleicht dem eines Menschen, der sich in eine Welt voller Feinde und Drachen begibt, um einen Gefangenen zu befreien. Man kann sich nicht einfach hinsetzen und einem Drachen die Wahrheit sagen. Man muß einem Drachen entgegentreten. Man muß heroische Anstrengungen unternehmen, um jemanden den Klauen eines Drachen zu entreißen. So habe ich mit Hilfe meiner Art, zu Menschen in Beziehung zu treten, gearbeitet, insbesondere in den ersten Jahren, sowie auch mit Hilfe der ungewöhnlichen Aspekte meines Lebens und meines Lehrens. Man könnte es eine heroische Art zu lehren nennen, wie ich mich mit meinen Anhängern identifiziere, mit ihnen arbeite, sie aus dem feindlichen Gebiet hole und sie allmählich aufwecke.[31]

### 3. Verrückt-weises Chaos und die Gemeinschaft der Anhänger

Nachdem sich Da Love-Ananda während der monatelangen Festlichkeiten mit den »Schatten« auf den Seelen seiner Schüler beschäftigt hatte, erlitt er am 11. Januar 1986 plötzlich einen Zusammenbruch, den er selbst als eine echte Todeserfahrung bezeichnete. Er hatte seit seiner College-Zeit schon viele derartige Erfahrungen gemacht, doch wurde dieser spezielle Vorfall später ausführlich untersucht; ihm wurde besondere Bedeutung beigemessen, und er beeinflußt Da Love-Anandas Beziehung zu seinen Schülern bis heute.

Wir haben Da Love-Anandas eigene Beschreibung und Interpretation jenes Vorfalls, der heute in der offiziellen Literatur der Free Daist Communion als »Emergenz des Göttlichen« bezeichnet wird. In einem Vortrag, den er Ende Februar des Jahres 1986 hielt, erklärte er, an jenem ereignisreichen Morgen im Januar habe er zu seinen engen Schülern über seinen Gram, seinen Kummer und seine Frustration angesichts der offensichtlichen Vergeblichkeit seiner Lehrtätigkeit gesprochen. Er könne die Zurückweisung und Demütigungen, die er ständig von ihnen erfahre, nicht mehr ertragen, und er wünsche sich, bald zu sterben. Offenbar setzte dann sofort der Sterbeprozeß ein. Er empfand Taubheit in seinen Armen und in der Wirbelsäule, und später folgten Krämpfe. Dann verließ das Bewußtsein seinen Körper. Die von Ärzten fieberhaft eingeleiteten Wiederbelebungsmaßnahmen erwiesen sich schließlich als erfolgreich. Was dann geschah, beschreibt er selbst wie folgt:

> Schließlich fing ich an, mich wieder mit meinem Körper zu verbinden, obwohl ich mir nicht genau des Raums bewußt war, in dem ich mich befand, und auch nicht der übrigen Anwesenden. Ich sprach über meine wichtigeren Anliegen und Impulse und über den großen Kummer, den ich wegen der Milliarden von Menschen und all der übrigen Wesen überall empfand. Ich kann diesen Kummer nicht sehr gut ertragen – das habe ich nie gekonnt. Ich mußte mich regelrecht zu dieser Arbeit zwingen. Und bei jenem Ereignis wurde ich noch weiter in den Körper hineingezogen, durch einen sehr menschlichen Impuls, einen Liebesimpuls. Nachdem ich mir meiner tiefen Beziehung zu allen meinen Anhängern bewußt geworden war, setzte ich meine körperliche Existenz fort.[32]

Da Love-Ananda erklärte weiter, daß die meisten Adepten nur teilweise in ihrem Körper gegenwärtig seien. Sein eigenes Bewußtsein sei vor jenem »Todesereignis« enger mit dem Körper verbunden gewesen, wenn auch nur wie ein »Schleier«, der den Körper umgab (was Äußerungen widerspricht, die er in anderen Zusammenhängen gemacht hat). Er behauptete, das »Todesereignis« habe all dies verändert. Er habe sich danach ganz in seinem Körper niedergelassen, sei völlig menschlich geworden, ohne auf seine Erleuchtung verzichten zu müssen. Da Love-Ananda versteht dies als einen großen Sieg, der für ihn größere Bedeutung hat als das Eintreten seiner Erleuchtung im Jahre 1970. Seiner Ansicht nach ist sein Körper zu einem vollkommenen Fahrzeug für die spirituelle Übermittlung geworden, so daß es nun ausreicht, sich auf seinen körperlichen Zustand einzustimmen, um an der Erleuchtung teilzuhaben. Diese Aussage ähnelt im Grunde stark dem, was er kurz nach seiner Erleuchtung zwei Jahrzehnte zuvor in seiner spirituellen Autobiographie geschrieben hatte.

Da Love-Anandas bombastische Interpretation jenes Ereignisses ist wie so viele andere seiner Kommentare über die inneren Vorgänge in seinem Geist und in seinen Leben faszinierend, aber keineswegs sonderlich aufschlußreich Sie erweckt den Eindruck eines recht außergewöhnlichen Menschen, dessen gesamtes Denken und Handeln in extremem Maße um das Geheimnis seiner eigenen Entwicklung kreist. Von Kindheit an hatte Da Love-Ananda einen Hang zum Dramatischen, und es ist ihm gelungen, über etliche Jahre hinweg die Aufmerksamkeit von ein paar Tausend Menschen auf sein dramatisches Leben zu konzentrieren. Natürlich kann man auf diese Weise den alchimistischen Prozeß des *Guru-Yoga* einleiten. Doch scheint dies nur für relativ wenige spirituell engagierte Menschen ein akzeptabler Weg zu sein.

Jene »Todeserfahrung« hatte weitreichende Auswirkungen auf Da Love-Anandas spirituelle Gemeinschaft. Ein Mitglied dieser Gemeinschaft erzählte mir:

Niemand wußte so recht, was jenes Todeserlebnis bedeutete. Ich bin mir immer noch nicht völlig darüber klar. Love-Ananda selbst war sich nicht sofort aller Implikationen dieses Ereignisses bewußt. Allmählich stellte sich heraus, daß er sich auf dramatische Weise verändert hatte. Seine Aufforderung, wir sollten die Verantwortung für unsere spirituelle Praxis fortan selbst übernehmen, hat uns alle sehr schockiert. Er fing an, alle und alles noch heftiger als jemals zuvor zu kritisieren. Die Art, wie er über die Gemeinschaft und über die von ihm gegründete Institution herfiel und wie er seine Forderungen stellte, brachte beide an den Rand des Bankrotts. Er war zu einem furchterregenden zerstörenden Shiva geworden, der ein ungeheures Chaos in unserem Leben anrichtete. »Zerstörung aller kultistischen Tendenzen« war nun sein Motto.

Es war fast so, als wolle er alle alten Formen und Einstellungen in der Gemeinschaft ebenso sterben lassen, wie er selbst gestorben war, auf daß sie in erneuerter Form wiedergeboren würden. Die Situation wurde so chaotisch, daß ich und viele meiner Freunde vor ihr flohen. Mittlerweile bin ich wieder aktiv als Schüler involviert, doch habe ich mehr als zwei Jahre lang Distanz zu ihm gehalten, weil ich es nicht mehr ertragen konnte, diese Verrücktheit voll auf mich einwirken zu lassen.

172

Eines der Opfer von Da Love-Anandas Bilderstürmerei in jenem Jahr war das *Mandala*, das aus neun Frauen bestand, der innerste Kreis seiner Schüler. Diese Elitegruppe, die bis zu jenem Zeitpunkt unantastbar gewesen war, wurde nun von ihm rücksichtslos demontiert. Fünf dieser Frauen, die auch lange Da Love-Anandas (spirituelle und sexuelle) Geliebte gewesen waren, wurden aufgefordert, seine Einsiedelei auf Fidschi zu verlassen. Unter ihnen war auch seine frühere Frau, die seine allererste Schülerin gewesen war. Von jenem Zeitpunkt ab konzentrierte er sich auf die Arbeit mit den verbliebenen vier Frauen, die mittlerweile sehr fortgeschrittene spirituelle Entwicklungsstufen erreicht haben sollen.

Solche weiblichen *Mandalas*, die fast wie Schutzkreise um den Guru fungieren, haben viele Adepten der Vergangenheit wie auch der heutigen Zeit um sich aufgebaut. Die esoterische Erklärung dafür lautet, daß solche Gruppen von ergebenen Frauen die spirituelle Kraft des betreffenden Adepten an die Welt übermitteln. Am Fall von Bhagwan Rajneesh zeigt sich, daß solche *Mandalas* außerdem auch zu Kanälen politischer Macht, Korruption und Destruktivität werden können. Viele Schüler sahen die Demontage von Da Love-Anandas *Mandala* als ein vielversprechendes Zeichen an.

Im Gegensatz zu anderen modernen Gurus hat Da Love-Ananda vor seinen Schülern nie die Tatsache verborgen, daß er sexuell aktiv ist. Er war viele Jahre lang verheiratet und hat drei Kinder (von verschiedenen Frauen). Er hat in vielen Büchern geäußert, daß Sex in seinen Augen eine ganz und gar positive Funktion für das spirituelle Leben habe. Bei verschiedenen Anlässen hat er mit Schülern offen über Polygamie diskutiert und sich gewöhnlich dafür ausgesprochen. Doch da er im Grunde ein sehr zurückgezogener Mensch ist, hat er verständlicherweise davon abgeraten, seine eigenen polygamen Beziehungen an die große Glocke zu hängen.

Die Mitglieder der *Free Daist Communion* haben viele Jahre lang unter Schuld- und Schamgefühlen wegen der Experimente während der »Garbage and the Goddess«-Periode gelitten. Viele fühlten sich von ihrem Guru in besonderem Maße beschämt, wie

Da Love-Ananda bei vielen Gelegenheiten selbst bemerkte. Dies wurde offensichtlich, als im Jahre 1985 eine Gruppe ehemaliger Mitglieder der *Free Daist Communion* einen Prozeß gegen dieselbe führte, der zu einem regelrechten Medienspektakel wurde. Viele Mitglieder der Gemeinschaft sahen sich nicht in der Lage, emotional und auf sozialer Ebene mit der Situation fertig zu werden, weshalb sie sich zurückzogen oder sich dauerhaft von der Gruppe entfernten.

Über viele Jahre haben die Repräsentanten von Da Love-Anandas Organisation ihr Bestes getan, um die Reden ihres Lehrers zu »glätten«, bevor sie gedruckt wurden, und sie haben generell versucht, den verrückten Aspekt seines Verhaltens und seiner Lehrtätigkeit zu verharmlosen. Da Love-Ananda selbst hingegen hat ihnen immer wieder vorgeworfen, sie würden der Öffentlichkeit ein verzerrtes Bild von ihm präsentieren; er wollte als der wilde Mann dargestellt werden, der er tatsächlich ist, auch wenn ein solches Bild für ihn mit Gefahren verbunden war. Er wollte die Freiheit haben, im Stil der verrückten Weisheit zu lehren, und er war der Meinung, diejenigen, die sich an seine Gemeinschaft wandten, sollten sich von vornherein darüber im klaren sein, daß er kein sanftmütiger Lehrer sei, sondern, wie er es einmal formulierte, eine »Feuersbrunst«, in der das Ich unweigerlich verbrannt und verzehrt werde. Er vergleicht seine Arbeit gern mit der verrückten Weisheit einiger großer Adepten des Ostens. Einmal hat er gesagt: »Ich bin Drukpa Künley. Das genau bin ich in dieser Zeit und an diesem Ort.«[33]

Es ist schwer zu sagen und eigentlich auch überflüssig, darüber zu spekulieren, was hätte passieren können, wenn seine Anhänger ihn während all der Jahre realistischer in der Öffentlichkeit dargestellt hätten. Sicherlich wäre es fairer gewesen, zumindest Interessenten einen einigermaßen zutreffenden Eindruck von den merkwürdigen Lehrmethoden des Gurus zu geben. Statt dessen gab und gibt es vermutlich immer noch viele periphere Freunde der Free Daist Communion und sogar formelle Schüler Da Love-Anandas, die keine konkrete Vorstellung davon haben, wie verrückt es um ihn herum in der Vergangenheit zeitweise zuging. Viele Schüler wollen auch gar nichts darüber wissen, sondern sie ziehen es vor, die Details zu ignorieren, weil sie Angst davor haben, den Tatsachen voll und ganz ins Auge zu sehen.

Die Repräsentanten der Gemeinschaft haben sich mittlerweile darauf verlegt zu bestätigen, daß Da Love-Ananda seine Tätigkeit als Lehrer verrückter Weisheit definitiv aufgegeben habe und daß er sich nun nur noch mit der Aufgabe, »universellen Segen zu verbreiten«, beschäftige. Doch könnte diese Beteuerung eine Fortsetzung jenes Leugnens sein, das sich schon in der Vergangenheit als so destruktiv für die Gemeinschaft erwiesen hat. Ungeachtet seiner eigenen Erklärungen, die bekanntermaßen nie als endgültig verstanden werden können, interagiert Da Love-Ananda auch heute noch auf seine typische invasive Weise mit seinen Schülern. Solange er dies tut und solange Männer und Frauen zu ihm als Schüler in Beziehung treten, müssen sie damit rechnen, daß er sich in ihr Leben einmischt, und dies kann gelegentlich ziemlich destabilisierend wirken und große Probleme verursachen.

Es wäre sicherlich naiv anzunehmen, daß Da Love-Anandas Zeit als Lehrer verrückter Weisheit vorüber ist. Beispielsweise kann man seine fortwährende Produktion pompöser spiritueller Literatur von grotesken Ausmaßen als das raffinierte Spiel eines verrückt-weisen Adepten verstehen. Wenn wir irgend etwas anderes annehmen würden, bliebe uns nur noch eine in ihren Implikationen tragische Erklärungsmöglichkeit: daß er seinen Humor verloren hat und anfängt, seine persönliche Mythologie für die Wirklichkeit zu halten. Warum sollte sein derzeitiges Rollenspiel das letzte Wort sein? Wenn es irgendeine Gewißheit bezüglich seiner Arbeit mit Schülern gibt, dann die, daß nichts in seiner Umgebung jemals lange so bleibt, wie es gerade ist.

Kürzlich hat sich Da Love-Anandas verrückte Weisheit in einer weiteren Namensänderung manifestiert, verbunden mit einer der bei solchen Anlässen üblichen Umwälzungen in der *Free Daist Institution* und *Communion*. Diesmal tritt er als der *Avatāra* »Da Kalki« in Erscheinung. Kalki ist die in der Hindu-Tradition prophezeite zukünftige zehnte Inkarnation des Gottes Vishnu. Er soll am Ende des gegenwärtigen dunklen Zeitalters, des *Kali-Yuga*, auftreten, auf einer weißen Stute reiten und sein Schwert schwingen, um alle seine Feinde niederzustrecken. Kalki ist wohl die fundamentalistischste aller Inkarnationen Vishnus. Daß Da Love-Ananda sich entschieden hat, Kalki zu seinem Symbol zu machen, muß als bedeutsam angesehen werden. Er hätte sich auch für Maitreya, die prophezeite Reinkarnation des Buddha entscheiden können. Aber Maitreya repräsentiert Mitgefühl, nicht göttliche Gerechtigkeit wie Kalki, und Mitgefühl spielt weder in der Theologie von Da Love-Ananda eine große Rolle, noch wird es als ethische Praxis von ihm oder seiner Gemeinschaft besonders gepflegt.

Es gibt noch mehrere andere Möglichkeiten, diesen Neuzugang zu Da Love-Anandas langer Liste selbstverliehener Namen zu deuten. Wir können ihn als ein Beispiel für den speziellen verrücktweisen Humor ansehen, mit dem er seine Schüler und die Welt an der Nase herumführt, denn er wird zweifellos wissen, daß Kalki nach den Berechnungen der Hindus erst in etwa 129 Millionen Jahren in Erscheinung treten wird. Ebenso wie einige seiner übrigen Namen und Titel hat er auch den Namen Kalki direkt aus indischen Quellen übernommen, wobei noch hinzukommt, daß es sich in diesem Fall um eine ziemlich anachronistische Figur handelt. Wenn man die Namensbezeichnung nicht wörtlich, sondern als metaphorische Aussage versteht, so kann man sicherlich eine Menge Humor hinter dieser Entscheidung vermuten.

Doch werden viele Kritiker wohl eher zu einer anderen Hypothese tendieren, nämlich der, daß die Namensveränderung ein weiterer Hinweis darauf ist, daß Da Love-Anandas Persönlichkeit in zunehmendem Maße der Inflation und Selbsttäuschung verfällt. Wenn dies wahr sein sollte, befinden sich seine Schüler in großer Gefahr. Da Love-Ananda erklärt ihnen, er könne keine Fehler machen, und sie sehen ihn tatsächlich als Inkarnation Gottes an. Leider gibt es viele Beispiele für derartige Behauptungen in der Geschichte, die immer wieder von einer großen Zahl von Menschen für bare Münze genommen wurden und oft schreckliche Konsequenzen hatten. Die Selbsttäuschung eines charismatischen Führers infiziert gewöhnlich auch seine Gefolgschaft. Die Gruppe sieht dann alle Außenstehenden als Feinde an, die die Absichten und

Pläne des Führers behindern und durchkreuzen wollen. Von dieser Haltung zur aktiven Aggression ist es nur ein äußerst kleiner Schritt, wie wir im Fall der Rajneesh-Bewegung gesehen haben. Eine andere Möglichkeit ist, daß sich der aggressive Impuls nach innen richtet und wie im Fall des Volkstempels von Jim Jones zum erzwungenen Massenselbstmord führt.

Da Love-Ananda ist der sprichwörtliche proteische, sich ständig wandelnde Mensch, der seine eigene Karikatur ist. Er hat sich im Laufe der Zeit in allen denkbaren Rollen eines verrückt-weisen Adepten präsentiert. Er war der liebevolle Freund, der streitlustige Verrückte, der ausgelassene Clown, der Leidende, der niedergeschlagene und eifersüchtige Liebhaber, der herrische Monarch, der reuige Bekenner, der Prophet des Verhängnisses, der arrogante Dilettant, der lallende Trunkenbold, der staunende, inspirierte Dichter, der stolze Vater, der gestrenge Zuchtmeister, der unverbesserliche Kobold, der ehrwürdige Weise, der inspirierende Barde, der Sexmaniak, der scharfsinnige Philosoph, der Kindskopf, der entschlußfreudige Geschäftsmann, der zartbesaitete Mystiker, der gequälte Autor, der unermüdliche Prediger, der Mensch von unermeßlichem Glauben und Vertrauen, der schonungslose Kritiker, der Klugschwätzer, die erleuchtete Bestie, der großzügige Geber und der furchterregende *Avatāra*. Manchmal ist er so schnell von einer Rolle in eine andere übergewechselt, daß seine Anhänger in Schwierigkeiten gerieten, weil sie die Veränderung gar nicht bemerkt hatten.

Doch irgendwo hinter all diesen theatralischen Masken seiner Persona spürt man den ununterdrückbaren prometheischen Impuls zu lehren. Selbst in seinen trunkensten Augenblicken – vielleicht sogar gerade in diesen Augenblicken – ist Da Love-Ananda immer wieder in Lobeshymnen über das Göttliche verfallen oder hat seine Schüler eindringlich gemahnt, mitfühlend und liebevoll zu sein und zu vergeben. Letztlich hat er immer wieder auf seine Identität mit seinem unvergleichlichen Sein jenseits all dieser Rollen hingewiesen. Er hat seine Existenz mit einem Film verglichen, der kein Bewußtsein hat. Das Spiel selbst, seine Aktivität, ist das, worum es geht. Er hat einmal gesagt:

Das konventionelle Identitätsgefüh ist in einem gewissen Sinne in mir nicht intakt. Es hat nicht die Kraft, die es bei euch hat. Es ist so, als wäre man enthauptet worden..

Ich bin ein kopfloser Reiter. Wenn ihr mich auf das Pferd der Dämmerung setzt, werde ich meinen Hut in die Luft halten, denn über meinem Kragen ist nichts als der Abend.[34]

Dieses Fehlen einer stabilen menschlichen Identität ermöglicht Da Love-Ananda eine ungeheure Flexibilität in seinen Rollen und in seinem verrückt-weisen Verhalten. Er hat oft über seine »Verrücktheit« gesprochen. Es folgen zwei seiner Kommentare dazu, die besonders charakteristisch sind.

Ich bin immer verrückt gewesen, vom Augenblick meiner Geburt an. Ich bin mein ganzes Leben lang verrückt gewesen. Dies ist die einzige Art, wie der Große in eurer Mitte wirken kann, denn ihr alle nehmt all den Unsinn eurer Erscheinungen so ernst.[35]

Ich bin wahnsinnig seit dem Tag meiner Geburt, verrückt von diesem formlosen Zustand, der nur vage mit meinem Körper-Geist assoziiert ist... Gott ist ebenso verrückt wie ich. Oder vielmehr: Gott ist genauso verrückt wie *ihr*.[36]

Die »Verrücktheit« des Göttlichen ist in Da Love-Anandas Metaphysik ein ständig wiederkehrendes Thema. Er benutzt dieses radikale Konzept als Gegenpol zum jüdisch-christlichen Schöpfergott, dem himmlischen »Vater«, der seinem Wesen nach wohlwollend und ein Beschützer ist. Für ihn ist das Göttliche die völlig unfaßbare und unvorhersagbare Totalität der Existenz, die die konventionelle Ich-Persönlichkeit nicht unterstützt, sondern ihr ständig den Boden entzieht. Vom Standpunkt des begrenzten menschlichen Geistes aus betrachtet ist das Göttliche daher bedrohliches Chaos oder Verrücktheit. Die einzige Möglichkeit, mit der universellen Verrücktheit fertig zu werden, ist, bewußt die Ich-Illusion zu opfern, was ebenfalls ein Akt der Verrücktheit ist. Für Da Love-Ananda ist die Gott-Verwirklichung die ultimative Verrücktheit, weil sie erfordert, daß man sich vollständig von der Ich-Identität löst.

Ein Adept, so sagt Da Love-Ananda, hat die Aufgabe, den Bann des konventionellen Bewußtseins zu brechen, das ständig Schutzwälle um sich errichtet und auf diese Weise versucht, seine eigene Unsterblichkeit zu sichern. Da die konditionierte Persönlichkeit so sehr unter dem magischen Bann des Konventionellen steht, haben Adepten zu allen Zeiten zu besonders drastischen Maßnahmen gegriffen. Da Love-Ananda sagt in diesem Zusammenhang:

Alle sind von der Unwirklichkeit verzaubert, von der konventionellen Erscheinung jedes Augenblicks, und wenn man mit Menschen lediglich spricht, kann man diesen Zauber nicht brechen. Reden reicht nicht aus, weil Menschen nicht nur falsch denken. Sie sind mit diesem Augenblick derart umfassend verbunden, daß es ihnen unmöglich ist, ihren tatsächlichen Zustand mit wachem Geist wahrzunehmen. Dazu muß man sie mit einem riesigen Schwert in der Mitte durchschneiden! Man muß ihren Geist völlig außer Kraft setzen. Man muß sie aufrütteln. Man muß sie in eine völlig andere Richtung lenken. Man muß sie hereinlegen. Um Menschen wirklich zu erleuchten, muß man wild sein.[37]

An einer anderen Stelle hat er gesagt:

Meine Arbeit hat viele Formen, aber sie dient immer dazu, alle verrückt zu machen. Es geht mir jedoch nicht darum, sie im klinischen Sinne wahnsinnig zu machen – das ist eine verheerende, menschenunwürdige Krankheit. Klinischer Wahnsinn hat nichts mit der Verrücktheit, die ich meine, zu tun, mit verrückter Weisheit, einem erwachten Zustand. ...
Die grundlegende Arbeit des Adepten besteht also darin, einen Zauber zu brechen. Es ist die wilde, paradoxe exorzistische Austreibung des Narcissus, ein schrecklicher Eingriff in euer Leben, und es ist wichtig, ihn zu verstehen, seinen Wert zu schätzen und ihn zu begrüßen.[38]

Seit seiner Zeit an der Columbia University hatte Da Love-Ananda immer eine starke Präferenz für den Hinduismus; daher auch sein Interesse an Rudi und Muktananda. Im Laufe der Jahre, aber insbesondere seit seiner Todeserfahrung im Jahre 1986, hat seine Lehre zunehmend hinduistische Züge angenommen. Viele seiner Schüler konnten sich mit dieser Wendung der Dinge nur schwer oder gar nicht abfinden. Da Love-Anandas Schriften und der Jargon seiner Gemeinschaft strotzen nur so von Hindi-Begriffen – beziehungsweise sehr eigenwilligen Interpretationen von Originalbegriffen.

Von außen gesehen erscheint all dies in unnötiger Weise verwirrend. Von innen betrachtet liefern diese Merkwürdigkeiten den Schülern jedoch einen nie versiegenden Strom von Ablenkungen. Ihr Leben ist nicht weniger langweilig als die Alltagsroutine der meisten Menschen. – Natürlich liegt der Sinn spiritueller Übung nicht in ihrem Unterhaltungswert. – Deshalb üben das Leben und die Aktivitäten eines Gurus so starke Faszination auf die Anhänger aus; sie leben stellvertretend durch ihn. Jedes Ereignis in Da Love-Anandas Leben wird wie ein wichtiges historisches Ereignis begrüßt. Obgleich er vermutlich nicht beabsichtigt, seine Anhänger zu unterhalten, möchte er zweifellos ihre Aufmerksamkeit fesseln, denn auf diese Weise wird im *Guru-Yoga* die spirituelle Osmose eingeleitet. Doch statt die spirituelle Übermittlung des Adepten zu benutzen, um selbst den erwachten Zustand zu erreichen, gelangen Schüler gewöhnlich nicht über eine reine Imitation des Lehrers hinaus.

Robert Augustus Masters, der bilderstürmerische »Guide« der Xanthyros-Gemeinschaft in Kanada, hat diese unter den Schülern Da Love-Anandas verbreitete Haltung scharf kritisiert.

Da Free John... ist zweifellos ein sehr außergewöhnlicher Mensch, mühelos strahlend, von exquisiter Intelligenz und Herzensweisheit, der durch sein Beispiel die Überwindung aller Reaktivität lehrt. Doch sitzt er im Zentrum eines Bienenschwarms, der von fanatischem Ernst, falsch verstandener Loyalität und fetischistischem Kreisen um ihn und jede seiner Bewegungen nur so strotzt. Er hat derartigen Unsinn im Laufe der Jahre immer und immer wieder kritisiert, doch offenbar ohne Erfolg; seine Anhänger sind viel zu sehr damit beschäftigt, sich ständig einzureden, wie wundervoll er ist und wie wundervoll es ist, einen Meister wie ihn zu haben, wie wundervoll es ist, sich mit ihm zusammen wirklich mit der eigenen kultischen Obsession auseinanderzusetzen ... Zwanghaft und ohne Unterlaß bringen sie immer wieder zum Ausdruck, wie dankbar sie dafür sind, daß er da ist. Sie tun dies mit unglaublich naivem Ernst und mit einer geradezu widerlichen Verherrlichung, wobei sie sich roboterhaft immer wieder einreden, daß das, was sie tun, das einzig Richtige ist. Allerdings bemerken sie bei alldem nicht, daß sie einen Augenblick des Lichts zu etwas Festem und Starrem zu machen versuchen.[39]

Bei all der interessanten Abwechslung, die Da Love-Anandas ständige Rollenwechsel und Neuschöpfungen bieten, verfehlen seine Schüler immer wieder, worum es eigentlich geht: Statt das Spiel zwischen Guru und Schüler als Metapher zu verstehen, deren Sinn es ist, zu *entzaubern*, verstehen sie das Geschehen buchstäblich und werden folglich dadurch *verzaubert*, wodurch sie möglicherweise noch tiefer in den Morast der ichhaften Existenz versinken, dem sie so verzweifelt zu entrinnen versuchen. Beeindruckt von den jeweils neuesten »Trends« entgeht es ihnen im allgemeinen, daß Da Love-Anandas Lehre von Anfang an stets gleich geblieben ist. *Plus ça change, plus c'est la même chose.* In die Sprache der heiligen Verrücktheit übersetzt bedeutet dies: »Je lammfrommer der Adept zu sein scheint, um so größere Wildheit verbirgt sich hinter seinem friedlichen Äußeren.«

Da Love-Ananda hat eine umfassende Institution geschaffen, für die er, zwar widerwillig, aber beharrlich unentwegt als Antriebskraft fungiert. Alles dreht sich um *ihn* - dies ist der wesentliche Aspekt des traditionellen *Guru-Yoga*. Er hat sich einmal als die Bienenkönigin im Schwarm seiner Anhänger bezeichnet. Dies sollte jeden, dem seine Unabhängigkeit lieb und wert ist, abschrecken. Doch für Da Love-Ananda und seine Jünger ist Unabhängigkeit letztlich illusorisch und muß deshalb ständig unterminiert werden. Masters weist mit Recht darauf hin, daß *Guru-Yoga* häufig zu einer Abhängigkeit führt, die nicht minder neurotisch und einfach nur das Gegenstück zu ichhafter Unabhängigkeit ist.

In seinem Buch mit dem etwas irreführenden Titel *The Way of the Lover* wirft Masters die Frage auf, warum Adepten von offensichtlicher Integrität wie Da Love-Ananda Guru-Verehrung in einem Maße zulassen und sogar fördern, die reinem Personenkult gleichkommt. Masters weist zu Recht darauf hin, daß die meisten Menschen das Guru-Schüler-Drama im Sinne der archetypischen Vater-Kind-Beziehung durchspielen müssen, bevor sie zu einer freieren und weniger neurotischen Form der Interaktion übergehen können. Doch dann bemerkt er:

> Leider benutzt Da Free John [Love-Ananda] den Akt der Hingabe nicht in diesem Sinne, sondern läßt zu, daß Hingabe über den Punkt hinaus praktiziert wird, an dem sie ihren Zweck erfüllt hat, statt sie als Mittel psychotherapeutischer Reinigung zu benutzen. Er wendet sich zwar verbal gegen kultistische Tendenzen, doch unterstützt er sie andererseits insgeheim, indem er zuläßt, von ritualisierter Guru-Verehrung umgeben zu sein. ...
>
> Um weisen Gebrauch von jemandem wie Da Free John zu machen, was immer seine Mängel sein mögen, dürfen wir uns weder in inbrünstiger Hingabe verlieren, noch können wir uns einfach zurücklehnen und Notizen machen. Wir müssen ihn fühlen, mit ihm empfinden, ihn empfangen, ihm geben, das Gesicht verlieren, ohne den Kontakt abzubrechen, unsere Liebe geben, ohne uns selbst zu verlieren. Wir müssen zentriert bleiben und dennoch durchlässig sein, stark in unserer Verletzlichkeit.[40]

Masters' Beobachtungen sind größtenteils zutreffend. Allerdings könnten wir seine Aussage »ohne uns selbst zu verlieren« in Frage stellen. Selbst-Hingabe ist schließlich die Quintessenz des spirituellen Prozesses und der Liebe. Masters meint mit seiner Äußerung wahrscheinlich eine unreife Selbstverleugnung aufgrund einer idealisierenden Liebe. Jedenfalls ist und bleibt die Tatsache, daß Da Love-Ananda kultistische Verehrung fördert, angesichts der von ihm so oft geäußerten Kritik an jeglichem Kultismus unver-

182

ständlich. Doch dies ist nur eines der zahlreichen Rätsel, vor die sich sowohl der außenstehende Beobachter als auch der vertrauensvolle Anhänger gestellt sieht. Da Love-Ananda ist ein Rätsel, ein Paradox, zu dem es möglicherweise keine andere Lösung gibt als die Nicht-Lösung der Erleuchtung selbst.

# TEIL II

## Der Kontext

# Kapitel 5:
## Spirituelle Praxis: Der Pfad jenseits aller Pfade

### 1. Die lange Suche

Der Verstand hegt viele falsche Vorstellungen und viele Vorurteile über Spiritualität. Deshalb nähern sich Menschen, die den scheinbar sicheren Boden der exoterischen Religion zu verlassen wagen, spiritueller Übung oft mit irrigen Ansichten Das ist sehr hinderlich, wenn man Schüler eines Gurus werden möchte, insbesondere wenn es ein Lehrer in der Tradition der verrückten Weisheit ist, denn solche Lehrer hindern Neulinge oft bewußt daran, sich ihnen auf »vernünftige« Weise zu nähern. Die meisten Suchenden schleppen Unmengen von ideologischem Ballast mit sich herum, und eines ihrer schwersten Gepäckstücke ist oft die Vorstellung des Reisens oder der Suche selbst. Nur wenige wissen die Sufi-Spruchweisheit »Jene, die reisen, sind nicht gerettet«[1] zu würdigen.

Wenn ein Mensch sich selbst als einen »Suchenden« sieht, ist schon allein das äußerst hinderlich. Der Seinszustand des Suchenden ist derjenige der Ich-Persönlichkeit. Und wenn man Spiritualität mit der Suche gleichsetzt, so impliziert man damit den Fortbestand des Ich im spirituellen Prozeß. Der britische Dichter Lewis Thompson hat in der für ihn charakteristischen Kürze formuliert: »Die direkteste Ausflucht ist zu suchen.«[2] Demnach ist die Suche die leichtere Option, wohingegen es dem Wesen echter Spiritualität entspricht, die Suche und das suchende Ich zu überwinden.

Selbst-Transzendenz ist das genaue Gegenteil der Suche, die das Ich stärkt. Selbst-Transzendenz ist gleichbedeutend mit Erleuchtung. Somit ist Erleuchtung nicht das Endergebnis selbst-transzendierender Übung, sondern deren Grundlage. *Vade in pace* – »Gehe in [den] Frieden«, zitierte Meister Eckehart aus Lukas 7:36 und erklärte, daß wir in dem Maße in Frieden leben, wie wir in Gott leben. Ein solcher Frieden entsteht nicht, indem wir ihn suchen, sondern dadurch, daß wir in jedem Augenblick friedvoll *sind*.[3]

In dieser und in vielen anderen Äußerungen stimmt Eckehart mit jenen mystischen Schulen des »plötzlichen« Erwachens überein, die Karl Potter »Sprung«-Philosophien *(leap philosophies)* genannt hat – im Gegensatz zu den progressiven Denkschulen.[4] Letztere gehen von der Vorstellung eines allmählichen Fortschreitens von der Unvollkommenheit zur Vollkommenheit oder von der Sklaverei zur Befreiung aus. Suchende stellen sich die spirituelle Entwicklung oft als einen mühseligen Aufstieg vor, bei dem man klar voneinander abgrenzbare Stufen emporsteigt. Diese Vorstellung, die in fast allen religiösen Traditionen der Welt zu finden ist, ähnelt einem Archetypus.

Doch enthält die Vorstellung des Stufenweges eine stark dualistische Komponente: Durch mühselige Anwendung bestimmter Methoden, so heißt es immer wieder, können wir uns Schritt für Schritt von unserer »niederen« instinktiven Natur erheben, um unsere »höhere« spirituelle Essenz zu verwirklichen. Das ist sicherlich nicht völlig von der Hand zu weisen, doch wirkt diese Vorstellung zumindest unnötig einschränkend und gleichzeitig wie eine sich selbst erfüllende Prophezeiung. Außerdem kann sich dahinter sogar die Gefahr des »spirituellen Materialismus« verbergen, von dem schon in Kapitel 3 die Rede war. Da Love-Ananda hat dies einmal ironisch formuliert: »Viele sogenannte Suchende sind nichts weiter als Narziß in Frauenkleidern.«[5] Anders ausgedrückt ist vieles, was als spirituelle Praxis bezeichnet wird, in Wahrheit eine Form von Selbsttäuschung. Chögyam Trungpa beschreibt dies sehr klarsichtig im folgenden Zitat:

Wir werden vielleicht versuchen, bestimmte spirituelle Wege zu kopieren, wie beispielsweise den indianischen Weg oder den hinduistischen Weg oder den Weg des japanischen Zen-Buddhismus. In der Absicht, ihrem Beispiel zu folgen, werden wir möglicherweise Hemd und Kragen, Anzug und Krawatte, unsere ganzen westlichen Kleider ablegen. Wir können uns auch dafür entscheiden, nach Nordindien zu gehen und uns den Tibetern anzuschließen. Wir werden vielleicht

ihre Kleidung tragen und ihre Gewohnheiten annehmen. Das erscheint uns dann als der »harte Weg«, weil es immer Hindernisse und Versuchungen gibt, die uns von unserem Vorsatz abbringen könnten. Während wir in einem Hindu-Ashram sitzen und sechs oder sieben Monate lang keine Schokolade gegessen haben, träumen wir von Schokolade oder anderen Dingen, die wir gerne essen. Vielleicht denken wir sehnsüchtig an Weihnachten oder eine Silvesterfeier, doch immer noch glauben wir, den Weg der Disziplin gefunden zu haben. Wir haben uns durch seine Schwierigkeiten gekämpft und eine recht große Sachkenntnis und Meisterschaft in einer bestimmten Disziplin erlangt. Nun erwarten wir magische Kräfte und Weisheit aus unserer Schulung, die wir praktizieren, damit sie uns in den richtigen Geisteszustand versetzt. Manchmal glauben wir, unser Ziel bereits erreicht zu haben. Vielleicht befinden wir uns für die Dauer von sechs oder sieben Monaten in einem völligen Hochgefühl oder in tiefer Versenkung. Später verschwindet unser ekstatischer Zustand jedoch wieder. Und so geht es immerfort weiter, ein ständiges Auf und Ab. (…)
Ich will damit nicht sagen, daß fremde Überlieferungen oder Formen der Disziplin für den spirituellen Weg nicht geeignet sind. Mir geht es vielmehr darum, daß wir uns vorstellen, es müsse da irgendein Wundermittel oder einen magischen Trank geben, der uns in den richtigen Geisteszustand versetzt. Damit scheinen wir jedoch von hinten an das Problem heranzugehen. Wir hoffen, daß wir durch Manipulation von Materie, der physischen Welt, Weisheit und Einsicht erlangen können.[6]

Lama Trungpa hatte beim obigen Zitat westliche Suchende vor Augen, doch gelten seine Worte prinzipiell für Suchende aller Zeiten und auf der ganzen Welt. Sie, oder besser gesagt wir entscheiden uns häufig für einen »schwierigen« Pfad, damit wir nicht Augenblick für Augenblick die einfache Geste der Selbst-Transzendenz oder dessen, was Trungpa das »wahre Geschenk« genannt hat, machen müssen. Das bedeutet, daß wir von unserer Hoffnung Abschied nehmen müssen, wir würden etwas als Gegenleistung zurückbekommen. Bei unserem Streben nach Erleuchtung oder Befreiung legen wir uns selbst Fesseln an. Oder anders gesagt: Wir ziehen es vor, uns selbst zu täuschen. Trungpa sagt: »Das Ego versucht immer wieder, sich Spiritualität zu ›erwerben‹. Das ist fast so, als wollten wir bei unserer Beerdigung zugegen sein.«[7]

Die Ich-Persönlichkeit jedoch spielt nur mit der Idee ihres eigenen Endes. Dies ist eine etwas morbide Beschäftigung, da sich Suchende gewöhnlich keineswegs mit der Tatsache ihrer Sterblichkeit auseinandersetzen wollen, sondern unbewußt ihr sicheres Ende zu verdrängen versuchen, indem sie an der Vorstellung eines allmählichen Fortschreitens zur Erleuchtung haften. Sie kämpfen lieber gegen imaginäre Windmühlen, statt dem Drachen ihres eigenen Unbewußten tapfer ins Auge zu schauen.

Historisch gesehen ist die Vorstellung der Spiritualität als eines Weges oder einer Reise eine Mitgift jenes, was der Schweizer Philosoph Jean Gebser die »mentale Struktur des Bewußtseins«[8] genannt hat. Diese Konstellation des Bewußtseins ist nach dem Verschwinden der großen prä-patriarchalischen Kulturen entstanden, und sie erreichte ihren Höhepunkt in Griechenland in der Zeit von Pythagoras, Sokrates und Plato, in Indien zur Zeit Gautama Buddhas und Mahaviras und in China zur Zeit von Konfuzius und Laotzu.

Psychologisch betrachtet ist das Ideal der allmählichen Annäherung an die Erleuchtung eine raffinierte Methode, mit deren Hilfe das Ich seine beherrschende Position so lange wie möglich aufrechtzuerhalten versucht. Gewöhnlich reden sich Suchende mit dem Argument heraus, die plötzliche oder radikale Methode sei »zu schwierig«. Allerdings haben auch viele Lehrer die Vorstellung eines allmählichen Fortschreitens propagiert, wenn auch aus einem anderen Grund. Sie waren und sind der Ansicht, daß die meisten Übenden für ein augenblickliches Erwachen nicht bereit sind und daß die meisten in die Selbst-Transzendierung hineingelockt werden müssen. Ungeachtet dessen hat sich jener progressive Weg, den der typische Suchende als den leichteren ansieht, als der gewöhnlich schwierigere erwiesen. Da Love-Ananda teilt hierzu folgende Beobachtung mit:

In Kommunion mit dem Absoluten versunken zu sein [was der radikalen Annäherung entsprechen würde], ist keineswegs schwierig. Schwierig ist es, die Aufmerksamkeit emporzurichten und sie auf subtile Bereiche zu konzentrieren, sich von der natürlichen körperlichen Aufmerksamkeit zu lösen – *das* ist schwierig. Sich eine positive Zukunft inmitten von Erfahrung zu schaffen, die Aufmerksamkeit so zu lenken, daß sie ein wunderbares Geschick hervorbringt – *das* ist schwierig. Ein Heiliger oder ein Yogi zu sein ist schwierig.[9]

Das bedeutet jedoch nicht, daß ein spirituelles Leben – wenn man es radikal lebt – eine leichte Sache ist. Da Love-Ananda nennt es eine »heilige Prüfung« und eine »harte Schule«, und das mit gutem Grund. Doch ist Suchenden nur selten klar, daß etwas Einfaches große Mühe bereiten kann. In einem gewissen Sinne ist ihre Unwissenheit ein Segen, da wohl nur wenige sich auf die spirituelle Reise begeben würden, wenn sie wüßten, was vor ihnen liegt. Andererseits kann der Umstand, daß sie sich über die Anforderungen des spirituellen Lebens nicht im klaren sind, ein schwerwiegendes Hindernis sein. Nur zu häufig unterliegen Anfänger der Täuschung, spirituelle Übung sei eine erfüllende Aktivität. Sie erwarten, daß sie durch ihre eigenen Bemühungen oder durch die Einflußnahme ihres Lehrers glücklich werden, daß sie von ihrem grundlegenden existentiellen Gefühl des In-der-Klemme-Sitzens befreit werden.

Ihre Hoffnung auf spirituelle Erfüllung – in Wahrheit ein Bedürfnis nach Trost – muß zwangsläufig enttäuscht werden. Spirituelle Übung entreißt dem Ich seine Ausschmückungen, bis sich schließlich jene Zusammenkrampfung, die das Ich letztlich ist, vollständig auflöst. Das Ego gleicht einem Unsichtbaren, dessen Anwesenheit nur aufgrund der Kleidung, die er trägt, zu erkennen ist und der, sobald er diese Kleidung ablegt, wieder unsichtbar wird. Wenn die Myriaden von Projektionen des Ich, welche die Illusion des Getrenntseins von der Realität erzeugen, zerstreut sind, stellt sich heraus, daß dahinter nichts ist. Um noch einmal Lewis Thompson zu zitieren: »Dieses Ich hat keinerlei Anteil an irgendeiner realen Welt: Unser Grab schmückt eine abstrakte Landschaft.«[10]

Solange Übende sich mit dem Suchenden identifizieren, der sich auf einer »Visionssuche« befindet, erfahren sie lediglich die große Suche, nicht die Wirklichkeit. Ihr Bestreben befreit sie nicht von ihrem Leiden, ihrer Verwirrtheit, ihrer Unerfülltheit und ihrem Gefühl der Ausweglosigkeit, sondern verschlimmert ihren Zustand nur noch. Ohne daß sie es selbst merken, arbeiten sie dem spirituellen Prozeß, der danach drängt, in ihrem Leben zu erwachen, entgegen. Die Situation wird gewöhnlich noch durch die weitverbreitete Annahme verschlimmert, daß spirituelle Aktivität etwas relativ Leichtes sei. Dies entspricht jener leichtfertigen Mentalität, die auch die weltliche Existenz solcher Suchenden weitgehend bestimmt.

### 2. Die Falle der Pop-Spiritualität

Viele Übende sind nichts anderes als »spirituelle« Konsumenten. Der Philosoph Jacob Needleman hat ein äußerst treffendes Bild für die Situation des Konsumenten im allgemeinen gefunden:

> Es ist so, als ob im Menschen tausend Tiere wären, die alle auf eigene Faust Nahrung suchen und sich eine angenehme Situation schaffen wollen. ... Sobald eines dieser Wesen satt ist, taucht ein anderes auf, hungriger denn je, und manchmal ist es hungrig nach genau dem, was sein Vorgänger soeben verspeist hat, was es also ganz sicher nicht mehr bekommen kann.[11]

Im spirituellen Bereich ist diese Fastfood-Konsumenten-Mentalität besonders gefährlich. Der Journalist Robert Greenfield hat die heutige spirituelle Szene mit Recht einen »spirituellen Supermarkt« genannt, wobei allerdings anzumerken ist, daß auch *seine* Beschreibung von jener Flachheit und Glattheit geprägt ist, durch welche die Massenmedien selbst den Bedürfnissen der Konsumenten gerecht zu werden versuchen.[12] Die typische Konsumentenpsyche ist im Zustand der kindlichen Abhängigkeit steckengeblieben. Sie tritt zum Leben immer noch wie zur Mutterbrust in Beziehung, die zuverlässig und unerschöpflich Nahrung lieferte. Genau diese Geisteshaltung führt dazu, daß wir unseren Planeten ruinieren und daß Milliarden von Menschen keinen echten Kontakt zu ihren Mitmenschen und zu sich selbst herzustellen vermögen. Sie liegt auch dem heute überall in Erscheinung tretenden religiösen Faschismus zugrunde sowie der Tatsache, daß spirituelle Werte und Einstellungen in unserer Zivilisation eine so untergeordnete Rolle spielen.

Die Regale des »spirituellen Supermarkts« enthalten eine Unmenge von Waren in grellen Verpackungen – wertlosen Abklatsch authentischer spiritueller Traditionen, von skrupellosen Nachahmern für den gewöhnlichen »Suchenden« leichtverdaulich aufbereitet. Chögyam Trungpa schreibt hierzu:

> Unsere riesige Sammlung von Wissen und Erfahrung ist nur Teil der größenwahnsinnigen Eigenschaft des Ego, das sie zur Schau stellt. Wir zeigen sie vor der Welt und geben uns damit das beruhigende Gefühl, als »spirituelle« Menschen heil und sicher zu existieren. Doch wir haben lediglich einen Laden für Antiquitäten eröffnet.[13]

Die exoterische Religion wird im großen und ganzen der Konsumenten-Mentalität gerecht. Sie ist eine Konzession an das Trugbild des Ich. Echte Spiritualität jedoch macht keine Konzessionen an das auf Abgrenzung bedachte Ich. Menschen, die wirklich ernsthaft an ihrer spirituellen Entwicklung interessiert sind, müssen folglich die Konsumentenhaltung zugunsten einer Haltung der Selbst-Hingabe und der Selbst-Transzendenz aufgeben. Ihre spirituelle Reifung hängt von eben dieser Umstellung ab.

Einer der gestrengsten Kritiker der »Pop-Spiritualität« ist Da Love-Ananda. Er hat den New-Age-Missionaren und ihrer Klientel vehement irreführende Darstellung des Wesens von Spiritualität, Romantisierung derselben und notorisches Konkurrenzverhalten vorgeworfen. Einmal erklärte er mit beredter Leidenschaft:

> All diese Kämpfe zwischen Religionen – unklare Idee gegen unklare Idee – sind nichts als der Muskel der Dummheit, schafsköpfige Ego-

Zusammenstöße (als ob draufgängerische Macho-Hornviecher sich um ein brünftiges Weibchen schlagen), nichts als die Dunghaufen der Vergangenheit, die verfeindete Parteien aus blindwütiger Machtgier aufeinanderschleudern. Dies alles entspringt einem Geist, der durch Angst verhärtet und durch angeborene Leidenschaften geprägt ist und der die Wahrheit und die weite, weise Bedeutung unseres blutenden, sorgenerfüllten Lebens völlig aus dem Blick verloren hat.[14]

Leider trifft ein Großteil seiner Kritik auch auf die Gemeinschaft zu, die er selbst gegründet hat und die er auch weiterhin, wenn auch scheinbar widerwillig, betreut. So schwerwiegend die populären Fehlinterpretationen der Spiritualität auch sein mögen, noch schädlicher ist seiner Meinung nach die weitverbreitete Ansicht, die machtvollen Intuitionen, Einsichten und Ideale der großen spirituellen Genies der Menschheit seien nichts weiter als Ideen. Solange sie Ideen sind, kann man natürlich gefahrlos darüber reden, sich vielleicht sogar ein wenig damit beschäftigen und sie schließlich abtun. »Das Ego ist dazu in der Lage, alles, selbst die Spiritualität, zu seinem eigenen Nutzen umzuwerten«[15], stellte Chögyam Trungpa fest.

Eine andere Möglichkeit des Umgangs mit den Botschaften Erleuchteter ist, daß man sie zu einem Objekt naiven Glaubens macht. Dies kann sogar noch destruktivere Auswirkungen als die Konsumentenmentalität haben, weil die Lehren der spirituellen Adepten dadurch in exoterische Religion umgewandelt werden, die sich naturgemäß mit authentischer Spiritualität in Konflikt befindet. Das Schicksal der Botschaft des großen Adepten von Nazareth ist ein treffendes Beispiel dafür, wie Menschen, denen es in der Sprache der Evangelien an »Augen zu sehen und Ohren zu hören« mangelt, authentische Lehren verzerren können.

Wenn es darum geht, die Voraussetzungen einer spirituellen Lehre zu verstehen, so ist naiver Glauben keine angemessene Reaktion, weder auf die Lehren noch auf die Präsenz eines Adepten. Echten spirituellen Lehrern ist sicher nicht daran gelegen, daß jemand ihnen wie ein Papagei nachplappert. Chögyam Trungpa beharrte darauf, das »Wissen«, das der Lehrer dem Schüler übermittele, werde nicht wie eine Antiquität weitergegeben, die man der eigenen Sammlung einverleiben könne.[16] Vielmehr inspiriere der Guru den Schüler durch seine Verwirklichung. Deshalb solle man die Lehren nicht als »alte Weisheit« bezeichnen, denn sie seien immer »auf der Höhe der Zeit«, durchtränkt vom lebendigen Geist des Adepten.

Dies kommt auch in einer Zen-Geschichte über einen Meister zum Ausdruck, der eines Tages seine Schüler zu einem Vortrag zusammenrief. Als sich alle vor ihm versammelt hatten, saß er einfach absolut ruhig vor ihnen. Später, nach dem Sinn seines ungewöhnlichen Verhaltens gefragt, äußerte er, es gebe nichts, das erklärt werden müsse, es gebe keine Probleme, und abgesehen davon hätten andere Lehrer und ihre Kommentatoren alles Wichtige bereits gesagt.

Glauben im Sinne eines naiven Übernehmens von Überzeugungen ist eine Methode, mit deren Hilfe das Ich sich selbst zu retten versucht, wohingegen die Lehren eines wirklichen Adepten darauf zielen, Ideen und deren Schöpferin – die Ich-Persönlichkeit – zu transzendieren. Die moderne Menschheit ist jedoch größtenteils nicht einmal zu dieser Art naiven Glaubens fähig. Anders als wir, die Kinder einer durch und durch wissenschaftsgläubigen und materialistischen Kultur, die unseren Geist mit unzähligen Ängsten und Zweifeln erfüllt, erfreuten sich unsere Vorfahren noch einer unschuldigen Naivität. Zwar hatten sie aufgrund der schleichenden Ausbreitung des Rationalismus schon ihre tiefsten Überzeugungen verloren, doch zumindest waren sie noch in der Lage, ihr religiöses Erbe zu akzeptieren. Dies gab ihnen einen gewissen inneren Frieden und Gleichmut. Vertrauen bezieht unser gesamtes Sein mit ein. Unter Glauben versteht man heutzutage hingegen nur selten mehr als ein intellektuelles Überzeugtsein – eine ihrer selbst bewußte, betäubende Ideologie, die aus Rationalisierungen, nicht aus Verwirklichung besteht.

Im Gegensatz dazu versucht der Adept Vertrauen zu wecken. Vertrauen bedeutet, sich mit Körper und Geist dem Sein als Ganzem, dem Leben zu verpflichten. Letztlich beinhaltet dies eine bewußte Teilhabe an der Realität – Erleuchtung. Vertrauen in diesem Sinne setzt Verstehen und Transparenz voraus. Einige Schulen des Mahāyāna-Buddhismus haben die überragende Bedeutung des Vertrauens erkannt. In den Mahāyāna-Schriften wird Vertrauen – im Sanskrit *Shraddā* – oft mit einem massiven Berg oder einem unerschütterlichen Fels verglichen. Gemeint ist damit das grundlegende Vertrauen in die spirituelle Ordnung der Existenz, die Affirmation der Buddha-Natur. In den Mahāyāna-Schulen des »plötzlichen Erwachens« sind Vertrauen und erleuchtete Einsicht ein und dasselbe; demnach besteht Vertrauen in der zutiefst empfundenen Überzeugung »Ich *bin* der Buddha«, im Gegensatz zu der Überzeugung »Ich kann der Buddha *werden*«, was der Anschauung der Befürworter des stufenweisen Pfades zur Erleuchtung entspricht. Der Unterschied kommt klar in einem berühmten Austausch zwischen Shen-hsiu und Hui-neng zum Ausdruck.

Hung-jen, der Fünfte Patriarch des *Ch'an* – des chinesischen *Zen*, der ein Zweig des Mahāyāna-Buddhismus ist –, suchte einen Nachfolger. Um sich über die spirituelle Reife seiner Mönche klarzuwerden, forderte er sie auf, Verse zu schreiben, die zum Ausdruck bringen sollten, was sie unter Erleuchtung verstanden. Shen-hsiu hängte folgenden Vers im Kloster auf:

> Der Körper ist der Bodhi-Baum,
> Der Geist ist klar wie ein Spiegel.
> Wir müssen ihn ständig polieren,
> damit sich kein Staub darauf sammelt.

Der Fünfte Patriarch fand, dieser Vers bringe den erleuchteten Zustand nicht treffend zum Ausdruck. Der junge Mönch Hui-neng hängte als Entgegnung ebenfalls einen Vers öffentlich aus:

> Bodhi hat ursprünglich keinen Baum,
> der Spiegel hat keinen Ständer,
> Buddha-Natur ist stets rein und klar,
> Wo ist da Raum für Staub?[17]

Diese improvisierten Zeilen machten Hui-neng zum Sechsten Patriarchen des *Ch'an*. In Hui-nengs poetischer Antwort und »Auflösung« von Hung-jens *Kōan* kam seine eigene Erleuchtung zum Ausdruck.

Natürlich sind nur sehr wenige Übende zu einer so spontanen und radikalen Antwort fähig. Die meisten sind enthusiastische Suchende, aber zaudernde Schüler. Gewöhnlich treten Suchende dem spirituellen Leben und dem Lehrer mit geöffneten Händen, aber mit verschlossenem Herzen entgegen und erwarten dann, daß sie etwas erhalten, ohne selbst etwas (sich selbst) zu geben. Diese Situation beschreibt das Gleichnis des randvoll mit Wasser gefüllten Gefäßes, das keinen zusätzlichen Inhalt mehr zu fassen vermag, ganz gleich, wieviel Wasser man nachschüttet. Der Suchende, der voll von sich selbst ist, bleibt unverändert. Da die höhere Wirklichkeit ihn nicht erfüllen kann, fühlt er sich ständig »zur Fülle getrieben«.[18] Im Sinne Ken Wilbers könnte man sagen, daß das »Ātman-Projekt« den Suchenden unentwegt weitertreibt.

## 3. Das Paradox der Disziplin

Aus der Perspektive der Erleuchtung gibt es keinen Weg; die Vorstellung einer aufsteigenden Spirale, die zu einer allmählichen Wiederherstellung der angeborenen Freiheit und Glückseligkeit führt, ist eine Illusion. Doch da dieser Zustand des Nicht-Suchens für unerleuchtete Menschen aufgrund mangelnder Erfahrung kaum nachvollziehbar ist, haben sich viele Lehrer darauf eingelassen, den spirituellen Prozeß als Treppe, die zum Himmel führt, als Pfad, als Reise, als Odyssee, als Pilgerschaft oder als steilen Aufstieg zu beschreiben. Diese Metapher für den spirituellen Prozeß hat ihren Nutzen, sofern der Reisende nicht glaubt, Erleuchtung sei ein fernes Ziel. Sie kann Übenden deutlich machen, daß sie ihr Erleuchtungspotential *jetzt* noch nicht realisieren können. Gleichzeitig ermutigt sie sie, die Zeichen am Wegesrand zu deuten, die ihn an seine wahre Natur erinnern. Die höhere Wirklichkeit ist prinzipiell in jedem Augenblick erreichbar.

Das große Erwachen oder die Erleuchtung tritt immer plötzlich ein. In einem Augenblick, in dem die vertraute Umklammerung der ichhaften Persönlichkeit gelöst wird, erfahren Übende die Welt plötzlich in einem völlig anderen Kontext. Die Empfindung der Getrenntheit vom Erfahrenen existiert nicht mehr. Die meisten esoterischen Schulen stimmen jedoch darin überein, daß man sich auf dieses Ereignis vorbereiten kann und muß. Dies ist ein Paradox: Erleuchtung läßt sich nicht erzwingen, weil sie bedingungslos ist; doch kann sie andererseits nur eintreten, wenn wir bereit sind. Und es gibt tatsächlich Möglichkeiten, sich mit Körper und Geist darauf vorzubereiten.

Nur wenige werden bereits mit einer geistigen Verfassung, in der Erleuchtung spontan realisiert werden kann, geboren. Große Weise wie Ramana Maharshi, der ein plötzliches und dauerhaftes Erwachen im Alter von sechzehn Jahren erlebte, sind sehr selten. Traditionalisten bezeichnen solche Voraussetzungen als »günstiges *Karma*«. Ich habe manchmal die Vermutung, daß es sich dabei um eine besondere genetische Prädisposition handelt – um eine Laune der Natur –, die einen spirituellen Virtuosen, einen »Freak« hervorbringt.

In den meisten Fällen jedoch muß der Erleuchtung eine gründliche Vorbereitung vorangehen, und dabei ist Disziplin unerläßlich. Doch diese Notwendigkeit wird leider nicht immer erkannt. Nur zu oft – und insbesondere gilt das für New-Age-Kreise – sind Menschen so fasziniert von der Idee, daß die Erleuchtung im pfadlosen »Hier und Jetzt« liegt, daß sie die zahllosen traditionellen Beschreibungen der Kämpfe, die dem Erwachen gewöhnlich vorausgehen, schlicht ignorieren. Die Ansicht, da *Nirvāna* (die höchste Wirklichkeit) und *Samsāra* (die bedingte Wirklichkeit) ohnehin identisch sind, seien wir in unserem tiefsten Wesen bereits erleuchtet und bräuchten deshalb nichts weiter zu tun, als ein wenig darüber zu schwätzen, kommt vor allem unserer Bequemlichkeit entgegen.

Das Ich will nichts davon wissen, daß der spirituelle Prozeß eine langwierige Prüfung ist, ein manchmal »blutiger« *Rite de passage*, ein »Übergangsritus« (van Gennep), an dessen Ende das Ich geopfert wird. Indem das Ich diese Tatsache geflissentlich übergeht, romantisiert es das spirituelle Streben. Dies wird treffend in einer Geschichte von dem geheimnisvollen Trans-Himalaja-Land *Shambala* veranschaulicht, das in James Hiltons Roman *Der verlorene Horizont* als *Shangri-la* popularisiert wurde.[19] Nach den mittelalterlichen Mahāyāna-Schriften sollen in Shambala, irgendwo in der hinteren Mongolei, weise Herrscher regieren und große Mystiker leben. Dieses mystische Land ist durch einen Ringwall von Bergen dem Blick unwillkommener Besucher entzogen, und es soll der Ursprung der esoterischen *Kālachakra*-Lehren sein.

Im Laufe der Jahrhunderte sind viele Tibeter und Inder durch die eisigen Weiten des Himalaja gezogen, um Shambala zu suchen, so wie sich die Christen einst auf die Suche nach dem Heiligen Gral machten. Es gibt zahlreiche Geschichten über Pilger, deren Suche erfolgreich war, doch noch wesentlich mehr über leichtsinnige »Touristen«, die ihr Ziel nicht erreichten und umkamen. Ob Shambala tatsächlich einmal als ein blühendes Gemeinwesen existiert hat, das den höchsten Lehren des Buddha folgte, mag dahingestellt bleiben. Doch hat es den Anhängern des nordindischen Buddhismus über viele Generationen als inspirierendes Symbol des »paradiesischen« Zustandes der Erleuchtung gedient, und die anstrengende Pilgerreise zu jenem verborgenen Tal ist zu einem Sinnbild für den spirituellen Prozeß der Selbstreinigung geworden, der der Erleuchtung vorausgehen muß.

Im Grunde wollen spirituelle Konsumenten unterhalten werden, ohne sich verändern zu müssen. Sie fürchten den Schmerz der inneren Transformation. Sie träumen gern davon, wunderschöne Schmetterlinge zu werden, sind aber nicht bereit, dafür zunächst zur Raupe zu werden und sich dann in einen Kokon einzuspinnen. Deshalb flüchten sie sich ins Denken und vernachlässigen das Handeln, das Engagement mit Leib und Seele. Sie haben einfach zu oft gehört, daß die spirituelle Reise »so wundervoll« oder »so schön« sei. Diese Ansicht entspricht ganz sicher nicht meiner persönlichen Erfahrung, und mir ist auch kein anderer Übender bekannt, der das so erlebt hat. Der spirituelle Weg bringt im Gegenteil extrem schwierige Prüfungen mit sich. Das Heilige kommt einer Umkehrung aller Einstellungen und Erwartungen des gewöhnlichen Menschen gleich. Es ist, wie Rudolf Otto uns vergegenwärtigt, das *Mysterium tremendum et fascinans* (das »ungeheure und faszinierende Geheimnis«).[20] *Und* es ist der ultimative Schrecken des Ich, denn in ihm sieht das Ich völlig zu Recht seine eigene Vernichtung. Echte spirituelle Praxis kann deshalb ein äußerst beängstigender Prozeß sein. Sie ist ein direkter Angriff auf das, was wir, gemäß unserer bisherigen Erfahrung, für fast unverletzbar halten: unsere Ich-Identität.

Ein zeitgenössischer tibetischer Lama hat die Geschichte von einem Schüler erzählt, der seinen Lehrer einmal fragte, ob es für ihn, den Schüler, möglich sei, nach Shambala zu reisen. Der Lehrer versicherte ihm, er werde in seinem Bemühen erfolgreich sein, wenn er sich mehrere Wochen lang der Übung bestimmter Meditationstechniken widme. Der Schüler machte sich mit dem Segen seines Lehrers daran, ernsthaft auf die Weise zu meditieren, die sein Lehrer ihm empfohlen hatte. Am Ende der festgesetzten Zeitspanne starb er plötzlich ... und wurde prompt im mystischen Land Shambala wiedergeboren.[21] Der Tod des Schülers in dieser Geschichte symbolisiert den »Tod« des Ich, der eintreten muß, damit die Erleuchtung möglich wird.

Der Lehrer hat die Aufgabe, im Schüler die notwendigen Voraussetzungen für diesen Tod des Ich zu schaffen. Der Adept versucht unentwegt, in seinen Schülern eine spirituelle Krise hervorzurufen, und er tut dies, indem er sie mit ihrem gegenwärtigen Zustand des Leidens in Kontakt bringt, den die Buddhisten *Duhkha* nennen. Dieses Sanskrit-Wort bedeutet wörtlich übersetzt »ein schlechtes Achsenloch haben«. Ein Wagen, dessen Räder ein schlechtes Achsenloch haben, fährt holprig oder ist gar nicht von der Stelle zu bewegen. Er macht ständig nur Schwierigkeiten. Genauso ist es mit dem gewöhnlichen Leben, das vom Geburtsschmerz, von der Verwirrung der Jugend, vom Konkurrenzstreben des Erwachsenenalters, vom Bewußtsein des Alterns, vom Verlust dessen, was uns lieb und wert ist, von der Erfahrung von Mühsal und Krankheit und von der gewöhnlich geleugneten Unvermeidlichkeit unseres eigenen Todes geprägt ist. Alle diese Erfahrungen hinterlassen Narben.

200

Wir brauchen keine melancholischen Pessimisten zu sein, um zu bestätigen, daß auf jede erfreuliche Erfahrung im Leben mindestens eine ebenso unerfreuliche kommt. Wahrscheinlicher ist sogar, daß die betrüblichen und die als neutral empfundenen Erfahrungen zahlreicher sind als die erfreulichen. Wenn wir uns einmal die Mühe machen, der Sache wirklich nachzugehen, merken wir bald, daß selbst unser bester Augenblick eben nur ein Augenblick ist, ein winziger Bruchteil der Ewigkeit. Und was noch wichtiger ist: Selbst wenn wir uns scheinbar in einer besonders glücklichen Verfassung befinden, verspüren wir immer noch tief in unserem Inneren ein nagendes Gefühl, das uns sagt, daß all dies eines Tages nicht mehr sein wird. Meist reagieren wir auf Impulse dieser Art mit Leugnen. Doch läßt sich nicht daran rütteln, daß wir ein ständiges Hochgefühl gar nicht aufrechterhalten könnten. Das Leben besteht aus Bergen und Tälern. Wenn wir es wagen, den Dingen klar ins Auge zu sehen, merken wir, daß es mehr Täler als Berge gibt und daß die Berge in Wirklichkeit auch nicht viel mehr sind als Hügel.

Irgendwann kommen wir alle im Leben an einen Punkt, an dem wir uns fragen müssen: Was soll das Ganze eigentlich? Wer bin ich? Wohin bewege ich mich? An diesen Punkt gelangen manche schon früh, doch mit ziemlicher Sicherheit erreichen wir ihn im Zusammenhang mit der Midlife-Crisis, die die Bewohner der westlichen Welt heute fast ausnahmslos befällt. Manchen gelingt es, glatte Antworten auf die genannten Fragen zu finden und dann einfach weiterzuleben, als sei nichts geschehen. Doch andere können, nachdem diese Fragen aufgetaucht sind, nicht mehr einschlafen. Die Konsensus-Realität ist für sie nicht mehr glaubwürdig. Solche Menschen sind die Suchenden, die existentiellen Neurotiker, die die klassischen Schriften der östlichen und westlichen Mystiker verschlingen und die einen Guru aufsuchen, um ihn um Hilfe zu bitten.

Nach Bhagwan Rajneesh, der die Sichtweise vieler spiritueller Lehrer und ebenso vieler Psychologen zum Ausdruck brachte, sind alle Menschen Neurotiker. Er sagte einmal:

> Die Neurose ist der »normale« Zustand des Menschen, weil jeder
> Mensch ein Training, eine Konditionierungserfahrung durchgemacht
> hat. Man läßt ihn nicht einfach das sein, was er nun einmal gerade
> ist. Man muß ihn einem bestimmten Muster gemäß formen. Und je-
> nes Muster erzeugt die Neurose... Er kann nicht entspannt sein; er
> kann nicht still sein; er kann nicht glücklich sein. Die Hölle ist immer
> da. Und wenn ihr nicht ganz werdet, könnt ihr nicht von dieser Hölle
> befreit werden.[22]

Suchende befinden sich in einer schwierigen Situation. Sie sind
sich des Leidens im menschlichen Leben bewußt geworden. Die
Quelle all diesen Leidens ist natürlich das Ich, das Gefühl, eine ein-
gegrenzte, kontrahierte Identität zu sein. Der Suchende hofft ins-
geheim oder offen, daß der Lehrer auf irgendeine Weise sein Gefühl des Unbehagens lindern wird. Doch diese Hoffnung muß
enttäuscht werden. Der Guru mag den Geist oder das Herz seines
Schülers mit wundervollen Alternativen füllen und ihn in alle
möglichen esoterischen Übungen initiieren. Doch wenn er wirklich ein Lehrer ist, wird er nichts tun, um die tiefen Schwierigkeiten, die der Schüler mit dem Leben hat, zu beseitigen. Vielmehr
wird er auf subtile und weniger subtile Weise das Feuer der Frustration schüren.

Das tun Gurus nicht, weil sie Sadisten sind, die ihren Schülern
Schmerz zufügen wollen. Vielmehr wollen sie ihnen helfen zu verstehen, daß sie selbst die Ursache für all ihr Leiden sind. Sie wollen ihre Schüler dazu bringen, die Situation, in der sie sich befinden, mit echtem Verstehen und mit Weisheit aufzunehmen. Sie
wollen den Schülern zu der Erkenntnis verhelfen, daß ihre spirituelle Suche größtenteils kaum mehr ist als das Bedürfnis, sich selbst
zu entfliehen, und sie wollen die Schüler dazu ermutigen, bei sich
selbst zu bleiben und den Dingen ins Auge zu sehen.

Suchende wollen sich ständig vor sich selbst, vor dem Lehrer
und vor der Realität verstecken. Es geht ihnen also in Wahrheit
nicht um Selbst-Transzendenz, sondern um das Verlangen des Ich
nach vollkommener Sicherheit und ewigem Leben. Dies ist natürlich eine unerfüllbare Wunschvorstellung. Da der Meister die

Schwachpunkte der Schüler kennt, will er auf verschiedenste Weisen die vielen Masken, hinter denen sie sich verbergen, herunterreißen. In einem gewissen Sinne muß er verrückter sein als die Schüler und seine Gestalt noch häufiger wechseln als sie.

Zu diesem Punkt gibt es eine interessante Geschichte über den Dichter Allen Ginsberg, einen früheren Schüler von Chögyam Trungpa.[23] Im Jahre 1971 besuchte der Dichter seinen Guru, der sich in einem Hotel in Berkeley in Kalifornien aufhielt. Trungpa, ziemlich betrunken, schaute Ginsberg an und fragte ihn in herausforderndem Ton, warum er einen Bart trage. Er wolle das Gesicht hinter dem Bart sehen. Ginsberg besorgte daraufhin sofort eine Schere und stutzte seinen Bart säuberlich. Doch diese Geste ließ seinen Lehrer unbeeindruckt. Der Bart sollte völlig verschwinden. Ginsberg erinnerte Trungpa nun daran, daß er einen Vortrag halten und deshalb nun aufbrechen müsse. Auf diese Weise hoffte er, der für ihn heiklen Situation zu entkommen. Sein Bart war nämlich ein wichtiger Bestandteil seines sorgsam kultivierten Medien-Images. Doch nachdem Trungpa noch ein paar Drinks zu sich genommen hatte, beharrte er darauf, der Bart müsse auf der Stelle abgeschnitten werden. Ginsberg gelang es, ihn davon zu überzeugen, daß sie nun zu dem Vortrag aufbrechen müßten und daß er den Bart hinter der Bühne abschneiden werde – was er auch tatsächlich tat. Als er frisch rasiert wieder auftauchte, rief Trungpa aus: »Er hat seine Maske abgenommen!«

Ein Schüler von Da Love-Ananda hat über einen ähnlichen Vorfall berichtet:

Bei meinem ersten *Darshan* [einem Zusammentreffen mit dem *Guru*] mit Da Love-Ananda, der unter klarem, sonnigem Himmel stattfand, saß ich ziemlich weit hinten. Ich wollte mich nicht vordrängen und mich gleich ganz vorn hinsetzen, hatte ich mir selbst eingeredet. Tatsächlich wollte ich wohl eher verhindern, seine Aufmerksamkeit zu erregen. Ich wollte in sicherem Abstand von ihm bleiben. Die Gruppe bestand aus ungefähr dreißig Leuten, und ich hoffte, ich würde unsichtbar bleiben. Doch war ihm das offenbar aufgefallen. Nach dem Sitzen schickte er mir eine Botschaft, in der er mich fragte, warum ich mich hinter meinem Schnurrbart verstecken würde. Er hatte mich gesehen und den Nagel auf den Kopf getroffen. Ich rasierte mir den Schnurrbart ab und schickte ihm die abgeschnittenen Barthaare in einem Umschlag. Offenbar amüsierte ihn das.

Einen oder zwei Tage später hatten wir erneut einen Darshan in der gleichen klaren und offenen Atmosphäre. Diesmal wagte ich mich in die erste Reihe vor. Nach der Sitzung erhielt ich wieder eine Botschaft, diesmal die Frage, warum ich während eines Darshan eine Sonnenbrille trüge. Ob ich denn nicht wüßte, daß ich in einer solchen Situation Blickkontakt zu ihm herstellen sollte? Warum ich mich hinter meiner Sonnenbrille verstecke? Natürlich hatte er die Situation völlig richtig analysiert. Doch über diese Botschaft war ich nicht mehr ganz so amüsiert wie über die erste. Einerseits war ich natürlich stolz darauf, daß er mir Aufmerksamkeit schenkte, doch auf einer anderen Ebene hatte ich Angst davor. Mir wurde klar, daß er mich nun fest im Visier hatte.

Während der nächsten Sitzung trug ich weder einen Schnurrbart noch eine Sonnenbrille und saß wieder in der ersten Reihe. Ich schaute ihm in die Augen, so wie er mich angewiesen hatte. Ich empfand das als etwas unangenehm, war aber stolz darauf, daß ich mich aus meinem Versteck vorgewagt hatte – jedenfalls glaubte ich das. Nun, es dauerte nicht lange, bis ich die nächste Botschaft erhielt: Warum ich mich hinter meinem Verstand verstecken würde, fragte er mich nun. Die Frage drang tief in mein Inneres ein, und ich spürte die Wahrheit, die darin enthalten war. Ich wurde nun ziemlich wütend und abwehrend.

Wie Zen-Meister es gern ausdrücken, ist der Verstand die große Barriere, die die spirituelle Verwirklichung verhindert. Er ist das letzte Versteck, in dem der Suchende sich verbergen kann. Das spirituelle Streben ist für die Ich-Existenz riskant. Den meisten unter uns macht es weniger aus, ihren ganzen Besitz aufzugeben oder sogar ihr Leben zu verlieren, als intellektuelle Errungenschaften zu verlieren – unsere Illusionen über die Wirklichkeit.

## 4. Die »Hitze« spiritueller Disziplin

Ganz sicher ist es nicht das Ziel spiritueller Übung, daß wir durch sie leiden sollen. Vielmehr sollen wir durch sie erkennen, daß wir uns in einem Zustand des Leidens befinden, solange wir uns als Ich-Persönlichkeiten identifizieren. Der Zen-Lehrer Albert Low hat dies im folgenden Zitat zum Ausdruck gebracht.

> Das Leben gründet auf Leiden. Leiden liegt allem zugrunde, was wir tun. Wir leiden, weil wir hungrig sind, und wir leiden, weil wir zuviel gegessen haben; wir leiden, weil wir haben, und wir leiden, weil es uns an etwas fehlt. Wir leiden, weil wir lieben und weil wir Angst haben, daß wir das, was wir lieben, verlieren könnten, und wir leiden, wenn wir hassen. Es besteht ein ständiger Kreislauf von Angst, Haß, Gier, Langeweile, Hoffnung... Wir glauben, daß Schmerz ein Zufall sei, eine Störung, das unberechenbare Wirken eines sinnlosen Schicksals. Wir gleichen Menschen, die an einer Eisenbahnstation auf einen Zug warten, der nie kommen wird.[24]

Eine spirituelle Disziplin – in Sanskrit *Sādhana* oder »Mittel der Realisation« genannt – bringt uns lediglich mit unserer menschlichen Situation in Kontakt. Tatsächlich haben verschiedene religiöse Traditionen zeitweise die fälschliche Überzeugung vertreten, Erlösung könne erreicht werden, indem man den Schmerz und das Leiden des Aspiranten verstärke. Doch der Irrtum dieser Sichtweise tritt klar in jenem Wahn zutage, der das spätmittelalterliche Europa während der halbreligiösen Narrenfeste überfiel, als Tausende von Menschen durch die Straßen zogen und sich selbst und andere geißelten. Diese alljährliche Prozession, die nach Weihnachten zwölf Tage lang gefeiert wurde, endete regelmäßig in nächtlichen Orgien.[25] Statt Ansporn zur Transzendierung des Ich zu sein, erwies sich Schmerz in diesem Fall als Anregung zu hemmungslosem Genuß.

Diese Art von institutionalisiertem Masochismus hat den Philosophen Ben-Ami Scharfstein zu dem Schluß gebracht, daß die Mystiker »grausam gegenüber sich selbst sein müssen«.[26] Authentische Spiritualität sucht jedoch niemals absichtlich den Schmerz. Wenn sich ein Mensch allerdings wirklich ernsthaft seiner Übung widmet, so enthält dies immer ein Element der Selbst-Frustration, des Widerstandes gegen die Programme des Ich oder gegen die eigenen Gewohnheitsmuster. Dies ist es, was mit Disziplin gemeint ist: das gezielte Nutzbarmachen von Energien, Gedanken und Verhaltensweisen.

Spirituelle Disziplin kann somit als ein Ablegen des »alten Adam« bezeichnet werden. was einer Umkehr der üblichen Lebensweise gleichkommt. Entsagung bedeutet nicht, daß man in einer unzugänglichen Höhle oder im Dschungel leben sollte. Einsame Höhlenbewohner werden, wenn sie spirituell unreif sind, ebenso wie vielbeschäftigte Stadtbewohner stets Möglichkeiten finden, sich dem Bewußtsein ihres Leidens zu entziehen.

Eine Form der Flucht des einsamen Mystikers ist natürlich der Flug nach innen und oben in das Disneyland des Nervensystems. Statt sich den simplen Vergnügungen des Stadtlebens hinzugeben, fällt der Mystiker in der Höhle dann den Attraktionen seines eigenen Bewußtseins zum Opfer. Auf diese Weise kann er ebenso der habituellen Ausrichtung seiner Aufmerksamkeit erliegen wie der Städter, der hinter Geld, Besitztümern, Sex und Unterhaltung her ist.

Echte spirituelle Übung unterscheidet sich sowohl von der Verhaltensweise des typischen Mystikers als auch vom Verhalten des in die Welt verstrickten Menschen. Spirituelle Übung zielt auf die Transzendierung des Prozesses der Aufmerksamkeit. Statt die Aufmerksamkeit und damit das gesamte Sein auf eine spezifische Erfahrung – auf eine äußere oder auf eine innere – zu fixieren, versuchen die Übenden einfach, alle ihre Impulse, die auf Erfahrung und Wissen gerichtet sind, zu verstehen. Soweit sie dazu in der Lage sind, ruhen sie in dem Gewahrsein, das dem Spiel der Aufmerksamkeit vorausgeht.

Spirituelles Leben entfaltet sich in der Spannung zwischen dem Verweilen im reinen Gewahrsein oder der intuitiven Wahrnehmung der Wirklichkeit, so wie sie ist, und dem Beobachten der überholten, aber immer noch existierenden Tendenzen der Aufmerksamkeit. Auf diesem Weg wird Leiden nicht mehr einfach nur passiv ertragen, sondern aktiv untersucht und transzendiert. Viele haben diesen Prozeß als eine Art spirituelles Fegefeuer charakterisiert, das der Schüler durchlaufen muß.

Doch Reinigung schmerzt. Es ist schmerzhaft, daß die eigene roboterhafte Natur immer wieder sinnlose Verhaltensweisen ausagiert. Auch ist es nicht einfach, die Willenskraft aufzubringen, die man braucht, um den Verstand zu überlisten und dadurch dem Geschehen eine andere Wendung zu geben. Deshalb hat Da Love-Ananda zu seinen Schülern oft über die »Hitze« der Übung gesprochen. Einer seiner Schüler berichtet:

In der Anfangszeit meiner Schülerschaft habe ich mich oft gefragt, was Da Free John [Da Love-Ananda] und meine Gefährten meinten, wenn sie davon sprachen, daß man die »Hitze« oder das »Zermalmen« der Übung erfahren müsse. Während der ersten Wochen empfand ich nichts weiter als eine ständige Hochstimmung. Ich konnte mir nicht erklären, wie es dazu kam. Vielleicht war ich einfach sehr glücklich darüber, daß ich meinen Guru gefunden hatte. Ich weiß es nicht. Aufgrund meines Glücksgefühls war ich, um es offen zu sagen, sogar ein wenig mißtrauisch, wenn meine Freunde so häufig von »der Hitze« redeten. Ich glaubte, sie würden ganz einfach ihren Widerstand gegen das spirituelle Leben mystifizieren. Jedenfalls wurde ich immer neugieriger auf dieses Phänomen. Allmählich fing ich an, meinem eigenen scheinbar glücklichen Zustand zu mißtrauen. Obgleich meine Hochstimmung völlig real war, merkte ich, daß ich darin gefangen war, mich darin erging und die Prinzipien der Lehre nicht wirklich auf meine Situation anwendete. Mir wurde plötzlich klar, ein wie blutiger Anfänger ich tatsächlich war, und ich nahm mir vor, meine Praxis ernster zu nehmen.
Kurz nachdem ich zu dieser Einsicht gelangt war, hatte ich erstmals Gelegenheit, an einer formellen Meditation mit meinem Guru teilzunehmen. Als ich mich beim Betreten des Raumes in seine Richtung verbeugte, legte ich im Geiste meine Suche nieder und bat ihn um Hilfe bei meinen tastenden Versuchen, seine Art radikalen Verstehens umzusetzen. Ich bat ihn sogar um ein wenig »Hitze« in meinem

Leben. Und ob Sie es glauben oder nicht, Sekunden später verstand ich genau, worüber alle meine Freunde gesprochen hatten! Ich empfand einen merkwürdigen Druck. Plötzlich war ich mit meinem grundlegenden Leiden als ichhaftes Wesen in Kontakt. Gleichzeitig war es mir merkwürdigerweise möglich, gleichmütig Zeuge meines eigenen Zustandes zu sein.

Eine Zeitlang war ich ziemlich fasziniert von diesem paradoxen Zustand und sah die große Möglichkeit, die darin lag. Doch meine Faszination wich schon bald der Frustration: Ich verfing mich in Gefühlen, statt mein eigenes Unglücklichsein zu beobachten. Schließlich komplizierte ich mein Dilemma noch weiter, indem ich versuchte, der »Hitze«, die ich empfand, Widerstand zu leisten. Ich hatte einen kurzen Blick auf echte spirituelle Übung werfen können, doch sah ich mich nicht in der Lage, Verantwortung dafür zu übernehmen. Der Zustand ließ am Ende des Tages nach, doch war es der erste in einer langen Reihe ähnlicher Augenblicke. Mittlerweile ist diese spirituelle Erfahrung ein vertrauter Bestandteil meines Lebens.

Die »Hitze« der spirituellen Disziplin ist ein Phänomen, das keineswegs nur die Schüler Da Love-Anandas erleben. Sie ist ein wesentlicher Bestandteil jeder spirituellen Praxis. Im Hinduismus lautet die älteste Bezeichnung für »spirituelle Praxis« *Tapas* – »Hitze« oder »Glühen«. Die Sanskrit-Schriften weisen auf kosmische Parallelen zur psychischen Glut des Übenden hin. So erschuf nach dem archaischen Werk *Aitareya-Brahmana* (V. 32.1) der Schöpfer Prajapati die Welt, indem er sich selbst mittels strengster Askese *(Tapas)* »kochte«. Er »schwitzte« den Kosmos aus. Mircea Eliade hat darauf hingewiesen, daß das Erzeugen von Hitze durch magische und religiöse Prozesse in den Psycho-Kosmologien vieler indoeuropäischer Völker zu finden ist.[27] Das Motiv selbst, so wage ich zu behaupten, ist nicht rein theoretischer Spekulation entsprungen, sondern der tatsächlichen religiös-spirituellen Erfahrung unserer Vorfahren aus grauer Vorzeit.

Zu allen Zeiten haben spirituell Übende zur Beschreibung des Transformationsprozesses, der zur Erleuchtung führt, die Metapher der Hitze oder des Feuers benutzt. Feuer ist das anschaulichste Beispiel für ein Phänomen, das Formen transmutiert, und, wie wir von Mircea Eliade hören, erinnert es auch stark an die mystische Erfahrung des Lichts als eines Aspekts der höchsten Wirklichkeit. Blaise Pascal bringt bei der Beschreibung einer Erfahrung, die ihn am 23. November 1654 überfiel, in seinen Tagebuchaufzeichnungen nur noch abgehackte Ausdrucksfetzen hervor, und der einzige Hinweis auf ein physisches Phänomen, den er gibt, ist: »Feuer«.[28]

Das »Feuer« der Verwirklichung wird angekündigt durch die Feurigkeit des Prozesses, der zu ihr hinführt. Spirituelle Disziplin ist die ständige »brennende« Anforderung, über das, was wir zu sein scheinen und zu sein gewohnt sind, hinauszugehen. Dies verursacht beträchtliche Frustration, und viele Anfänger wenden sich deshalb nach einer Weile wieder von ihrem Vorhaben ab. Kyogen sagte: »Zen ist wie ein Mann, der mit seinen Zähnen an einem Baum über einem Abgrund hängt.«[29] Dies gilt für jede spirituelle Disziplin. Überall halten sich die Übenden mit ihren Zähnen am Lebensbaum fest, und doch ist ein geheimnisvoller Impuls in ihnen erwacht, der sie schließlich zwingt, den Ast loszulassen. Um sich wahrer Freiheit zu erfreuen, müssen sie es wagen, sich in den Strom des Unbekannten und Unwißbaren fallen zu lassen. Dies ist die übermächtige Herausforderung der Selbst-Transzendenz oder Selbst-Überantwortung.

Eine Tagebuchnotiz des Philosophen Sam Keen fängt die Agonie des Suchenden auf bewegende Weise ein:

Gott, aber ich will Verrücktheit!
Ich will zittern, geschüttelt werden,
mich dem Pulsieren hingeben,
mich dem Rhythmus der Musik und des Meeres hingeben,
den Gezeiten von Ebbe und Flut,
dem Gezeiten-Wogen der Liebe.

Ich bin es müde,
hart,
fest,

kontrolliert,
angespannt gegen den Eintruch von Neuheit,
gepanzert gegen Zärtlichke t,
geängstigt von Sanftheit zu sein.
Ich bin es müde,
meine Welt zu steuern,
zu machen,
zu tun,
zu gestalten.
Spannung ist Ekstase in Ketten.
Die Muskeln werden angespannt, um Zittern zu verhindern.
Nerven spannen sich an, um Vertrauen, Hoffnung, Entspannung zu
verhindern.

Sich hingeben,
dem Unwillkürlichen nachgeben ist:
Verrücktheit (das Zittern der Idioten),
Ekstase (wenn ich nicht in meiner Haut stecke, was bin ich dann?)
Glückseligkeit (Liebe ist Zusammenkommen und Auseinandergehen),
Gnade (Tanzen mit Geist und Seele).

Sich-Hingeben,
dem Unwillkürlichen nachgeben, ist:
Wahnsinn (welche Stimmen sind die meinen?),
Grauen (wer bin ich jetzt?)
Folter (Fremde kämpfen in meinem Gehirn),
Besessenheit (von einem Gott oder einem Dämon oder von beidem).

Was:
Verrücktheit oder Wahnsinn,
Zittern oder Angst,
Enthusiasmus oder Besessenheit?
Der Pfad ist schmal zur richtigen Verrücktheit.
Hüte dich davor, an den falschen Orten zu zittern!
Die Dämonen verkleiden sich oft als Götter.
Und umgekehrt.

Hingabe ist ein Risiko, das kein geistig gesunder Mensch eingehen
sollte.
Geistige Gesundheit, die sich nie hingegeben hat, ist eine Bürde, die
kein Mensch tragen kann.

Gott, gib mir Verrücktheit,
die nicht
Weisheit,
Verantwortlichkeit,
Liebe zerstört.[30]

Wie aus einem nachfolgenden Tagebucheintrag zu ersehen ist, hat
Sam Keen diesen spirituellen Impuls sogleich romantisiert. Er gesteht seinen geheimen Wunsch, so unbeschwert wie Zorbas der
Grieche zu sein, der »es nicht zuläßt, daß eine einsame Frau unge-
tröstet bleibt«. Er gibt sich mit der Philosophie zufrieden, die er als
»meine Krankheit und meine Medizin zugleich« bezeichnet. Diese
letztere Beobachtung hat ihre Parallele in der spirituellen Übung:
Einerseits wurzelt sie in existentieller Neurose, andererseits ist sie
deren Heilung. Das Mittel, Ganzheit zu erreichen, ist *Metanoia* und
Hingabe, wodurch wir die Quelle aller Verwirrung, aller Entfremdung und allen Leidens, unsere Ich-Identität, transzendieren.
Darin stimmen alle spirituellen Pfade überein; sie unterscheiden
sich nur in ihren Empfehlungen und Erklärungen. *Metanoia* ist mit
dem Umsteigen von einer Bahn in eine andere vergleichbar: eine
relativ einfache Prozedur mit dennoch weitreichenden Konsequenzen. Durch Umlegen eines Hebels (heute durch Drücken eines
Knopfs) verändert der Weichensteller die Fahrtrichtung, so daß ein
ganzer Zug sich innerhalb weniger Sekunden in eine andere Richtung bewegt. Hingabe ist die Bereitschaft loszulassen, sobald diese
grundlegende Neuorientierung des eigenen Seins eingetreten ist.
Durch Aufgeben der Ich-Position lenken wir unseren Lebenszug in
Richtung Gott, Selbst bzw. *Nirvāna*.

Im Gegensatz zum Schienensystem der Eisenbahn stellen sich
unsere inneren Schienen leider immer wieder in die alte Position
zurück. Deshalb muß der Akt der Hingabe endlos wiederholt wer-

den, bis die Haltung der Hingabe zum permanenten, »gewohnten« Seinszustand wird – ein Ereignis, das der Erleuchtung oder Gott-Verwirklichung entspricht. In der Zwischenzeit findet ein Kampf statt, bei dem es darum geht, unentwegt den Hebel oder Knopf der Hingabe zu betätigen. Dies wird teilweise durch eine geeignete spirituelle Disziplin erreicht. Die Kunst besteht darin, Hingabe nicht zu Unterdrückung und Repression zu machen. Hingabe ist Offenheit der Realität gegenüber, Unterdrückung und Repression hingegen sind Formen psychischer Verschlossenheit.

Selbst die Schulen des radikalen »Sprungs« erklären fast ausnahmslos, daß der Erleuchtung eine Vorbereitung vorausgehen müsse. Für sie gibt es keinen höchsten Pfad mit einem Ziel »da draußen«, sondern es gibt zahllose Pfade, durch die wir lernen können, den Muskel der Hingabe zu trainieren. Alan Watts hat beobachtet: »Das Ich-Empfinden wird dem Kind durch die Einstellungen, verbalen Äußerungen und Handlungen der Gesellschaft, in der es aufwächst, anerzogen.«[31] Spirituelle Disziplin ist ein radikaler Versuch, uns aus unseren Ich-Gewohnheiten herauszulocken, indem wir uns ihrer zunächst völlig bewußt werden und dann die Mittel an die Hand bekommen, sie zu überwinden. Watts schreibt weiter:

Man versuche nicht, die Ich-Empfindung loszuwerden. Man nehme sie, solange sie anhält, als ein Merkmal oder ein Spiel des Gesamtprozesses – wie eine Wolke oder eine Welle, ein Wärme- oder Kältegefühl oder wie sonst etwas, das aus sich heraus geschieht. Das eigene Ich überwinden zu wollen ist das letzte Aufbäumen eines unbezwingbaren Egoismus! Er stärkt und bekräftigt lediglich die scheinbare Realität dieses Gefühls. Doch wenn man sich dieser Empfindung des Getrenntseins von den übrigen Dingen vorsichtig nähert und sie wie jede andere Empfindung akzeptiert, löst sie sich auf wie eine Fata Morgana, die sie ja auch tatsächlich ist.

Deshalb bin ich nicht sonderlich begeistert von den verschiedenen »geistigen Übungen« der Meditation oder des Yoga, die manche als eine wesentliche Voraussetzung für die Befreiung vom Ich ansehen.[32]

Watts, der 1973 starb (sieben Jahre nachdem er diese Zeilen geschrieben hatte), hatte damit nur teilweise recht. Gewiß können wir das Ich nicht gewaltsam ausgrenzen; vielmehr müssen wir mit ihm ins reine kommen. Watts irrt sich jedoch eindeutig, wenn er behauptet, die Ich-Empfindung löse sich durch bloßes Akzeptieren auf. Es besteht eine echte Notwendigkeit sich disziplinierter Übung zu widmen – womit Watts, wie er an anderer Stelle zugegeben hat, größte Schwierigkeiten hatte.[33]

Wenn Disziplin authentisch ist, ist sie die Übung der Erleuchtung. Das heißt, durch sie vergrößern wir unsere Intuition dessen, was vor der Ich-Kontraktion liegt. Disziplin beinhaltet, den erleuchteten Standpunkt unter allen Umständen und in allen Situationen zu realisieren, bis jene Realisation vollständig und dauerhaft wird. Der Zen-Meister Nansen hat seine Schüler erinnert: »Das tägliche Leben ist der Pfad.«[34] Durch Disziplin können wir jeden einzelnen Augenblick in einen heiligen Augenblick umwandeln, in dem wir mit dem in Einklang stehen, was vor der Ich-Identität liegt.

Durch solche Disziplin stoßen wir auf unsere Gewohnheitsmuster, und dadurch entsteht ein Gefühl der Spannung oder »Hitze«. Hingabe ist nur wirksam, wenn sie vor dem Hintergrund ichhaften Widerstands erscheint. Ob wir Achtsamkeit oder komplizierte tantrische Visualisationstechniken üben, einem Guru und unseren Mitmenschen dienen oder Körperübungen praktizieren – das spirituelle *Verdienst* all dieser Übungen wird durch unsere innere Haltung des Loslassens definiert, durch das Maß, in dem wir das Selbst transzendieren.

Spirituelle Aktivität bringt in erster Linie unsere Unfähigkeit zur Hingabe ans Licht. Wenn wir konsequent die Disziplin üben, die wir gewählt haben, sehen wir allmählich alle Bereiche, über die das Ich herrscht. Deshalb sollten wir uns der Tatsache bewußt sein und sie akzeptieren, daß die Ich-Gewohnheit uns bis zum Durchbruch zur dauerhaften Erleuchtung begleiten wird, wann immer diese eintreten mag. Außerdem müssen wir auch akzeptieren, daß wir jenen letzten Schritt in diesem Leben möglicherweise nicht erleben werden. Dieser Gedanke entmutigt Anfänger häufig, da sie meinen, der »Erfolg« sei in jedem Fall garantiert. Sie müssen verstehen und darauf vertrauen, daß der erleuchtete Zustand in jedem Augenblick echter Disziplin lebendig wird – vielleicht nicht in Form völliger innerer Transparenz oder eines inneren mystischen Feuerwerks, doch das ist unwichtig. Entscheidend ist, daß der spirituelle Prozeß fortgesetzt wird.

Spirituelle Disziplin wird oft als Reinigungsprozeß bezeichnet. Das ist völlig zutreffend. Selbst wenn wir theoretisch davon überzeugt sind, daß wir unserer wahren Natur gemäß reines Sein oder Bewußtsein sind, so ist das nicht unsere derzeitige Realisation. Vielmehr erfahren wir eine Persönlichkeit, die unter einem grundlegenden Gefühl der Entfremdung vom Kosmos und von sich selbst (oder vielmehr von ihrem Urgrund) leidet. Wenn wir uns einer spirituellen Disziplin unterwerfen, treten wir in Kontakt zu unserem eigenen Leiden und den vielen Ursachen, die zu jenem Leiden beitragen. Doch das Feuer unserer Übung reinigt allmählich auch die Persönlichkeit und befähigt uns zu noch tieferen Gesten der Selbst-Transzendenz oder Hingabe.

Disziplin ist demnach aktive Selbstreinigung. Durch sie öffnen wir uns dem, was unser Sein verfinstert. Disziplin wird oft »Askese« genannt, im Sanskrit *Tapas*. Es ist eine Art der Übung, die uns in Flammen setzt. Asketen glühen. »Ohne Askese ist ein mystisches Leben praktisch ausgeschlossen«[35], bemerkte Thomas Merton, einer der großen christlichen Kontemplativen unserer Zeit. Dem fügt er noch den folgenden wichtigen Vorbehalt hinzu:

Doch findet die Askese nicht unbedingt Ausdruck in strengen Abtötungen, noch weniger in auffälligen und außergewöhnlichen Bußübungen. Im Gegenteil, der wahre asketische Weg führt durch die Einfachheit und Verborgenheit, denn die wahre christliche Selbstentsagung beginnt zu allererst mit der aufrichtigen Annahme und Erfüllung der gewöhnlichen Pflichten des Standeslebens. Wen die Gnade lenkt, der wird spontan den Wunsch haben, von sich aus den von der Vorsehung und seinem Lebensstand geforderten Opfern noch etwas beizufügen. Die besten Abtötungen aber werden stets jene sein, von denen nur Gott weiß und die weder die Aufmerksamkeit der

Mitmenschen auf sich ziehen noch der Selbstgefälligkeit schmeicheln. Durchaus verwerflich ist es dagegen, den Asketen zu gestatten, in Bußübungen miteinander zu wetteifern, weil sie auf diese Weise ihre Aufmerksamkeit nur auf sich selbst richten und dadurch ihr Ziel begrenzen und sich so der inneren Freiheit berauben, die absolut unerläßlich ist für den Fortschritt im Gebetsleben.[36]

Einige Traditionen vertreten die Ansicht, der spirituelle Prozeß bestehe einzig und allein in passiver Rezeptivität. Andere halten dagegen, man müsse hart arbeiten, um sich zu reinigen. Die meisten jedoch vertreten in dieser Hinsicht einen mittleren Weg: Es muß das vorhanden sein, was im japanischen Buddhismus »Eigenbemühen« und »Fremdbemühen« genannt wird – das heißt: Arbeit *und* Gnade –, nur dann ist spirituelles Wachstum möglich. Mit Gnade ist hier das Einfließen des Verstehens und der Stärke gemeint, die man empfängt, nachdem man sich geöffnet hat. Ohne angemessene Bemühung um Selbstreinigung kann man die Gabe der Gnade nicht empfangen, und ohne Gnade muß Eigenbemühen unfruchtbar bleiben. Beide sind wie Boden und Wasser für die Entwicklung einer guten Ernte unerläßlich.

»Hingabe«, so meinte Rajneesh, »ist immer total.«[37] Doch das ist das Ideal. In der Praxis ist Hingabe partiell, obgleich sie in einem konkreten Augenblick alles sein mag, was wir loslassen *können*. Genau deshalb ist kontinuierliche Disziplin wichtig. Je mehr wir über uns selbst herausfinden, um so klarer können wir erkennen, wo wir uns nicht völlig hingeben. Dieses Verstehen gibt uns die Kraft, immer mehr loszulassen. Dennoch muß in jeder Geste der Hingabe unsere *Intention* sein, *alles* hinzugeben, alles loszulassen, was wir sind. Meister Eckehart mahnt uns:

Du mußt wissen, daß sich noch nie ein Mensch in diesem Leben so weitgehend gelassen hat, daß er nicht gefunden hätte, er müsse sich noch mehr lassen. Der Menschen gibt es wenige, die das recht beachten und darin beständig sind. Es ist ein gleichwertiger Austausch und ein gerechter Handel: So weit du ausgehst aus allen Dingen, so weit, nicht weniger und nicht mehr, geht Gott ein mit all dem seinen, dafern du in allen Dingen Dich des Deinen völlig entäußerst.[38]

Entsagung, Hingabe, Übung, Disziplin, Reinigung – dies alles sind letztlich Beschreibungen des Prozesses, durch den die Ich-Identität aufgelöst wird. Mittlerweile dürfte klargeworden sein, daß dies sowohl die schwierigste als auch die bedrohlichste Aufgabe ist, die ein Mensch sich stellen kann. Die Mahābhārata, eines der beiden National-Epen Indiens, enthält folgende Strophe:

> Dieser großartige Pfad der weisen Brahmanen ist beschwerlich. Niemand kann ihn leicht betreten, o Bharatarshabha! Er ist wie ein schrecklicher Dschungel, in dem riesige Schlangen umherkriechen, der voller Fallgruben ist, in dem es kein Wasser gibt, jedoch viele Dornen, und der nahezu unzugänglich ist.

In der *Katha-Upanishad* (1.3.14), einer heiligen Schrift der Hindu-Tradition, die im 5. Jahrhundert v. Chr. entstanden ist, wird der spirituelle Pfad mit einer Rasierklinge verglichen. Spirituelle Übung ist in der Tat eine Angelegenheit, bei der es um Leben und Tod geht, und es sollte uns nicht überraschen, daß es in ihrem Verlauf zu sehr dramatischen Ereignissen kommen kann. Manche, die sich auf den spirituellen Weg begeben haben, sind verrückt geworden, andere haben Selbstmord begangen, und viele sind der Selbsttäuschung anheimgefallen. Doch gibt es auch Sieger – jene gesegneten Männer und Frauen, die die Stromschnellen bezwungen und das »andere Ufer« erreicht haben, die großen Adepten, deren Zeugnis uns ständig daran erinnert, daß wir aus dem Traum der Konsensus-Realität erwachen *können*.

Alle traditionellen Autoritäten stimmen einmütig darin überein, daß nur den mutigsten, entschlossensten und fähigsten Reisenden auf der Straße zur Freiheit Erfolg beschieden sein wird. Deshalb nennen sie die unterschiedlichsten Qualifikationen, über die ein Neuling auf dem Pfad verfügen sollte. Dazu gehören außer dem hartnäckigen Streben nach Selbst-Transzendenz Tugenden wie ein verfeinertes Unterscheidungsvermögen, ein Hang zur Objektivität, Ausdauer, Geduld, Konzentrationsfähigkeit und nicht zuletzt auch Vertrauen. Im Grunde wird bereits vom Anfänger erwartet, daß er über ebenjene Fähigkeiten und Tugenden verfügt, die für die höheren Stufen spiritueller Reife charakteristisch sind. Gemäß einigen traditionellen Beschreibungen muß der Anfänger von Anfang an ein Heiliger sein! Da Love-Ananda bezog sich auf das gleiche Paradox, als er von seinen Anhängern forderte: »Kommt zu mir, wenn ihr schon glücklich seid.«[39] Im spirituellen Sinne bedeutet glücklich zu sein, daß man über das konventionelle Verlangen nach tröstenden Vergnügungen hinausgewachsen ist und daß einem die eigenen Energien zur Verfügung stehen, um die Prüfungen des spirituellen Weges der Selbst-Transzendierung durchzustehen.

Natürlich leiden Menschen, die sich an spirituelle Lehrer wenden, häufig darunter, daß sie sich unglücklich fühlen, und sie hoffen, daß sie diesen Zustand durch den spirituellen Pfad überwinden werden. Und gewöhnlich erwarten sie, daß der Lehrer ihr Leiden lindern wird. Sie betrachten ihn als einen Schamanen, einen Wundertäter, einen Seelenarzt, dem sie sich wie ein Kind anvertrauen, um auf wunderbare Weise geheilt und zur Ganzheit geleitet zu werden. Diese Hoffnung ist jedoch völlig verfehlt. Echte Lehrer werden immer alles tun, um das mentale Bild einer allmächtigen und allwissenden Vater- oder Mutterfigur, das der Schüler von ihnen hat, zu zerstören.

Wenn normalen Schülern schließlich klar wird, daß der Lehrer nicht nur ihrem Ideal nicht entspricht, sondern daß er sogar von ihnen verlangt, sich selbst zu heilen, so fühlen sie sich betrogen, enttäuscht, frustriert, wütend und verzweifelt. Und mit ziemlicher Sicherheit geben sie dann dem Lehrer die Schuld dafür, daß sie keine spirituellen Fortschritte erzielen. Möglicherweise erheben sie sogar alle möglichen wilden Anklagen, um sich an der Vater- oder Mutterfigur zu rächen. Es ist wichtig, sich über die Existenz dieser Dynamik zwischen spirituellen Lehrern und ihren Schülern im klaren zu sein. Dies vermag einen Teil der Unzufriedenheit zu erklären, die viele Menschen östlichen Gurus und anderen spirituellen Lehrern gegenüber empfinden – womit ich nicht ausschließen will, daß die Klagen ehemaliger Schüler über einen Lehrer in manchen Fällen leider nur zu gerechtfertigt sind. Doch hat die Öffentlichkeit – von den Medien aufgestachelt – bisher immer nur den

Lehrern die Verantwortung gegeben. Für die Medien ist periodisches Verreißen von Gurus zu einer Art internationalem Volkssport geworden. Daß verrückt-weise Lehrer in besonderem Maße Gefahr laufen, falsch interpretiert zu werden, sollte man bedenken, wenn man sich mit dem Phänomen der heiligen Verrücktheit beschäftigt. Durch ihre nach konventionellen Maßstäben empörende Art der Interaktion mit ihren Schülern (und manchmal sogar mit der Öffentlichkeit) machen sie sich selbst zu einem gefundenen Fressen für die Medien und ihre manipulative Darstellungsweise.

Zum wichtigen Thema der Lehrer-Schüler-Beziehung werde ich in Kapitel 7 mehr sagen. Doch müssen wir uns zuvor eingehend mit dem Wesen und der Rolle des spirituellen Führers beschäftigen, der traditionell als der entscheidende Faktor für Erfolg auf dem spirituellen Pfad bezeichnet wird.

# Kapitel 6:
# Der Guru:
# Lizenz zum Töten

## 1. Falsche Vorstellungen über den Guru

Der Zweck spiritueller Übung ist es, unsere sorgsam konstruierte Konsensus-Realität zu »dekonstruieren«, so daß wir die Wirklichkeit, die hinter allen Zeichen und Symbolen bzw. jenseits von ihnen liegt, wiederfinden. Dieser Prozeß der Dekonstruktion, in dem alle Bedeutungen transzendiert werden, ähnelt dem Wahnsinn. Psychisch unreife Menschen, die sich auf diesen Pfad begeben, werden oft tatsächlich verrückt, weil sie nicht ertragen können, daß die nackte Wirklichkeit, die sich nach der Entfernung unserer konzeptuellen Hilfsstrukturen offenbart, einen unvorstellbaren Reichtum an Möglichkeiten umfaßt.

Der spirituelle Führer oder Guru ermöglicht diese den Geist erschütternde Entdeckung. So sanft und rücksichtsvoll ein Guru auch vorgehen mag, er arbeitet an der Unterminierung des persönlichen Sinn-Universums des Schülers. Heilige Verrücktheit oder der Lehrstil der verrückten Weisheit, so wie unter anderem Marpa, Drukpa Künley, Chögyam Trungpa und Da Love-Ananda ihn demonstriert haben, ist lediglich eine radikalere Form der Arbeit jedes spirituellen Lehrers.

Wir werden uns in diesem Kapitel damit beschäftigen, was die Guru-Funktion im Idealfall bewirken sollte und was sie in der Praxis oft tatsächlich beinhaltet. Außerdem werden wir uns mit einigen der gravierendsten Mißverständnisse beschäftigen, die in unserer Kultur kursieren und die uns daran hindern, das Wesen spiritueller Autorität und Anleitung zu verstehen. Zunächst müssen wir uns darüber im klaren sein, daß das Phänomen der spirituellen Führung in allen Religionen existiert, in denen es einen esoterischen Weg gibt. In den gnostischen Schulen beispielsweise wird der Initiat vom *Hierophanten* geführt (»der, der das Heilige zeigt«), und auch diejenigen, die innerhalb des Christentums einen mystischen Weg gehen, haben einen *spirituellen Berater*. Im Christentum der Ostkirche erfüllt der *Starez* diese Rolle, im Sufismus der *Scheik* oder *Pir*, im Chassidismus der *Zaddik*, im Zen der *Rōshi*, im tibetischen Buddhismus der *Lama* und im Hinduismus der *Guru*. Welche Funktion hat nun solch ein spiritueller Führer? Welche Bedeutung hat er heute und in Zukunft? Es wäre jedoch töricht, sich mit diesen Fragen auseinanderzusetzen, ohne sich zuvor mit einer schwerwiegenden kulturellen Voreingenommenheit zu beschäftigen.

Trotz der psychedelischen Revolution, des neuauflebenden Interesses am Okkultismus, des neuen Heidentums und der »neuen Religionen« steht das Gros der westlichen Gesellschaft allen spirituellen Themen immer noch äußerst skeptisch gegenüber. Diese Voreingenommenheit ist auf die Pseudo-Religion des Szientismus zurückzuführen, die alles, was sich nicht im Einklang mit ihren ideologischen Annahmen über die Oberflächenrealität des Lebens erklären läßt, als inakzeptabel ansieht. Der wissenschaftliche Materialismus hat nicht nur das historisch so einflußreiche Bild des Schöpfergottes verworfen, sondern er hat auch die gesamte magische Weltsicht zerstört. In seinem Eifer, der Existenz einen absoluten, logischen Sinn zu geben, hat er heilige Lehren »entmythologisiert« und dadurch sich selbst und die gesamte Kultur auf einen absurden Weg geleitet.

Der Behaviorismus, die Psychologie ohne Seele, ist ein Symbol für die reduktionistische Sichtweise des Szientismus. Obwohl der Behaviorismus mittlerweile zum Glück etwas aus der Mode gekommen ist, ist er keineswegs tot, wie einige seiner Kritiker meinen. Als Denkgewohnheit lauert er immer noch in allen wissenschaftlichen Disziplinen und in allen »respektablen« Wissensbereichen, die den Naturwissenschaften nachgebildet sind. Der wissenschaftliche Materialismus hat das Leben sehr effektiv »entseelt«. Er feiert die Form und vertreibt die Essenz. Er ist die Ursache dessen, was Morris Berman »Entzauberung« unserer Lebenswelt genannt hat. Dem Szientismus ist es gelungen, den Zauber des alten Regimes zu brechen, indem er einen neuen und möglicherweise wesentlich tragischeren Zauber über uns verhängt und eine ganze Dimension der Existenz tabuisiert hat: die Psyche. Berman schreibt:

> Die Geschichte der Moderne ist zumindest auf der Ebene des Geistes die einer fortschreitenden Entzauberung. Seit dem 16. Jahrhundert ist der Geist zunehmend aus der Welt der Phänomene ausgetrieben worden. Zumindest theoretisch sind die Bezugspunkte für alle wissenschaftlichen Erklärungen Materie und Bewegung – was Wissenschaftshistoriker als »mechanische Philosophie« bezeichnen. Entwicklungen, die diese Weltsicht in Frage gestellt haben – die Quantenmechanik beispielsweise oder bestimmte Arten ökologischer Forschung –, haben keinen signifikanten Einfluß auf die vorherrschende Denkweise, die sich am besten als Entzauberung beschreiben läßt, als Nicht-Teilnahme, denn sie beharrt auf einer strikten Unterscheidung zwischen Beobachter und Beobachtetem. Wissenschaftliches Bewußtsein ist entfremdetes Bewußtsein: Es findet darin keine ekstatische Vereinigung mit der Natur statt, sondern im Gegenteil eine völlige Abtrennung von derselben. Subjekt und Objekt werden stets in ihrer Gegensätzlichkeit zueinander gesehen. Ich bin nicht meine Erfahrungen und deshalb auch kein echter Bestandteil der Welt, die mich umgibt. Die letzte logische Konsequenz dieser Sichtweise ist ein Gefühl völliger Verdinglichung: Alles ist Objekt, fremd, Nicht-Ich; und ich selbst bin letztlich ebenfalls Objekt, ein entfremdetes »Ding« in einer Welt anderer, ebenso bedeutungsloser Dinge. Diese Welt ist nicht von mir geschaffen. Dem Kosmos ist es gleichgültig, was mit mir los ist, und ich habe nicht das Gefühl, wirklich dazuzugehören. Was ich empfinde, ist in Wirklichkeit eine Krankheit der Seele.[1]

Jenes Gefühl der »Krankheit der Seele«, die große Krankheit der modernen Menschheit, entsteht durch eine pauschale Leugnung der Seele, der Psyche oder des Geistes. Selbst so bekannten Fürsprechern der Psyche wie Carl Gustav Jung und Joseph Campbell ist es nicht gelungen, diese kulturumfassende Gleichgewichtsstörung zu beheben, und ihr Einfluß beschränkt sich weitgehend auf eine gewisse gebildete Schicht der westlichen Gesellschaft.

Da die Dimension des Psychischen durch die Ideologie des Szientismus geächtet worden ist, ist es kaum überraschend, daß der Gestalt des Psychopomp das gleiche Schicksal beschieden war. In der altgriechischen Mythologie war der *Psychopompos* der »Führer« *(pompos)*, der die Seelen der Verstorbenen sicher durch die Gefahren der Unterwelt geleitete, bis sie ihr Ziel im Reich der Vorfahren erreicht hatten. Im alten Ägypten geleitete Thoth die Toten auf ihrer Reise im Jenseits. In Griechenland erfüllte Hermes diese Funktion. Im alten China wurden die Seelen der Verstorbenen vom Jade-Fräulein und der Goldenen Jugend über die Feenbrücke geleitet.

In der Spätantike wurde die eschatologische Gestalt des Psychopomp im Sinne der mystisch-alchimistischen Lehren neuinterpretiert. Auf diese Weise »internalisierten« die hellenistischen Mysterienreligionen und die gnostische Tradition den Psychopomp, so wie sie auch die archetypischen Motive des Todes und der Neuentstehung neu-interpretierten. Die hermetische Gottheit wurde zum »Befreier« *(Eleutherios)* des spirituellen Aspiranten, der das Meer der profanen Existenz zu überqueren wünschte. In der alchimistischen Tradition wurde Hermes zu Hermes Trismegistus, dem Gott der Schöpfung und Offenbarung, dem in der Materie gefangenen Geist, dem Stein der Philosophen, dem Führer und Versucher des Alchimisten, dem auf der physischen Ebene das merkwürdige flüssige Metall Quecksilber entsprach.

Die Gestalten des Guru, Scheik, Rōshi, Lama oder spirituellen Begleiters sind für die heutige Spiritualität das, was der Psychopomp für die Eschatologie und für die mystische Alchimie war. Im Gegensatz zum göttlichen Hermes oder zum alchimistischen Hermes-Mercurius ist der spirituelle Führer nicht nur eine psychische Projektion oder eine symbolische Kraft. Vielmehr kann er oder sie eine reale, verkörperte Person sein, die erst durch ihre Verkörperung die Möglichkeit entwickelt, andere anzuleiten. Der spirituelle Adept geleitet den Suchenden vom Irrealen zum Realen, von der Dunkelheit zum Licht, vom Nicht-Selbst zum Selbst, von der neurotischen inneren Gespaltenheit zur Ganzheit. Einen solchen spirituellen Führer kann man aus der entzauberten Weltsicht des wissenschaftlichen Materialismus heraus nicht verstehen. Für den ich-verwurzelten modernen Menschen ist der esoterische Psychopomp – der spirituelle Führer – eine bloße Anomalie oder gar ein Psychopath oder Scharlatan. Gemäß der Logik seiner eigenen distanzierten Lebensweise muß das ich-gebundene Individuum die Existenz echter spiritueller Autorität wegrationalisieren, und dies scheint angesichts der zahlreichen Pseudo-Gurus unserer Zeit und ihrer unterwürfigen, übertölpelten Gefolgschaft durchaus gerechtfertigt.

Im pluralistischen Amerika sind im Laufe seiner zweihundertjährigen Geschichte zahlreiche Guru-ähnliche Gestalten aufgetreten; in dieser Hinsicht hat es die Situation im mittelalterlichen Europa wiederholt.[2] Terry Clifford hat uns daran erinnert, daß der *Religious Liberty Act* (Gesetz über das Recht auf Religionsfreiheit) seine Existenz den Anhängern der pietistischen Renaissance verdankte, dem »ersten großen Erwachen« Amerikas gegen Ende des 18. Jahrhunderts – also letztlich so feurigen Predigern wie dem calvinistischen Theologen Jonathan Edwards. dem Leiter der *Community of Saints*, und dem militanten Propheten Hugh Bryan, der mit seinen Anhängern in den Sümpfen Kaliforniens lebte.[3]

Das »zweite große Erwachen« in der ersten Hälfte des 19. Jahrhunderts stand in Zusammenhang mit dem Aufblühen der christlichen Erweckungsbewegung, des Spiritualismus und dem Auftreten apokalyptischer Prediger. Zu den exzentrischeren Gestalten jener Zeit zählen der Grenzer Johnny Appleseed, der seine mystische Botschaft unterstrich, indem er überall, wo er hinkam, als Symbol der spirituellen Liebe Apfelsamen säte. Ebenso exzentrisch, jedoch umstrittener, war John Humphrey Noyes, der Gründer der *Oneida Perfectionist Community*, der durch seine kontrapuritanische Sexualethik in Verruf geriet. In jener Zeit entstanden auch die Bewegungen der Mormonen und der Adventisten. Letztere Gruppe wurde von William Miller gegründet, der einen großen Teil seiner Anhängerschaft wieder verlor, nachdem sich seine Voraussagen über die bevorstehende Wiederkunft Christi zweimal als falsch erwiesen hatten.

Diese frühen amerikanischen Gurus bereiteten den amerikanischen Transzendentalisten den Weg, zu denen Henry Thoreau, Walt Whitman und Ralph Waldo Emerson zählen, und außerdem der ungeheuer erfolgreichen Theosophischen Gesellschaft unter der Leitung von H. P. Blavatsky und Colonel H. S. Olcott. Beide bezeichneten sich als Schüler einer rätselhaften Bruderschaft von Meistern, die sich angeblich in einem entlegenen Gebiet des Himalaja aufhalten sollten. Im Jahre 1890 war Amerika reif für jene spektakuläre Begegnung zwischen dem »heidnischen« Osten und dem christlichen Westen, zu der es anläßlich des Parlaments der Weltreligionen im Rahmen der Weltausstellung in Chicago kam.[4] Zu den Delegierten jenes Kongresses gehörten Meister der Traditionen des Hinduismus, Buddhismus, Shintoismus, Islam und Zen. Wohl die charismatischste Gestalt bei jenem Treffen war der junge Swami Vivekananda, der wichtigste Schüler des Hindu-Heiligen Sri Ramakrishna. Sein Erfolg in den Kreisen der amerikanischen Intelligenz in Verbindung mit den intensiven Missionierungsbestrebungen der Theosophischen Gesellschaft öffneten der östlichen Esoterik und Exoterik Tür und Tor, was wiederum zu jenem »dritten großen Erwachen« führte, das wir heute erleben, in dem es ganze Legionen von Propheten, Visionären, *Avatāras*, entmaterialisierten Meistern, Illuminaten und wiederauferstandenen Christussen gibt.

Trotz ihrer bunten religiösen Vorgeschichte ist die amerikanische Öffentlichkeit ebenso wie die europäische immer noch schlecht informiert über den heutigen »spirituellen Supermarkt« und betrachtet ihn mit äußerstem Unbehagen. Diese weitverbreitete Nervosität über sogenannte »spirituelle« Bewegungen läßt sich einerseits durch die allgemeine Unwissenheit hinsichtlich der psychischen Dimension und echter Spiritualität erklären. Man kann diese Besorgnisse aber auch als unterschwellige Angst davor verstehen, daß diese esoterischen Traditionen vielleicht tatsächlich etwas Wichtiges und Grundlegendes über die Natur und das Schicksal der Menschheit zu sagen haben.

Verständlicherweise konzentriert sich diese Angst auf die Person des spirituellen Lehrers oder Meisters. Schließlich bedroht er

224

die Ich-Persönlichkeit, die nach Autonomie oder nach Anonymität strebt, sich aber in jedem Fall der Verantwortung und der Selbst-Transformation zu entziehen versucht. Das Ich befindet sich stets entweder in Rebellion gegen Autorität und äußeren Einfluß, oder es macht sich auf kindliche und kindische Weise von äußeren Kräften abhängig. Doch selbst Menschen, die gegenüber Autoritätsfiguren wie Eltern, Vorgesetzten, Psychiatern oder anderen Inhabern von Machtpositionen starke Abhängigkeitstendenzen zeigen, sind gegenüber spirituellen Meistern im allgemeinen sehr reserviert. Das ist sicherlich so, weil der Guru gewöhnlich als jemand angesehen wird, der *absolute* Verfügungsgewalt über das Leben seiner Anhänger beansprucht und diese wie Zombies behandelt. Die infantile Erwachsenenpersönlichkeit möchte gerettet, nicht von einer Autorität versklavt werden, und der Guru wird als Ausbeuter, nicht als Retter angesehen.

Die Massenmedien fördern dieses Bild, indem sie Fälle von offensichtlichem oder angeblichem Mißbrauch charismatischer Macht unter den heutigen spirituellen Führern auf sensationslüsterne Weise publizieren. Zwar können solche Veröffentlichungen, wenn sie zutreffend sind, durchaus sinnvoll und nützlich sein, doch versäumen es die Medien, die Öffentlichkeit über den spirituellen Prozeß aufzuklären. Deshalb sind ihre Bemühungen, die vielen »spirituellen« Wölfe im Schafspelz zu enthüllen, äußerst einseitig. Da diese Vorgehensweise außerdem die ohnehin schon bestehenden populären Stereotypen und Vorurteile bestätigt, ist sie authentischer Spiritualität nicht dienlich.

Mit ihrer generell adoleszenten (rebellischen) Orientierung verherrlichen die Medien die mutmaßliche Autarkie des Individuums. Sie unterstützen den Mythos der rechtmäßigen Existenz des Narziß, der ichzentrierten Persönlichkeit, und stärken diesen Mythos noch. Sie feiern die säkularen Helden der Massenkultur – die Stars und Starlets jener Phantasiewelt, mit der die Unterhaltungsindustrie uns beglückt, diejenigen, die es schaffen, das Establishment zu betrügen, Mörder und Terroristen und heute auch Pseudo-Gurus und »gefallene« Meister. Dieses Feiern der populären Helden ist selten mehr als ein rituelles Abschlachten. Da es dem konventionellen Ich an Phantasie oder Mut mangelt, die Untugenden, die die verehrten Supermänner und Superfrauen zur Schau stellen, selbst zu praktizieren, muß es sie zu Sündenböcken machen, um seine eigenen unterdrückten Wünsche und unerfüllten Ambitionen zu befriedigen.

Gewöhnliche Menschen schrecken vor der Vorstellung, daß es tatsächlich eine spirituelle Wirklichkeit oder einen authentischen spirituellen Lehrer gibt, generell zurück. Sie können sich nur jemanden vorstellen, der so ist wie sie selbst – vielleicht mächtiger (wie Superman) oder amoralischer (wie Graf Dracula), aber im wesentlichen aus dem gleichen Holz geschnitzt wie sie. Natürlich gilt das auch für viele Suchende, die in die Suche selbst verliebt sind, denen es also nicht in erster Linie um Wahrheit und Wirklichkeit geht. Sie ziehen es vor, alle möglichen Methoden der Selbsttröstung anzuwenden, statt sich der harten Arbeit der Selbst-Transzendierung zu widmen. Man kann mindestens vier besonders beliebte Arten des Vermeidens einer Konfrontation mit einem echten Guru aus Fleisch und Blut unterscheiden.

Die erste und häufigste Form des Vermeidens ist, daß Suchende den anspruchsvollen äußeren Guru durch den tröstenden und bequemeren »inneren Guru« ersetzen wollen. Auf diese Weise geben sie ihrem Bedürfnis, ihre Ich-Identität zu erhalten, nach. Der innere Guru, dem so viele Suchende ihr spirituelles Wohl anvertrauen, ist häufig nur eine Ausgeburt ihrer Phantasie, ein Produkt der Selbsttäuschung.

Um diese Verfahrensweise zu rechtfertigen, sind sie immer schnell mit dem Hinweis, daß die östlichen Traditionen selbst über den »inneren Führer« sprechen, den inneren Guru oder das innere Licht und daß letztendlich auch der äußere Lehrer überwunden werden muß. Das ist natürlich richtig. Doch dabei wird gewöhnlich übersehen, daß dieser innere Führer mit der transzendenten Wirklichkeit oder der eigenen authentischen Identität wesensgleich ist. Folglich kann man von dieser authentischen Identität nur geleitet werden, wenn man zuvor die Erleuchtung erlangt hat. Da jene Identität nicht von der Ich-Identität des unerleuchteten Zustandes getrennt ist, sondern deren wahre Grundlage, ist es durchaus möglich, daß wir schon vor der Erleuchtung starke Vorboten davon empfangen können. Je tiefer wir uns auf den spirituellen Prozeß einlassen, desto stärker und transparenter sind solche Eingebungen. In solchen Augenblicken werden wir in der Tat inspiriert und geleitet, und unser Verhalten ist dann dementsprechend echt und spontan. Doch wie leicht man sich selbst täuschen kann! Das Ich ist seinem Wesen nach konservativ. Es versucht stets, seine Position in der Welt zu erhalten. Und folglich empfängt es genau die Eingebungen und »Botschaften« vom inneren Guru, die es gern empfangen *möchte*.

Damit will ich das Konzept des inneren Gurus keineswegs völlig verurteilen. Natürlich muß der äußere Guru an einem bestimmten Punkt auf dem Weg der spirituellen Reifung internalisiert werden, und die transzendente Identität oder das transzendente Selbst kann unser Leben tatsächlich entscheidend beeinflussen. Doch müssen wir zuerst lernen, zwischen Phantasie und Wirklichkeit zu unterscheiden, zwischen unseren infantilen Bedürfnissen und neurotischen Wünschen und dem echten Impuls, das Ich zu transzendieren. Andernfalls wird unsere Spiritualität immer nur eine traurige Parodie bleiben.

Nicht jeder Mensch hat eine rasierklingenscharfe Intelligenz – eine Tatsache, die beispielsweise Jiddu Krishnamurti ignorierte, als er sich generell gegen Gurus aussprach und versuchte, seine zahlreichen Zuhörer und Leser auf den inneren Lehrer zu verweisen. Seine kritische Einstellung Gurus gegenüber hat ihren Ursprung vermutlich in seiner eigenen Lebensgeschichte. Die Leiter der Theosophischen Gesellschaft hatten ihn dazu ausersehen, der Weltlehrer unserer Zeit zu werden. Doch als er alt genug war, diese Rolle zu übernehmen, verweigerte er sich. Dennoch hatte Krishnamurti, als er im Jahre 1986 starb, eine riesige Gefolgschaft auf der ganzen Welt, und er soll, so wird berichtet, im Laufe der Jahre auch kleine Versammlungen der Art durchgeführt haben, wie traditionelle Lehrer sie mit ihren Schülern durchführen. Seine Meinung über Gurus war wie sein gesamtes öffentliches Auftreten das eines abtrünnigen Einzelgängers.

Eine Gestalt, der man sicher nicht vorwerfen kann, daß es ihr an kritischem Scharfsinn oder spiritueller Reife gefehlt hätte, ist Thomas Merton, der Verfasser der folgenden, äußerst sachdienlichen Zeilen:

> Wenn wir uns nicht durch andere Menschen leiten lassen, die in Seinem Namen reden, können wir nicht behaupten, unter Seiner Führung zu stehen. (...) Der heilige Johannes vom Kreuz bemerkt in einem seiner Leitsätze: »Eine tugendhafte, aber alleinstehende und führerlose Seele gleicht einer brennenden Kohle; anstatt sich mehr zu entzünden, erkaltet sie.«
>
> Manche Leute glauben, nur die katholische Kirche fordere Unterwerfung unter die Lehrautorität, und außerhalb ihrer Einflußsphäre seien alle geistigen Menschen frei wie der Wind – sie könnten glauben, was sie wollten, und jede ihnen passende Art der Askese üben, und brauchten niemandem Rechenschaft über sich selbst zu geben. In Wirklichkeit wird dem Anfänger überall, wo ein ernstes Streben nach einem beschaulichen Leben besteht, zur ersten Bedingung gemacht, daß er sich willig einem Meister unterordne und gehorche, seiner eigenen Meinung entsage, Demut übe und von einem Seelenführer eine Lehre des innern Lebens lerne.[5]

Eine zweite Möglichkeit, wahre Schülerschaft zu umgehen, besteht darin, einen Lehrer zu wählen, der bereits tot und deshalb ungefährlich ist. Das in New-Age-Kreisen derzeit so beliebte *Channeling* ist symptomatisch für diese Art des Vermeidens. Dabei geben »aufgestiegene« (und somit physisch nicht mehr anwesende) Meister alle möglichen Ratschläge, was gewöhnlich für die Betroffenen ziemlich harmlos ist und sie kaum vor die Notwendigkeit einer echten Veränderung stellt. »Tote Gurus«, hat Da Love-Ananda einmal unmißverständlich gesagt, »können niemanden in den Arsch treten.«[6] Der Betroffene fühlt sich verstanden, bestätigt und geliebt, und er verwechselt diese Gefühle mit echter Spiritualität. Karl Marx' generelle Ablehnung der Religion als Opium für das Volk ist hier durchaus treffend, und diese Verwechslung ist fast noch verhängnisvoller als das krasse materialistische Ablehnen psychischer und spiritueller Realitäten.

Eine dritte Möglichkeit, Schülerschaft unter einem spirituellen

228

Lehrer zu vermeiden, ist die Vorstellung, man könne den Lehrer überall finden. Auch dies ist keineswegs generell falsch, denn das Leben selbst *ist* natürlich ein großer und geduldiger Lehrer. Doch den Lehrer in allen Dingen zu suchen, kann zu einem »Kopftrip« werden, zu einer Entschuldigung für eine nonchalante Haltung gegenüber der Spiritualität.

Der vierte Trick, durch den sich manche Suchende gegen den Einfluß eines persönlichen spirituellen Führers zu immunisieren versuchen, ist, jenen Führer als Modell für eine ganze Gattung anzusehen, als ein Symbol, das man imitieren muß. Dieser intellektuelle Trick ist zu allen Zeiten von christlichen Theologen eifrig benutzt worden. Der Theologe Harvey Cox, der eine Liste der Grundbestandteile des »spirituellen Marktplatzes« zusammengestellt hat, gesteht freimütig, er habe nicht das Bedürfnis, irgend jemanden zu imitieren. Statt dessen hat er die Vorstellung des »provisorischen Gurus« entwickelt. Darunter versteht er »in bestimmten Teilaspekten brauchbare Gestalten, Modelle, die weniger dazu geeignet sind, ihnen nachzueifern, als vielmehr mit ihnen zu diskutieren und von ihnen zu lernen, und von denen man sich schließlich lösen muß«.[7] Cox bevorzugt einen Wegwerf-Guru, den er nach eigenem Gutdünken formen kann. Er hofft auf erfahrenere Mitreisende, also auf das, was man im Buddhismus als »gute Freunde« *(Kalyānamitra)* bezeichnet. Mit lebenden Buddhas oder tatsächlichen Adepten hingegen möchte er lieber nichts zu tun haben. Zwar muß die Gestalt des Gurus letztendlich tatsächlich transzendiert werden, doch ist damit sicher nicht das beiläufige »Verwerfen« eines Gurus gemeint. Schließlich ist der Guru letztendlich nicht nur ein Modell, sondern ein lebendes Wesen.

Man vergleiche die Sichtweise von Cox mit derjenigen, die Lex Hixon, Doktor der Philosophie und Religion, vorschlägt, der selbst unter vielen verschiedenen Lehrern studiert hat:

> Jeder Suchende sollte traditionelle Initiation und persönliche Anleitung von mindestens einem authentischen spirituellen Lehrer erhalten. Denn wenn man dies erlebt hat, *experimentiert* man nicht mehr nur mit der Kontemplation, sondern *lebt* die kontemplative Praxis.[8]

Ich stimme Hixon in dieser Hinsicht zu. Meine eigene Erfahrung, so erschütternd sie zeitweilig gewesen ist, hat mir den Wert solcher Initiation und Anleitung verdeutlicht. Ich würde seine Aussage jedoch etwas umformulieren, denn Schülerschaft ist sinnlos und kann sogar schädlich wirken, wenn Menschen nicht für die Arbeit bereit sind oder wenn sie keinen zuverlässigen und verantwortungsbewußten Lehrer gefunden haben, mit dem sie sich in einem grundlegenden Einklang befinden. Wenn wir beispielsweise den Lehrer als einen demütigen Wohltäter idealisieren, sollten wir nicht Schüler eines Adepten in der Tradition der verrückten Weisheit werden. Und wenn wir als Männer Probleme im Umgang mit dem weiblichen Geschlecht haben, sollten wir uns vielleicht besser keine Lehrerin suchen. Und wenn wir beispielsweise keine innere Beziehung zum Hinduismus haben, sollten wir uns nicht ausgerechnet einen Hindu-Lehrer wählen.

Sobald Suchende der Sackgasse der Ersatz-Gurus entkommen sind, einen echten Lehrer aus Fleisch und Blut gefunden haben und von diesem als Schüler angenommen worden sind, müssen sie sich vor der ständig lauernden Versuchung hüten, sich dem Guru auf inadäquate Weise zu nähern. Zunächst müssen sie vermeiden, den Lehrer auf ein Podest zu stellen, ihn zu einer übermenschlichen Gestalt von makelloser Vollkommenheit hochzustilisieren, zu einem allwissenden und allmächtigen Wesen, das in ewigen Gefilden weilt und seinen physischen Körper lediglich für die Kommunikation mit seinen Jüngern benutzt. Dies fördert nur Tendenzen zur neurotischen Selbstablehnung, zur Verherrlichung, zum Irrationalismus, zu sentimentaler Pseudo-Hingabe und nicht zuletzt auch zur Kult-Entwicklung.

Zweitens sollten Suchende es vermeiden, die Bedeutung des Lehrers herunterzuspielen, indem sie ihn oder sie als »einen Menschen wie jeden anderen« ansehen. Wirkliche Adepten, und insbesondere wahrhaft Erleuchtete, beziehen ihre spirituelle Kraft aus dem, was im letztendlich-höchsten Sinne real ist. Das können sie aufgrund ihrer bewußten Teilhabe an jener Realität oder durch Einstimmung auf dieselbe. In der *Bhagavad-Gītā* (XI, 41), die für den frommen Hindu das ist, was für den gläubigen Christen das

Neue Testament darstellt, finden wir eine Passage, in welcher der Gott-Mensch Krishna dem Prinzen Arjuna, seinem Schüler, seine göttliche Natur enthüllt. Nach dieser offenbarenden Vision, die den Prinzen in Angst und Zittern versetzt, erinnert sich Arjuna beschämt daran, daß er und seine Freunde Krishna vor nicht allzulanger Zeit noch sehr respektlos begegnet sind. Er bittet den Gott-Menschen Krishna um Vergebung und begegnet ihm fortan mit echter Demut und Hingabe. Diese Geschichte will zeigen, daß der Gott-verwirklichte Adept mehr ist als das menschliche Wesen, das vor uns steht.

Selbst wenn ein authentischer Guru noch nicht völlig erleuchtet ist, so ist er doch wesentlich mehr, als das Auge zu sehen und der Geist zu fassen vermag. Der Schüler sollte sich dieser Tatsache stets bewußt sein, ohne jedoch sein kritisches Urteilsvermögen ganz aufzugeben. Ich werde in einem späteren Kapitel erläutern, wie in einem echten Dialog zwischen Lehrer und Schüler Raum sowohl für Hingabe als auch für Kritik ist.

## 2. Die Funktion des Gurus: Übermittler göttlicher Weisheit

Es gibt viele Arten von spirituellen Lehrern, die sich alle hinsichtlich ihrer spirituellen Reife, der Komplexität ihrer Persönlichkeit und des Stils ihrer Unterweisung voneinander unterscheiden. Auf der einfachsten Ebene gibt es diejenigen, die auf der »Leiter zur Vollkommenheit« nur eine oder zwei Stufen höher als der Anfänger stehen. Obgleich das, was sie persönlich erreicht haben, recht bescheiden sein mag, können sie Suchenden doch gute Dienste erweisen, sofern sie demütig, ehrlich und wach gegenüber dem typischen Anfängerfehler bleiben, den Meister spielen zu wollen. Außerdem gibt es weiter fortgeschrittene Lehrer, die natürlich für jene, die noch versuchen, auf dem spirituellen Pfad »Tritt zu fassen«, sehr hilfreich sein können. Sie können aber auch für diejenigen von Nutzen sein, die bereits fest im Strom der Praxis verankert sind, jedoch noch gelegentlich Ermutigungen und Bestätigungen und insbesondere jenen merkwürdigen psychophysischen Effekt »spiritueller Osmose« brauchen, durch den die natürliche Schwingungsfrequenz des Schülers erhöht wird. Diese ist offenbar bei völlig erleuchteten Meistern besonders stark. Nicht zuletzt deshalb standen solche Lehrer in den esoterischen Traditionen der Welt immer in hohem Ansehen.

Manche Adepten, so beispielsweise Ramana Maharshi oder Faquir Chand, werden zu Lehrern, weil Menschen ihre Gesellschaft und ihre spirituelle Hilfe suchen. Andere entschließen sich selbst dazu, Schüler anzunehmen, um diese intensiver zu unterweisen.[9] Wieder andere, wie Gautama Buddha, entwickeln einen völlig neuen spirituellen Weg und formen eine Gemeinschaft, die sich jenem Weg widmet. Manche Lehrer ziehen informellen Umgang mit ihren Schülern vor, während andere Wert auf Formalitäten legen. Es gibt Lehrer, die kaum in das Alltagsleben ihrer Schüler eingreifen, und andere, die ihnen eine ganz bestimmte Lebensweise vorschreiben. Manche Lehrer sind sehr ruhig und wirken sehr unauffällig, während andere, so Bhagwan Rajneesh und Sathya Sai Baba, ein sehr extravagantes Auftreten bevorzugen. Manche Adepten entscheiden sich dafür, auf eine relativ stille Weise mit ihren Schülern zu kommunizieren, während andere, beispielsweise Krishnamurti, unentwegt reden, da sie der Meinung sind, Wissen könne auf irgendeine Weise auf die Erleuchtung deuten. Manche Lehrer weigern sich, sich Lehrer zu nennen, weil sie das Gefühl haben, es gebe nichts, was sie lehren könnten; ihre Unterweisung besteht darin, daß sie einfach präsent sind. Und so gibt es noch viele andere Varianten.

Der Psychologe Guy Claxton, früher als Swami Anand Ageha ein Schüler von Bhagwan Rajneesh, empfindet das Bild des Gurus als Lehrer als etwas irreführend. Er schreibt dazu folgendes:

Die hilfreichste Metapher ist ... die des Arztes oder Therapeuten: Erleuchtete Meister sind, so könnte man sagen, die Therapeuten auf der höchsten Ebene, denn sie richten ihre heilend wirkende Aufmerksamkeit nicht auf Probleme, sondern auf die Wurzel, aus der sich Probleme entwickeln, auf denjenigen, der unter Problemen leidet und der sie selbst lösen kann. Der Meister setzt seine therapeutischen Tricks zur Entlarvung und Auflösung des trügerischen Selbst ein. Seine Kunst ist subtil, weil man die Illusionen nicht mit einem Skalpell entfernen, nicht durch eine Massage zerstreuen oder durch Drogen bezwingen kann. Er muß gleichzeitig vertraute Stützen und Gewohnheiten beseitigen und während des Falls den Mut und die Entschlossenheit des Suchenden stützen. Nur so kann der Organismus sich selbst heilen. Seine Methoden ähneln denen eines Sprengmeisters, der an strategisch wichtigen Punkten Dynamitladungen anbringt, um die etablierte Ich-Struktur zu sprengen, so daß der Urgrund zum Vorschein kommen kann. Doch muß er an jedem Fall individuell arbeiten, in der richtigen Reihenfolge und in der richtigen Geschwindigkeit demontieren und angreifen und dabei alles Rohmaterial einbeziehen, das der »Patient« zur jeweils aktuellen Arbeit mitbringt.[10]

Claxton erwähnt auch andere Verkleidungen oder »Metaphern«, die der Guru im Umgang mit dem Schüler anlegt: die des Führers, die des Oberfeldwebels, die des Kartographen, die des Schwindlers, die des Fischers, die des Sophisten und die des Magiers. Die vielfältigen Funktionen und Rollen des authentischen Adepten dienen zwei Hauptzwecken: Einerseits versucht er, die Ich-Panzerung der Schüler zu durchdringen und schließlich aufzulösen – jenes Phänomen, das sich selbst »Schüler« nennt, zu »töten«. Seine zweite Hauptfunktion ist die, als Übermittler von Realität zu fungieren, indem er die intuitive Ahnung der Schüler von ihrer wahren Identität verstärkt. Diese beiden Ziele verfolgen alle spirituellen Lehrer. Doch nur völlig erleuchtete Meister verbinden in sich das, was die Schriften des Mahāyāna-Buddhismus Weisheit *(Prajñā)* und Mitgefühl *(Karunā)* nennen und was erforderlich ist, um andere aus dem Schlaf des unerleuchteten Zustandes aufzuwecken. Im uralten *Rigveda* (X.32.7) der Hindus wird der Guru mit einem Menschen verglichen, der mit einem bestimmten Gebiet vertraut ist und der fremde Reisende durch dieses Gebiet führt. Lehrer, die die vollständige Erleuchtung erst noch erreichen müssen, können andere nur auf einem Teil des Weges geleiten. Allein der vollendete Adept, der in Indien *Siddha* genannt wird, ist in der Lage, den Suchenden auf seinem gesamten Weg zu begleiten.

Solche vollständig erleuchteten Adepten sind äußerst selten. Unabhängig davon, ob sie sich dazu berufen fühlen, andere zu lehren oder nicht, wird traditionell angenommen, daß ihre bloße Gegenwart in der Welt einen heilsamen Einfluß hat. Alle erleuchteten Meister oder Gott-Verwirklicher sollen das Numinose ausstrahlen. In ihnen konzentriert sich das Heilige. Sie übermitteln die Botschaft des Göttlichen. Weil sie in ihrem Bewußtsein mit der höchsten Wirklichkeit eins sind, können sie nicht anders, als ihre Umgebung mit dem Licht jener Wirklichkeit zu bestrahlen. Dieser spirituelle »Feld-Effekt« bereichert offenbar alle Kreaturen und Dinge, doch wird er insbesondere von jenen empfunden, die sich in nächster Nähe des betreffenden Adepten aufhalten oder die für seine spirituelle Übermittlung empfänglich sind. Die natürliche »Aura« des Erleuchteten, von der eine transformierende Wirkung ausgeht, verpflichtet die Welt dazu, sich in unwillkürlicher spiritueller Übung *(Sādhana)* zu engagieren. Da Love-Ananda hat zu diesem Phänomen einmal gesagt, daß »selbst die Mauern« an diesem Prozeß teilhaben. Wie buchstäblich er dies meinte, geht aus dem folgenden Bericht eines seiner Schüler hervor:

Im Sommer 1982 befand ich mich plötzlich unerwartet in der persönlichen Gesellschaft meines Gurus. Ich sah ihn in einen Zustand eintreten, der gewöhnlich als unspezifisches *Samādhi* oder als Zustand der Ekstase bezeichnet wird. Alle, die zugegen waren, wurden augenblicklich in einen tiefen meditativen Zustand versetzt. Später stellte sich heraus, daß wir alle die subjektive Empfindung gehabt hatten, der Raum mitsamt allen Dingen und Personen, die darin waren, flöge auseinander. *Alle berichteten, sie hätten eindeutig gehört, daß die hölzernen Wände und die Deckenbalken geknirscht hätten.* Außerdem war da noch das Gefühl eines merkwürdigen, jedoch eindeutig spürbaren Drucks auf den gesamten Körper, insbesondere auf die Vorderseite desselben. Nach diesem Erlebnis war ich lange verwirrt und befand mich in einem Zustand freudiger Erregung. Für mich war dies eine Demonstration der subtilen Kräfte, die in der Umgebung eines Adepten wirken.

Der gleiche Schüler hat auch folgendes berichtet:

> Jedesmal wenn ich mit meinem Guru in Meditation oder im *Darshan*[11] saß, fühlte sich mein Körper so an, als würde er einer hohen Strahlendosis ausgesetzt. Noch Tage oder sogar Wochen danach brannte oder strahlte meine ganze Brust. Das Zentrum dieser Empfindung lag auf der rechten Seite meines Herzens. Dieses Gefühl wurde jedesmal intensiver, wenn ich allein meditierte. Mit diesem physischen Symptom war eine ungewöhnliche emotionale Empfindlichkeit verbunden. Ich fühlte mich wie aufgerissen, ungeheuer verletzlich. Mir war, als hätte mein Lehrer das Zentrum meiner Aufmerksamkeit vom Gehirn zum Herzen verlagert, also dorthin, wo es hingehört. Durch die Gnade meines Gurus war mein Herz aufgeweckt worden.

Guy Claxton kommentiert:

> Durch Sitzen in der Gegenwart des Meisters, seiner gewahr ohne Gedanken und ohne Urteil, fängt der Suchende an, jene Qualität der Klarheit und Ruhe in sich aufzunehmen und selbst zu manifestieren. Im Zen spricht man von einer direkten Übermittlung außerhalb der Schriften, von Herz zu Herz. Der Meister ist wie eine Bienenkönigin, um die sich die Gemeinschaft der Suchenden – im Buddhismus *Sangha* genannt – sammelt, um seine Essenz zu trinken.[12]

Die spirituelle »Präsenz« des Lehrers wird als eine Kraft empfunden, die auf den physischen Körper wirkt. Sowohl Bhagwan Rajneesh als auch Swami Muktananda demonstrierten nur zu gern ihre Fähigkeit, diese Kraft auf einzelne Schüler wie auch auf große Versammlungen zu projizieren und sie zu manipulieren. Dies war der wichtigste Faktor, der ihren spektakulären Erfolg sicherte. Doch muß ein Lehrer kein erleuchteter Meister sein, um die psychophysische Energie auf diese Weise zu beeinflussen. Ich habe selbst ein interessantes Erlebnis mit diesem Phänomen gehabt. Als ich noch in England lebte, meditierte ich gelegentlich unter der Anleitung von Irina Tweedie, einer Sufi-Lehrerin. Nach einer dieser Meditationssitzungen hatte ich das Gefühl, mein ganzer Körper und mein gesamtes Sein sei von Energie durchflutet. Ungefähr um die gleiche Zeit hatte einer meiner Nachbarn herausgefunden, daß ich meditierte, und dieser Mann wollte dies nun von mir lernen. Da ich jedoch nie von irgend jemandem dazu autorisiert worden war, andere Menschen in der Meditation zu unterweisen, lehnte ich höflich ab. Doch fast jedesmal, wenn ich wieder zufällig mit ihm zusammentraf, bat er mich wieder sehr eindringlich, ob ich ihm nicht doch den Gefallen tun könne.

Nachdem sich dies etwa ein halbes Dutzendmal wiederholt hatte, willigte ich schließlich ein. Wir vereinbarten den Zeitpunkt, zu dem ich ihm die Anleitung geben wollte. Als der Mann am betreffenden Tag erschien, hatte er seine beste Sonntagskleidung an. Später erzählte er mir, er habe sich genauso vorbereitet, als würde er in die Kirche gehen. Ich forderte ihn auf, es sich auf einem Stuhl bequem zu machen, während ich mich auf ein Sofa ihm gegenüber setzte. Dann erklärte ich ihm, wie man sich körperlich entspannt, um sich auf die Meditation vorzubereiten. Schon nach ein paar Sätzen bekam ich das Gefühl, eine psychophysische Energie würde von hinten in meinen Körper eindringen und in seine Richtung wieder daraus hervortreten. Meine Sprechweise wurde undeutlich, meine Augenlider wurden schwer, doch hielt ich meinen Blick auf ihn fokussiert. Als die Energiewelle ihn traf, zuckte er sichtlich zurück und schaute mich furchtsam an. Dann floß eine zweite Welle durch mich und ihn hindurch, und wieder erschrak er. Als ein dritter Energieschub kam, befand er sich in tiefer Meditation. Ich spürte ein Kraftfeld, das seinen Körper mit meinem verband, und während ich in Meditation blieb, blieb auch er in diesem Zustand.

Wir sprachen später über diese Erfahrung, und es stellte sich heraus, daß er das Geschehene genauso erlebt hatte wie ich. Zuerst hatte er Angst gehabt, er wäre von mir hypnotisiert worden; doch als die zweite Energiewelle ihn durchdrang, war er zwar zunächst wieder zurückgezuckt, hatte sich dann jedoch der Empfindung geöffnet. Beim dritten Energieansturm ließ er einfach los und ermöglichte es der Energie so, in seinem Körper-Geist zu wirken. Dieser Mann hatte noch nie zuvor meditiert. Ich selbst war über die Wirkung ebenso überrascht wie er. Jedesmal, wenn wir uns danach wieder zur gemeinsamen Meditation trafen, kam es zu einer ähnlichen Energie-Übermittlung. In einem bestimmten Augenblick wurde mir klar, daß er gewisse Dinge in seinem Leben verändern mußte, bevor er von weiteren Meditationssitzungen profitieren konnte.

Zum Glück habe ich mich damals nicht als Guru oder gar als Meditationslehrer angesehen, und ich habe das, was geschah, auch nicht als von mir verursacht verstanden. Ich hielt es vielmehr für ein Geschenk und riet meinem Nachbarn, dies ebenso zu sehen. Diese Erfahrung in Verbindung mit der Tatsache, daß ich selbst bei zahlreichen Anlässen Empfänger derartiger Energie-Übermittlungen gewesen bin, hat mir klargemacht, weshalb manche Lehrer dieser Fähigkeit besondere Bedeutung beimessen. Das gleiche gilt für mystische Erfahrungen. Man geht nur zu leicht in die Falle, mehr in sie hineinzulesen, als gerechtfertigt ist. Auch ist es nicht schwer zu begreifen, wie es dazu kommen kann, daß Schüler von der spirituellen Übermittlung eines Gurus »getroffen« werden und wieso sie diese Fähigkeit mit Erleuchtung, Weisheit und Mitgefühl verwechseln können.


### 3. Jesus und die Gottwerdung

Für mich steht völlig außer Frage, daß viele Gurus über echte psychische und mystische Fähigkeiten verfügen. Doch sind sie deshalb, wie ich bereits bemerkt habe, noch keineswegs erleuchtet. Manche Gurus haben eine dauerhafte Identitätsveränderung erreicht, die man mit Erleuchtung gleichsetzen könnte, doch deshalb müssen sie nicht unbedingt weise oder besonders mitfühlend sein. Manche Adepten weisen sogar Eigenschaften auf, die man bei gewöhnlichen Sterblichen als eindeutig neurotisch bezeichnen würde.

Jedenfalls ist die Gottwerdung des Adepten ein riesiger Stein des Anstoßes für den herkömmlichen Intellekt. Wie kann eine allem

Anschein nach individuelle Wesenheit die höchste Wirklichkeit oder Gott sein? Diese Frage hat unzählige Generationen von Theologen irritiert. Sie wurde bereits vor etwa zweitausend Jahren im Hinblick auf jenen Adepten gestellt, dessen Lehren den heute weitgehend verborgenen Kern der Weltreligion des Christentums bilden.[13] Jesus selbst hat die jahrhundertelange christologische Debatte über seine wahre Natur vorweggenommen, als er seine Schüler fragte: »Wer sagen die Leute, daß ich sei?«[14] Nachdem man ihm einige verbreitete Ansichten genannt hatte, wobei negative Meinungen entweder übergangen wurden oder später der Zensur anheimfielen, wandte er sich ihnen zu und fragte sie: »Ihr aber, wer sagt ihr, daß ich sei?« Und darauf antwortete Petrus: »Du bist der Christus!« Das Glaubensbekenntnis dieses Jüngers wurde, wie abzusehen war, nicht von der gesamten Gesellschaft akzeptiert. Und als das Wirken Jesu seinen Lauf nahm, stellten die kirchlichen und politischen Autoritäten jener Zeit immer drängender die Frage: »Wer ist dies?«[15] Jesu Kreuzigung zeugt von dem vollkommen inadäquaten Charakter der Antwort, zu der sie schließlich gelangten. Doch gerade dieses Martyrium und das Geheimnis, von dem es umgeben war, hat die Entwicklung des Christentums letztendlich begünstigt, andererseits aber auch zu endlosen Spekulationen über die Beziehung zwischen der historischen Person Jesu und dem »Gesalbten«, dem »Sohn Gottes« veranlaßt.

Es gibt im Neuen Testament keine Aussagen, die unmißverständlich auf Jesu Identität mit Gott verweisen, doch gibt es Formulierungen, die von seiner Einheit oder Gleichheit mit Gott sprechen.[16] Dennoch reichte dies aus, um ungeheure philosophische Dispute auszulösen. Die einfachste Lösung der Frage, welcher Natur Jesus denn nun sei, wurde von den Vertretern des Doketismus vorgebracht. Inspiriert von der Gnostik, waren sie der Ansicht, Jesus sei tatsächlich mit dem Göttlichen eins und seine physische Existenz nur »scheinbar« gewesen – daher der Name ihrer Lehre, der sich vom griechischen Wort *dokein* (»erscheinen«) herleitet. Jesu Menschlichkeit wurde somit nicht geleugnet, sondern als willentliche Lösung vom Göttlichen zum Wohle der Menschheit verstanden. Demnach hätten sich der angebliche Kampf Jesu mit dem

238

Fleisch, seine Versuchungen und sein Leiden am Kreuz auf eine Art von Phantomkörper bezogen.

Eine andere Lösung wurde von der Schule der Ebioniten vorgeschlagen. Dieser Lehre gemäß war Jesus keine Projektion des Göttlichen in das Reich der Menschen, sondern ein besonders begnadeter Mensch. Ohne die Göttlichkeit des Adepten völlig zu leugnen, schwächten die Anhänger dieser Schule sie ab, indem sie sie als eine spezielle Gabe interpretierten, die ihm aufgrund besonderer Tugendhaftigkeit und überragender spiritueller Qualitäten verliehen worden sei. Der Doketismus beharrte ebenso wie die Ebioniten auf der völligen Transzendenz des Göttlichen, weshalb diese beiden Schulen Lehren des einen Gottes entwickelten, der jenseits aller Endlichkeit steht und doch drei Aspekte hat – den Vater, den Sohn und den Heiligen Geist. Eine andere Schule, die der Basilidianer, vertrat die Ansicht, Jesus sei durch seine Taufe zum Christus geworden, wohingegen die Aloger und die Artemoniten darauf beharrten, Jesus sei rein menschlicher Natur gewesen, habe jedoch auf geheimnisvolle Weise von Gott Energie bezogen.

Im 4. Jahrhundert n. Chr. wurden aufgrund dieser Kontroverse innerhalb von 63 Jahren nicht weniger als 18 Konzilien abgehalten. Arius, der Presbyter von Alexandria, schlug eine subtile Unterscheidung zwischen *homoiousion* (»von ähnlichem Wesen«) und *homoousion* (»von gleichem Wesen«) vor, wobei ersterer Begriff beschrieb, wie die Beziehung Jesu zu Gott seiner Ansicht nach beschaffen war. In seinen Augen war Jesus vor der Entstehung von Raum und Zeit durch einen definitiven Willensakt Gottes geschaffen worden, weshalb er seiner Ansicht nach dem Göttlichen untergeordnet und von anderer Wesensart als dieses war. Die Kirche entschied sich jedoch schließlich für die *homoousion*-Lösung, und die Ansicht des Arius wurde zur Häresie erklärt.

Im 5. Jahrhundert n. Chr. tauchten weitere Häresien auf: Apollinarismus, Nestorianismus und Eutychianismus. Die erstgenannte dieser Schulen vertrat die Auffassung, Jesus habe zwar einen realen menschlichen Körper besessen, seine Seele sei jedoch durch den *Logos* ersetzt worden. Für die Verfechter des Nestorianismus war Christus sowohl menschlicher als auch göttlicher Natur, doch standen diese beiden Seiten nicht in Kommunikation miteinander. Der Eutychianismus trat ebenfalls für die duale Natur Jesu ein, doch bestritt er, daß keine Verbindung zwischen seinem Menschsein und seiner Göttlichkeit bestünde. Die Vertreter dieser Schule waren der Ansicht, Jesu menschliche Persönlichkeit sei durch seine göttliche Natur vollständig transformiert worden.

Im 7. Jahrhundert n. Chr. wurden zwei weitere theologische Positionen diskutiert und dann als Häresien verworfen – der Monophysitismus und der Monothelitismus. Nach Ansicht der ersten dieser beiden Lehren hat Christus nur eine einzige Natur, und seine menschliche Persönlichkeit ist eine nachgeordnete Qualität Gottes. Und letztere Lehre verkündete, Jesus sei nur eine Person, und deshalb habe er auch nur ein Wesen.

Die orthodoxe Christologie, so wie sie auf dem Konzil von Chalcedon im Jahre 451 n. Chr. formuliert wurde, besagt, daß Jesus wahrhaft Gott und wahrhaft Mensch ist, ohne daß eine logische Lösung des Paradoxes, das in dieser Behauptung enthalten ist, angeboten wird. Aufgrund dieser Formulierung wird die Frage der Natur Christi noch heute heftig diskutiert. Die orthodoxe Position ist für den Intellekt, der durch binäre logische Operationen zur Wahrheit zu gelangen versucht, unbefriedigend. Doch wird der gleiche Intellekt, der durch rigorose Anwendung der Gesetze der Logik und Mathematik die Wunder der modernen Technik geschaffen hat, heute aufgrund einer weit fortgeschrittenen Technologie mit Entdeckungen konfrontiert, die völlig paradox und wahrhaft irrsinnig zu sein scheinen.

Wir wissen heute mehr und mehr die tiefe Wahrheit jenes berühmten Ausspruchs von Heraklit zu würdigen, daß »alles fließt« *(panta rhei).* Das Universum, so wie wir es kennen, ist Teil eines riesigen Prozesses, der sich allen Versuchen des Geistes widersetzt, ihn mit Hilfe von geistigen »stehenden Bildern« zu kodifizieren. Dies kommt nirgendwo klarer zum Ausdruck als in den dynamischen Wirbeln und Spiralen der Blasenkammer-Bilder, jener verrückten »Fußabdrücke« subatomarer Teilchen, welche die Grundbausteine unseres materiellen Kosmos sind. Ein Physiker, der sich mit diesem Prozeß auseinandersetzen will, mit Shivas kosmischem

Tanz, ist gezwungen, zu einer multilateralen Logik Zuflucht zu nehmen, die Paradoxen gegenüber tolerant ist.

Vermutlich erfordert es kaum weniger intellektuelle Flexibilität, über das Wesen eines erleuchteten oder gottverwirklichten Adepten nachzudenken. Wenn wir irgend etwas von den jahrhundertelangen scholastischen Bemühungen des Christentums lernen können, so vielleicht, daß wir, um die Göttlichkeit des Adepten, der Mensch ist, zu verstehen, uns über das Paradox des erleuchteten Wesens klar werden müssen. »Ich bin vor Zeit und Raum, und keine Bedingung trifft auf mich zu«, ruft Da Love-Ananda in einer seiner frühen, heute nicht mehr erhältlichen Schriften aus.[17] Sein ekstatisches Bekenntnis ist das Zeugnis aller erleuchteten Meister, die sich nicht als Subjekt oder Objekt erfahren. Ihr Zustand ist absurd.

So wird Absurdität zu einem Charakteristikum des Zustandes der Erleuchtung: Selbst wenn wir stolz, wenn auch mit einem gewissen Unbehagen, annehmen, unsere Existenz sei von der aller anderen getrennt, so sind wir doch ein integraler Bestandteil der gleichen Wirklichkeit oder des gleichen Seins, in dem alle Dinge eins sind. Dieses Wissen hilft uns natürlich nicht, mit dem paradoxen und rätselhaften Wesen des Gurus fertig zu werden. Und aus der Perspektive der spirituellen Übung gesehen *sollten* wir auch nicht damit »fertig werden«. Sobald der Guru für den unerleuchteten Schüler kein *Kōan* mehr ist, macht dieser sich mit Sicherheit etwas vor. Der Guru hört auf, ein *Kōan* zu sein, wenn der Schüler zu jener höheren Realität erwacht ist, in welcher der Adept und Lehrer verweilt. Dann geht es dem Schüler wie dem Zen-Übenden in der folgenden Geschichte:

»Ich bin mit nichts zu meinem Lehrer gegangen, und ich bin mit nichts von ihm zurückgekehrt.« Jemand fragte: »Warum bist du dann überhaupt hingegangen?« Die Antwort: »Wie hätte ich sonst herausfinden können, daß ich nichts bei mir hatte, als ich zu ihm ging?«[18]

Natürlich ist dieser Schüler in Wahrheit *nicht* mit leeren Händen von seinem Lehrer weggegangen. Er wurde vom Lehrer zum Rande des Abgrunds geführt, und dann sprang er – in die unergründliche Realität. Als er zu seinem Guru kam, glaubte er an seine eigene Unerleuchtetheit, und ihm wurde gezeigt, daß diese Überzeugung völlig unzutreffend war. Dann war er frei davon. Das Geschenk des Adepten kann nicht gemessen oder gewogen werden. Im Sinne konventioneller Maßstäbe ist es nichts, doch auf dem spirituellen Pfad ist es alles.

### 4. Echte Gurus, falsche Gurus, verrückte Gurus

Es gibt viele Lehrer, so wie Lampen in jedem Haus, doch schwer zu finden, c Devi, ist der Lehrer, der sie alle wie die Sonne erleuchtet. (Cs. 104)

Es gibt viele Lehrer, die der Vedas [offenbarten heiligen Schriften] und Shastras [Lehrbücher] kundig sind, doch schwer zu finden, o Devi, ist der Lehrer, der zur höchsten Wahrheit gelangt ist. (Cs. 105)

Es gibt viele Lehrer auf Erden, die etwas anderes geben als das [transzendente] Selbst, doch schwer zu finden auf der ganzen Welt, o Devi, ist der Lehrer, der das Selbst offenbart. (Cs. 106)

Es gibt viele Lehrer, die den Schüler seiner Habe berauben, doch selten ist der Lehrer, der die Mängel des Schülers beseitigt. (Cs. 108)

Der ist der [wahre] Lehrer, durch dessen bloßen Kontakt göttliche Glückseligkeit *(Ānanda)* fließt. Der intelligente Mensch sollte einen solchen und niemand anderen als seinen Lehrer wählen. (Cs. 110)

Diese Strophen stammen aus dem *Kularnava-Tantra* (XIII), einem esoterischen Werk der Hindu-Tradition aus dem 11. Jahrhundert n. Chr. Der Gott Shiva, der Herr der *Yogins*, spricht diese Verse zu seiner göttlichen Gefährtin Devi. Doch waren seine Worte für menschliche Ohren bestimmt, und sie sind heute noch ebenso relevant wie vor einem Jahrtausend oder noch früher. Zweifellos gibt es echte und falsche spirituelle Lehrer oder Gurus. Und sehr wahrscheinlich gibt es viele, die weder völlig weiß noch völlig schwarz sind, sondern die verschiedensten Grauschattierungen haben.

Wie kann man den echten spirituellen Meister vom betrügerischen Opportunisten unterscheiden, dessen paradoxes Verhalten und dessen »heilige Verrücktheit« lediglich vorgespielt sind? Die Frage ist drängend, aber keineswegs neu. Sie ist durch die Jahrtausende hindurch immer wieder gestellt worden, und zwar aus zwei Gründen. Erstens weil sie nicht leicht zu beantworten ist, und zweitens weil die Spreu nie weit vom Weizen entfernt ist. Wo Licht ist, ist die Dunkelheit nie weit.

In einer äußerst interessanten Studie über den Messias im Laufe der Jahrhunderte hat Wilson D. Wallis eine aufschlußreiche Tabelle über die Häufigkeit des Auftretens bekannter Messias-Gestalten im Judentum, im Islam und im Christentum veröffentlicht. Demnach liegt die Gesamtzahl der in diesen drei Weltreligionen aufgetretenen Messiasse über 144.[19] Diese Zählung bezieht sich auf die Zeit bis zum Jahre 1940, und nachweisliche Psychotiker wurden dabei nicht berücksichtigt. Die Tabelle zeigt eine deutliche Zunahme selbsternannter Messiasse im Christentum im 19. und 20. Jahrhundert. Das gleichzeitige Auftreten mehrerer Personen, die sich als *der* Messias oder *Avatāra* der betreffenden Zeit bezeichnen, weckt den Gedanken, die gesamte Messias-Idee völlig abzulehnen. Doch genau in dieser Situation war auch Jesus von Nazareth. Die Hebräer erwarteten den Messias, und es traten mehrere Kandidaten auf, um die Prophezeiung zu erfüllen. Einer von ihnen war Jesus. Die Christen sind davon überzeugt, daß er der wahre Messias war und daß alle anderen in Vergangenheit, Gegenwart und Zukunft Betrüger seien. Für die Juden jedoch stellt sich die Situation völlig anders dar. Sie warten immer noch auf den in der Bibel prophezeiten Messias. Die Muslime interpretieren die historischen Fakten auf ihre Weise: Jesus war für sie einer der großen Propheten, doch Mohammed war der letzte von ihnen, und er verkündete die letztgültige Wahrheit.

Unsere heutige Situation ähnelt derjenigen, mit der sich die Zeitgenossen von Jesus auseinandersetzen mußten. Es gibt nicht gerade wenige Gurus, die von sich selbst – oder deren Anhänger von ihnen – behaupten, daß sie *der* »Gesalbte« oder zumindest ein völlig erleuchteter Meister seien. Angesichts dessen erhebt sich natürlich die Frage der Authentizität. Wer würde leugnen, daß es, um Idries Shah zu zitieren, »Schwindler« unter den heutigen spirituellen Lehrern gibt?[20] Außer denjenigen, die bewußt vorgeben, etwas zu sein, wovon sie selbst wissen, daß sie es nicht sind, gibt es diejenigen, die sich selbst etwas vormachen, ohne sich dessen bewußt zu sein. In den meisten Fällen, so wage ich zu behaupten, hat der Anspruch, erleuchtet zu sein, nichts mit der Realität zu tun, obgleich es sich nicht immer um absichtliche Täuschung handeln muß. Oft wird eine zeitweilige Erfahrung der *Unio mystica* oder der ekstatischen Vereinigung mit Erleuchtung verwechselt. Andere Übende verwechseln den eigenartigen Zustand des »Bezeugens« mit transzendenter Realisation.

Das Sieben-Stufen-Modell des menschlichen Lebens, das Da Love-Ananda entwickelt hat, bringt eine gewisse Ordnung in die verwirrende Vielfalt von Meinungen, mit der wir uns heute auseinandersetzen müssen. Dieses Modell versteht die physische, emotionale, intellektuelle und spirituelle Entwicklung des Menschen als einen integrierten Prozeß, der vom Erwerb einfacher motorischer Fähigkeiten bis hin zur Erleuchtung und zu den damit verbundenen besonderen Fähigkeiten führt. Dieses Schema, das Suchenden sehr gute Dienste leisten kann, schließt andere Entwicklungsmodelle wie die von Jean Piaget (Stufen kognitiver Entwicklung), Lawrence Kohlberg (moralische Entwicklung) oder James Fowler (Stufen des Vertrauens) in sich ein. Da Love-Ananda beschreibt die sieben Stufen des Lebens folgendermaßen:

*Erste Stufe:* Einfache biologische Kompetenz, so wie sie ein Kind in den ersten sieben Jahren seines Lebens entwickelt.
*Zweite Stufe:* Einfache Beziehungs- oder emotional-sexuelle Kompetenz, die man im Idealfall in der Zeit zwischen dem 7. und 14. Lebensjahr erlangen sollte, was jedoch nur selten der Fall ist.

*Dritte Stufe:* Grundlegende intellektuelle Kompetenz, die zwischen dem 14. und 21. Lebensjahr erreicht wird und die die Integration der biologischen und emotional-sexuellen Aspekte des Seins ermöglicht.

*Vierte Stufe:* Hingabe-Kompetenz, der Beginn der spirituellen Entwicklung. Verbunden damit ist das Erwachen einer höheren psychischen Sensibilität und die Fähigkeit, vom Herzen kommende Hingabe zu entwickeln, die Fähigkeit des selbstlosen Dienens, des Mitgefühls und echter Liebe, was zu einer tiefgreifenden Neuorientierung des gesamten Lebens führt. Charakteristisch für die vierte Stufe sind die Pfade des *Bhakti-Yoga* (der Yoga der liebevollen Anteilnahme) und des *Karma-Yoga* (der Yoga selbst-transzendierender Aktivität in der Welt).

*Fünfte Stufe:* Mystische Kompetenz, die mit der Fähigkeit verbunden ist, die Aufmerksamkeit auf die innere (psychische) Dimension des eigenen Seins zu richten, und die letztendlich zu der erschütternden Erfahrung formloser Ekstase führt, die im Hinduismus *Nirvikalpa-Samādhi* genannt wird.

*Sechste Stufe:* Die Fähigkeit des Bezeugens, die das Spiel der Aufmerksamkeit selbst transzendiert und die charakteristisch für den *Jñāna-Yoga* (Yoga der Weisheit) des Hinduismus ist.

*Siebte Stufe:* Erleuchtungskompetenz, das vollständige Erwachen des transzendentalen Selbst, das permanenter Ich-Transzendenz gleichkommt und auch *Sahaja-Samādhi* oder »Ekstase der Spontaneität« genannt wird. Diese Stufe umfaßt nach Da Love-Ananda drei klar voneinander zu unterscheidende Phasen: Transfiguration, Transformation und Translation. Transfiguration ist, ebenso wie in der christlichen Tradition, die zeitweilige und sichtbare Manifestation transzendentalen Strahlens im und durch den physischen Körper. Transformation beinhaltet dauerhafte biochemische Veränderungen im Körper, da dieser sich an den hoch-energetischen Zustand der Erleuchtung anpaßt. Und Translation schließlich bezieht sich auf das Verschwinden des physischen Bewußtseins aufgrund des erleuchteten Zustandes. Dies wird auch *Bhāva-Samādhi* oder »Ekstase der (großen) Empfindung (vollkommenen Vergessens im Göttlichen)« genannt. Manchmal, so heißt es, ist die Translation die buchstäbliche Illumination des Erleuchteten, der im Augenblick seines Todes in einem strahlenden Licht verschwindet. (Dies hat jedoch nichts mit dem merkwürdigen Phänomen des spontanen Verbrennens zu tun.) Die Existenz dieser drei Phasen zeigt, daß Erleuchtung kein Endzustand, sondern ein fortlaufender Prozeß ist.

Weil Da Love-Ananda diese sieben Entwicklungsstufen merkwürdigerweise nicht als Modell, sondern als die wahre Form der Wirklichkeit bezeichnet, sind seine Anhänger schnell damit bei der Hand, andere Lehrer in diese »Schubladen« einzuordnen, gewöhnlich in eine der ersten fünf. Zur Zeit scheint die Schublade der siebten Stufe nur von Buddha Shakyamuni, Ramana Maharshi und dem Erfinder des Modells, Da Love-Ananda selbst, bewohnt zu sein. Jesus, der früher einmal als Adept der siebten Stufe bezeichnet wurde, ist mittlerweile auf Stufe fünf zurückversetzt worden, zum Leidwesen nicht weniger, darunter auch einiger Schüler Da Love-Anandas.

Mit Bedacht genutzt, kann das Sieben-Stufen-Modell unser Verständnis verschiedener spiritueller Lehren und in gewissem Maße auch unterschiedlicher Lehrer verbessern. Ich sage bewußt »in einem gewissen Maße«, weil wir den spirituellen Reifegrad von Lehrern nur aufgrund ihres beobachtbaren Verhaltens und des größeren Zusammenhangs ihres Lebens sowie auch ihrer Lehren beurteilen können. Wie es im Inneren solcher Lehrer aussieht, können wir nur dann wirklich beurteilen, wenn wir selbst große *Yogins* sind und im Geiste und im Herzen anderer zu lesen vermögen.

Die Existenz falscher Gurus oder Lehrer, die weniger weit entwickelt sind, als sie behaupten oder vorgeben, ist sicherlich bedauerlich, doch sollten ihre Betrügereien oder ihre Schwächen uns nicht dazu verleiten, die Gestalt des spirituellen Führers generell abzulehnen. Der Psychologe John Welwood, der sehr tiefgründig über dieses Thema reflektiert hat, teilt folgende Beobachtung mit:

Alle spirituellen Meister in Bausch und Bogen abzulehnen, nur weil es Scharlatane und irregeleitete Lehrer gibt, ist ebensowenig hilfreich wie die Weigerung, Geld zu benutzen, nur weil gefälschte Banknoten in Umlauf sind. Daß Autorität mißbraucht werden kann, ist wohl kaum ein Grund, sie in Zusammenhängen abzulehnen, in denen sie angemessen, nützlich und legitim ist. Es könnte sein, daß in dieser Zeit kulturellen Umbruchs, des Verfalls der Moral wie auch der Familienstruktur und des allgemeinen weltweiten Chaos die großen spirituellen Meister der Welt zu den kostbarsten Schätzen der Menschheit zählen. Ein Beschönigen des so wesentlichen Unterschieds zwischen authentischen und falschen spirituellen Meistern könnte angesichts dieser Situation nur noch mehr zur Verwirrung unserer Zeit beitragen und jenes Wachstum und jene Transformation hinauszögern, die sich vielleicht als entscheidend für Fortbestand und Gedeihen der Menschheit erweisen werden.[21]

Der amerikanische Philosoph William Ernest Hocking hat sich in ähnlicher Weise zu diesem Thema geäußert:

Die Natur macht tausend Fehler, um ein vollkommenes Ergebnis zustande zu bringen. Die Existenz echter Mystiker – Bernhard, Mohammed, Lao-tzu, Plotinus, Eckehart, Johannes vom Kreuz –, so selten diese auch sein mögen, ist das Entscheidende; ausreichend, um der mystischen Tradition Respekt zu verschaffen, ausreichend, um die Aufmerksamkeit zu rechtfertigen, die in der gesamten Geschichte der Religionen auf solchen Einzelnen geruht hat.[22]

Angesichts der Raffinesse, die einige der erfolgreicheren falschen Gurus an den Tag gelegt haben, ist die Frage der Authentizität sehr dringlich. Wir spüren bereits ein gewisses Bewußtsein dieser Problematik im Bericht über Jesu Frage an seine Schüler, wer sie glaubten, daß er sei, unabhängig davon, was die Allgemeinheit darüber denke. Einige Jahrhunderte früher fragte nach dem Bericht der *Bhagavad-Gītā* (II. 54–72) der Krieger-Mystiker Arjuna seinen Gott-Guru Krishna, woran man wahrhaft erleuchtete Wesen erkennen könne, wie derjenige, der »stetig in der Gnosis« *(Sthita-Prajñā)* verweilt, spricht, sitzt und sich bewegt. Krishnas Antwort läßt jedoch einiges zu wünschen übrig. Erstens ist sie nur so gespickt mit introversionistischen Bildern, die dem erleuchteten Zustand nicht gerecht werden. Zweitens beantwortet er Arjunas Frage nicht direkt, sondern spricht statt dessen über die psychischen Eigenschaften des Gott-Verwirklichten, nämlich über die Freiheit vom Ich, über inneren Frieden und über Nicht-Anhaftung. Ebenso wird im größten Teil der Sanskrit-Literatur verfahren. So enthält die *Uddhava-Gītā* (VI. 8.11–12), eine der vielen *Gītā*-Imitationen, die folgenden Strophen:

> Der Weise *(Vidvan)* weilt zwar in seinem Körper, doch weilt er nicht [wirklich] in seinem Körper, sondern er gleicht jemandem, der aus einem Traum erwacht ist. Der Narr jedoch, obgleich er nicht im Körper weilt, weilt dennoch im Körper, so wie man einen Traum erlebt.

> So nicht-haftend, während er sich zurücklehnt, sitzt, geht, badet, sieht, berührt, riecht, ißt und hört usw., ist der Weise bei keiner [seiner Handlungen] durch die »Eigenschaften« [der Natur] gebunden, er ist frei wie Himmel, Sonne und Wind.

Doch wie können wir beurteilen, ob ein Lehrer wirklich nicht anhaftet, ob er wirklich jenseits der Ichhaftigkeit und jenseits des Spiels der Naturkräfte steht? Auch hier liefert uns Welwood wieder den wertvollsten Beitrag:

> Wir können uns nicht ausschließlich auf die Beschreibungen äußerer Verhaltensweisen verlassen, um zwischen echten und problematischen spirituellen Lehrern zu unterscheiden. Kriterien für die Beurteilung der Authentizität eines Lehrers entwickeln zu wollen, indem man lediglich deren äußere Verhaltensweisen untersucht, würde einerseits den Kontext vernachlässigen – sowohl den persönlichen als auch den zwischenmenschlichen –, aus welchem das Verhalten seinen Sinn herleitet. Andererseits würde dadurch möglicherweise ein bestimmtes Modell eines spirituellen Lehrers als Ideal herausgestellt oder ihm gar die ausschließliche Existenzberechtigung zugesprochen. Das wäre ebenso verhängnisvoll wie der Fehler, eine einzige Form von Psychotherapie in eine ähnliche Position zu erheben.[23]

Welwood weist auch darauf hin, daß Therapeuten unterschiedliche Persönlichkeiten haben und viele verschiedene Methoden anwenden. Wir könnten dem noch hinzufügen, daß sie außerdem auch in unterschiedlichem Maße kompetent sind. Es hat sich erwiesen, daß sie einigen, aber nicht unbedingt allen ihren Klienten helfen können. Ebenso ist auch nicht jeder Guru gut für jeden Schüler. Die Beziehung zwischen Meister und Schüler ist hier ein wichtiger Schlüssel. Der andere ist, wie Welwood ausführt, die Quelle, aus der ein Lehrer seine Autorität herleitet. Die Quelle eines erwachten Adepten ist sein Einklang mit der Realität, die Erleuchtung. In allen anderen Fällen, der überwiegenden Mehrheit also, leitet sich die Autorisierung des Lehrers von einem geringeren Maß an Kompetenz ab, wie man aus Da Love-Anandas Sieben-Stufen-Modell ersehen kann.

Das Problem ist, daß ein unerleuchteter Lehrer sich als vollständig erleuchteter Adept darstellen kann. Bhagwan Rajneesh ist ein gutes Beispiel hierfür. Jahrelang hat er sich als einen modernen Buddha bezeichnet und Zehntausende von Anhänger aus der ganzen Welt sowohl durch diese Behauptungen als auch durch seine positive Einstellung zur Sexualität angezogen. Dann stellte sich durch die tragischen Entwicklungen auf seiner Ranch in Oregon heraus, daß Rajneesh selbst ziemlich manipulativ war und daß er, falls er tatsächlich nicht unmittelbar für die Geschehnisse verantwortlich war, zumindest eine große Zahl krimineller Aktivitäten seiner Anhänger stillschweigend geduldet hatte – unter anderem Drogenhandel, Verstöße gegen die Einwanderungsgesetze, systematische Einschüchterung Ortsansässiger, Mißbrauch von Spenden für soziale Zwecke usw.

Hugh Milne, der acht Jahre lang Mitglied des inneren Kreises um Rajneesh war, hatte in jener Zeit in Oregon Gelegenheit, einen Blick auf die nackte Realität der Existenz seines Meisters zu werfen. Was er dabei sah, war eine »leere Schale«, ein Mann, der ununterbrochen Videos anschaute, der rücksichtslos seine Rolls-Royces fuhr und der sich ungeheuer gelangweilt fühlte.[24] In seinem Buch *Bhagwan: The God That Failed* beschreibt Milne einen Vorfall, bei dem sein Guru in einem 12 000 Dollar teuren Dentalstuhl sitzt, Lachgas schnüffelt und zusammenhanglos daherredet. Einmal soll Rajneesh nach Milnes Bericht gesagt haben: »Ich bin so erleichtert darüber, daß ich jetzt nicht mehr so tun muß, als ob ich erleuchtet wäre.«[25]

Ein anderer sehr populärer spiritueller Lehrer der siebziger und achtziger Jahre, Jiddu Krishnamurti, soll, wie Milne berichtet, über Rajneesh gesagt haben: »Ich habe Tausende von Briefen aus der ganzen Welt erhalten, in denen mich Menschen fragten, warum ich nicht öffentlich etwas gegen diesen Mann sage. Aber ich werde es nicht tun, weil es nicht meine Art ist, so etwas zu tun. Dieser Mann ist ein Krimineller. Du mußt das sehr klar sehen. Was er unter dem Deckmantel der Spiritualität mit Menschen macht, ist kriminell.«[26] Milne vermutet, Krishnamurti habe sich damit wahrscheinlich auf Rajneeshs »Mißbrauch von Hypnose und psychischen Kräften bezogen«.[27]

Blaise Pascal, einer der hervorragendsten Denker des 17. Jahrhunderts, hat einmal den folgenden Aphorismus aufgeschrieben: »Die, die Engel spielen, enden als Tiere.«[28] Ein solcher gefallener Engel war offenbar Swami Muktananda, der ebenso wie Rajneesh eine weltweite Anhängerschaft hatte. Die Gerüchte über sexuelle Ausbeutung, die nach seinem Tode an die Öffentlichkeit drangen, ernüchterten viele seine Anhänger und ließen andere mißtrauisch und verwirrt zurück. Ungefähr zur gleichen Zeit gerieten die »Heldentaten« des verrückt-weisen Meisters Chögyam Trungpa in die Schlagzeilen, und dem folgten ein paar Jahre später die Geschichten enttäuschter Schüler Da Love-Anandas. Die letzteren beiden Lehrer standen zuvor in hohem Ansehen, doch weckten die Enthüllungen über ihre Lehrmethoden bei vielen ihrer Anhänger und bei vielen Lesern ihrer Bücher sowohl Zweifel als auch Beschämung.

Es gab auch noch einige andere in weiten Kreisen respektierte Gestalten, die allerdings nie den Bekanntheitsgrad der soeben Erwähnten erreichten und deren Privatleben nicht von jener Weisheit geprägt zu sein schien, die sie so bereitwillig anderen verkündeten und empfahlen. Doch brauchen wir hier nicht auf alle diese traurigen Geschichten detailliert einzugehen. Sicher ist, daß diese Menschen bei einer großen Zahl ernsthaft Suchender ein solches Mißtrauen geweckt haben, daß sie nun – verständlicherweise – Lehrern gegenüber sehr vorsichtig sind und generell die Nützlichkeit eines spirituellen Meisters anzweifeln.

Man sollte sich darüber im klaren sein, daß ein entscheidender Unterschied besteht zwischen einem Lehrer, der etwas Bestimmtes predigt und selbst nicht dementsprechend lebt, und einem Lehrer, der offen im Stile der verrückten Weisheit lehrt – ganz abgesehen davon, was von beidem man selbst für gut halten mag oder nicht. Wenn beispielsweise die Gerüchte über Swami Muktananda zutreffen (und seine Anhänger haben sich bisher geweigert, dies zu bestätigen oder zu dementieren), dann haben wir es mit einem Lehrer der ersten Art zu tun, weil Muktananda immer wieder sexuelle Enthaltsamkeit als wichtige Voraussetzung für spirituelles Wachstum proklamiert hat.

Chögyam Trungpa und Da Love-Ananda hingegen gehören dem zweiten Typus an, was nicht heißt, daß es nicht in bestimmten Fällen Überschneidungen geben kann. Beispielsweise erinnert sich ein ehemaliger Schüler von Da Free John an einen Vorfall im Jahre 1982, als er an einer kleinen Privatparty mit dem Adepten und seinem innersten Schülerkreis teilnahm, in dessen Verlauf Alkohol, Zigaretten und Sex eine Rolle spielten, während – und das ist hier der entscheidende Punkt – das Gros der Anhänger des Gurus nach einer strikten Disziplin lebte. Der Ex-Schüler und seine Freundin wurden aufgefordert, mit niemandem über jene Party zu sprechen, obgleich sich beide danach in einer Art Schockzustand befanden. Sie waren unvorbereitet in die Situation hineingeraten, obgleich beide wußten, daß ihr Guru ein Lehrer der verrückten Weisheit war. Natürlich hätten sie sich prinzipiell weigern können, an der Party teilzunehmen, doch dazu waren sie aus emotionalen und ideologischen Gründen nicht in der Lage.

Was können wir aus alldem lernen? Erstens sollte dem Suchenden klar sein, daß spirituelle Lehrer auf unterschiedlichen Stufen der Verwirklichung stehen können und daß vollkommene Erleuchtung sehr selten ist. Zweitens muß der Suchende sich vor Augen führen, daß er, da er ja nun einmal ein Suchender und kein

Meister ist, nicht in der Lage ist, sich ein *endgültiges* Urteil darüber zu bilden, welche Stufe spiritueller Realisation ein Lehrer erreicht hat. Die Herausgeber des bekannten Buches »*Meister, Gurus, Menschenfänger*« geben den folgenden nützlichen Rat:

> Das bedeutet letztlich, daß der Suchende nicht in der Lage ist, Entscheidungen zu treffen, die er treffen *muß*. Einem Menschen, der sich auf der Ebene des gewöhnlichen Bewußtseins bewegt, ist es nicht möglich, die Fähigkeit eines Lehrers, andere zur Transformation und Transzendenz zu geleiten, definitiv zu beurteilen, denn dies würde letztlich voraussetzen, daß der Beurteilende bereits einen vergleichbaren Grad an Transzendenz erreicht hat. Man kann so viele »objektive« Beurteilungskriterien heranziehen, wie man will, das soeben beschriebene Dilemma läßt sich so in keinem Fall lösen. Deshalb bleibt die Wahl eines spirituellen Lehrers, eines Pfades oder einer Gruppe letztendlich eine subjektive Entscheidung, wobei die Subjektivität allerdings verschiedenste Formen annehmen kann, von der Selbsttäuschung bis hin zur durchdringenden und erhellenden Intuition. Vielleicht sollte jeder Suchende zunächst daran arbeiten, jene wichtigste Orientierungshilfe zu verfeinern, jenen ersten und wichtigsten »Lehrer«: das eigene subjektive Urteilsvermögen.[29]

Ram Dass (Richard Alpert) der beide Seiten der Lehrer-Schüler-Beziehung aus eigenem Erleben kennt (als Anhänger von Neem Karoli Baba und als Lehrer), hat die folgende Beobachtung beizusteuern:

> Manche Leute haben Angst davor, sich auf einen Lehrer einzulassen. Sie fürchten sich vor seinen möglichen Unreinheiten und davor, von ihm ausgenutzt oder gefangengehalten zu werden. In Wahrheit werden wir immer nur von unseren eigenen Verlangen und Verhaftungen gefangengehalten. Wenn du nur noch nach Befreiung strebst, dann werden alle Lehrer nützliche Fahrzeuge für dich sein können. Sie können dir dann überhaupt nicht weh tun.[30]

Dies ist nur im Idealfall zutreffend. In der Praxis besteht das Problem darin, daß Schüler sich oft selbst nicht in ausreichendem

252

Maße kennen, um sich ihrer tieferen Motive bewußt zu sein. Deshalb kann es sehr wohl sein, daß sie sich zu ebenjener Art von Lehrern hingezogen fühlen, die genau die gleichen »Unreinheiten« aufweisen wie sie selbst – beispielsweise Machtgier – und daß sie daher allen Grund haben, jene Lehrer zu fürchten. Es scheint, als seien nur die wahrhaft Unschuldigen geschützt. Obgleich auch sie keineswegs immun gegen schmerzhafte Erfahrungen mit Lehrern sind, werden sie doch zumindest unbeschadet daraus hervorgehen, da sie, wie Ram Dass schrieb, »durch die Reinheit ihrer eigenen Absicht geschützt werden«.

Wenn wir uns damit abfinden, daß unsere Beurteilung eines Lehrers immer subjektiv sein muß, solange wir nicht selbst die entsprechende Stufe spiritueller Vollkommenheit erreicht haben, so gibt es doch zumindest ein wichtiges Kriterium, mit dem wir uns einem Guru nähern können: Fördert er wirklich das persönliche und spirituelle Wachstum seiner Schüler, oder unterminiert er offensichtlich oder auf subtile Weise diesen Reifungsprozeß? Angehende Schüler sollten sich gründlich die Gruppe der Schüler anschauen, die den betreffenden Guru umgibt, insbesondere diejenigen, die dem Guru besonders nahestehen  Sind diese Schüler nur bedauernswerte Imitationen oder Klone ihres Lehrers, oder wirken sie wie reife Männer und Frauen? Der bulgarische spirituelle Lehrer Mikhaël Aïvanhov, der 1986 gestorben ist, hat uns folgende sehr treffende Beobachtung hinterlassen:

> Jeder hat seinen eigenen Pfad, seine Mission, und selbst wenn du deinen Meister als Modell benutzt, mußt du dich dennoch auf die Weise entwickeln, die deiner eigenen Natur entspricht. Du mußt den Part singen, der dir gegeben wurde, und dabei auf die Noten, den Takt und den Rhythmus achten. Du mußt ihn mit deiner Stimme singen, die sicherlich nicht die deines Meisters ist, aber das ist nicht wichtig. Das einzig wirklich Wichtige ist, daß du deinen Part perfekt singst...[31]

Die Frage, ob ein bestimmter Lehrer authentisch ist, läßt sich nur beantworten, wenn wir uns seine oder ihre Arbeit mit Schülern anschauen. Es ist nicht wichtig, ob Lehrer nach Belieben in mystische Zustände eintreten und sie wieder verlassen können, ob sie alle möglichen paranormalen Kunststücke vollführen oder das Nervensystem des Schülers durchrütteln können usw. Es spielt nicht einmal eine Rolle, ob sie sich auf eine altehrwürdige spirituelle Übermittlungslinie oder Tradition stützen können oder ob sie eine große Gefolgschaft haben. Wirklich wichtig ist, ob ein Guru tatsächlich bei anderen das Wunder der spirituellen Transformation bewirken kann. Im Matthäus-Evangelium finden wir zu diesem Thema folgendes:

> Seht euch vor vor falschen Propheten, die in Schafskleidern zu euch kommen, inwendig aber sind sie reißende Wölfe.
> An ihren Früchten sollt ihr sie erkennen. Kann man denn Trauben lesen von den Dornen oder Feigen von den Disteln?
> So bringt jeder gute Baum gute Früchte; aber ein fauler Baum bringt schlechte Früchte.
> Ein guter Baum kann nicht schlechte Früchte bringen, und ein fauler Baum kann nicht gute Früchte bringen.
> Jeder Baum, der nicht gute Früchte bringt, wird abgehauen und ins Feld geworfen.
> Darum: an ihren Früchten sollt ihr sie erkennen.[32]

Maggie Ross, eine anglikanische Einsiedlerin, schreibt:

> Authentische Führung fördert Mut, Offenheit und Integrität, wohingegen eine gängelnde Führung, die nicht inspiriert, stets Gefahr läuft, auf sich selbst zu verweisen, statt auf die flüchtige Vision, aus der sie sich herleitet. Wenn sie dies tut, so nährt sie nicht mehr eine Gemeinschaft, in der die Vision sich selbst erneuern kann... In unserer Unreife imitieren wir, wir projizieren, doch ein weiser und inspirierter Führer kann uns zur Reife geleiten, uns dazu bringen, diese kindischen Dinge hinter uns zu lassen.[33]

Um wirklich einen Eindruck von der Wirksamkeit eines Lehrers zu erhalten, müssen wir wahrscheinlich Schüler des oder der Betreffenden werden. Doch bedeutet das keineswegs, daß wir dabei unsere kritischen Fähigkeiten ausschalten sollen. Wir sollten den Guru ebenso unerbittlich prüfen, wie der Guru prüft, ob wir seiner Unterweisung würdig sind – sofern er ein wirklicher Lehrer ist. Und wenn der Lehrer, den wir gewählt haben, ein wirklicher Lehrer ist, so wird er oder sie uns auch das Recht und die Zeit zugestehen, uns seiner oder ihrer Authentizität und Kompetenz zu versichern. Ram Dass schrieb hierzu sehr einfühlsam:

Alle Lehren, die du entlang des Pfades erfährst – ob sie nun schön und angenehm oder streng und unerfreulich sind – sind Schrot für die Mühle deines Erwachens. Die geringste Reaktion widerspiegelt deine feinste Verhaftung. Sie vermittelt dir einen Hinweis darauf, woran du dich noch festklammerst. Das einfache Beobachten deiner Reaktionen verwandelt alles, was dir geschieht, zu einer Lehre.[34]

# Kapitel 7:
## Schülerschaft:
## Spirituelles Klonen oder Gehirnwäsche?

### 1. Die altehrwürdige Tradition spiritueller Schülerschaft

Initiation und Schülerschaft sind von alters her wichtige Elemente spiritueller Wege. Die Initiation soll den Suchenden in eine neue Art des Seins geleiten, die eine neuartige Beziehung zum Leben voraussetzt. Hatte er zuvor eine verschwommene Ahnung von einer anderen, verborgenen Ordnung des Lebens, so wird ihm durch die Initiation eine Vision oder ein konkreter Eindruck von jener »alternativen« Wirklichkeit vermittelt. Er tritt unmittelbarer zur heiligen oder numinosen Dimension des Seins in Beziehung, die gewöhnlich als höherer Geist *(spirit)* bezeichnet wird.

Für den Initiierten beginnt damit ein neues Leben. Die Initiation wird traditionell mit der Geburt verglichen, weil ihre Empfänger eine wichtige Transformation durchlaufen, die ihrem gesamten Leben eine neue Orientierung gibt. Im altindischen *Atharvaveda* (XI.5.3) wird der Symbolismus der Erneuerung durch die Initiation wie folgt beschrieben:

> Die Initiation erfolgt, indem der Lehrer den Schüler in sich trägt, so wie eine Mutter den Embryo in ihrem Körper trägt. Nach der dreitägigen Zeremonie wird der Schüler geboren.

In seinem Buch *Mythen, Träume and Mysterien* untersucht Mircea Eliade den Initiationssymbolismus und die Initiationsrituale von Stammesgesellschaften.[1] Aus seiner Beschreibung wird klar, daß Initiation immer mit Gefahr, Prüfung oder Leiden assoziiert wird, weil die Kandidaten ihr bisheriges Selbst opfern müssen, um spirituell wiedergeboren zu werden. An anderer Stelle berichtet Eliade die folgenden Beobachtungen:

Der Neophyt stirbt seinem kindlichen, profanen, nicht regenerierten Leben ab und wird wiedergeboren zu einer neuen, geheiligten Existenz und damit auch zu einer Seinsweise, welche die Erkenntnis, das *Wissen*, möglich macht. Der Initiierte ist nicht nur ein »Neugeborener« oder »Auferstandener«, er ist auch ein Mensch, der *weiß*, der die Mysterien kennt, der metaphysische Offenbarungen gehabt hat. (...) Die Initiation bedeutet ein geistiges Reifwerden.[2]

Eliade fährt fort:

In den Initiationsszenarien begleitet der Symbolismus der Geburt fast immer den des Todes. In diesem Zusammenhang bedeutet der Tod das Überschreiten der profanen, nicht geheiligten Seinsweise, der Seinsweise des »natürlichen Menschen«, der vom Heiligen nichts weiß und ein Blinder im Geiste ist.[3]

Suchende empfangen weder Initiationen noch die esoterische Gnosis unverdient. Sie müssen gewöhnlich eine Reihe von Prüfungen durchstehen, bevor der Lehrer sich bereit erklärt, ihnen bei ihrer spirituellen Wiedergeburt beizustehen. Auch nach der Initiation wird die Ernsthaftigkeit und Befähigung der Neueingeweihten weiterhin beobachtet und überprüft. Die Schülerschaft basiert ganz und gar auf dem Prinzip der Gegenleistung. Bevor der Lehrer weiteres esoterisches Wissen und weitere Übungen vermittelt, muß der Schüler die Lehren assimilieren und sie auf angemessene Weise nutzen. Der Guru erreicht dies, indem er vom Schüler Disziplin, Gehorsam und Bereitschaft zu dienen fordert. Der Schüler kann die spirituellen Gaben allerdings letztlich nur honorieren, indem er dem letztendlichen Ziel seiner Schülerschaft gerecht wird, d. h., indem er selbst die Seinsebene seines Lehrers erreicht. Nachdem der Schüler schließlich völlig erwacht oder erleuchtet ist, kann er die Lehren anderen vermitteln, wodurch der Kreis der Selbst-Transzendenz sich schließt.

Durch die Initiation entsteht zwischen Lehrer und Schüler eine besondere psychische Verbindung. Sie geht über bloßen Rapport hinaus und geleitet den Schüler durch die unvermeidlichen Prüfungen des Transformationsprozesses. Sie ist die Nabelschnur zwischen Schüler und Lehrer und sollte nie leichtfertig durchtrennt werden. Die Verbindung zwischen Lehrer und Schüler ist sicherlich ebenso eng wie die zwischen Mann und Frau in einer Partnerschaft oder Ehe. Es erfordert von beiden Seiten ein hohes Maß an Verantwortung, diese Verbindung funktionsfähig zu halten, so daß sie dem spirituellen Erwachen des Schülers dienlich ist.

Viele Traditionen behaupten, die Verbindung zwischen Lehrer und Schüler bestehe auf ewig, sie überdauere sogar den Tod des physischen Körpers und bleibe so lange erhalten, bis der Schüler in einem zukünftigen Leben selbst erwacht sei. Sogar noch nach der Erleuchtung des Schülers, wenn dieser selbst als Lehrer wirkt, bleibt diese spirituelle Beziehung bestehen. Wenn in Indien ein Lehrer einen Suchenden als Schüler akzeptiert, ist dem Betreffenden klar, daß mit der Schülerschaft die Aufnahme in eine Übermittlungslinie *(Parampara)* verbunden ist, die oft bis in die ferne Vergangenheit zurückreicht. Nur zu oft wird dieser Aspekt von Suchenden der westlichen Welt sowie auch von Kritikern spiritueller Wege völlig mißverstanden oder ignoriert.

Nachdem Suchende gründlich geprüft und dann initiiert worden sind, sind sie berechtigt, von ihrem Lehrer die Instruktionen zu empfangen, die sie zur heiligen oder numinosen Realität führen sollen und ihnen damit die Seinsebene des Lehrers erschließen – was man als eine Form des Klonens bezeichnen könnte. Doch muß der Schüler sich die Berechtigung, Instruktionen zu empfangen, durch Gehorsam dem Lehrer gegenüber und durch ernsthafte spirituelle Übung immer wieder neu verdienen. Daß nur wenige Suchende die hohen Anforderungen der Schülerschaft erfüllen können oder auch nur wollen, ist daher kaum verwunderlich.

Viele, die heute glauben, sie seien für eine spirituelle Entwicklung prädestiniert, merken entweder selbst früher oder später, daß sie eine falsche Vorstellung davon haben, oder sie werden von anderen darauf hingewiesen. Die Psychologin Frances Vaughan hat eine nützliche Elementar-Typologie spirituell motivierter Männer und Frauen entwickelt.[4] Sie unterscheidet zwischen dem *Sykophanten*, dem »es gefällt, sich in gespiegeltem Glanz zu sonnen«, der jedoch nicht bereit ist, sich tatsächlich einer Disziplin zu unterwerfen; dem *Suchenden*, der »einem auf dem spirituellen Pfad dahintreibenden Schwamm« gleicht und der generell unfähig ist, eine bindende Verpflichtung einzugehen; dem *Verehrer*, dessen Liebe zum Lehrer ihn so sehr in Anspruch nimmt, daß er kaum noch zu einer ausgewogenen Entwicklung seiner Persönlichkeit in der Lage ist; dem *Studenten*, der sich der Spiritualität hauptsächlich über den Verstand nähert und der den Lehrer gern in verbale Dispute verwickelt; und schließlich dem *Schüler*, der die Aufgabe der spirituellen Entwicklung ernst nimmt und bereit ist, sich eine Disziplin aufzuerlegen und die Anforderungen der Lehre und des Lehrers zu erfüllen.

Authentische Schüler sind wahrscheinlich ebenso selten wie wahrhaft erwachte Lehrer. Dies gilt insbesondere für unsere Zeit, die sich durch besonders große Ignoranz und Unsensibilität allem Spirituellen gegenüber auszeichnet. Nicht wenige Lehrer sind in Wirklichkeit selbst Suchende, die sich jedoch einen anderen Anschein geben. Nicht wenige Suchende sind unglückliche Neurotiker, die eher auf der Suche nach einem erfüllteren Privatleben als nach Transzendierung des Selbst sind. Dies ist der fadenscheinige Stoff, aus dem viele religiöse oder spirituelle Kulte gewebt sind.

## 2. Individualismus und Gehorsam

Das erklärte Ziel vieler heutiger Verfechter von Anti-Kult-Positionen ist jedoch nicht der unreife Anhänger solcher Gruppen, sondern die Person des spirituellen Führers oder Gurus. Die Öffentlichkeit macht sich kaum die Mühe, zwischen echten spirituellen Lehrern und Betrügern zu unterscheiden. Sie vermag lediglich zu erkennen, daß es gewisse spirituelle Autoritäten gibt, die nach Einschätzung des vielzitierten »gesunden Menschenverstandes« einen unverhältnismäßig starken und unguten Einfluß auf ihre Gefolgschaft ausüben. Gurus werden also generell mit den Kult-Führern gleichgesetzt, die ihre charismatische Macht benutzen, um Leichtgläubige zu täuschen und auszubeuten. Dieses populäre Vorurteil, das sich als »Urteil des gesunden Menschenverstands« aufspielt, wird authentischer Schülerschaft, die wir in unserer Zeit vielleicht mehr denn je benötigen, nicht gerecht und behindert außerdem diejenigen, die diesen Weg gehen wollen.

Doch hat sich immer wieder gezeigt, daß der gesunde Menschenverstand in solchen Fragen ein recht unzuverlässiges Werkzeug ist. Gewöhnlich wird er bemüht, um scheinbar universelle Wahrheiten zu vermitteln, die jedoch tatsächlich nur selten mehr als simple Meinungen sind. Der Philosoph und Theologe Bernard J. F. Lonergan, ein Jesuit, in dem manche einen Thomas von Aquin des 20. Jahrhunderts sehen, sagt:

> Gesunder Menschenverstand ... ist eine Spezialisierung der Intelligenz auf das Besondere und Konkrete. Er verallgemeinert, ohne wirklich umfassend zu sein, denn er besteht aus einer Reihe von Erkenntnissen, die unvollständig bleiben, bis ihnen zumindest eine weitere Erkenntnis über die aktuelle Situation hinzugefügt wird. Sobald diese Situation vorüber ist, ist jene neu hinzugekommene Erkenntnis nicht mehr von Bedeutung, und der gesunde Menschenverstand kehrt augenblicklich zu seinem Normalzustand der Unvollständigkeit zurück.[5]

Wenn gesunder Menschenverstand gründliches Nachdenken, scharfe Beobachtung und persönliche Überprüfung ersetzt, ist er nichts weiter als die Stimme der Masse, die Stimme der von sich selbst eingenommenen Egos. Vor mehr als drei Jahrhunderten hat René Descartes über die nahe Verwandtschaft zwischen Dünkel und dem sogenannten gesunden Menschenverstand gesagt:

> Der gesunde Verstand ist die bestverteilte Sache der Welt; denn jedermann glaubt, so wohl damit versehen zu sein, daß selbst einer, der in allen anderen Dingen nur sehr schwer zu befriedigen ist, für gewöhnlich nicht mehr davon wünscht, als er besitzt.[6]

Lebenssituationen sind gewöhnlich so komplex, daß der gesunde Menschenverstand sie nicht erfassen kann. Das gilt auch für spirituelle Fragen, insbesondere für solche, die den Guru oder gar einen Lehrer in der Tradition der verrückten Weisheit betreffen. Viele psychische, kulturelle und historische Faktoren tragen zu jenem negativen Bild des spirituellen Lehrers bei, das sich heute in der Öffentlichkeit etabliert hat. Wollte man sie alle untersuchen, so würde allein dies ein ganzes Buch füllen. Deshalb werde ich hier nur einige der offensichtlicheren Aspekte benennen.

Der Faktor, an den wahrscheinlich die meisten zuerst denken werden, ist der Mißbrauch von Autorität, ob weltlicher oder spiritueller, privater oder institutioneller Art. Wir brauchen uns hier nur an die unrühmlichen Diktatoren unserer jüngsten Geschichte – von Hitler über Mussolini und Ceauçescu bis Noriega – zu erinnern oder an den erzwungenen Massenselbstmord von 911 Mitgliedern des Volkstempels in Jonestown im Jahre 1978 sowie an die schrecklichen Ritualmorde der Manson-»Familie« in den Jahren 1969–1971. Die schändlichen Machenschaften entgleister Gurus und Kult-Führer mit imperialistischen Träumen haben die Einstellung der Öffentlichkeit nachhaltig negativ beeinflußt.

Ein zweiter Faktor, der zur generellen Ablehnung von Guru-Gestalten und spiritueller Schülerschaft beigetragen hat, ist die emotionale Unreife des modernen Erwachsenen. Unsere Zivilisation scheint das Fortbestehen infantiler und unreifer Charakterzüge bis ins Alter zu begünstigen. Es gilt heute als »normal«, nicht zu wissen, was man will, nicht zu wissen, wie man sich fühlt, und unentwegt nach sofortiger Befriedigung aller Wünsche zu streben. Unsere Konsumindustrie basiert auf ebendieser erschreckenden »Normalität«. Dem typischen infantilen Erwachsenen unserer Zeit müssen die Forderungen, die ein spiritueller Lehrer und insbesondere ein Lehrer in der Tradition der verrückten Weisheit stellt, als zu bedrohlich für sein schwaches Selbstbild erscheinen. Der Guru erscheint solchen Menschen als eine überwältigende Vater- oder Mutterfigur. Der spirituelle Lehrer stellt immer die Ich-Persönlichkeit in Frage, drängt auf tatsächliche Veränderung und fordert, in Freudscher Terminologie ausgedrückt, die Unterordnung des Lustprinzips unter das Realitätsprinzip. Natürlich trifft es zu, daß der Lehrer, gestützt auf sein Charisma, seine Forderungen oft in sehr autoritärer Form stellt. Nur der echte Schüler oder – am anderen Ende des Spektrums – der blinde Anhänger können solche unverblümten Forderungen erfüllen. Doch während ersterer sie als Gelegenheiten zur Transzendierung seiner Ich-Persönlichkeit versteht, erfüllt letzterer sie gewöhnlich, um dem Lehrer gefällig zu sein oder ihn zu beschwichtigen.

Der typische unreife Erwachsene hingegen ist darauf programmiert, Autoritätsfiguren jeder Art in Bausch und Bogen abzulehnen, weil er der Meinung ist daß sie seine Freiheit einschränken.[7] Dieses Gefühl entspringt einem ängstlichen Vermeiden jeglicher Verantwortung und Selbstdisziplin, und ihm liegt eine fundamentale Verwechslung von Freiheit mit unrealistischen Autonomiebestrebungen zugrunde. Für unreife Erwachsene ist es schwierig oder gar unmöglich, sich verletzlich zu zeigen. Sie sind gegen alles gepanzert, was ihre emotionale Situation beeinflussen könnte. Obgleich sie auf eine sehr vage Weise auf der Suche nach sich selbst sind, sind sie nicht in der Lage, sich den Einflüssen anderer zu öffnen, und dadurch enthalten sie sich wichtige Ressourcen vor. Sie fürchten sich, irgend jemandem zu folgen. Statt dessen verlassen sie sich auf ihre eigenen Instinkte, die aber angesichts ihrer unreifen Struktur kaum sonderlich zuverlässig sind. C. G. Jung erklärt hierzu:

Der moderne Mensch ... ist nicht darauf erpicht zu erfahren, wie er Christus imitieren kann [d. h., ein spirituell orientiertes Leben führen kann], sondern darauf, daß er sein eigenes individuelles Leben leben kann, so kläglich und uninteressant dieses auch sein mag. Weil jede Form der Imitation ihm als schal und steril erscheint, rebelliert er gegen die Kraft der Tradition, die ihm helfen würde, sich auf gut erkundeten Pfaden zu bewegen. Doch ihm scheint, als würden alle derartigen Straßen in die falsche Richtung führen. Vielleicht ist es ihm nicht bewußt, aber er verhält sich so, als ob sein individuelles Leben vom Willen Gottes getragen würde und deshalb um jeden Preis erfüllt werden müsse. Dies ist die Quelle seines Egoismus, eines der gravierendsten Übel des neurotischen Zustandes.[8]

262

Die chronisch unreife Psyche des heutigen Erwachsenen ist in die in unserer Kultur dominierende Ideologie des Individualismus, ein Erbe der Renaissance, eingebettet und wird durch diese Ideologie verstärkt. Letztlich ist der Individualismus der Versuch des Ich, völlige Autonomie zu erzwingen – ein absurdes Bestreben, da wir alle voneinander abhängig sind. Die logische Konsequenz jener »Jeder für sich«-Philosophie ist totale Anarchie. Leider dient genau diese Philosophie den heute lebenden Menschen der westlichen Welt als eine Art Freibrief in ihrem Kampf ums Überleben. Doch statt sie zu größerer Freiheit und zu psychischem Wohlbefinden zu geleiten, führt dieser ungeschriebene Freibrief gewöhnlich nur zu noch größerer Verwirrung, noch geringerer Erfüllung, zu Einsamkeit, einem Gefühl innerer Leere, zu Unglücklichsein und Angst. Es erfordert ein beträchtliches Maß an Selbsttäuschung und Hybris, nach vollständiger Autonomie zu streben.

Abgesehen von einigen Soziopathen sind die meisten Menschen lediglich »opportunistische Individualisten«. Sie geben sich mit einem angenehmen Kompromiß zufrieden, wobei ihre sozialen und kulturellen Bedürfnisse jeweils den Grad ihres Egoismus bestimmen. Dadurch ist in unserer Zeit das erstaunliche Paradox eines hochentwickelten Individualismus in Verbindung mit einer wachsenden Akzeptanz religiösen und säkularen Autoritarismus entstanden. Das moderne Individuum verteidigt oft in unbedeutenden Dingen grimmig seine individualistische Position und erfährt sich dennoch weitgehend als macht- und gesichtslos angesichts übergeordneter Zusammenhänge wie denen der Politik, Ökonomie, Technologie und Wissenschaft. Eingeschüchtert durch die Macht des Staates, der multinationalen Konzerne, der großen soziopolitischen Bewegungen und der Bürokratie gibt der »opportunistische Individualist« der Anonymität den Vorzug vor Selbstausdruck und Rationalität. Wie bereitwillig die meisten Menschen ihr Gewissen verraten, ihren Freiheitsdrang pervertieren und in infantile Verhaltensweisen regredieren, indem sie sich gedankenlos Autoritäten unterwerfen, hat sich in Deutschland in der Zeit des Nazi-Regimes sowie in anderen, ähnlichen Diktaturen gezeigt.[9] Wir könnten weiter spekulieren, daß das allgemeine Murren über die

»neuen Religionen« und Kulte kaum mehr ist als eine Projektion der schwelenden Ressentiments gegen den ungeheuren Autoritarismus unserer stromlinienförmigen Zivilisation. Wenn das zuträfe, hätten die Kulte eine Art Sündenbock-Funktion.

Eine weitere paradoxe Eigenschaft des zügellosen Individualismus unserer Kultur ist die Reduzierung des Freiheitsideals auf den kleinsten gemeinsamen Nenner, was letztlich der Rechtfertigung und Stärkung der Konsummentalität zugute kommt. Freiheit wird zu einem *Nirvāna* augenblicklicher Befriedigung verformt und dann zum ureigenen Recht jedes Konsumenten erklärt: zum allgemeinen Recht auf Vergnügen.

Aus dieser schein-demokratischen Weltsicht, die Unterschiede jeder Art zu nivellieren versucht, muß die asymmetrische Beziehung zwischen einem spirituellen Lehrer und seinem Schüler als verwerflich erscheinen. Der Guru wird als dominant und ausbeuterisch dargestellt und der Schüler als willensschwach und masochistisch diskriminiert. Jenen Kritikern entgeht die Tatsache, daß es im menschlichen Leben ebenso wie in der gesamten Natur viele asymmetrische Beziehungen gibt, die wichtige Funktionen erfüllen. Tatsächlich wird soziale Dynamik teilweise gerade durch solche Asymmetrie erst möglich. Um es noch deutlicher zu sagen: Ungleichheit ist für soziale Prozesse ebenso wichtig wie Gleichheit. Immanuel Kant könnte an etwas Ähnliches gedacht haben, als er sagte, aus Ungleichheit entspringe viel Böses, aber andererseits auch alles Gute.[10] Sogar in einer egalitären Stammesgesellschaft gibt es Menschen, die aufgrund ihrer natürlichen Begabung oder aufgrund ihrer großen Erfahrung im Sozialgefüge eine herausgehobene Position innehaben. Die Ungleichheit selbst ist nur selten das Problem. Was Menschen daraus machen, ist hingegen oft problematisch.

Die Asymmetrie in der Beziehung zwischen Guru und Schüler, so wie sie sich im spirituellen Prozeß manifestiert, ist zweifellos markanter als vergleichbare Asymmetrien in einem gewöhnlichen sozialen Kontext. Dies hat einen ganz einfachen Grund: Der Lehrer ist ein Refugium der Weisheit und Erfahrung und damit potentiell für den Schüler von großem Nutzen, während der Schüler

264

an den Lehrer herantritt, um von ihm Anleitung zu erhalten. In allen religiösen Traditionen ist diese Beziehung in einem gewissen Maße formalisiert worden, und häufig hatte sie einen paternalistischen (väterlich fürsorglichen) Charakter.

Doch wird die Guru-Schüler-Beziehung nicht wie andere asymmetrische Beziehungen zwischen Erwachsenen in erster Linie durch konventionelle Transaktionen definiert, bei denen Informationen, Produkte oder Dienstleistungen ausgetauscht werden. Der spirituelle Lehrer vermittelt dem Schüler nicht einfach Wissen, und er erwartet von ihm auch nicht bloße Verhaltensänderungen. Wie ich bereits im vorigen Kapitel zu zeigen versuchte, hat der Guru primär die Funktion, direkt und körperlich die transzendentale Wirklichkeit zu »kommunizieren«, das *Numen*, mit dem er oder sie sich bewußt identifiziert. Bei jener Kommunikation geht es nicht darum, den intellektuellen Horizont des Schülers zu erweitern, seinen Glauben und sein Vertrauen zu vertiefen oder seinen Charakter zu verbessern. Vielmehr ist das höchste Ziel der spirituellen Übermittlung, den Seinszustand des Schülers zu verändern, ihn oder sie zur Erleuchtung zu geleiten.

Doch kann diese spirituelle Übermittlung nur dann ihren Zweck erfüllen, wenn der Schüler wirklich dazu bereit ist und die Lehren und das Sein des Gurus aufzunehmen vermag. Diese Empfänglichkeit ist unter anderem »Hingabe«, »Gehorsam« und »Überantwortung« genannt worden. Gemeint ist mit all diesen Begriffen eine Offenheit, die es dem Schüler ermöglicht, dem Lehrer wirklich zuzuhören, so daß er selbst den Seinszustand des Lehrers erreichen kann. Als Gegenleistung für diese Gabe der Übermittlung erwartet und fordert der Guru die offenherzige Kooperation des Schülers. Der Schüler muß die Definition der Situation verstehen und völlig akzeptieren: Es geht darum, die Lehre und die spirituelle Übermittlung in konkretes, selbst-transzendierendes Verhalten zu übersetzen, also in Selbstdisziplin und die Haltung des Dienens.

Im Idealfall ist die Beziehung zwischen Guru und Schüler deshalb von freiwilliger Kooperation und Synergie geprägt. Der Schüler hat die Freiheit, den Einfluß des Gurus in jedem einzelnen Augenblick selbst zu wählen; er kann ihn auch zurückweisen und sich der Kooperation entziehen. Tatsächlich erleben dies alle Anfänger auf dem spirituellen Weg immer wieder. Die Weigerung des Schülers, auf die Gabe der Übermittlung des Lehrers zu reagieren, kann viele Formen annehmen – von offenem Ungehorsam bis hin zu subtileren Formen des Widerstandes.

In einer authentischen Lehrer-Schüler-Beziehung wird die Fähigkeit des Schülers, mehr und mehr von seinem Eigenwillen loszulassen, immer wieder auf die Probe gestellt. Das ist nicht immer auf Anhieb möglich, und manchmal scheut der Schüler vor dem Geforderten zurück. Der Guru ist sich über die Schwierigkeiten, die der Schüler durchlebt, im klaren, weil er diesen Prozeß aus eigener Erfahrung kennt. Deshalb versucht er, dem Schüler über alle diese Hürden hinwegzuhelfen. Doch kann er ihm Wachstumsschmerzen nicht völlig ersparen. Im Gegenteil versucht der Guru ständig, eine Art spiritueller Krise auszulösen, wodurch die Hingabe des Schülers an den spirituellen Prozeß vertieft und damit letztlich das Aufblühen des erleuchteten Zustandes gefördert wird.

Spirituelle Schülerschaft ist ein heroisches Unterfangen. Der Schüler tut genau das, was gewöhnliche Menschen am meisten fürchten: Auf der Suche nach der authentischen Wirklichkeit wirft er seine gesamte Existenz in die Waagschale. Dies erfordert ungeheuren Mut. Wie der Theologe Paul Tillich erklärte, reagiert das gewöhnliche Individuum auf seine grundlegende »Angst vor dem Nichtsein«, indem es entweder in Verzweiflung verfällt oder, was häufiger der Fall ist, in die Neurose entflieht.[11] Tillich sagt, Neurose sei die Methode, Nichtsein zu vermeiden, indem man Sein vermeide. Im neurotischen Zustand mangele es nicht an Selbstbehauptung; diese könne sogar sehr stark entwickelt sein. Doch sei ebenjenes Selbst, das behauptet werde, ein sehr reduziertes.[12] Und jenes reduzierte Selbst ist nichts anderes als die Ich-Persönlichkeit, die sich selbst und dem Grund ihrer Existenz entfremdet ist.

Im Gegensatz dazu ist jeder Akt des Muts, so töricht er erscheint, eine Affirmation des Seins. Tillich sah darin sogar eine Manifestation des Seinsgrundes.[13] Was könnte mutiger sein, als sich bewußt auf den spirituellen Prozeß der Selbst-Transformation und Selbst-Transzendenz einzulassen? Der Schüler wird ständig mit der Angst vor dem Tod, vor dem Nichtsein konfrontiert, während der erfolgreiche Abschluß seiner Lehrzeit einem »Tod des Ich« gleichkommt, einer Auflösung der konventionellen menschlichen Identität. Viele religiöse Menschen beten Tag für Tag: »Dein Wille geschehe.« Ich frage mich, ob sie diese Gebets-Affirmation so selbstverständlich aussprechen würden, wenn sie erwarten würden, daß es damit wirklich einmal ernst werden könnte. Der Psychologe Charles Tart berichtet über folgende Beobachtung:

> Ich beschäftige mich in meinen Universitätskursen in Humanistischer und Transpersonaler Psychologie immer einen Teil der Zeit mit Gurdjieffs Lehren. Dabei löst die Idee, daß wir Lehrer brauchen, um zu erwachen, bei den Studenten jedesmal Widerstand aus. Häufig verfangen sie sich so sehr darin, daß ihnen auch der Zugang zu anderen Ideen Gurdjieffs versperrt wird.
> Eine wichtige Quelle des Widerstandes ist unsere amerikanische Enkulturation: Wir glauben, daß wir ausgeprägte Individualisten sind und alles, was wir tun, auf unsere eigene Art tun müssen. ... Eine sechste mögliche Quelle des Widerstandes wird nur selten erwähnt: Wenn man mit einem echten Lehrer arbeitet, könnte dies dazu führen, daß man sich tatsächlich verändert, statt nur darüber zu reden.[14]

In der authentischen spirituellen Lehrer-Schüler-Beziehung ist Gehorsam ein unmittelbares und konkretes Erfordernis. Die Hingabe des Schülers wird vom Lehrer gefordert und gesehen. Gute Absichten und verbale Erklärungen reichen nicht aus. Der Guru erwartet genau die Art von Handlungen, über die der abstrakte Gott der volkstümlichen Anbetung wohlwollend hinwegsieht. Der gewöhnliche Mensch erschaudert in Anbetracht der Unterwerfung unter die Willkür eines anderen Menschen. Die allgemeine Angst entspringt der konkreten Erfahrung der eigenen ichhaften Existenz: Die Ich-Persönlichkeit wird als ein Hort der Macht erfahren. In ihrem paranoiden Drang, sich ihrer selbst zu versichern und sich zu schützen, sucht sie ständig nach Möglichkeiten, die Kontrolle über das Geschehen zu behalten. Sie ist durch und durch ausbeuterisch, und deshalb ist das gesellschaftliche Leben ein kompliziertes Machtspiel. Aus diesem Grund hat man den Menschen einen *Homo potens* genannt.[15]

Der gewöhnliche Mensch projiziert diese Erfahrung seiner selbst als eines Macht-Ausübenden auf die Lehrer-Schüler-Beziehung. Der Guru wird allgemein als gefährlicher Potentat gesehen, wohingegen der Schüler, der Repräsentant der anderen Seite dieser asymmetrischen Beziehung, als machtlos hingestellt wird. Deshalb hat Peter Marin, obwohl er die Notwendigkeit der Unterordnung anerkennt, die Idee der Hingabe an einen spirituellen Lehrer grundsätzlich abgelehnt. Er schreibt:

> Es gibt viele Dinge, denen Männer und Frauen sich hingeben können: ihrer Arbeit, dem Bedürfnis nach Kontakt zu anderen Menschen, der Liebe anderer, der Leidenschaft, der Erfahrung, den Rhythmen der Natur – die Liste ist endlos und enthält fast alles, was Männer und Frauen tun können, denn fast alles führt uns, wenn wir es mit entsprechender Tiefe tun, über uns selbst hinaus und in die Beziehung zu anderem, und das ist immer ein Sich-Ergeben, denn es ist immer ein Sich-Verbinden, eine Art Hochzeit mit der Welt. Dies ist zweifellos notwendig, denn andernfalls würden wir uns in uns selbst erschöpfen, unsere Weisheit würde unausgesprochen bleiben, und unsere Bedürfnisse blieben unerfüllt.
>
> Doch jene allgemeine Tendenz wird verzerrt und tyrannisch mißbraucht, wenn wir aufgefordert werden, uns bedingungslos einer anderen *Person* zu unterwerfen, ganz gleich, ob diese die Maske des Staates oder der Spiritualität trägt. In beiden Fällen sind wir nicht mehr primär auf die Welt oder auf andere bezogen, sondern auf »den Meister«, und die Welt oder die anderen leiden unter jener Wahl, weil unsere Beziehung zu ihnen, und damit auch unser Gefühl für Möglichkeit, unterbrochen ist. In unserem Versuch, uns zu beschaffen, was uns fehlt, intensivieren wir den Mangel nur, statt ihn zu verringern.[16]

Das Bild des Gurus als eines Tyrannen, der seine Schüler zu Sklaven macht, ist eine Karikatur, die ihre Existenz jenen bedauerlichen Fällen verdankt, in denen die Lehrer-Schüler-Beziehung tatsächlich pervertiert wurde. Doch hat dieses Bild nichts mit dem Wesen echter Schülerschaft gemein. Das scheinbare Machtgefälle zwischen Guru und Schüler ist ein Werkzeug, eine List, die nur so lange wirksam bleibt, wie der Schüler die Definition der Situation akzeptiert.

Die Geste willentlicher Unterwerfung des Schülers zeigt dem Lehrer an, daß der Schüler bereit ist, sich auf das »Spiel der Erleuchtung« einzulassen. Die Regeln jenes Spiels beinhalten, daß dem Lehrer die Autorität und Macht zugestanden werden, spirituelle Forderungen an den Schüler zu stellen und den Schüler nötigenfalls zu ermahnen und zu disziplinieren. Das Spiel endet entweder, wenn der Schüler die Erleuchtung erlangt hat oder wenn er oder sie – wie es gelegentlich vorkommt – sich aus der Beziehung zurückzieht oder sie ganz abbricht. Ist dieser Punkt erreicht, so wird kein authentischer Guru am Schüler festhalten und von ihm erwarten, daß er das Spiel fortsetzt. Allerdings kann es sein, daß sich die subtile psychische Verbindung – die psychische Nabelschnur – zwischen beiden nicht so schnell lösen läßt. Jeder Suchende sollte sich dieser Tatsache bewußt sein sowie auch der ungeheuren lebenslangen Verantwortung, die der Schüler ebenso wie der Guru in einer solchen Beziehung auf sich nimmt.

### 3. Ebenen der Bekehrung

Die traditionelle Lehrer-Schüler-Beziehung wird einerseits durch das paternalistische Verhalten spiritueller Lehrer und andererseits durch die infantile Haltung der Schüler ihnen gegenüber am nachhaltigsten geschädigt. Dies wird in Indien besonders deutlich, wo Guru-Verehrer gewöhnlich ausdrücklich dazu aufgefordert werden, den Guru als Vater, Mutter und Gott in einer Person anzusehen. Doch im Westen ist die Situation ganz ähnlich. Wahrscheinlich ziehen guru-zentrische Traditionen generell Menschen an, die eher zur Abhängigkeit als zu rebellisch-unreifem Verhalten tendieren. Da Love-Ananda hat hierzu bemerkt:

Der typische Guru-Anhänger ist kindisch, letztlich unverantwortlich, vorwiegend mit sich selbst beschäftigt, amoralisch, hat nur wenig Lebenserfahrung und ist in den Bereichen des Handelns, Fühlens und Denkens schwach und nicht im Gleichgewicht. Außerdem haftet er in irrationaler Weise an Kult-Strukturen und bestimmten festen Überzeugungen.[17]

Im Sinne von Frances Vaughans Kategorien sind solche Menschen also eher Verehrer als Schüler. Selbst Suchende mit einem scheinbar unabhängigeren Charakter schwanken häufig zwischen Anwandlungen von Rebellion und kindlicher Abhängigkeit hin und her. Entweder verdammen und beschuldigen sie den Guru, oder sie verehren ihn blind als ihren Retter und Erlöser. Doch kann dem spirituellen Prozeß nur dann Erfolg beschieden sein, wenn der Schüler als Mensch bereits einen gewissen Reifegrad erreicht hat. Der kindisch-abhängige Charakter tendiert zum Kult-Verhalten, wohingegen der adoleszent-rebellische Charakter zu Protesthandlungen und zur Revolte tendiert. Keine dieser beiden Tendenzen ist bei der reifen Persönlichkeit vorhanden, die als einzige eine Chance hat, den spirituellen Weg erfolgreich zu gehen.

Authentische Hingabe, die in freiwilliger Selbstdisziplinierung zum Ausdruck kommt, ist eine große Kunst, die ein ungewöhnliches Maß an innerer Stabilität erfordert sowie Mut, Klarheit hinsichtlich der eigenen Richtung und sogar eine gewisse Zuversicht, was die eigene Bestimmung betrifft. Doch vor allem setzt sie voraus, daß es zu einer spirituellen Konversion gekommen ist. Das Phänomen der Konversion ist für Religionspsychologen, die sich damit beschäftigen, wie aus einem Saulus ein Paulus werden konnte, stets ein Rätsel gewesen. Seit neuestem ist das Thema der Konversion oder Bekehrung unter den Befürwortern der Anti-Kult-Kritik zu einem gewaltigen Stein des Anstoßes geworden. Diese Kritiker denunzieren Konversionserlebnisse als Erfahrungen »geistiger Fremdbestimmung«, »hypnotischer Beeinflussung« und »Gehirnwäsche«. Die Anti-Kult-Ideologie findet heute in weiten Kreisen Unterstützung. Dadurch wird ein umfassenderes Verständnis und eine adäquate Würdigung des spirituellen Prozesses erheblich behindert. Deshalb erscheint es mir angebracht, an dieser Stelle ein paar Worte über das Phänomen der Konversion zu sagen.

Der britische Arzt William Sargant, der als einer der ersten die Konversionserfahrung als Gehirnwäsche bezeichnete, untersuchte das Phänomen der »plötzlichen« Konversion aus der Perspektive der Pawlowschen Verhaltenspsychologie. Er argumentierte dabei wie folgt: »Obgleich Menschen zweifellos keine Hunde sind, sollten sie sich doch demütig daran erinnern, wie sehr ihre Gehirnfunktionen denjenigen der Hunde ähneln.«[18] Sargant beharrte darauf, daß sowohl religiöse Konvertiten als auch diejenigen, die jene Konversion wissenschaftlich untersuchen, von Pawlows Experimenten über operante Konditionierung eine Menge lernen können. Er schrieb:

Wenn man die gesamte Literatur über religiöse Konversion, über Mystik, über das Annehmen eines neuen Glaubens und neuer Überzeugungen – säkularer wie religiöser – studiert, so wird deutlich, daß neue Glaubenslehren und Überzeugungen sowie völlig neue Sichtweisen, die häufig den bisherigen genau entgegengesetzt sind, auf zwei Arten plötzlich angenommen werden. Eine davon scheint darauf zu beruhen, daß das Nervensystem durch Trommeln, Tanzen und Musik verschiedenster Art überstimuliert wird, ebenso durch rhythmische Wiederholung von Stimuli und durch ein Erzeugen stark emotionalisierter mentaler Konflikte, die einer dringenden Lösung bedürfen... Dadurch lassen sich sehr plötzlich viele interessante Veränderungen im Denken und Verhalten herbeiführen. Das Gehirn wird schließlich durch die Stimuli und Konflikte, die ihm aufgebürdet werden, überwältigt. ...

Die andere Methode scheint letztlich zum gleichen Endergebnis zu führen, sie beruht jedoch auf einem fast entgegengesetzten Prinzip. Zustände abnormer Hemmung werden erzeugt, und zwar nicht durch Überstimulation bis zum Eintreten einer Inhibition, sondern indem man gleich von Anfang an versucht, die meisten der normalen willkürlichen und sogar der unwillkürlicher Gedanken und Aktivitäten des höheren Nervensystems zu unterbinden. Man versucht, sich künstlich in jenen Zustand zu versetzen, der heute allgemein »sensorische Deprivation« genannt wird.[19]

Sargant führt »Zustände der Kontemplation und Mystik«, die Menschen nach vielen Monaten oder Jahren der Übung erreichen, als Beispiele für die Inhibitionsmethode an. So sind in seinen Augen unter anderem die Methoden des Zen, der kabbalistischen Magie und der Scientology-Bewegung typische Beispiele dafür, wie man einen »abnormen« zerebralen Zustand herbeiführen kann, in dem es dann oft zu einem »plötzlichen, ultraparadoxen Umschlagen« oder zu einer Konversion kommt. Nach Sargant ist dies der Augenblick, in dem Menschen Zustände der »Besessenheit« und insbesondere der mystischen Einheit mit dem Göttlichen erleben. Solange das medizinisch-psychiatrische Weltbild die Existenz einer spirituellen Dimension der Wirklichkeit negiert, wird man mystische Erfahrungen sicherlich immer als rein neurophysiologische Vorgänge ohne jede metaphysische Bedeutung verstehen. Und unter dieser Voraussetzung muß eine Konversion natürlich als höchst gefährlich erscheinen, da sie gemäß dieser Sichtweise die normalen Gehirnfunktionen verändert.

Dieses heute immer noch populäre psychiatrische Modell der Konversion steht, wie Albert Biderman nachgewiesen hat, in engem Zusammenhang zur antikommunistischen Rhetorik des »kalten Krieges« der fünfziger Jahre.[20] Sie sieht den Konvertiten als ein passives Opfer, das der Willkür finsterer Einflüsse hilflos ausgeliefert ist – eine Sichtweise, die durch neuere Untersuchungen mehr und mehr in Frage gestellt wird. Eine ganze Reihe von Forschern hat in Untersuchungen nachgewiesen, daß keineswegs alle Menschen, die sich einer der neuen Religionen anschließen oder die zu Füßen eines Gurus sitzen, willensschwach, emotional instabil, intellektuell unterentwickelt oder sozio-ökonomisch benachteiligt sind.[21]

Ebensowenig sind Kult-Mitglieder unbedingt unglücklicher oder in anderer Weise benachteiligter als andere Menschen. Allerdings sind sie hinsichtlich ihrer Identität im Zweifel, oder sie sind sich in besonders starkem Maße der Tatsache bewußt, daß unsere

Übergangskultur Männer und Frauen wie sie selbst hervorbringt, die sich besonders heimatlos fühlen. Aus diesen Untersuchungen ersteht das Bild eines »proteischen Menschen«, der *aktiv* neue Identitäten und Erfahrungen prüft und der sich aus eigenständiger, freier *Entscheidung* daran macht, alternative Lebensweisen und Weltanschauungen zu untersuchen.[22] Manche Wissenschaftler sprechen sogar von einer »Konversionskarriere«, womit sie darauf hinweisen wollen, daß der moderne Konvertit sich gewöhnlich nur bedingt einer bestimmten neuen Anschauung verpflichtet und oft mehrfach von einer Gruppe oder Idee zu einer anderen wechselt.[23]

Angesichts dieser Erkenntnisse verliert die Gehirnwäsche-Hypothese an Glaubwürdigkeit. Mit wenigen Ausnahmen werden Konvertiten, die sich »Kulten« anschließen, nicht zum Konformismus, zu geistloser Unterwerfung gegenüber einem autoritären Führer oder zum bedingungslosen Akzeptieren eines totalitären Glaubenssystems gezwungen. In der überwiegenden Mehrzahl der Fälle entscheiden sie sich vielmehr frei dafür, sich einer bestimmten Gruppe anzuschließen, in ihr zu bleiben und sich eine bestimmte Ideologie zu eigen zu machen; und später entscheiden sie sich ebenso frei dafür, die Gruppe wieder zu verlassen, um sich in das nächste Abenteuer zu begeben. Wenn das so ist, dann stellt sich die Frage, wer wen ausbeutet. Aus spiritueller Sicht wäre es sicherlich zutreffender, den konventionellen Geisteszustand als ein Resultat langfristiger »Gehirnwäsche« zu bezeichnen. Der Durchschnittsbürger ist besessen von der Illusion, eine vom Ganzen des Lebens abgetrennte Inselexistenz zu leben, und dies erfüllt ihn mit großer Angst. Dieser Zustand ist zweifellos das Resultat des umfangreichen Sozialisations- und Erziehungsprogramms unserer Zivilisation.

In jedem Fall ist spirituelle Konversion eine wesentlich komplexere Angelegenheit, als die stark vereinfachenden Modelle der Anti-Kult-Bewegung und des psychiatrischen Establishments glauben machen wollen. Diese Modelle sind vor allem deshalb kaum adäquat, weil sie in einer materialistischen Metaphysik verankert sind, die die spirituelle Dimension der Existenz schon als bloße Möglichkeit ausklammert. Frances Vaughan berührt diese Thematik im folgenden Zitat.

> Reduktionistische Ansätze zur Untersuchung der neuen religiösen Bewegungen vergrößern die allgemeine Verwirrung noch, indem sie es versäumen, den entscheidenden Unterschied zwischen Regression auf prärationale Entwicklungsstufen und dem Erreichen transrationaler Eigenschaften hervorzuheben, wobei letztere die authentische transpersonale Entwicklung fördern.
> Die verbreitete Tendenz, transpersonale Erfahrungen als präpersonalen Narzißmus zu interpretieren, ist ein Schlüsselelement dieser allgemeinen Verwirrung. Sie legt die fälschliche Annahme nahe, alle Zustände, die nicht vom rational-verbalen Ich dominiert werden, seien pathologisch und folglich schädlich.[24]

Leider bezieht F. Vaughan den Konversionsprozeß nicht in ihre Überlegungen mit ein. Dennoch ist klar, daß die heute gängigen Modelle des Konversionsvorgangs zwar einen großen Teil der psychosozialen Mechanik, die der Konversion zugrunde liegt, erklären, daß sie jedoch spirituelle Komponenten weitgehend außer acht lassen. Doch wenn man dem spirituellen Aspekt der Konversion nicht genügend Aufmerksamkeit schenkt, so wird sie sich auch weiterhin der wissenschaftlichen Untersuchung entziehen. Ken Wilber, der einen wichtigen Beitrag zur philosophischen Grundlage der transpersonalen Psychologie geleistet hat, grenzt das Phänomen der »spirituellen Wiedergeburt« des »wahren Gläubigen« von der positiven Adaptation des »glaubenden Menschen« ab.[25] Ersteres ist eine explosive Konversion, die man im transpersonalen Sinne als eine Sub-Adaptation an die prärationale Art des Bezugs zur Welt verstehen kann. Hingegen handelt es sich bei der zweiten Art von Konversion um »transformierendes Wachstum«. Wilber bemerkt, daß der glaubende Mensch im Gegensatz zum wahren Gläubigen, der meint alle Antworten bereits zu kennen, auch zu zweifeln vermag. Und je größer das gläubige Vertrauen, um so größer ist auch der Zweifel. Dieser Zweifel entsteht durch die ständige Selbst-Konfrontation angesichts der Intuition der spirituellen Dimension, die die Strukturen der Ich-Persönlichkeit in Frage stellt.

Aus rein spiritueller Perspektive beinhaltet die Konversion eine Art gegenläufiger Bewegung. Einerseits ist da der »Druck« der menschlichen Persönlichkeit, die ihr fundamentales Gefühl, von der Realität abgeschnitten zu sein, zu ergründen versucht; andererseits ist da der »Zug« der transzendentalen Realität, der spirituellen Dimension. Der »Druck«-Aspekt läßt sich mittels psychologischer, soziologischer und neurophysiologischer Analyse verstehen, sofern man die Existenz dessen, was David Bakan »Streben zum noch nicht Manifestierten«[26] nennt, anerkennt. Nach Ansicht des Psychologen Bakan kommt dieses Streben unter anderem zum Ausdruck im Ringen des Mathematikers mit dem abstrakten (d. h. nicht-manifesten) Bereich numerischer Beziehungen, im Kampf des Wissenschaftlers um das Verständnis der unsichtbaren (d. h. nicht-manifestierten) Gesetze, die die physischen und biologischen Prozesse regieren, im Bemühen des Psychoanalytikers, den Symbolismus der unbewußten (d. h. nicht-manifesten) Psyche zu entziffern, und in der Suche des Mystikers nach Identifikation mit dem transzendenten (d. h. nicht-manifesten) Grund aller Manifestationen. Der »Zug«-Aspekt der Konversion jedoch entzieht sich jeglicher wissenschaftlicher Methodik. Dabei geht es in erster Linie um persönliche Erfahrung und nur zweitrangig um Theologie. E. T. Starbuck, ein früher Pionier der Religionspsychologie, formulierte unabsichtlich diesen zweiten Aspekt des Konversionsprozesses, als er feststellte, Konversion sei das »größere Welt-Bewußtsein, das auf das individuelle Bewußtsein Druck ausübe«. Evelyn Underhill, die Starbucks Ausspruch in ihrem 1911 erschienenen Buch über die Mystik zitiert, fügt dem noch hinzu, diese Aussage treffe eher auf die Mystik zu als auf den amerikanischen Protestantismus, auf den sie ursprünglich gemünzt war.[27] Die Art oder Ebene der Konversion, auf die Starbucks Beschreibung anspielte, setzte nach Underhills Meinung eine grundlegende religiöse Konversion voraus – religiös und mystisch. Diese Idee läßt sich noch weiter differenzieren, indem man eine dritte, grundlegendere Ebene der Konversion einführt.

Demnach gibt es dann das, was ich als *ideologische Konversion* bezeichnen möchte, eine Wandlung, die gewöhnlich sehr plötzlich eintritt und durch die ein Mensch eine neue »Heimat« oder Identität in einer Lebensweise, einer Gemeinschaft oder einer Weltanschauung entdeckt, die sich radikal von allen seinen bisherigen Erfahrungen unterscheidet. Die Veränderung tritt infolge einer emotional-intellektuellen Krise ein und verspricht, die höheren Erwartungen des Betreffenden zu erfüllen. Oft wird durch die Konversion tatsächlich ein sinnerfüllteres Leben möglich, doch kann dies lediglich eine vorübergehende Erfahrung sein, die später erneut in Unzufriedenheit umschlägt und zu einer weiteren Krise führt. In diesem Fall schwindet die verpflichtende Hingabe an die neugefundene »Heimat«, und der Konvertit fängt an, nach der nächsten fix und fertigen Alternative Ausschau zu halten. Auf dieser Ebene der Konversion ist ein häufiges Phänomen das »Abtrünnigwerden« oder das »Abfallen« von einer Lehre.

Ideologische Konversion, die mit einer konventionellen religiösen Konversion verbunden ist, erfordert eine Neuanpassung, die in erster Linie durch eine Veränderung der Überzeugungen des Betreffenden gestützt wird. Die Erfahrung der »Veränderung im Herzen« ist in Wahrheit eher ein geistiger Wandel, womit natürlich auch immer eine emotionale Veränderung verbunden ist. Die ideologische Konversion findet prinzipiell auf der horizontalen Ebene der Ich-Persönlichkeit statt. Mit anderen Worten paßt sich die Ich-Persönlichkeit lediglich an eine neue *Konvention* über die Wirklichkeit an. Es kommt dabei nicht zu echter Selbst-Transzendierung oder Veränderung in der Wahrnehmung der Wirklichkeit, und die Persönlichkeit des Konvertiten ist in solchen Fällen häufig von kindlich-unreifen Zügen geprägt.

Die zweite Art oder Ebene der Konversion, die ich als *authentische religiöse* oder *spirituelle Konversion* bezeichnen möchte, beinhaltet eine echte »Veränderung des Herzens«. Sie ist nicht nur dauerhaft, sondern beeinflußt auch alle Aspekte der Persönlichkeit und des Lebens des Konvertiten. Durch diese tiefgreifendere *Metanoia*, die eigentlich *Metacardia* (»Veränderung des Herzens«) genannt werden müßte, wird der betreffende Mensch zu dem, was

276

Ken Wilber einen »glaubenden Menschen« nennt. Für einen solchen Menschen ist Religion nicht mehr eine Frage des Glaubens, der Hoffnung oder guter Absichten und Handlungen, sondern die Entdeckung der nicht-materiellen psychophysischen Natur der Existenz und eine wachsende Einstimmung in die und Einheit mit der heiligen oder transzendenten Realität.[28]

Die dritte Form oder Stufe der Konversion möchte ich als *transzendente Konversion* bezeichnen, da sie mit dem Erwachen eines tiefen und offenbar irreversiblen Impulses zur Erleuchtung auf den höheren mystischen Stufen zusammenfällt.[29] Diese letzte innere Be-Kehrung repräsentiert die Erfüllung der *spirituellen Konversion*, und sie kulminiert in permanenter Erleuchtung oder transzendenter Verwirklichung.

Offensichtlich ist Konversion also ein Prozeß, der sich auf verschiedenen, in zunehmendem Maße in die Tiefe führenden Stufen abspielt. Deshalb wird ein Suchender, der hofft, mit einer einzigen Konversion auszukommen, die alle persönlichen Probleme wie ein Wundermittel löst, mit Sicherheit enttäuscht werden. Konversion ist in jedem Fall mit harter Arbeit verbunden, wobei neue Stufen der Realisation jeweils neue Verpflichtungen mit sich bringen. Für den Übenden gibt es kein ideologisches Sicherheitsnetz. Hinter jeder Wegbiegung wird er mit neuen Risiken und Forderungen nach noch weitergehender Selbst-Transzendierung konfrontiert.

Initiaten müssen sich von Anfang an auf extreme Prüfungen einstellen und darauf, daß sie die Vorstellung von einem eigenständigen, abgetrennten Selbst schließlich völlig aufgeben müssen. Es ist unumgänglich, daß der Suchende in seinem Suchen frustriert wird, denn die Erleuchtung ist das *Ende* allen Suchens. Diejenigen, die an ihrem Suchen auf dem spirituellen Pfad haften, provozieren eine Kontra-Konversion, die sie in das ichhafte Leben zurückzieht. Solche Menschen geben gewöhnlich irgendwann dem Lehrer oder der Lehre die Schuld dafür, daß es ihnen nicht gelungen ist zu wachsen. Es entspricht dem Wesen der Ich-Persönlichkeit, daß sie sich in einem Krieg mit dem spirituellen Pfad und mit dem Lehrer befindet, und wenn sie Oberwasser bekommt, beklagt sie sich und greift an. Dies ist das Motiv des Verhaltens vieler ehemaliger Schüler der verschiedensten Lehrer. Anti-Kult-Kritiker sollten sich dessen bewußt sein.

Die Biographen von Upasani Baba, einem zeitgenössischen verrückt-weisen Adepten Indiens, berichten eine Geschichte, die veranschaulicht, wie irrational die Ich-Persönlichkeit reagieren kann, wenn sie mit dem spirituellen Prozeß und mit einem authentischen Lehrer konfrontiert wird.[30] Upasani Baba hatte von Sai Baba von Shirdi, dem größten Wundertäter des modernen Indien, die Initiation empfangen. Einige von Sai Babas Anhängern neideten Upasani Baba dieses spirituelle Geschenk; deshalb verließ er das Dorf Shirdi und fastete zweieinhalb Jahre lang. Einer von Sai Babas Anhängern war besonders neidisch auf Upasani Baba. Er haßte ihn so sehr, daß er bei Versammlungen von Sai Babas Anhängern in dessen Einsiedelei schlecht über Upasani Baba sprach. Er ging sogar so weit, ihm gefälschte Einladungen zu Festlichkeiten zu schicken.

Im April 1935 entschloß Upasani Baba sich, eine solche Einladung anzunehmen. Er traf unangekündigt in Shirdi ein und wurde von der Gemeinschaft der Schüler des verstorbenen Sai Baba mit Respekt und Ehrerbietung empfangen. Wie die Biographen uns berichten, hatten die Schüler das Gefühl, Sai Baba selbst habe sich aus seinem Grab erhoben, um ihnen eine Vision von seiner inkarnierten Form zu vermitteln. Als der böswillige Briefschreiber eintraf, wendete sich Upasani Baba ihm mit gefalteten Händen zu und sagte: »Maharaj, ich bin gehorsam deinem Ruf gefolgt.« Von Scham und Reue überwältigt, fiel der zuvor krankhaft neidische Mann zu Füßen des Adepten nieder und bat ihn um Vergebung.

Vielleicht könnte man verallgemeinernd sagen, daß überall, wo eine starke spirituelle Kraft ist, sich auch starker Widerstand manifestiert. Die erleuchteten Adepten der Menschheit repräsentieren ein Prinzip, das dem konventionellen Leben zuwiderläuft. Ihre bloße Existenz ist eine Bedrohung für den gewöhnlichen Menschen, der keine Zeit für spirituelle Dinge und spirituelle Meister hat, sondern die Ziele seiner persönlichen Autonomie verfolgt. Doch ist zweifellos auch ein treuer Schüler Anfällen von Widerstand ausgesetzt, die manchmal dramatische Ausmaße annehmen können. Die Ich-Persönlichkeit widersetzt sich habituell jeder Transformation. Doch bemüht sich der Schüler, die Energie, die in derartigem Widerstand gefroren ist, wieder zu befreien und sie einer besseren Verwendung zuzuführen. Widerstand und Zweifel sind natürliche Bestandteile des spirituellen Weges. Sind sie nicht vorhanden, so ist das gewöhnlich ein Zeichen dafür, daß der betreffende Schüler in tiefen Schlaf verfallen ist. Fühlt der Schüler sich zu wohl, so ist es für ihn höchste Zeit, sich einer Selbstprüfung zu unterziehen. Schülerschaft und Selbstzufriedenheit passen in keinem Fall zusammen. Schülerschaft bedeutet, ständig wachsam zu sein, was das Fundament spirituelle Hingabe ist.

## 4. Kult, Guru-Verehrung und Freiheit

Zwischen echter Selbst-Hingabe und regressiver Unterwerfung unter einen Guru besteht nur ein kleiner, aber entscheidender Unterschied. Hingabe ist dem emotionalen ebenso wie dem spirituellen Wachstum förderlich, während Unterwerfung lediglich die narzißtischen Tendenzen des Betreffenden unterstützt. Leider ist die Zahl der kindlich-kindischen Guru-Verehrer seit eh und je erheblich größer als die der reifen Schüler. Insofern muß man den Kritikern der spirituellen Szene zustimmen, wenn sie die Gruppen, die sich um die meisten heutigen spirituellen Lehrer gebildet haben, als Kulte bezeichnen, im Gegensatz zu echten spirituellen Gemeinschaften. Selbst in Gruppen wie der Free Daist Communion, deren Lehrer die Mitglieder ständig dazu aufruft, eine echte Gemeinschaft zu schaffen, besteht eine tief eingewurzelte Tendenz zum Kult-Verhalten und zum Sektierertum.[31]

»Kult« ist mittlerweile zu einem Modewort geworden. Es wird gleichermaßen auf religiöse wie auf weltliche Gruppen von Menschen angewandt, die von einer bestimmten Sache oder Idee fasziniert sind und die ihr Interesse mit einer solchen Ausschließlichkeit verfolgen, daß der Rest der Gesellschaft dies als befremdlich empfindet. Doch wie Da Love-Ananda festgestellt hat, ist

Kult-Verhalten praktisch eine »universelle Konstante« der Ich-Persönlichkeit. Konventionell lebende Menschen schließen ständig ausschließende (und somit »kultische«) Pakte mit anderen, um ihr Überleben zu sichern. Diese Erweiterung der Bedeutung des Wortes »Kult« ist ein handliches Werkzeug, um über alle kulturellen oder sozialen Formen zu sprechen, die den Status quo des Ich zu sichern versuchen – all die zahllosen Kontrakte oder Vereinbarungen, ob ausdrücklich formuliert oder unausgesprochen, ob bewußt oder unbewußt, die die Ich-Persönlichkeit vor Veränderung, Aufwachen und der vollständigen Übernahme von Verantwortung für ihr Schicksal bewahren.

Insofern kann man sogar die Anti-Kult-Bewegung selbst als einen »Kult« bezeichnen. Sie versucht, Menschen, die ihrer Ansicht nach Opfer einer Gehirnwäsche geworden sind, vor sogenannten Kulten zu »retten« und sie zu »deprogrammieren«, um sie wieder zu nützlichen Mitgliedern der Gesellschaft zu machen. Doch ist in mehreren Untersuchungen nachgewiesen worden, daß die Deprogrammierungsmethoden in vieler Hinsicht echter Gehirnwäsche wesentlich näher kommen als jene Konversion, gegen die sie sich richten. Viele Anti-Kult-Aktivisten und Deprogrammierer sind besonders konservative Zeitgenossen und erklärte religiöse Fundamentalisten. Sie spielen die gefährliche Rolle von Gegen-Gurus. So hat also nicht nur die kultische Konversion, sondern auch die Deprogrammierung ihre Opfer.

Dies kann man von authentischer Schülerschaft nicht sagen. Ein Opfer ist in gewisser Hinsicht machtlos und ausgebeutet. Das einzige, was ein Schüler »opfern« muß, ist sein Ich, um dessen Transzendierung sich die ganze Lehrer-Schüler-Beziehung dreht. Man kann einen Menschen nicht zwingen, sein Ich zu transzendieren; dies ist nur auf freiwilliger Basis möglich. Doch wird der Akt der Selbst-Transzendierung von Suchenden oft mißverstanden. Sie pervertieren ihn zur Selbstverleugnung, eine Tendenz, die zur heimlichen Stärkung des Ich mißbraucht werden kann. In guruzentrischen Traditionen verwechseln die Übenden oft Gehorsam dem Lehrer gegenüber damit, sich dem Lehrer gefällig zu zeigen, um seinen Beifall oder seine Gunst zu ernten. Noch schädlicher ist die Verwechslung der rituellen Verehrung des Gurus mit Schmeichelei. Durch die rituelle Guru-Verehrung, im Sanskrit *Guru-Puja* genannt, ehrt der Schüler das Göttliche, so wie es sich im Lehrer und als der Lehrer manifestiert. Dies kann eine zutiefst inspirierende Erfahrung sein, die der Erleuchtung förderlich ist, doch setzt sie einen hohen Grad spiritueller Reife voraus.

Hinter diesem alten Ritual steckt folgende Idee: Der erleuchtete Meister erfährt sich als identisch mit der transzendenten Wirklichkeit. Ist er oder sie wirklich erleuchtet, so wird die damit verbundene Identitätsverlagerung von der Ich-Persönlichkeit *(Jīva-atman)* zu der des Selbst *(Paramātman)* auf der Ebene des physischen Körpers wirksam. Das heißt, daß der Guru zu einem spontanen Übermittler der höheren Realität wird. Im *Guru-Yoga* kooperiert der Schüler mit dieser Übermittlung, indem er seine Aufmerksamkeit im Tagesverlauf durch spezielle Rituale auf den Lehrer richtet.

Bei diesen Riten stimmt der Schüler sich bewußter auf die göttliche oder numinose Realität ein, die im Guru verkörpert ist. Mit anderen Worten: Er nähert sich dem Guru mit ebenjenen Gefühlen, die sonst dem Göttlichen vorbehalten sind. In vielen guruzentrischen Traditionen wird sogar erwartet, daß der Schüler den Lehrer auch außerhalb der Riten als das Göttliche verehrt. Es folgt ein Auszug aus einem Werk der Hindu-Literatur, in dem der Geist des traditionellen *Guru-Yoga*, der auf den metaphysischen Grundlagen des Nicht-Dualismus gründet, treffend veranschaulicht wird.

Die Schriften erklären: Er, der der Guru ist, ist Shiva [d. h., das Göttliche selbst]; er, der Shiva ist, ist der Guru. Er, der einen Unterschied macht [zwischen diesen beiden], ist [nicht besser als] ein Mensch, der mit dem Guru [oder vielmehr mit der Frau des Gurus] sexuell verkehrt.

[Der Schüler] sollte sich immer an die Form des Gurus erinnern; er sollte stets den Namen des Gurus rezitieren; er sollte den Anweisungen des Gurus gehorchen, und seine Kontemplation sollte sich auf nichts anderes als auf den Guru richten.

[Der Schüler] sollte alles dem wahren Guru hingeben: Körper, Sinne, Atem, Besitztümer, Land, Familie und [sogar] die eigene Frau usw.

Es gibt kein höheres Prinzip als den Guru. Es gibt keine höhere Enthaltsamkeit als den Guru. Es gibt keine größere Weisheit als den Guru. [Deshalb] Ehrerbietung vor jenem gesegneten Guru.

Das Universum residiert im Zentrum des Gurus, und der Guru residiert im Zentrum des Universums. Der Guru ist nichts als das Universum. [Deshalb] Ehrerbietung vor jenem gesegneten Guru.

Durch Hingabe an den Guru erreicht man den Zustand der Befreiung [sogar] ohne Wissen. Die Anhänger eines [wahren] Gurus brauchen keine andere Disziplin als die Gnade des Gurus.

Der Guru ist Gott. Der Guru ist das Gesetz. Die größte Entsagung ist es, sich auf den Guru zu verlassen. Es gibt nichts, das höher ist als der Guru.[32]

Die Gefahren, die mit dem Praktizieren von *Guru-Yoga* verbunden sind, liegen auf der Hand: Möglicherweise gelingt es dem Schüler nie, zu einer transzendentalen Wahrnehmung des Gurus vorzustoßen, so daß er auf der Ebene der äußerlichen Verehrung stehenbleibt. In diesem Fall ist die Guru-Verehrung des Schülers nichts weiter als kindliches Sich-Einschmeicheln. Robert Masters hat dies sehr unumwunden beschrieben:

Guru-Verehrung ist im Grunde nicht mehr als spirituelle Faulheit, einfach noch ein weiterer Versuch, eine problematische Lebenssituation zu »lösen«. Es ist nichts weiter als eine Strategie, die dazu dient, sich den eigenen Schwierigkeiten gegenüber unempfindlich zu machen. Ziel dieser Strategie ist es, den Trost elterlicher Zuwendung in einem Maße zu erfahren, daß angesichts dessen die eigenen Schwierigkeiten verblassen, sich vielleicht sogar in einer Art Pseudo-Glückseligkeit auflösen, die in erstaunlichem Maße jener ähnelt, die »weltliche« Menschen auf der Jagd nach guten Gefühlen, Ich-Stärkung und Streß-Abreaktion in zwanghafter sexueller Aktivität suchen.[33]

Masters vergleicht diese fetischistische Art der Verehrung mit Masturbation. Unfähig zu einer authentischen Reaktion, sentimentalisiert oder romantisiert der Suchende den Guru und verwandelt ihn oder sie in eine Mini-Gottheit, die zeitweilig die Beschwerlichkeit der Existenz lindert. Die Beziehung zum echten Guru wird dadurch spirituell impotent.

Wie die Geschichte zeigt, hat der *Guru-Yoga* zu außerordentlichen Triumphen geführt – man erinnere sich nur an die Biographie des tibetischen Adepten Milarepa. Es hat jedoch auch immer wieder schreckliche Fehlschläge und krasse Fälle von Mißbrauch gegeben. Ich vermute sogar, daß die unglückseligen Vorfälle die Zahl der Fälle mit glücklichem Ausgang bei weitem überwiegen; allerdings wäre es schwierig, dies zu belegen. Erleuchtete Lehrer, die sich nicht durch Schmeicheleien von Schülern in Versuchung bringen lassen, sind selten, doch kindische Suchende hat es immer in Hülle und Fülle gegeben.

Authentische Schülerschaft erfordert paradoxerweise eine reife Persönlichkeit mit einem starken Ich. Aus den Biographien und Hagiographien von Adepten geht häufig hervor, daß es sich um hochgradig exzentrische Menschen handelte, die dennoch zu erstaunlichem Gehorsam fähig waren, selbst wenn sich die Autorität, vor der sie sich beugten, häufiger in ihrer eigenen Psyche als außerhalb von ihnen selbst befand. Benedict Groeschel hat über den Gehorsam christlicher Heiliger geschrieben:

Wenn man sich die authentischen Lebensbeschreibungen der Heiligen anschaut, so ist darin sowohl ein strenger Gehorsam als auch eine zunehmende Individuation und persönliche Freiheit zu erkennen. Diejenigen unter ihnen, die danach trachteten, sich im Gehorsam zu üben, hatten ihre Prioritäten oft so gesetzt, daß sie höheren Gesetzen gehorchten, die ihre weniger fortgeschrittenen spirituellen Gefährten nicht einmal zu verstehen vermochten. Dadurch war das Leben dieser Heiligen meist alles andere als angenehm. Oft befanden sich gerade diese besonders hingebungsvollen Christen in einem tiefen Konflikt mit ebenjenen Autoritäten, die sie als Repräsentanten des göttlichen Willens ansahen. Wir erkennen diesen Konflikt in den Versuchen des heiligen Johannes vom Kreuz und der heiligen Teresa von Avila, gewisse Reformen durchzusetzen. Beide wurden des Ungehorsams bezichtigt, und Johannes wurde sogar als Rebell verurteilt. Dennoch spricht aus den Schriften dieser christlichen Mystiker ein tiefer Gehorsam. Ihr bewußtes Ziel war stets, mit ihrem ganzen Wesen gehorsam zu sein.[34]

Selbst wenn der reife Schüler dem äußeren Lehrer Gehorsam zu erweisen scheint, unterwirft er sich in Wahrheit dem Lehrer als einer inneren Autorität. Der Schüler erfährt den Lehrer in diesem Fall als eine Erweiterung seines eigenen Gewissens. Dies ist so lange möglich, wie der Lehrer keine Forderungen stellt, die den innersten Gefühlen des Schülers darüber, was falsch und was richtig ist, zuwiderlaufen. Vorausgesetzt, der Lehrer ist erleuchtet und der Schüler eine reife Persönlichkeit, dürfte es nicht zu einem solchen Zusammenstoß kommen, da beide in die gleiche Richtung schauen: zum Göttlichen. Das bedeutet jedoch nicht, daß die Anforderungen des Lehrers nicht gelegentlich für den Schüler schwierig sein können oder daß Gehorsam immer als das naheliegende Verhalten erscheinen muß.

Für den *reifen* Schüler sollte es prinzipiell nicht einmal eine Rolle spielen, ob der Lehrer vollständig erwacht ist oder nicht. Gehorsam ist lediglich ein Mittel, aktiv jene Bereitschaft zur Selbst-Transzendierung zu demonstrieren, die entscheidend für das spirituelle Leben ist. Schon Meister Eckehart hat hierzu gesagt:

Wahrer und vollkommener Gehorsam ist eine Tugend vor allen Tugenden, und kein noch so großes Werk kann geschehen oder getan werden ohne diese Tugend; wie klein anderseits ein Werk sei und wie gering, es ist nützer getan in wahrem Gehorsam, sei's Messelesen oder -hören, Beten, Kontemplieren oder was du dir denken magst. ... Wo der Mensch in Gehorsam aus seinem Ich herausgeht und sich des Seinen entschlägt, ebenda muß Gott notgedrungen hinwiederum eingehen; denn wenn einer für sich selbst nichts will, für den muß Gott in gleicher Weise wollen wie für sich selbst. Wenn ich mich meines Willens entäußert habe in die Hand meines Oberen und für mich selbst nichts will, so muß Gott darum für mich wollen, und versäumt er etwas für mich darin, so versäumt er es zugleich für sich selbst. So steht's in allen Dingen: Wo ich nichts für mich will, da will Gott für mich. Nun gib acht! Was will er denn für mich, wenn ich nichts für mich will? Darin, wo ich von meinem Ich lasse, da muß er für mich notwendig alles das wollen, was er für sich selbst will, nicht weniger noch mehr, und in derselben Weise, mit der er für sich will. Und täte Gott das nicht, – bei der Wahrheit, die Gott ist, so wäre Gott nicht gerecht, noch wäre er Gott, was (doch) sein natürliches Sein ist.[35]

Wir sehen, daß es selbst innerhalb einer grundsätzlich dualistischen Tradition möglich ist, eine Form von *Guru-Yoga* zu praktizieren. Es ist wohlbekannt, daß Meister Eckehart theologisch dem indischen Nicht-Dualismus näher war als die meisten anderen christlichen Mystiker. Dennoch ist seine Empfehlung an den Schüler, sich von jeglichem eigenen Wollen leer zu machen und sich dem Willen des Göttlichen zu ergeben, nicht in irgendeiner metaphysischen Doktrin begründet, sondern in einer beispielhaften Haltung des gläubigen Vertrauens.

In der Tat ist die Lehrer-Schüler-Beziehung wie auch Spiritualität insgesamt ohne ein solches grundlegendes Vertrauen undenkbar: Vertrauen zur Integrität des Lehrers und zum Leben selbst. Und solches Vertrauen, das für den Suchenden unseres 20. Jahrhunderts keineswegs eine Selbstverständlichkeit ist, ist immer ein Ausdruck persönlicher Reife. Deshalb ist auch gesagt worden, Spiritualität sei ein Ausdruck persönlicher Reife. Daniel Helminiak beobachtete:

Spirituelle Entwicklung ist ein Phänomen des Erwachsenseins. Sie ist das Wachsen an authentischer Selbst-Bewußtheit, die entsteht, wenn ein Mensch die Verantwortung für sich selbst übernimmt. Die menschliche Entwicklung verläuft nach Ansicht aller maßgeblichen Theoretiker von der infantilen, impulsbeherrschten Ich-Zentriertheit zur konformistischen Identität mit der eigenen sozialen Gruppe und schließlich hin zur post-konventionellen Selbst-Bestimmung und Integration der inneren und äußeren Realität.

In einem gewissen Sinne ist das Endresultat wieder eine Art von Selbst-Zentriertheit, die jedoch von anderer Art ist als die des Kindes. Reife Selbstbestimmung steht mit der Realität in Einklang; sie ist realistisch und verantwortlich. Selbst wenn es sich um eine spontane Reaktion zu handeln scheint – und es auch tatsächlich eine solche ist –, ist sie das Ergebnis langer Selbst-Formung und bewußter Wahl. Es ist nun die »natürliche« Aktivität eines Individuums, das sich selbst geformt hat.[36]

Authentische Selbst-Transzendierung ist eine Disziplin und erfordert daher ein gewisses Maß an Selbsteinschränkung, an Gehorsam einer inneren Autorität gegenüber. Die Reaktionen des Schülers (und des Lehrers) auf das Leben präsentieren sich als innere Notwendigkeiten. Er oder sie entscheidet sich für das, was sich als unvermeidlich erweist. Dennoch wird diese freiwillige Selbsteinschränkung nicht als Einschränkung der inneren Freiheit erlebt. Im Gegenteil, ein der Selbst-Transzendierung gewidmetes Leben geht einher mit einem zunehmend freudigen Gefühl innerer Autonomie, der Erlösung vom Automatismus der Ich-Persönlichkeit. Selbst wenn der Schüler (und auch der Lehrer) einem bestimmten Ereignis gegenüber eine passive Haltung einnimmt, so ist jene Passivität kein Sich-Entziehen, sondern ein Ausdruck der gleichen reifen Selbstbestimmung, die in einer anderen Situation zu einem sofortigen Aktivwerden führt. Der Philosoph Herbert Fingarette, der das Wesen der Spiritualität und der mystischen »Selbst-Losigkeit« eingehend untersucht hat, hat uns den folgenden klärenden Kommentar dazu gegeben:

Der relativ reife Mensch vermag geringfügigere Entscheidungen mit einem unspezifischen subjektiven Gefühl der Freiheit zu treffen. In Verbindung mit gewichtigen Entscheidungen äußert sich ein komplexeres Gefühl, welches beinhaltet, daß man zwar einerseits frei ist, jedoch andererseits unter Berücksichtigung der eigenen Integrität »gar nicht anders kann«...

286

Reife Individuen ... erfreuen sich einer harmonschen Integration der instinktbestimmten Triebe, der Maßstäbe und Restriktionen des Über-Ich, der Ich-Wahrnehmungen und der Fähigkeiten zur Unterscheidung sowie der Möglichkeiten, die die Umwelt ihnen tatsächlich eröffnet. Daher sind sie gleichzeitig scharfsichtig und doch, wie bereits früher bemerkt wurde, »selbst-vergessen«.[37]

Fingarette zitiert auch einen Ausspruch Meister Eckeharts, der wohl einer der tiefgründigsten jenes Mystikers ist. »Ja, je mehr wir zu eigen sind, um so weniger sind wir zu eigen.«[38] Anders ausgedrückt: »Je mehr wir wir selbst sind, um so weniger Selbst ist in uns.« Dieses Paradox ist von zentraler Bedeutung für reife spirituelle Praxis und insbesondere für die Psychologie der Spontaneität, die einem vollkommen erleuchteten Leben zugrunde liegt, insbesondere wenn es sich um Manifestationen verrückter Weisheit handelt. Im nächsten Kapitel werden wir das Wesen der Erleuchtung oder Gott-Verwirklichung untersuchen, die höchste Frucht oder die »heilige Prüfung« der Schülerschaft.

# Kapitel 8:
## Gott, Erleuchtung und der Tod des Ich

### 1. Der Verlust von Gott und Glauben

Unsere Zivilisation, die von der Ideologie des Szientismus bestimmt wird, schweigt sich über die transzendente Wirklichkeit und über Gott praktisch völlig aus. Friedrich Nietzsche hat vor mehr als einem Jahrhundert herausfordernd verkündet: »Gott ist tot! Gott bleibt tot! Und wir haben ihn getötet.«[1] Seine berühmte Erklärung war weniger eine philosophische oder theologische Hypothese als eine Aussage über eine kulturhistorische Tatsache. Gegen Ende des 19. Jahrhunderts existierte Gott tatsächlich nicht mehr – zumindest nicht mehr als maßgebendes kulturelles Ideal. Für Nietzsche wie für die meisten seiner kritischen Zeitgenossen war Religion nicht mehr akzeptabel. Sie war, wie der Soziologe Peter Berger es formuliert hat, zu einem bloßen »Gerede von Engeln«[2] geworden. Die Ideologie des wissenschaftlichen Materialismus hatte die religiöse Sicht der Welt, die vor der Entwicklung der Wissenschaften unangefochten den Ton angab, praktisch verdrängt. Insofern formulierte Nietzsche lediglich einen Verlust, den die Menschen seiner Zeit ohnehin empfanden, und er machte seine Klage zu einem verzweifelten Manifest für das kommende »Zeitalter des Menschen«. Er übernahm die Rolle des verrückten Propheten und sagte den Anbruch einer neuen Zeit voraus, in der die Menschen zum Throne Gottes aufsteigen, die Verantwortung für ihre Existenz selbst übernehmen und ihre eigene Welt schaffen und beurteilen würden.

Nietzsche hatte mit dem, was er sagte, zumindest teilweise recht. Wir *haben* das Göttliche aus unserem Leben verbannt, und indem wir die göttlichen Attribute der Allwissenheit und Allmacht für uns selbst beanspruchen, haben wir uns selbst zu Schöpfern unseres eigenen Universums ernannt. Doch trotz aller Göttlichkeit, die wir uns selbst zuschreiben, haben wir noch immer nicht die Verantwortung für unser Leben und für unsere neu gefundene Freiheit übernommen, denn indem wir den Gott der alten Religion begraben haben, haben wir auch einen Teil von uns selbst begraben – einen Teil, ohne den wir unsere Freiheit nicht leben können. Wir haben den archaischen Schöpfergott niedergemetzelt und uns dadurch unabsichtlich auch selbst verstümmelt: Wir haben unser eigenes Herz durchbohrt und Glauben und Hoffnung verloren.

Nicht nur von unserem jüdisch-christlichen Erbe haben wir uns gelöst, sondern gleichzeitig auch jegliche Möglichkeit der Transzendenz und einer spirituellen Lebensweise ausgeklammert. Es war uns nicht genug, unsere religiösen Überzeugungen einer Überprüfung im Lichte der modernen Wissenschaft zu unterziehen; wir haben die lebenspendenden Funktionen authentischen Glaubens selbst unterminiert. Der wissenschaftliche »Fortschritt« und die damit verbundene rasche Zerstörung der alten religiösen Weltsicht hat uns in einen Schockzustand versetzt, von dem wir uns als Zivilisation immer noch nicht erholt haben. Der Pluralismus der Lebensweisen und Werte, der unsere Zeit kennzeichnet, ist die äußere Manifestation der tiefen inneren Unsicherheit und Verwirrung, unter der zahllose Menschen heute leiden.

Man hat unsere Epoche völlig zu Recht »post-christlich« und sogar »post-religiös« genannt, aber sie ist auch ›prä-spirituell«. Jene »Umwertung aller Werte«, die Nietzsche vorausgesagt hat, ist immer noch nicht abgeschlossen. Das neue Zeitalter, dessen Anbruch er prophezeite, muß erst noch beginnen, weil wir nicht begriffen haben, daß wir nach dem Ende der Tyrannei des alten patriarchalischen Gottes nun über die Freiheit verfügen, den wahren Gott zu finden, die transzendente Realität jenseits religiöser Dogmen und eines rein mentalen Glaubens. Wir sind noch längst nicht in der Lage, Nietzsches Vision zu erfüllen, die lautet: »Der Mensch ist etwas, das überwunden werden soll.«[3]

Nietzsche verachtete den Durchschnittsmenschen, der die Freiheit, sein volles Potential zu verwirklichen, negiert und sich statt dessen mit weniger als der höchsten Stufe der Existenz zufriedengibt. Er pries die Entwicklung eines zukünftigen »Übermenschen«. Doch trübten seine Verzweiflung, sein ungeduldiger Radikalismus und seine kompromißlose Ablehnung jeder Religion sein Urteilsvermögen. Als säkulare Travestie des wahren menschlichen Potentials blieb Nietzsches Übermensch ein verstümmeltes Wesen, das ideologisch auf die Absurditäten des Faschismus vorbereitete. Dennoch war Nietzsche dem Lebenspuls unserer Zivilisation sehr nahe, insofern er die Transzendierung der Ich-Persönlichkeit als die wichtigste vor uns liegende Aufgabe bezeichnete, die er aber in einem zu engen Rahmen sah.

Man könnte Nietzsches Sicht als Vorläuferin der von psychologischen Vorstellungen geprägten Modelle der heutigen Human-Potential-Bewegung verstehen, die ebenfalls keine umfassendere Wirklichkeit kennen, in die das Selbst eingebettet ist, und für die Transzendenz nur *innerhalb* des Selbst-Systems möglich ist. Für Nietzsche war dies in erster Linie eine Frage des menschlichen Willens: Seiner Ansicht nach mußte der Mensch mit geballten Fäusten und zusammengekniffenen Augenbrauen jene Barrieren durchbrechen, die er selbst errichtet hat. Nietzsche bezeichnete Glauben als Willensschwäche und verhöhnte den Apostel Paulus, weil dieser das Evangelium seines Herrn pervertiert habe. Nach Nietzsches Meinung hatte Jesus von seinen Jüngern nicht bloßen Glauben verlangt, sondern auch, daß sie werden sollten wie er. Natürlich lehnte Nietzsche letztlich auch Jesu Botschaft ab, denn in seinen Augen gab es nichts Größeres als den Menschen. In dieser Hinsicht stimmte seine Sicht mit der des Protagoras überein.

Daß Nietzsche jeglichen Glauben ablehnte, war eine logische Konsequenz seiner Negation der transzendenten Wirklichkeit. Dadurch entwickelte sich bei ihm ein unbewußter Todeswunsch. Denn Glauben ist, sofern er echt ist, eine Reaktion totalen Vertrauens auf die Quelle und den Kontext des Lebens. Glauben ist eine Frage des Herzens; ohne gläubiges Vertrauen ist der Mensch dazu verurteilt, zu verwelken, denn er empfindet sich als vom Welt-Ganzen abgetrennt und schneidet sich dadurch von der Lebenswurzel ab. »Der Mensch ist von der Form des Glaubens«, heißt es in der *Bhagavad-Gītā*. Dieser Ausspruch enthält viele Bedeutungsebenen. Ganz gleich, wie man den Begriff Glauben oder gläubiges Vertrauen (Sanskrit: *Shraddhā*) deutet, in jedem Fall beinhaltet er eine Beziehung zur Transzendenz. Im Glauben wachsen wir über uns selbst hinaus, über unsere scheinbare Insel-Existenz, deren letztendliches Ziel jene Art von tragischem Wahnsinn ist, dem Nietzsche schließlich verfiel.

Die wissenschaftliche Ideologie ist ein Erbe des 19. Jahrhunderts. Sie ist als Reaktion des Zeitalters der Aufklärung auf den »blinden Glauben« der mittelalterlichen Menschheit entstanden. Doch indem sie auf die Irrationalität der zuvor herrschenden Überzeugungen hinwies, zerstörte sie Voraussetzungen, auf denen viele Generationen ihr Leben aufgebaut hatten. Schließlich machte sie jeden authentischen Glauben unmöglich und erzeugte in uns allen ein Gefühl der Entwurzelung. Der Soziologe Peter Berger schreibt:

> Die Moderne hat viele weitreichende Transformationen bewirkt, doch hat sie nichts Grundsätzliches an der Endlichkeit, Anfälligkeit und Sterblichkeit der menschlichen Situation zu ändern vermocht. Es ist ihr gelungen, jene Definitionen der Wirklichkeit ernstlich zu schwächen, die zuvor geholfen hatten, den menschlichen Zustand zu ertragen. Dadurch hat sie eine neue Art von Qual erzeugt. ...In ihrem Privatleben konstruieren und rekonstruieren Menschen unentwegt Refugien, die sie als ihr »Heim« erfahren. Doch immer wieder bedrohen die kalten Winde der »Heimatlosigkeit« diese anfälligen Konstruktionen.[4]

Unterdessen bietet sich der wissenschaftliche Materialismus als umfassende Lebensphilosophie und als Ruheort für den heimatlos gewordenen Geist an. Ebenso wie die religiösen Traditionen, die er entthront hat, fordert er, als Vertrauensgrundlage ernstgenommen zu werden. Bedingt durch den vordergründigen Erfolg von Wissenschaft und Technik hat die Priesterkaste der Wissenschaft zahllose Gläubige angezogen. Doch intellektuelles Überzeugtsein ist nicht gleichbedeutend mit Vertrauen. Jenes Pseudo-Vertrauen, das der Szientismus fordert, betrifft nur den Kopf, nicht das Herz, das ruhelos bleibt. Deshalb vermag er die psychische und spirituelle Krankheit unserer Zeit nicht zu heilen. Tatsächlich behindert er die weitere Entwicklung der Menschheit sehr stark, die ein Gewahrsein anstrebt, das Transzendenz einschließt.[5]

Auf die gleiche Weise kann man auch den religiösen Provinzialismus[6] kritisieren. Wissenschaftlicher Materialismus und religiöser Provinzialismus klammern authentisches gläubiges Vertrauen aus und ersetzen es durch intellektuelle Überzeugungen (oder, in der Sprache der Wissenschaft ausgedrückt, durch »Modelle« von der Wirklichkeit). Beiden Anschauungen liegt ein unzulängliches Konzept vom Göttlichen und von der transzendenten Realität zugrunde. Während der Szientismus das Menschsein vergöttlicht, was zu einer reduktionistischen und letztlich narzißtischen humanistischen Ideologie führt, klammert sich der religiöse Provinzialismus an antiquierte und unglaubwürdige Vorstellungen über Gott und Religion. Weder die eine noch die andere Sicht ist an der transzendenten Realität oder an einer spirituellen Praxis der Selbst-Transzendierung interessiert, die zu einer Erfahrung jener Realität oder sogar zur Identifikation mit derselben führen könnte.

Die Ideologie des Szientismus schwächt nach wie vor den Pseudo-Glauben der im Schwinden begriffenen Gemeinde religiöser Provinzialisten. In einem Versuch, zu retten, was an ihrer Kirche noch zu retten ist, bemühen sich christliche Theologen eifrig, die spirituelle Botschaft des Jesus von Nazareth neu zu interpretieren. Einige gehen dabei sogar soweit, gar nicht mehr von Gott zu sprechen und sich statt dessen nur noch auf das Symbol des Christus zu konzentrieren. Doch ihre Kühnheit hat das psychische Dilemma der Kirchgänger nur noch verschärft. Theodore Reik hat beobachtet, daß die meisten gebildeten Menschen nicht an Gott glauben, ihn jedoch fürchten.[7] Alan Watts trifft den gleichen Nerv, indem er sagt: »Der christliche Kosmos ist verschwunden, doch das christliche Ego bleibt bestehen.«[8] Unser Intellekt ist über unser religiöses Erbe hinausgewachsen, unsere Emotionen nicht. Sie sind es nicht, weil wir noch immer unter dem Schock stehen, daß wir unseren Glauben verloren haben. Wir haben neue, »wissenschaftlich« plausible Überzeugungen entwickelt, doch unseren Glauben haben wir dadurch noch nicht wiedererlangt. Jede Wissenschaft beruht darauf, daß ihre Modelle stets nur vorläufigen Charakter haben und ständiger Revision bedürfen.

Dadurch gerät der typische Bewohner der westlichen Welt in einen schizoiden Zustand: Sein Gehirn und sein Herz werden voneinander getrennt. Diese Selbst-Teilung bedroht mittlerweile sogar unser Überleben als Spezies. Wir haben den alten Gott zu Tode gewürgt, und nun würgt uns unsere eigene Gottlosigkeit. Den verlorenen Boden können wir nicht zurückgewinnen. Die Spaltung in unserem Sein läßt sich nicht dadurch heilen, daß wir zur Religion unserer Vorfahren zurückkehren. Trotzdem müssen wir mit ihr Frieden schließen. Die vor dem 19. Jahrhundert dominierende Form der Religion mit ihrer Zentralgestalt des patriarchalischen Schöpfergottes ist uns heute ebenso fremd wie das altgriechische Pantheon allzu menschlicher Götter. Ebensowenig können wir ungestraft zu den matriarchalischen Göttinnen der grauen Vorzeit zurückkehren. Unser Dilemma läßt sich nicht auf einfache Weise lösen.

Es steht völlig außer Frage, daß die jüdisch-christliche Weltsicht immer noch eine archetypische Macht auf unsere Psyche ausübt, ebenso wie die Große Mutter einen Teil unserer inneren Bilder bestimmt. Deshalb sollen wir diese Kräfte in unserem Inneren nicht einfach ignorieren. Schlichtes Leugnen, ähnlich der willentlichen Regression in frühere Arten religiösen Erlebens, würde das Chaos in unserer Psyche nur noch verschlimmern. Die einzige Möglichkeit, die uns offensteht, ist, daß wir unser Leben der Transzendierung des Ich widmen. Diese ist möglich, weil das Ich oder Selbst letztlich nicht unabdingbar für das menschliche Sein ist. Allerdings ist ein Leben ohne Ich oder Selbst keineswegs leicht.

Doch wird die Möglichkeit, an der Transzendierung des Ich zu arbeiten, von nur wenigen erwogen. Die meisten Menschen haben sich mit einer klischeehaften Existenz abgefunden, in der sie sich aus Mangel an »Mut zu sein«[9] einer oberflächlichen Ideologie hingeben. Sie wursteln sich mit einem Minimal- oder Pseudo-Glauben durch und vermeiden es, der grundlegenden Sinnlosigkeit ihres Lebens, ihrer neurotischen Angst, der Oberflächlichkeit ihrer

Beziehungen, ihrer stillen Verzweiflung und ihrem Leiden ins Auge zu sehen.

Diejenigen, die ihre eigene psychische Disharmonie und Hoffnungslosigkeit und die kulturelle Zerrissenheit in ihrer Umgebung erkennen, begeben sich, eher gezwungen als freiwillig, auf eine »Visionssuche«. Sofern ihre Suche nicht zu einer Flucht in die Sackgasse der Schizophrenie wird, werden sie zu spirituellen Suchenden auf dem Weg zu einem neuen Glauben. Oft geben sie sich jedoch mit dem Erwerb eines überzeugenderen *Modells* von der Realität oder mit erfüllenderen *Erfahrungen* zufrieden. Die Suche nach erfüllenderen Erfahrungen wird häufig als einer der Schlüsselfaktoren für das Auftauchen der »innovativen« religiösen Kulte unserer Zeit genannt.[10]

Der Hunger nach konkreten religiösen oder »spirituellen« Erfahrungen bleibt innerhalb der etablierten religiösen Bewegungen weitgehend unerfüllt. Persönliche religiöse Erfahrungen wären für die dort herrschenden Strukturen bedrohlich. Deshalb bevorzugen orthodoxe religiöse Organisationen einen theoretischen Gott und einfältigen Konformismus. Persönliche Experimente hingegen lehnen sie ab, und diejenigen die solche Experimente durchführen, ächten sie gewöhnlich. Deshalb war der Mystiker, der die persönliche Vereinigung mit dem Göttlichen anstrebt, zu allen Zeiten der Sündenbock der religiösen Orthodoxie, zumindest innerhalb der dualistischen Traditionen des Judentums, des Christentums und des Islam. Man könnte meinen, daß ein spiritueller Reisender in den nicht-dualistischen Religionen besser aufgehoben wäre, doch besteht sein Martyrium in diesem Fall darin, glorifiziert und schnell vergöttlicht zu werden. Er wird verehrt, und man erbittet seinen Segen, ohne ihn jedoch wirklich ernst zu nehmen.

In Indien wird jeder Heilige als *Avatāra* oder »Abkömmling« der höchsten Gottheit verehrt. Trotz der rasch fortschreitenden Ausbreitung des Materialismus auch auf dem indischen Subkontinent begünstigt das dortige kulturelle Klima immer noch das Erblühen und den Fortbestand mystischer Traditionen. Doch authentische Spiritualität – die ich von mystischen Phänomenen unterscheide – ist selbst in der Heimat der *Rishis, Sadhus, Yogins* und *Sannyasins* eine Seltenheit. Zwar wurde die Gott-Verwirklichung oder Erleuchtung von Indiens brahmanischen Gesetzgebern dreitausend Jahre lang als höchstes Ziel allen menschlichen Lebens bezeichnet (bis die landeseigene Gesetzgebung unter der britischen Herrschaft aufgehoben wurde) und hatte im Bewußtsein der indischen Bevölkerung ihren festen Platz, doch ist selbst in Indien die Zahl derjenigen, die in der heutigen Zeit ihr Leben dem Erreichen der Gott-Verwirklichung oder Erleuchtung widmen, sehr klein. Gott ist heute hauptsächlich ein religiöses Symbol, keine erfahrene Wirklichkeit. Wo das Göttliche als Tatsache jenseits bloßer Vorstellungen erfahren wird, wird es gewöhnlich als *innerste* Dimension der Existenz erlebt – als der Gott im Innern, *Ātman*. Dies ist die Gotteserfahrung der Mystik, die man durch den vertikalen Aufstieg über die Stufen des Bewußtseins erreicht. Die Idee der inneren Göttlichkeit oder der göttlichen Essenz ist die mystische Entsprechung zur konventionellen Vorstellung vom »Gott da draußen«, dem himmlischen Vater über uns. Im Gegensatz zum exoterischen Gott jedoch ist der mystische Gott nicht nur ein frommer Gedanke, sondern er entspricht einer tatsächlichen Erfahrung.

Dennoch ist der »Gott im Inneren« eine einschränkende Vorstellung von einer Erfahrung, die, zumindest potentiell, alle mentalen Vorstellungsmöglichkeiten übersteigt. Anders ausgedrückt tendiert der typische Mystiker dazu, sich seiner Erfahrung der *Unio mystica* mit einem gewissen Vorverständnis zu nähern, als ob Gott *nur* in der Psyche bzw. Seele zu finden wäre. Das bedeutet, wie Da Love-Ananda erläutert hat, daß Gott als eine *alternative* Wirklichkeit verstanden wird.[11] Aus einer ganzheitlichen Perspektive betrachtet, erweist sich dies als ein psychologischer Trick, auf den viele Mystiker zurückgreifen, um die transzendente Wirklichkeit in ihrer Totalität leugnen zu können.

Wenn das Göttliche oder die transzendente Wirklichkeit weder innen noch außen, noch oben ist, wo ist sie dann zu finden? Die Frage selbst ist schon irreführend. Gautama Buddha weigerte sich beharrlich, sie zu beantworten. Doch geht aus einigen authentischen Passagen des Pali-Kanons klar hervor, daß er eine solche transzendente Wirklichkeit keineswegs völlig geleugnet hat und daß der zuweilen gegen ihn erhobene Vorwurf, er sei Atheist gewesen, ungerechtfertigt ist.[12] Da Love-Ananda, der weniger vorsichtig ist als der Buddha, hat hierzu folgendes gesagt:

Gott ist nicht nur hinter der Welt und anderswo und da oben und innen. Gott ist allgegenwärtig, absolut präsent, bedingungslos präsent. Wenn man Gott nicht als die manifeste Wirklichkeit sieht, so realisiert man Gott nicht.[13]

Die Suche nach dem *äußeren* Gott (ob nach der patriarchalischen Gottheit oder nach der Göttin) besteht in ritueller Verehrung und moralischem Gehorsam gemäß der heiligen Offenbarung. Die Suche nach dem *inneren* Gott, der Weg der Mystik oder Esoterik, ist ein größeres Abenteuer, auf das sich jene einlassen, die mit dem exoterischen Konformismus und mit den Anforderungen der Welt hadern. Aus der Perspektive unseres »vergleichenden« Zeitalters betrachtet, sind beide Gottesideale Umschreibungen. Doch ist eine treffendere Beschreibung möglich: Gott als die Ganzheit der Existenz. Natürlich ist auch diese Vorstellung nur ein geistiges Konstrukt. Alan Watts erinnert uns:

*Alle* Vorstellungen über das Universum sind anthropomorph, weil sie Repräsentationen der Welt sind, so wie sie dem menschlichen Geist entsprechen. Außerdem ist ein Universum, das menschliche Wesen hervorbringt, ebensosehr ein menschliches oder vermenschlichendes Universum, wie ein Baum, der Äpfel hervorbringt, ein Apfelbaum ist...
Einen Gott nach dem menschlichen Bilde zu formen ist nur insofern fragwürdig, als wir ein so schlechtes Bild von uns selbst haben, beispielsweise als Ich in einem Sack aus Haut. Doch wenn wir den Menschen als das Verhalten eines einheitlichen Feldes zu sehen vermögen – das ungeheuer komplex ist und das gesamte Universum umfaßt –, so ist kaum etwas dagegen einzuwenden, sich Gott nach *jenem* Bild vorzustellen.[14]

Das Bild Gottes als eines unendlichen, universellen Feldes von unvorstellbaren Ausmaßen ist immer noch nur ein Bild, ein *Eidolon*, jedoch eines, das nicht mit den Einschränkungen oder politischen Konsequenzen anderer traditioneller Gottesvorstellungen belastet ist. Es hat weder etwas mit dem »eifersüchtigen Gott« des patriarchalischen Theismus zu tun, dessen Geboten man gehorchen muß, noch mit dem »Gott des inneren Selbst«, in das wir uns zurückziehen müssen, wie eine Schildkröte sich aus der Welt zurückzieht. Das Bild Gottes als die Gesamtheit der Existenz ist implizit weltbejahend, da die Welt, wenn sie aus der Perspektive der vollständigen Gott-Verwirklichung oder Erleuchtung erfahren wird, sich als ein Aspekt des unermeßlichen Seins der höchsten Wirklichkeit offenbart.

Wenn wir die Manifestationen heiliger Verrücktheit in den verschiedenen religiösen Traditionen untersuchen, sollten wir diese unterschiedlichen Gottesbilder vor Augen haben. Die heiligen Narren des Christentums und des Islam orientierten sich gewöhnlich am dualistischen Bild des Schöpfergottes, und dies gibt ihrer Narrheit jenen charakteristischen Beigeschmack der Selbstverleugnung. Im Gegensatz dazu sind die heiligen Narren Indiens, Tibets und Chinas durch ihre Tendenz zum mystischen »Gott im Inneren« geprägt worden. Nur in wenigen Fällen, insbesondere in den buddhistischen Traditionen des Mahāyāna und Vajrayāna, ist die spirituelle Exzentrik verrückter Adepten in einen metaphysischen Rahmen eingebettet, der die transzendente Wirklichkeit als ein Feld-Kontinuum, als ein Ganzes versteht.

## 2. Erleuchtung und die Transzendierung der Aufmerksamkeit

Angesichts der »Gottlosigkeit« und existentiellen Verwirrung unserer modernen Zivilisation erscheint es fast als anmaßend, sich an eine Definition der Erleuchtung heranzuwagen. Zum Glück brauchen wir uns eine solche Definition nicht selbst zusammenzureimen, da wir sie den Quellen authentischer spiritueller Traditionen entnehmen können.

In unserer Zivilisation bedeutet »Erleuchtung« ebenso wie »Gott« für verschiedene Menschen Unterschiedliches. Hinzu kommt, daß in der englischen Sprache »Enlightenment« auch noch Erinnerungen an das Zeitalter der Aufklärung oder des Rationalismus weckt, also an die Zeit der Französischen Revolution, an die Enzyklopädisten, an D'Alembert, Diderot und Voltaire. Sie verstanden unter »Erleuchtung« die Illumination des Geistes durch rationales Verstehen, bis auch die letzte Spur von Aberglauben und Mythos vollständig getilgt war. Diese Verfechter der Aufklärung waren nicht generell gegen Religion, sondern sie predigten religiöse Toleranz und intellektuelle Geradlinigkeit. Doch entwickelte sich aus der anfänglichen Toleranz des Rationalismus schon bald eine generell feindselige Einstellung allen Religionen gegenüber.

Die meisten Menschen assoziieren mit dem Begriff »Erleuchtung«, wenn er im spirituellen Sinne benutzt wird, einer Art starker Trance, und halten diejenigen, die davon befallen werden, im Grunde für bedauernswert. Der sprichwörtliche »gesunde Menschenverstand« kann sich nichts vorstellen, das größer ist als er selbst; deshalb muß er die Erleuchtung der großen spirituellen Adepten herabspielen. Die Annahme, daß die Erleuchtung der Adepten irgend etwas anderes gewesen sein könnte als ein Zustand extremer Innerlichkeit, würde das triste Universum des populären Konsensus – der allgemeinen Übereinkunft über das Wesen der Wirklichkeit – durcheinanderbringen.

Im Gegensatz dazu versteht die New-Age-Gemeinde Erleuchtung generell als eine psychische Errungenschaft, eine höhere Form des Wissens oder der Gnosis, die den Verstand übersteigt und ungeahnte neue Erfahrungshorizonte eröffnet. Erleuchtung wird somit als eine Art kognitiver Zustand verstanden, der sich durch gewisse Verhaltensweisen und Prozeduren herbeiführen läßt. In einem kürzlich erschienenen Buch über Neo-Tantrismus erklärt der Autor, mehr als hundert Teilnehmer an einem seiner Workshops seien erleuchtet worden. Derartige Behauptungen müssen aus der traditionellen Perspektive als bombastisch und unsinnig bezeichnet werden. Gemäß der traditionellen Sicht hat Erleuchtung nicht das Geringste mit einer Erfahrung oder mit einer Stufe des Wissens zu tun, und deshalb kann sie auch nicht als Resultat einer bestimmten Verhaltensweise eintreten. Insofern ist auch eine »Massenerleuchtung« mehr als unwahrscheinlich.

Nach den Anschauungen der großen spirituellen Traditionen der Welt beinhaltet Erleuchtung ein Transzendieren allen Wissens und jeglicher Erfahrung. Es handelt sich um einen plötzlichen Durchbruch, der gewöhnlich als ein Akt der Gnade oder als transzendentes Eingreifen erfahren und beschrieben wird. Dies ist die Bedeutung, auf die ich im weiteren Bezug nehmen werde. In diesem Sinne ist Erleuchtung in unserer heutigen Zivilisation nur für eine verschwindend kleine Minderheit ein Ziel, das anzustreben sich lohnt. Und selbst innerhalb dieser winzigen Gruppe scheinen nur ganz wenige das Wesen der Erleuchtung tatsächlich zu verstehen und noch weniger sie zu realisieren.

Doch was ist Gott-Verwirklichung oder Erleuchtung? Da Love-Ananda sagt dazu:

Der normale Mann und die normale Frau glauben, Erleuchtung sei so etwas wie eine Vision. Erleuchtung ist das subtilste, wortloseste und unaussprechlichste Verstehen... Auf seiner Basis können sich die verschiedenartigsten strahlenden Transformationen entwickeln, doch die Realisation selbst ist so grundlegend, so wortlos, so einfach, so direkt, so offensichtlich, so transzendent, daß sie nicht mit irgendeinem Phänomen der Erfahrung oder des Wissens identisch ist.[15]

An anderer Stelle hat er diese Erklärung durch folgende Aussage ergänzt:

Am Verstehen selbst ist nichts besonders Dramatisches. Wie dramatisch ist es, am Morgen aufzuwachen? Niemand sagt dann »Wowwww!« Und ihr schreit auch nicht: »Phantastisch! Oh, eine Offenbarung!« Ihr tut nichts weiter, als die Augen zu öffnen und zu leben. Ihr wacht einfach auf. Der Augenblick der Realisation, in dem ihr nicht im Traum gefangen seid, ist mit einem gewissen Gefühl der Freude verbunden, aber gewöhnlich handelt es sich nicht um ein phantastisches Feuerwerk. Es ist ein natürliches, aus sich selbst heraus glückliches Ereignis.[16]

In Da Love-Anandas Autobiographie finden wir auch eine Beschreibung seines eigenen Erwachens. Er befand sich zu jenem Zeitpunkt im Vedanta-Tempel in Hollywood. Im Augenblick seines spirituellen Erwachens öffnete er einfach seine Augen und ging auf die Straße hinaus. Mehrere Wochen lang erzählte er niemandem davon. Eine radikale, endgültige Transformation seiner Ich-Persönlichkeit zu einem »Selbst« des Ganzen war eingetreten. Er erlebte sich nicht mehr als begrenzten Körper-Geist, sondern als das Ganze, in dem alle Körper-Geist-Systeme und alle Formen in Erscheinung treten und wieder verschwinden. Für alle anderen jedoch sah es so aus, als ob jenes wichtige Ereignis mit einer bestimmten historischen Persönlichkeit verbunden gewesen sei, nämlich mit der von Franklin Jones (alias Da Love-Ananda). Im allgemeinen ist dies auch die Erfahrung der historischen Persönlichkeit, der jener gewaltige Durchbruch widerfährt.

Die Einfachheit der Erleuchtung steht in krassem Widerspruch zur Komplexität des Ich, das den erleuchteten Zustand zu verstehen versucht. Erleuchtung hat keinen Sinn; Sinn ist eine Funktion des egotropen Geistes, der im Augenblick der Erleuchtung transzendiert wird. Für den nicht erleuchteten Geist ist alles unklar und bedarf einer Erklärung. Er übersetzt das einfache Geheimnis der Existenz in Serien von Fragen und Antworten, die dann das ganze Abenteuer des menschlichen Lebens und der Zivilisation determirieren. Wer bin ich? Wo bin ich? Was ist Wirklichkeit? Werde ich den Tod meines Körpers überdauern? Warum gibt es Böses in der Welt? Wie sollte man leben? Gibt es eine richtige Lebensweise? Wie kann ich glücklich werden? Warum gerade ich?

Die meisten Menschen denken nur selten über solche Fragen nach, und wenn, dann in Krisensituationen. Dennoch bilden diese und eine große Zahl ähnlicher existentieller Fragen den unvermeidlichen »Hintergrundlärm« unseres Lebens. Wir haben offene oder verborgene Antworten auf sie alle, selbst wenn wir uns zu unserer Unwissenheit bekennen. Da wir uns von der »nackten«

Realität zutiefst bedroht fühlen, hüllen wir uns in unzählige Schichten von Sinn ein, als ob die unserem eigenen Geist entsprungenen Anschauungen uns vor dem scheinbaren Chaos der Existenz schützen könnten. Doch unsere Sterblichkeit signalisiert uns, daß unsere konzeptuellen Bollwerke letztlich keine Sicherheit bieten können. Im Grund steckt hinter dem, was wir fürchten und durch unsere ausgeklügelten Sinn-Konstruktionen fernzuhalten versuchen, die Unvermeidlichkeit des Todes. Um ihr zu entkommen, bieten wir die gesamte Palette kultureller Formen und Inhalte auf: Religion, Philosophien, Ideologien, Methoden der Selbstverwirklichung, Moralvorschriften, Theorien über die Menschheit und das Universum, Überzeugungen, Symbole, Hypothesen, Annahmen, Meinungen, Urteile, Vorurteile, Dogmen, Doktrinen, Eindrücke und Empfindungen.

Im Tod offenbart sich die letztendliche Sinnlosigkeit der bedingten Existenz. Er erinnert uns unentwegt an die Endlichkeit unserer menschlichen Situation. Da wir das tröstende Bild des väterlichen Gottes verloren haben und in einer Zeit leben, in der ständig plötzliche Veränderungen ungeheuren Außmaßes und sogar die Vernichtung der gesamten Menschheit drohen, fühlen wir uns durch die Realität des Todes besonders stark verunsichert, weil sie unsere Allmachtsillusion unterminiert. Vielleicht haben wir deshalb eine so große Kunstfertigkeit darin entwickelt, den Tod durch kosmetische Behandlung Verstorbener und durch Ästhetisierung des Bestattungszeremoniells zu verharmlosen. Gleichzeitig sind wir auch in neurotischer Weise vom Tod fasziniert, so daß die Medien in ihren täglichen Berichten über tödliche Unfälle, Morde, Terrorismus und Krieg geradezu schwelgen.

Wir haben das Gefühl, daß der Tod das Ende jener von unserem Geist geschaffenen Illusionen ist, durch die wir uns unser ganzes Leben lang über Wasser halten. Er ist das Ende allen Sinns, weil er die Zerstörung der subjektiven Quelle jenes Sinns mit sich bringt – der Ich-Persönlichkeit. Dieser unumstößlichen Tatsache ins Auge zu sehen ist die Herausforderung, vor die alle echten spirituellen Pfade uns stellen. Der spirituelle Prozeß ist ein Angriff auf unsere Sinn-Strukturen, auf unsere gesellschaftlichen Übereinkünfte bezüglich der Realität. Er offenbart uns deren untergeordneten oder sogar willkürlichen Charakter. Übende müssen früher oder später verstehen und akzeptieren, daß jener Realitätskonsens letztendlich unwichtig ist und deshalb nicht herangezogen werden sollte, um das abgespaltene Leben der Ich-Persönlichkeit zu rechtfertigen. Sie lernen, die gesellschaftlichen Übereinkünfte als Werkzeuge der Lebensführung zu verstehen. Doch solange Suchende noch nicht aus dem Traum des Nicht-Erleuchtetseins erwacht sind, werden sie sich immer wieder in das Labyrinth des Sinns hineingezogen fühlen, das sie selbst ebenso wie die anderen mit ihrem Geist unentwegt weben.

Das Transzendieren des Sinns in der Erleuchtung oder Gott-Verwirklichung ist gleichbedeutend mit dem Transzendieren des Geistes und der Ich-Persönlichkeit selbst. Zerstört wird dabei der Mythos von der individuellen Existenz. Dies ist der Kern aller Mystik und authentischen Spiritualität. Doch ist in der herkömmlichen Mystik diese radikale Transzendenz nur ein vorübergehender Ausschluß des Ich, das sich nach wenigen Sekunden, Minuten oder Stunden munter neu formiert. Sobald die *Unio mystica* vorüber ist, ersteht die Persönlichkeit des Mystikers neu, zusammen mit dem sinnstiftenden Geist.

Im Gegensatz dazu ist vollständige Erleuchtung nicht nur ein zeitweiliger Verlust des Selbst, sondern eine *dauerhafte* Identitätsveränderung. Nach dem Eintritt der Erleuchtung existiert kein Ich mehr, das in späteren mystischen Erfahrungen verlorengehen oder sich anschließend wieder neu bilden könnte. Obgleich die menschliche Persönlichkeit des Erleuchteten weiterhin in sehr ähnlicher Weise existiert wie zuvor, besteht innerlich keine ausschließliche Identifikation mehr mit ihr. Das erleuchtete Wesen ist *alle* Wesen und *alle* Dinge. Dieser paradoxe Zustand, der für das Ich unerträglich wäre, läßt sich nicht als Erfahrung bezeichnen, weil die Subjekt-Objekt-Spaltung überwunden ist. Da Love-Ananda, der uns wohl die detaillierteste »Phänomenologie« dieses Zustandes geschenkt hat, erklärte:

302

Erleuchtung ist kein höherer Geisteszustand. Sie ist kein verklärter Zustand des inneren oder subjektiven Seins. Erleuchtung ist ein körperlicher Zustand. Sie beinhaltet eine Transzendierung des Geistes, jeglicher Innerlichkeit und aller Illusionen von einer unabhängigen Existenz. Es geht dabei um Beziehung, nicht um Innerlichkeit. Es geht um die Neuorientierung der Aufmerksamkeit, die sich vom ausschließlichen Fasziniertsein von Objekten, Zuständen, Begierden und geistiger Reflexion der subjektiven Art abwendet. Es geht um die Auflösung der Aufmerksamkeit in die transzendente Wirklichkeit, den lebendigen Gott.[17]

Der entscheidende Ausdruck im obigen Zitat ist »die Auflösung der Aufmerksamkeit«. Wir können das Wesen mystischer Zustände, und was sie vom Zustand vollständiger Erleuchtung und von der Spontaneität der verrückten Weisheit unterscheidet, nicht verstehen, wenn uns nicht klar ist, was Aufmerksamkeit beinhaltet. Die Bewegung der Aufmerksamkeit ist unlösbar mit der ichhaften Existenz verbunden. Aufmerksamkeit ist die Objekt-Bezogenheit des Ich. Alle Erfahrungen sind in diesem Sinne Manipulationen der Aufmerksamkeit, auch mystische Erfahrungen. Konventionelle Mystik bewegt sich im Bereich der Aufmerksamkeit, denn sie basiert auf einem Abziehen der Aufmerksamkeit von der scheinbaren äußeren Realität, wodurch die Konzentration auf eine scheinbar innere Welt ermöglicht werden soll. Dieser willentliche Akt ist nur möglich, wenn ein Ich existiert, das sich als ein abgetrenntes Zentrum der Erfahrung empfindet.

Doch die Dynamik der Aufmerksamkeit besteht nicht nur aus absichtlichen Handlungen. Die Ich-Persönlichkeit ist ständig in der Bewegung der Aufmerksamkeit gefangen, die entweder auf ein äußeres Objekt oder auf eine innere Referenz (ein Gefühl, einen Gedanken, eine somatische Empfindung) gerichtet ist. Im Tiefschlaf scheint sich die Aufmerksamkeit in einen objektfreien Zustand zurückzuziehen, einen Zustand der Abwesenheit des Bewußtseins. Doch ist die Aufmerksamkeit in diesem Fall nicht transzendiert wie in der Erleuchtung. Die Adepten der Hindu-Tradition haben den Unterschied zwischen tiefem Schlaf *(Sushupti)* und dem erleuchteten Zustand gründlich untersucht. Sie unterscheiden drei Bewußtseinszustände: den Wachzustand, den Schlaf, der von Träumen begleitet ist, und den traumlosen Schlaf. Außerdem sprechen sie noch von einem »vierten« Zustand, der kein Bewußtseinszustand, sondern die transzendente Wirklichkeit selbst ist.

Charakteristisch für diesen »vierten« *(Turīya* oder *Chaturtha)* ist reines Gewahrseins jenseits jeder bewußten Aktivität. Es handelt sich also nicht um einen unbewußten Zustand, sondern um einen überbewußten, einen Zustand außergewöhnlicher Wachheit. Innerhalb dieses höchsten Zustandes können sich alle möglichen Bewußtseinszustände manifestieren. Mit anderen Worten kann ein Erleuchteter das Spiel der Aufmerksamkeit in den Zuständen des Wachens, Träumens und Schlafens erleben und tut dies auch, doch ist für ihn keine ichhafte Fixierung damit verbunden. Die Aufmerksamkeit ist bei ihm sozusagen entwurzelt worden, und ihr Spiel ist nicht mehr bindend. Deshalb besteht in der Erleuchtung eine Kontinuität reinen Gewahrseins, die sich in allen Geisteszuständen manifestiert.

Die Hindus vergleichen den »vierten« mit dem Meer, das sich nicht verändert, auch wenn Schwerkraft oder Wind auf seiner Oberfläche Wellen erzeugen. Doch wird diese Idee in den meisten Fällen mit dem mystischen Gotteskonzept und der Idee in Verbindung gebracht, daß die Aufmerksamkeit internalisiert werden muß, damit die Gott-Verwirklichung möglich wird. Im *Yoga-Bhashkya* (1.12), einem alten Sanskrit-Kommentar über das *Yoga-Sutra* von Patañjali, wird Aufmerksamkeit *(Chitta)* mit einem Fluß verglichen, der entweder in Richtung Erleuchtung oder in Richtung bedingter Erfahrungen fließt. Damit die Aufmerksamkeit in Richtung Erleuchtung fließen kann, muß der *Yogin* die Unterscheidung zwischen dem Realen und dem Nicht-Realen kultivieren sowie Leidenschaftslosigkeit gegenüber dem, was sich als unbeständig und somit als nicht real erwiesen hat. Unterscheidungsfähigkeit und Leidenschaftslosigkeit müssen mit der Bemühung verbunden werden, die Aufmerksamkeit mittels der vorgeschriebenen Konzentrations- und Meditationstechniken zu stabilisieren.

Die Yoga-Texte, die für die konventionelle Mystik generell repräsentativ sind, sind voll von Beschreibungen und Anleitungen darüber, wie man die Aufmerksamkeit nach innen richtet. In diesen Texten wird die Welt der Vielfalt als der große Feind bezeichnet, der die Aufmerksamkeit des Menschen ablenkt. Deshalb ist immer wieder von der Übung der geistigen Einsgerichtetheit oder »Einspitzigkeit« die Rede. Diese wird entweder mit Hilfe yogischer Konzentrationsübungen kultiviert, denen sensorische Inhibition vorausgeht, oder, so in der Hinayāna-Tradition des Buddhismus, durch Achtsamkeit. Die Methode dieser letzteren Tradition erfordert nicht den psychischen Rückzug von den Phänomenen. Vielmehr entwickelt der die Achtsamkeit Übende die Fähigkeit, auftauchende Emotionen (Gedanken, den Atem usw.) zu beobachten. Die yogische Methode hingegen, die auf einem anderen Prinzip beruht, nämlich der scharfen Fokussierung der Aufmerksamkeit, gipfelt in der Erfahrung des *Nirvikalpa-Samādhi*, der »formlosen Enstase«. Swami Satprakashananda hat diesen trans-konzeptuellen Zustand, der in der Yoga-Tradition als »überbewußte Enstase« *(Asamprajñāta-Samādhi)* bezeichnet wird, wie folgt beschrieben:

Anders als im Tiefschlaf werden im *Nirvikalpa-Samādhi* alle Eigenschaften und Funktionen des Geistes, sogar die Ich-Vorstellung, in unspezifisches, undifferenziertes Gewahrsein oder reines Bewußtsein jenseits der Unterscheidung von Wissenden und Gewußtem absorbiert.[18]

Satprakashananda fügt lakonisch hinzu: »Das macht den ganzen Unterschied zwischen den beiden Zuständen aus.«[19] Doch sein anschließender Kommentar, daß man von jenem trans-konzeptuellen Zustand als »eine erleuchtete Person« zurückkehrt, hat mehr mit populären Vermutungen als mit Tatsachen zu tun. Er schreibt:

Ein Erleuchteter, der nach dem *Nirvikalpa-Samādhi* das Körper-Bewußtsein wiedererlangt, identifiziert sich in keiner Form mit dem Nicht-Selbst. Er erfährt die Vielfalt; doch in und durch alles nimmt er *Brahman* als das Eine Selbst von allem wahr. Er weilt im Körper, doch wird er nie durch die Ich-Vorstellung irregeführt. Er kommt mit dem Schein des Ich zurecht, ist sich jedoch ständig seiner Identität mit *Brahman* bewußt. Obgleich er nicht mehr unter dem Zwang des Ich steht, geht sein Körper aufgrund der Kräfte vergangener Eindrücke, die ihn verursacht haben, seinen Weg, ähnlich dem Rad eines Töpfers, das sich auch dann noch dreht, wenn die Rute, die es antreibt, ihr Werk nicht mehr tut.[20]

Dies ist in der Tat eine Beschreibung dessen, was in den Hindu-Schriften gewöhnlich als Zustand der »Befreiung im Leben« *(Jivanmukti)* bezeichnet wird. Damit jedoch die »Zero-Erfahrung«[21] des *Nirvikalpa-Samādhi* zu einer *dauerhaften* Veränderung der Ich-Identität führt, ist ein außergewöhnlicher Grad spiritueller Reife erforderlich. In den meisten Fällen hat *Nirvikalpa-Samādhi* keine so dramatische Wirkung. Obgleich es sich dabei um eine außergewöhnliche Erfahrung handelt, entspricht sie nicht der letztendlichen Befreiung oder Erleuchtung; doch ist sie zweifellos der Weiterentwicklung des Prozesses der Selbst-Transzendierung förderlich. *Nirvikalpa-Samādhi* basiert auf einem zeitweiligen Emporsteigen der Aufmerksamkeit, wodurch für kurze Zeit das Bewußtsein der eigenen Existenz aufgehoben wird. *Nirvikalpa-Samādhi* offenbart die transzendente Wirklichkeit, doch wird diese Offenbarung durch Manipulation der Aufmerksamkeit erreicht, nicht durch Transzendierung derselben, so wie es bei der vollständigen Erleuchtung der Fall ist. Und genau deshalb kann es nur eine vorübergehende Erfahrung sein, denn die tief eingewurzelten Gewohnheiten der menschlichen Persönlichkeit ziehen die Aufmerksamkeit früher oder später wieder auf ihr Spiel im Reich der Subjekt-Objekt-Unterscheidungen. Das Ich taucht aus seiner zeitweiligen Vergessenheit wieder auf und macht sich erneut daran, das Feld der Wahrnehmung zu organisieren.

Der folgende Vergleich könnte helfen, die Dynamik des *Nirvikalpa-Samādhi* zu verstehen: Ein Ballon wird so lange aufgeblasen, bis seine Gummihaut so dünn ist, daß sie transparent wird und das Licht aus der Umgebung die nun unsichtbare Struktur ungehindert zu durchdringen vermag. Dann, plötzlich und ohne jeden ersichtlichen Grund, zieht sich die elastische Haut des Ballons wieder zusammen und wird nun für das Licht wieder undurchlässig. Die Aufmerksamkeit ist ein ebenso flexibles Gehäuse. Obgleich sie im *Nirvikalpa-Samādhi* stark »verdünnt« wird, bleibt sie doch existent, es sei denn, der Ballon platzt – in der möglicherweise eintretenden vollständigen Erleuchtung.

Den Unterschied zwischen der vorübergehenden Erfahrung des *Nirvikalpa-Samādhi* und der dauerhaften Erleuchtung veranschaulicht die Lehrgeschichte über König Hemacuda und Königin Hemalekha, die im 10. Kapitel von *Tripura-Rahasya* beschrieben wird. Nach der Geschichte wurde König Hemacuda von seiner Frau zu einer spirituellen Lebensweise bekehrt. Die Königin war, ohne daß ihr Mann davon wußte, eine völlig erleuchtete Adeptin. Königin Hemalekha geleitete Hemacuda zu seiner Erleuchtung. Zu einem bestimmten Zeitpunkt seiner Lehrzeit konnte der König sich nach Belieben in den Zustand des *Nirvikalpa-Samādhi* versetzen. Er wurde süchtig danach, weil mit dieser Erfahrung ein extrem starkes Gefühl der Glückseligkeit verbunden war. Nach einiger Zeit griff Königin Hemalekha ein und fragte ihn, was er durch Schließen der Augen und durch Loslassen des Körper-Bewußtseins zu gewinnen oder zu verlieren fürchte.

Da es dem König noch an Hemalekhas subtiler Unterscheidungsfähigkeit mangelte, fragte er seine Frau, warum sie, obwohl sie die gleiche Glückseligkeit gekostet habe wie er, es doch vorziehe, ein aktives statt eines kontemplativen Lebens zu führen. Lächelnd erklärte Hemalekha ihrem Mann, Vollkommenheit könne unmöglich von Aktivität oder Inaktivität abhängig sein. Ein wenig spöttisch fügte sie hinzu: »Was soll ich zu der absurden Vorstellung sagen, daß dein Augenlid, das nur eine Daumenbreite lang ist, *das* ausschließen können soll, worin Millionen von Universen in einer einzigen Ecke existieren!«[22] Dann fuhr sie fort: »Erkenne das ungeteilte, ewige, glückselige Selbst überall! Erkenne das gesamte Universum im Selbst, so wie ein Bild in einem Spiegel.«[23] Die Geschichte hat ein Happy-End, denn es wird uns mitgeteilt, Hemalekhas machtvolle Worte hätten bewirkt, daß der König vollständig erwachte.

Die Erleuchtung, die die Adeptin Hemalekha und später ihr Mann erreichten, war die »offenäugige« Enstase der Spontaneität, die in der hinduistischen Tradition *Sahaja-Samādhi* genannt wird. In diesem Zustand vollständiger Erleuchtung wird die gleiche Realität als allen Wesen eigen erkannt, innen wie außen. Vollständige Erleuchtung ist unabhängig vom Zustand des menschlichen Nervensystems oder vom Spiel der Aufmerksamkeit, die sich beide durch so geringfügige Veränderungen wie das Schließen der Augen beeinflussen lassen.

Ähnliches ist in der *Ashtāvakra-Gītā* (1.15) zu lesen, die die folgende bemerkenswerte Aussage enthält: »Dies ist in der Tat deine Fessel, daß du Enstase *(Samādhi)* übst!« Andere Formen von *Samādhi* hängen, wie wir bereits gesehen haben, von der Internalisierung der Aufmerksamkeit ab. Beim *Sahaja-Samādhi*, das wesensgleich ist mit der transzendenten Wirklichkeit, ist dies nicht der Fall. Erleuchtung kann nur dann echt sein, wenn sie nicht davon abhängig ist, daß irgendwelche Phänomene ausgeschlossen werden, denn alle Phänomene sind Manifestationen der höchsten Wirklichkeit. In der Terminologie des Mahāyāna-Buddhismus sind *Nirvāna* und *Samsāra* letztlich ein und dasselbe. *Sahaja-Samādhi* ist Transparenz.

Im *Nirvikalpa-Samādhi* ist die Nabelschnur, die das Sein mit der Bewegung der Aufmerksamkeit verbindet, noch nicht durchtrennt. Dies gilt auch für die weiter oben beschriebene Methode des Hinayāna-Buddhismus, die den gewöhnlichen Bewußtseinszustand nicht durch Konzentration, sondern durch Achtsamkeit zu überwinden versucht. Jene Methode führt zum bezeugenden Bewußtsein, das gewöhnlich mit »offenäugiger« Enstase verwechselt wird, an die es stark erinnert. In dem an früherer Stelle beschriebenen Sieben-Stufen-Modell des Lebens entspricht dies der sechsten Stufe, die auch *Jñāna-Samādhi* oder »Enstase der Gnosis« genannt wird.

Der Zustand des Bezeugens, der vorübergehend oder dauerhaft sein kann, schließt Phänomene nicht aus, wenn sie auf der Leinwand des Bewußtseins erscheinen. Dennoch ist auch dieser Zustand nicht mit der völligen Erleuchtung gleichzusetzen, weil er

308

immer noch eine subtile Spannung enthält: Obgleich die Objekte nicht ausgeschlossen werden, werden sie auch nicht als Manifestationen der transzendenten Wirklichkeit erkannt. Die Haltung des Bezeugens selbst muß transparent gemacht und als Pose erkannt werden, als eine letzte, subtile Bastion der Ich-Gewohnheit. Sie ist ein Überbleibsel, ein verborgenes Programm der Ich-Persönlichkeit. Wenn die Haltung des Zeugen transzendiert ist, verwandelt sich *Jñāna-Samādhi* zur vollständigen Erleuchtung, worin Zeuge und Bezeugtes ein universelles Feld bilden.

*Jñāna-Samādhi* ist gewöhnlich die Frucht langfristigen Anwendens von unterscheidendem Gewahrsein oder *Jñāna* auf die Wirklichkeit der Phänomene. Diese Technik besteht darin, leidenschaftslos das Erscheinen und Verschwinden der Zustände im Bewußtsein zu beobachten. Westliche Suchende unserer Zeit fühlen sich teilweise deshalb von dieser Methode angezogen, weil es ihnen leichter erscheint, sie zu praktizieren, als sich in yogischer Konzentration zu üben. Meiner Meinung nach hängt diese Bevorzugung jedoch teilweise auch damit zusammen, daß sie unserem Ich-Empfinden und unserer schizoiden Tendenz zur »Selbstbeobachtung« entgegenkommt. Tatsächlich sind die Methoden der Achtsamkeit und »Einsichtsmeditation« ebenso schwierig und zermürbend wie jede traditionelle yogische Konzentrationsübung.

*Jñāna-Samādhi* muß strikt von der *Technik* des Bezeugens unterschieden werden, von der Ermahnung »Sei jetzt hier«, die in den siebziger Jahren so populär geworden ist. Die Disziplin der geistigen Präsenz ist eine Praxis des unerleuchteten Menschen. Das Bezeugen des *Jñāna-Samādhi* jedoch ist ein hochgradig spiritueller Prozeß, der spontan in Erscheinung tritt. Er unterscheidet sich von der vollständigen Erleuchtung nur aufgrund der vorprogrammierten Haltung gegenüber den bezeugten Phänomenen. In diesem Zusammenhang berichtete Chögyam Trungpa folgende Beobachtungen:

Erleuchtung bedeutet, im Jetzt *wach* zu sein. Zum Beispiel leben ja auch Tiere in der Gegenwart und übrigens auch kleine Kinder; doch das ist etwas anderes, als erwacht oder erleuchtet zu sein. (...) Das

Kleinkind oder ein Tier weilt zwar im Jetzt, doch es hält daran fest. Es wird dadurch eine gewisse Art von Feedback bekommen, obwohl ihm dies vielleicht nicht bewußt sein mag. Der Erleuchtete haftet jedoch nicht an der Idee »Ich bin erleuchtet«, denn er hat die Vorstellung von »Ich bin« gänzlich überwunden. Er ist einfach ein vollkommen existierendes Wesen, das über jede Trennung in Subjekt und Objekt völlig hinausgegangen ist.[24]

Die *Satori*-Erfahrung der Zen-Tradition ist ein Aufblitzen der Erleuchtung oder von *Jñāna-Samādhi*, wodurch dem Betreffenden ein kurzer Einblick in das Herz der Wirklichkeit gewährt wird, ohne daß das individuierte Selbst Einfluß darauf hat. *Satori* kann hinsichtlich seiner Dauer und Tiefe variieren. Dies ist zwar eine echte Erleuchtungserfahrung, doch sollte sie nicht mit der völligen Erleuchtung verwechselt werden, die *Bodhi* genannt wird. Weil die *Jñāna*-Methode im Kontext des gewöhnlichen Wachbewußtseins wirksam wird, lassen sich die Einsichten, die daraus resultieren, wohl schneller und tiefer integrieren, als die aus der Erfahrung des *Nirvikalpa-Samādhi* resultierenden. Mir sind sogar Fälle bekannt, in denen Menschen offenbar ein *Nirvikalpa-Samādhi* erfahren haben, ohne daß es dadurch zu deutlichen Veränderungen ihrer Perspektive oder zu nennenswerten Transformationen ihrer Persönlichkeit gekommen wäre.

Trotzdem haben Erfahrungen wie die des *Nirvikalpa-Samādhi* gewöhnlich einen starken »Nachglüh-Effekt«, der bei einem unvorbereiteten Menschen eine Weile anhalten kann, bis das Bewußtsein schließlich wieder zu seiner »Konsensus-Trance«[25] zurückkehrt. Bei reifen Übenden jedoch ist dieser Effekt ein Vorbote einer zukünftigen Begegnung mit der transzendenten Wirklichkeit. Sie nutzen diesen verlängerten Augenblick der Gnade, um Disziplin und Gehorsam zu stärken. Die Sufis bezeichnen diese nach-enstatische Phase als »Nüchternheit der Einheit«.[26] Doch ist den Helden der Odyssee nach innen auch der schmerzhafte Zustand bekannt, in dem sie unter dem anschließenden Verlust der Glückseligkeit der Enstase oder Ekstase und des Nachglühens der Vereinigung leiden. Christliche Mystiker haben dies als »dunkle

Nacht der Seele« bezeichnet. Sowohl die Erhebung, die man bei der Rückkehr von jenem Aufenthalt im Inneren empfindet, als auch die Niedergeschlagenheit und Depression, die aus der Unfähigkeit, die Kommunion mit dem Göttlichen aufrechtzuerhalten, resultieren, sind Zeichen für das Fortbestehen des Ich, für die fortgesetzte Bewegung der Aufmerksamkeit.

Die meisten Mystiker des Ostens wie auch des Westens bestätigen die Notwendigkeit, das Ich hinter sich zu lassen.[27] Doch in der Praxis wird das Ich nur selten transzendiert, und viele *Yogins* und Heilige geben sich mit seinem zeitweiligen Eintauchen in den einen oder anderen höheren Bewußtseinszustand zufrieden. Folglich werden sie nie wirklich mit dem Abgrund konfrontiert, der das dem Geist zugängliche Universum vom geist-transzendierenden Ganzen trennt, welches die transzendente Wirklichkeit ist.

### 3. Ein neues Leben durch den Tod des Ich

»Schrecklich ist's, in die Hände des lebendigen Gottes zu fallen«, schrieb Paulus in seinem Brief an die Hebräer (10:31). Diese Angst befällt das Ich, weil es darauf programmiert ist, sein Überleben zu sichern. Doch die letztendliche Befreiung oder Erleuchtung ist gleichbedeutend mit dem Tod des Ich. Der Augenblick der Erleuchtung ist der Tod der Ich-Persönlichkeit. Es ist auch der Tod Gottes, zumindest eines Gottes, wie er von den theistischen Religionen und von den introvertierten mystischen Traditionen verstanden wird.

Das Konzept Gottes ist ebenso wie alle anderen Konzepte eine Erfindung des egotropen Geistes. Wenn das Ich transzendiert wird, wird auch der Geist, der die trennenden Konzepte entwickelt hat, transzendiert. Was bleibt, ist die Realität selbst, die nicht-dual ist. Manche Denkschulen interpretieren die Wirklichkeit als den unpersönlichen Grund all dessen, was ist, andere als über-persönliches Sein *(Purusha-uttama)*, welches der transzendente Ursprung des multidimensionalen Universums ist. Zum Befremden westlicher Wissenschaftler, die gern möglichst klare und »wasserdichte« Begriffe definieren, bewegt sich sogar ein und dieselbe Tradition oft ständig zwischen den beiden genannten Interpretationsmöglichkeiten hin und her.

Der Tod des Ich, im Gegensatz zum nur zeitweiligen Verschwinden des Ich während mystischer Zustände, ist eine buchstäblich zu verstehende Erscheinung, die die Schwelle zur Erleuchtung ist. Dies ist von Da Love-Ananda auf sehr hilfreiche Weise beschrieben worden:

> Viele spielen mit dem Konzept des Ich-Todes, als handle es sich dabei um eine Erweiterung der ichhaften oder mystischen Praktiken. Allgemein herrscht die Vorstellung, daß der Ich-Tod eine »Abtötung des Fleischlichen« beinhalte, den Versuch, ohne die Dinge auszukommen, die man begehrt, oder gar die eigene Existenz zu vernichten. Doch dies sind Vorstellungen vom Tod des Ich, die das Ich selbst projiziert und erwägt, inmitten seiner eigenen Bemühungen zu überleben und sich zu verteidigen. Das Ich ist nichts anderes als der Geist... Man kann die Wahrheit nicht realisieren, indem man das eigene innere Sein durch Erfahrungen (oder Geisteszustände) zu trösten versucht. Die Wahrheit realisiert man durch Transzendieren des Geistes, durch den Tod des Geistes oder durch Überwindung der falschen Bewertung der Rolle des Geistes.[28]

Der große Weise Ramana Maharshi, der zu Anfang des 20. Jahrhunderts wirkte und der plötzlich im Alter von sechzehn Jahren erwachte, hat uns den folgenden Bericht über seine eigene Reise durch die Angst vor dem Tode hinterlassen:

> Der Schock der Angst vor dem Tode trieb meinen Geist nach innen, und ich sprach innerlich zu mir selbst, ohne jedoch die Worte tatsächlich zu formulieren: »Jetzt ist der Tod gekommen. Was bedeutet das? Was ist es, das stirbt? Der Körper stirbt.« Daraufhin spielte ich das Eintreten des Todes. Ich legte mich mit steif ausgestreckten Gliedmaßen hin, als ob die Todesstarre bereits eingesetzt hätte, und imitierte einen Leichnam, um meine Untersuchung wirklichkeitsgetreuer durchführen zu können. Ich hielt meinen Atem an

und hielt meine Lippen fest verschlossen, so daß kein Geräusch entweichen konnte, daß weder das Wort »ich« noch irgendein anderes Wort daraus hervorkommen konnte. »Nun denn«, sagte ich zu mir selbst, »dieser Körper ist tot. Er wird steif zum Verbrennungsplatz gebracht und dort eingeäschert werden. Aber bin *ich* mit dem Tode meines Körpers auch tot? Ist der Körper *ich?* Er ist still und regungslos, aber ich spüre trotzdem die volle Kraft meiner Persönlichkeit und sogar die Stimme des ›Ich‹ in mir, getrennt von ihm. Ich bin also Geist, der den Körper transzendiert. Der Körper stirbt, doch der Geist, der ihn transzendiert, kann vom Tode nicht berührt werden. Das bedeutet, daß ich ein todloser Geist bin.« All dies war kein dumpfes Denken; vielmehr durchschoß es mich als lebendige Wahrheit, die ich direkt wahrnahm, fast ohne jeden Denkprozeß. »Ich« war etwas sehr Reales, das einzig Reale an meinem derzeitigen Zustand, und alle bewußte Aktivität, die mit meinem Körper verbunden war, war auf jenes »Ich« konzentriert. Von diesem Augenblick an richtete das »Ich« oder Selbst die Aufmerksamkeit infolge einer machtvollen Faszination auf sich selbst. Die Angst vor dem Tode war ein für alle Male verschwunden. Die Absorption in das Selbst blieb von diesem Zeitpunkt an ununterbrochen bestehen.[29]

Ramana Maharshi war so sehr von Angst überwältigt, daß er praktisch nicht in der Lage war, sich mit seinem Körper-Geist-System zu identifizieren. In gewisser Weise wurde er in die Erleuchtung hineingetrieben. Doch der Ich-Tod kann nie durch das Ich selbständig herbeigeführt werden; er entzieht sich immer der Kontrolle des Ich. Der Ich-Tod tritt gleichzeitig mit dem Ende aller Erfahrungsmöglichkeiten ein, die das Ich vor sich selbst projizieren kann.

Der Ich-Tod ist die Umarmung der »Verrücktheit« – der unergründlichen Komplexität – der Existenz selbst. In jenem Augenblick wird das, was wir normalerweise als »Geist« erfahren, völlig zerstört. Was bedeutet das? Gedanken tauchen auch dann noch so auf wie zuvor, doch ist kein »Ich« mit ihnen verbunden. Ein Erleuchteter, der vor seinem Erwachen ein großer Philosoph war, wird mit großer Wahrscheinlichkeit auch nach seiner Erleuchtung ein großer Philosoph sein. Wenn der Adept hingegen vorher keine besonders ausgeprägten intellektuellen oder anderweitigen Fähigkeiten hatte, wird es ihm wahrscheinlich auch danach an derartigen Gaben mangeln. Doch in jedem Fall wird man feststellen, daß Erleuchtete in außergewöhnlichem Maße über Weisheit und Mitgefühl verfügen.

Die Erleuchtung macht die Aufmerksamkeit frei. Deshalb haben Erleuchtete, um es in konventionellen Begriffen auszudrücken, eine außergewöhnlich stark entwickelte Intuition. Schüler solch begnadeter Wesen erzählen zahlreiche Geschichten über die geradezu unheimlichen Fähigkeiten ihrer Lehrer, ihre innersten Gedanken zu »lesen« und auf Weisen zu handeln, die aufgrund ihrer Synchronizität mit den äußeren Ereignissen verblüffen.

Gedanken treten immer automatisch in Erscheinung, doch bei einem nicht erleuchteten Menschen erscheinen sie so, als hätten sie ein gemeinsames Zentrum – die Ich-Persönlichkeit. Dichter und Schriftsteller wissen, daß Gedanken »einfach so daherkommen«, wie Sonnenstrahlen, die durch ein Fenster fallen. Sie tauchen aus dem Nebel im Hintergrund des Bewußtseins auf und nehmen Form in uns an, bevor wir sie auch nur bemerken. Sicherlich sind sie nicht unser Eigentum, obgleich wir dies gewöhnlich annehmen. Im Fall der Erleuchtung schließen wir Frieden mit der Tatsache, daß alle Gedanken – wie alle Dinge – ganz einfach nach ihrem eigenen Gutdünken erscheinen, gemäß Gesetzen, die letztendlich unerklärlich sind. Damit erübrigt sich keineswegs die Notwendigkeit, sich in jeder Hinsicht verantwortlich zu verhalten, nicht zuletzt auch hinsichtlich unseres Denkens. Wir können unsere innere Situation so gestalten, daß bestimmte Gedanken sich eher manifestieren als andere.

Ebenso wie Gedanken treten auch äußerlich beobachtbare Verhaltensweisen spontan in Erscheinung, ohne daß der Verzögerungsmechanismus der sich selbst beobachtenden Ich-Persönlichkeit einen Einfluß darauf hätte. Der erst kürzlich verstorbene indische Weise Nisargadatta Maharaj hat dazu gesagt:

Nach der Selbst-Verwirklichung [d. h. der Erleuchtung] sind alle Verhaltensweisen oder Handlungen, die durch den Körper eines Weisen zum Ausdruck kommen, spontan und frei von allen Bedingtheiten. Sie lassen sich nicht durch irgendeine Disziplin binden. Verwirklichte Weise findet man ebenso in der Asche auf einem Verbrennungsplatz wie im gut gepolsterten Bett in einem Königspalast. Ein solcher Mensch kann ebensogut Metzger von Beruf sein wie ein erfolgreicher Geschäftsmann. In jedem Fall jedoch weilt ein Verwirklichter, der das Reich des gewöhnlichen Daseins überwunden hat, im Ewig Absoluten.[30]

Der Zustand der Erleuchtung ist ebensosehr transmental wie transpersonal und jenseits der ichhaften Existenz. Kategorien wie Geist und Welt, innen und außen, persönlich und unpersönlich verlieren angesichts der Erleuchtung ihre Bedeutung. Es gibt nur noch *alles, was ist*, und jenes *Totum* ist die Identität des erleuchteten Seins. Die Assoziation des Erleuchteten mit einer bestimmten Körper-Geist-Einheit, die über ihren paradoxen Zustand zu sprechen vermag, ist nichts weiter als ein historischer Zufall, der allerdings für die Welt von ungeheurer Bedeutung ist. Wie ich bereits in früheren Kapiteln erklärt habe, wirkt die körperliche Präsenz des Erleuchteten wie ein spiritueller Wirbel in der Raum-Zeit-Einheit.

Der vollständig Erwachte wird in Indien *Jivanmukta* genannt, ein Mensch, der befreit worden ist, während er sich noch in seinem Körper befindet. Huston Smith, ein unerschütterlicher Anhänger der *Philosophia perennis*, beschreibt das vollständig erleuchtete, befreite Wesen wie folgt:

Grundsätzlich lebt solch ein Mensch in der unveränderlichen Präsenz des Numinosen. Deshalb ist er jedoch nicht besonders erregt oder »high«. Sein Zustand hat nichts mit dem Adrenalinspiegel zu tun, ebensowenig mit manischen Zuständen, dener unweigerlich depressive folgen, um das emotionale Konto wieder auszugleichen. Es handelt sich eher um das, was Kipling vor Augen hatte, als er schrieb: »Er glaubte, daß alle Dinge ein einziges großes Wunder seien, und wenn ein Mensch soviel weiß, dann weiß er etwas, worauf er bauen kann.«

Das Gegenteil der Empfindung der Heiligkeit ist nicht Gelassenheit oder Nüchternheit, sondern Tristheit, ein Hinnehmen aller Dinge als selbstverständlich, Mangel an Interesse, das Stumpfsinnige und Prosaische.

Alle anderen Attribute eines *Jivanmukta* müssen angesichts des Empfindens, daß alles ein erstaunliches Mysterium ist, relativiert werden. Alles andere, was wir über einen solchen Menschen sagen, muß eine Ja/Nein-Qualität haben. Ist er oder sie immer glücklich? Nun, ja und nein. Auf einer Ebene ist er es eindeutig nicht; wenn er dies wäre, könnte er nicht »mit denen weinen, die trauern« – er wäre ein gefühlloses Monster, ein herzloses Ungeheuer. Wenn Verwirklichte irgend etwas auszeichnet, dann daß sie mehr in Kontakt mit der Trauer und dem Kummer sind, die der menschlichen Situation wesenseigen sind. Sie wissen, daß auch dies akzeptiert und gelebt werden muß wie alles Leben.[31]

Smith sagt weiterhin, das erleuchtete Wesen sei »in Kontakt mit dem tiefsten Unbewußten, das es verdient, als heilig bezeichnet zu werden«.[32] Doch öffnet sich dieses Unbewußte, wie Smith klarstellt, »auf geheimnisvolle Weise der Welt, so wie sie tatsächlich ist«. Insofern wäre es vielleicht zutreffender, es Überbewußtsein zu nennen oder es als das zu bezeichnen was die Hindus *Chit*, *Chiti*, *Chetana* oder *Chaitanya* und was die Mahāyāna-Buddhisten *Cittamatra* oder »reines Gewahrsein« nennen.

Die Beziehung des Körpers zur Erleuchtung zu begreifen ist von entscheidender Bedeutung, wenn man das Wesen der vollständigen Erleuchtung oder Gott-Verwirklichung verstehen will. Während der gewöhnliche Mystiker versucht, den Körper auszuschalten, *ist* ein erleuchtetes Wesen der universelle Körper oder das Feld der Existenz. Der Körper, der historisch mit dem Erleuchteten verbunden ist, wird weder ausgeschaltet noch mit besonderem Interesse beobachtet. Wir können jedoch erwarten, daß er jene transzendente Verwirklichung spiegelt. Der Körper ist dann nicht nur in direkter Kommunion mit der höchsten Wirklichkeit, sondern er weist auch greifbare Evidenz für diese spezielle Verbindung auf – Zeichen der Transfiguration.

Phänomene der Transfiguration – der somatischen Leuchtkraft – sind in der Mystik wohlbekannt, doch sind sie nicht unbedingt unwiderlegbare Zeichen dafür, daß ein Mensch völlig erleuchtet ist. Es kann sogar sein, daß keinerlei derartige Zeichen zu erkennen sind und daß wir nur, indem wir das Leben des Betreffenden in seiner Totalität – Vergangenheit und Gegenwart – betrachten, zu einer *intuitiven* Gewißheit gelangen können. Doch wie dem auch sei, da die Erleuchtung das konventionelle Bild des Körpers als eines in Haut eingeschlossenen Objekts, mit dem der Betreffende sich identifizieren muß, auflöst, kommen Transfigurationsphänomene relativ häufig vor, obgleich sie nicht mit Sicherheit vorauszusagen sind. In diesen Phänomenen zeigt sich das buchstäbliche Wesen der »Erleuchtung«, denn der Körper des Adepten scheint Licht auszustrahlen oder sich gar zeitweilig in Licht aufzulösen. Manche Adepten, so ein indischer Weiser des 18. Jahrhunderts, Ramalinga Swami, sollen durch eine solche mystische Selbstverbrennung gestorben sein. Ralph Metzner, ein international bekannter Bewußtseinsforscher, gibt folgende Hinweise zum Verständnis der Transfiguration:

»Die Weisheit eines Menschen läßt sein Gesicht leuchten«, heißt es schon bei den Kirchenvätern. Man kann häufig beobachten, daß erhebende, bestärkende Gefühle wie Freude und Liebe Gesicht und Körper von Menschen und insbesondere ihre Augen »leuchten« oder »strahlen« lassen. Depression und Verzweiflung hingegen werfen dunkle Schatten auf das Antlitz, entziehen dem Gesicht die Farbe und lassen die Augen glanzlos erscheinen. Natürlich könnten wir sagen, daß solche Ausdrücke rein metaphorisch, also keineswegs buchstäblich gemeint sind. Andererseits gibt es aber auch das glaubwürdige Zeugnis derjenigen, die über strahlende Energephänomene berichten, also über Licht-Emissionen, die vom Körper ausgehen und zu denen die heutige Wissenschaft nicht das Geringste zu sagen weiß... Was immer Natur und Ursprung dieses »Lichts« sein mag, offensichtlich kann es den Körper gelegentlich mit solcher Intensität durchfluten, daß es für andere sichtbar wird, selbst für Menschen, die nicht hellseherisch begabt sind...

Oft werden Heilige und Erleuchtete mit einem Heiligenschein und mit einer Aura aus Flammen und Licht abgebildet, und die Literatur der Mystik ist voll von Berichten über Yogis und Propheten, bei denen beobachtet wurde, daß sie mit Licht erfüllt waren und Licht ausstrahlten.[33]

Die »Physik« der Erleuchtung, der Ich-Transzendenz, ist ein Gebiet, dessen Erforschung zukünftigen Wissenschaftlern vorbehalten bleibt. Ob es jedoch jemals gelingen wird, sie im rationalen Sinne vollständig zu verstehen, ist fraglich.[34]

# TEIL III

## Die Bedeutung

# Kapitel 9:
# Heilige Verrücktheit und die Nebelschleier
# der Konsensus-Realität

## 1. Ein Testfall

Vor einigen Jahren fand in der Vorhalle einer christlichen Kirche im Zusammenhang mit einem Seminar ein Buchverkauf statt. Einer meiner Freunde versicherte mir, ich würde dort eine ausgezeichnete Auswahl theologischer Schriften finden. Als ich an jenem Samstagnachmittag am Veranstaltungsort eintraf, gingen bereits dreißig bis vierzig Besucher zwischen den Verkaufstischen umher. Ich erinnere mich noch gut daran, daß mir nicht ganz wohl dabei zumute war, mich an dieser Jagd nach literarischen Schätzen zu beteiligen, da wir uns ja schließlich in einem geweihten Gebäude befanden.

Ich trug gerade einen Armvoll leicht moderig riechender Bücher zur Kasse, als plötzlich die Tür geräuschvoll aufgestoßen wurde. Ein junger Mann stürmte in die Halle und brüllte uns wütend an. Ich brauchte eine Weile, bis ich ihn verstand, obgleich er klar verständlich sprach. Mein Geist funktionierte einen Augenblick lang nicht wie gewohnt. Andere Anwesende bestätigten mir später, sie hätten etwas Ähnliches erlebt. Eigenartigerweise hatte sich keiner von ihnen wirklich bedroht gefühlt, als der junge Mann seiner Wut freien Lauf gelassen hatte. Obwohl er so wütend war, wirkte er eigenartig harmlos. Irgendwann packte er sogar ein paar Büchernarren und stieß sie durch die Tür nach draußen. Er war nicht besonders groß, wirkte aber sehr stark, als er allein ein großes Bücherregal herunterriß und die Bücher zu Boden polterten. Mehrmals rief er so laut, daß alle es hören konnten: »Dies ist ein heiliger Ort! Warum entweiht ihr ihn? Schert euch weg, und kommt erst wieder, wenn ihr hier beten wollt!«

Er sprach diese Worte mit einer merkwürdigen Autorität, die alle zwang, ihm zuzuhören. Die meisten Anwesenden, so auch ich, vergaßen, daß sie eigentlich Bücher hatten kaufen wollen. Wir verließen das Gebäude eilig und unter verlegenem Schweigen. Diejenigen, die ihre gefundenen Schätze bezahlen wollten, um sie mitzunehmen, riskierten es, verprügelt zu werden. Doch niemand wurde verletzt.

Vor der Kirche versammelte sich eine Menschenmenge. Einige unter den Anwesenden waren der Meinung, man müsse die Polizei informieren, und irgend jemand hatte das auch bereits getan. Andere wiesen auf das leuchtende Gesicht des jungen Mannes hin und meinten, er sei völlig zu Recht zornig. Wieder andere standen einfach schweigend da. Niemand lachte. Was wir erlebt hatten, hatte uns alle zutiefst getroffen.

Dann kam die Polizei, und der junge Mann ließ sich ohne jeden Widerstand abführen. Wir bemerkten nun eine kleine Gruppe von Männern und Frauen, die offenbar etwas mit jenem jungen Mann zu tun hatten. Sie sprachen mit den Polizisten, gaben sich als Schüler des Fremden zu erkennen und baten, mit ihm zusammen inhaftiert zu werden. Sie wurden später wegen Hausfriedensbruch verurteilt.

Nachdem die Gruppe in zwei Polizeiwagen abtransportiert worden war, kam es unter den an der Kirche Zurückgebliebenen zu einem Stimmungsumschwung. Einige, die vorher nicht in der Vorhalle gewesen waren, bezeichneten jenen jungen Mann nun erregt als Anführer einer Sekte und prangerten seine angebliche Verrücktheit und Gewalttätigkeit an. Sie äußerten sich besorgt über seine armen, irregeleiteten Anhänger und meinten, wahrscheinlich werde er vor Gericht verurteilt und in ein Gefängnis oder Irrenhaus gesperrt werden. Andere Anwesende gingen still davon, beunruhigt durch den Vorfall und verstört durch die Botschaft des jungen Mannes sowie durch sein entschlossenes Auftreten und seinen tiefen, ruhigen Blick.

Diese Geschichte ist nie in die Schlagzeilen der Zeitungen gelangt, weil sie nie geschehen ist. Genauer gesagt, ist sie nicht so geschehen, wie ich sie erzählt habe. Wer sich im Neuen Testament auskennt, wird in meiner Beschreibung die Geschichte wiedererkennen, in der berichtet wird, wie Jesus vor Nazareth vor 2000 Jahren in Jerusalem die Geldverleiher aus dem Tempel vertrieb. Für unseren Zusammenhang ist unwichtig, ob sich dieser Vorfall tatsächlich ereignet hat. Es gibt Hunderte ähnlicher Geschichten über andere Adepten, die ich ebensogut hätte anführen können. Entscheidend ist meiner Ansicht nach, daß diese Geschichte eine wichtige Facette des überlieferten Bildes des Jesus von Nazareth ist und wir dies nie vergessen sollten.

Ich habe die Geschichte in die heutige Zeit übertragen, um Ihnen, dem Leser dieses Buches, eine emotionale Reaktion zu entlocken. Was haben Sie bei der Beschreibung empfunden? Wie hat die Persönlichkeit jenes jungen Mannes und sein merkwürdig unkonventionelles Verhalten auf *Sie* gewirkt? Wie hätten *Sie* reagiert, wenn dieser junge Mann Sie beschimpft oder Sie vielleicht sogar körperlich angegriffen hätte? Hätten Sie anders geurteilt, wenn Sie gleich von Anfang an gewußt hätten, daß der Held dieser Geschichte Jesus und nicht irgend jemand war?

Alle diese Fragen sind bedeutsam, weil spirituelle Lehrer und Gurus in unserer Kultur einen äußerst schlechten Ruf haben. Ihre Funktion wird heute weniger denn je verstanden. Doch war die Gestalt des religiösen oder spirituellen Führers in der alten Welt praktisch allgegenwärtig. Und in Gesellschaften mit einer ungebrochen traditionellen Lebensweise ist das immer noch so. Die Gründe für die Veränderung der Einstellung gegenüber solchen Menschen in unserer Zeit sind ziemlich komplex. Prinzipiell sind es die gleichen, die auch dazu geführt haben, daß wir heute alles Spirituelle mißverstehen bzw. nicht verstehen. Um die Ursachen unseres mangelnden Verständnisses zu begreifen und um uns gegen stereotype Ansichten und Vorurteile in Zukunft wappnen zu können, müssen wir genauer untersuchen, was das Wesen unserer konventionellen Religiosität ausmacht und weshalb das Ich die Tendenz zur Verschleierung der Realität hat.

## 2. Konventionelle Religion als falsche Spiritualität

Nur wenige Menschen können heute das Wesen spiritueller Übung und die komplexe Beziehung zwischen einem charismatischen Lehrer und seinen Schülern wirklich verstehen. Die meisten stehen spiritueller Autorität, Gehorsam, Initiation und der Übermittlung, zu der es zwischen spirituellen Adepten und ihren Schülern kommt, skeptisch oder ablehnend gegenüber. Das braucht uns nicht zu überraschen.

Authentische Spiritualität hat sich immer vom Getriebe exoterischer Religiosität und der nur an weltlichen Dingen interessierten Gesellschaft ferngehalten. Insbesondere in der westlichen Welt wird das Streben nach hohen spirituellen Zielen seit langem von der allgemeinen Tendenz zu nüchterner Rationalität und zum Positivismus sowie von moralischer Verwirrung überschattet. Wir verfügen nicht über zuverlässige Kriterien, mit deren Hilfe wir echte Spiritualität oder authentische spirituelle Lehrer erkennen können. Unsere Zivilisation liefert uns lediglich Stereotype, die der konventionellen Religion entlehnt sind und die das ängstliche Bemühen des Durchschnittsmenschen spiegeln, seinen Status quo auch um den Preis der eigenen Freiheit und Wahrhaftigkeit zu erhalten.

Diese verbreitete Furcht vor echter Religiosität, aus der sich eine psychische Trägheit entwickelt, die wiederum echte Selbst-Transformation verhindert, hat ihren übelsten Ausdruck in der Anti-Kult-Bewegung der vergangenen Jahre gefunden. Doch ist sie auch in den sogenannten »neuen Religionen«[1] wirksam. Nur wenige der Gruppen und Kulte, die seit den sechziger Jahren entstanden sind und deren erklärtes Ziel es ist, sich über die Mittelmäßigkeit der etablierten Religion und Kultur zu erheben, sind tatsächlich jene echte Alternative, die sie zu sein behaupten.[2] Meist handelt es sich lediglich um alten Wein in neuen, manchmal sehr merkwürdigen Schläuchen.

Damit will ich nicht sagen, daß die neuen Religionen generell nichts taugen, denn damit würde ich mich der vereinfachenden Sicht der Anti-Kult-Bewegung anschließen. Es gibt zweifellos Unterschiede zwischen diesen Gruppen, was ihre Ursprünge, Überzeugungen und Ziele, ihre Organisation, die Mitgliedschaft, die Führer und die von ihnen propagierte Lebensweise betrifft. Doch bewegen sie alle sich in eine Richtung, die letztlich die Grundtendenz der etablierten religiösen Strömungen perpetuiert und die keineswegs authentischer Spiritualität entspricht. Jene Grundtendenz ist die Stärkung des Ich (wobei das Gegenteil, die Ich-Leugnung, lediglich eine andere Spielart des gleichen Übels ist), statt einer Transzendierung des Ich. Diese Tendenz ist auch für die etablierten Religionen charakteristisch, die gewöhnlich das Ich stützen. Der britische Poet Lewis Thompson hat erkannt:

> Spiritualität muß zwangsläufig trans-humanistisch sein. Für die humanistische Kultur, deren Werte und Denkmäler in der gesamten Geschichte der Menschheit zu finden sind und die ein Gleichgewicht von Verstand, Eros, Geist, Intellekt und Intuition im Menschen zu erhalten versucht, ist echte Spiritualität ein Greuel – Chaos oder Schrecken. Religion ist ein Kompromiß, der es ermöglicht, eine direkte Konfrontation mit der spirituellen Dimension zu vermeiden.[3]

Aus der Sicht authentischer, radikaler Spiritualität ist das, was gewöhnlich Religion – im Sinne exoterischer Religion – genannt wird, ein Kompromiß, ein Kuhhandel mit dem Ich, das in seiner mutmaßlichen Autonomie überleben möchte. Der Kuhhandel beinhaltet, daß das Individuum sich zur Wahrung bestimmter äußerer Formen verpflichtet und daß ihm als Gegenleistung ein Leben nach eigenem Gutdünken zugestanden wird, solange es sich zumindest dem äußeren Anschein nach an den Moralvorschriften der betreffenden religiösen Gemeinschaft orientiert. Die exoterische Religion erfordert vor allem die Anerkennung eines Konsensus, einer Übereinkunft über das Wesen der Realität, die auch spezifische, dieses Realitätsverständnis unterstützende Verhaltensweisen mit einschließt. Ansonsten erlegt sie keine besonderen Verpflichtungen auf, sie fordert kein außergewöhnliches Maß an Selbstkritik und keine besondere Offenheit. Gordon Allport hat dies *extrinsische* Religion genannt, weil diese Art von Religiosität dem Menschen bei der Verfolgung seiner auf Abgrenzung des Ich ausgerichteten Interessen hilft, statt bei der Entwicklung einer wirklich religiösen Lebensweise.[4]

Ganz gleich, welchen relativen Wert die exoterische Religion haben mag, eindeutig ist sie auch ein Hort der Borniertheit und Doppelzüngigkeit, wie die gefallenen Engel unter den amerikanischen Tele-Evangelisten uns in den letzten Jahren so anschaulich vor Augen geführt haben. Und sie ist auch das Reich der heiligen Kriege, der Kreuzzüge, der Inquisitionen und der Verfolgung Andersdenkender. Kurz gesagt ist die konventionelle Religion – aus der Perspektive authentischer Spiritualität betrachtet – eine Verfälschung. Dieses Urteil mag einigen Lesern als unnötig hart erscheinen, doch entspricht es der Sicht vieler Propheten, Heiligen und Weisen.

### 3. Das mystische Ich

Daß sich die exoterische Religion mit dem Ich verbündet und so der Willensschwäche des gewöhnlichen Menschen entgegenkommt, ist nicht schwer zu erkennen. Bei der Mystik ist ein solcher Bund nicht so offensichtlich, denn sie erfordert eine reifere Haltung und ein höheres Maß an persönlicher Verpflichtung. Dennoch bleibt auch die Mystik – sofern es sich nicht um die höchste Form selbst-transzendierender Übung handelt – im Bannkreis des Ich und seiner Projektionen.

Das mystische Ich ist entweder geschwächt oder der geistigen Inflation verfallen, je nachdem, aus welcher Perspektive wir das transformierte (aber immer noch internalisierte) Bewußtsein des Mystikers betrachten. Das Ich lauert selbst hinter den erhabensten mystischen Erfahrungen. Es kann in einer Realisation überwältigender Einheit, Ganzheit oder Leere zeitweilig außer Funktion gesetzt sein, doch solange es nicht in der vollständigen Erleuchtung unwiderruflich transzendiert ist, ist es eine in allen Erfahrungen verborgene Variable, und dies gilt auch für jene Erfahrungsebenen, die hochentwickelte Mystiker gelegentlich erreichen. Selbst wenn Mystiker in Ekstase verfallen, ist ihr Ich tendenziell immer noch vorhanden. Wenn der Augenblick der *Unio mystica* vorüber ist, taucht das Ich sogleich wieder als organisierende Struktur des gewöhnlichen Bewußtseins auf. Der Mystiker trauert dann dem verlorenen Zustand der Gnade nach, und dies motiviert ihn zum erneuten Streben nach der Gunst Gottes.

Wenn der Mystiker sich im Zustand des gewöhnlichen Bewußtseins befindet, sieht er wie jeder andere Sterbliche die Existenz als ein Problem an, das er zu lösen versucht. Über diesen Bewußtseinszustand des Probleme-Sehens und -Lösens, das sowohl in der konventionellen Religion als auch in der Mystik eine Rolle spielt, hat sich niemand scharfsinniger geäußert als Da Love-Ananda:

> Die Grundlage der Lehren vieler traditioneller religiöser und spiritueller Systeme bildet ein allgegenwärtiger Zustand der Krankheit, des Leidens und des Schmerzes. Dies ist allen konventionellen Methoden gemeinsam, die im Namen religiöser und spiritueller Ziele angewendet werden. Konventionelle Religion und Spiritualität sind somit Bestandteile des idealistischen Überbaus unserer Krankheit, Teil der Suche nach der Heilmethode. Sie spiegeln unsere Verirrung, die Kontraktion unseres Ich sowie auch den Schmerz, der mit jener Kontraktion des Ich verbunden ist.[5]

Insofern die neuen religiösen Bewegungen die Herausforderung der tatsächlichen Selbst-Transzendierung meiden, des Hinausgehens über jene Kontraktion, die das Ich ausmacht, verlagern sie die konventionellen Anschauungen der etablierten Religionen lediglich in ein exotischeres Ambiente. Deshalb haben es die meisten von ihnen bedauerlicherweise versäumt, ein umfassendes Konzept authentischer spiritueller Übung zu entwickeln und dieses ihren Mitgliedern nahezubringen.

Überdies haben einige der befremdlicheren und militanteren Kulte – die Spiritualität nur als Deckmantel benutzen – unnötigerweise die Ängste und das Mißtrauen des religiösen (und politischen) Establishments geschürt. Dies hat den Interessen authentischer spiritueller Gruppen sehr geschadet und die Integration echter spiritueller Werte in die westliche Gesamtkultur behindert.

Ihre durchweg feindselige Haltung der Gesamtkultur gegenüber, der sie natürlich zwangsläufig selbst angehören, gefährdet die friedliche Koexistenz echter spiritueller Bewegungen mit der Gesamtgesellschaft. Somit bedrohen die Aktivitäten jener Gruppen die mühsam errungene religiöse Freiheit, die die Gesetze liberaler Länder garantieren.

Obgleich echte Spiritualität zwangsläufig vielen Interessen der Gesamtgesellschaft zuwiderläuft, können und sollten kontroverse Ansichten friedfertig vertreten werden. Es ist sicher unnötig, daß sie eine paranoide Haltung zum Ausdruck bringen, deren Zweck hauptsächlich in der Verteidigung der eigenen Position liegt, oder daß sie zu militanter Demagogie degenerieren. Eine solche Haltung widerspricht nicht nur eindeutig einer spirituellen Einstellung dem Leben gegenüber, sondern sie kann sich sogar als selbstmörderisch erweisen. Doch sollten sich Menschen, die sich spiritueller Übung widmen, nicht ängstlich verbergen müssen, sondern die Verantwortung für den Kontext, in dem sie leben, übernehmen und für sozialen Wandel eintreten.

## 4. Der humanistische Weg der Selbst-Verwirklichung

Die vielen negativen Berichte in der sensationslüsternen Massenmedien haben bewirkt, daß die neuen Religionen heute von der Öffentlichkeit fast generell als problematisch eingeschätzt werden. Deshalb beschäftigen sich immer noch nur relativ wenige von denen, die von den etablierten Religionen enttäuscht sind, mit den Möglichkeiten, die die neuen Religionen zu bieten haben. Statt dessen wenden sich viele Suchende einem der vielen »Therapiekulte« zu, um eine neue Heimat zu finden, weil ihnen diese aufgrund ihrer strikten Distanzierung von religiösen Formen als vertrauenswürdiger und weniger bedrohlich erscheinen. Ein weiterer Grund für diese Bevorzugung ist sicher, daß psychologisch orientierte Bewegungen gewöhnlich kein starkes persönliches Engagement fordern.

Die Human-Potential-Bewegung mit ihrer Vielzahl von Schulen, Therapien und Methoden zur Förderung der Persönlichkeitsentwicklung entstand als dialektische Gegenbewegung zu den mechanistischen Modellen der »ersten« und »zweiten Kraft« der Psychologie – der Psychoanalyse und des Behaviorismus. Die Begründer der humanistischen Psychologie brachen mit der Praxis jener älteren therapeutischen Orientierungen, das Bewußtsein aus der Untersuchung und Behandlung des Menschen auszuklammern. Außerdem waren sie auch nicht mit der Konzentration der Psychoanalyse auf psychische Krankheiten einverstanden und verlegten den Schwerpunkt ihrer Bemühungen statt dessen auf die geistige Gesundheit. Sie erforschten und förderten die menschliche Fähigkeit, über den bloßen Normalzustand hinauszuwachsen.

Obgleich die humanistische Psychologie sehr zur Entwicklung einer größeren Ausgewogenheit und Offenheit in der psychotherapeutischen Arbeit beigetragen hat, ist sie in ihrem Pioniereifer der Versuchung erlegen, sich mit Werten und Zielen der menschlichen Existenz zu befassen, die eindeutig dem Bereich des Religiösen angehören. Therapeuten übernehmen heute oft Rollen, die bisher Priestern und spirituellen Beratern vorbehalten waren. So sind die Schulen der Human-Potential-Bewegung häufig zu Ersatzreligionen geworden, in denen es zwar keinen Gott gibt, dafür aber oft sehr eigenwillige Lehren und Methoden, die sich auf das Erreichen einer »Erlösung« beziehen.[6] Auch diese Tendenz behindert und verzögert das Aufblühen echter Spiritualität in unserer Kultur.

Es gibt jedoch Anzeichen dafür, daß sich in dieser Hinsicht eine positive Veränderung anbahnt. Ken Wilber, der unübertroffene Theoretiker der transpersonalen Psychologie, hat mir gegenüber einmal geäußert, die humanistische Psychologie lebe von geborgter Zeit. Außerdem beschäftigen sich mittlerweile einige ihrer Leitfiguren mit echten spirituellen Lehren, und andere ziehen es zumindest in Erwägung.[7] Ich halte dies für ein vielversprechendes Zeichen. Wilber selbst hat eine starke Beziehung zum Zen-Buddhismus, und er hat sich viele Jahre lang positiv über den umstrittenen Da Love-Ananda und seine Lehren geäußert. Ebenso wie ich hat jedoch auch er kritisch auf die Kult-Tendenzen in der Umgebung dieses Lehrers hingewiesen. Diese Entwicklung scheint eine unmittelbare Folge eines autoritären Lehrstils zu sein, der bei unreifen Persönlichkeiten die Totemisierung des Gurus fördert.

Es sollte hier auch angemerkt werden, daß sogar die heute so beliebte transpersonale Psychologie, die sich aus der humanistischen Psychologie entwickelt hat, nicht völlig frei vom Makel der Erlösungsversprechen ist. Da transpersonale Psychologen ihren Wirkungsbereich auf die schwer faßbaren Phänomene der »transpersonalen« (der übersinnlichen, mystischen und spirituellen) Erfahrung ausdehnen, fällen sie häufig Urteile über Aspekte der Existenz, über die ihnen jede tiefere *persönliche* Kenntnis fehlt. Aus den Schriften ihrer wichtigsten Repräsentanten geht klar hervor, daß sie einen Rahmen zu schaffen versuchen, in dem sich jede menschliche Erfahrung (mittels Klassifizierung) erklären läßt, auch die Erleuchtung. Manchmal verwechseln die Vertreter der transpersonalen Psychologie jedoch die Beschreibung (die »Landkarte«) mit dem spirituellen Pfad selbst. Deshalb ähnelt ihre Arbeit zuweilen den Bemühungen eines Halbblinden, der einen Blinden zu führen versucht.

Ken Wilber hat es als eines der wichtigsten Ziele der transpersonalen Disziplin bezeichnet, »Spiritualität für die ›anderen‹ oder ›niederen‹ psychologischen Schulen akzeptabel zu machen«.[8] Er fügte dem noch hinzu, daß transpersonale Psychologen, insofern sie eine quasi-therapeutische Rolle übernehmen, ihre Klienten gegebenenfalls auch an andere Spezialisten verweisen sollten, unter anderem auch an spirituelle Adepten. Wilber betonte jedoch, daß die transpersonale Psychologie eine theoretische Orientierung sei, also kein »umfassender psycho-spiritueller oder auf vollständige Transformation zielender Pfad (ungeachtet der manchmal recht dümmlichen Beteuerungen einiger ihrer weniger intelligenten Vertreter)«.[9]

Für Wilber sind transpersonale Psychologen »Apologeten der Seele, gnostische Mittler«. Seine Idealvorstellung ist, daß sie »schweigend an den Wegkreuzungen sitzen und den Weg weisen; nicht mehr und nicht weniger«.[10] Dies ist natürlich eine Idealbeschreibung und keineswegs die gängige Praxis. In Wahrheit ist die transpersonale Psychologie recht redselig. Sie orientiert sich an einem Modell, das die Gesamtheit aller menschlichen Phänomene einzubeziehen versucht. Wilber hat freimütig zugegeben, daß sie dies mit allen Unzulänglichkeiten eines Intellekts tue, der noch nicht durch jene höhere Realität umgewandelt ist, die innerhalb des transpersonalen Modells beschrieben, kategorisiert und somit beurteilt wird.

Ebenso wie die meisten der neuen Religionen verkörpern auch die humanistische Therapiebewegung und die therapeutischen Schulen der transpersonalen Psychologie kein adäquates Verständnis authentischer Spiritualität. Selbst-Entwicklung und sogar Selbst-Verwirklichung sind letztlich nicht mit authentischer Spiritualität gleichzusetzen. In der humanistischen Therapie bleibt das Selbst oder Ich als Leitprinzip der Existenz unberührt, wohingegen echte Spiritualität darauf zielt, eben dieses Ich zu überwinden, es also nicht nur zu leugnen oder zu negieren. Dies ist ein überaus wichtiger Punkt, dem man in angemessener Weise Rechnung tragen muß.


### 5. Die Ich-»Illusion«

Das Ich ist die Plattform, auf der alles konventionelle Leben stattfindet, weil das Ich der Ursprung aller Konventionen ist. Das Ich ist die Achse, um die alle Hoffnungen, Ängste. Wünsche sowie alles Verstehen und Mißverstehen kreisen. Aus der Perspektive der spirituellen Traditionen betrachtet, ist das Ich selbst eine Konvention. Das ich-abhängige Bewußtsein ist nicht repräsentativ für *alle* bewußten Erfahrungen, denn auch ohne die Mitwirkung jener psychischen Funktion, die wir »Ich« nennen, sind Erfahrungen möglich. Das gilt sicher für sehr kleine Kinder, deren Bewußtsein noch nicht zwischen einem Subjekt und einer Vielzahl von Objekten, die ersterem gegenüberstehen, unterscheidet. Es gilt aber auch für den erleuchteten Zustand, in welchem die Subjekt-Objekt-Trennung überwunden wird.

Das Ich ist eine unbewußte Konvention oder Gewohnheit, und es kann wie jede andere Gewohnheit aufgelöst werden. Wie? Indem man es im Augenblick seiner Aktivierung transzendiert. Wenn Sie zu rauchen aufhören wollen, rauchen Sie einfach die nächste Zigarette nicht, dann die nächste, und so weiter. Das Prinzip ist, eine Gewohnheit im Augenblick ihres Auftauchens loszulassen. Wenn wir jene habituelle Kontraktion, die wir unser Selbst oder Ich nennen, transzendieren wollen, machen wir es genauso: Wir bezeugen das Gewohnheitsmuster in jedem Augenblick seines In-Erscheinung-Tretens, doch statt es auszuagieren, versetzen wir uns dann in einen Zustand umfassender geistig-körperlicher Entspannung, die unsere grundlegende Freiheit und Spontaneität als gegeben hinstellt.

Daß es möglich ist, das Ich zu transzendieren, ist eine Grundannahme aller spirituellen Pfade. Dies ist der grundlegende Unterschied zwischen dem traditionellen Ideal der Seelsorge und den modernen humanistischen Vorstellungen über seelische Heilungsprozesse. Erstere befaßt sich mit der transpersonalen oder sogar transhumanen Realität – mit dem, was traditionell Seele oder Geist genannt wird. Letztere befassen sich mit der Heilung, Verwirklichung und Integration der Psyche oder Persönlichkeit. Authentische Spiritualität ist immer ein umfassender Versuch, die Ich-Konvention aufzuheben.

Das bedeutet jedoch nicht, daß das Ich über Nacht verschwinden wird. Es kann sein, daß wir eine Million Zigaretten anzünden müssen, bis wir uns auch nur dessen bewußt werden, daß wir dies tun. Die Methode zur Überwindung jener unbewußten Tendenz besteht darin, die Zigarette zu löschen, sobald wir bemerken, daß wir wieder einmal in ein unbewußtes Verhalten abgeglitten sind. Wir sind stets nur für den gegenwärtigen Augenblick verantwortlich.

Die Ich-Gewohnheit ist eine sehr starke Kraft. Sie läßt sich nicht durch einen bloßen Willensakt beseitigen. Ihr Einfluß auf unser Leben wird nur dann eingeschränkt, wenn wir unsere Aufmerksamkeit auf die Wirklichkeit richten, die das Ich transzendiert. Alan Watts hat geschrieben:

Man versuche nicht, die Ich-Empfindung loszuwerden. Man nehme sie, solange sie anhält, als ein Merkmal oder ein Spiel des Gesamtprozesses – wie eine Wolke oder eine Welle, ein Wärme- oder Kältegefühl oder wie sonst etwas, das aus sich heraus geschieht. Das eigene Ich überwinden zu wollen ist das letzte Aufbäumen eines unbezwingbaren Egoismus! Er stärkt und bekräftigt lediglich die scheinbare Realität dieses Gefühls. Doch wenn man sich dieser Empfindung des Getrenntseins von den übrigen Dingen vorsichtig nähert und sie wie jede andere Empfindung akzeptiert, löst sie sich auf wie eine Fata Morgana, die sie ja auch tatsächlich ist.[11]

Das Tragische an der ichhaften Existenz liegt in der unbewußten Wiederholung unserer Muster. Dies ist ein völlig humorloser Zustand. Humor äußert sich, wenn wir anfangen, die Absurdität der Stereotypie unserer Persönlichkeit und unserer Lebensweise zu begreifen. Wenn wir das Roboterhafte des Ich auch nur ein wenig zu erkennen beginnen, erheben wir uns darüber. Humor ist immer eine Art, sich über etwas zu erheben, über etwas hinauszugehen, sich nicht von der aktuellen Situation einfangen zu lassen. Spirituelle Übung könnte man somit als Übung im Entwickeln echten Humors bezeichnen: Wir erkennen intuitiv unsere wesenseigene Freiheit und sind gleichzeitig Zeugen der Komödie unseres ständigen Scheiterns bei dem Versuch, jene Freiheit zu leben, Zeugen unserer fortwährenden Identifikation mit den Bedingungen der Existenz.

Doch wenn wir unsere Tendenz, in Vergessenheit zu versinken, lediglich bezeugen würden, ohne uns der befreienden intuitiven Einsicht in das, was vor alldem liegt, zu erfreuen, würden wir unweigerlich in Hoffnungslosigkeit und Verzweiflung verfallen. Dies ist jene unglückliche Gemütslage, die unter anderem Jean-Paul Sartre zu einem philosophischen System ausgebaut hat. Nachdem er jegliche ein Gefühl der Sicherheit erzeugende Göttlichkeit und jeden höheren Sinn abgelehnt hatte, gab er sich mit der Wüste einer letztlich verzweifelten, sisyphushaften Existenz zufrieden. Für Sartre sind wir »schiffbrüchige Tiere«.[12]

Sartre hätten wissen müssen, daß wir das sind, wenn wir ebendies glauben. Schließlich war er Anhänger einer Anschauung, derzufolge sich der Mensch seinen existentiellen Sinn selbst schafft. Sartre *wählte* ein pessimistisches Verständnis der menschlichen Situation, weil er das gesamte spirituelle Erbe der Menschheit ignorierte. Es mag sein, daß wir Schiffbrüchige sind, aber wir sind auch so, wie wir sind, gesund und voller Leben. Wenn wir unsere Aufmerksamkeit auf die Öde und auf die tragischen Aspekte unseres Lebens richten, verfangen wir uns in Gefühlen der Sinnlosigkeit und Apathie. Vergegenwärtigen wir uns statt dessen unser höchstes Potential, erinnern uns an unsere Identität jenseits des Ich und treten wieder mit ihr in Verbindung, so können wir jenen Zauber brechen, durch den wir uns ständig selbst zu Schiffbrüchigen machen. Obgleich der Existentialismus im Sinne Sartres und Camus' heute als Denkschule an Bedeutung beträchtlich verloren hat, charakterisiert seine zentrale Botschaft der allgemeinen Verzweiflung immer noch das Erleben vieler Millionen Menschen.

Nun ist jene Verzweiflung ja keineswegs völlig aus der Luft gegriffen, doch entsteht sie durch einen Trick unseres Nervensystems. Nach Ansicht vieler spiritueller Traditionen ist das Ich ein kognitiver Irrtum. Sie beharren darauf, das wir selbst jenes Gefühl des Abgetrenntseins, der Abkapselung des Ich, welches der Ursprung unserer Verzweiflung sowie auch unserer Freude ist, der Wirklichkeit aufprägen. Alan Watts hat das Ich eine »soziale Fiktion«, eine erlernte Reaktion genannt.[13] Wir *nehmen* emotional und intellektuell *an*, daß wir von allen »anderen« getrennt sind. Demnach tritt das Subjekt Objekten gegenüber, die gänzlich außerhalb von ihm selbst existieren. Dies ist eine der wichtigsten Annahmen, die unser Leben prägen, und sie ist nachweislich zumindest nur sehr bedingt zutreffend, wenn nicht gar völlig falsch. Gregory Bateson, den viele für einen der größten Denker unseres Jahrhunderts halten, hat dies im folgenden Zitat ausgedrückt:

> Gewöhnlich denken wir, die äußere »physische Welt« sei irgendwie von einer inneren »geistigen Welt« getrennt. Ich glaube, daß diese Unterteilung auf dem Kontrast in der Kodierung und Übertragung innerhalb und außerhalb des Körpers beruht.

Die geistige Welt – der Geist – die Welt der Informationsverarbeitung – ist nicht durch die Haut begrenzt.[14]

Bateson fährt fort:

Der individuelle Geist ist immanent, aber nicht nur dem Körper. Er ist auch den Bahnen und Mitteilungen außerhalb des Körpers immanent; und es gibt einen größeren Geist, von dem der individuelle Geist nur ein Subsystem ist. Der größere Geist läßt sich mit Gott vergleichen, und er ist doch dem gesamten in Wechselbeziehung stehenden sozialen System und der planetaren Ökologie immanent.[15]

Dies ist der Kern radikaler Spiritualität, so wie sie von den großen Adepten der Vergangenheit und Gegenwart gelehrt wird. Wir sind »größer«, als wir zu sein scheinen. Nur aus der »Perspektive« der vollständigen Erleuchtung, die alle Konventionen transzendiert (weil sie die Konvention des Ich transzendiert), können wir hoffen, die bestehende Verwirrung über die »höchsten Belange«[16] aufzulösen, ganz gleich, ob diese nun religiöser oder weltlicher Natur sein mögen.

Wir müssen begreifen, daß die Grundannahme der Ich-Konstruktion, die Illusion der separaten Existenz, die sich defensiv vom Ganzen abschottet, allen intellektueller Bestrebungen und Programmen zugrunde liegt, mit deren Hilfe wir unser Leben zu gestalten versuchen. Wir müssen uns immer wieder neu vergegenwärtigen, daß diese Rahmen und Programme lediglich schützende Ideologien sind. Sie sind nichts weiter als Bilder oder Modelle von der Realität, mit deren Hilfe wir uns angesichts eines geheimnisvollen und bedrohlichen Universums in einem Zustand scheinbarer Sicherheit und Gewißheit halten. Sie sind Manifestationen eines »falschen Bewußtseins«[17], das unsere Beziehung zum gesamten Weltprozeß verzerrt.

Selbst während ich diese Zeilen schreibe, spüre ich, wie mich mein Nachdenken über diese Dinge in gewisser Weise unverletzlich macht. Wenn ich mich intellektueller Arbeit widme, sehe ich in mir ganz klar die Tendenz, meine bewußte Identität in meinem

Kopf zu erfahren und den Rest meines Körpers und erst recht meine Umgebung weitgehend auszuklammern. Es fällt mir nicht schwer zu erkennen, wie ich meine Gedanken kanalisieren kann, wenn ich mich in diesen introvertierten Zustand intensiver intellektueller Aktivität versetze. Isoliertes – und somit entfremdetes – Denken leistet mit Sicherheit der Entwicklung starrer Ideologien und damit der Verdinglichung – Vorschub. Um die Begrenztheit von Ideologien und der Ideologie-Bildung zu überwinden, muß ich als ganzer Körper präsent sein – wobei »ganz« (engl.: *whole*) hier im Sinne von »umfassend« sowie auch im Sinne von »heil« gemeint ist.

Wenn ich in dieser Weise präsent bin, fangen die Grenzen meines postulierten Ich an, sich aufzulösen, und »mein« Körper erweist sich als seinem Wesen gemäß unbegrenzt. Plötzlich erinnere ich mich daran, daß ich in einem großen Mysterium und als dasselbe existiere. Die Gedanken, die in diesem Zustand ganzkörperlichen Gewahrseins auftauchen, unterscheiden sich von den intellektuellen Windungen des typischen Kopfarbeiters, auch wenn sie, was oft der Fall ist, zu ähnlichen oder gar zu identischen Schlußfolgerungen über ein bestimmtes Thema führen. Sie können jedoch auch ungewöhnliche Einsichten eröffnen.

Dieses dynamische Konzept des Ich als eines Prozesses der Selbst-Kontraktion unterscheidet sich stark vom Ich-Konzept der akademischen Philosophie, die das Ich als regulierendes strukturelles Prinzip vieler psychischer Prozesse versteht, wobei sie konzidiert, daß einige Bereiche unserer Psyche vom Ich völlig unabhängig zu sein scheinen. Im Gegensatz zu dieser Sicht schlagen wir hier vor, das Ich selbst als einen Prozeß zu begreifen – einen Prozeß des Zurückweichens vor dem Welt-Ganzen.

Das Ich ist eine andauernde Aktivität, die auf geheimnisvolle Weise in der Totalität des Seins auftaucht und die jene Totalität *scheinbar* begrenzt und so die Erfahrung einer abgegrenzten Körper-Geist-Einheit ermöglicht. Die heiligen Schriften des in Kaschmir beheimateten Saivismus benutzen den Sanskrit-Begriff *Atma-Samkoca*, dessen wörtliche Bedeutung »Selbst-Kontraktion« ist und der in jener Lehre als die Unwissenheit definiert wird, welche die Illusion der Abgetrenntheit von der Wirklichkeit erzeugt.[18]

Wie Da Love-Ananda erklärt hat, ist die ichhafte Selbst-Kontraktion zuallererst eine Kontraktion des Gefühls. Diese Realisation macht jegliche spirituelle Disziplin zu einer Sache des Herzens, zu einem ganzheitlichen Wagnis. Dem entgegen steht ein großer Teil westlicher Zen- und Vedanta-Übung, bei der es in erster Linie darum zu gehen scheint, die Fähigkeit des intellektuellen Unterscheidens zwischen dem, was wirklich, und dem, was unwirklich ist, zu entwickeln. Dieser starke Hang zur Abstraktion ist ein Ausdruck jener auf Selbst-Verteidigung gerichteten Haltung, die die westliche Kultur sich seit dem 17. Jahrhundert zu eigen gemacht hat, als die Ideologie des Szientismus (der Wissenschaftsgläubigkeit) sich entwickelte. Mit dem Szientismus hat sich ein Weltbild durchgesetzt, das mehr den Gemälden von Paul Klee als denjenigen Auguste Renoirs ähnelt: Das konkrete Universum hat sich als etwas immer Ungreifbareres erwiesen. Heute ist es nur noch einem hochgebildeten Mathematiker möglich, das quantenmechanische Modell der Wirklichkeit zu verstehen. Dem Rest der Menschheit bleiben Halbwissen und Verwirrung und, wenn die Intelligenz ihr Recht einfordert, eine abstrakte, linkshemisphärische Sicht des Lebens, die von den Machtspielen des Über-Ich dominiert wird.

Freud hat als erster das Über-Ich als grundlegendes Programm bezeichnet, welches das Überleben des Ich in einem Umfeld garantieren soll, in dem außer ihm noch zahlreiche andere Ichs existieren, die um Anerkennung oder Liebe konkurrieren. Das Über-Ich ist ein Werkzeug, das uns helfen soll, die Komplexität des Lebens in der Gesellschaft zu bewältigen, wobei hinzugefügt werden muß, daß es dies auf eine ziemlich unintelligente und unbewußte Weise versucht. Das Über-Ich ermöglicht uns also eine scheinbare Vereinfachung unseres Lebens, jedoch auf Kosten unserer kritischen Intelligenz. Da es sich um eine verborgene Automatisierung handelt, ist das Über-Ich gewöhnlich der Ursprung von Spannungen, neurotischer Regression, Schuld, Fixierungen und anderen Fehlentwicklungen einschließlich psychosomatischer Erkrankungen. Wenn ein Neurotiker das Über-Ich zu einer Stimme Gottes macht, wird es zur Triebfeder eines religiösen und moralischen Fanatismus, entweder in Form exzessiver Kultabhängigkeit oder in Form einer militanten Anti-Kult-Position.

Nur wenige Menschen erreichen einen Grad psychischer Reife, der es ihnen ermöglicht, ein persönliches Gewissen auch nur entwickeln zu *wollen* – was eine Möglichkeit wäre, über das übliche Vertrauen des Blinden in die zweifelhafte Weisheit des Über-Ich hinauszugelangen. Während das prä-personale Über-Ich mit krassen Stereotypen arbeitet, reagiert ein authentisches Gewissen immer persönlich und situationsbezogen. Gewissen basiert auf kritischer Selbstbeurteilung und auf Selbstkenntnis; es beinhaltet eine bewußte Teilhabe an den Prozessen des Lebens. Das Gewissen ist eine Verpflichtung, aktiv zu lieben, statt selbst nach Liebe zu schreien.

### 6. Der Kult des Szientismus

Solange ein Mensch nicht eine gewisse Verantwortung für seine eigene Existenz zu übernehmen vermag, kann er Ideologien zum Opfer fallen, die seinem primären Bedürfnis, geliebt und geschätzt zu werden, entgegenkommen. Man kann Ideologien als Erweiterungen des Über-Ich ansehen, die die Abneigung des Ich, sich selbst zu verstehen und letztendlich über sich hinauszuwachsen, unterstützen. Im Grunde sind alle Ideologien Ausdruck der unablässigen Bemühung des Menschen, sich vom bewußten Sein fernzuhalten.

In welchem Maße dies für die heutige Menschheit gilt, kann man am ungeheuren Einfluß des wissenschaftlichen Materialismus erkennen. Diese in unserer Zeit allgegenwärtige Anschauung bestimmt weitgehend das Verhältnis des heutigen Menschen zur Spiritualität. Als »wissenschaftlichen Materialismus« oder »Szientismus« bezeichnet man einen ideologischen Bezugsrahmen, der versucht, alle Lebensvorgänge aus der Perspektive und mit den Methoden der Naturwissenschaften zu betrachten. In deren eindimensionaler Kosmologie herrscht die Ansicht, daß das Bewußtsein (und damit auch alle psychischen, religiösen und spirituellen Phä-

338

nomene) lebloser Materie entspringt. Implizit, gelegentlich sogar in Form eines expliziten Dogmas, wird die Existenz einer transzendenten Wirklichkeit als eines meta-materiellen (nicht nur immateriellen) Ganzen, in dem alle Wesen und Dinge weilen, vom Szientismus geleugnet. Religion und Metaphysik haben aus dieser Perspektive bestenfalls eine Existenzberechtigung als unproduktiver Zeitvertreib.

Die Ich-Persönlichkeit (als das zweifelnde Subjekt, das einer als objektiv bezeichneten Welt gegenübersteht) wird vom Szientismus zum höchsten Gebieter des menschlichen Schicksals erhoben. Die »Wahrheit« dieser Sicht ist die objektive, faktische Wahrheit materieller Evidenz, so wie sie durch die reduktionistische »wissenschaftliche Methode« mit ihrem Alleingültigkeitsanspruch definiert wird.[19] Die wissenschaftliche Methode, die als die größte Errungenschaft der menschlichen Intelligenz gepriesen worden ist, ist in Wahrheit eine sich selbst bestätigende Definition dessen, was als Wissen und somit als real akzeptiert wird. Sie beinhaltet auch eine bestimmte metaphysische Position – die des rationalistischen Materialismus.

Seit ihrer Entstehung ist die wissenschaftliche Methode immer wieder kritisiert worden, aus dem wissenschaftlichen Lager ebenso wie von außerhalb desselben. Man hat ihren Wert sogar gänzlich in Frage gestellt. Unter Wissenschaftsphilosophen herrscht eine gewisse Skepsis, ob es wirklich zulässig ist, eine bestimmte Methode als allein akzeptabel zu bezeichnen. Der Philosoph Paul Feyerabend hat die wissenschaftliche Methode in Bausch und Bogen als Märchen abgetan[20], und R. S. Scorer, ein britischer Professor der theoretischen Mechanik, hat unumwunden festgestellt, daß es so etwas wie »die wissenschaftliche Methode« nicht gibt.[21] Der Amerikaner Roger S. Jones, Professor der Physik, sagt, die Wissenschaft sei ein moderner Versuch, Mythen zu schaffen, wobei der Zentralmythos die Möglichkeit einer Quantifizierung des Lebens sei.[22] Doch nur Materielles läßt sich quantifizieren, und somit ist die Wissenschaft ihren eigenen Regeln gemäß ein materialistisches Unterfangen.

Der wissenschaftliche Materialismus ist, in Ernest Gellners Worten, zu einem »Modus der Kognition«[23] geworden. Und mehr noch, er ist heute eine Pseudo-Religion jener, die das Vertrauen zu ihrem religiösen Erbe verloren haben, ohne schon zu einer echten spirituellen Antwort fähig zu sein. Für sie ist Zweifel buchstäblich die Form, in der sie zur Welt in Beziehung treten. Der Szientismus ist die Religion der linken Gehirnhälfte, und außerdem ist er ein stark patriarchalisch geprägtes Evangelium, in dessen Zentrum die Lehre von der Bezwingung der Natur steht, ein Glaube, der in neuester Zeit von Ökologen und insbesondere von den Öko-Feministinnen stark kritisiert wird. Es steht außer Frage, daß der Szientismus historisch in enger Verbindung zum Androzentrismus und zur Unterdrückung des weiblichen Geschlechts steht. Das Bestreben, die Natur zu beherrschen, steht in direkter Beziehung zu Bestrebungen, sich die Herrschaft über die Frauen anzueignen. Beiden Tendenzen liegt eine Haltung zugrunde, die die Ganzheit mißachtet – ein Nicht-Anerkennen, das sich für alles Leben auf unserem Planeten als fatal erweisen könnte.

In welch beunruhigendem Ausmaß der moderne Geist von wissenschaftlichen Werten und Denkweisen infiziert ist, läßt sich anhand des versteckten Materialismus vieler, wenn nicht gar der meisten scheinbar ernsthaft spirituell Suchenden erkennen, sogar derjenigen, die sich tatsächlich einer spirituellen Praxis widmen. Ich gründe dieses Urteil auf meinen langjährigen Kontakt zu Anhängern der verschiedensten ernstzunehmenden religiös-spirituellen Schulen sowie auf die Beobachtungen meiner Person. Trotz zahlreicher Erfahrungen, die mir klar und unbestreitbar die Realität der spirituellen Dimension demonstriert haben, bin ich mir einer weiterhin existierenden Gewohnheit des Zweifelns bewußt, die sich in einer dunklen Ecke meiner Psyche verschanzt hat. Die Haltung des Zweifelns wirkt wie ein starker Zug der Schwerkraft auf den Impuls, sich spirituell zu entwickeln. Selbstprüfung kann diesen Effekt teilweise neutralisieren, doch ist Zweifel in jedem Fall eine behindernde Kraft, mit der man sich auseinandersetzen muß.

Der allgegenwärtige Zweifel läßt sich nicht durch naives Glauben oder durch enthusiastische Affirmation bestimmter spiritueller Werte und Einstellungen überwinden. Nur eine echte *Metacar-*

*dia*, eine Wandlung des Herzens, die durch ein spürbares Erwachen den Weg in die spirituelle Realität öffnet, gibt uns die Möglichkeit, die tief in uns verwurzelte Tendenz des Zweifelns in jedem Augenblick neu zu überwinden.

## 7. Religiöser Provinzialismus

Wenn im Zentrum der Ideologie des Szientismus die Haltung des Zweifelns steht, so ist der Antrieb der engstirnigen exoterischen Religion – eine andere starke ideologische Kraft, die heute wirksam ist – falscher Glaube, also bloßes Überzeugtsein. Dies ist religiöser Provinzialismus, eine engstirnige Sicht des Universums, die sich unter dem Etikett der Religion verbirgt. Religiöser Provinzialismus nimmt die Form exoterischer Kultgläubigkeit an, die gegenüber echter Ekstase und gegenüber anderen Einstellungen und Übungen, die mit einer wahrhaft religiösen Lebensweise assoziiert werden, intolerant ist. Deshalb steht sie persönlicher und informeller Religiosität, Esoterik und Mystik generell feindselig gegenüber. Adepten sowie auch alle anderen, die von den vorgegebenen, ausgetretenen Pfaden abzuweichen scheinen, werden von den Anhängern dieser Geisteshaltung sogleich als suspekt angesehen und oft unterdrückt, zum Widerruf gezwungen, der Lächerlichkeit preisgegeben, mit einem Bann belegt, verfolgt, eingesperrt oder sogar hingerichtet.

Religiöser Provinzialismus, der mehr beinhaltet als nur eine fundamentalistische Religion, sucht die Rechtfertigung seiner Existenz in einer heiligen Offenbarung oder Autorität, und er fürchtet (zu Recht) und verhindert (zu Unrecht) die unabhängige Untersuchung und das freie Denken. Diese Haltung schätzt Dogmen mehr als persönliche Erfahrung und Realisation, Rituale mehr als ekstatische Selbst-Transzendenz, Gehorsam heiligen Schriften gegenüber mehr als direkte Hingabe an Gott, den Fortbestand der Kirche mehr als die individuelle Freiheit. Das Prinzip des religiösen Provinzialismus ist nicht *Metanoia*, Erleuchtung, Emanzipation oder höchste Glückseligkeit, sondern moralisches Verhalten gemäß einem sehr restriktiven Moralkodex und persönliches Sich-Bescheiden. Der Einzug in den Himmel in einer jenseitigen Welt kann nur durch Unterwerfung unter den »Schöpfer«, den »himmlischen Vater« oder die »göttliche Mutter« im Gebet erreicht werden. Religiöser Provinzialismus ist also eine Ersatz-Spiritualität, die unserem höchsten spirituellen Potential, der Erleuchtung, nicht gerecht wird.

Im religiösen Provinzialismus wird die bedingungsfreie Realität verdinglicht und »miniaturisiert«, so daß sie für die menschliche Psyche »verkraftbar« wird. Gott wird zu einem Abbild des Menschen gemacht und damit zur Harmlosigkeit und Wirkungslosigkeit verurteilt. Das Göttliche, das zuvor ein schreckliches lebendiges Feuer war, das sich in das Herz des spirituell Erwachten hineinbrennt, wird vom konventionshörigen Geist zu einem statischen Bild von einem Feuer verharmlost. Indem das Ich im Gebet darum bittet, unbehelligt zu bleiben, kreiert es eine Fiktion des Göttlichen als eines harmlosen guten Freundes, der Gebete erhört, aber seinerseits keine Forderungen stellt. In einer seiner Predigten hat Meister Eckehart gesagt:

Aber manche Leute wollen Gott mit den Augen ansehen, mit denen sie eine Kuh ansehen, und wollen Gott lieben, wie sie eine Kuh lieben. Die liebst du wegen der Milch und des Käses und deines Nutzens. So halten's alle jene Leute, die Gott um äußeren Reichtums oder inneren Trostes willen lieben; die aber lieben Gott nicht recht, sondern sie lieben ihren Eigennutz.[24]

Um darauf hinzuweisen, daß das Göttliche oder die höchste Wirklichkeit nicht mit den Bildern identisch ist, die unerleuchtete Wesen davon haben mögen, bezeichnete Eckehart Gott häufig als ein reines Nichts. Diese Beschreibung, die an das Konzept der Leere *(Shunya)* in gewissen Mahāyāna-Schriften erinnert, wurde im Jahre 1329 von Papst Johannes XXII. als Häresie verurteilt. Während der wissenschaftliche Materialismus ein Produkt der adoleszenten Psyche ist, elektrisiert durch die Rebellion gegen Autorität (die introjizierte Vaterfigur), entsteht religiöser Provinzialismus aus kindlichen Abhängigkeitsbedürfnissen, die in der Mittelmäßigkeit eines hackenklappenden Konformismus zum Ausdruck kommt, einer unablässigen Verbeugung vor dem gebieterischen Ruf des Über-Ich. Möglicherweise tolerieren diese beiden Überzeugungssysteme einander, weil sie beide letztlich irrationalen Impulsen entspringen; und vielleicht gehen sie aus dem gleichen Grund in ihrem Kampf um das Monopol sogar eine oberflächliche Allianz ein, deren Motiv auf beiden Seiten die Ausbeutung der anderen Partei ist. Infolge der merkwürdigen inneren Gespaltenheit des modernen Menschen kann diese seltsame Allianz auch in einem einzigen Individuum zum Ausdruck kommen, und das ist tatsächlich häufig der Fall. Durch einen Trick des Geistes entgeht dem Betroffenen selbst die Unvereinbarkeit der beiden Positionen, und dies macht die Entstehung der kunstvollen Illusion der Unabhängigkeit als Ich-Persönlichkeit möglich.

Während in früheren Zeiten die Gemeinschaft oder die Natur gefeiert wurden, verehrt unsere Zeit die Individualität und den Individualismus. Nun ist Individuation zweifellos eine notwendige und wichtige Entwicklungsphase sowohl unserer psychischen Entwicklung als Einzelmenschen wie auch der Evolution unserer Spezies. Doch leider unterliegt unsere gesamte moderne westliche Zivilisation dem absurden Glauben, die Ich-Werdung sei der Gipfel menschlicher Entwicklung. Gewöhnlich sind wir gegenüber allem, was diese Sichtweise in Frage stellt, mißtrauisch – angefangen von religiösen oder spirituellen Autoritäten bis hin zu Psychologien, die über transpersonale Dimensionen der Existenz sprechen. Unsere Zivilisation ist abgrundtief ignorant gegenüber allen Manifestationen ich-transzendierender Spiritualität und ist ihr gegenüber offen feindselig eingestellt. Insbesondere fühlt sie sich durch die Arbeit spiritueller Lehrer oder Gurus bedroht, deren erklärtes Ziel es ist, die Ich-Gewohnheit auszumerzen.

Vielleicht ist diese allgegenwärtige Angst der Grund dafür, daß heilige Verrücktheit und verrückte Weisheit bisher noch nicht einmal einer akademischen Untersuchung für würdig erachtet wurden. Verrückt-weise Adepten unterstützen sicherlich nicht die Bedürfnisse des Ich. Sie setzen im Gegenteil prinzipiell alles daran, die zahlreichen Bollwerke zu zerschlagen, mit deren Hilfe das Ich die Wirklichkeit zu beherrschen versucht. Heilige Verrücktheit muß für jeden nicht-religiösen Humanisten der denkbar größte Alptraum sein.

## 8. Kulturelle Schleier über authentischer Spiritualität

Authentische Spiritualität hintertreibt und zerstört alle Bemühungen der ichhaften Existenz um Sicherung ihres Fortbestandes. Sie stellt jede Konvention in Frage, jede dem Schutz des Ich dienende Erfindung der menschlichen Zivilisation. Letztlich stellt sie den Ursprung aller Konventionen – das Ich selbst – in Frage. Daß dieser spirituelle Impuls auf bewußten und vor allem auf unbewußten Widerstand stößt, ist nur zu verständlich. Die tiefverwurzelten falschen Vorstellungen über Spiritualität, die in unserer Gesellschaft zirkulieren und die den größten Teil der Menschheit daran hindern, an einer freien, auf Realität basierenden Existenz teilzuhaben, sind größtenteils Formen jenes Widerstandes.

Doch was genau beinhalten die falschen Vorstellungen über Spiritualität, die in unserer Kultur kursieren? Statt einer ermüdenden umfassenden Aufzählung möchte ich hier nur die beiden wichtigsten falschen Vorstellungen ansprechen, aus denen eine riesige Zahl weiterer entstanden ist. Diese beiden grundlegenden Irrtümer, die beide dem wissenschaftlichen Materialismus, dem religiösen Provinzialismus und dem säkularen Humanismus entstammen, sind: die Verwechslung von Spiritualität mit konventioneller Religiosität, und die Verwechslung von Spiritualität mit konventioneller Mystik. Ich werde hier nicht näher auf eine dritte grundlegende falsche Vorstellung eingehen, die einzig und allein einer Überbewertung der wissenschaftlichen Sicht entspringt: die Reduzierung spiritueller Phänomene auf rein psychologische oder neurophysiologische Prozesse. Diese eindimensionale »Metaphysik« ist mit einer generellen Ablehnung einer spirituellen Sichtweise verbunden. Ihr entschieden entgegenzutreten würde eine umfassendere Betrachtung erfordern, als im Rahmen des vorliegenden Buches möglich ist.

Ich möchte an dieser Stelle eine Warnung aussprechen: Meiner gesamten Darstellung liegt die Voraussetzung zugrunde, daß es tatsächlich eine spirituelle Dimension der Existenz gibt und daß diese real und für ein bewußt gelebtes menschliches Leben von primärer Bedeutung ist. Wenn meine Leser nicht zumindest eine gewisse positive Einstellung gegenüber der spirituellen Dimension haben (ganz gleich, wie sie diese verstehen mögen), werden ihnen meine Beobachtungen und Aussagen zwangsläufig als Unsinn erscheinen. In diesem Fall ist kein echter Dialog möglich.

Die erste verbreitete falsche Vorstellung, die darin besteht, Spiritualität mit konventioneller Religiosität gleichzusetzen, ist ein gutes Beispiel dafür, wie Bekanntes auf Unbekanntes projiziert wird. Da Religion für verschiedene Menschen Unterschiedliches beinhaltet, ist unser Verständnis von Spiritualität durch unsere eigene Erfahrung oder durch unser Verständnis des Wesens von Religiosität gefärbt. Doch vielleicht läßt sich aus der Vielzahl der Interpretationen ein gewisser gemeinsamer Kern herausfiltern.

Religion wird nach dem gängigen Verständnis mit einem gewissen Bündel von Konzepten assoziiert: mit einem persönlichen Gott, mit der Anbetung und Verehrung dieses Gottes und mit einer moralisch einwandfreien Lebensweise, die sich als Verpflichtung daraus ergibt, daß man die Existenz eines göttlichen Wesens anerkannt hat. Die Betonung liegt also eindeutig auf der Moral: Der religiös engagierte Mensch versucht, die positiven Werte seiner religiösen Tradition in seinem Leben umzusetzen. Diese Werte, die als Moralvorschriften formuliert sind, findet man in allen großen Religionen der Menschheit, und zwar in erstaunlich ähnlicher Form. Abgesehen von der Aufforderung, Gott zu lieben (d. h., in positiver Weise zur transzendenten Realität in Beziehung zu treten), versucht der religiöse Moralkodex, die sozialen Beziehungen des Menschen zu lenken und zu harmonisieren.

Insofern kann man die fünf Grundsätze, die die Grundlage des klassischen achtfachen Yoga-Pfades bilden, als repräsentativ für die Moralgesetze der Weltreligionen ansehen: Keinem Lebewesen durch Denken, Reden und Handel zu schaden; Achtung fremden

Eigentums; Reinheit und Untadeligkeit im Denken, Reden und Handeln bezogen auf den Bereich des Sexuellen; Freiheit von Gier. Im Buddhismus gibt es eine fast identische Gruppe von fünf Regeln, die »Fünf Tugenden« *(Pañcha-Shīla).* Die gleichen moralischen Werte enthalten die »Zehn Gebote« der jüdisch-christlichen Tradition, und wir finden sie auch im Jainismus, im Islam, im Taoismus, im Konfuzianismus sowie in den meisten anderen religiösen Traditionen.

Religiosität, so wie sie konventionell verstanden und gelebt wird, ist somit die Umsetzung einer ethischen Lebensweise, die auf der Anerkennung und Verehrung der göttlichen oder transzendenten Wirklichkeit (wie immer man sich diese vorstellen mag) basiert. Das göttliche Wesen wird als Paradigma moralischen Handelns oder als die Instanz, die über moralisches Verhalten wacht, verstanden; diese Instanz ist das höchste »Gute«. Dies gilt auch für den volkstümlichen Buddhismus, der sich von den philosophischen (oder esoterischen) Schulen des Buddhismus unterscheidet, die die höchste Wirklichkeit als unpersönlich und undefinierbar bezeichnen. Religiöse Verehrung erfordert eine persönliche Gottheit. Man kann nicht zu *Nirvāna* beten, aber man kann sein Herz der transzendenten Person des Buddha oder anderen befreiten Wesen oder Heiligen öffnen. Demzufolge ist der Gott der konventionellen Religion stets Gott als abgetrennte Wesenheit oder Gott als Objekt, eventuell auch Gott als Schöpfer. Die exoterische Gottheit ist auch Gott als Autorität, das Super-Wesen, das auf geheimnisvolle Weise auf unsere Anbetung und unsere ethische Lebensweise reagiert und das uns möglicherweise auch für Verstöße gegen die von ihm vertretenen Moralvorschriften bestraft. Auch wenn wir nicht in eine generelle Psychologisierung Gottes verfallen, können wir in diesen Vorstellungen deutliche Spuren eines Über-Ich und persönlicher Psychopathologie erkennen.

Im Zentrum konventioneller Religiosität stehen naives Glauben, Sünde, Verstöße gegen Moralvorschriften und Erlösung durch Gnade. Hingegen hat authentische Spiritualität nichts mit der Vorstellung Gottes als eines »anderen« zu tun. Sie ist auch keineswegs gleichbedeutend mit einem moralischen Leben, das eine positive

Orientierung auf das Göttliche hin mit sich bringt. Vielmehr erwächst in authentischer Spiritualität ethisches Verhalten auf natürliche Weise aus intelligenter Selbstkenntnis und aus der freiwillig eingegangenen Verpflichtung zur Selbst-Transzendenz. Spirituelle Praxis zielt nicht darauf, das Ich (das fälschlich als Wesenheit verstanden wird) oder seine Umstände zu verändern, und ebensowenig darauf, das Selbst oder die Persönlichkeit zu verbessern oder zu entwickeln. Beides sind Merkmale konventioneller Religion. Echte Spiritualität geht darüber hinaus. Sie versteht die Existenz nicht als ein »Problem«, das lösbar ist und das gelöst werden muß. Sie entlarvt das Bedürfnis des gewöhnlichen Menschen, ein besserer Mensch zu werden, als eine Form des Kampfes der Ich-Persönlichkeit um ihr Überleben. Wie ich bereits eingehend erläutert habe, dient authentische spirituelle Praxis nicht der Ich-Erfüllung, sondern der Ich-Überwindung. Die fälschliche Gleichsetzung von Spiritualität mit konventioneller Religiosität zieht eine Reihe von falschen Einstellungen und Erwartungen nach sich, die wiederum eine inadäquate Annäherung an die spirituelle Übung zur Folge haben. Solch vergebliche Bemühungen führen dazu, daß die Betroffenen schließlich mit leeren Händen dastehen und glauben, sie hätten versagt.

Die zweite grundlegende falsche Vorstellung über Spiritualität, hauptsächlich bei Menschen zu finden, die der konventionellen Religion gegenüber indifferent sind oder die sich bewußt von ihr fernhalten, ist die Gleichsetzung von authentischer Spiritualität und Mystik. Zwar ist diese Gleichsetzung etwas intelligenter und entschuldbarer als der erstgenannte Irrtum, doch ist sie deshalb nicht weniger falsch.

Die Begriffe »Mystik« und »Mystizismus« sind mehrdeutig. Im allgemeinen werden sie jedoch mit einer inneren Suche in Zusammenhang gebracht, in deren Verlauf der Suchende gewisse außer- oder übersinnliche Erfahrungen macht (z. B. Visionen, die Wahrnehmung auditiver Phänomene usw.), die letztlich zur Kommunion mit dem Göttlichen führen. Wie die konventionelle Religion ist auch die Mystik eine Suche der Selbsterfüllung. Doch ancers als der konventionelle Gläubige setzen Mystiker ihre Hoffnung nicht in offizielle kirchliche Lehren und rituelle Ausschmückungen von Offenbarungen. Statt dessen begeben sie sich auf eine Reise der Selbstentdeckung, wobei sie in der Tiefe ihrer Psyche, jenseits von Zeit und Raum, nach Offenbarungen suchen. Mystiker erachten den äußeren Ausdruck von Offenbarungen als zufällig oder gar als irrelevant. Sie schätzen den Verstand gering und geben sich den nicht-rationalen Freuden der inneren Vereinigung mit dem Objekt der Kontemplation hin. Daß die etablierten religiösen Traditionen mystisches Engagement stets mit einem Stirnrunzeln betrachtet haben, ist kaum verwunderlich, denn ihnen stand die Gefahr des Chaos, die mit dem Streben nach mystischer Ekstase und mit der Orientierung der Mystiker nach innen verbunden ist, nur zu deutlich vor Augen.

Wie aus der Geschichte der mystischen Traditionen und Schulen – der östlichen ebenso wie der westlichen – klar hervorgeht, ist es nur wenigen Mystikern gelungen, sich wirklich vom Morast der eigenen Psyche zu befreien. Für die meisten wurde der Ausflug in das Panoptikum des Geistes zu einer Reise ohne Ende. Sie verfingen sich in den unendlichen Möglichkeiten des Wunderlands der Psyche. Die höhere Wirklichkeit oder Gott, das eigentliche Ziel ihres Strebens, erreichten sie nie.

Ebensowenig wie Spiritualität sich im Einhalten der in unserer Lebensumwelt gültigen Moralvorschriften erschöpft, beschränkt sie sich auf die Manipulation unserer inneren Welt. Ihr Ziel ist nicht die Entwicklung der Persönlichkeit, sondern die vollständige Transformation der Körper-Geist-Einheit, eine Transformation, die völliger und andauernder Erleuchtung gleichkommt. Spiritualität ist nicht nur ein Ereignis im Gehirn oder im Nervensystem, ein flüchtiger Blick auf eine höhere Wirklichkeit, ein Lichtblitz oder ein Schauer tiefer intellektueller Einsicht, sondern eine radikale Revolution, in deren Verlauf nicht nur das Nervensystem, sondern auch das objektive Universum als Ganzes transzendiert wird. Das Identitätsgefühl Erleuchteter kann nicht mehr lokalisiert werden. Es ist zur Identität schlechthin, zum Seinsgrund geworden, der allen Dingen zugrunde liegt.

348

Natürlich tritt eine solche Transformation nicht über Nacht oder im Laufe eines Wochenend-Intensivseminars ein, und man kann sie auch nicht erzwingen, indem man sich mit verschiedenen bewußtseinserweiternden Techniken abmüht, indem man diese oder jene bewußtseinsverändernde Droge konsumiert oder indem man das Gehirn an irgendein elektronisches Gerät anschließt. Vielmehr setzt diese Transformation die Bereitschaft voraus, sich dem Prozeß spiritueller Entwicklung ein ganzes Leben lang zu widmen. Und das ist natürlich nur dann von Wert, wenn Übende sich keinerlei Illusionen über den spirituellen Prozeß hingeben, wenn sie bereit sind, alle ideologischen Prämissen und persönlichen Voreingenommenheiten fallenzulassen, und wenn sie willens und in der Lage sind, dem Flüstern der Weisheit zu lauschen, die sich in den großen spirituellen Traditionen der Welt verbirgt.

*Neti, neti* – »weder dies noch das« – war die lakonische Antwort der Weisen der altindischen Upanishaden, wenn sie nach der Natur der transzendenten Wirklichkeit gefragt wurden. Mit dieser negativen Formulierung wollten sie *alle* möglichen Vorstellungen von der Wirklichkeit unterminieren. Wir können jedoch auch etwas bescheidener beginnen: indem wir unsere offensichtlich falschen Vorstellungen von jener Wirklichkeit fallenlassen sowie auch unsere Vorstellungen von dem spirituellen Prozeß, in dem und durch den sie für uns transparent werden.

## Kapitel 10:
## Heilige Verrücktheit verstehen

### 1. Eine Revision

Im ersten und zweiten Teil dieses Buches sind wir vielen spirituellen Exzentrikern verschiedener religiöser Traditionen begegnet, deren Leben und Wirken den Geist der heiligen Verrücktheit oder verrückten Weisheit veranschaulichen. Ein paar von ihnen scheinen vollständig erleuchtet oder spirituell erwacht gewesen zu sein, wohingegen die meisten anderen lediglich Reisende auf der Straße zur Erleuchtung oder Gott-Verwirklichung waren. Einige hielten sich selbst für erleuchtet, doch erscheint es zweifelhaft, ob das tatsächlich der Fall war. In der Mehrheit der Fälle – so beispielsweise bei den schamanischen Trickster-Gestalten oder bei den Narren um Christi willen – ist nichts zu erkennen, das der traditionellen Vorstellung von Erleuchtung entsprechen könnte. Außerdem ist zu bedenken, daß Erleuchtung für verschiedene Menschen völlig unterschiedliche Bedeutungen hat. Weiterhin können wir *Grade* der Erleuchtung oder Ich-Transzendierung unterscheiden. Vollständige Erleuchtung – bei der das »Licht« der höchsten Wirklichkeit das gesamte Sein dauerhaft illuminiert – ist meines Erachtens in der menschlichen Geschichte ein äußerst seltenes Ereignis. Was aber sollen wir dann von jenen unzähligen spirituellen Exzentrikern und religiösen Genies halten, über deren Leben wir in diesem Buch so viel gehört haben? Macht es Sinn, alle diese Gestalten in einen Topf zu werfen? Oder laufen wir dabei Gefahr, wichtige Unterschiede zu verwischen?

Auf der allgemeinsten Ebene ist Trickstern, Clowns, verrückten Lamas, Zen-Meistern, heiligen Narren, Gauner-Gurus und verrückt-weisen Adepten eine *aktive* Ablehnung der Konsensus-Realität gemeinsam. Ihr Verhalten manifestiert sich äußerlich als jene

Umkehrung von Werten und Einstellungen, die charakteristisch für echte Spiritualität ist. Spirituell orientierte Menschen auf der ganzen Welt versuchen auf eine Weise zu leben, die sich von den Standards einer gewöhnlichen menschlichen Existenz unterscheidet. Das Bemühen dieser Männer und Frauen ist nicht mehr auf das Erreichen konventioneller Ziele ausgerichtet, sondern auf die spirituelle Dimension. Wenn sich bei ihnen eine grundlegende innere Wandlung vollzogen hat, so sehen sie, wie es im *Koran* (II. 115) heißt, das Antlitz Gottes in allen Dingen. Sind sie mit dieser Wandlung oder Konversion noch nicht weit genug gediehen, so schauen sie das »Antlitz Gottes« nur zeitweilig. Ihr Bestreben ist dann darauf gerichtet, es immer kontinuierlicher und vollständiger zu sehen.

Daß spirituell orientierte Menschen sich auf ein höheres Prinzip konzentrieren, gibt ihnen die Kraft zu einer Lebensweise, die im Hinblick auf die gesellschaftlichen Konventionen *exzentrisch* ist, im Hinblick auf das Göttliche oder die höchste Wirklichkeit jedoch *konzentrisch*. Trickster, heilige Narren und verrückte Adepten verfügen alle über die Fähigkeit – oder es ist für sie sogar eine psychische Notwendigkeit –, eine Lebensweise zu praktizieren, die sich von derjenigen ihrer Mitmenschen unterscheidet.

Es gibt jedoch beträchtliche Unterschiede zwischen diesen Gestalten, was die Motive hinter ihrem exzentrischen Verhalten betrifft. So zielt die Exzentrik der heiligen Narren des Christentums und des Islam darauf, den Hohn und Spott ihrer Mitmenschen hervorzurufen; dadurch wollen sie sich selbst zur Demut motivieren. Demut ist für sie eine Tugend, doch mehr noch als eine Tugend ist sie eine Form von Gnade. Dieser Zustand ermöglicht es der Ich-Persönlichkeit, in den Grund der Existenz zu sinken. Demut oder Hingabe an eine umfassendere Wirklichkeit und Aufgehen in derselben kann man kultivieren, jedoch nicht erzwingen. Strebt man diese Haltung zu eifrig an, so ist das Ergebnis nichts anderes als Egoismus in einer besonders abstoßenden Form. Dennoch ist Sich-Ergeben, wie schon die heilige Teresa von Avila wußte, die Grundlage allen spirituellen Lebens.[1]

Einige Heilige der Vergangenheit hielten verbale Beschimpfungen und sogar körperliche Mißhandlung für nützliche Hilfsmittel in dem Bemühen, das Ich-Gefühl zu schwächen. Dies läßt daran denken, daß sich heute nicht wenige Suchende Lehrern anschließen, die besonders harte Methoden zur Vernichtung des Ich anwenden. Das Bedürfnis nach Züchtigung durch eine äußere Instanz kann durchaus ein masochistisches Element enthalten. Wie wir noch sehen werden, sind Heilige und Mystiker keineswegs vor psychopathologischen Tendenzen gefeit, und das gleiche gilt auch für die Suchenden unserer Zeit. Doch muß die Selbsterniedrigung eines heiligen Narren nicht zwangsläufig ein Symptom einer tiefsitzenden Neurose sein. Ebenso ist es möglich, daß wir, ohne uns gegenüber eventuellen psychopathologischen Manifestationen blind zu machen, in einem solchen der Selbsterniedrigung gewidmeten Leben einen authentischen spirituellen Impuls erkennen, der zu Wachstum und Ganzheit führt.

Auch in der exzentrischen Lebensweise der verrückt-weisen Adepten Tibets spielt die Selbsterniedrigung eine Rolle, jedoch dient sie bei ihnen einem anderen Zweck. Die verrückten Lamas verhalten sich nicht so merkwürdig weil sie sich in den Augen der Welt erniedrigen wollen, sondern weil sie ihren Zeitgenossen eine spirituelle Lektion erteilen wollen. Diese Absicht mag auch bei den heiligen Narren des Christentums und des Islam eine Rolle spielen, doch hat sie für diese nicht die gleiche Bedeutung wie das Bestreben, an Demut und Sanftmut zu wachsen, indem sie die Verachtung ihrer Mitmenschen auf sich ziehen. Die unterschiedliche Motivation der heiligen Narren und der verrückt-weisen Adepten läßt sich aus den Unterschieden ihres jeweiligen metaphysischen Hintergrundes erklären, die meiner Meinung nach das jeweilige Niveau der spirituellen Entwicklung spiegeln. So ist für die heiligen Narren die höchste Wirklichkeit gewöhnlich ein persönlicher Gott »da draußen«, dessen Stimme man im Herzen wahrnehmen kann. Für die verrückt-weisen Adepten hingegen ist das Höchste ihre eigene essentielle Natur. Ihre Metaphysik ist eindeutig nicht-dualistisch.

Obwohl Demut auch in nicht-dualistischen Denksystemen wie dem des tibetischen Buddhismus eine Rolle spielt, ist sie doch eher charakteristisch für die »Sprache« der dualistischen Metaphysik. Diese betrachtet den Schöpfergott, den Heiligen Einen, als das einzig verehrenswürdige Wesen. Angemessene Verehrung desselben erfordert absolute Demut von seiten seiner Geschöpfe. Ein Aspekt dieser Verehrung besteht in der mitfühlenden Teilhabe am Leben besonders unterprivilegierter Mitmenschen, die unter den Härten der Existenz in der normalen Gesellschaft leiden, der Hungrigen, Kranken und Unterdrückten, im Extremfall sogar in einem aktiven Teilnehmen an deren Leben. Diese Haltung entspricht der vierten Stufe der von Da Love-Ananda entwickelten *Scala spiritualis,* die in Kapitel 6 erläutert wurde.

Im Gegensatz dazu nehmen die tibetischen und die ihnen entsprechenden hinduistischen Adepten die Realität nicht als etwas »anderes« wahr. Das Selbst oder Ich wird von ihnen als eine Illusion verstanden, die aus unerklärlichen Gründen entsteht, zusammen mit der Welt der Objekte, vor dem Hintergrund des einen und einzigen Wesens *(Tattva)* oder der Leere *(Shunya).* Die Ich-Persönlichkeit wird von diesen Traditionen ganz und gar nicht ernstgenommen, und die Vorstellung, sich der Lächerlichkeit preiszugeben, um das Ich-Gefühl zu verringern, hat im nicht-dualistischen Kontext keine Bedeutung. Die tibetischen und hinduistischen Adepten widmen sich ihrer spirituellen Disziplin *(Sādhana)* – im Idealfall und generell – mit der intuitiven Gewißheit, daß sie auf der grundlegendsten Ebene des Seins bereits vollständig erwacht oder erleuchtet *sind* und daß ihr wesenseigenes Erleuchtet-Sein im Laufe ihrer Übung zutage treten wird. Die Orientierung der verrückt-weisen Adepten ist charakteristisch für die fünfte, sechste und siebte Stufe in Da Love-Anandas Modell des psycho-spirituellen Reifungsprozesses – die fortgeschrittenen Stufen der psychischen Introversion, des bezeugenden Gewahrseins und der vollständigen Erleuchtung.

Die Hingabe des Adepten an die Selbst-Transzendierung kommt in einem generellen Desinteresse am gewöhnlichen Leben zum Ausdruck, in einer Vorliebe für die Kultivierung ekstatischer Zustände, und, jedoch seltener, in Handlungen aktiven Mitgefühls. Bestandteil ihres mitfühlenden Handelns ist es, anderen mit Hilfe unkonventioneller, exzentrischer Methoden, die wir heute nur schwer verstehen können, die Wahrheit der radikalen Nicht-Dualität zu vermitteln.

Es gibt die Kritik, daß die traditionelle Form der verrückten Weisheit, die sich zweifellos im Widerspruch zu unserer westlichen Vorstellung von Individualität befindet, lediglich eine unsensible, autoritäre Lehrmethode sei, die auf einer besonders ausgeprägten Arroganz des betreffenden Lehrers basiere. Dazu ist zu sagen, daß verrückte Weisheit tatsächlich derartigen Motiven, aber auch völlig anderen Quellen entspringen kann. Gewöhnlich fällt es Menschen, deren Existenz von der Herrschaft des Ich geprägt ist, nicht schwer, in den Handlungen anderer egoistische Motive zu entdecken, insbesondere wenn sie ihren eigenen liebgewonnenen Überzeugungen zuwiderlaufen. Wir sehen nun einmal wesentlich lieber das Staubkorn im Auge des anderen als den Balken in unserem. So könnte man beispielsweise auch die heiligen Narren der Christenheit mit der Bemerkung abtun, ihr Verhalten zeuge von großem Egoismus, weil sie andere dazu benutzten, ihre eigene spirituelle Entwicklung zu fördern. Diese Ansicht wäre allerdings eine zweifelhafte Vereinfachung, weil sie den Kontext ignoriert. Andererseits dürfen wir auch nicht die Möglichkeit ausschließen, daß einige heilige Narren tatsächlich der Versuchung der Heuchelei erlegen sein könnten.

Zusammenfassend können wir zwischen drei Hauptmotiven für die Art von spiritueller Exzentrik unterscheiden, die wir in diesem Buch untersuchen:

1. einfach aus der konventionellen Gesellschaft »auszusteigen«, um die Aufmerksamkeit auf die spirituelle Entwicklung richten zu können,
2. gesellschaftliche Schmähungen auf sich zu ziehen, um so die Entwicklung der Demut zu fördern, und
3. anderen Menschen spirituelle Werte zu vermitteln.

Obgleich alle drei Motive bei ein und demselben Menschen eine Rolle spielen können, können wir doch verallgemeinernd sagen, daß das erstgenannte Motiv bei spirituellen Exzentrikern jeder Art zu finden ist und daß die anderen beiden in unterschiedlichem Maße vorhanden sein können. So leben einige Hindu-*Avadhūtas* nicht deshalb auf Abfallhaufen, weil sie dadurch etwas zum Ausdruck bringen wollen oder weil sie dadurch ihr Ich-Gefühl zu vernichten hoffen, sondern einfach deshalb, weil sie die konventionelle Gesellschaft hinter sich gelassen haben und sie sich mit ihrem »Schatten« identifizieren, der gewöhnlich vernachlässigt wird. Sie sind spirituelle Hippies, die nichts anderes im Sinn haben, als das Selbst *(Ātman)* zu realisieren oder, wenn sie dieses bereits realisiert haben, *als* dieses in einer Welt ohne Gegensätze zu leben. Wenn sich ein Suchender einem dieser Avadhūtas nähert, um ihn um Unterweisung zu bitten, kann es sein, daß der Avadhūta sich entschließt, dem Suchenden eine Lektion zu erteilen, indem er ihn mit Unrat bewirft. Vielleicht wirft er aber auch nur mit Müll, um unliebsame Gaffer fernzuhalten. Ein anderer Avadhūta, oder vielleicht auch der gleiche in einer anderen Situation, könnte sich spontan dazu veranlaßt fühlen, seinen erbarmungswürdigen körperlichen Zustand als ein Symbol für die Wahrheit der Nicht-Dualität zu benutzen: Wenn es nur ein Göttliches gibt, muß es selbst im Abfall gegenwärtig sein, den alle außer dem Weisen verwerfen und emotional ablehnen.

Objektiv betrachtet ist schon allein die bloße Existenz solcher spirituellen Exzentriker, ob sie nun lehren mögen oder nicht, eine Lektion in sich. Ihr ganzes Leben ist entweder ein Zeichen oder ein Symbol. Während der konventionell denkende und lebende Mensch in solch einem Leben ein *Zeichen* für persönliches Versagen oder vielleicht auch für ökonomisches Mißgeschick sieht, durchdringt ein für spirituelle Phänomene sensibler Mensch die Ebene der äußeren Erscheinung und versteht die *symbolische* Bedeutung: die spirituelle Botschaft, die sich im exzentrischen Auftreten des Adepten verbirgt.

## 2. Über Heiligkeit, Weisheit und Unwissenheit

Ich habe in diesem Buch die Begriffe »heilige Verrücktheit« und »verrückte Weisheit« bisher als Synonyme verwendet. Man könnte jedoch eine Unterscheidung zwischen ihnen treffen, indem man ersteren für die heiligen Narren des Christentums und des Islam und letzteren für die verrückten Adepten des tibetischen Buddhismus und für die *Avadhūtas* des Hinduismus verwendet. Die letztgenannten spirituellen Traditionen basieren auf nicht-dualistischen Interpretationen der Existenz, und sie orientieren sich an einem Modell des spirituellen Weges, das die vollständige Erleuchtung *(Bodhi)* einschließt, die ihrer Definition gemäß über Moral und Heiligkeit hinausgeht, sie aber nicht ausschließt. Man kann den Begriff »verrückte Weisheit« auch auf ein wesentlich größeres Spektrum unkonventioneller Einstellungen anwenden, darunter auch auf jene, die in weltlichen Kunstwerken und insbesondere in der Poesie zum Ausdruck kommen, etwa in den »Crazy Jane«-Gedichten von William Butler Yeats und in der Gestalt des Narren in Shakespeares *König Lear*[2]. Obgleich ich die beiden genannten Begriffe auch weiterhin als Synonyme verwenden möchte, könnten die obigen Unterscheidungen doch in gewissen Fällen nützlich sein.

Ob wir spirituelle Exzentrik als »heilige Verrücktheit« oder als »verrückte Weisheit« bezeichnen, ist im Grunde unwichtig. Grundsätzlich enthalten beide Begriffe die gleichen Ideen, nämlich die Idee der Heiligkeit (die in den Wörtern »heilig« und »Weisheit« zum Ausdruck kommt) und die Idee eines Geisteszustandes, der sich vom gewöhnlichen unterscheidet oder der den gewohnten sozialen Konsensus negiert (was durch die Worte »Verrücktheit« und »verrückt« zum Ausdruck gebracht wird). Ich werde diese beiden Ideen im folgenden Abschnitt untersuchen. Dies wird uns helfen, die subtileren Einzelheiten des Phänomens spiritueller Exzentrik zu verstehen.

Zunächst einmal stellt sich die Frage, was mit »heilig« und »Weisheit« gemeint ist. Wie Rudolf Otto in seiner klassischen Studie vor mehr als siebzig Jahren gezeigt hat, ist die Idee des »Heiligen« von der Ethik in Beschlag genommen worden. Gewöhnlich wird Heiligkeit mit einer makellosen moralischen Haltung in Verbindung gebracht. Dies entspricht jedoch nicht der ursprünglichen Bedeutung von Heiligkeit. Außer einem ethischen Element enthält der Begriff »Heiligkeit«, wie Otto feststellt, noch etwas, das er als *Mysterium tremendum* bezeichnet. Er schreibt:

> Das Gefühl davon kann mit wilder Flut das Gemüt durchziehen in der Form schwebender ruhender Stimmung versunkener Andacht: Es kann so übergehen in eine stetig fließende Gestimmtheit der Seele, die lange fortwährt und nachzittert, bis sie endlich abklingt und die Seele wieder im Profanen läßt. Es kann auch mit Stößen und Zuckungen plötzlich aus der Seele hervorbrechen. Es kann zu seltsamen Aufgeregtheiten, zu Rausch, Verzückung und Ekstase führen. Es hat seine rohen und barbarischen Vorstufen und Äußerungen. Und es hat seine Entwicklung ins Feine, Geläuterte und Verklärte. Es kann zu dem stillen demütigen Erzittern und Verstummen der Kreatur werden vor dem – ja wovor? Vor dem, was im unsagbaren *Geheimnis* über aller Kreatur ist.[3]

Die Begegnung mit dem Heiligen ist eine Begegnung mit der Wirklichkeit in ihrer numinosen Essenz jenseits aller Konzepte. Doch Heiligkeit kann auch ein Attribut eines endlichen Wesens oder eines Ortes sein - eines Tempels oder einer Kirche -, sofern jenes Wesen oder jener Ort als Kanal für die höhere Wirklichkeit dient. Da Kanäle mehr oder weniger offen oder blockiert sein können, kann Heiligkeit auch als etwas verstanden werden, das sich in unterschiedlichem Maße manifestiert. Ein vollständig Erleuchteter oder *Buddha* wird als vollkommener »Kanal« für die numinose Wirklichkeit angesehen, weil bei ihm jede Identifikation mit der Ich-Persönlichkeit verschwunden ist: Der Schwanz hat aufgehört, mit dem Hund zu wackeln. Dieser Zustand vollkommener Wachheit wird auch *Jñāna* genannt, was man als »Weisheit« oder »Gnosis« übersetzen kann. Es handelt sich dabei nicht um konkretes Wissen oder um Information irgendwelcher Art, sondern um einen Zustand des *Seins*, in dem Wissen und Information sich manifestieren können, obwohl sie nicht als Eigenschaften oder Attribute eines sich selbst begrenzenden Subjekts oder Ich erfahren werden.

*Heilige* Verrücktheit oder verrückte *Weisheit* ist eine bestimmte Manifestation der Heiligkeit. Deshalb ist ihr die Flüchtigkeit des Heiligen eigen. Doch er-tzieht sie sich nicht jeglicher Analyse, so wie das numinose Geheimnis von Otto und anderen sehr beredt beschrieben worden ist.

Als nächstes wollen wir uns fragen, was die traditionelle Bedeutung von »verrückter Weisheit« ist. Zunächst einmal ist zu sagen, daß dieser Ausdruck offenbar von Chögyam Trungpa geprägt wurde, dessen verrückt-weise Handlungen in den Kreisen westlicher Buddhisten und auch weit darüber hinaus wohlbekannt sind. Trungpas Begriff wurde später von zwei amerikanischen Lehrern, Da Love-Ananda und Lee Lozowick, aufgegriffen. Der Ausdruck ist ein *Oxymoron* eine Verbindung aus zwei Konzepten, die sich auf den ersten Blick gegenseitig auszuschließen scheinen. Wie kann Weisheit verrückt sein? Der gesunde Menschenverstand sagt uns, daß Weisheit das genaue Gegenteil von Verrücktheit ist. Verrücktheit ist eine mentale oder psychische Störung, eine Unfähigkeit, auf eine reale Situation adäquat zu reagieren. Ver-rückt zu sein bedeutet, aus dem Gleichgewicht geraten zu sein. Es ist ein Zustand unglücklicher, liebloser Wiederholung der eigenen Gewohnheitsmuster.

Im Gegensatz dazu spiegelt der Begriff Weisheit traditionell das, was real oder ganz ist. Weisheit hat die Macht, eine höhere Ordnung oder Harmonie zu erzeugen. Im Besonderen ist sie eine Artikulation von Glück oder Liebe und gleichzeitig das Mittel, dieselben zu erreichen. Dieses konventionelle Verständnis des Begriffs Weisheit wird unserem momentanen Kontext jedoch nicht gerecht. Das Konzept der »verrückten Weisheit« beinhaltet mehr als das, was man gemeinhin unter Weisheit versteht.

Gewöhnlich bezeichnet Weisheit das, was Aristoteles mit dem Begriff *Phronesis* gemeint hat – praktische Weisheit. Er benutzte dieses Wort als Gegensatz zu *Sophia*, womit er die spekulative Weisheit bezeichnete, durch welche man die höchsten metaphysischen Konzepte intuitiv begreift. In Platons Philosophie fungierte

*Sophia* als die erste der vier Kardinaltugenden, zu denen außerdem Mut, Mäßigung und Gerechtigkeit zählten. Für Platon bedeutete *Sophia* integrierendes Wissen um die Totalität der Existenz. Diese Art der Weisheit wirkte nicht spaltend auf die Erfahrung.

Doch wurde die analytischere Definition des Aristoteles von Thomas von Aquin übernommen, der statt des metaphysischen Denkens die Offenbarung zum Gegenstand der spekulativen Weisheit machte. So kam es, daß die aristotelische Vorstellung von Weisheit, die Thomas von Aquin *Sophia* nannte, das (west-)christliche Denken zutiefst beeinflußte. In diesem Sinne wurde der Begriff der Weisheit im Abendland immer noch verstanden, als im 17. Jahrhundert der holländische Optiker und Philosoph Baruch Spinoza sein monistisches philosophisches System formulierte. Spinoza identifizierte Weisheit mit intuitivem Wissen *(Scientia intuitiva)* vom Universellen im Besonderen und sah sie als die Möglichkeit an, unter dem Aspekt der Ewigkeit zu leben. Dies mag an Platons Konzept der Weisheit erinnern, ist jedoch mit diesem nicht identisch. Spinoza war ein überzeugter Rationalist, und seine Interpretation von Weisheit hat eine starke intellektuelle Komponente. Er war der Meinung, Weisheit könne nur dann Weisheit sein, wenn sie der Vernunft zugänglich und verstehbar sei.

Spinozas Position steht in krassem Gegensatz zur Einstellung des Nikolaus von Kues (Nicolaus Cusanus), der zwei Jahre zuvor Weisheit mit »gelehrter Unwissenheit« *(Docta ignorantia)* gleichgesetzt hatte. Damit meinte er das letztendlich unvermeidliche Eingeständnis, daß die Vernunft das Geheimnis des Göttlichen nicht zu ergründen vermag. Die Ratio ist mit der Fähigkeit ausgestattet, ihre eigene Endlichkeit zu würdigen, während sie den unendlichen Grund, in welchem sie sich befindet, nur erahnen kann. Nachweislich ist sie nicht in der Lage, das Unendliche auf rationale Weise zum Ausdruck zu bringen. Darin liegt unsere grundlegende Unwissenheit begründet. Doch wie Cusanus fortfährt, erhebt die Tatsache, daß wir uns unserer eigenen kognitiven Unfähigkeit *bewußt* sind, jene Unwissenheit zur *gelehrten* Unwissenheit. Er schrieb:

Die Beziehung unseres Intellekts zur Wahrheit entspricht der eines Polygons zu einem Kreis; die Ähnlichkeit des Polygons mit dem Kreis wächst mit der Zahl seiner Ecken. Nun rückt es auf diese Weise der Identität mit dem Kreis zwar immer näher, doch vermag keine Multiplikation, auch nicht eine Vermehrung der Ecken ins Unendliche, aus einem Polygon einen Kreis zu machen.

Ebenso können wir letztlich über die Wahrheit nicht mehr wissen, als daß wir die absolute Wahrheit, so wie sie ist, nicht erreichen können. Die Wahrheit, die weder mehr noch weniger sein kann, als sie ist, ist absolute Notwendigket, wohingegen unser Intellekt Möglichkeit ist. Deshalb ist das Wesen der Dinge, welches ontologische Wahrheit ist, in seiner Gesamtheit nicht erreichbar; und obgleich alle Philosophen sich damit beschäftigt haben, hat niemand dieses Wesen so gefunden, wie es ist. Je gründlicher wir diese Lektion der Unwissenheit lernen, um so näher kommen wir der Wahrheit selbst.[4]

Gelehrte Unwissenheit entspricht einer Haltung der Demut und Offenheit dem Unendlichen gegenüber. Und das ist nach Nikolaus von Kues die Essenz der Weisheit. In der Weisheit geht der Mensch über seine Endlichkeit hinaus und verschmilzt mit dem unendlichen Grund. Dies kommt dem Weisheitskonzept der Schulen der verrückten Weisheit sehr nahe. Psychologisch und funktionell ist verrückte Weisheit keine Form des Wissens. Vielmehr ist sie das, was Da Love-Ananda eine Manifestation »Göttlicher Unwissenheit« nennt. Diese merkwürdige Formulierung läßt sich vielleicht aus der Tatsache erklären, daß Da Love-Ananda einmal ein christliches theologisches Seminar besucht hat.

Im Gegensatz dazu verstehen östliche spirituelle Autoritäten die höchste Wirklichkeit mehr im Sinne von Gnosis und reservieren den Begriff der »Unwissenheit«, »Ignoranz« oder »Verblendung« für jenen Geisteszustand, von dem sie sich zu erheben versuchen. Deshalb benutzen die meisten Hindu-Lehrer und auch einige Buddhisten für die Geist-transzendierende Weisheit und Wirklichkeit die Sanskrit-Begriffe *Vidya*, *Jñāna* und *Prajña*. Allerdings bedient sich auch Da Love-Ananda dieser Begriffe. Seine Lehre ist sehr synkretistisch, und er selbst bezeichnet es als sein Ziel, den Abgrund zwischen Ost und West zu überbrücken, wobei anzumerken ist, daß er sich letztendlich doch in der Hauptsache an östlichen Sichtweisen orientiert.

In jedem Fall ist es hilfreich, verrückte Weisheit als Göttliche Unwissenheit in Aktion zu verstehen. Nach Da Love-Anandas Meinung ist Göttliche Unwissenheit unbegrenztes, uneingeschränktes, Ich-transzendierendes »Strahlen«, das offenbar durch das Prisma des individuierten Bewußtseins gebrochen wird, welches sich für unabhängig von dem Kontext hält, in dem es sowohl in Erscheinung tritt als auch seinen letztendlichen Ruheort hat. Bei erleuchteten Adepten jedoch gibt es keine solche Brechung. Sie *sind* jene strahlende Unwissenheit. Der Weltprozeß schreitet im und durch den Adepten fort ohne jenen Wirbel, der durch die für das Ich charakteristische Illusion der Getrenntheit erzeugt wird. Inmitten des bereits von Heraklit erkannten Fließens der Ereignisse steht der Adept, identifiziert mit seinem Sein, völlig still. Für ihn gibt es keinen Streß, denn Streß ist ein Produkt der um ihr Überleben kämpfenden Ich-Persönlichkeit.

Die »Illusion« des Ich zu durchdringen bedeutet, von seinem Mechanismus und damit vom Mechanismus der gesamten Welt frei zu bleiben. Das Ich postuliert oder, im phänomenologischen Sinne ausgedrückt, »intendiert« die Welt: füllt sie mit Sinn und Bedeutung. Doch frei zu stehen bedeutet, in der Position der Unwissenheit zu bleiben, nicht in der Position des Ich. Der Zustand der Unwissenheit ist frei von Subjektivität, Wissen und Bedeutung.

Im Zustand göttlicher Unwissenheit wird der »konditionierte Reflex« des Ich völlig transparent und in jedem Augenblick transzendiert. Doch handelt es sich nicht um einen Zustand passiven Beobachtens. Wie viele Adepten bestätigen, ist das erleuchtete Sein eine wirkende Präsenz, eine lebendige und strahlende Kraft. Die Präsenz erleuchteter Adepten wirkt auf die Umgebung ein. Sie verwandeln, ohne sich dessen unbedingt bewußt zu sein, ihre psycho-physische Umgebung, sowohl andere Lebewesen als auch leblose Objekte. Wenn ein erleuchteter Adept die Rolle des Gurus übernimmt, wird jene transformierende Funktion durch zielgerichtete Unterweisung anderer konzentriert und verstärkt.

361

Man kann göttliche Unwissenheit jedoch auch als Außerkraftsetzen aller Kategorien der Erfahrung und des Wissens verstehen. Sie unterminiert all die vielen Modelle der Wirklichkeit, mit deren Hilfe wir in unserer Entfremdung von der höchsten Wirklichkeit zu verharren versuchen. Aus der Perspektive des gewöhnlichen Geistes ist diese Art von Unwissenheit nicht zu begreifen; sie erscheint als irrational – ›verrückt«. Tatsächlich aber ist sie nicht *irrational*, sondern *a*-rational oder *trans*-rational. Sie überschreitet die Grenzen des egotropen Geistes. Doch sind wir als rationale Wesen gezwungen, uns ihr mit Hilfe unseres gewöhnlichen Verstandes zu nähern. Man muß sich die Absurdität dieser Situation einmal vergegenwärtigen. Das Ganze ist etwa so, als würde jemand darauf beharren, das Meer mit Hilfe eines Eimers ausleeren zu wollen, der am Boden ein großes Loch hat. Eigenartigerweise ist eine solche Sisyphus-Arbeit keineswegs völlig nutzlos. Natürlich wird es dem Betreffenden nicht gelingen, das Meer trockenzulegen, doch kann der Versuch, dies zu erreichen, einem Menschen viel über sich selbst offenbaren.

Ähnlich wird auch verrückte Weisheit von denjenigen, die sich ihr widmen, als nicht vorsätzliches, spontanes Handeln erklärt, das dem Zweck dient, andere zur Erleuchtung zu führen. Es wird als nicht-ich-bewußtes Verhalten erleuchteter Adepten bezeichnet. Es versucht nicht, Wissen oder Information, sondern den transzendenten Zustand oder die Göttliche Unwissenheit zu vermitteln. Heilige Verrücktheit hat letztendlich zum Ziel, den Zustand des Adepten auch im Schüler zu wecken. Doch da sie sich nicht auf der transzendenten Ebene, sondern im Kontext des normalen Alltagslebens manifestiert, weckt sie paradoxerweise in anderen Wissen. Dieses kann die Form echten Verstehens annehmen, das dann wiederum den Geist zur Ruhe bringt und uns in den Zustand Göttlicher Unwissenheit versetzt; es kann aber auch die Form von Mißverstehen annehmen, wodurch oft Zorn auf den Adepten sowie Selbstzweifel und ein breites Spektrum anderer negativer Geisteszustände entstehen.

Eine solche Vielfalt an Reaktionen spiegeln auch die im Folgenden wiedergegebenen Antworten, die Schüler eines Lehrers der verrückten Weisheit gaben, als ich sie fragte: »Was ist verrückte Weisheit?« Die erste Antwort stammt von einem älteren Freiberufler:

Ich weiß nicht so recht, wie ich Ihre Frage beantworten soll. Wenn man in so einer Sache drinsteckt, hält man nicht plötzlich inne, um zu definieren, was da vor sich geht. Ich würde sagen, daß verrückte Weisheit ein Tritt in den Hintern ist, ein Schlag ins Gesicht, ein Eimer kaltes Wasser, den man über den Kopf gegossen bekommt, ein schrilles Geräusch, das einen ständig wach hält. Man könnte sagen, daß sie ein ziemlich lästiger Schmerz im Nacken ist. Was das bewirken soll? Es soll einem helfen, alle Masken abzulegen und real zu werden, das eigene wahre Selbst zu finden, das göttlich ist. Verrückte Weisheit ist eine besonders eigenwillige Art gewisser Lehrer, ihre Liebe zu ihren Schülern zum Ausdruck zu bringen, so merkwürdig das auch klingen mag. Aus Mitgefühl mischen sie sich in unsere Angelegenheiten ein und zerschlagen unsere liebgewonnenen Ideen darüber, wie alles funktioniert und wie wir selbst sind, in tausend Stücke. Und das ist ziemlich verrückt. Es ist verrückt von ihnen, so etwas zu tun. Und es ist verrückt von uns, so lange stillzuhalten, daß sie das mit uns machen können.
Ich weiß wirklich nicht genau, warum ich mich darauf einlasse. Ich weiß nur, daß ich in dieser Hinsicht im Grunde gar keine Wahl habe. Ich habe das Gefühl, bei alldem zu wachsen. Es ist nicht angenehm, und ich frage mich ständig, wann ich den nächsten Eimer mit kaltem Wasser über den Kopf gegossen bekomme, aber es ist völlig klar, daß ich das brauche. Ich möchte spirituell wachsen, und da ich nun einmal einen Lehrer habe, der ein verrückter Adept ist, muß ich sehen, wie ich damit zurechtkomme. Aber eines muß ich sagen: Wenn ich vorher gewußt hätte, was dies alles mit sich bringt, hätte ich mir wahrscheinlich gründlicher überlegt, ob ich mich wirklich darauf einlassen will. Auf diesem Weg ist man nie sicher. Das hat natürlich auch etwas sehr Aufregendes. Ich weiß, daß mein Lehrer keinerlei Unsinn von meiner Seite dulden würde. Ich vertraue darauf, daß er das Notwendige tun wird, um mich zur Erleuchtung zu führen. Vielleicht gelingt ihm das nicht dieses oder nächstes Jahr und vielleicht

nicht einmal in diesen Leben, denn die Jahre nehmen ihren Lauf. Aber das, worauf ich mich eingelassen habe, fühlt sich richtig an, und ich bin davon überzeugt, daß die Anstrengungen, die ich unternehme, nicht umsonst sein werden.

Als ich die gleiche Frage einer jüngeren Schülerin des gleichen Lehrers stellte, gab sie folgende Antwort:

Verrückte Weisheit? Wollen Sie eine Definition? Ich glaube nicht, daß man das definieren kann. Es ist einfach eine Art, wie einige Gurus mit ihren Schülern arbeiten. Aus irgendeinem Grund habe ich einen Guru gewählt, der ein verrückter Adept ist, oder vielleicht hat auch er mich gewählt. Man könnte wohl sagen, daß verrückte Weisheit eine Lehrmethode ist, die keine Grenzen anerkennt. Der Guru kann potentiell alles tun, was der Erleuchtung förderlich ist. Manchmal tut er deshalb ziemlich unkonventionelle und verrückte Dinge. Um bei der Wahrheit zu bleiben: Die meiste Zeit über weiß ich nicht einmal, was genau vor sich geht. Manchmal frage ich mich, was eine bestimmte Lektion denn nun tatsächlich beinhaltet. Ich muß bekennen, daß ich in manchen Fällen meine Zweifel über den Sinn habe. Aber ich bleibe »dran«, weil ich das Gefühl habe, so schwierig die Situation auch sein mag, mein Guru hat in jedem Fall nur das Beste mit mir im Sinn.

Eine andere Frau, die einmal Schülerin des gleichen Lehrers war, ihn jedoch enttäuscht verlassen hatte, beantwortete meine Frage folgendermaßen:

Ich glaube, verrückte Weisheit ist ein großer Haufen Mist. Ich habe das hinter mir. Ich habe eine Menge Beschimpfungen über mich ergehen lassen müssen – sowohl von seiten meines Lehrers als auch von den Leuten in seiner Umgebung. Ich glaube nicht, daß mir das irgendwie weitergeholfen hat. Na ja, vielleicht hat es mir geholfen, etwas über mich selbst zu erkennen. Sicherlich hat es mir klar und deutlich vor Augen geführt, daß ich letztlich nicht vorhabe, einen Guru in den Mittelpunkt meines Lebens zu stellen, der glaubt, es sei seine Aufgabe, ständig allen anderen Dämpfer zu verpassen. Ich war damals eine versponnene Idealistin. Ich wollte erleuchtet werden. Und eine Zeitlang habe ich alles getan, was man mir zu tun auftrug. Ich habe jede Kritik akzeptiert und alle Beleidigungen hingenommen. Aber tief innerlich wurde ich immer verletzter und wütender. Ich hatte eine unglaubliche Wut auf meinen Lehrer und auf alle anderen. Ich war ziemlich verwirrt. Man wußte nie, was als nächstes passieren würde. Ständige Veränderungen. Nichts blieb über längere Zeit bestehen. Kein Frieden. Die Leute bemühten sich immer beflissen, die neuesten Forderungen des Gurus zu erfüllen und ihm so zu gefallen. Es war einfach völlig verrückt. Nachdem das einige Jahre lang so gegangen war, wußte ich, daß ich da raus mußte. Einige meinten, ich sei nicht reif genug, um Schülerin eines Gurus der verrückten Weisheit zu sein. Vielleicht ist das so, vielleicht auch nicht. Vielleicht täuschen sich diese Leute nur selbst. Nicht einer von ihnen ist in der Zwischenzeit selbst erleuchtet worden, soweit ich weiß. Ich interessiere mich immer noch für Spiritualität, für Meditation. Aber ich habe es aufgegeben, mich mit Gurus abzugeben, und ganz sicher gilt das für verrückte Weisheit.

Niemand vermag zu sagen, was Kontakt mit verrückter Weisheit im Einzelfall bewirken wird. Die Betroffenen sehen entweder die Weisheit, oder sie werden durch die offensichtliche Verrücktheit verwirrt. Ebenso hängt es von den Betroffenen ab, ob sie in heiliger Verrücktheit Heiligkeit oder lediglich Verrücktheit sehen.

### 3. Heilige Verrücktheit, Spontaneität und das Chaos der Existenz

In ihrer radikalsten Manifestation transzendiert heilige Verrücktheit oder verrückte Weisheit den gewöhnlichen Geist und die Ich-Funktion; sie ist ein spezifischer Ausdruck des Zustandes der Erleuchtung. Natürlich sind nicht alle verrückt-weisen Lehrer erleuchtet, doch wenn sie authentisch sind, ist ihr exzentrisches und antinomistisches Verhalten zumindest von ihrer intuitiven Würdigung des erleuchteten Zustandes geprägt. Wenn es zutrifft, daß verrückt-weise Lehrer nur teilweise erleuchtet sein können, so wirft dies Fragen auf, mit denen ich mich hier nicht befassen werde. Wie bereits in Kapitel 8 erläutert, herrscht darüber, was Erleuchtung beinhaltet, allgemein große Verwirrung. Ich möchte mich im Augenblick mit der Definition begnügen, daß Erleuchtung transzendentale Identifikation mit der Totalität der Existenz ist.

Jene Totalität oder jenes *Totum* läßt sich auch als undifferenziertes Chaos charakterisieren, weil es vor unserer unentwegten individuellen und kollektiven Bemühung existiert, einen geordneten und somit mehr oder weniger berechenbaren Kosmos zu schaffen. Mit Ausnahme gewisser gnostischer Schulen, die alles Physische und die Welt als ihrem Wesen gemäß geistfeindlich ansehen, haben die meisten religiösen Traditionen eine relativ positive Sicht des Universums. Dies können sie jedoch nur, wenn sie die Evidenz der Sinne in einem gewissen Maße ignorieren.

Die bekannte Welt scheint eine bestimmte Struktur aufzuweisen, durch die einige ihrer Prozesse für den gesunden Menschverstand und für das wissenschaftliche Denken verstehbar werden. Doch wenn wir uns ein wenig gründlicher umschauen, sehen wir trotzdem viel Unerklärliches und Chaotisches. Beide Aspekte müssen wir berücksichtigen, wenn wir nicht in die gleichermaßen einfältigen Sichtweisen des Optimismus oder Pessimismus verfallen wollen. Wenn wir die Totalität der Existenz als Chaos bezeichnen, so kann uns dies an unser andauerndes Bestreben erinnern, allem einen Sinn und eine Form zu geben, alles erklären und rationalisieren zu wollen.

Erleuchtung, die in vielen Traditionen mit Gott-Verwirklichung gleichgesetzt wird, ist ein Sinn-transzendierendes Ereignis oder ein entsprechender Prozeß, weil die totale Realität, die man nicht mit der bloßen Natur verwechseln sollte, alle kognitiven Kategorien transzendiert. Doch ist jene Totalität, die die meisten Menschen Gott nennen, auch nicht sinn*los*. Die Kategorien »sinnvoll« und »sinnlos« sind nur im Hinblick auf unser *Konzept*, unsere Vorstellung von Gott adäquat. Das Göttliche überschattet unsere Individualität auch dann, wenn wir es uns vorstellen oder wenn wir darüber nachdenken, als wären wir von ihm getrennt. Deshalb haben Gautama Buddha und andere Weise empfohlen, in dieser Hinsicht Stillschweigen zu wahren.

Trotz der heimtückischen Propaganda des wissenschaftlichen Materialismus im Laufe der letzten beiden Jahrhunderte ist die klassische theistische Weltsicht für die meisten Menschen immer noch der gültige metaphysische Bezugsrahmen. Dieser Sicht gemäß ist Gott der Schöpfer jener wundervollen Ordnung, die wir in der Natur zu erkennen vermögen. Diese Sicht birgt ein materialistisch-mechanistisches Vorurteil. Trotz der Einsichten der zeitgenössischen Philosophie, Kosmologie und Quantenphysik ist das allgemeine, emotionale Bild Gottes immer noch das des großen Architekten des Universums, des Erfinders der atemberaubend perfekten Gesetzmäßigkeiten des materiellen Kosmos – angefangen von den chemischen Reaktionen bis hin zu den Planetenbewegungen, von den neurophysiologischen Prozessen bis hin zu den linguistischen Strukturen.

Doch wie steht es mit Unregelmäßigkeiten? Mit Zufälligkeit? Chaos? Katastrophen? Tod? Der gewöhnliche Mensch denkt nur selten über die Widersprüchlichkeiten eines mutmaßlich geordneten, von Gott geschaffenen Universums nach, das Gesetzen folgt, die von Gott festgelegt und unumstößlich sind. Eher schon macht sich der Mensch Gedanken über Unzulänglichkeiten in der soziokulturellen Welt – über Ungleichheit, Ungerechtigkeit, Gesetzlosigkeit und die Ungewißheit des Lebens. Für viele Menschen werfen diese tragischen Aspekte der Existenz nur selten metaphysische Fragen auf, weil es viel leichter ist, sich selbst und den Mitmenschen Schuld zu geben, oder, was noch ungefährlicher ist, die Erklärung bei der Erbsünde und der Vertreibung des Menschen aus dem Paradies gleich zu Anfang der Menschheitsgeschichte zu suchen.

Was das kosmologische Bewußtsein angeht, leben heute noch Milliarden von Menschen im Zeitalter Newtons oder in noch früheren Epochen. Der Grund dafür ist offensichtlich. Natürlich fällt es uns allen schwer zu akzeptieren, daß die Existenz eine wilde, weitgehend unvorhersehbare und verrückte Angelegenheit ist und daß wir nicht unbedingt die Nutznießer eines Kosmos sind, der so organisiert ist, daß er unserem eigenen Wohl förderlich ist, sondern daß wir an den chaotischen Kräften des Lebens partizipieren und, sofern wir dies nicht bewußt tun, zu Opfern jener Kräfte werden. Das bedeutet natürlich nicht, daß die Existenz mit universeller Anarchie gleichgesetzt wird. Doch weil das, was *ist*, keine Rücksicht auf unsere Vorstellungen und Absichten nimmt, erscheint es dem Intellekt, der über die himmelschreienden Widersprüchlichkeiten in »hausbackenen« geordneten Systemen nachzudenken wagt, als unvorhersehbar, irrational und unorganisiert. Wir leben in einem unergründlichen Universum, das kein Modell, so genial es auch sein mag, auf zufriedenstellende Weise erfassen kann.

Vielleicht erscheint das Modell eines vollkommen symmetrischen Universums und eines rationalen und guten Schöpfergottes in einer Zeit ungeheurer Transformation und Unsicherheit vielen gerade deshalb so attraktiv. Diese Sicht ist ein Versuch, mit der Ungeheuerlichkeit des Lebens zurechtzukommen. Das gleiche gilt jedoch auch für die Vorstellung von einer wesensmäßig chaotischen Welt, die zwar den Tatsachen nicht unbedingt besser gerecht wird, jedoch den Vorteil hat, daß sie uns von der Notwendigkeit emotionaler Selbst-Immunisierung gegen die Widersprüchlichkeiten befreit, die jedes kognitive System enthält. Indem wir uns durch das Chaos-Modell von unserem habituellen Bedürfnis lösen, die Endlichkeit unseres Wissens und Verstehens zu leugnen, macht uns dieses Modell in gewisser Weise frei für die Einleitung jenes Bewußtseinsprozesses, durch den alle unsere Modelle von der Realität transzendiert werden, da wir zur höchsten Realität erwachen. Die buddhistische Vorstellung von Realität als Leere *(Shūnyatā)* hat genau die gleiche Funktion. Sie soll Übende daran erinnern, daß die Existenz eine grenzenlose Unermeßlichkeit ist, die der Geist nicht zu fassen vermag.

Erleuchtung ist die Zerstörung aller mentalen Konstrukte über die Existenz, einschließlich der Vorstellungen von Leere und Chaos oder von Fülle und Harmonie. Sie ist das Erwachen aus dem Traum, in dem wir unsere Metaphern mit der tatsächlichen Wirklichkeit verwechseln. Der Psychiater und Zen-Übende Hubert Benoit schreibt: »Mit einem einzigen Streich habe ich die Höhle der Phantome vollständig zerstört.«[5] Die Phantome sind jene seltsamen mentalen Kreationen, mit denen wir uns umgeben und aufgrund derer wir nur mittelbar leben.

Heilige Verrücktheit oder verrückte Weisheit will ein solches Erwachen fördern; darüber hinaus hat sie keinerlei Wert oder Zweck. Im Gegensatz zu konventioneller Weisheit geht es ihr nicht um die Schaffung einer höheren »Ordnung«, einer neuartigen Harmonie oder eines besseren Modells der Realität. Verrückte Weisheit will einzig und allein unsere Begeisterung für Modelle und deren ständige Neuschaffung zerstören. Verrückte Weisheit ist erleuchtete Bilderstürmerei. Sie stellte alle unsere Fragen und Antworten auf die Herausforderungen und Probleme des Lebens zur Diskussion. Verrückte Weisheit präsentiert sich nicht als Antwort oder Lösung. Sie ist radikales In-Frage-Stellen. In diesem Sinne sind verrücktweise Adepten die ultimativen Wissenschaftler, deren Untersuchungen so gründlich sind, daß sie keinerlei konventionelle Antwort dulden. Doch ist ihre »Wissenschaft« die Wissenschaft Göttlicher Unwissenheit, was bedeutet, daß sie auf der Grundlage der Fülle-Leere basiert, welche die höhere Wirklichkeit ist.

Man könnte auch sagen, daß fortgeschrittene Meister der verrückten Weisheit ein Leben reiner Spontaneität leben. Die Betonung liegt dabei auf dem einschränkenden Adjektiv »rein«. Die «Natürlichkeit« des Adepten hat jedoch nichts mit der Impulsivität des Kindes und des emotional labilen Erwachsenen zu tun, und es handelt sich auch nicht um die Art von Spontaneität, die einige humanistische Therapien und »Sei jetzt hier«-Ideologien sich zum Ziel gesetzt haben. Reine Spontaneität schließt nicht die Fähigkeit aus, rational zu denken – etwas zu planen oder auf systematische Weise an etwas heranzugehen. Der erleuchtete Adept kann durchaus ein ausgezeichneter Philosoph oder Wissenschaftler sein, so wie es Abhinava Gupta, ein indischer Meister des 10. Jahrhunderts, war. Doch selbst systematisches Denken und planvolles Handeln treten in einem solchen Wesen auf der Grundlage der Freiheit vom Ich und somit als spontanes Fließen in Erscheinung.

Nach allgemeinem Verständnis ist Spontaneität ein »authentisches« Verhalten, frei von gesellschaftlichen Konditionierungen. Frederick Perls und seine Schule haben Spontaneität definiert als Aufgreifen, Fasziniertsein von und Wachsen mit dem, was in der Umgebung interessant und nährend ist.[6] Es ist die Fähigkeit, auf das zu antworten, was die Gestalttherapie als »Gestalt-Grund-Konfiguration« bezeichnet. Im konventionellen Sinne spontane Individuen erfahren und verwirklichen sich im Kontext ihrer gesamten Lebenssituation im Augenblick. Ihre Reaktionen sind sowohl ursprünglich als auch einzigartig, unterscheiden sich also vom sich ständig wiederholenden Verhalten des Neurotikers. Sie sind in Kontakt mit der situativen Realität. Es heißt, Spontaneität beinhalte den freien Fluß der Gefühle, der nicht durch das übliche Übermaß an besonnener Absichtlichkeit behindert wird. Charakteristisch ist für sie ein Gefühl der Unmittelbarkeit und Konkretheit. Im konventionellen Sinne spontane Menschen sind physisch präsent und nicht in subjektive innere Zustände zurückgezogen. Sie sind vollständig inkarnierte Persönlichkeiten.

Dieser Zustand des erweiterten Gewahrseins und der Integration der Körper-Geist-Einheit ist sicherlich ein wünschenswerter und wichtiger Schritt auf dem Weg zu einer gesunden psychischen Entwicklung. Doch entspricht er nicht der reinen Spontaneität des erleuchteten Adepten, in welcher das »Gestalt-Grund«-Spiel keine Bedeutung mehr hat, weil das Ich oder Selbst transzendiert ist. Der gewöhnliche Mensch erlebt sich im Gegensatz zur Umgebung – so subtil diese Empfindung auch sein mag. Doch ist – so insistiert die traditionelle Anschauung – das erleuchtete Wesen *buchstäblich* die Identität aller (inneren und äußeren) Umgebung, und deshalb kommt die Illusion der Gegensätzlichkeit nicht auf. Ein solches Wesen ist sich der Differenzierungen gewahr, doch erkennt es alle Unterschiede als etwas, das aus dem gleichen Sein (und als dasselbe) auftaucht und sich wieder darin auflöst. Solange das Ich-Bewußtsein existiert, ist nur ein begrenztes Maß an Spontaneität möglich, jeweils dementsprechend, wie stark das Ich von seiner Umgebung abgegrenzt ist.

Reine Spontaneität ist gleichbedeutend mit dem Weltprozeß selbst. Sowohl die Hindus als auch die Buddhisten benutzen den

370

Sanskrit-Begriff *Sahaja*, um jene Spontaneität zu bezeichnen. Das Wort bedeutet wörtlich »zusammen geboren«, und es wird gewöhnlich als »spontan«, »natürlich«, »gleichen Wesens« oder »angeboren« übersetzt.[7] Dem liegt die Vorstellung zugrunde, daß räumlich-zeitliche Phänomene letztlich nicht von Sein–Bewußtsein-Glückseligkeit *(Satchidānanda)* getrennt sind, womit die transkonzeptuelle Wirklichkeit selbst gemeint ist. Nur aus der kontrahierten Position des Ich-Bewußtseins erscheinen Phänomene als abgetrennt. Nach der Auflösung der Ich-Kontraktion verlieren jene Phänomene ihren unabhängigen Status, und sie werden als bloße Variationen über ein und dasselbe »transzendente Thema« erkannt. Die Welt wird als Gott erfahren, und die Dynamik des Universums wird als ohne letztendliche Bedeutung erlebt.[8]

Beide Ansichten findet man in der gesamten spirituellen Literatur. Doch sollte man das Sprechen *über* transzendente Wahrheiten nicht mit der Realisation derselben verwechseln. Deshalb steht es uns frei, über die Begrenztheit der Sprache und der Zeugnisse der großen Adepten zu sprechen, denn diese Zeugnisse sind Interpretationen der Realität, nicht die Realität selbst. Und deshalb haben wir auch die Freiheit, unsere Bedenken über jene metaphysische Lehre zum Ausdruck zu bringen, die beinhaltet, daß die Welt der Phänomene ihrem Wesen nach unbedeutend ist.

Nach den Lehren der nicht-dualistischen Traditionen sind Phänomene spontane Manifestationen jener einzigen Realität, die einige »Gott« nennen. Dies ist im Grunde eine Binsenweisheit, denn wenn wir die Dinge genau genug untersuchen, stellen wir fest, daß wir weder den Weltprozeß als Ganzes noch Teile desselben kontrollieren. Wir können beschließen, eine Brücke zu bauen oder eine Wanderung zu unternehmen, aber »wer« ist es, der diese Entscheidung trifft? Der menschliche Wille ist letztlich ein Mysterium. Kausalität ist eine Konstruktion, mit deren Hilfe wir uns jenes Mysterium zu erklären versuchen. Doch bei genauerem Hinschauen stellt sich heraus, daß das Universum ein sich selbst steuerndes Geschehen ist. Phänomene erscheinen und verschwinden wieder – unser eigenes endliches Sein eingeschlossen –, ohne daß wir diesen Prozeß durch einen Akt unseres Willens aufhalten können.

Dennoch entbehrt die Schlußfolgerung, daß die Instabilität des Weltprozesses denselben unbedeutend mache, jeder logischen Grundlage. Es handelt sich dabei um ein bloßes Werturteil, welches impliziert, daß nur der dauerhafte Aspekt des Göttlichen von Wert sei, wohingegen das unbeständige, manifeste Universum keinerlei Wert habe, obwohl es doch ebenfalls göttlich ist. Dies ist nicht nur eine abstrakte metaphysische Frage, sondern auch in ethischer Hinsicht ein zentrales Thema. Es steht in direktem Zusammenhang mit der allgemein amoralischen oder transmoralischen Haltung der nicht-dualistischen oder monistischen Mystik, mit der ich mich in Kapitel 11 beschäftigen werde. Der Standpunkt, der Weltprozeß als solcher sei vollkommen unbedeutend, führt zu jener Haltung, derzufolge alles möglich und machbar ist. Durch diese Einstellung kann nur zu leicht jene Geisteshaltung entstehen, die im Jahre 1978 zu den schrecklichen Geschehnissen in Jonestown und später zu den kriminellen Entwicklungen in Rajneeshs Kommune in Oregon geführt hat.

*Sahaja* ist nicht nur ein rein zufälliges Verhalten. Erleuchtete Spontaneität hat nichts mit einer Mutwilligkeit zu tun, die sich über alles hinwegsetzt. Da sie sich jedoch vor dem Hintergrund der Persönlichkeit des Adepten manifestiert, enthält sie zwangsläufig idiosynkratische Elemente, wie es bei den Gurus der verrückten Weisheit besonders deutlich wird. Nach den Lehren des Mahāyāna-Buddhismus ist *Sahaja* die Realisation der Wesensgleichheit von *Nirvāna* (der transzendenten Wirklichkeit) und *Samsāra* (der Welt der Veränderung). Doch ist jene Wesensgleichheit aus der begrenzten Perspektive des Individuums, das an seiner als separat erlebten Ich-Identität festhält, nicht zu begreifen. Die Autoritäten des Hinduismus wie des Buddhismus versichern uns jedoch, daß die »Zwillings«-Natur der höchsten Realität und der Welt der Phänomene, die völlige Einheit von Transzendenz und Immanenz, im Zustand der Erleuchtung als offensichtliche Tatsache erfahren wird. Der buddhistische Weise *Saraha*, der im 10. Jahrhundert n. Chr. lebte, hat in seinem *Königlichen Gesang* die folgenden Zeilen komponiert:

Obwohl die Lampen des Hauses angezündet sind,
leben die Blinden weiterhin in der Dunkelheit.
Obgleich Spontaneität allumfassend und nah ist,
bleibt sie für den Verblendeten stets weit entfernt. (Vs. 3)

Während eine Wolke, die sich aus dem Meer erhebt
und den Regen aufnimmt, die Erde umarmt,
bleibt das Meer wie der Himmel
ohne Wachsen und Schwinden. (Vs. 5)

So werden aus der Spontaneität, die einzigartig ist,
durchtränkt von den Vollkommenheiten des Buddha,
alle fühlenden Wesen geboren, und in ihr kommen sie
zur Ruhe. Doch ist sie weder konkret noch abstrakt. (Vs. 6)

Es gibt nichts zu negieren oder zu bestätigen
und auch nichts zu begreifen;
denn Es kann mit dem Verstand nie ausgelotet werden.
Die Verblendeten werden durch die Zersplitterung ihres Intellekts gefesselt;
Die Spontaneität des unteilbaren Seins bleibt rein. (Vs. 35)[9]

Die Ich-Identität als Bezugspunkt des gereiften menschlichen Bewußtseins kreiert die überwältigende Illusion, daß sie für die spontane Entfaltung der Phänomene verantwortlich ist, soweit es die Körper-Geist-Einheit des Individuums betrifft. Diese Illusion der Kontrolle spiegelt sich in der linguistischen Gewohnheit, von »meinem« Körper, »meinen« Gedanken, »meinen« Empfindungen und Gefühlen oder von »meiner« Bewegung zu sprechen. Doch bei genauerer Untersuchung erweisen sich die Prozesse der Körper-Geist-Einheit stets als »spontan«, was hier so viel bedeutet wie nicht dem Willen unterliegend.

Gedanken treten einfach aus sich heraus in Erscheinung. Wir sprechen, und dann hören wir uns selbst sprechen; vielleicht sind wir sogar erstaunt, mit welcher Geschwindigkeit der Strom der Wörter sich zu sinnvollen Sätzen organisiert. Unsere Finger bewegen sich so schnell über die Tastatur eines Klaviers oder eines Computers, daß wir uns der wundervollen zusammenhängenden Muster gar nicht so recht bewußt werden, die sie mit relativer Leichtigkeit erzeugen. Sich seiner selbst bewußt zu sein ist meist eine rückblickende Aktivität, und je absichtsvoller und unserer selbst bewußter wir werden, um so mehr verlieren die Bewegungen unserer Körper-Geist-Einheit an Geschwindigkeit und Fließendheit. Übermäßige und chronische Bedächtigkeit ist gleichbedeutend mit Neurose.

Im Gegensatz dazu kommt der spirituelle Prozeß dem allmählichen Aufgeben der (in der linken Gehirnhälfte beheimateten) Gewohnheit der überlegten Absichtlichkeit gleich. Dies wird nicht durch Einschränkung der Bewußtheit eines Menschen erreicht, sondern durch Erschließen einer »neuen« Art des Seins – des erleuchteten Zustandes. Der Zen-Buddhismus versucht, diesen Zustand des Nicht-Geistes durch paradoxe Mittel wie *Kōans* zu erreichen, Rätselfragen, die mit bloßer Logik nicht zu lösen sind, sondern eine intuitive Eingebung erfordern. D. T. Suzuki, der nicht nur ein genialer Denker, sondern auch ein angesehener Zen-Meister war, bietet die folgende Erklärung an.

> Der schlimmste Feind der Zen-Erfahrung, zumindest in der Anfangsphase, ist der Intellekt, der stets auf die Unterscheidung von Subjekt und Objekt aus ist. Er muß abgeschnitten werden, wenn das Zen-Bewußtsein sich entfalten soll, und dafür dürfte es kein besseres Mittel geben als das *Kōan*. Das *Kōan* bietet nirgendwo Raum für intellektuelle Interpretation, denn es stellt keine logisch gefügte Aussage dar, sondern ist der Ausdruck eines bestimmten Bewußtseinszustandes, der aus der Zen-Schulung erwächst.[10]

Suzuki fährt fort:

> Alle *Kōan* sind unmittelbarer, das heißt vom Intellekt gänzlich unabhängiger Ausdruck des Satori; daher ihr häufig so fremdartiger Charakter und ihre Unbegreiflichkeit.
> Der Zen-Meister macht seine Äußerungen jedoch nicht mit Absicht

374

fremdartig und unbegreiflich. Was er sagt oder tut, bricht aus ihm hervor, wie eine Blüte im Frühjahr sich öffnet, oder wie die Sonne ihre Strahlen aussendet. Um ihn zu verstehen, müssen wir selbst wie die Blüte, wie die Sonne, wie er werden: in sein inneres Sein eindringen. Erst wenn wir unser Bewußtsein in eben die Verfassung bringen, in welcher die Zen-Meister die Worte, die dann zu *Kōan* wurden, formuliert haben, erkennen wir sie.[11]

Das bedeutet, daß *Kōan* aus Spontaneität heraus geschaffen und gelöst werden. Insofern sind sie Symbole des spirituellen Prozesses *per se*. Jede authentische Spiritualität versucht einen Zustand zu realisieren, in dem Sein, Denken und Handeln in vollkommener Weise übereinstimmen.

Um es noch einmal zusammenzufassen, wir können drei Arten von Spontaneität unterscheiden. Erstens gibt es die Pseudo-Spontaneität jener eingeschränkten Bewußtheit, die für die Lebensweise des gewöhnlichen Menschen typisch ist. Dieser Geist, der dem gesellschaftlichen Konsensus zu entsprechen versucht, versteht sich selbst als die Norm und hält Konformität mit dem Ideal »Ich tue, was mir gefällt« fälschlich für echte Spontaneität.

Zweitens gibt es die relative Spontaneität der gesteigerten Bewußtheit, die für Menschen, die sich dem persönlichen Wachstum widmen, charakteristisch ist. Adam Curle hat dies »echte Spontaneität« genannt. Diese Seinsweise ist typisch für diejenigen, »die Zugang zu den wesentlichen Teilen ihrer Persönlichkeit haben« und die deshalb »in der Lage sind, schnell und positiv zu reagieren«, was, wie er meint, »auch grausam, gewaltsam und egoistisch sein kann«.[12]

Die dritte Form von Spontaneität ist die Spontaneität der Göttlichen Unwissenheit, die das erleuchtete Wesen auszeichnet. In diesem Fall geht es um die spontane Entfaltung des Weltprozesses, unabhängig von allen Interventionen des Ich. Es ist ein Annehmen des Lebens, so wie es ist, oder der Unterordnung unter dasselbe. Was dies bedeutet, hat Shri Anirvan, ein moderner indischer Heiliger, untersucht:

Von jenem Augenblick [des vollständigen Erwachens] an zieht alles blitzschnell vor deinen Augen vorüber und wird zu deiner wahren Nahrung. Alles ist »ein und dasselbe in dir«. Dann sehen wir uns einer neuen Aufgabe im Bereich der Empfindung und Entspannung gegenüber. Jetzt geht es darum, sich selbst zu vergessen, willentlich das Selbst auszulöschen, was ein »Loslassen« in einem Bereich ist, der sehr subtil und schwer zu entdecken ist... Willentlich zu vergessen ist in Wahrheit unmöglich, denn Vergessen rührt von einem Prinzip ohne jede Form her. Wenn dein Sein von einer Bewegung überflutet wird, die vom Herzen oder vom Geist kommt, bist du wie eine schwingende Glocke, die mit dem Echo eines Klangs erfüllt ist, der von nirgendwoher kommt.[13]

Shri Anirvan zitiert Keshab Das, einen Vedanta-Lehrer des 16. Jahrhunderts, der sagte: »Ich entdecke, daß ich bin, was ich war, aber zwischen beidem befindet sich nichts als Komplikationen.« Zen-Meister sagen gern, nach der Erleuchtung seien die Bäume wieder Bäume und die Berge wieder Berge. Doch vor der Erleuchtung, und insbesondere während der spirituellen Schulung, sieht die Welt ziemlich kompliziert aus, und der Geist ist äußerst verwirrt. Das Leben wird als ein *Kōan* erlebt, das so lange auf das Unbewußte einhämmert, bis eines Tages ein Durchbruch eintritt: Dann wird alles transparent. Der innere geistige Dialog endet, das Sein entspannt sich, und der oder die Erleuchtete weiß, daß alles so ist, wie es sein sollte. Nun kann er oder sie tun, was immer im betreffenden Augenblick erforderlich ist – einer Blume Wasser geben, ein Haus bauen, ein mathematisches Theorem entwickeln, ein Buch schreiben oder einfach nichts tun. Nach der Erleuchtung ist das Leben nicht weniger schwierig, aber es ist viel klarer.

### 4. Das Spielerische, der Humor der Erleuchtung und die verrückte Weisheit

Die Interaktion des Menschen mit der Welt läßt sich in drei Kategorien von Spiel einteilen. Zunächst gibt es das selbstvergessene

Spiel des Kindes, das völlig in seiner Zauberwelt der Spielzeuge und Spiele aufgeht. Ein großer Teil des kindlichen Spiels läßt sich als ungeplantes Proben von Rollen des Erwachsenenlebens verstehen, ähnlich dem »Spiel« der Tiere. Wenn das Kind älter wird, wird ein immer größerer Anteil seines Spiels zur Reaktion auf die Regeln der »realen« Welt der Erwachsenen. Im Spiel flüchtet das Kind in die Freiheit seines eigenen Universums der Imagination, der Kreativität und der nicht durch äußere Faktoren eingeschränkten Selbstbestätigung.

Dieses kindliche eskapistische Spiel ist auch ein wichtiges Sicherheitsventil emotional unreifer Erwachsener, die aufgrund ihrer unzulänglichen psychischen Adaptation an das Leben nie völlig mit der Welt im Einklang sind. Sie müssen sich von Zeit zu Zeit mit Hilfe des Fußballspiels am Wochenende, des abendlichen Kreuzworträtsels oder durch Fernsehen von der Verantwortung in der realen Welt zurückziehen.

Solche Menschen sind sich der zweiten Ebene des Spiels nicht bewußt, dem sich die reife, »erfolgreiche« Persönlichkeit hingibt, die sich stillschweigend darüber im klaren ist, daß das »reale« Leben selbst formbar ist und folglich wie ein Spiel gelebt werden kann. Spieler des Lebens-»Spiels« erkennen in einem gewissen Maße den illusorischen Charakter sozialen Engagements und kultureller Formen, an denen teilzunehmen sie verpflichtet sind. Tatsächlich bedeutet das Wort »Illusion«, wie Johan Huizinga in seinem berühmten Buch *Homo Ludens* erläutert, »im Spiel« *(in lusio)*.[14] Reife Erwachsene glauben nicht mehr völlig an den magischen Zauber, unter dem der Rest der Menschheit sich abmüht. Sie haben inmitten des Drucks der menschlichen Existenz ein gewisses Maß an Freiheit und Humor erreicht.

Am unteren Ende des Spektrums der Spieler dieser zweiten Kategorie steht vielleicht der Unternehmer mit »erweitertem Bewußtsein«, der seine Einsichten in den illusorischen Charakter des menschlichen Lebens zu seinem persönlichen Vorteil zu nutzen versucht. Am oberen Ende können wir jene seltenen Menschen ansiedeln, die für die Dimension des Heiligen empfänglich sind und die jenseits aller konventionellen Frömmigkeit und allen vorgeschriebenen religiösen Verhaltens versuchen, ihr Leben der Selbst-Transzendierung zu widmen. Über diese Menschen hat Platon in den *Nomoi* (VII. 803) gesagt, sie seien zu »Gottes Spielzeug« geworden. Platon empfahl ihnen, sie sollten ihr Leben als eine Form des Spiels leben und die edelsten Spiele spielen, die sich von jenen Spielen unterscheiden, die die Aufmerksamkeit der meisten Menschen fesseln. Doch ist auch die Freiheit eines solchen Menschen immer noch bedingt, weil sie das Spiel des Lebens aus der Perspektive der Ich-Identität spielen. Sie glauben noch an die Quelle aller soziokulturellen Magie, ein Glaube, in dem die Menschen einander permanent bestärken. Somit beugen sie sich letztlich der gleichen Illusion.

Nur Erleuchtete spielen, ohne dazu eine imaginäre Welt erschaffen zu müssen (so wie es Kinder oder Erwachsene tun, die vor der Wirklichkeit fliehen) und ohne (wie reife Erwachsene) ein alternatives Modell der Wirklichkeit übernehmen zu müssen, das es ihnen ermöglicht, das Spiel des Lebens erfolgreich zu spielen. Der »Gott-Verwirklicher« verwirft alle Ersatzwirklichkeiten und gibt sich einfach den Wechselfällen des Weltprozesses hin, wobei er sich mit keinem der auftauchenden Phänomene ausschließlich identifiziert. Dies ist die dritte und höchste Art oder Stufe des Spiels. In seinem köstlichen Buch *Finite and Infinite Games* nennt James P. Carse jene höchste Ebene des Spiels das »unbegrenzte Spiel«. Er schrieb:

Ein Spieler begrenzter Spiele ist darauf trainiert, nicht nur jede zukünftige Möglichkeit vorwegzunehmen, sondern auch, die Zukunft zu kontrollieren, sie daran zu *hindern*, die Vergangenheit zu verändern.
Spieler unbegrenzter Spiele hingegen spielen ihr Spiel in der Erwartung, überrascht zu werden. Wenn Überraschung nicht mehr möglich ist, endet alles Spiel.
Überraschung bewirkt, daß das begrenzte Spiel endet; beim unbegrenzten Spiel ist sie der Grund weiterzuspielen...
Weil Spielern unbegrenzter Spiele klar ist, daß die Zukunft sie überraschen wird, spielen sie in völliger Offenheit. Diese Offenheit ist

378

nicht vergleichbar mit *ehrlicher* Offenheit, sondern es handelt sich um eine Offenheit, deren Charakteristikum *Verletzlichkeit* ist.[15]

Carse hat auch die folgende wichtige Beobachtung gemacht:

> Da begrenzte Spiele innerhalb eines unbegrenzten Spiels gespielt werden können, scheuen Spieler unbegrenzter Spiele nicht die Rollen, die sie in einem begrenzten Spiel übernehmen müssen. Im Gegenteil, sie engagieren sich in begrenzten Spielen mit vollkommen angemessener Energie und Selbstverschleierung, doch tun sie dies ohne den Ernst von Spielern, die ausschließlich begrenzte Spiele spielen können. Sie würdigen die Abstraktheit begrenzter Spiele *als* Abstraktheit, und deshalb widmen sie sich ihnen nicht mit Ernsthaftigkeit, sondern spielerisch. (Der Begriff »abstrakt« wird hier gemäß Hegels bekannter Definition benutzt, derzufolge das Abstrakte die Substitution eines Teiles für das Ganze ist, wobei das Ganze entsprechend als das »Konkrete« bezeichnet wird.) Sie benutzen in ihrem sozialen Engagement nach Belieben Masken, gestehen dabei aber sich selbst ebenso wie anderen ein, daß sie maskiert sind. Deshalb betrachten sie Teilnehmer eines begrenzten Spiels als *jene Person, die spielt*, nicht als *eine Rolle, die von jemandem gespielt wird.*[16]

Es dürfte klar sein, daß Erleuchtete, die zweifellos Spieler unbegrenzter Spiele sind, nicht *nur* an den gewöhnlichen menschlichen Aktivitäten teilnehmen. Ebensowenig jedoch löst ein solches Wesen seine Identifikation mit denselben *völlig*. Wäre dies der Fall, so wären sie entweder Autisten oder Mystiker in einem Zustand introvertierter Ekstase oder Trance. Die gleichzeitige Teilhabe und Nicht-Identifikation Erleuchteter ist in transzendenter Identifikation mit dem Sein begründet. Sie sind die Identität, in der alle Prozesse der Teilnahme oder Nicht-Teilnahme, der Identifikation und der Nicht-Identifikation in Erscheinung treten. Im *Yoga-Vasishtha* (V. 77.7 ff.), einem wundervollen Sanskritwerk des 10. Jahrhunderts n. Chr., wird der paradoxe Zustand eines solchen Wesens wie folgt beschrieben:

Er macht sich keine Gedanken über die Zukunft; ebensowenig verweilt er in der Gegenwart; und er erinnert sich auch nicht an die Vergangenheit [d. h. lebt nicht in ihr], sondern er handelt aus dem Ganzen heraus. (Vs. 7)

Schlafend, ist er wach Wachend, ist er wie jemand, der schläft. Obgleich er alle Handlungen ausführt, »tut« er innerlich nicht das Geringste. (Vs. 8)

Innerlich entsagt er stets allem, innerlich ist er frei von Begierden, und äußerlich tut er, was zu tun ist, und bleibt dabei [vollkommen] ausgeglichen *(Sama).* Vs. 9)

Er bleibt vollkommen glücklich und erfährt Freude bei allem, was [von ihm] erwartet wird, und während er alle Taten ausführt, erliegt er nie der falschen Vorstellung des Tuns. (Vs. 11)

[Er verhält sich] wie ein Knabe unter Knaben, wie ein Alter unter Alten, wie ein Weiser unter Weisen, wie ein Jugendlicher unter Jugendlichen und wie ein Sympathisant unter den gesitteten Heimgesuchten. (Vs. 14)

Er ist weise, liebenswürdig, charmant, durchflutet von seiner Erleuchtung, frei von Streß *(Kheda)* und Kummer, ein mitfühlender Freund. (Vs. 16)

Weder durch Ausführen noch durch Unterlassen von Handlungen und auch nicht durch [Ideen wie] Unterjochung oder Befreiung, Unterwelt oder Himmel [läßt er sich verwirren]. (Vs. 19)

Wenn die Welt der Phänomene als das einheitliche [Sein] wahrgenommen wird, fürchtet der Geist weder Unterjochung noch Befreiung. (Vs. 20)

Einige Ausdrücke, die in diesen Textauszügen vorkommen, erfordern eine nähere Erläuterung. In der ersten Strophe finden wir den

Ausdruck »handelt er aus dem Ganzen heraus«. Dies bedeutet, daß Erleuchtete völlig spontan handeln. Das Ganze ist keine bewußt wahrgenommene Ganzheit oder Gestalt, sondern die Totalität, in der Ganzheiten oder Gestalten in Erscheinung treten. Jenes Ganze ist deshalb nicht nur eine Repräsentation im Bewußtsein des Erleuchteten, sondern sie *ist* das Erleuchtet-Sein. In einer kürzlich erschienenen Ausgabe der Zeitschrift *Parabola*, die sich mit dem Thema Ganzheit beschäftigte, teilt uns David F. K. Steindl-Rast eine autobiographische Anekdote mit, die in diesem Zusammenhang interessant ist:

Ganzheit hat mich fasziniert, seit ich als Junge am Meer Sandburgen gebaut habe. Man baute eine vollkommene Welt. Man umgab sie mit einem Graben. Und dann blickte man auf und sah irgendwo einen unpassenden Strandsessel, eine Decke oder einfach ein Bein, das ganz und gar nicht zu jener Sandburgwelt paßte. Es war unmöglich, diese unbegrenzte Realität in die selbstgeschaffene Ganzheit zu integrieren. So lernte ich schon früh die Lektion, daß Ganzheit nur dann wirklich ganz ist, wenn sie alles einschließt.[17]

Aus dem Ganzen heraus zu handeln ist demnach ein Handeln aus der alles einschließenden Identität der Existenz oder aus dem transzendenten Grund der Welt heraus. Dies ist der Ort oder die Position, wo keine Unstimmigkeiten existieren, wo vollkommenes Spiel nicht nur möglich ist, sondern tatsächlich stattfindet. Die Natur dieses Spiels deutet die zweite Strophe an, in der vom aktiven Leben des Nicht-Tuns des Gott-Verwirklichers die Rede ist – eine Idee, die in den nachfolgenden Versen näher erläutert wird. Handeln oder Prozeß ist das Kennzeichen der phänomenalen Existenz – ein Gedanke, der in den beiden am häufigsten benutzten Sanskrit-Wörtern zum Ausdruck kommt: dem für »Welt«, *bhāva* (»werden«), und dem mit diesem verwandten Wort *Samsāra* (»Zusammenfließen«). Völlige Inaktivität ist unmöglich, wie der anonyme Verfasser der *Bhagavad-Gītā* (III. 5) bereits in vorchristlicher Zeit klargestellt hat. Die eigentliche Frage lautet: Was für eine Art von Handlungen kann und sollte ein Mensch ausführen, und in welcher Weise? Hier empfiehlt die *Bhagavad-Gītā*, das »Neue Testament« des Hinduismus, die spirituelle Methode des »handlungstranszendierenden Handelns« *(Naishkarmya-Karman)*. Wie dies zu verwirklichen ist, wird in den folgenden Strophen erklärt:

> Allein auf das Handeln richtet sich unser Interesse, nie auf seine Früchte. Mache nicht die Frucht des Handelns zu deinem Motiv, und hafte ebensowenig an der Inaktivität. (II.47)

> Standhaft im Yoga, führe Handlungen ohne Anhaftung aus, O Dhanamjaya (= Arjuna), und bleibe der gleiche bei Erfolg und Mißerfolg. – Yoga wird Gleichmut *(Samatva)* genannt. (II.48)

> Diese Welt ist auf das Handeln fixiert, außer wenn dieses Handeln als Opfer dargebracht wird. Deshalb, O Kaunteya [= Arjuna], handle ohne Anhaftung. (III.9)

> Tue also stets ohne Anhaftung das Rechte. Denn der Mann, der ohne Anhaftung handelt, gelangt zum höchsten [Zustand]. (III.19)

Hier wird im Grunde eine paradoxe Haltung empfohlen, da nicht die Handlung selbst oder eine bestimmte Art des Handelns, sondern die Idee des Tuns abgelehnt wird. Beim handlungstranszendierenden Handeln bringen die Akteure ihre transzendente Identität zum Ausdruck – als reines Sein/Bewußtsein. Sie durchdringen das Netz der zahlreichen projizierten Identitäten und Identifikationen mit phänomenalen Prozessen. Sie befreien sich von ihren Modellen, die alle Formen dessen sind, was die Shaiva-Adepten Kashmirs *Atma-Samkoca*, den »Zusammenbruch um das Ich« nennen. Somit beinhaltet Handlungstranszendenz das Transzendieren des mutmaßlichen »Akteurs«, des Ich. In der Erleuchtung wird dieses Transzendieren von Handlung und Ich dauerhaft.

Die Auflösung des begrenzten Ich-Gefühls in der Erleuchtung schafft Raum für Spontaneität. Die Persönlichkeit wird plötzlich flexibel. Erleuchtete haben kein »Gesicht«, das sie verlieren und wahren könnten. Wie ein Chamäleon können sie die Farben ihrer

Umgebung annehmen. Ein Erleuchteter kann, wie es im *Yoga-Vasishtha* heißt, »ein Knabe unter Knaben« sein und »ein Alter unter Alten«. Und er allein ist zu echtem Mitgefühl fähig, weil die Grenzen seiner Psyche unendlich flexibel sind. Für ihn ist jeder und alles wahrhaft das gleiche Ganze.

Weil Erleuchtete keine ichhaften Individuen sind, können sie spielerisch alle Wesen, Dinge und Situationen umarmen. Doch enthält diese Umarmung keine Spur von Lüsternheit. Hedonismus setzt einen ichhaften Genießer voraus, jemanden, der auf sein eigenes Vergnügen aus ist. Der Kunsthistoriker Ananda Coomaraswamy hat beobachtet:

> Unter dem Einfluß des modernen Hedonismus, der nichts als Selbstzweck akzeptiert und für den alles ein Mittel ist, irgend etwas anderes zu erreichen, existiert *Sahaja* kaum. Sahaja hat nichts zu tun mit dem Kult des Vergnügens. Vielmehr ist dies eine Lehre des Tao und ein Pfad der Nicht-Zielgerichtetheit. Alles, was für uns das Beste ist, fällt uns von selbst in die Hände – doch sobald wir versuchen, uns seiner zu bemächtigen, entzieht es sich uns für immer.[18]

Erleuchtete sind weder Asketen noch Hedonisten, obgleich ihre Lebensweise, deren Tendenz sich in der Zeit vor der Erleuchtung herauskristallisiert haben mag, ebensogut die eines bedürfnislosen Einsiedlers wie die eines Politikers, eines Arztes oder eines Wissenschaftlers mit zahlreichen Pflichten sein kann. (Wir sollten uns darüber im klaren sein, daß nicht bei jedem Erleuchteten die Lehrfunktion voll entwickelt ist.)

Natürlich sind Erleuchtete nicht immun gegen das Gesetz von Ursache und Wirkung. Wenn sie etwas Falsches essen, bekommen sie Magenschmerzen. Wenn sie sich in den Finger schneiden, bluten sie. Und wenn sie etwas falsch verstehen, ziehen sie falsche Schlüsse. Sie sind nicht allwissend, allgegenwärtig und allmächtig – zumindest nicht in dem Sinn, wie diese Begriffe üblicherweise verstanden werden. Ihre Allwissenheit hat nichts mit dem in die Einzelheiten gehenden Tatsachenwissen zu tun. Und die Allgegenwart vollständig Erleuchteter bezieht sich nicht auf die materielle und sinnlich wahrnehmbare Welt. Vielmehr handelt es sich um die Fähigkeit, ungehindert präsent zu sein, wie ein helles Licht die Unendlichkeit zu erleuchten. Ebenso bezieht sich ihre Allmacht auch nicht auf den physischen oder mentalen Bereich. Es ist der Lebensstrom selbst, die transzendente Energie *(Shakti)*, aus deren unvorstellbarer »Mechanik« heraus Erleuchtete spontan tun, was immer in einem bestimmten Augenblick notwendig ist, so wie wir alle dies tun würden, wenn uns dabei nicht die Mechanismen des Ich hinderlich wären.

Das Ich fürchtet unentwegt, überwältigt zu werden, die Kontrolle zu verlieren. Dies ist der tiefere Grund für einen großen Teil der Kritik, die spirituelle Meister sich gefallen lassen müssen. Es ist auch die Wurzel der weitverbreiteten Ablehnung spiritueller Disziplin und spiritueller Bewußtseinszustände. Doch irgendeine Form des Einflusses von seiten eines anderen Menschen ist unvermeidlich für jede bedingte Existenz, da dies ein Prozeß wechselseitiger Abhängigkeit ist. Da Love-Ananda hat einmal geäußert, man könne »Gott-besessen«, »von anderen besessen« oder »von sich selbst besessen« sein. Wenn er von »Gott-Besessenheit« sprach, so meinte er dies nicht im üblichen Sinne. Er bezog sich eindeutig auf den Gott-verwirklichten Zustand, in dem es keinen Besitzenden oder Besessenen gibt, sondern nur das eine Sein. Nur dem Ich erscheint seine eigene mutmaßliche Überschattung durch die höhere Wirklichkeit als Bedrohung. Indem die Ich-Persönlichkeit Gott oder das Sein meidet, wählt sie zwangsläufig nicht die Autonomie, sondern das Besessensein von sich selbst oder von anderen.

Einige Mystiker, und insbesondere diejenigen, die aus der Perspektive einer theistischen Tradition wie der des Christentums sprechen, beschreiben gelegentlich die *Unio mystica* in Metaphern, welche dieselbe als eine Form der Besessenheit erscheinen lassen.[19] Dies kann irreführend sein, selbst wenn die Erfahrung der mystischen Vereinigung gemeint ist, die ich nicht mit der höchsten Erleuchtung gleichsetze. Wenn der Mystiker von der himmlischen Vision überwältigt wird, ist sein Selbst oder Ich zeitweilig außer Funktion gesetzt. Somit ist kein Subjekt vorhanden, das von einem »anderen« besessen werden könnte. Zustände der Besessenheit mögen bei biblischen Propheten, bei Trance-Medien und bei Schamanen vorkommen, doch mit Erleuchtung haben sie nichts zu tun.

Im mystischen Zustand sowie im Zustand der vollständigen und dauerhaften Erleuchtung werden alle Gegensätze aufgehoben, und es tritt ein, was die Mystiker und Alchimisten *Coincidentia oppositorum* genannt haben. Dies ist *Sahaja* oder, in der Terminologie des tantrischen Buddhismus, *Yuga-Naddha* (wörtlich: »Doppelstrang«). Dieser Ausdruck beschwört das Bild eines starken, fest gewickelten Seils. Spezifischer bezieht er sich auf die ikonografische Darstellung der heiligen Vereinigung von Gott und Göttin, die in ekstatischer Vergessenheit ineinander verschlungen sind. In der tibetischen Sprache wird dieses esoterische Bild *Yab-Yum* genannt, was »Vater-Mutter« bedeutet und das transzendente Bewußtsein und seine Macht repräsentiert.

Aus der »Froschperspektive« des unerleuchteten Geistes scheinen der männliche (Bewußtseins-)Aspekt und der weibliche (Macht-)Aspekt der transzendenten Wirklichkeit voneinander getrennt zu sein. Im erleuchteten Zustand jedoch wird diese scheinbare Getrenntheit hinfällig. Dann ist offensichtlich, daß, wie der Verfasser des buddhistischen Advayavajra es formuliert hat, »Identität von Leere und Mitgefühl« *(Shunya-Kripayor aikyam)* besteht.[20] Für unsere endliche Logik ist dies kaum mehr als Kauderwelsch. Doch vielleicht erhaschen wir eine Ahnung von der großen Wahrheit, die hier in paradoxer Sprache übermittelt wird. Solche intuitiven Ahnungen sind das Wertvollste, worüber wir verfügen. Wenn die Logik uns zu ihren Antipoden führt und wir zulassen können, daß Analogien und Gefühle wirksam werden, hat uns unser binärer Intellekt gute Dienste geleistet. Ananda Coomaraswamy schrieb hierzu:

Die letzte Errungenschaft allen Denkens ist die Erkenntnis der Identität von Geist und Materie, Subjekt und Objekt; und diese Vereinigung ist die Hochzeit von Himmel und Hölle, das Hinausgehen über das kontrahierte Universum auf seine Freiheit zu, in Reaktion auf die

Liebe der Ewigkeit zu den Produktionen der Zeit. Dann gibt es kein Heiliges und Profanes mehr, kein Spirituelles oder Sensuelles, sondern alles, was lebt, ist rein und leer. Diese Welt der Geburt und des Todes ist auch der große Abgrund.[21]

Wenn das Individuum befreit ist von der Last der Trennung zwischen Subjekt und Objekt, die wesentlich für den unerleuchteten Zustand ist, ist es auch vom eigentümlichen menschlichen Bedürfnis frei, das Spiel ernst zu nehmen – ein Bedürfnis, dessen Allgegenwärtigkeit schnell offenkundig wird, wenn man Erwachsene und sogar Kinder beim Spielen beobachtet. Erleuchtete sind befreit von der Last, die das Ich niederbeugt. Das bedeutet jedoch nicht, daß sie ständig mit einem breiten Lächeln auf dem Gesicht herumlaufen. Ein ständiges Lächeln wäre eine Grimasse. Die Freude der Erleuchtung ist kein emotionaler Zustand. Sie wirkt sich zwar mit Sicherheit auf das Körper-Geist-System des Betreffenden aus, doch ist sie kein Teil desselben. Die Körper-Geist-Einheit erlebt auch weiterhin typisch menschliche Zustände, etwa Wut, Kummer, Trauer und gewöhnliche Freude. Doch entfällt die ichhafte Identifikation mit diesen Zuständen oder mit der Körper-Geist-Einheit als Ganzem. Erleuchtete »erfahren« sich selbst als die Identität *aller* bedingten Phänomene. Die spezielle Körper-Geist-Einheit, mit der unerleuchtete Beobachter den Erleuchteten ausschließlich assoziieren, bleibt unverändert.

Der Körper-Geist folgt, von seinem eigenen Impuls bewegt, weiterhin seinem Weg innerhalb des Netzes der psycho-physischen Existenz. Und die Erkenntnis, daß alles so ist wie zuvor, daß die Erleuchtung keinen Unterschied macht – weil das Ich, das den Vorteilen der Erleuchtung hinterhergejagt ist, nicht mehr existiert –, gibt allen Anlaß für ein herzliches Lachen. So wie spirituelle Aktivität dem konventionellen Verstand als verrückt erscheint, erscheint dem Erleuchteten das weltliche Leben oder sogar das gesamte Leben als verrückt. Und im Gegensatz zu seinem nicht erleuchteten Gegenspieler, der alles sehr ernst nimmt, schwebt ein Mensch, dem es gelungen ist, das Ich zu transzendieren, nicht in der Gefahr, der Verrücktheit der bedingten Existenz zu erliegen.

Deshalb können solche Menschen den komischen Aspekt der Tatsache erkennen, daß das Leben sich immer jeglicher Kontrolle entzogen hat – der Kontrolle des Ich.

Erleuchteter Humor sollte jedoch nicht mit bloßer Lustigkeit, mit Frohsinn, Vergnügtheit oder Scherzhaftigkeit verwechselt werden, denn diese Verhaltensweisen sind gewöhnlich Abwehrreaktionen und Ausdruck von Fluchttendenzen. Selbst wenn bei einem unerleuchteten Individuum echter Humor hervorbricht, unterscheidet sich dieser qualitativ von erleuchtetem Humor, weil letzterer sich außerhalb des Wirkungsbereichs des Ich manifestiert. Unerleuchtete Menschen, die begrenzte Spiele bevorzugen, spielen immer um Einsätze. Sie haben ein Programm, das sie mit großem Ernst in die Tat umzusetzen versuchen. Sie haben keinen echten Humor, und ihr Lachen verbirgt nur schlecht ihr insgeheimes Wissen darum, daß das Spiel zwangsläufig frustrierend enden muß. Obwohl sie vorgeben, unsterblich zu sein, wissen sie schon längst, daß sie sterben werden.

Hingegen akzeptieren Erleuchtete, die sich unbegrenzten Spielen widmen, *völlig* ihre körperliche Sterblichkeit, und indem sie sie akzeptieren, ist es ihnen möglich, humorvoll zu sein und zu lachen. James P. Carse schreibt hierzu:

> Unbegrenztes Spiel hallt von einer Art von Lachen wider. Es ist kein Lachen *über* andere, die zu einem unerwarteten Ziel gelangt sind, die gedacht hatten, sie würden irgendwo anders ankommen, sondern ein Lachen *mit* anderen, mit denen zusammen wir entdeckt haben, daß das Ziel, zu dem wir zu gelangen glaubten, sich unerwartet geöffnet hat. Wir lachen nicht über das, was sich überraschenderweise für andere als unmöglich erwiesen hat, sondern über das, was sich überraschenderweise als mit anderen möglich erweist.[22]

Erleuchteter Humor entspringt aus der Erkenntnis, daß alle bedingten Phänomene nur die spielerische Selbst-Manifestation des Göttlichen sind. Solcher Humor entsteht immer dann, wenn wir das größere Bild erahnen und wenn wir, und sei es nur für kurze Zeit, uns nicht wegen unserer eigenen Sterblichkeit ängstigen.

Nach der Legende ist die Zen-Tradition entstanden, als Buddha eine Unterweisung gab, die darin bestand, daß er schweigend eine Sandelholzblüte emporhielt, und Kashyapa daraufhin lächelte und damit sein Verstehen zum Ausdruck brachte. In jenem Augenblick fand zwischen dem Adepten und dem Schüler eine Kommunikation des Seins statt. Kashyapas Geist stand still; als er in den Zustand des *Satori* eintrat, durchbrach er seinen gewöhnlichen Bezugsrahmen und erwachte zur Realität.

Kashyapa wiederum übermittelte den »Buddha-Geist« seinem Schüler Ananda. Nach der Zen-Überlieferung fragte Ananda Kashyapa einmal, was er, abgesehen von der Mönchsrobe und der Bettelschale, vom Buddha erhalten habe. Kashyapa reagierte auf diese Frage mit dem Schrei »O Ananda!« Als der Schüler daraufhin mit »ja« antwortete, forderte Kashyapa ihn auf, die Fahnenstange am Tor des Klosters zu senken. Diese Aufforderung reichte aus, um Anandas geistige Gewohnheitsmuster aufzulösen und ihn ins *Satori* zu befördern. *Satori* besteht nicht nur darin, daß der Geist zum Schweigen gebracht wird, sondern es handelt sich dabei um einen Seinszustand. Die Grenzen der Ich-Persönlichkeit und des für sie charakteristischen Körper-Konzepts werden zerstört. In diesem Sinne können wir Da Love-Anandas ansonsten unverständliche Beobachtung verstehen, daß das Lachen des Adepten »einer seiner vagen Versuche ist, sich selbst in Stücke zu zerschmettern! Echtes Gelächter wirkt zerschmetternd.«[23]

Wenn das gewöhnliche Leben die ständige Wiederholung der eigenen Position ist – mit großem Ernst und ohne jeden Humor –, so ist spirituelle Übung ständige humorvolle Neu-Schöpfung oder Neu-Orientierung, durch welche das Selbst, seine Motive und seine begrenzten Spiele überlistet werden. Und es ist die ebenso humorvolle und nur selten mit Dank gewürdigte Aufgabe des Lehrers, den Schülern zu enthüllen, wann und wo sie das Ziel verfehlen, indem sie die gleichen alten Muster und Programme unentwegt wiederholen. Die Bemühung echter Gurus ist wie die des korinthischen Königs Sisyphus ohne Ende. Sie sind in extremem Maße bemüht, die Welt zu befreien, und wissen doch, daß ihnen dies letztlich kaum gelingen wird. Da Love-Ananda hat bekannt:

388

Es gibt den Drang, alle Wesen zur Erleuchtung zu geleiten, und dann kommt die Erkenntnis, daß das unmöglich ist. Das ist der Witz. Diese Unmöglichkeit macht alles spirituelle Lehren zu einem Witz. Spirituelles Lehren ist ein Primärtrieb wie Sex, aber es ist unvermeidlich, darüber zu lachen. Es muß darüber gelacht werden, damit der Lehrer sich etwas anderem zuwenden kann.

Dieses Lehren ist auch eine Art von Witz, ein Ausdruck meines Sinns für Humor. Ich bin ein Clown, seht ihr das nicht? Ich tue alles um des Humors willen. Ihr könnt das Leuchten Gottes nur sehen, indem ihr auf die richtige Weise auf seinen Narren reagiert – mit anderen Worten: indem ihr die »Witze« der Unterweisung des Adepten kapiert, indem ihr in seiner Gesellschaft die Welt transzendiert. Wenn ihr nicht über Gottes Narren lacht, seht ihr Gott nicht. Der Weg zu Gott führt über Gottes Narren, Gottes Clown, über jemanden, der die Welt bereits transzendiert hat.[24]

Der Adept lädt den Schüler ein, über »Gottes Narren« zu lachen. Doch gleichzeitig fordert er den Schüler auf, über sich selbst und die Welt zu lachen. Der Guru spielt, wie Alan Watts beobachtet hat, ein Spiel, in welchem die Regeln des Ich-Spiels auf den Kopf gestellt werden, so wie man es mit einer Sanduhr macht.[25] Die Logik dieses Umkehr-Spiels erfordert von spirituellen Lehrern, gelegentlich sich selbst und ihre Lehrtätigkeit zum Narren zu machen. Wenn der Adept und seine Unterweisung zu einem Heiligenbild stilisiert werden und die Suche des Ich nach Erfüllung und Trost nähren, können sie nicht mehr als Hinweise auf die Wirklichkeit dienen. Authentische spirituelle Lehrer lassen niemals zu, daß sie zu einem permanenten Denkmal im Geist ihrer Schüler werden. Vielmehr greifen sie zu allen möglichen Tricks, um Bilder und Kult-Verhaltensweisen jeder Art zu zerstören, die der Schüler kreiert, um das flüchtige Bild des *Gurus* erstarren zu lassen. Es ist für den Lehrer unumgänglich, die Realitätsvorstellungen des Übenden und insbesondere dessen liebgewonnene Vorstellungen über den Guru zu enttäuschen.

Um den Schüler zu unterweisen und um ihm zu zeigen, wie er sich selbst einschränkt, manifestiert der Adept manchmal selbst bestimmte Charaktereigenschaften des Schülers oder deren Gegenteil. Weil er ein Spieler unbegrenzter Spiele ist, kann er in jede denkbare Rolle schlüpfen und ist deshalb völlig unberechenbar. In jedem Guru steckt ein Lehrer der verrückten Weisheit, ganz gleich, welche spirituelle Entwicklungsstufe er erreicht hat, denn jeder Guru muß letztlich die gleiche Aufgabe erfüllen: den Schüler zur Freiheit, zu einer authentischen Existenz und zu echtem Humor zu geleiten.

Doch ist der verrückt-weise Adept ein Trickster *par excellence*. Er spielt seine Rolle als »Ent-Täuscher« tiefsitzender konventioneller Muster mit Begeisterung. Mit Hilfe aller möglichen theatralischen Erfindungen tritt er ständig der normalen Ordnung der Dinge entgegen, um zu zeigen, auf wie viele Weisen Menschen sich in Gedankenzuständen. Einstellungen, emotionalen Mustern und Verhaltensstrukturen verfangen, die sie mit der Wirklichkeit verwechseln. Da Love-Ananda, der sich unverblümter über die Funktion des Gurus geäußert hat als viele andere Lehrer der Vergangenheit und Gegenwart, schreibt in einem seiner Bücher:

Jedermann ist von der Unwirklichkeit verzaubert, von der konventionellen Erscheinung jedes Augenblicks. Deshalb kann man jenen Zauber nicht brechen, indem man mit den Leuten einfach nur redet. Sie denken nicht nur falsch. Ihr Kontakt zu jedem Augenblick ist so beschaffen, daß sie ihren tatsächlichen Zustand nicht wirklich wach zu sehen vermögen. Tatsächlich muß man sie also mit einem großen Schwert in zwei Hälften zerteilen. Man muß sie verrückt machen. Man muß sie austricksen. Man muß sehr grob mit Menschen umspringen, um sie wirklich zur Erleuchtung zu geleiten.[26]

Die verrückt-weisen Adepten, deren Fähigkeit, ihre Gestalt zu verändern, phänomenal ist, machen aus der Umkehrung der Dinge eine Kunst. Im Idealfall wird unter ihren geschickten Händen alles zum Mittel, andere aufzuwecken, sie zur Wahrheit zu verführen, wie Søren Kierkegaard es nennen würde.[27] Die Meister der verrückten Weisheit prangern die für den gewöhnlichen Menschen charakteristische ständige Trivialisierung des Lebens an, indem sie hemmungslos die Begierden und Tendenzen des Weltlings »ausagieren« und beispielsweise die Rolle des Säufers oder des Frauenhelden spielen. Auf diese Weise verkörpern sie nicht nur eine Karikatur des gewöhnlichen Menschen, sondern sie negieren auch und vor allem die übliche Trennung zwischen weltlichem und spirituellem Leben, da sie bewußt die konventionelle Grenze zwischen Reinheit und Unreinheit überschreiten. So kollidieren sie mit einem großen Spektrum von tief verwurzelten Überzeugungen und Einstellungen und stellen diese in Frage.

Trotz der Skeptik allem Religiösen gegenüber und trotz der moralischen Stagnation unserer verweltlichten Zivilisation hängen die meisten Menschen in irgendeiner Weise immer noch an einer prä-modernen Moralvorstellung. Im allgemeinen, und wenn es ihnen paßt, halten sie an puritanischen Vorstellungen von Gut und Böse sowie von Rein und Unrein fest, die noch aus dem Viktorianischen Zeitalter stammen. Selbst Menschen, die sich nicht für sonderlich religiös halten, sind zuweilen ziemlich verwirrt, wenn sie herausfinden, daß dieses oder jenes erleuchtete Wesen Alkohol trinkt, raucht, sexuell aktiv ist (möglicherweise mit mehr als einem Partner), Drogen konsumiert, Wutanfälle bekommt, flucht, Obszönitäten und vielleicht sogar Blasphemien von sich gibt. Irgendwie wird ein solches Verhalten als ein schwerer Verstoß gegen eine unausgesprochene heilige Verpflichtung angesehen. Nur die wenigsten stellen sich in dieser Situation die Frage, ob jene Verpflichtung vielleicht nicht nur eine »heilige Kuh« des ichhaften Geistes ist, der alles Weltliche von der Sphäre des Heiligen fernhalten möchte.

Zu zeigen, daß alle Tabus Schöpfungen des Menschen sind, und über sie hinaus auf die Realität zu verweisen, ist die Aufgabe, die der verrückte Adept sich selbst auferlegt hat. Es ist kaum verwunderlich, daß es den Narren Gottes in der gesamten Geschichte in der Obhut derer, die sie zu unterweisen versuchten, nicht allzu gutgegangen ist. Sie wurden häufig beschimpft und körperlich mißhandelt, und nicht wenige wurden sogar getötet. Heute scheint ein aufgeklärteres Verhalten möglich. Daß wir uns von einigen der Eskapaden von Meistern der verrückten Weisheit angegriffen fühlen, sollte uns nicht wundern. Doch statt uns in selbstgerechter Entrüstung, genereller Verurteilung oder wütender Vergeltung zu ergehen, sollten wir uns besser darum bemühen, das Licht des Verstehens zu entwickeln, und das schließt das Verstehen von uns selbst ein.

Gelegentlich mag sich ein Lehrer der verrückten Weisheit tatsächlich Übereifer und Fehleinschätzungen zuschulden kommen lassen, so daß ein anderes menschliches Wesen dadurch Schaden erleidet. Dies wirft die grundlegende Frage auf, wie angemessen und nützlich Unterweisung im Stil der verrückten Weisheit in unserer Zeit ist, sowie auch die Frage nach der moralischen und rechtlichen Verantwortung von Lehrern, die auf diese Weise arbeiten. Mit diesem wichtigen Thema werde ich mich im folgenden Kapitel beschäftigen.

# Kapitel 11:
# Heiligkeit, Verrücktheit und Moral

## 1. Verrücktheit und heilige Verrücktheit

Ebenso wie Genie und Wahnsinn werden traditionell auch Heiligkeit und Verrücktheit in eine enge Beziehung zueinander gebracht. Wie bereits im ersten Teil dieses Buches klar wurde, gibt es in allen großen religiösen Traditionen einen antinomistischen Aspekt, der dem gewöhnlichen Verstand als Verrücktheit erscheint. Aus der spirituellen Perspektive des verrückt-weisen Adepten oder heiligen Narren jedoch ist jene Verrücktheit reine Spontaneität oder »göttliches Spiel« (Līlā) – Hingabe an den Weltprozeß oder an den »Willen Gottes«. Die spirituellen Verrückten, die sich selbst keineswegs als verrückt ansahen, hielten ihr eigenes exzentrisches Verhalten gewöhnlich für nachahmenswert. Die heilige Teresa von Avila hat gesagt: »Laßt uns alle verrückt sein, um Seiner Liebe willen, der um unseretwillen als verrückt bezeichnet wurde.«[1]
Ich möchte mich nun mit der Verbindung zwischen verrückt-weiser Spontaneität und der Persönlichkeitsstruktur, durch welche erstere zum Ausdruck gelangt, beschäftigen. Insbesondere geht es mir dabei um die Auseinandersetzung mit der Möglichkeit, daß heilige Verrücktheit in manchen Fällen Komponenten enthalten kann, die man aus der Perspektive der westlichen Psychiatrie und Psychologie als »neurotisch« oder gar »quasi-psychotisch« bezeichnen könnte. Einige Adepten der Vergangenheit und Gegenwart haben mit dem Eingeständnis ihrer eigenen Verrücktheit nicht gezögert. Was dies im spirituellen Sinne beinhaltet, habe ich bereits erläutert. Doch geht es mir hier in erster Linie um ein psychologisches Verständnis exzentrischen Verhaltens. Meines Erachtens überschneiden die psychologische und die spirituelle Erklärung einander, sie sind also keineswegs grundverschieden.

Bhagwan Rajneesh hat einmal gesagt: »Habt keine Angst, ich könnte verrückt werden. Das ist nicht möglich. Wie soll ein Verrückter noch einmal verrückt werden können?... Ich bin ein bißchen verrückt. Jeder weiß das, deshalb ist es unnötig, sich darüber Sorgen zu machen.«[2] Später sagte er: »Aber vertraut meiner Verrücktheit. Je verrückter ich bin, um so näher bin ich der Wahrheit.«[3]

Wenn man bedenkt, wie Rajneeshs weitere Lebensgeschichte verlaufen ist, die ich in Kapitel 3 skizzenhaft beschrieben habe, so sind diese Äußerungen auch über ihre spirituelle Bedeutung hinaus sehr aufschlußreich. Auch Da Love-Ananda hat über sich selbst gesagt: »Ich bin immer verrückt gewesen, vom Augenblick meiner Geburt an. Ich bin mein ganzes Leben lang verrückt gewesen.«[4]

Eine Zeitlang gestattete Da Love-Ananda es seinen Anhängern sogar, ihn »Crazy Da« zu nennen. Kürzlich hat ein enger, langjähriger Schüler dieses Meisters gesagt: »Ihr glaubt, daß er scherzt, wenn er sagt, er sei verrückt. Aber er ist *wirklich* verrückt!« Im Jahre 1979 überraschte Da Love-Ananda seine Schüler, indem er verkündete, er sei Mickey Mouse; er sagte, so wie ihn selbst müsse man auch Mickey Mouse als eine transzendente Ikone begreifen. Im Laufe seiner abendlichen Festlichkeiten und Besäufnisse im gleichen Jahr brach er einmal in die folgende »ekstatische Rede« aus:

Ich bin ein kopfloser Reiter. Wenn ihr mich auf das Pferd der Dämmerung setzt, werde ich meinen Hut in die Luft halten, denn über meinem Kragen ist nichts als der Abend.[5]

Die Art, wie Da Love-Ananda seinen außergewöhnlichen »kopflosen« Zustand beschrieb, erinnert an die Berichte halluzinierender Schizophrener über ihre Erfahrungen:

Meine Wirbelsäule schmeckt sauer. Meine Augenbrauen sind milchig. Meine Stirn duftet, und mein Haar empfinde ich als inakzeptabel. Nachdem ich dies über meine eigene Form herausgefunden habe, habe ich mich entschlossen, mich auszustrecken, über meine physischen Grenzen hinauszugehen und mich durch Philosophie zu retten, die den Nabel und das Herz des Lebens einbezieht. Und Licht ist mein Ausdruck. Ich bin ein Dichter und tot![6]

Weiterhin erklärte er, Dichter seien einstmals sehr geschätzt worden, würden jedoch heute als ziemlich unnütz angesehen – und ebenso ergehe es auch Gurus. Er bezeichnete sich als »tot«, weil er die Werte der Welt nicht mehr akzeptiere. Mit der Äußerung, er sei zu einem »kopflosen Reiter« geworden, meinte er, er habe sich von den Einschränkungen des herkömmlichen Verstandes befreit. Anschließend gab er seinen Anhängern den Rat: »Ihr müßt euch ebenso übertrieben und unangemessen verhalten wie ich.«[7] – Ein Rat, der sich, wenn er von den falschen, nämlich unreifen Schülern beherzigt wird, als katastrophal erweisen kann.

Der zeitgenössische Hindu-*Avadhūta* Vimalananda soll einmal gesagt haben: »Entweder muß ich verrückt sein, oder alle anderen sind es; in keinem Fall gibt es zwei Möglichkeiten, dies zu sehen.«[8] Robert E. Svoboda, ein Schüler von Vimalananda, bietet die folgende Erklärung für die obige Bemerkung seines Lehrers an:

Wer war Vimalananda? Je länger ich in seiner Gesellschaft weilte, um so weniger wußte ich über ihn. Er war wirklich niemand: In seinem Körper war keine dauerhafte Persönlichkeit präsent, auf die man ihn hätte festlegen und die man als eindeutig seine hätte identifizieren können. Er konnte ebensogut hart wie weich sein, abwechselnd kultiviert und grob, je nach der Umgebung, in der er sich befand. An einem besonders bemerkenswerten Abend aßen wir zunächst elegant auf der piekfeinen Party eines Turf-Clubs, und später landeten wir mitten im Rotlichtviertel von Bombay und hörten uns Musik an. Schließlich nahm Vimalananda selbst ein Instrument zur Hand und brachte den begeisterten Prostituierten nur so zum Spaß ein Lied bei.
Psychiater würden Vimalananda wahrscheinlich als schizophren bezeichnen. ... Zwar bin ich kein Psychiater, aber Arzt, und meiner Meinung nach (und diese Meinung teilen diejenigen, die viele Jahre

mit ihm zusammenleben, bevor ich ihm begegnete) war er wesentlich gesünder als der Fest der Welt.[9]

Was bedeutet es, wenn Adepten bekennen, sie seien verrückt? Wie verrückt ist verrückt? Müssen wir ihre Aussagen über ihre eigene Verrücktheit als rein metaphorisch verstehen? Oder können hohe spirituelle Entwicklungsstufen mit eindeutig psychopathologischen Zuständen vereinbar sein? Ich werde versuchen, diese Frage so fair wie möglich zu beantworten. Doch sollten wir uns zunächst einmal fragen: Was ist Verrücktheit aus psychologischer Sicht? Eine klare Definition dafür gibt es nicht. Klinisch wird akute Geisteskrankheit als »Psychose« bezeichnet. Im Sinne der Lehre Freuds ist dieser Zustand mit einem Verlust der Kontrolle des Ich über das Es (oder das Unbewußte) verbunden. Man unterscheidet verschiedene Arten von psychotischen Zusammenbrüchen, unter denen die beiden wichtigsten der manisch-depressive Zustand und die Schizophrenie sind, zu denen es jeweils eine Reihe von Subkategorien gibt.

Zunächst einmal ist zu sagen, daß die manisch-depressive Störung gewöhnlich bei Menschen auftritt, die vor Beginn ihrer Erkrankung offen und umgänglich, wenn auch etwas launisch waren. Sobald der psychotische Zustand eingetreten ist, nehmen ihre Stimmungsschwankungen dramatische Ausmaße an. In der depressiven Phase sind sie selbstmordgefährdet, in der manischen werden sie impulsiv, gewalttätig und hemmungslos. Diese Symptome treten oft in Verbindung mit Größenwahn auf. Ein Psychiater, der von metaphysischen Phänomenen nichts hält, könnte in den Äußerungen von Adepten, sie hätten den Bereich der bedingten Existenz verlassen, sie seien völlig frei und autonom und sogar eins mit Gott, manische Elemente entdecken. Was würde ein Psychiater beispielsweise über Da Love-Anandas wiederholte »Todes«-Erfahrungen und über seine unberechenbaren Wutausbrüche denken, die manchmal mit Ausbrüchen physischer Gewalt einhergingen?

Schizophrene sind hingegen meist sensible und introvertierte Menschen. Vor dem schizophrenen Zusammenbruch sind sie oft

396

scheu, zurückgezogen und unbeholfen im gesellschaftlichen Kontakt. Entweder verlieren sie sich immer mehr in Tagträume, oder der Ausbruch der Schizophrenie trifft sie plötzlich wie ein Blitz. Die Gefühlsreaktionen von Schizophrenen sind oft flach oder unangemessen. Es kann sein, daß sie auf Schmerz und Unglücksfälle gar nicht reagieren oder daß sie darüber lachen und kichern. In anderen Fällen jedoch brechen sie über angenehme Erlebnisse in Tränen aus. Ihre Gefühle sind von den Geschehnissen abgetrennt. Schizophrene werden apathisch und interessieren sich nicht für sich selbst und für die Welt.

Der Rückzug des Schizophrenen legt den Vergleich mit jener Haltung eisiger Gleichgültigkeit nahe, die man bei vielen spirituellen Adepten beobachten kann. Meister der verrückten Weisheit sind typischerweise nicht dem Weltlichen verhaftet, und sie predigen Gleichgültigkeit gegenüber allem Weltlichen als eine Tugend. Obwohl sie häufig in Gesellschaft ihrer Anhänger leben, zeigen sie gewöhnlich allen Geschehnissen gegenüber erhabene Apathie oder das, was die Griechen *Ataraxia* nannten. So sehen wir beispielsweise auf vielen Fotografien von Ramana Maharshi, einem der berühmtesten indischen Heiligen neuerer Zeit, einen ausgesprochen »gelangweilten« Ausdruck, was vielleicht eine äußere Manifestation jener inneren Veranlagung sein könnte. Fotos von anderen Gurus erwecken den gleichen Eindruck.

Paranoide Schizophrene projizieren ihre tiefen Wünsche in Stimmen und Visionen sowie in Gefühle von überhöhter Bedeutung. Dies läßt natürlich an die mystischen Erfahrungen bekannter Adepten denken sowie auch daran, daß sie die Welt häufig als einen Ort des Verhängnisses bezeichnen, und nicht zuletzt auch an ihr Beharren darauf, daß das Ich eine Täuschung sei, die sterben müsse. Für den Psychoanalytiker gibt es keine höhere Wirklichkeit und kein transzendentes Bewußtsein, die über Es und Ich hinausgehen. Folglich kann in einem solchen reduktionistischen Bezugsrahmen der Tod des Ich logischerweise nur den Triumph des Unbewußten anzeigen, die Desintegration der Persönlichkeit.

Eine dritte Art der Schizophrenie ist der Zustand der Hebephrenie, in welchem die Betroffenen sich merkwürdig benehmen und sich häufig in phantastischen Vorstellungen mit religiöser Färbung ergehen. Einige Psychiater würden vermutlich nicht zögern, bestimmte Elemente heiliger Verrücktheit in diese Kategorie einzuordnen. Schließlich sind verrückt-weise Adepten Exzentriker *par excellence*, und ihr verrückt-weises Gerede darüber, daß sie mit dem glückseligen Selbst identisch seien, welches das Ich überschatte, klingt für den rationalen, anti-metaphysisch eingestellten Geist ausgesprochen befremdlich. Oft enthalten die wirren Äußerungen Hebephrener sexuelle Anspielungen, und dies gilt natürlich auch für die Meister der verrückten Weisheit. Sexuelle Metaphern, Wortspiele und Obszönitäten sind auch fester Bestandteil der zahllosen Vorträge eines zeitgenössischen Adepten, die allerdings vor ihrer Veröffentlichung von getreuen Anhängern sorgsam »gereinigt« werden, um keinen Anlaß für negative Pressemeldungen zu geben.

Im extremsten Fall kommt es bei einer Psychose zu einer Spaltung der Psyche in unabhängig voneinander agierende Einheiten, was man als »multiple Persönlichkeit« bezeichnet. Dieser Kategorie könnte man die chamäleonartige Fähigkeit verrückt-weiser Adepten zurechnen, sich in völlig verschiedenen »Charakter-Kostümen« zu präsentieren. Eine wesentlich plausiblere Erklärung für diese Fähigkeit liefert uns jedoch die psychologische Theorie der Teilpersönlichkeiten, nach welcher sich die Persönlichkeit des Menschen aus semi-permanenten und semi-autonomen Bereichen zusammensetzt, die alle so handeln können, als ob sie das »Ich« wären.[10] Dieses Modell der Funktionsweise unserer Psyche hilft uns nicht nur, unser eigenes komplexes Verhalten besser zu verstehen, sondern auch, wie Adepten in so schnellem Wechsel völlig unterschiedliche Reaktionen manifestieren können. Bisher hat man solche Verhaltenswechsel im Sinne der Rollentheorie erklärt. Doch scheinen unterschiedliche Rollen in uns völlig unterschiedliche semi-autonome Reaktionsmuster (oder »Teilpersönlichkeiten«) zu aktivieren. Deshalb können wir so leicht bestimmte Rollen übernehmen oder blitzschnell in andere überwechseln. Wir wollen es den Psychologen selbst überlassen, über Sinn und Bedeutung dieser Theorie zu urteilen. Mir geht es hier lediglich um

398

das Verständnis spiritueller Phänomene aus psychologischer Sicht, wobei ich die so häufig praktizierte Reduzierung auf rein psychologische oder psychiatrische Kategorien zu vermeiden versuche.

Die Parallelen zwischen Psychose und spirituellen Zuständen sind äußerst aufschlußreich. Der Philosoph Ben-Ami Scharfstein, der die metaphysischen Behauptungen von Mystikern generell nicht ernst nimmt, sagte dazu:

> Wenn man die schriftlichen Äußerungen anerkannter Mystiker und anerkannter Psychotiker Zeile für Zeile, Bild für Bild, Überzeugung für Überzeugung miteinander vergleicht, so wird man meiner Meinung nach feststellen, daß sie oft nicht voneinander zu unterscheiden sind. Wie wir gesehen haben, können beide ihre Erfahrung für unermeßlich und unbeschreiblich halten. Beide können vollkommen glücklich sein. Beide können das Gefühl haben, in ihnen sei das Universum enthalten und sie seien in einer beispiellosen Vereinigung mit demselben verbunden. Beide können von der plötzlichen Überzeugung überwältigt werden, daß sie nun die unverblümte Wahrheit sehen. Beide können glauben, daß sie über göttliche Weisheit und Güte verfügen. Beide können Jehovas Selbstdefinition benutzen und über sich sagen: »ICH BIN.«[11]

Doch stimmt Scharfstein der Ansicht zu, daß ›Psychose‹ und »Mystik« sich auf völlig unterschiedliche Arten der Erfahrung beziehen. Er formuliert kurz und bündig: »Der Psychotiker ist am Heilmittel des Mystikers erkrankt.«[12] Während der Mystiker trotz eventueller quasi-psychotischer Manifestationen oder Erfahrungen gesund ist, ist der Psychotiker krank. Die Behauptung, daß verrückt-weise Adepten *per definitionem* psychotisch sind, würde ihnen nicht gerecht.

Wir können geistige Verrücktheit als einen Zustand verminderter Funktionsfähigkeit bezeichnen, in dem der Wirklichkeitsbezug der Betroffenen schwerwiegend gestört ist und in dem sie nicht in der Lage sind, den moralischen Unterschied zwischen richtig und falsch zu erkennen. Natürlich gibt es Kliniker, die behaupten, so etwas wie Verrücktheit gebe es ohnehin nicht. Nach Ansicht von

Thomas Szasz ist Geisteskrankheit eine Bezeichnung, die wir einer bestimmten Strategie des Umgangs mit dem Leben geben.[13] Zu Anfang seiner Tätigkeit hielt R. D. Laing Schizophrenie für eine »Kommunikationsstörung« innerhalb einer Familie.[14] In seinen späteren Schriften ging er so weit zu behaupten, Schizophrene litten nicht unter einer psychischen Störung, sondern sie befänden sich in einem natürlichen Selbstheilungsprozeß. Auf der Suche nach einer Definition der Schizophrenie kommt Laing in seinem Buch *Phänomenologie der Erfahrung* zum folgenden pessimistischen Schluß:

> Schizophrenie ist ein Etikett, mit dem einige Leute andere Leute in Situationen versehen, wo eine interpersonale Trennung besonderer Art zum Vorschein kommt. Näher kommt man im Moment nicht an so etwas wie eine »objektive« Aussage heran – eine so genannte.[15]

Da Laing zugestand, daß die schizophrene »Abspaltung« von besonderer Art ist, hätte er seine Definition näher spezifizieren können. Doch das war eindeutig nicht seine Absicht. Seiner Meinung nach kämpften Schizophrene einen Kampf um die Ganzheit – ein Prozeß, der nach Laings Ansicht mystische Züge hat. Er schrieb an anderer Stelle:

> Seltene Erfahrungen, die in sozialen Begriffen schwer zu erklären und überall in der Welt praktisch gleich sind, kommen tatsächlich vor, bei Heiligen und Sündern, Genies und Verrückten und sogar bei sonst offenbar normalen Menschen. Zwecks einer Eindämmung solcher Erscheinungen ist es nützlich, sie als Krankheitssymptome anzusehen und sie als Wahnvorstellungen und Halluzinationen oder sonst was einzustufen.[16]

Laing hielt den Geisteskranken für einen spirituellen Reisenden, wohingegen er den sogenannten normalen oder psychisch Gesunden als den eigentlich Leidenden ansah, weil er dem spirituellen Prozeß des Lebens entfremdet ist. Deshalb, so folgerte er, sollten wir nicht versuchen, Schizophrene zur Konformität zurückzubringen. In seinem Buch *Die Stimme der Erfahrung* erzählt Laing die Geschichte einer Frau mittleren Alters, die nach vielen Jahren einer unglücklichen Ehe und wachsender Enttäuschung über das Leben plötzlich von unerklärlichen Gefühlen der Liebe erfüllt war.[17] Sie berichtete, Liebe sei durch ihren Rücken in ihren Körper eingeflossen und habe sie erleuchtet. Sie sah plötzlich einen neuen Sinn: anderen zu vermitteln, daß Liebe das war, was ihnen in ihrem Leben fehlte. Nachdem sie einige Tage lang in diesem euphorischen Zustand gewesen war, wurde dieser als »manisch« diagnostiziert und mit Sedativa und Elektroschocks behandelt. Ihr Gefühl der Liebe und ihr neugefundener Lebenssinn wurden auf diese Weise völlig zerstört. Doch war sie »geheilt« und wieder in der Lage, ein »normales« Leben zu führen. Zum Glück hatte sie aufgrund ihrer Erfahrung die vage Hoffnung behalten, daß die Liebe eines Tages in ihr Leben zurückkehren werde.

Zehn Jahre später suchte diese Frau Laing auf, der sie einfach reden ließ, ohne das, was sie sagte, zu beurteilen. Dann stellte sich jene Erfahrung überwältigender Liebe an einem Karfreitag wieder ein, und sie beschloß, dieses Gefühl zuzulassen, ohne vor den Konsequenzen zurückzuscheuen. Sie zog sich völlig nackt aus und suchte sich einen sicheren Ort, eine »Höhle« unter ihrem Küchentisch. In ihrer Vorstellung wurde sie zu einem Jagdhund, der knurrend ein Haus auf dem Lande umschlich. Am folgenden Ostermontag kam sie wieder zu Bewußtsein und merkte, daß sie in eine Decke gehüllt unter dem Küchentisch hockte. Sie hatte sich selbst geheilt.

Diese Wiedergeburt, diese Wandlung vom »Wahnsinn« zur »geistigen Gesundheit« enthält eine wundervolle Logik und Symbolik. Ähnliches finden wir in den großen spirituellen Traditionen der Welt, in deren Herz eine ebenso dramatische Wiedergeburt liegt: die *Metanoia* oder Be-Kehrung des gewöhnlichen Menschen zu einem Wesen, das sensibel für den größeren spirituellen Zusammenhang ist. In einer anderen Kultur als der westlichen hätte man Laings Patientin vielleicht als eine mit besonderen spirituellen Gaben Gesegnete verehrt, statt sie als verrückt zu diagnostizieren.

Karen Horney hat in ihren Untersuchungen gezeigt, daß ein

Mensch stets nur im Rahmen einer bestimmten Kultur neurotisch oder psychotisch ist.[18] Was im euro-amerikanischen Kontext neurotisch ist, wird möglicherweise anderswo als völlig normal angesehen. Diese Erkenntnis können wir mit Einschränkungen auch auf sogenannte psychotische Zustände übertragen. Was als ein schrecklicher Zusammenbruch der Persönlichkeit erscheint, *kann* aus gewissen kulturellen Perspektiven betrachtet Elemente eines echten Durchbruchs enthalten. Sogar eine Psychose kann sich als authentischer mystischer Zustand erweisen, wofür unsere westliche Kultur mit ihrem armseligen Inventar an spirituellen Phänomenen keine eigene Kategorie bereithält. Doch haben sich Laing und andere in ihrem Idealismus in einer Hinsicht geirrt: Psychose ist nicht in jedem Fall ein besonders eigenständiger Pfad zur Ganzheit. Sie kann auch einfach ein Zusammenbruch sein, eine Desintegration der Persönlichkeit.

Im übrigen sollten wir uns auch darüber im klaren sein, daß unser »normales« Alltagsleben mit psychopathologischen und quasischizophrenen Zuständen nur so gespickt ist. Es gibt nur wenige Menschen, die nicht an der einen oder anderen Neurose leiden, und manche sind sicherlich nicht weit von dem entfernt, was als schizoid bezeichnet wird, einer Form der Dissoziation, in welcher Menschen ihre Gefühle einkapseln, um sich vor Verletzungen zu schützen, die andere Menschen und die allgemeine Lieblosigkeit unserer Konkurrenzgesellschaft ihnen zufügen könnten. Der unvermeidliche Schluß lautet, daß Normalität kaum mehr ist als ein statistischer Durchschnitt oder ein Ideal-Standard.

Um zu unserer Ausgangsfrage zurückzukehren: Können spirituell transformierte Persönlichkeiten psychopathologische Elemente enthalten? Oder spezifischer: Können wir einen Teil des exzentrischen Verhaltens von Adepten als neurotisch oder psychotisch in dem Sinne bezeichnen, wie diese Begriffe von der westlichen Psychiatrie verstanden werden? Die Antwort lautet ja und nein. Zunächst müssen wir uns klarmachen, daß man einem vollständig erleuchtetes Wesen nicht gerecht wird, wenn man es als schlichtweg neurotisch oder psychotisch bezeichnet. Neurose und Psychose sind »Krankheiten« der Ich-Persönlichkeit oder, wenn wir uns der Ansicht radikaler Psychiater anschließen, Versuche, die Ich-Persönlichkeit zu heilen. Da das Ich in der Erleuchtung transzendiert wird, können die genannten Etikette natürlich für den erleuchteten Zustand nicht gelten. Doch wie wir in früheren Kapiteln gesehen haben, haben viele erleuchtete Adepten der Vergangenheit und Gegenwart offenbar Verhaltensweisen gezeigt, die man bei gewöhnlichen Menschen als neurotisch oder möglicherweise sogar als psychotisch bezeichnen würde.

Man könnte sagen, daß heilige Narren oder verrückt-weise Adepten sich am äußersten Ende des Spektrums dessen bewegen, was einige Kulturen im Rahmen religiösen und moralischen Verhaltens als zulässig empfinden. Ich würde sie als Schwellen-Existenzen bezeichnen, die das Niemandsland zwischen geistiger Gesundheit und Verrücktheit oder Normalität und Abnormität bereisen. Je stärker eine Kultur die Bedeutung des Ich und des Verstandes betont, um so weniger wahrscheinlich ist, daß verrücktweises Verhalten toleriert wird, und um so wahrscheinlicher wird ein Adept, der auf diese Weise lehrt, als verrückt abgestempelt. Damit hätten wir es jedoch mit einem moralischen und politischen, nicht also mit einem medizinischen Urteil zu tun, dessen impliziter Zweck letztlich ist, den Status quo eines Sozialwesens zu sichern.

Was würde unsere Kultur mit jemandem wie Sri Ramakrishna anfangen, einem der bekanntesten Heiligen des modernen Indien und Lehrer des weltberühmten Swami Vivekananda? Ramakrishna hat einmal bekannt, er habe seinen Drang zu verrücktem Verhalten in Gegenwart seiner Jünger bewußt zügeln müssen. Er erinnerte sich auch daran, daß er einmal in einer Phase erhöhter spiritueller Verrücktheit seinen eigenen Penis als das kosmische Prinzip der Kreativität (oder *Linga*) verehrt hatte. Einige Religionspsychologen würden dieses Verhalten wohl als neurotisch bezeichnen, vielleicht sogar als ans Psychotische grenzend. Sicherlich muß man es exzentrisch nennen. Hätte Ramakrishna im Westen gelebt und wäre er bei dieser eigenwilligen Art der Verehrung ertappt worden, so hätte er durchaus in einer psychiatrischen Anstalt enden können.

Nach Ramakrishnas eigener Realitätsdefinition war sein merkwürdiger Impuls völlig adäquat: Der menschliche Körper ist ein Abbild des Kosmos im kleinen und seinem Wesen nach göttlich. Er ist der Verehrung und Anbetung würdig, weil er eine Manifestation oder ein Ausdruck der höheren und umfassenderen Wirklichkeit ist. Ramakrishna war jedoch trotz seiner exzentrischen Anwandlungen alles andere als eine Last für die Sozialfürsorge seines Landes. Er erfüllte in Indien eine sehr wichtige gesellschaftliche Funktion, wurde als Heiliger verehrt, sogar als »vollgültiger Abkömmling« *(Pūrna-Avatāra)* des Göttlichen, und er hat eine ganze Generation religiöser Hindus inspiriert. Außerdem spielte er eine wichtige Rolle bei der Neubelebung des Hinduismus und für dessen Ausbreitung in der westlichen Welt.

Es ist schwer zu sagen, ob Ramakrishna vollständig erleuchtet war. Schon zu seinen Lebzeiten waren die Ansichten darüber sehr geteilt. Doch selbst wenn wir Ramakrishna zugestehen, daß er hohe spirituelle Verwirklichungsstufen erreicht hat, können wir uns fragen, ob nicht einige seiner Erfahrungen sogar im Kontext der traditionellen Hindu-Gesellschaft als »verrückt« eingestuft werden mußten. Er selbst hat schließlich sogar zugegeben, in einer bestimmten Zeit eine Phase besonderer »Verrücktheit« durchlebt zu haben. Agehananda Bharati, ein in Österreich gebürtiger Hindu-Mönch und bekannter Gelehrter des Hinduismus, der kein Blatt vor den Mund nimmt, hat dazu folgendes geschrieben:

Er [Ramakrishna] war ein merkwürdiger und ungewöhnlicher Priester, völlig anders als seine Kollegen: ergebener, jedoch weniger zivilisiert und vielleicht sogar ein wenig übergeschnappt. Jedenfalls ist es nicht leicht, eine Grenzlinie zwischen Manie und einem durch spirituelles Training erreichten Zustand zu ziehen. Tatsächlich hätten wir wohl wesentlich weniger Mystiker und Heilige in den Kalendern der verschiedenen Traditionen, wenn es schon immer ausgebildete Psychiater gegeben hätte.[19]

Bharati, der übrigens einmal Mitglied von Ramakrishnas Orden war, läßt seine Leser allerdings im unklaren darüber, ob eine Verringerung der Mystiker und Heiligen in seinen Augen ein Verlust wäre. Aus späteren Äußerungen dieses Autors geht jedoch klar hervor, daß seiner Meinung nach viele der Bewohner indischer Klöster psychiatrische Hilfe benötigen.

Zu Beginn seiner spirituellen Praxis konnte Ramakrishna sechs Jahre lang nicht schlafen; seine Augen schlossen sich während dieser Zeit einfach nicht. Einmal versuchte er, während er vor einem Spiegel stand, sie mit Willenskraft zu schließen, doch gelang ihm das nicht. Auch wurden seine Hände taub, wenn er Geld anfaßte. Wir können Phänomene dieser Art als yogische Manifestationen oder als physische Symptome eines quasi-psychotischen Zustandes verstehen. Sogar einige von Ramakrishnas Schülern waren besorgt und verzweifelt über die exzentrischeren Verhaltensweisen ihres Lehrers. Es schmälert Ramakrishnas spirituelle Errungenschaften und seinen heiligmäßigen Charakter nicht, wenn wir zugestehen, daß er eventuell unter neurotischen Störungen litt – nach westlichen und nach indischen Maßstäben. Das gleiche gilt auch für zahlreiche andere Mystiker des Ostens wie des Westens.

Ich möchte noch ein weiteres Beispiel anführen. Als die heilige Anandamayi Ma, die in Indien als Inkarnation der Göttin Kali verehrt wird, noch ein Kind war, hielten ihre Eltern sie für geistig zurückgeblieben, weil sie mit Pflanzen und unsichtbaren Wesen sprach. Von ihrem siebzehnten Lebensjahr an wurde sie während ritueller Gesänge kataleptisch. Die Anwesenden glaubten, sie sei von bösen Geistern besessen, und sie holten Exorzisten, die die Geister austreiben sollten. Doch die Exorzisten waren in Gegenwart dieser Frau entweder zu verängstigt oder zu ehrfürchtig, um irgend etwas bewirken zu können.

Anandamayi Ma trat häufig in spirituelle Zustände ein, in denen ihr Körper kalt und leblos wurde wie eine Vogelscheuche. Versuche, sie wieder zum Körpergewahrsein zurückzubringen, erwiesen sich als zwecklos, und sie kehrte stets nach ihren eigenen inneren Gesetzmäßigkeiten zum gewöhnlichen Bewußtsein zurück, manchmal erst nach zehn oder mehr Stunden. In anderen Fällen blieben ihre Augen weit geöffnet und zeigten ein leeres

Starren, und ihr Körper erweckte den Eindruck, als sei er mit dem Boden des Raumes verschmolzen. Während der heiligen Gesänge erlebte sie häufig heftige Muskelkontraktionen (in Sanskrit *Kriyā* genannt), oder sie wälzte sich im Rhythmus der Musik in Wellenbewegungen auf dem Boden, wobei sie sich mit emporgestreckten Armen erhob und lediglich mit ihren großen Zehen Bodenkontakt hatte. Dann wurde ihre Haut purpurfarben, und die Haare standen ihr in der Ekstase zu Berge. Auch verfiel sie immer wieder in Wein- und Lachanfälle, die länger als eine Stunde dauern konnten.

Zu einer bestimmten Zeit nahm Anandamayi Ma keinerlei Nahrung mehr zu sich und aß nur noch das, was man ihr direkt in den Mund steckte. Ihre Jünger versuchten ihr beizubringen, sich selbst Nahrung zu nehmen, doch gaben sie dies schließlich auf, da sie mit dem Essen, das man ihr hinstellte, nur andere fütterte und den Rest auf den Boden schmierte. Sie nannte ihren Körper »die Puppe«, und es machte ihr nichts aus, daß ihre Jünger ihren Körper wie ein Objekt behandelten, das sie badeten ankleideten, schmückten, verhätschelten und verehrten. Sie hatte auch einen sehr verschmitzten Zug. Arthur Koestler schreibt über sie:

> Sie neigte dazu, in Tränen auszubrechen, und hatte Lachanfälle, die oft über eine Stunde dauerten. Sie neckte ihre Gläubigen gern und gefiel sich in einem kätzchenartigen Gehaben, obwohl ihre Verspieltheit manchmal an Grausamkeit grenzte. (...) Doch die Inder sind durch jahrhundertelange Erfahrung an die Grausamkeiten ihrer Göttinnen gewöhnt.[20]

## 2. Die Persönlichkeit der Adepten: Selbst-Transzendenz und Mitgefühl

Arthur Koestler erinnert sich in einem seiner Bücher an einen Vorfall, der sich ereignete als er zu Anandamayi Mas Füßen saß. Er gibt zu, daß er nicht das Gefühl hatte, von dieser Frau gehe irgend etwas Magisches aus, und inmitten ihrer Anhänger, die sie abgöttisch verehrten, fühlte er sich ziemlich schrecklich. Eine alte Frau näherte sich dem Podium und bat Anandamayi Ma, etwas für ihren Sohn zu tun, der nach einem kürzlichen Grenzzwischenfall vermißt wurde. Die Heilige ignorierte die alte Frau völlig. Als diese hysterisch wurde, wies Anandamayi Ma sie ziemlich harsch zurecht; dies war für ihre Leibwächter offenbar das Signal, die Bittstellerin aus dem Raum zu führen. Der weibliche *Avatāra* hatte sich allem Anschein nach geweigert, Mitgefühl oder Liebe zu zeigen.

Von den Jüngern wird Hingabe erwartet, nicht, daß sie das Göttliche um seine Gunst bitten. Götter und ihre Repräsentanten auf Erden erhören offensichtlich auch die glühendsten Gebete ihrer Jünger oft nicht. In der Tat enttäuschen sie nicht nur die liebgewonnensten Erwartungen, sondern auch die Regeln, aufgrund derer Menschen zum Heiligen beziehungsweise zueinander in Beziehung zu treten versuchen – ebenjene Regeln, die durch göttlichen Willen festgelegt wurden. Deshalb spricht der Religionshistoriker Alf Hiltebeitel von »kriminellen« Gottheiten.[21] Damit meint er Götter, die sich über etablierte moralische und religiöse Grenzen hinwegsetzen. Wenn wir das Göttliche natürlich als das Transzendente *per se* verstehen, sollten uns solche »Verstöße« gegen die Moralordnung nicht überraschen. Der Gott, der Raum und Zeit transzendiert, transzendiert auch den Bereich der Moral. Hat nicht schon der rechtschaffene Jahwe der alten Israeliten seine Feinde ermordet und verstümmelt?

Wahrscheinlich haben die meisten Jünger von Anandamayi Ma, die Zeugen des von Koestler geschilderten Vorfalls wurden, sich nicht das Geringste dabei gedacht. Hätte man sie darauf angesprochen, so hätten sie wahrscheinlich das Verhalten der alten Frau mißbilligt, weil diese sich so stark in den Vordergrund gedrängt hatte. Zweifellos hätten sie kaum das Desinteresse von Anandamayi Ma am Schicksal dieser Frau kritisch hinterfragt. Da sie mit dem Göttlichen eins war, galt ihr Urteil ihren Jüngern als unfehlbar. Koestler, ein Mensch des Westens, der sicherlich die Geisteshaltung der Jünger nicht teilte, war betroffen darüber, wie gleichgültig sich Anandamayi Ma dem Leid dieser alten Frau gegenüber zeigte.

Hat Koestler recht mit seiner Ansicht, die Heilige habe in jener Situation einen Mangel an Mitgefühl gezeigt? Oder sollten wir uns der Deutung der anwesenden Hindus anschließen, daß Anandamayi Ma, die als erleuchtet angesehen wurde, spontan handelte, aus der Fülle des Göttlichen heraus, und daß ihr wesenseigenes Mitgefühl sich durch den Ausdruck ihrer äußerlichen Gleichgültigkeit manifestierte, der jene Frau aus geheimnisvollen Gründen, die nur dem Göttlichen bekannt waren, auf ihren eigenen Kummer zurückwarf? Die beiden genannten Erklärungen sind keineswegs unvereinbar. Ein weiterer Faktor in jener Situation, den Koestler ignorierte, ist die Tatsache, daß in Indien wie im Osten generell Individualismus keine so überragende Rolle spielt wie bei uns im Westen und daß man Einzelmenschen nicht den gleichen Wert beimißt wie bei uns.

Wenn wir hier einmal annehmen, daß Anandamayi Ma völlig erleuchtet war, so müssen wir zugestehen, daß ihr Leben von dem »transzendenten« Motiv geprägt war, eine positive Präsenz in der Welt zu sein, ein Wirbel der Transformation, und alle Wesen in jenen glückseligen Zustand zu versetzen, der den Geist umzuwandeln vermag und den sie selbst genossen zu haben scheint. Der Impuls, andere zur Erleuchtung zu geleiten, scheint eine natürliche Begleiterscheinung des erleuchteten Zustandes zu sein, obgleich sich daraus nicht immer der Wunsch zu lehren herauskristallisiert. Deshalb sind nicht alle Adepten Gurus. Doch selbst Gurus, die sich um das spirituelle Wohl von Schülern kümmern, werden und können nicht ständig dieses transzendente Verlangen oder diesen Willen in konkrete, erkennbare Handlungen des Mitgefühls umsetzen.

Solche Handlungen basieren notwendigerweise auf selektiver Aufmerksamkeit. Beispielsweise kann es sein, daß ein Adept, der sich an eine große Versammlung wendet, einen bestimmten Anwesenden nicht bemerkt oder ihm bewußt keine spezielle Beachtung schenken *will*. Andererseits gibt es Anekdoten über Adepten, die in bestimmten Situationen mit mehr als einer Person interagiert haben, manchmal sogar mit Menschen, die sich viele Kilometer entfernt aufhielten. Treffen diese Berichte zu, so veranschaulichen sie, daß ein Adept – ja sogar jeder gewöhnliche Mensch – auf mehr als nur der physischen Ebene existiert. Auf der physischen Ebene allerdings kann der Adept seine Aufmerksamkeit nur auf jeweils einen bestimmten Ort konzentrieren.

Nehmen wir einmal an, ein Guru manifestiert Wut, indem er einen Schüler tadelt. Wenn der Schüler einen gewissen Grad an spiritueller Reife erreicht hat, so wird er oder sie, obwohl der Wutausbruch des Lehrers ihn/sie erschüttert, trotzdem das Mitgefühl des Gurus spüren. Vielleicht ist der Schüler sogar der Ansicht, daß das Geschrei oder die Schläge des Lehrers völlig angemessen und notwendig sind. Doch während ein Lehrer wütend ist, ist er oder sie nicht *aktiv* mitfühlend einem anderen Schüler gegenüber, der zufällig in der Nähe steht. Ebenso kann der Guru seine Aufmerksamkeit auch auf das Lesen oder die Interpretation einer Schrift richten. In jenem Augenblick ist die Aufmerksamkeit des Adepten auf den Akt des Lesens oder Interpretierens gerichtet, statt darauf, *aktiv* Liebe auszustrahlen.

Wir müssen klar unterscheiden zwischen *allgemeinem* und *konkret intendiertem* Mitgefühl. Beide sind Bestandteile des Paradoxons spirituell fortgeschrittener Mystiker und Erleuchteter. Erklären läßt sich dieser Unterschied auf die gleiche Weise wie die Tatsache, daß Mystiker und Adepten neurotische Züge manifestieren oder Erfahrungen machen können, die an psychotische Zustände erinnern. Wie ist das möglich? Meiner Meinung nach ist diese Frage relativ einfach zu beantworten: Eine Begabung für spirituelle Erfahrungen oder Zustände ist eine ebensolche Spezialisierung der Aufmerksamkeit wie etwa eine hochentwickelte intellektuelle Leistungsfähigkeit oder ästhetische Kreativität. Mystiker sind spirituelle Genies. Doch ebenso wie intellektuelle, literarische, musikalische oder künstlerische Genies können sie Störungen des psychischen Gleichgewichts unterliegen, die wir als Neurosen oder quasi-psychotische Zustände bezeichnen – und vielleicht ist das sogar häufig der Fall.

Man sollte sich in diesem Zusammenhang noch einmal klar vor Augen führen, daß Mystiker und Heilige in diesem Buch nicht generell als völlig erleuchtete Wesen angesehen werden. Deshalb stellt sich die Frage, ob die obigen Erwägungen sich auch auf diejenigen beziehen, die dauerhaft erwacht sind in dem Sinne, wie die Buddhas oder *Mahāsiddhas* zur höchsten Wirklichkeit erwacht sind? Wie bereits mehrfach erwähnt, besteht die Erleuchtung in der Transzendierung der Ich-Gewohnheit, jener Empfindung, auf irgendeine Weise mit dem Körper-Geist-System identisch zu sein. Doch löscht Erleuchtung oder Gott-Verwirklichung *nicht* die Persönlichkeit aus. Täte sie dies, so würden wir sie völlig zu Recht mit der Psychose gleichsetzen.

Daß die Persönlichkeit Erleuchteter weitgehend bestehen bleibt, wird klar, wenn man sich die vorliegenden Autobiographien von Adepten der Vergangenheit und Gegenwart anschaut. Jeder von ihnen manifestiert spezifische psychologische Qualitäten, die genetisch und durch die Lebensgeschichte des Betreffenden determiniert sind. Einige tendieren stärker zur Passivität, andere sind unglaublich dynamisch. Manche sind besonders sanft, andere ausgesprochen grimmig. Einige haben keinerlei Interesse an Wissen und Gelehrsamkeit, andere sind überragende Intellektuelle. Gemeinsam ist allen vollständig Erwachten, daß sie sich nicht mehr mit ihren Persönlichkeitsstrukturen identifizieren, wie auch immer diese beschaffen sein mögen. U. G. Krishnamurti (nicht zu verwechseln mit Jiddu Krishnamurti), der sich selbst als erleuchtet bezeichnet, hat den folgenden aufschlußreichen Kommentar gegeben:

Die Persönlichkeit verändert sich nicht, wenn Sie in diesen Zustand [der Erleuchtung] eintreten. Schließlich sind Sie ein Computer, der so reagiert, wie er programmiert worden ist. Tatsächlich bringen gerade Ihre Bemühungen, sich zu verändern, Sie von sich selbst ab und hindern Sie an einer natürlichen Art zu sein. Die Persönlichkeit bleibt die gleiche. Erwarten Sie nicht, daß solch ein Mensch Zorn oder andere Eigenheiten nicht mehr manifestiert. Erwarten Sie nicht eine Art spiritueller Bescheidenheit. Er oder sie kann die arroganteste Person sein, der Sie jemals begegnet sind, weil sie das Leben auf eine einzigartige Weise kennengelernt hat, so wie niemand vor ihr. Deshalb drückt jeder, der in diesen Zustand eintritt, denselben auf eine einzigartige Weise aus, die der jeweiligen Zeit adäquat ist. Und aus dem gleichen Grund treffen zwei oder mehr Menschen, die zur gleichen Zeit in diesem Zustand verweilen, niemals zusammen. Sie würden niemals Hand in Hand gemeinsam in den Straßen tanzen – »Wir sind alle selbst-verwirklichte Menschen; wir gehören dazu.«[22]

Da die grundlegende Persönlichkeitsstruktur nach der Erleuchtung prinzipiell erhalten bleibt, muß man sich fragen, ob die Erleuchtung auch Eigenheiten unverändert läßt, die man bei nicht erleuchteten Menschen als neurotisch bezeichnen würde. Wie ich bereits vorher erwähnt habe, bin ich persönlich der Ansicht, daß dies der Fall ist. Die psychischen Eigenheiten von Adepten sind untrennbar mit ihrer spontanen Präsentation in der Welt verbunden. Wie Da Love-Ananda einmal festgestellt hat, repräsentiert jeder Adept eine bestimmte Begrenztheit in Raum und Zeit.

Diese wichtige Tatsache wird, von Menschen, die ihr Leben einem spirituellen Lehrer zu Füßen legen, oft ignoriert. Selbst wenn der betreffende Guru tatsächlich völlig erleuchtet ist, entspringt die Unterwerfung des Schülers ihm gegenüber häufig einem neurotischen Bedürfnis, auf die eigene Autonomie zu verzichten und eine Vater- oder Mutterfigur für sich entscheiden zu lassen. Dabei entgeht ihnen, daß Adepten, obgleich sie sich mit der transzendenten Wirklichkeit identifizieren, nach wie vor inkarniert sind und daß sie als inkarnierte Wesen Fehler machen und Fehlurteile fällen können. Man könnte sogar sagen: Je stärker sich Adepten der Spontaneität öffnen, die sich in ihnen manifestiert, je stärker sie sich in ihr verlieren und je weniger sie ihre eigenen Handlungen zensieren, um so mehr gerät ihr Verhalten mit den konventionellen Erwartungen und Standards ihrer Anhänger und der »faktischen« Welt in Konflikt. Folglich setzen sich die Schüler einer ständigen, letztlich von ihnen selbst verursachten Frustration aus, die nicht jeder auszuhalten vermag. Damit ist natürlich auch die Gefahr verbunden, daß einige dieser Schüler in ihrem persönlichen Wachstum behindert werden.

Wenn die Persönlichkeit des Gurus stark autoritäre Züge aufweist, wie es häufig der Fall ist, wird dem Schüler oft aufgebürdet, nicht nur dem spirituellen Zustand des Gurus, sondern auch seiner psychophysischen Persönlichkeit nachzueifern. Auf diese Weise entsteht ein Kult, in dessen Mittelpunkt der Guru als »Goldenes Kalb« steht. Persönliches Wachstum und spirituelle Reifung sind dann nur noch sehr bedingt möglich. Traditionell wird vor einer solchen buchstäblichen Nachahmung immer wieder gewarnt. In der Praxis jedoch ist dies eher die Regel als die Ausnahme.

Erleuchtung hebt Ignoranz nicht auf, und im Gegensatz zu den Beteuerungen vieler Traditionen ist ein erleuchtetes Wesen weit von Allwissenheit entfernt. Trotz des fließenden und spontanen Wesens Erleuchteter können diese – in ihrer Erscheinung in Raum und Zeit – nicht anders, als sich ihren genetischen und grundlegenden psychischen Strukturen entsprechend zu verhalten. Wenn s e echte Lehrer sind oder das, was die Hindus *Sadguru* nennen, so kann man sich darauf verlassen, daß der höchste Sinn ihres Wirkens das Kommunizieren der transzendenten Wirklichkeit ist. Doch ist ihr konkretes Verhalten letztlich immer durch die psychischen Strukturen ihrer Persönlichkeit geprägt.

Beispielsweise haben einige männliche Adepten verrückte Weisheit demonstriert, indem sie zahlreiche Frauen durch sexuelle Kontakte initiierten, sich von homosexuellen Begegnungen jedoch strikt fernhielten. Da die transzendente Wirklichkeit geschlechtslos (oder all-geschlechtlich) ist, kann dies nur als eine persönliche Vorliebe verstanden werden – ganz gleich, wie spontan diese Geschehnisse eingetreten sein mögen. Natürlich gefällt es den Anhängern eines Gurus zu glauben, dieser sei völlig frei von jeglichen Vorlieben und er manifestiere alle scheinbar speziellen Eigenheiten lediglich, um mit ihrer Hilfe andere zu unterweisen. Wenn man auch nur einen Augenblick über diese Ansicht nachdenkt, wird klar, daß sie auf nichts als Phantasie und Projektion basiert – womit nicht abgestritten werden soll, daß selbst die eigenwilligsten Verhaltensweisen eines Adepten dem Erwachen seiner Schüler dienen können. Doch kann das Verhalten eines Lehrers seinen Schülern nur dann wirklich nützlich sein, wenn diese es als das erkennen, was es tatsächlich ist. Nur eine realistische Beziehung zu einem Guru kann positive Früchte tragen.

412

Einige Lehrer haben behauptet, ihr Verhalten spiegele den psychischen Zustand jener, mit denen sie in Kontakt treten – daß ihre verrückt-weisen Handlungen von den Schülern selbst hervorgerufen würden. Mag sein, daß das so ist. Ich habe bereits mehrfach auf die chamäleonartigen Eigenschaften der Adepten hingewiesen. Doch auch ein solches Spiegeln bewegt sich immer noch im Rahmen der persönlichen Strukturen des Betreffenden. Beispielsweise sitzen nur wenige Gurus auf Müllhaufen, und kaum einer ißt Menschenfleisch (so wie es der moderne tantrische Meister Vimalananda getan hat) oder meditiert über Leicher, um andere zu unterweisen, und die wenigen, die sich den genannten extremen Praktiken widmen, werden wahrscheinlich nicht in Erwägung ziehen, ihren Intellekt zu schulen oder sich musikalische Fähigkeiten anzueignen, um einem Schüler besser dienen zu können.[23]

Ganz gleich, welche Erklärungen ein Lehrer für sein eigenes verrückt-weises Verhalten geben mag, die Schüler sollten sich stets der Tatsache bewußt bleiben, daß kein Adept, ob erleuchtet oder nicht, unfehlbar ist oder sich nicht noch weiterentwickeln könnte. Derartige Behauptungen sind meiner Meinung nach ein sicheres Zeichen dafür, daß es dem betreffenden Lehrer entweder an Verständnis mangelt oder daß er versucht, andere über seinen tatsächlichen Entwicklungsstand zu täuschen. In beiden Fällen schweben Schüler eines solchen Lehrers in Gefahr. Im Gegensatz zur in New-Age-Kreisen weitverbreiteten Meinung gibt es keine »vollkommenen Meister«. Ken Wilber schrieb dazu sehr treffend:

Vollkommenheit gibt es nur auf der Ebene der transzendentalen Essenz, nicht auf der der manifesten Existenz. Dennoch sehen viele Anhänger ihre Meister als in jeder Hinsicht »vollkommen«, als den »perfekten Guru« an. Dies ist fast immer ein problematisches Zeichen, obwohl es nur in den seltensten Fällen eine katastrophale Entwicklung zur Folge hat. Es ist jedoch für den Anhänger persönlich problematisch. Verwechselt er nämlich die Essenz mit der konkreten Existenz, kann er dem Irrtum erliegen, seine archaischen, narzißtischen und Allmachts-Phantasien auf den »perfekten Guru« zu projizieren. Alle möglichen archaischen und magischen, dem Primär-

413

prozeß eigenen Denkweisen werden dadurch reaktiviert: Der Guru vermag alles; wie großartig der Guru doch ist; und wie großartig muß demzufolge auch ich sein, da ich zu den von ihm Auserkorenen zähle. Dies ist eine extrem narzißtische Sichtweise.

Natürlich tritt irgendwann die menschliche Seite des Gurus zutage, und der Anhänger ist dann völlig entsetzt, desillusioniert und am Boden zerstört. ...

Ein guter Meister mag tatsächlich vollkommen erleuchtet und seines göttlichen Wesens gewahr sein, doch ist er außerdem auch menschlich. Selbst von Christus heißt es, er sei ein Mensch (Jesus) mit zwei Naturen gewesen: einer menschlichen und einer göttlichen. Außerdem bedeutet die Tatsache, daß die Seele und der höhere Geist eines Gurus einer strengen Schulung unterzogen wurde, nicht, daß auch sein Körper und sein gewöhnlicher Geist vollkommen ausgebildet sind. Ich jedenfalls habe noch keinen Guru kennengelernt, der in der Lage gewesen wäre, mit seinem »vollkommenen Körper« eine Meile in vier Minuten zu laufen, oder der mit seinem »vollkommenen Geist« Einsteins Spezielle Relativitätstheorie zu erklären vermocht hätte.[24]

Angesichts des Mangels an Vollkommenheit in den bedingten Bereichen der Existenz ist die Exzentrik jener erleuchteten Adepten, die in der Tradition der verrückten Weisheit lehren, potentiell gefährlich. Sie betrachten sich selbst als nicht ganz menschlich, sondern identifizieren sich mit der übermenschlichen, transzendenten Realität. Ihre Handlungen sind nach ihren eigenen Aussagen völlig spontan. Es existiert angeblich kein Ich, das sich dabei einschaltet. Und wenn keine Ich-Identität vorhanden ist, so müssen wir annehmen, daß auch kein Über-Ich oder Gewissen vorhanden ist. Doch sind sie eindeutig nicht im klinischen Sinne verrückt. Wenn man die Voraussetzung ihrer nicht-dualistischen Metaphysik akzeptiert, so machen ihre Verrücktheiten im spirituellen Kontext Sinn. Die Gefahr liegt in der Tatsache, daß ihre Mission, jenen Zustand transzendenter Einheit zu kommunizieren, zwangsläufig durch eine bestimmte individuelle Psyche (oder Persönlichkeit) gefiltert wird, die vom Ich-Mechanismus unterschieden werden muß.

Folglich vermischt sich ihre Spontaneität, die vom Impuls, andere zur Erleuchtung zu führen, getrieben wird, mit den Mustern ihres endlichen Körper-Geist-Systems und wird durch diese determiniert. Erleuchtete Adepten kann man auch nicht als Neurotiker bezeichnen, selbst wenn sie quasi-neurotische Charakterzüge aufweisen, da diese Züge im Kontext der Ich-Transzendenz auftreten. Dies schließt jedoch nicht die Möglichkeit aus, daß auch völlig erleuchtete Wesen noch an ihrer körperlich-geistigen Existenz arbeiten müssen.

Des weiteren ist leicht zu erkennen, warum verrückt-weise Adepten, die noch nicht völlig erleuchtet sind, noch gefährlicher sein können als Erleuchtete, die auf exzentrische Weise lehren. Dies ist so, weil erstere ihr Ich noch nicht vollständig transzendiert haben und deshalb eine Vielzahl von falschen Auffassungen und sogar völlig irrigen Vorstellungen verbreiten und möglicherweise aus niederen Beweggründen heraus handeln. Die geringste Gefahr geht wohl von jenen Adepten aus, die wie die Narren um Christi willen ihr mystisches Streben nach Gott-Werdung durch eine gesunde Dosis altmodischer Demut angesichts des Göttlichen in Schach halten. Natürlich hat der metaphysische Dualismus jener heiligen Narren, wie wir bereits gehört haben, den Nachteil, daß er den spirituellen Prozeß verkürzt sieht. Denn solange das Bild des Vaters auf das Göttliche projiziert wird, kann der Mystiker die transzendente Wirklichkeit, die der Ich-Persönlichkeit die Grundlage entzieht, nicht vollständig realisieren.

Adepten streben natürlich nicht nach Selbst-Entwicklung, sondern nach Selbst-Transzendenz. Ihnen geht es nicht um Selbst-Verwirklichung – wobei ich »Selbst-Verwirklichung« hier in einem weniger umfassenden Sinne verstehe als Abraham Maslow, nämlich als die Intention, durch Integration des Schattens einen Zustand psychischer Ganzheit zu erreichen.[25] Der Schatten ist in der Terminologie C. G. Jungs der dunkle Aspekt der Persönlichkeit, das angesammelte unterdrückte Material der Psyche. Der individuelle Schatten ist zwangsläufig mit dem kollektiven Schatten verbunden. Die Integration des Schattens in das Bewußtsein ist eine einmalige Aktion, ein lebenslanger Prozeß. Die Integration kann entweder vor der Erleuchtung oder danach eintreten. Wenn spirituell Übende diese Integration vor der Erleuchtung nicht bewußt angestrebt haben, wird sie aufgrund der relativen Stabilität der psychischen Strukturen wahrscheinlich auch nach Eintreten der Erleuchtung kein Bestandteil ihrer Persönlichkeit sein.

Einige zeitgenössische Adepten haben behauptet, im Durchbruch der Erleuchtung werde der Schatten völlig vom Licht des Über-Bewußtseins überflutet. Das würde bedeuten, daß Erleuchtete frei von jeglichem Schatten sind. Dies ist als Aussage über die bedingte Persönlichkeit kaum zu akzeptieren. Der Schatten ist das Produkt der nahezu unendlichen Permutationen unbewußter Prozesse, die ein wesentlicher Bestandteil des menschlichen Lebens, so wie wir es kennen, sind. Im Laufe des Lebens entsteht der Inhalt des Unbewußten einfach deshalb, weil niemand sich ständig aller Vorgänge bewußt sein kann. Die Entwurzelung der Ich-Identität im Augenblick der Erleuchtung beendet die Prozesse der Aufmerksamkeit nicht, sondern sie löst lediglich die Verankerung der Aufmerksamkeit im scheinbaren Zentrum des unerleuchteten Körper-Geist-Systems, das wir als »Ich« oder »Ich-Identität« bezeichnen. Außerdem denken und fühlen Erleuchtete natürlich weiterhin, und beides hinterläßt Spuren im Unbewußten, selbst wenn keine innere Anhaftung daran existiert. Der entscheidende Unterschied liegt darin, daß Erleuchteten diese unbewußten Reste nicht als der Ich-Transzendierung hinderlich erfahren, einfach weil sie dieselbe bereits erreicht haben.

Nicht wenige Adepten haben zugegeben, daß es selbst nach dem Erwachen zur universellen Wirklichkeit ein »Phantom-Ich«, ein rudimentäres Funktionszentrum gebe. Wenn wir diese Aussage akzeptieren, könnten wir vielleicht auch von der Existenz eines »Phantom-Schattens« oder eines »rudimentären Schattens« sprechen, welcher es Erleuchteten ermöglicht, in den Dimensionen der bedingten Wirklichkeit zu leben. Da beim nicht erleuchteten Menschen Ich und Schatten miteinander verbunden sind, müssen wir bei der erleuchteten Persönlichkeit eine entsprechende Beziehung zwischen Phantom-Ich und Phantom-Schatten vermuten.

Traditionell heißt es vom *Yogin*, daß das *Karma*, das er produ-

ziere, weder schwarz noch weiß sei – doch auch er erzeugt
*Karma.*[26] In der *Bhagavad-Gītā* (III. 4 ff.), der ältesten bekannten
Schrift des Yoga, finden wir klare Formulierungen dieses Prinzips.
Der Gott-Mensch Krishna erklärt darin seinem Schüler Arjuna, daß
Leben Aktivität *(Karma)* beinhaltet. Solange die Körper-Geist-Einheit lebendig ist, ist sie gezwungen, aktiv zu sein. Alle Handlungen hinterlassen jedoch ihre Spuren im Unbewußten. Ebenso wie
Leben und Tod sind Bewußtsein und Schatten natürliche Polaritä-
ten. Sie prägen die bedingte Wirklichkeit auch noch nach der Erleuchtung. Obwohl einige spirituelle Traditionen behaupten, es sei
möglich, den sterblichen Körper in einen unsterblichen zu verwandeln, ist das Körper-Geist-System erleuchteter Adepten ebenso
anfällig für Krankheit und Tod wie das eines gewöhnlichen Sterblichen.

Selbst wenn wir annähmen, daß sich im Fall der Erleuchtung
der Schatten auflöst, müßten wir uns ernsthaft fragen, ob diese
»Erleuchtung des Schattens« einer Integration entspricht. Integration ist meiner Meinung nach die Grundlage für eine höhere
Selbst-Transformation. Das bedeutet, daß sie absichtliche Veränderung voraussetzt – Veränderung in Richtung psychischer
Ganzheit, die für andere erkennbar ist. Wenn ich mir die Lebens-
geschichten zeitgenössischer Adepten anschaue, die von sich behaupten, erleuchtet zu sein, so sehe ich keinerlei Hinweise für eine
solche Integrationsarbeit. Eines der augenfälligsten Anzeichen
hierfür wäre, es nicht dabei zu belassen, den Schülern ihre eigene
Aktivität zu spiegeln, sondern umgekehrt auch offen dafür zu sein,
daß die Schüler *ihnen* als Spiegel für die eigene menschliche Entwicklung dienen können. Doch erfordert dies eine Offenheit, die
sich mit dem autoritären Auftreten der meisten Gurus nicht vereinbaren läßt.

Die traditionellen spirituellen Pfade basieren im großen und
ganzen auf dem vertikalen Ideal der Befreiung *von* der Konditionierung des Körper-Geist-Systems. Deshalb sind sie auf etwas ausgerichtet, das als das höchste Gute angesehen wird – das transzendente Sein. Diese ausschließliche Orientierung auf ein hohes
spirituelles Ziel hin verliert die menschliche Psyche aus dem Blick.

Die Anliegen der Psyche werden aus dieser Perspektive unbedeutend, und ihre Strukturen werden als etwas angesehen, das man ohnehin so schnell wie möglich transzendieren sollte, statt es transformieren zu wollen. Natürlich setzen alle auf Selbst-Transzendenz zielenden Methoden ein gewisses Maß an Selbst-Transformation voraus. Doch schließt eine so verstandene Selbst-Transzendenz im allgemeinen nicht die ausdrückliche Bemühung ein, mit dem Schatten zu arbeiten und eine Integration desselben zu erreichen. Dies erklärt meiner Meinung nach, warum so viele Mystiker und Adepten so exzentrisch und autoritär sind und warum ihre Persönlichkeit so wenig integriert wirkt.

Doch sollten wir exzentrisches Verhalten oder Schwierigkeiten in der sozialen Interaktion nicht unbedingt mit psychischer Dysfunktion gleichsetzen. James Royster schreibt: »Bevor die Tiefen mystischer Erfahrung vollständig ausgelotet werden können, muß ein gewisses Maß an psychischer Gesundheit erreicht sein.«[27] Die Betonung muß hier auf »*vollständig* ausgelotet« liegen, weil Psychotiker offenbar Zustände erleben können, die gewissen mystischen Zuständen ähnlich, wenn nicht gar identisch mit ihnen sind.

Integration, so wie sie hier verstanden wird, tritt in der Horizontalen ein. Sie bezieht die bedingte Persönlichkeit und ihre gesellschaftlichen Verknüpfungen in das Ideal der Ganzheit ein. Doch macht Integration nur dann Sinn, wenn die bedingte Persönlichkeit und die Welt der relativen Existenz nicht als unverbesserliche Gegner der höchsten Wirklichkeit angesehen, sondern als Manifestationen letzterer verstanden werden. Der Psychologe Erich Neumann hat dieses Problem sehr klar artikuliert. Er bezeichnet die erstgenannte, die vertikale Tendenz, als »pleromatische Mystik«. Er schrieb:

Es ist eine Weltauffassung, die gerade in unserer Zeit besonders auffällig geworden ist. In ihr wird versucht, die Wirklichkeit als Gegebenheit zu übersehen. Sie ist »pleromatisch« in dem Sinne, daß das Pleroma, die Fülle des Göttlichen in seinem vorweltlichen Zustand, in dem die Gottheit noch nicht in die Welt eingetreten ist, als »eigentlicher« Weltzustand angesehen wird. Mystisch ist sie, weil die

Verbindung mit dem Pleroma nur mystisch oder illusionistisch zu erreichen ist. (...) Mit der mystisch-inflationistischen Ausdehnung des Individuums, das sich mit dem Pleroma, dem Urgeist, der Gottheit usw. in eins setzt und nun im Grenzenlosen und Absoluten schwebt und sich auflöst, versucht das Ich illusionistisch die Dunkel- und Schattenproblematik der Welt und der Menschheit zu umgehen.[28]

Neumann setzt dieser pleromatischen Mystik das entgegen, was er als »Nihilismus« bezeichnet und womit er den Positivismus im weitesten Sinne meint. Beide Herangehensweisen sind ihrem Wesen nach monistisch. Im einen Fall wird das Spirituelle zum einzigen Prinzip der Realität erhoben, im anderen wird dem Materiellen die höchste Bedeutung eingeräumt. Er argumentiert weiter, beide Orientierungen würden beinhalten, daß die individuelle Verantwortung für den Schatten im eigenen Inneren und in der Gesellschaft abgelegt wird.

Verantwortlichkeit ist der Schlüssel zu jeder spirituellen Praxis, die auf das Erreichen von Ganzheit zielt. Maslow, klarsichtig wie so oft, bietet uns hierzu die folgenden aufschlußreichen Äußerungen an:

Mit der Frage der Verantwortlichkeit hat man sich bisher kaum beschäftigt. Sie kommt in unseren Lehrbüchern nicht vor, denn wer könnte Verantwortlichkeit bei weißen Mäusen untersuchen? Dennoch ist sie ein unübersehbarer Bestandteil jeder Psychotherapie. In der Psychotherapie kann man den Augenblick der Verantwortung sehen, fühlen und erkennen. Dies ist einer der wirklich wichtigen Schritte. Jedesmal, wenn man Verantwortung übernimmt, ist dies eine Verwirklichung des Selbst.[29]

Wie ich bereits in früheren Kapiteln erläutert habe, liegt dem Fortschritt spiritueller Übung eine Entfernung vom gesellschaftlichen Realitäts-Konsens zugrunde, von der »normalen« Welt des gewöhnlichen Menschen. Doch braucht dies nicht zu endloser Selbst-Isolation zu führen, wie sie für einige Formen mystischer Übung typisch ist. Eine solche Selbst-Abkapselung wäre nur ein weiterer Auswuchs des Narzißmus. Nachdem der Mystiker das Göttliche in den Tiefen seiner eigenen Seele entdeckt hat, muß er es in allen anderen Wesen und Dingen finden. Dies ist in der Tat die wichtigste und höchste Verpflichtung und Verantwortung des Mystikers. Nachdem er sich an der Quelle des Lebens gelabt hat, muß er das spirituelle Werk vollenden, indem er Mitgefühl übt, um der Erkenntnis Rechnung zu tragen, daß alles Existierende am universellen Feld des Göttlichen teilhat. Wie die Meister des Mahāyāna-Buddhismus wußten, entfaltet sich das erwachte Leben in der kreativen Spannung zwischen Gnosis *(Prājña)* und Mitgefühl *(Karunā)*.

### 3. Heilige Verrücktheit
### und die Transzendenz von Gut und Böse

Die meisten von uns hätten es gern, daß spirituelle Lehrer sanftmütige, ausgeglichene Musterbeispiele der Tugendhaftigkeit sind. Doch wie wir in diesem Buch gesehen haben, ist das nur selten der Fall. Und keiner von ihnen verkörpert Vollkommenheit, einfach deshalb, weil es Vollkommenheit in unserem endlichen Universum nicht gibt. Deshalb müssen wir uns vor unseren idealistischen Projektionen hüten, die unseren spirituellen Weg trüben können. Andererseits bringt das populäre Bild vom spirituellen Lehrer als einer Jesus ähnlichen Gestalt, die Milde und Güte ausstrahlt, eine durchaus richtige und wichtige Intuition zum Ausdruck. Wir sollten von unseren Lehrern, und insbesondere von denjenigen, die sich als erleuchtet bezeichnen und die im Stil verrückter Weisheit lehren, erwarten, daß sie große Weisheit und ein ebensolches Maß an Mitgefühl zum Ausdruck bringen.

Außerdem dürfen wir von ihnen erwarten, daß sie außergewöhnliche Geschicklichkeit *(Upāya)* in ihrer Mission, uns zur Erleuchtung zu führen, zeigen. Was nützen uns gelehrsame Ärzte, wenn sie am Krankenbett eine Mauer zwischen sich und den Patienten errichten? Und was können wir andererseits von einem Arzt erhoffen, der sympathisch und charmant ist, dem es jedoch am notwendigen Wissen fehlt, um eine korrekte Diagnose zu stellen

420

und eine angemessene Behandlung zu verordnen? Spirituelle Lehrer sind »Ärzte« der Psyche in ihren tiefsten Aspekten. Ihr Einfluß auf Schüler ist von großer Tragweite und Tiefe, und in manchen Fällen hat er sich sogar als verhängnisvoll erwiesen. Traditionell heißt es, die Verbindung zwischen Lehrer und Schüler reiche über den Tod hinaus. Doch selbst wenn wir uns dieser alten Überzeugung nicht anschließen, können wir die Tiefe der Lehrer-Schüler-Beziehung würdigen, die alle Aspekte des Lebens eines Schülers beeinflußt und die beiden Seiten große Verantwortung auferlegt.

Das spirituelle Engagement ist für Schüler und Lehrer gleichermaßen voller Gefahren. Gurus haben eine undankbare und fast unlösbare Aufgabe, besonders in unserer Zeit, die allem Spirituellen so ablehnend gegenübersteht. Sie befinden sich in der gleichen prekären Situation wie Ärzte, die ständig Gefahr laufen, von enttäuschten Patienten verklagt zu werden.[30] Westliche Schüler sind gewöhnlich sehr wankelmütig in ihrer Sicht des Gurus und in ihrer Hingabe an den spirituellen Prozeß. Sie fühlen sich hin- und hergerissen zwischen dem Wunsch, einen Blick auf die höchste Wirklichkeit oder Gott zu werfen, und dem machtvollen Impuls, ihren Status quo zu sichern. Es fällt ihnen schwer, sich der Disziplin, die ein Lehrer ihnen abverlangt, und seiner Autorität zu unterwerfen. Doch haben auch Suchende früherer Zeiten und anderer Kulturen mit diesen Schwierigkeiten gekämpft.

Zu allen Zeiten mußten sich Schüler mit der Möglichkeit auseinandersetzen, daß ihr Lehrer möglicherweise nicht authentisch oder nicht in ausreichendem Maße für seine Lehrerrolle qualifiziert war. Doch abgesehen von der persönlichen Verantwortung, die ein Lehrer hat, ist seine Rolle auch gefährlich für die Ich-Persönlichkeit, die sich zwar gern ein wenig mit spirituellen Dingen beschäftigt, sich aber letztendlich jedem Eingriff von außen standhaft widersetzt, ganz gleich, ob dieser nun göttlichen oder anderen Ursprungs ist. Da Love-Ananda hat zugegeben: »Der Guru inszeniert die Bedrohung des Göttlichen, welche eine ungemein transformierende und fesselnde Kraft ist. ... Deshalb ist der Guru eine gefährliche Person.«[31]

George B. Leonhard weist auf den gleichen Punkt hin, indem er davon spricht, die Gestalt des Mystikers sei »die gefährlichste von allen«.[32] Obgleich durch die Mystik häufig rigide Strukturen entstanden sind, wie Leonhard zugibt, hat der mystische Impuls ebensooft ebenjene Strukturen wieder zerstört. Sinn und Zweck der Mystik und der spirituellen Esoterik ist es, die konventionelle Wirklichkeit zu unterminieren, so daß die transzendente Wirklichkeit aufleuchten kann. Spiritualität ist ihrem Wesen nach dekonstruktiv, und in ihrer verrückt-weisen Form ist sie häufig antinomistisch.

Wie wir gesehen haben, hat der Adept die Funktion, im Schüler eine tiefe spirituelle Krise hervorzurufen, eine Krise, die letzteren zu einem spirituellen Durchbruch und schließlich zu Erleuchtung führen soll. Angesichts dieses hohen Ziels könnten uns die exzentrischen Methoden von Meistern der verrückten Weisheit durchaus als legitim erscheinen. Diese Lehrer versuchen, im Schüler ein Chaos zu erzeugen, um alle emotional-mentalen Muster zu beseitigen, die die Erleuchtung oder authentisches Sein verhindern. Doch in ihren Bemühungen, die normale Welt des Schülers zu dekonstruieren, sind verrückt-weise Adepten häufig weit über die vom Moralempfinden und vom gültigen Gesetz gesteckten Grenzen hinausgegangen. Nun mag dies in traditionellen Gesellschaften akzeptabel gewesen sein, doch in unserer Zeit wirft es schwerwiegende Fragen auf.

Mit dieser Thematik befaßt sich das Buch *Meister, Gurus, Menschenfänger* (Untertitel: »Über die Integrität spiritueller Wege«), das von Ken Wilber, Bruce Ecker und Dick Anthony herausgegeben wurde. Die Herausgeber, die mit dem Thema bestens vertraut sind, unterscheiden zwischen Authentizität und Legitimität spiritueller Gruppen. Ich halte dies für eine nützliche Unterscheidung, die man auch auf spirituelle Führer übertragen kann. Wie Ken Wilber in seinem Beitrag in jenem Buch erklärt, hat Authentizität etwas mit Veränderungen zu tun, die in der Tiefenstruktur (der Dimension der »Transformation«) einer Gruppe oder spirituellen Institution stattfinden, wohingegen Legitimität sich auf Veränderungen der Oberflächenstruktur (der Dimension der »Translation«) bezieht. Wenn wir dieses Modell auf unsere momentanen Betrachtungen anwenden, können wir sagen, daß spirituelle Führer oder Gurus dann »authentisch« sind, wenn sie das transformative (vertikale) Wachstum ihrer Schüler fördern, und daß sie »legitim« sind, wenn sie die Integration oder Kohärenz auf einer bestimmten Ebene struktureller Adaptation an den spirituellen Prozeß unterstützen. Das beinhaltet, daß authentische und legitime Lehrer ihre Schüler nicht nur dazu ermutigen, sich über ihre derzeitige Adaptationsebene im Rahmen der psycho-spirituellen Evolution hinauszuentwickeln, sondern daß sie auch den derzeitigen psycho-spirituellen Status der Schüler respektieren und sie dazu ermutigen, ihre derzeitige Entwicklungsstufe zu konsolidieren.

Deshalb werden authentische und legitime Lehrer nichts unternehmen, was die Schüler so schockiert, daß ihre Entwicklung dadurch zum Stillstand kommt, und sie werden sie auch nicht stärker antreiben, als sie es aufgrund ihrer Situation verkraften können. Vielmehr werden sie sich tolerant und mitfühlend verhalten und gleichzeitig die Schüler beharrlich zur spirituellen Weiterentwicklung ermutigen. Mittlerweile dürfte dem Leser klar sein, daß dies Zeiten tiefer Verzweiflung nicht ausschließt, die Schüler mit großem Mut und Vertrauen durchstehen müssen. Es schließt auch nicht aus, daß selbst einfühlsame Lehrer gelegentlich zu harten Mitteln greifen. Doch sollten die Versuche von Adepten, ihre Schüler zu einem Leben der Selbst-Hingabe zu animieren, stets angemessen, von Mitgefühl geprägt und maßvoll sein. Diese maßvolle Vorgehensweise tritt deutlich in einem autobiographischen Bericht von Irina Tweedie zutage, einer Sufi-Lehrerin unserer Zeit. In ihrem äußerst aufschlußreichen Tagebuch berichtet sie über zahlreiche Situationen, in denen ihr Lehrer sie in völlige Verzweiflung stürzte, ihr jedoch immer die Mittel an die Hand gab, sich selbst wieder aus jenem Zustand zu befreien. Ihr Sufi-Lehrer war ein harter Lehrmeister, doch bewies er auch seine unerschütterliche Verantwortung für ihr Wachstum und nicht zuletzt auch große Liebe zu ihr. Sie erinnert sich in ihrem Buch an das folgende Gespräch mit ihrem Lehrer, in dem sie ihr Aufbegehren äußert, nachdem der Lehrer sie einmal wieder bis an die Grenzen ihrer Belastbarkeit getrieben hatte.

»Es gibt so viele Dinge in Ihrer engeren Umgebung, Ihre Beziehung zur Familie, Ihre Lebensweise, die ich als nicht gerade perfekt herauspicken könnte!«

»Ich habe keine Lust mehr, Ihnen zuzuhören!« fuhr er mich an. »Sie wissen nicht, wie man Leute wie mich respektiert. Sie werden nie begreifen, was Achtung und Ehrfurcht ist! Sie sind eine unwissende, borniere, dumme Frau, und Sie wollen mir noch Moral predigen?«

»So bin ich nicht!« fauchte ich zurück. »Ich habe die Nase voll von einer solchen Behandlung! Sie sind ein eingebildeter Pascha! Ich verlange nichts weiter, als daß man mir hilft zu verstehen, was mit mir geschieht. Seit neun Monaten flehe ich darum, aber es bringt ja nichts!«

»Habe ich Sie in Schwierigkeiten gebracht? (…)«

»Aber *Sie* sind es, der mich in diesen Zustand bringt!« schrie ich außer mir vor Wut. »Alles, worum ich Sie bitte, ist, mich ein wenig sanfter zu behandeln! Ich verstehe, warum es geschehen muß und daß es nötig ist, aber haben Sie doch ein Herz! Ich bin am Ende meiner Kräfte!«

»Unsinn!« brüllte er zurück, beugte sich vor und funkelte mich an. »Sie Närrin!«[33]

Die scheinbar schlechte Behandlung wurde fortgesetzt, und am Ende drohte »Guru Maharaj« sogar, die Schülerin aus seiner Einsiedelei hinauszuwerfen. Später jedoch erklärte er: »Nein, ich war nicht verärgert. Ich bin niemals zornig. Solche Gefühle Ihnen gegenüber gibt es nicht in meinem Herzen.«[34]

Chögyam Trungpa sprach von »schonungslosem Mitgefühl« und empfahl diese Haltung sogar fortgeschrittenen Praktizierenden. Dadurch kam es zu folgendem aufschlußreichem Gespräch zwischen ihm und einem Schüler:

F: Was ist, wenn wir die Notwendigkeit zu einer gewaltsamen Handlung spüren, die letztlich aber zum Nutzen eines anderen Menschen ist?

A: Wir geben dem einfach nach.

424

F: Wenn man aber diese Stufe von wahrem Mitgefühl und echter Einsicht noch gar nicht erreicht hat?

A: Über unsere Einsicht brauchen wir uns keine Gedanken zu machen. Wir tun nichts anderes als das, was erforderlich ist. Die Situation, mit der wir konfrontiert sind, ist an sich schon tiefgründig genug, um als Wissen gelten zu können. Wir brauchen keine zusätzlichen Informationsquellen, Bestärkungen oder Richtlinien für unser Handeln. Diese Unterstützung kommt aus der Situation selbst. Wenn die Situation ein unnachgiebiges Verhalten verlangt, so reagieren wir entsprechend darauf. Wir legen diese unnachgiebige Haltung nicht willkürlich an den Tag, sondern wir sind ein Werkzeug der Situation.[35]

...

F: Dieses schonungslose Mitgefühl hört sich recht grausam und unmenschlich an.

A: Die herkömmliche Einstellung dazu gleicht eher der Liebe eines Vaters, der ausgesprochen naiv ist und seinen Kindern am liebsten alle ihre Wünsche erfüllen würde. Er gibt ihnen alles, Geld, Essen und Trinken, Waffen, nur um sie glücklich zu sehen. Es gibt jedoch auch noch einen anderen Vatertyp, der nicht nur versucht, seine Kinder glücklich zu machen, sondern sich auch um ihr grundlegendes Wohlbefinden kümmert.[36]

Die Frage, ob schonungsloses Mitgefühl infolge von Selbsttäuschung nicht leicht zu Mißbrauchshandlungen führen könne, bejahte Trungpa und erklärte, die rechte Übung dieses Ideals erfordere Einsicht in die eigene Persönlichkeit, eine solide Basis in der Meditation und Humor. Trungpas uneingeschränktes Eingeständnis, er halte Gewalt für ein zulässiges Mittel im spirituellen Prozeß, empfinde ich als äußerst beunruhigend. Doch ist diese Überzeugung in der »spirituellen Szene« sehr verbreitet, und sie steht in enger Beziehung zu jenem Paternalismus der in den spirituellen Traditionen eine so wichtige Rolle spielt und der dazu führt, daß Suchende oder Schüler wie Kinder behandelt werden. Dies hat immer wieder zu Mißbrauchssituationen geführt.

Daß Trungpa Gewalt generell billigt, riecht stark nach jenem radikalen Antinomismus, der zum Niedergang von Lehrern wie Bhagwan Rajneesh geführt hat. Folgendes Zitat läßt jene Einsicht vermissen, die Rajneesh in anderen Situationen gezeigt hatte. Großspurig verkündete er:

> Ich bin ein unglaublicher Betrüger. Sogar meine Ohren habe ich darauf trainiert, nur das zu hören, was sie hören wollen. Meine Augen sehen nur das, was sie sehen wollen. Einfach deshalb, weil ich so leben will, wie ich es will. Ich habe immer nach meinen eigenen Vorstellungen gelebt, ohne mich darum zu kümmern, ob dies nun richtig oder falsch war. Das ist mir gleich. *Wenn* es einen Gott gibt, so werde ich ihm gegenübertreten müssen. Und *er* wird mir antworten müssen, nicht ich ihm.
> Ich habe immer auf meine Weise gelebt. Ich bin niemandem gegenüber verantwortlich.[37]

Der Guru ist eine sehr mächtige charismatische Person. Sich niemandem gegenüber verantwortlich zu fühlen – nicht einmal dem Göttlichen gegenüber –, ist ein Zeichen für Hybris, nicht für Erleuchtung. Eine solche Einstellung läßt für Schüler nichts Gutes hoffen. Zuverlässigkeit und Verantwortlichkeit sind wichtige Werkzeuge, die helfen, im spirituellen Prozeß, der zwischen Lehrer und Schüler stattfindet, einen Zustand des Gleichgewichts aufrechtzuerhalten. Wenn sie vernachlässigt werden, gewinnen Machtspiele und Mißbrauch die Oberhand, wie die gefallenen Engel der spirituellen und religiösen Szene der westlichen Welt in den vergangenen Jahren zur Genüge gezeigt haben.

Einer der übelsten und schädlichsten Aspekte solchen moralischen Versagens ist der sexuelle Mißbrauch von Schülern durch skrupellose oder unverantwortliche Mentoren. Zu diesem Thema äußern sich die Herausgeber des Buches *Meister, Gurus, Menschenfänger* folgendermaßen:

> Ein spiritueller »Meister«, der Schüler ausbeutet, welche ihm vertrauen, ist vergleichbar mit einem Vater oder einer Mutter, die ihr eigenes Kind sexuell belästigen. Erotische Gefühle, Spannungen und

Abhängigkeiten sind normale Bestandteile der gesunden Entwicklung eines Kindes, doch sexuell ausbeuterische Väter und Mütter (oder »Meister«) verstärken diese erotischen Spannungen massiv, ohne dem Kind die Möglichkeit offenzulassen, diese Spannungen auf adäquate Weise aufzulösen. Gleichzeitig unterminieren sie dadurch das Selbstwertgefühl ihrer Schutzbefohlenen. Wenn jemand auf diese Weise betrogen und gerade von der Person als Objekt mißbraucht wird, deren Anerkennung, Verständnis und Unterstützung der oder die Betreffende am dringendsten braucht und die die wichtigste Stütze auf dem Weg zur Sinnfindung ist, so entsteht dadurch großer psychischer Schaden mit langfristigen Auswirkungen auf das Gefühlsleben.[38]

Dick Anthony und Bruce Ecker beharren darauf, daß es *keinerlei* Rechtfertigung für sexuelle Aktivitäten zwischen Gurus und ihren Schülern gebe. Sie bestreiten, daß sexuelle Kommunikation dem Bemühen des Schülers förderlich sein könne, die Grenzen der konventionellen Moral zu transzendieren. Sie weisen sogar das traditionelle tantrische Argument zurück, daß sexueller Verkehr mit einem Adepten eine Form spiritueller Übermittlung ist:

Die meisten Schülerinnen, die über sexuellen Verkehr mit einem »Meister« berichtet haben, erwähnen nichts von irgendeinem spirituellen Fortschritt infolge der Begegnung, sondern berichten über tiefe psychische Verletzungen sowie davon, daß sie spirituell desillusioniert und aus der Bahn geworfen wurden.[39]

Das mag durchaus der Wahrheit entsprechen, doch ist Anthonys und Eckers Darstellung nicht frei von einer gewissen Voreingenommenheit. Dies ist an Passagen wie der folgenden klar zu erkennen:

Unser eigenes Verständnis der Nicht-Dualität spiritueller Gnosis beinhaltet, daß der völlig verwirklichte Meister sich von jeglicher begrenzten Identifikation mit Materie, Energie und Geist befreit hat und sich direkt als die unendliche, ewige und formlose Wirklichkeit der Gottheit erfährt – das wahre Wesen aller Lebewesen und Dinge auf allen Ebenen der Existenz. Dies ist ein durchgehender Zustand unendlicher Vollständigkeit, Freiheit und Macht, von Glückseligkeit und unendlichem Wissen. ... *Sexuelles Verlangen, das auf der Dualität von weiblichen und männlichen Eigenschaften basiert, kann folglich im vollkommen verwirklichten Zustand nicht existieren* [Kursivsetzung des Autors].[40]

Anthony und Ecker bezeichnen diesen Gott-verwirklichten Zustand als einen Zustand der »Vollkommenheit«. In dieser Wortwahl kommt ihre Überzeugung zum Ausdruck, daß vollständige Erleuchtung alles Begehren und insbesondere sexuelle Begierden ausschließt. Diese puritanische Tendenz wird noch deutlicher in einem Interview mit Anthony, das die Zeitschrift *Clarion Call* veröffentlichte. Über die Beziehung zwischen Moral und Transzendenz befragt, antwortete er, daß konventionelle Moral eine »willkürliche Etikette« sei. Dann fuhr er fort:

Man muß irgendwie über die Moral hinausgelangen. Doch soweit ich es beurteilen kann, haben echte Heilige sich nie entgegen den konventionellen Moralvorstellungen verhalten. Im schlimmsten Fall haben sie gesellschaftliche Konventionen mißachtet. ... So haben Meister sich häufig über einfältige gesellschaftliche Etikette hinweggesetzt, um die Erwartungen ihrer oberflächlichen Schüler zu enttäuschen. Das haben sie getan, um ihre Schüler zu zwingen, in einem ursprünglicheren Sinne zum Herzen konventioneller Moral vorzustoßen und gesellschaftlichen Konventionen und Vorstellungen über Akzeptabilität und deren Gegenteil gegenüber immun zu werden. Doch habe ich nirgendwo Hinweise darauf gefunden, daß sie sich schwerwiegende Verstöße gegen wichtige Gesetze, die sich auf sexuelle Moral, Mord oder ähnliche Verstöße gegen konventionelle Moralvorstellungen bezogen, zuschulden haben kommen lassen, Dinge, auf die man in zeitgenössischen spirituellen Gruppen in Amerika sehr wohl stoßen kann.[41]

Obgleich Anthonys Suche nach dem Kern der Dinge ehrenvoll ist,

ist seine Position doch unhaltbar. In der authentischen Biographie Drukpa Künleys beispielsweise wird eindeutig über schwerwiegende Verstöße gegen eine Vielzahl sexueller Tabus berichtet, die selbst zu jener Zeit eindeutig als Verstöße gegen die gültigen Moralvorstellungen angesehen wurden. Wie wir im ersten Teil des vorliegenden Buches gesehen haben, haben viele Adepten sexuelle Begegnungen zur Unterweisung von Schülern oder potentiellen Schülern eingesetzt. Anthonys und Eckers uneingeschränkte Ablehnung des sogenannten linkshändigen Tantrismus – bzw. dessen, was sie so zungenfertig *»Tantric Freudianism«* nennen [in der deutschen Fassung »pop-freudianischer Tantrismus«, Anm. d. Übers.] – wirkt auf mich wie eine vorschnelle Verurteilung. Diese Ablehnung steht jedoch im Einklang mit der von ihnen vertretenen Überzeugung, daß Erleuchtung gleichbedeutend mit Freiheit von allem Begehren sei. Im Gegensatz dazu beinhaltet eine wichtige Anschauung tantrischer Meister, daß Begierden und Erleuchtung keine Gegensätze und durchaus miteinander zu vereinbaren sind. Dies kommt in der bereits mehrfach erwähnten Aussage zum Ausdruck, daß die bedingte Wirklichkeit *(Samsāra)* und die absolute Wirklichkeit *(Nirvāna)* wesensgleich sind. In ähnlicher Weise äußerst sich die *Bhagavad-Gītā* (II. 70), die lange vor den tantrischen Schriften entstanden ist:

So wie das Wasser des Flusses in das Meer fließt, das voll und im Grunde unbewegt ist, so durchfließen alle Begierden den, der Frieden erlangt, jedoch nicht den Begehrenden.

Begierden wirken also nur dann bindend, wenn sie um die Achse der Ich-Persönlichkeit kreisen. Nach dem Eintreten der Erleuchtung hören die Begierden keineswegs auf, sich zu manifestieren. Im Gegenteil, Erleuchtete sind voll von Begierden, denn sie vibrieren von Lebenskraft. Doch lassen sie sich nicht von ihnen beherrschen. Nicht-tantrische Adepten haben gewöhnlich eine puritanischere, quietistische Haltung, für die das Nicht-Ausleben von Begierden, insbesondere von sexuellen Begierden, typisch ist. Für den tantrischen Meister jedoch stellen Begierden keine Bedrohung dar, weshalb Tantriker auch nicht die soeben beschriebene puritanische Strategie anwenden. Vielmehr gestehen sie es sich zu, alle Arten von Begierden zu erfahren und aus der Spontaneität ihres erleuchteten Zustandes heraus einige auszuleben und andere nicht. Sie erfahren Begierden nicht als Störungen des Seins, sondern als Manifestationen, die auf geheimnisvolle Weise im Göttlichen und als dasselbe in Erscheinung treten.

Diese Sicht ist schwer zu akzeptieren, wenn man sich an einer dualistischen Metaphysik orientiert, die Gott und die Welt als antithetisch versteht. Die voraussehbare Folge einer solchen Philosophie ist, daß Gott (oder die höchste Wirklichkeit) ihrem Wesen nach gut ist, wohingegen die Welt (oder der Mensch) ihrem Wesen nach schlecht (oder sündig) ist. Dementsprechend muß die tantrische Sichtweise aus dualistischer Perspektive als eindeutig unmoralisch verurteilt werden. Es läßt sich nicht leugnen, daß die radikal antinomistischen Schulen des indischen Tantrismus häufig eine gefährliche Maßlosigkeit im Dienste purer Genußsucht statt der Selbst-Transzendenz gefördert haben. Doch sollte man diese Exzesse nicht zum alleinigen Maßstab der Beurteilung des Tantrismus machen, auch nicht des linkshändigen.

Die große Vision des Tantrismus ist, um es ganz direkt zu sagen, daß das Göttliche nicht geschlechtslos ist – daß Sexualität und Spiritualität keine einander ausschließenden Aspekte der menschlichen Existenz sind. Anthony und Ecker scheinen eine Philosophie zu befürworten, die für eine geschlechtsneutrale Gottheit eintritt, und sie scheinen eine Spiritualität zu bevorzugen, die dem Ideal moralischer Vollkommenheit verhaftet ist, wodurch Erleuchtete zu geschlechtslosen und wunschlosen Monolithen werden. Ich habe diese Anschauung bereits an anderer Stelle kritisiert und möchte mich deshalb hier nicht wiederholen.[42]

Andererseits teile ich Anthonys und Eckers Besorgnis über die Art von Antinomismus, die insbesondere mit dem linkshändigen Tantrismus verbunden ist. Es ist eine Sache, die Einheit allen Seins zu erfahren oder dauerhaft zu realisieren, und eine völlig andere, im Bereich der bedingten Wirklichkeit zu leben, als ob alles eins und einerlei wäre. Im Bereich des Moralischen manifestiert sich dieser Irrtum der falschen Zuordnung immer als das Gefühl oder die Behauptung, daß der Adept und möglicherweise sogar seine Schüler über Gut und Böse stehen und daß sie den gewöhnlichen Gesetzen nicht unterliegen. In dieser Hinsicht war Jesus von Nazareth weiser. Er ermahnte seine Jünger, dem Kaiser zu geben, was des Kaisers ist, und Gott zu geben, was Gottes ist (Markus, 12:17).

Wenn diese Unterscheidung verwischt wird, begeben wir uns in gefährliche Gewässer, in denen schon viele untergegangen sind. Die Absurdität und Gefährlichkeit einer solchen Haltung, die in bezug auf Moral auf die transzendente Ebene verweist, ist auf äußerst brutale Weise im antisozialen Antinomismus des Massenmörders Charles Manson zum Ausdruck gekommen. Manson, der eine lebenslängliche Zuchthausstrafe ohne jede Aussicht auf vorzeitige Begnadigung verbüßt, verstand seine diabolischen Exzesse als einen heiligen Krieg. Aus seiner Sicht tat er seinen Opfern einen großen Gefallen. Er hat seine Philosophie auf folgende Weise erklärt:

Ein freier Geist, der Gedanken kreiert, kann bei oberflächlicher Betrachtung als verrückt erscheinen. Ich teile euer Schuldenken nicht. Die Gedanken eurer Welt sind in meinen Augen ebenso verrückt, wie ich euch erscheinen mag.[43]

Ich denke nicht im Sinne von Gut oder Böse, sondern nur im Sinne von Ist.[44]

Narren denken in Lebens- und Todeskreisen, weil sie in Angst gefangen sind – Niemand stirbt jemals – Niemand lebt jemals – Das sind zwei Worte in einem uninteressant gewordenen Spiel.[45]

Ich bin Liebe. ... Wahre Liebe vertreibt alle Angst. Wenn ihr Angst vor mir habt, dann ist irgend etwas mit euch nicht in Ordnung.[46]

Den Jury-Mitgliedern wurde es nicht gestattet, Mansons einstündiges Plädoyer anzuhören. Dadurch wollte man verhindern, daß sie durch seine Beredsamkeit übermäßig beeinflußt wurden. Manson sagte unter anderem: »In meinem Geist lebe ich ewig. ... Ich bin nur das, wozu ihr mich gemacht habt. Ich bin nur eine Spiegelung von euch.«[47] Er beendete seine unzusammenhängende, frei assoziierende Rede, indem er sagte, es mache ihm nichts aus, wenn man ihn wieder ins Gefängnis schicke, wo er ohnehin den größten Teil seines Lebens zugebracht habe. Sein letzter Satz war: »Das Gefängnis ist in eurem Geist. ... Seht ihr denn nicht, daß ich frei bin?«[48]

Viele von Mansons Aussagen könnten von echten Mystikern stammen. In seinem Buch *Our Savage God* beschäftigt sich R. C. Zaehner mit den Parallelen zwischen Mansons chaotischen Lehren und der aktivistischen Spiritualität der *Bhagavad-Gītā*, in welcher der Gott-Mensch Krishna seinen Schüler Arjuna ermahnt, seiner Pflicht zum Militärdienst nachzukommen und sich nicht von der Möglichkeit abschrecken zu lassen, er könne Freunde und Verwandte auf der gegnerischen Seite töten.[49] Es ist bekannt, daß Manson sich während einer früheren Haftstrafe eine Zeitlang mit Scientology beschäftigt hatte und daß er sich auch für freimaurerische Rituale und Okkultismus im allgemeinen interessierte. Seine »Familie« praktizierte etwas, das sie als tantrischen Sex bezeichnete, und mehrere von Mansons Anhängerinnen behaupteten, er habe den sexuellen Verkehr so lange fortgesetzt, bis seine Partnerinnen »gestorben« seien, womit gemeint war, daß sie einen Ich-Verlust erfahren hätten.

Wir mögen das Ideal des nicht auf das Erreichen egoistischer Ziele ausgerichteten Handelns, so wie es in der *Bhagavad-Gītā* und in anderen traditionellen Schriften beschrieben wird, wertschätzen. Wir werden vielleicht Prinz Arjunas nicht-pazifistisches Karma-Yoga befürworten, denn manchmal ist es notwendig, das Gute und Rechtmäßige zu verteidigen. Oder vielleicht gefällt uns auch die traditionelle Geschichte von der Prostituierten, die im *Milindapañha*, einer buddhistischen Schrift, erzählt wird, einer Frau, die ihrer Arbeit mit außergewöhnlicher Losgelöstheit nachging. Angeblich soll dies ungewöhnliche Früchte getragen haben, denn es heißt, sie habe durch ihr Verhalten die parapsychische Fähigkeit erworben, die Fließrichtung des Ganges umkehren zu können.

Doch hat dieses alte Ideal nicht von subjektiven Regungen bestimmten Handelns seine Grenzen, denn andernfalls müßten wir auch den Mörder bewundern, der seine Rolle besonders ernst nimmt und mit außergewöhnlicher Losgelöstheit unschuldige Männer, Frauen und Kinder tötet. Losgelöstheit allein reicht nicht aus. Dennoch behaupten einige Gurus genau das und versuchen, auf diese Weise ihren »transmoralischen« Status zu rechtfertigen. In ihrem verkörperten Zustand unterliegen sie wie jeder andere Mensch der Notwendigkeit, moralischen Aspekten ihres Handelns Rechnung zu tragen. Andernfalls müßten wir sie wie wirkliche Irre behandeln, die moralisch unzurechnungsfähig sind.

Auch das transzendente Motiv des Adepten, andere zur Erleuchtung zu führen, ist nicht in sich selbst Grund genug für beliebiges Verhalten. Die Lehrfunktion, die in manchen Adepten erwacht, kann mit wichtigen gesellschaftlichen Aufgaben wie denen des Soldaten, der Prostituierten oder des Philosophen verglichen werden; sie erfordert großes Engagement und gleichzeitig eine erhabene Gleichgültigkeit, denn Adepten wissen nur zu gut, daß nur einige wenige ihren Ruf hören. Doch müssen sie ihren Eifer, zu lehren und andere auf höhere Stufen des Seins zu erheben, sorgfältig auf die aktuelle Situation abstimmen, und dies ist ihnen nur möglich, wenn dem Eifer zu lehren ein entsprechendes Maß an Weisheit (oder Unterscheidungsfähigkeit) und Mitgefühl (oder Liebe) zur Seite steht. In der Sprache des Theologen Paul Tillich ausgedrückt muß die Guru-Funktion durch das gemäßigt werden, was Tillich *Kairos* (»der richtige Augenblick«) und *Agape* (»Liebe«) nennt.[50] In die Sprache des Buddhismus übersetzt sind dies *Prajñā* (Gnosis) und *Karunā* (tätiges Mitgefühl).

In ihrer Verwirklichung oder Erfahrung mögen Adepten jenseits von Gut und Böse stehen, in ihrem Handeln sicher nicht. Mystik und Moral müssen in einer harmonischen Verbindung stehen. Nur so kann sich eine Spiritualität entwickeln, die nicht im Morast eines bodenlosen Antinomismus versinkt, die aber trotzdem vital genug ist, unser Leben wirklich zu transformieren.

# Epilog

Spirituelle Meister befinden sich auf den unterschiedlichsten Stufen spiritueller Vollendung. Viele von ihnen sind authentisch, einige nicht. Viele lehren auf vertretbare Weise, andere nicht. Die meisten Adepten präsentieren sich auf eine Weise, die der Konsensus-Realität entgegenzuwirken versucht, ohne allzusehr zu befremden. Einige wenige jedoch machen ihr Leben zu einem Symbol für das, was aus konventioneller Sicht die auf den Kopf gestellte Welt der Spiritualität ist. Dies sind die spirituellen Exzentriker, um die es in diesem Buch ging. Die meisten von ihnen sind ihrem Wesen nach gutartig; doch sind sie immer ein lebendiges Feuer – ein Feuer, das wärmen, aber diejenigen, die ihm nahe kommen, auch verbrennen kann. Ihr bloßes Sein ist eine ungeheure Herausforderung für die Gewohnheitsmuster des konventionellen Geistes und der Kultur. Sie sind Leuchtfeuer, die tiefe Veränderung signalisieren.

Adepten spielen diese Rolle seit Jahrtausenden, und manchmal haben sie durch ihr Wirken nicht nur die neurotischen Blockaden einzelner Menschen, sondern ganzer Gesellschaften beseitigt.[1] Indien, ein Land, das für seine sehr rigide Sozialstruktur bekannt ist, die kaum Spontaneität zuläßt, hat dennoch die Flexibilität gezeigt, seiner eigenen Antithese Raum zu geben – der unkonventionellen Gestalt des Welt-Entsagenden oder Asketen, des spirituellen Aussteigers. Und gerade dadurch ist es der indischen Kultur gelungen, über Jahrtausende ein kreatives Spannungsfeld aufrechtzuerhalten. Bis zur kommunistischen Revolution bot die chinesische Kultur spirituellen Abenteurern ähnliche Möglichkeiten, und auch sie profitierte von den außergewöhnlichen Erkenntnissen und Anschauungen ihrer spirituellen Außenseiter.

In scharfem Kontrast zu diesen Traditionen versucht unsere

434

heutige westliche Gesellschaft unentwegt, ihre gegenkulturellen Helden zu leugnen und zu unterdrücken, obwohl – und das hat sich eindeutig an den weitreichenden Entwicklungen in den sechziger und siebziger Jahren gezeigt – diese erheblich dazu beitragen können, dem gesellschaftlichen Organismus neue Lebensimpulse zuzuführen. Viele der jugendlichen Rebellen jener Jahre verstanden sich als Vorhut einer neuen Menschheit, die nach ihren Vorstellungen sowohl bewußter als auch sozial verantwortlicher sein sollte. Obgleich jene Pioniere größtenteils im dunkeln tappten, bewirkte ihr Protest gegen den gesellschaftlichen Status quo, daß diese allgemeine Stagnationstendenz später in weiten Kreisen der Gesellschaft in Frage gestellt wurde. In der Hoffnung, den Sinn des Lebens zu ergründen, strebten jene jugendlichen Rebellen nach Selbsterkenntnis. Wie Arthur Stein richtig bemerkt, hatten ihre damaligen Kritiker unrecht, wenn sie die existentiellen Erkundungen dieser Jugendlichen als bloßen Narzißmus abqualifizierten.[2] Denn unter den zweifellos narzißtischen Drogenexzessen und der wilden Promiskuität jener Generation finden wir die Ansätze zu einer echten kulturellen Transformation.

Heute leiten und unterstützen viele der ehemaligen Aussteiger wichtige Bewegungen, die sich für die Veränderung der Gesellschaft engagieren, unter anderem solche, die sich mit Umwelt-, Frauen- und Menschenrechtsproblemen sowie mit Tierschutz und Bürgerrechtsfragen beschäftigen. Keineswegs haben sie alle eine spirituelle Orientierung. Doch sind Sozialaktivisten in ihrer Achtung dem Leben gegenüber nicht weit von spirituellen Werten entfernt; dies ist ein gesundes und hilfreiches Zeichen.

Ein wichtiges Element der Gegenkultur der traditionellen östlichen Gesellschaften ist das hohe Ideal der Befreiung oder Erleuchtung. Unsere westliche Gesellschaft verfügt über kein solches Ideal. Das ist ein bedauerlicher Mangel, denn ohne etwas Gleichwertiges, das die Transzendierung des Ich und des von der Gesellschaft offiziell anerkannten Realitätskonsens als höchsten Wert ansieht, sind wir zu spiritueller Verflachung verurteilt. Und mehr noch, es wird immer klarer, daß wir die Umwelt- und Sozialkrisen, denen wir uns heute gegenübersehen, ohne eine umfassende spirituelle Erneuerung nicht überwinden können. Dies hat niemand einleuchtender beschrieben als der Schweizer Kulturphilosoph Jean Gebser, der dieses Thema auf faszinierende Weise mit der Evolution des menschlichen Bewußtseins in Zusammenhang bringt.[3]

Gebser stellte ein sehr detailliertes und differenziertes Modell vor, welches in der Einsicht des Autors gipfelt, daß wir heute Zeugen der Entstehung einer neuen Bewußtseinsstruktur werden könnten, dessen, was er »aperspektivisch-integrales« Bewußtsein nennt. Diese neuentstehende Art des Bewußtseins oder der Realitätswahrnehmung transzendiert jenen leeren Rationalismus, der ein Erbe des 19. Jahrhunderts ist, ebenso wie den Emotionalismus der Romantik. Das aperspektivisch-integrale Bewußtsein sollte man nicht mit mystischen Zuständen verwechseln. Vielmehr handelt es sich dabei um einen Zustand erhöhter Wachheit, in dem wir uns des Spiels der psycho-historischen Strukturen bewußt werden können, die in die Beschaffenheit unseres Wahrnehmungs-Universums einfließen. Diese intensivierte Wachheit ist gekoppelt an die wachsende Fähigkeit, über die wesenseigenen Begrenztheiten jener Strukturen hinauszugehen und das Leben auf integrale Weise zu erfahren. Dieses Bewußtsein, das sich soeben neu entwickelt, hat vieles mit authentischer Spiritualität gemeinsam.

Die große Frage ist, ob die religiösen und spirituellen Modelle der Vergangenheit unserer zeitgenössischen Suche nach Einsicht in uns selbst und höherer spiritueller Adaptation gerecht werden können. Ich persönlich schließe mich C. G. Jung an, der uns davor warnte, lediglich den Osten zu imitieren und unsere eigenen historischen Wurzeln blindlings im Stich zu lassen. Doch kann ich mich andererseits auch nicht des Eindrucks erwehren, daß Jung möglicherweise übermäßig stark vom jüdisch-christlichen Erbe beeinflußt war. Wenn wir einen Blick zurück auf die letzten beiden Jahrzehnte werfen, können wir uns vielleicht eine pluralistische Kultur vorstellen, die die wertvollen Aspekte der jüdisch-christlichen Tradition nicht aufgibt, sie aber auch nicht in übertriebener Weise hervorhebt.

Um die Überlegungen im vorliegenden Buch abzurunden,

436

möchte ich noch kurz darauf zu sprechen kommen, welche Rolle ein spiritueller Lehrer und insbesondere ein verrückt-weiser Adept bei uns heute spielen könnte: wie er uns dabei helfen könnte, eine Spiritualität zu entwickeln, die den Erfordernissen unserer westlichen Psyche gerecht wird. Zunächst einmal müssen wir feststellen, daß spirituelle Lehrer existieren und Anhänger anziehen, daß wir jedoch zur Zeit nicht über eine ausreichend differenzierte Phänomenologie verfügen, mit deren Hilfe wir den spirituellen Entwicklungsstand und die Fähigkeiten solcher Lehrer als Vermittler der spirituellen Dimension objektiv beurteilen können. Andererseits habe ich bereits eine Reihe hilfreicher Hinweise für jene angeführt, die sich auf den Weg der spirituellen Schülerschaft begeben wollen. Das einzig wichtige Kriterium bei der Suche nach einem Lehrer ist zweifellos, ob der Schüler den Eindruck hat, durch diese Beziehung wirklich zu wachsen. Um dies zweifelsfrei festzustellen, muß er über ein Maß an emotionaler Reife verfügen, das es ihm ermöglicht, zwischen Realität und Wunschdenken zu unterscheiden. Das bedeutet, daß er über die Fähigkeit zur Selbstkritik verfügen muß.

Dies ist besonders wichtig, wenn Lehrer sich selbst als erleuchtet bezeichnen oder wenn ihre Art zu lehren sehr exzentrisch ist. In diesem Zusammenhang sollten wir uns das folgende Zitat von Rabbi Ben Zion Boksers vergegenwärtigen, das sich zwar auf den politischen Bereich bezieht, sich aber auch auf den Bereich des Spirituellen übertragen läßt:

Tyrannen haben zuweilen, um ihren willkürlichen Umgang mit Macht zu rechtfertigen, von sich behauptet, Gott zu sein. Sie haben für sich Unfehlbarkeit in Anspruch genommen, was eine Eigenschaft Gottes und nicht des Menschen ist. Wenn Menschen irgendeine Form von Absolutheit für sich in Anspruch nehmen, so ist das ebenso Götzendienst, wie alle Akte willkürlicher Machtausübung dies sind. Aller von Menschen ausgeübten Macht ist nur relative Autorität eigen. Deshalb ist ein wichtiger Schutz der Freiheit die Erkenntnis der Fehlbarkeit des Menschen. ... Der Mensch wird seinem höheren Selbst nicht gerecht, indem er mit anderen konform geht, sondern indem er den besonderen Ton findet, den sein eigenes Leben beitragen kann und indem er diesen auch tatsächlich beiträgt.[4]

Gehorsam spirituellen Autoritäten gegenüber braucht nicht und sollte nicht auf Kosten der persönlichen Freiheit gehen. Der Theologe Nels F. S. Ferre hat gesagt: »Echte Autorität befürwortet Freiheit.«[5] Es scheint, als ob nur wenige Reisende auf dem spirituellen Pfad ohne Anleitung wachsen könnten. Spirituelle Schülerschaft besteht im freiwilligen Akzeptieren von Einschränkungen mit dem Ziel, dadurch einen Zustand innerer Freiheit zu erreichen. Thomas Merton sprach aus eigener Erfahrung, als er folgende scharfsichtige Beobachtungen niederschrieb:

> Ein Geist, der sich wahrhaft in der Kontemplation zu Gott hingezogen fühlt, wird bald den Wert des Gehorsams schätzen lernen: Die Not und Qual, die er Tag für Tag durch die Last seiner eigenen Selbstsucht und Unbeholfenheit und Inkompetenz und seines Stolzes erleidet, wird in ihm den Hunger danach wecken, von jemand anderem geführt, beraten und angeleitet zu werden.
>
> Sein eigener Wille wird für ihn zur Quelle von so viel Elend und so viel Dunkelheit, daß er nicht zu einem anderen Menschen geht, um lediglich Licht oder Weisheit oder Rat zu finden: Er kommt, um seiner leidenschaftlichen Befürwortung des Gehorsams Ausdruck zu geben und um seinem eigenen Willen und seinem eigenen Licht zu entsagen.
>
> Insofern gehorcht er seinem Abt oder spirituellen Berater nicht nur, weil die Regeln, denen er sich unterworfen hat, oder der Rat, der ihm gegeben wurde, ihm als gut, förderlich und intelligent erscheinen. Er gehorcht nicht nur, weil er meint, der Abt treffe bewundernswerte Entscheidungen. Im Gegenteil, manchmal erscheinen ihm die Entscheidungen seines Oberen gar nicht so weise. Doch kümmert ihn das nicht mehr, weil er den Oberen als einen Vermittler zwischen sich und Gott akzeptiert und weil er sich nur auf den Willen Gottes verläßt, der ihn durch diejenigen erreicht, die durch die Umstände seiner Berufung über ihn gestellt sind.[6]

So wird der Gehorsam an sich zu einem Werkzeug der Selbst-Transzendenz. Mertons Ansichten, die von der kontemplativen Tradition des Christentums geprägt sind, lassen sich auch auf die spirituelle Übung in nicht-christlichen Traditionen übertragen. Doch erfordert die von Merton empfohlene Einstellung einen Grad an spiritueller Reife, über den nur wenige Schüler oder Anhänger von Lehrern verfügen. Außerdem erfordert sie auch einen spirituellen Führer, der, auch wenn er gelegentlich irrt, über eine besonders ausgeprägte Integrität verfügt. Und solch ein Lehrer ist nicht leicht zu finden. Deshalb ist der beste Rat, den man spirituell Suchenden geben kann, Mertons Ideal des Gehorsams nachzueifern, dabei jedoch die Möglichkeit des Mißbrauchs ständig vor Augen zu haben. Die heilige Teresa von Avila hat gesagt: »Möge uns Gott vor törichter Ergebenheit bewahren!«[7] Diese Frau scheint eine ausgesprochen nüchterne Haltung spirituellen Beratern gegenüber gehabt zu haben. Sie hielt einen solchen Lehrer für notwendig, war jedoch der Meinung: »Er muß sehr erfahren sein, sonst wird er viele Fehler machen und Seelen leiten, ohne daß er sie versteht oder ohne daß er ihnen die Möglichkeit gibt zu lernen, sich selbst zu verstehen.«[8]

Ich bin fest davon überzeugt, daß unsere Zeit zu guter Letzt ihre eigene charakteristische Spiritualität entwickeln wird und daß im Zuge dieser Entwicklung eine neue Generation spiritueller Lehrer in Erscheinung treten wird. Der traditionelle Typus des Gurus ist meiner Einschätzung nach generell zu autokratisch und paternalistisch für unser westliches Empfinden. Deshalb werden die östlichen guruzentrischen Traditionen in der westlichen Welt letztendlich scheitern. Dies erlegt uns die Verpflichtung auf, uns um Alternativen zu bemühen. Diejenigen, die in der »spirituellen Kunst« begabt sind, werden nach neuen *Maestros* Ausschau halten – nach Lehrern, die gleichzeitig *Lernende* sind, die ihren Heiligenschein nicht allzu bombastisch auf dem Haupt tragen und denen es nichts ausmacht, ihre Füße in den Humus des Lebens zu setzen, um mit ihren Mitmenschen zusammen ihren Weg zu gehen, auch mit denjenigen, die nicht der privilegierten weißen Mittelklasse angehören.

Mit Sicherheit wird der neue Typus des spirituellen Lehrers einen gesunden Humor haben und in der Lage sein, auch anderen Humor zu entlocken. Wir müssen die Gestalt des spirituellen Clowns wieder in unsere Mitte einladen, und wenn nur, um die psychische Last zu verringern, die wir tragen, weil wir in einer so stark vom Übergang gezeichneten Zeit wie der unseren leben müssen. Der Theologe Harvey Cox ist der Meinung, wir bräuchten heute ein modernes Äquivalent zum mittelalterlichen Narrenfest:

> Das Narrenfest blühte in einer Zeit auf, in der die Fähigkeit der Menschen, Feste zu feiern und ihrer Phantasie Ausdruck zu verleihen, sehr gut entwickelt war. Wir müssen diese Fähigkeit heute wieder neu entwickeln. Wir können nicht und sollten auch nicht versuchen, die Narrentradition des Mittelalters wiederaufleben zu lassen. Doch ebensowenig brauchen wir den mittelalterlichen Menschen aus unserem Bewußtsein auszuschließen. Wir können von der Erfahrung jener Zeit profitieren und mit ihrer Hilfe unsere eigene bereichern und revitalisieren, so wie wir auch von anderen geschichtlichen Epochen und anderen Zivilisationen lernen.[9]

Cox ist der Meinung, wir bräuchten eine Wiederbelebung des Festefeierns und der Phantasie. Damit hat er vollkommen recht. Ihm ist klar, daß wir, um dies zu erreichen, akzeptieren müssen, daß sich eine Welt entwickelt, die »wesentlich heterogener, unordentlicher, sinnlicher, vielfältiger, abenteuerlicher und spielerischer«[10] ist als unsere momentane. Aus dem gleichen Grunde meine ich, daß wir den religiösen Narren brauchen, den clownhaften Guru, der uns als Signal der Transzendenz dienen kann.

Wir brauchen in unserer Zeit den heiligen Narren nicht als Initiator von Orgien und Akten der Zerstörung, sondern als Vermittler des Heiligen. Das bedeutet, daß wir uns mit der Legitimität seines Tuns beschäftigen und bereit sein müssen, auf sein Anti-Struktur-Spiel nicht nur mit Selbst-Aufgabe zu reagieren, sondern auch mit einem gewissen Maß an Rationalität. Wir leben nicht in der Vergangenheit. Verantwortlichkeit ist notwendig. Chögyam Tungpa hat Ram Dass einmal daran erinnert, daß er Verantwortung übernehmen müsse, und es ist bedauerlich, daß Trungpa selbst dieser weisen Äußerung so wenig Beachtung geschenkt hat.

Die neue Lehrer-Schüler-Beziehung wird wahrscheinlich wesentlich dialektischer sein und es zulassen, daß »Information« – und Humor – freizügiger zwischen beiden Beteiligten ausgetauscht wird. Aufgrund der schwachen Entwicklung des Individualismus und des streng hierarchischen Denkens im Osten haben nur wenige traditionelle Gurus einen echten Dialog mit ihren Schülern zugelassen. Wie der Jungianer Peter Coukoulis feststellt, sind Ramakrishna und Sri Aurobindo in dieser Hinsicht bemerkenswerte Ausnahmeerscheinungen gewesen. Er erklärt:

> Ramakrishna förderte ein Gefühl der Wesensverwandtschaft zwischen seinen Schülern und ihm selbst. Er gestattete es einigen seiner Schüler bei verschiedenen Anlässen, ihm offen entgegenzutreten und ihn intellektuell anzugreifen. Er ermutigte sogar Laien-Anhänger, in einen Dialog mit ihm einzutreten. Er zögerte nicht, seine menschlichen Unzulänglichkeiten zuzugeben, und er konfrontierte Menschen kühn, wobei er sich auf seine para-psychischen und spirituellen Einsichten verließ. Mehr als viele andere große Gurus berücksichtigte er die Bedürfnissen des einzelnen, die individuellen Fähigkeiten und die persönlichen Eigenarten seiner Schüler. ... Wahrscheinlich gibt es keinen anderen bekannten Guru des Ostens, der individuelle Unterschiede und die Einzigartigkeit seiner Schüler so weitgehend akzeptiert und damit gearbeitet hat wie Sri Aurobindo. Nach seiner Lehre vereint sich das Göttliche als Prinzip oder Essenz mit der endlichen Natur des Menschen, um eine evolutionäre Transformation herbeizuführen. Dies ist eine symmetrische Beziehung zwischen dem Göttlichen oder dem Selbst und dem Ich-bewußten Menschen. In diesem Zusammenhang ist das Göttliche der Höchste Guru und der Mensch sein Schüler. Der Guru ist nur ein Medium, das dem Schüler hilft, ein Schüler des Höchsten Gurus zu werden.[11]

Trotz aller Befürchtungen, die ich in diesem Buch den traditionellen verrückt-weisen Adepten und exzentrischen Meistern gegenüber zum Ausdruck gebracht habe, könnten diese durchaus auch in unserer Zeit eine nützliche Funktion erfüllen: Sie könnten uns die »Verrücktheit« der Konsensus-Realität spiegeln und als Leuchtfeuer jener höheren Realität dienen, die wir gewöhnlich aus unserem Leben ausklammern. Soweit sie uns helfen, die Scheuklappen abzulegen, durch die wir jene höhere und umfassendere Wirklichkeit ausklammern und uns (oder unser Selbst) vor uns selbst verbergen, sollten wir ihre Botschaft beherzigen. Andererseits halte ich sie für Relikte älterer Formen der Spiritualität, die früher oder später einer integrierteren Methode zum Erreichen der Selbst-Transzendenz weichen werden. Jene neue Methode werden Lehrer, und unter diesen auch heilige Narren, lehren, die persönlichem Wachstum und Integrität den Vorrang vor dem Drang zu unterweisen geben, der Realität den Vorrang vor Traditionstreue, und die Mitgefühl und Humor für wichtiger als alles Rollenspielen halten.

# Danksagung

Ich möchte all den vielen Freunden und Wohlgesonnenen danken,
die in der einen oder anderen Weise zu diesem Buch beigetragen
haben. Es sind zu viele, um sie hier einzeln zu nennen. Dennoch
möchte ich einige wenige, denen ich mich zu besonderem Dank
verpflichtet fühle, namentlich erwähnen.

Sidney und Jean Lanier möchte ich für ihre warmherzige
Freundschaft und für ihre großartige moralische Unterstützung
danken. Laurance Rockefeller danke ich für sein persönliches Interesse an meiner Arbeit und für die großzügige Unterstützung, die
es mir ermöglichte, mich in den Herbst- und Wintermonaten des
Jahres 1989 ausschließlich der Arbeit an diesem Buch zu widmen.
Ed Brennan, Jim Royster und John White sei für ihre vielen konstruktiven Kommentare gedankt. Scott Anderson gilt mein Dank
für die vielen Jahre intensiven Dialogs über die spirituelle Suche,
über Gurus und über die Sicht der Wissenschaft. Frances Vaughan,
Seymore und Sylvia Borstein sowie Arthur und Etta Deikman
danke ich dafür, daß sie sich mir in einer Phase, in der ich sowohl
gedanklich wie emotional mit dem Thema spiritueller Verrücktheit
haderte, als eine Art Resonanzkörper zur Verfügung stellten. Roy
Finch danke ich für eine rege Korrespondenz über das Thema verrückte Weisheit, durch die mir klargeworden ist, daß Philosophen
sich nicht nur mit akademischen Themen beschäftigen, sondern
durchaus in der Lage sind, Fragen zu stellen, mit denen »normale
Sterbliche« etwas anzufangen wissen. Ram Dass möchte ich dafür
danken, daß wir einen ganzen Nachmittag lang Geschichten über
unsere jeweiligen Lehrer ausgetauscht und über die nahezu unergründlichen Aspekte der verrückten Weisheit geredet haben. Roger Walsh danke ich für seine vielen wichtigen Hinweise, durch die
das Manuskript erheblich gewonnen hat, sowie für sein einfühlsa-

mes Vorwort. Carolyn Anderson bin ich für ihre ausgezeichnete Arbeit als Lektorin, Stacey Lynn für die sorgfältige Endkorrektur dankbar. Meiner Frau Trisha möchte ich in mehrfacher Hinsicht danken: dafür, daß sie den Zauberstab ihres gesunden Menschenverstandes geschwungen hat, für ihre kritische Mitarbeit am Manuskript und nicht zuletzt natürlich auch dafür, daß sie mich mit ihrer Liebe unterstützt hat. Schließlich möchte ich auch noch betonen, wieviel ich Da Love-Ananda (Da Free John) verdanke, den ich auf den vorangegangenen Seiten oft erwähnt habe. Ohne ihn hätte ich nicht erfahren, welche Vorzüge es in der heutigen Zeit hat, in der Tradition der Meister der verrückten Weisheit und im Sinne des traditionellen *Guru-Yoga* unterwiesen zu werden. Auch das, was ich persönlich für die Nachteile dieser Art zu lehren halte, wäre mir ohne den Kontakt zu ihm unbekannt geblieben. Manchmal können wir nicht umhin, gerade die zu kritisieren, die uns die größten Dienste erwiesen haben. Ich tue dies in der Gewißheit, daß das Herz stets größer ist als der Verstand.

444

# Anmerkungen

## Einleitung

1 Thomas Merton: *New Seeds of Contemplation*, New York (New Directions) 1961.
2 William James: *Die Vielfalt der religiösen Erfahrung*, Olten und Freiburg i. Br. (Walter) 1979, S. 22 f.
3 Arnold J. Toynbee: *Kultur am Scheidewege*, Zürich (Europa-Verlag) 1949, S. 164.

**Kapitel 1:** Heilige Verrücktheit: Gemäßigte spirituelle Exzentriker in verschiedenen religiösen Traditionen

1 Nacherzählt nach Joseph Campbell: *The Hero with a Thousand Faces*, Cleveland, Ohio (Meridian Books) 1956, S. 45. Campbell selbst fand diese Geschichte in einem Buch des Deutschen Leo Frobenius, *Und Afrika sprach*, das erstmals im Jahre 1912 veröffentlicht wurde.
2 C. G. Jung: »Zur Psychologie der Trickster-Figur«, JGW Bd. 9/I, S. 279.
3 Ibid., S. 282.
4 Ken Wilber: *Das Ātman-Projekt*, Paderborn (Junfermann) 1990.
5 Albert Low: *Zen and Creative Management*, Garden City, N. Y. (Anchor Books) 1976, S. 62.
6 Ibid., S. 193.
7 Ibid., S. 198.
8 R. Erdoes und J. Fire: *Lame Deer: Seeker of Visions*, New York (Pocket Books) 1972, S. 225.
9 M. C. Hyers: *Zen and the Comic Spirit*, London (Rider) 1974, S. 172.
10 H. Cox: *The Feast of Fools: A Theological Essay on Festivity and Fantasy*, New York (Colophon Books) 1970, S. 139.
11 Zitiert nach G. Claxton (Swami Anand Ageha): *Wholly Human: Western and Eastern Visions of the Self and Its Perfection*, London (Routledge & Kegan Paul) 1981, S. 31.
12 Diese Geschichte und die meisten der folgenden Geschichten über die Narren um Christi willen stammen aus John Sawards ausgezeichnetem Buch *Perfect Fools: Folly for Christ's Sake in Catholic and Orthodox Spirituality*, Oxford, GB (Oxford University Press) 1980.

13 Diese Geschichte wird in einem Artikel von P. S. Hilpisch, »Die Torheit um Christi willen« (*Zeitschrift für Askese und Mystik*, 6 [1931], S. 123) erzählt.

14 G. T. Peck: *The Fool of God: Jacopone da Todi*, Montgomery, Ala [University of Alabama Press] 1980, S. 158.

15 Siehe M. Foucault: *Wahnsinn und Gesellschaft: Eine Geschichte des Wahnsinns im Zeitalter der Vernunft*, Frankfurt/M. (Suhrkamp) 1973.

16 Siehe D. Elgin: *Voluntary Simplicity: An Ecological Lifestyle That Promotes Personal and Social Renewal*, New York (Bantam Books) 1982.

17 S. Spencer: *Mysticism in World Religion*, London (Allen & Unwin) 1966, S. 299.

18 Diese Geschichte und mehrere andere, die in diesem Abschnitt erzählt werden, stammen aus dem eindrucksvollen zweibändigen Werk *A History of Sufism in India* (Bd. 1: *Early Sufism and Its History in India to 1600 A. D.*) von Saiyid Athar Abbas Rizvi (New Delhi [Munshiram Manoharlal] 1978).

19 R. A. Nicholson: *The Mystics of Islam*, London (Routledge & Kegan Paul) 1963, S. 66–67.

20 Pir Vilayat Inayat Khan: *The Message in Our Time*, San Francisco (Harper & Row) 1978. Zitiert in *Emergence: Journal for Evolving Consciousness*, Jahrg. 2, Nr. 2 (Frühjahr 1989), S. 31.

21 Ibid., S. 31.

22 Diese und einige der folgenden Anekdoten stammen aus dem Anhang A (»Majzubs«) von Saiyid Athar Abbas Rizvis *A History of Sufism in India* (Bd. 2, *From Sixteenth Century to Modern Century*; a. a. O. 1983), S. 477.

23 Ibid., S. 477.

**Kapitel 2:** Verrückte Weisheit: Radikale spirituelle Exzentriker in verschiedenen religiösen Traditionen

1 Ich habe diesen Text selbst übersetzt. Die merkwürdige Ausdrucksweise entspricht dem Original, das mit esoterischen Anspielungen gespickt ist. Mehrere Strophen enthalten ein Wortspiel mit dem Wort *Avadhūta*.

2 Man kann sich natürlich fragen, ob die Anhänger das Geschehen weniger vertrauensvoll aufgenommen hätten, wenn er sich mit seiner Gefährtin nach tantrischer Manier vor aller Augen dem Liebesspiel hingegeben hätte. Entweder waren seine Anhänger spirituell sehr weit fortgeschritten oder ganz einfach das, was Eric Hoffer »wahre Gläubige« *(true believers)* genannt hat. Für »wahre Gläubige« ist charakteristisch, daß sie bei ihrer Sicht bleiben, ganz gleich, wie viele faktische Gegenargumente im Laufe der Zeit zusammenkommen. Sie deuten alles, was geschieht, so, daß es sich mit ihrer einmal angenommenen Einstellung vereinbaren läßt. Dies ist eines der psychologischen Charakteristika für Kult-Verhalten, das selbst in durchaus ernst zu nehmenden spirituellen Gruppen sehr verbreitet ist. Dieses Verhalten ermöglicht falschen Meistern ihre gefährlichen Machtspiele, und es ermöglicht authentischen Meistern, sexuelle Kontakte zu ihren Anhängern

zu unterhalten, ohne sich dafür rechtfertigen zu müssen. Ich bin der Meinung – und werde dies an anderer Stelle noch näher ausführen –, daß spirituelle Vollendung und moralische Vollkommenheit nicht immer Hand in Hand gehen müssen. Siehe hierzu E. Hoffer: *The True Believer: Thoughts on the Nature of Mass Movements*, New York (Harper & Row) 1951.

3 N. S. Karandikar: *Biography of Sri Swami Samarth Akkalkot Maharaj*, Bombay (Akkalkot Swami Math) 1978, S. 208.

4 Swami Muktananda Paramahansa: *Chitshakti Vilas: The Play of Consciousness*, Ganeshpuri (Shree Gurudev Ashram) 1972, S. 97.

5 Diese und einige andere der Geschichten über Avadhūtas sowie viele der bibliographischen Hinweise verdanke ich James Steinberg, dem Bibliothekar der *Trickster Library*. Diese Bibliothek, die zur *Free Daist Communion* gehört und die nur für deren Mitglieder zugänglich ist, enthält eine der umfassendsten Sammlungen von Publikationen zum Thema der verrückten Weisheit.

6 Diese Geschichte wird in einem Buch von Ram Dass: *Subtil ist der Pfad der Liebe – Geschichten über Neem Karoli Baba*, Berlin (Sadhana) 1983 erzählt.

7 Ibid., S. 286.

8 Ibid., S. 288.

9 *The Talks of Sadguru Upasani-Baba Maharaja*, Bd. 2, Teil B. Sakori, India (Upasani Kanyakumari Sthan) 1978, S. 713–714.

10 Diese und die folgenden Geschichten über Nityananda stammen aus M. U. Hatengdi: *Nityananda: The Divine Presence*, Cambridge, Mass. (Rudra Press) 1984.

11 R. Schiffman: *Sri Ramakrishna: A Prophet for the New Age*, New York (Paragon House) 1989, S. 45.

12 Ibid., S. 46.

13 S. Thaker: *Songs of the Avadhut*, Kampala, India (Avadhut Parivar) 1972, S. 9.

14 Zitiert in: Tom und Dorothy Hopkinson: *Viel Schweigen. Meher Baba. Sein Leben und Wirken*, Berlin (Sadhana) 1981, S. 55.

15 Ibid., S. 42 f.

16 Ibid., S. 74.

17 Siehe W. Donkin: *The Wayfarers*, Ahmednagar (Adi K. Irani) 1948.

18 Zitiert in E. C. Dimock, Jr.: *The Place of the Hidden Moon: Erotic Mysticism in the Vaisnava-Sahajiya Cult of Bengal*, Chicago (University of Chicago Press) 1966, S. 261.

19 Übersetzt in D. Bhattacharya: *Songs of the Bards of Bengal*, New York (Grove Press) 1969, S. 42.

20 John Blofeld: *Der Weg zur Macht*, Weilheim (O. W. Barth) 1970. (Ullstein, 1981), S. 91 f.

21 Die Geschichten über die 84 Mahāsiddhas sind Keith Dowmans Buch *Die Meister des Mahamudra: Leben, Legenden und Lieder der vierundachtzig Erleuchteten*, München (Eugen Diederichs) 1991, entnommen.

22 Übersetzt von H. V. Guenther: *The Royal Song of Saraha: A Study in the History of Buddhist Thought,* Berkeley, Calif. (Shambala) 1973, S. 70–71.
23 Siehe J. Ardussi und L. Epstein: »The Saintly madman in Tibet«, in James F. Fisher (Hg.): *Himalayan Anthropology: The Indo-Tibetan Interface,* Den Haag (Mouton) 1972, S. 327–338.
24 Keith Dowman: *Der heilige Narr,* München (O. W. Barth) 1982, S. 15 f.
25 Ibid., S. 16.
26 Ibid., S. 38.
27 Ibid., S. 39 f.
28 Siehe Ardussi & Epstein: »Saintly Madman«, a. a. O., S. 334.
29 Dowman: *Der heilige Narr,* a. a. O., S. 12.
30 Der chinesische Begriff *Ch'an* entspricht dem Sanskrit-Begriff *Dhyāna,* der die Bedeutung »Meditation« beinhaltet. Das japanische Äquivalent ist *Zen.*
31 C. Humphreys: *Zen: A Way of Life,* London (English Universities Press) 1962, S. 108.
32 Janwillem van de Wetering: *Der Leere Spiegel,* Reinbek (Rowohlt) 1994.
33 Ibid.
34 Norman Waddell (Übers.): »Zen master Hakuin's Poison Words for the Heart: Hakuin Zenji's Dokugo Shingyo«, *The Eastern Buddhist,* Jahrg. 13, Nr. 2 (Herbst 1980), S. 177–178.
35 D. T. Suzuki: *Studies in Zen,* New York (Dell Publishing) 1955, S. 81.
36 M. C. Hyers: *Zen and the Comic Spirit,* London (Rider) 1974, S. 168. Über Humor und Lachen im Zusammenhang christlicher Spiritualität, siehe Conrad Hyers' Bücher *The Comic Vision and the Christian Faith: A Celebration of Life and Laughter,* New York (Pilgrim Press) 1981, und *And God Created Laughter: The Bible and Divine Comedy,* Atlanta, Ga. (John Knox Press) 1987.

**Kapitel 3:** Die Tricks und Marotten zeitgenössischer Adepten der verrückten Weisheit: Vom Gauner-Guru bis zum spirituellen Clown

  Louis Pauwels: *Gurdjew der Magier,* Bern und München (Scherz) 1974, S. 27.
2 Siehe Colin Wilson: *The Outsider,* New York (Houghton Mifflin), 1967.
3 L. Pauwels: Gurdjew der Magier, a. a. O., S. 186.
4 F. Peters: *Boyhood with Gurdjieff,* Baltimore, Md. (Penguin Books) 1972, S. 80–81.
5 J. G. Bennett: *Das Durchqueren des großen Wassers,* Oberbrunn (Ahorn) 1984, S. 269.
5 Diese Geschichte wird von Pauwels in seinem Buch über Gurdjieff erzählt (S. 39–40 der engl. Originalausgabe, in der deutschen Fassung nicht enthalten).
7 Pauwels, a. a. O., S. 331–332 der engl. Originalausgabe.

448

8 Ibid., S. 178 der engl. Originalausgabe.

9 Ibid., S. 112 der engl. Originalausgabe.

10 Bhagwan Rajneesh: *Tantra: The Supreme Unaerstanding*, Puna, Indien (Rajneesh Foundation) 1975, S. 99.

11 Charles T. Tart: *Hellwach und bewußt leben*, München und Bern (O. W. Barth) 1988, S. 379.

12 Im Vorwort zu Kathleen Riordan Speeths Buch *The Gurdjieff Work* Los Angeles (J. P. Tarcher) 1989, S. IX.

13 H. Birven: *Lebenskunst in Yoga und Magie*, Zürich (Origo) 1953, S. 76.

14 Zitiert in Nat Freedland: *The Occult Explosion*, New York (Berkley Medallion Books) 1972, S. 161.

15 J. Symonds und K. Grant (Hg.): *The Confessions of Aleister Crowley: An Autohagiography*, London (Routledge & Kegan Paul) 1979, S. 387.

16 C. Wilson: *Aleister Crowley: The Nature of the Beast*, Wellingborough, England (Aquarian Press) 1987, S. 84.

17 Dies ist die Essenz des *Karma-Yoga*, des Yoga des selbst-transzendierenden Handelns, eine der wichtigsten Orientierungen der Yoga-Tradition des Hinduismus.

18 Symonds & Grant: *Aleister Crowley*, a. a. O., S. 403.

19 Ibid., S. 853.

20 Ibid., S. 851.

21 Ibid., S. 513.

22 Ibid., S. 142.

23 Das Wort *Bhagwan* leitet sich von der Sanskrit-Ehrenbezeugung *Bhagavan* her, die wörtlich »Besitzer von Glück« *(bhaga)* bedeutet. Es hat aber auch die allgemeinere Bedeutung von »Herr«, sowohl als Anrede für das Göttliche als auch für eine verehrungswürdige Person.

24 Bhagwan Rajneesh: *Dimensions Beyond the Known*, Los Angeles (Wisdom Garden) 1975, S. 156.

25 Zitiert in Yarti: *The Sound of Running Water: A Photobiography of Bhagwan Shree Rajneesh and His Work, 1974–1978*. Puna, Indien (Rajneesh Foundation) 1980, S. 29.

26 R. A. Masters: *The Way of the Lover: The Awakening & Embodiment of the Full Human*, West Vancouver, B. C. (Xanthyros Foundation) 1989, S. 148.

27 Rajneesh: *Tantra: The Supreme Understanding*, S. 55.

28 Ibid., S. 61.

29 Ibid., S. 102.

30 Ibid., S. 233.

31 Zitiert in Yarti: *Sound of Running Water*, S. 153.

32 H. Milne: *Bhagwan: The God That Failed*, New York (St. Martin's Press) 1986, S. 102.

33 Rajneesh: *Tantra: The Supreme Understanding*, S. 8–9.

34 Ibid., S. 69.

35 Bhagwan Rajneesh im *Sannyas*-Magazin, Mai-Juni 1978, S. 11.

36 Milne: *Bhagwan: The God That Failed*, S. 306.

37 Ibid.

38 Bhagwan Shree Rajneesh: *Meditation: The Art of Ecstasy*, New York (Perennial Library) 1978, S. 26.

39 Ibid., S. 28.

40 Rajneesh: *Tantra: The Supreme Understanding*, S. 39.

41 Ibid., S. 101.

42 Ibid., S. 109–110.

43 Zitiert in J. S. Gordon: *The Golden Guru: The Strange Journey of Bhagwan Shree Rajneesh*, Lexington, Mass. (Stephen Greene Press) 1987, S. 79.

44 Zitiert in Milne: *Bhagwan: The God That Failed*, a. a. O., S. 177–178.

45 Ibid., S. 118.

46 Stephen Zwick: »The Father Divine Peace Mission Movement«, Senior thesis, Princeton University 1971.

47 Ein autobiographischer Bericht ist Chögyam Trungpas Buch *Born in Tibet*, Baltimore, Md. (Penguin Books), 1971.

48 Chögyam Trungpa: *Journey Without Goal: The Tantric Wisdom of the Buddha*, Boulder, Colo. (Prajna Press) 1981, S. 97–98.

49 Chögyam Trungpa: *First Thought Best Thought: 108 Poems*, Boulder, Colo. (Shambala) 1983, S. 9. Das Buch enthält eine Einleitung von Trungpas Freund Allen Ginsberg.

50 Chögyam Trungpa: *Spirituellen Materialismus durchschneiden*, Küsnacht (Theseus) 1989, S. 15 f.

51 R. Fields: *How the Swans Came to the Lake: A Narrative History of Buddhism in America*, Boston (Shambala) 1986, S. 310.

52 Zitiert in B. Miles: *Ginsberg: A Biography*. New York (Simon & Schuster) 1989, S. 453.

53 P. Marin: »Spiritual Obedience: The Transcendental Game of Follow the Leader«, in *Harper's* (Februar 1979), S. 47.

54 Ibid., S. 49.

55 Trungpa: *Journey Without Goal*, a. a. O., S. 25.

55 Merwins Geschichte, so wie er selbst sie wiedergegeben hat, wird in B. Miles, *Ginsberg, A Biography*, S. 466–470 wiedergegeben.

57 In der deutschen Ausgabe von C. Trungpas Buch *Spirituellen Materialismus durchschneiden* (a. a. O., S. 117), heißt es, leicht beschönigend: »Wir geben den einfach nach.« Anm. d. Übers.

58 Siehe Katy Butlers Bericht »Encountering the Shadow in Buddhist America«, veröffentlicht in *Common Boundary*, Vol. 8, Nr. 3 (Mai/Juni 1990), S. 14–22. Sie erzählt dort die Geschichte über eine ihr bekannte Person, die eine sexuelle Begegnung mit Ösel Tendzin hatte. Sie schreibt: »Ich wurde Zeuge von Tendzins offenbar routinemäßiger Transformation von einer religiösen Autorität, die Audienzen gab, zu der Person, die er in seiner Freizeit war und die sich jeden Nachmittag den Freuden des Alkoholgenusses und der Sexualität hingab. Übrigens hat er einmal beiläufig zugegeben, er sei sexsüchtig.« (S. 14).

59 Richard Grossinger: *Waiting for the Martian Express: Cosmic Visitors,*

*Earth Warriors, Luminous Dreams,* Berkeley, Calif. (North Atlantic Books) 1989, S. 19.

60 L. Lozowick: *The Cheating Buddha,* Tabor, N. J. (Hohm Press) 1989, S. 19.

61 Siehe Karuna: »A Master Is a Fire You Have to Go Through: Reflections on a Talk by Bhagavan Shree Rajneesh«, *Tawagoto: The Sacred Foolish Song of the Hohm Community,* Bd. 1, Nr. 1 (Frühjahr 1988), S. 38–41 und 81.

62 *Tawagoto,* Vol. 2, Nr. 2 (Frühjahr 1989), S. 16.

63 *Tawagoto,* Vol. 1, Nr. 1 (Winter 1988), S. 44–45.

64 M. Albert: »Enlightened Masters«, *Yoga Journal* (Juli/August 1985), S. 34.

65 Bandhu Dunham: »Journal Entry 5/2/88«, *Tawagoto,* Vol. 2, Nr. 1 (Winter 1989), S. 55.

**Kapitel 4: Die vielen Gesichter des Da Love-Ananda**

1 Da Free John: *Das Knie des Lauschens,* Amsterdam (Dawn Horse Press) 1988, S. 3.

2 Ibid., S. XIII.

3 D. C. Lane: »The Paradox of Da Free John: Distinguishing the Message from the Medium«, in *Understanding Cults and Spiritual Movements,* Forschungsergebnisse, Bd. 1, Nr. 2 (1985), S. 1.

4 Ibid., S. 3 f.

5 Der Sanskrit-Ausdruck *Nirvikalpa-Samādhi* bedeutet buchstäblich »formlose Ekstase« und bezieht sich auf den zeitweiligen Zustand des Überbewußtseins ohne jeden objekthaften Bezugspunkt. Dieser fortgeschrittene spirituelle Zustand geht meist mit einem Verlust des Körpergewahrseins einher. Er kann wenige Sekunden bis mehrere Stunden dauern, doch wenn er noch wesentlich länger anhält, kann es schwerig werden, die Verbindung zum Körper wiederherzustellen, so daß der körperliche Tod die Folge sein kann.

6 *Kundalini-Yoga,* der Yoga der Schlangenkraft, ist eine alte Hindu-Tradition, die sich mit dem Erwecken der latenten psychospirituellen Kraft im Körper befaßt; dies wird insbesondere mit Hilfe von Atemkontrolle und mentaler Konzentration angestrebt. Die *Kundalini*-Kraft soll nach traditionellen Vorstellungen *im Potentialzustand* am unteren Ende der Wirbelsäule ruhen. Die Praktiken des *Kundalini-Yoga,* die im Grunde tantrischer Natur sind, dienen dazu, jene latente Kraft zu aktivieren und sie entlang der Wirbelsäule zum Zentrum des Gehirns zu leiten. Wenn dies erreicht ist, soll angeblich der Zustand der Ich-Transzendenz und der glückseligen Ekstase *(Samādhi)* eintreten.

7 Da Free John: *Das Knie des Lauschens,* a. a. O., S. 122.

8 Ibid., S. 130.

9 Ibid., S. 131.

10 Ibid., Rück-Cover.

11 »Bubba« war Da Love-Anandas Spitzname als Kind gewesen, also nicht,

wie einige Fachleute vermutet haben, eine Verballhornung des Hindu-Titels »Baba«. »Free John« war seine Übersetzung seines Geburtsnamens »Franklin Jones« in spirituelle Begriffe. Er wollte dadurch seine neugefundene innere Autonomie zum Ausdruck bringen sowie seine Fähigkeit, als Vermittler von Gnade zu fungieren.

12 Bubba Free John (Da Love-Ananda): *The Enlightenment of the Whole Body*, Middletown, Ca. (Dawn Horse Press) 1978, S. 48.

13 Der Sanskrit-Begriff *Kriyā* bedeutet »Tat«, »Aktivität«. Hier bezieht er sich auf spontane Körperbewegungen wie Sich-Wiegen, Rollen des Kopfes, Rollen der Augen, Hervortreten der Zunge usw., die durch die Stärkung der psychosomatischen Energie im Körper zu erklären sind.

14 Die *Kundalini* oder *Kundalini-Shakti* (»Schlangenkraft«) ist ein psychospirituelles Phänomen, das die Grundlage des Tantra-Yoga bildet. Die Aktivierung dieser subtilen Energie soll der Grund für eine Vielzahl psychischer und mystischer Phänomene sein. Einige Autoritäten wie Gopi Krishna behaupten sogar, daß dies die Grundlage aller psychosomatischen und spirituellen Aktivität sei.

15 *Sahaja-Samādhi* ist die Ekstase der Spontaneität, in welcher kein Selbst-Bewußtsein existiert, ungeachtet der Bewußtseinszustände, die der Betreffende erlebt. Genaugenommen bezieht sich dieser Begriff auf die dauerhafte Erleuchtung oder Selbst-Verwirklichung.

16 Bubba Free John (Da Love-Ananda): *Garbage and the Goddess: The Last Miracles and Final Spiritual Instructions of Bubba Free John*, Lower Lake, Ca. (Dawn Horse Press) 1974. Von diesem Buch, das von Sandy [Saniel] Bonder und Terry Patten herausgegeben wurde, ist im gleichen Jahr noch eine zweite Auflage gedruckt worden, die jedoch auf Da Love-Anandas Betreiben hin praktisch sofort nach der Auslieferung konfisziert wurde. Wahrscheinlich ist dies das am wenigsten »bereinigte« Buch von Da Love-Ananda. Es enthält Material, das klar seine Anlehnung an die Tradition der verrückten Weisheit erkennen läßt.

17 Ibid., S. 104.

18 Ibid., S. 106.

19 Ibid., S. 106–107.

20 Ibid., S. 127.

21 Ibid., S. 20.

22 Ibid., S. 23.

23 Bubba Free John (Da Love-Ananda): *The Method of the Siddhas*, Middletown, Ca. (Dawn Horse Press) 1978, S. 152–153. Die Erstauflage dieses Buches erschien im Jahre 1973.

24 *Sat-sanga* bedeutet wörtlich: »Kontakt mit dem Wahren«. Es ist die Bezeichnung für die altehrwürdige Praxis des Sitzens in Gegenwart eines Erleuchteten, um dessen spirituelle Übermittlung aufzunehmen. Da Love-Anandas anfängliche naive Annahme, *Sat-sanga* reiche völlig aus, zeigt, daß erleuchtete Lehrer keineswegs allwissend sind, sondern daß sie sich, wie alle anderen Menschen auch, in einem kontinuierlichen Lernprozeß

befinden. Man könnte sogar vermuten, daß einige von ihnen ausgesprochen langsam lernen. Da Love-Ananda nimmt immer noch an, daß er das
Leben seiner Anhänger tiefgreifend verändern könne, obgleich er ihnen
nur noch sehr sporadisch Kontakt mit ihm ermöglicht.

25 *Das Knie des Lauschens*, a. a. O., S. 6.
26 Ibid., S. 276.
27 Lane: »Paradox of Da Free John«, S. 5. Lanes Aussage, daß Da Love-
Anandas Lehrtätigkeit sich nicht grundlegend verändert habe, bedarf einer detaillierteren Erläuterung. Zwar ist »radikales Verständnis« tatsächlich immer noch die Grundlage für Da Love-Anandas Herangehensweise,
doch sind die Verehrungspraktiken im Laufe der Jahre so stark ausgeufert,
daß einige Beobachter der Meinung sind, die ursprüngliche Einfachheit
seines Lehrstils sei darunter verschüttet. In den letzten Jahren haben sich
viele Schüler aus diesem Grunde von ihm abgewendet. Es erfordert entweder außerordentliche spirituelle Reife, mit seinem guruzentrischen Stil
fertig zu werden, oder es ist nur für diejenigen erträglich, die im Guru immer noch eine Vaterfigur sehen – was bei der überwiegenden Zahl von Da
Love-Anandas Anhängern der Fall zu sein scheint. Dennoch wirft er ihnen immer noch von Zeit zu Zeit ihre kindische Haltung, ihren Mangel an
echtem Unterscheidungsvermögen und ihre Anhaftung an äußere Formen
vor.
28 Peter Roberts: »Down from the Mountain«, *The Dawn Horse*, Nr. 5 (1975),
S. 15–16.
29 Saniel Bonder: »Miracles: The Irreverent Intrusions of God«, *The Laughing
Man*, Vol. 1., Nr. 2 (1976), S. 80.
30 Bubba Free John: *The Enlightenment of the Whole Body*, S. 53.
31 Da Free John (Da Love-Ananda): *The Dreaded Gom-Boo: Or the Imaginary
Disease That Religion Seeks to Cure*, Clearlake, Ca. (Dawn Horse Press)
1983, S. 16–17. Es ist kaum überraschend, daß Da Love-Anandas Begegnungen mit dem Drachen bei ihm etliche Wunden hinterließen. Im Laufe
der Jahre ist er mehrmals von enttäuschten ehemaligen Schülern verklagt
worden. Allerdings haben seine Repräsentanten es bisher erfolgreich zu
verhindern verstanden, daß er persönlich vor Gericht erscheinen mußte.
Einige Fälle wurden durch einen Vergleich zum Abschluß gebracht, was
die Free Daist Communion finanziell in eine sehr schwierige Lage gebracht
hat. Wahrscheinlich hätten die meisten dieser Aderlässe vermieden werden
können, wenn die entfremdeten ehemaligen Mitglieder von ihren früheren
Gefährten mit mehr Respekt behandelt worden wären.
32 Da Love-Ananda: *The Love-Ananda Gita (The Wisdom-Song of Non-Sep-
arateness)*, Clearlake, Ca., (Dawn Horse Press) 1989, S. 111. Nach einer
früheren Version dieses Berichts war es seine Liebe zu einer bestimmten
Anhängerin, die ihn in seinen Körper zurückgebracht haben soll. Dies
wurde jedoch später als Mißverständnis abgetan.
33 Aus einer Rede, die Da Love-Ananda am 24. September 1985 gehalten hat.
Darin beharrte er darauf, daß die Parallelen zwischen seiner Art zu lehren

und Drukpa Künleys verrückter Weisheit von den institutionellen Repräsentanten seiner Gemeinschaft wahrheitsgemäß vertreten werden sollten.
Außerdem äußerte er in jener Rede seine Verwunderung darüber, wieso es
nicht völlig einleuchtend sei, daß Schüler, die in sein Refugium auf Fidschi kämen, erwarten müßten, daß er in ihr Leben eingreife.

34 Da Free John (Da Love-Ananda): *God Is Not a Gentleman and I Am That
One*. Clearlake, Ca. (Dawn Horse Press) 1983, S. 28.

35 Ibid., S. 58–59.

36 Da Free John (Da Love-Ananda): *Crazy Da Must Sing, Inclined to His
Weaker Side*. Clearlake, Ca. (Dawn Horse Press) 1982, S. 25.

37 Da Love-Ananda: »My Real Work Is to Drive You Mad«, *The Lesson*, Bd. 4
(Dawn Horse Press) ohne Erscheinungsdatum, S. 58.

38 Ibid., S. 60.

39 R. A. Master: *The Way of the Lover: The Awakening & Embodiment of the
Full Human*. West Vancouver, B. C. (Xanthyros Foundation) 1988, S. 152.

40 Ibid., S. 154–55. Hier bringt Masters seine Wertschätzung Da Love-Ananda
gegenüber zum Ausdruck, obgleich er nie sein Schüler gewesen ist. Insofern kann man sich fragen, welche Motive hinter seiner harten Kritik an
Da Love-Anandas Schülern stecken, da er nur wenige von ihnen jemals
kennengelernt hat. Doch abgesehen davon sind seine Beobachtungen im
großen und ganzen zutreffend, und sie können all jenen Gruppen, die in
diesem Buch freizügig kritisiert werden, als ein nützlicher Spiegel dienen.

**Kapitel 5:** Spirituelle Praxis: Der Pfad jenseits aller Pfade

1 Dieser Ausspruch stammt aus einer kaum bekannten, aber erstaunlich
allegorischen Erzählung von Niffari, einem wandernden Derwisch des
10. Jahrhunderts. Zitiert in R. A. Nicholson, *The Mystics of Islam*. London
(Routledge & Kegan Paul) 1963, S. 75.

2 L. Thompson: *Mirror to the Light: Reflections on Consciousness and Experience*, Hg. von Richard Lannoy. London (Coventure) 1984, S. 48.

3 Meister Eckehart: *Deutsche Predigten und Traktate*, Diogenes, S. 188.

4 Siehe K. Potter, *Presuppositions in Indian Philosophy*. Englewood Cliffs,
N. J. (Prentice-Hall) 1963.

5 Bubba Free John (Da Love-Ananda): *The Method of the Siddhas*. Middletown, Ca. (Dawn Horse Press) 1978, S. 137.

6 Chögyam Trungpa: *Spirituellen Materialismus durchschneiden;* a. a. O.,
S. 88 ff.

7 Ibid., S. 73.

8 Siehe Jean Gebser: *Ursprung und Gegenwart*, München (dtv). Eine Einführung
zu Gebsers Modell und eine Kritik desselben ist enthalten in G. Feuerstein:
*Structures of Consciousness*; Lower Lake, Ca. (Integral Publishing) 1987.

9 Bubba Free John (Da Love-Ananda): *The Enlightenment of the Whole Body*,
Middletown, Ca. (The Dawn Horse Press) 1978, S. 112.

10 Thompson: *Mirror of Light*, S. 75.

11 Jacob Needleman: *The New Religions*. London (Penguin Press) 1972, S. 11. Interessant erscheint mir, daß der Sanskrit-Begriff für Genuß, *Bhoga*, der buchstäblich übersetzt »Essen« bedeutet, häufig als Gegensatz zu der heiligen Prüfung der Selbst-Transzendenz benutzt wird. Gemeint ist das Verschlingen oder Verzehren der Welt. Ein Mensch, der sich nur für das Weltliche interessiert und dem es um die Erfüllung seiner Wünsche geht (der Tausende von »Tieren« in seinem Inneren) ist der *Bhogin* oder »Konsument«. Er konsumiert das, was die Welt zu bieten hat. Doch wie der *Yogin*, Barde und frühere Prinz Bartriari (7. Jh. v. Chr.) in seinem *Vaiaragya-Shataka* (Vers 7) sagt, ist er in Wahrheit ein Konsument, der selbst konsumiert wird – von seinen eigenen Begierden: »Genüsse werden nie genossen, nur wir selbst werden genossen.«

12 Siehe R. Greenfield: *The Spiritual Supermarket: An Account of Gurus Gone Public in America*; New York (Dutton) 1975. Interessanterweise scheint der Psychologe Charles T. Tart die Vorstellung von einem »spirituellen Supermarkt« als etwas Positives anzusehen. Er tritt sogar für die Konsumentenhaltung ein, indem er vorschlägt: »Eine erleuchtetere Wissenschaft könnte unter anderem für die verschiedenen spirituellen Pfade eine Art ›spiritueller Konsumentenberatung‹ entwickeln.« – Gott bewahre! (Siehe Charles T. Tart: *Hellwach und bewußt leben*, München/Bern (Scherz / O. W. Barth) 1988, S. 374.

13 C. Trungpa: *Spirituellen Materialismus durchschneiden*. a.a.O., S. 23.

14 Da Free John: *Nirvanasara: Radical Transcendentalism and the Introduction of Advaitayāna Buddhism*, Clearlake, Ca. (Dawn Horse Press) 1982, S. 107.

15 Trungpa: *Spirituellen Materialismus durchschneiden*, a.a.O., S. 15.

16 Ibid., S. 23 f.

17 Zitiert nach Sung Bae Park: *Buddhist Faith and Sudden Enlightenment*, Albany, N. Y. (SUNY Press) 1983, S. 23. Die beiden Verse stammen aus dem *Podium-Sutra*, das im 18. Jahrhundert entstand Siehe auch: Hui-neng: *Das Sutra des Sechsten Patriarchen*, München u. Bern (O. W. Barth) 1989, S. 30 und 38; die dortige Version der beiden Verse weicht von der zitierten jedoch stark ab.

18 Franklin Jones (Da Love-Ananda): *Das Knie des Lauschens*, a.a.O.

19 Eine wunderschöne und sehr detaillierte Beschreibung der Shambala-Legende enthält das Buch von Edwin Bernbaum: *Der Weg nach Shambala*, Freiburg i. Br. (Bauer) 1988.

20 Siehe Rudolf Otto: *Das Heilige,* München (Beck) 1963, Nachdruck der ungekürzten Sonderausgabe 1991.

21 Diese Geschichte wird erzählt in Bernbaum, *Der Weg nach Shambala*, a.a.O.

22 Rajneesh: *Meditation: The Art of Ecstasy*, New York (Perennial Library) 1978, S. 26.

23 Diese Geschichte wird erzählt in: Barry Miles, *Ginsberg: A Biography*, New York (Simon and Schuster) 1989, S. 440–441.

24 A. Low: *The Iron Cow of Zen*, Wheaton, Ill. (Quest Books) 1985, S. 15.

25 Siehe J. Cleugh: *Love Locked Out: A Survey of Love, License and Restriction in the Middle Ages*, London (Anthony Blond) 1963, S. 37–45.

26 B.-A. Scharfstein: *Mystical Experience*, Baltimore, Md. (Penguin Books) 1974, S. 159.

27 Zur mystischen Erfahrung des uneingeschränkten Lichts, siehe M. Eliade: *The Two and the One*, Chicago (University of Chicago Press) 1979, S. 19–77.

28 Die kurze Notiz über Pascals mystische Erfahrung fand man auf einem Stück Papier, das in sein Wams eingenäht worden war. Der vollständige Text lautet: »Von halb elf am Abend bis ungefähr eine halbe Stunde nach Mitternacht. Feuer. Gott Abrahams, Gott Isaaks, Gott Jakobs. Nicht der Gott der Philosophen und Gelehrten. Absolute Gewißheit. Jenseits des Verstandes. Freude. Friede. Vergessenheit der Welt und aller Dinge außer Gott. Die Welt kennt dich nicht, ich aber kenne dich. Freude! Freude! Freude! Tränen der Freude!« Siehe F. C. Happold: *Mysticism: A Study and an Anthology*. Harmondsworth, England (Penguin Books) 1967, S. 39. Die deutsche, bei Reclam, Stuttgart (1956) erschienene Übersetzung weicht etwas ab.

29 Paul Reps: *Ohne Worte – Ohne Schweigen*, München (O. W. Barth) 1976, S. 123.

30 S. Keen: *To a Dancing God*, New York (Harper & Row) 1970, S. 117–119.

31 Alan Watts: *Die Illusion des Ich*, München (Kösel) 1980, S. 75.

32 Ibid., S. 123.

33 Siehe Watts: *Zeit zu leben – Erinnerungen eines »heiligen Barbaren«*, München/Bern (Scherz / O. W. Barth) 1979. Darin verteidigt Watts sein etwas ausschweifendes Leben und seine Rolle als Philosoph und Mystiker. Unter anderem findet sich dort folgender Ausspruch: »Ich mißtraue Menschen, die keinerlei Anzeichen von Ungezogenheit und Ausschweifung erkennen lassen.« (Übersetzt nach dem Original.)

34 zitiert in Reps: *Ohne Worte – Ohne Schweigen*. a.a.O. S. 135.

35 Thomas Merton: *Der Aufstieg zur Wahrheit*, Einsiedeln (Benziger) 1952, S. 148.

36 Ibid., S. 148 f.

37 Rajneesh: *Meditation*, S. 104.

38 Meister Eckehart: *Deutsche Predigten und Traktate. Reden der Unterweisung*, 4. Abschnitt, S. 57.

39 Siehe Da Free John: *The Bodily Location of Happiness*, Clearlake, Ca. (Dawn Horse Press) 1982, S. 184.

1 M. Berman: *Die Wiederverzauberung der Welt. Am Ende des Newtonschen Zeitalters*, Reinbek (Rowohlt).

2 Eine Geschichte der Propheten und Messias-Gestalten des Elisabethanischen Zeitalters enthält ein Buch von K. Thomas: *Religion and the Decline of Magic*, Harmondsworth, England (Penguin Books) 1973, S. 157–173. Offenbar scharten sich große Massen um diese Messias-Gestalten, insbesondere während des Bürgerkriegs von 1642–1649. Ab 1660 verschwand diese Bewegung infolge der Sektenverfolgung. Messias-Gestalten traten in England erst wieder im 19. Jahrhundert auf.

3 Siehe T. Clifford: »The Master List«, in *New Age* (Mai 1976), S. 23–36. Bei meinem kurzen Überblick über die »spirituelle« Geschichte Amerikas stütze ich mich in erster Linie auf Cliffords Abhandlung; außerdem habe ich Anregungen entnommen aus: I.I. Zaretsky & M.O. Leons (Hg.): *Religious Movements in Contemporary America*, Princeton, N.J. (Princeton University Press) 1974; Jacob Needleman: *The New Religions*, London (Allen Lane) 1972; und R. Fields: *How the Swans Came to the Lake*, Boulder, Co. (Shambala) 1981.

4 Siehe J.H. Barrows (Hg.): *The World's Parliament of Religions: An Illustrated and Popular Story of the World's First Parliament of Religions, Held in Chicago in Connection with the Columbian Exposition of 1893*, Chicago (The Parliament Publishing Co.) 1893.

5 Thomas Merton: *Der Aufstieg zur Wahrheit*, Einsiedeln (Benziger) 1952.

6 Bubba Free John (Da Love-Ananda): *The Method of the Siddhas*, Middletown, Ca. (Dawn Horse Press) 1978, S. 225.

7 Harvey Cox: *Turning East: The Promise and Peril of the New Orientalism*, New York (Simon & Schuster) 1977, S. 175.

8 L. Hixon: *Coming Home: The Experience of Enlightenment*, Los Angeles (J.P. Tarcher) 1989, S. 187.

9 Siehe z.B. Irina Tweedie: *Wie ein Phönix aus der Asche* (Rowohlt) sowie auch ihre Tagebuchaufzeichnungen über ihre Lehrzeit bei einem Sufi-Lehrer, *Der Weg durchs Feuer*, Interlaken (Ansata) 1992.

10 G. Claxton: *Wholly Human: Western and Eastern Visions of the Self and Its Perfection*, London (Routledge & Kegan Paul) 1981, S. 98.

11 Das Sanskrit-Wort *Darshan* (»Sehen«) wird benutzt für den ehrerbietigen Akt, den Lehrer anzuschauen, seinen Segen zu empfangen oder eine spirituelle Übertragung zu erhalten.

12 Claxton: *Wholly Human*, S. 98.

13 Eine der Bestrebungen Da Love-Anandas ist es, eine »echte Gemeinschaft« zu schaffen, die als Samen für eine weltweite, auf Spiritualität basierende Kultur dienen kann. Seine diesbezüglichen Bemühungen wurden allerdings bisher aufgrund der hartnäckigen Kult-Tendenzen seiner Anhänger zunichte gemacht.

14 Siehe Markus 8:27.

15 Siehe Markus 14:61.

16 Siehe Johannes 5:18 und 10:30 sowie Philipper-Brief 2:6.

17 Bubba Free John (Da Love-Ananda): *Breath and Name*, San Francisco (Dawn Horse Press) 1977, S. 159. Das Buch ist nicht mehr lieferbar.

18 Zitiert in A. Low: *The Iron Cow of Zen*, Wheaton, Ill. (Quest Books) 1985, S. 19.

19 Siehe W. D. Wallis: *Messiahs: Their Role in Civilization*, Washington, D. C. (American Council on Public Affairs) 1943, S. 187.

20 Siehe das Gespräch zwischen Idries Shah und Elizabeth Hall: »The Sufi Tradition«, in *Psychology Today* (Juli 1975), S. 53: »Einige Gurus sind ganz einfach Betrüger, und sie verbergen es vor mir nicht einmal. Sie glauben, ich selbst sei auch einer.«

21 Ken Wilber, B. Ecker und D. Anthony: *Meister, Gurus, Menschenfänger*. Frankfurt (Krüger) 1995, S. 61.

22 W. E. Hocking: *The Meaning of God in Human Experience*, New Haven, Conn. (Yale University Press) 1912, S. 349.

23 J. Welwood: »Über echte und falsche spirituelle Autorität«, in: Wilber et al., *Meister, Gurus, Menschenfänger*, a. a. O., S. 50 f.

24 M. Milne: *Bhagwan: The God That Failed*, New York (St. Martin's Press) 1987, S. 255.

25 Ibid., S. 232.

26 Ibid., S. 275–276.

27 Ibid., S. 286.

28 Merton, Thomas, a. a. O. Die Übersetzung stammt von Merton. Siehe sein Buch *Der Aufstieg zur Wahrheit*, wo er auch die folgende scharfsinnige Beobachtung berichtet: »Selten lebt ein Asket sein Leben lang, als besäße er keinen Leib. Weit verbreiteter sind jene, die sich während zwei, drei Jahren wütend selbst strafen, um dann ihre Zucht aufzugeben und der Verzweiflung, Schwermut und dem wilden Drang ihres Fleisches und Geistes zu verfallen.« (S. 106)

29 Wilber et al., a. a. O., S. 12.

30 Ram Dass: *Reise des Erwachens. Handbuch zur Meditation*. München (Knaur) 1986, S. 147 f.

31 M. Aïvanhov: *What Is a Spiritual Master?* Fréjus, France (Prosveta) 1984, S. 70.

32 Matthäus 7:15–20.

33 M. Ross: *Pillars of Flame: Power, Priesthood, and Spiritual Maturity*, San Francisco (Harper & Row) 1988, S. 50–52.

34 Ram Dass: *Reise des Erwachens*, a. a. O., S. 149.

1 Siehe Mircea Eliade: *Mythen, Träume und Mysterien*, Salzburg (O. Müller) 1984.

2 Mircea Eliade: *Das Heilige und das Profane*, (Insel) Frankfurt/M.1984, S. 163.

3 Ibid., S. 164.

4 Siehe F. Vaughan: *The Inward Arc. Healing and Wholeness in Psychotherapy and Spirituality*. Boston (Shambala) 1986.

5 B. J. F. Lonergan: *Insight: A Study of Human Understanding*, New York (Harper & Row) 1978, S. 175.

6 René Descartes: *Von der Methode des richtigen Vernunftgebrauchs und der wissenschaftlichen Forschung*, Hamburg (Felix Meiner Verlag), 1960, S. 1, Teil I, Zeile 18–22.

7 Der *Puer aeternus*, der »ewige Jugendliche« ist ein Sonderfall des adoleszenten Erwachsenen. Wenn diese Art von Menschen sich der Spiritualität, einem Lehrer oder einer Gruppe zuwenden, so tun sie dies gewöhnlich deshalb, weil ihnen die Vorstellung überweltlicher Vollkommenheit als faszinierende Alternative zum Einerlei der alltäglichen Verpflichtungen erscheint. Zum Puer-Phänomen siehe Marie-Louise von Franz: *Der ewige Jüngling. Der Puer aeternus und der kreative Genius im Erwachsenen*. München (Kösel) 1987.

8 C. G. Jung: *Modern Man in Search of a Soul*. New York (Harcourt, Brace & Co.) 1933, S. 237. (Der Text existiert in der deutschen Jung-Ausgabe nicht. Anm. d. Übers.)

9 Siehe hierzu auch die aufschlußreichen Experimente von S. Milgram, die er in seinem Buch *Das Milgram-Experiment. Zur Gehorsamsbereitschaft gegenüber Autorität* (Rowohlt) beschreibt.

10 Immanuel Kant, *Populäre Schriften* (Hg. P. Menzer), Berlin (Reimer) 1911.

11 Paul Tillich: *Der Mut zum Sein*, Stuttgart (Steingrüber) 1953.

12 Ibid.

13 Ibid.

14 Charles Tart: *Hellwach und bewußt leben*, a.a.O., S. 326f.

15 Siehe z. B.: J. H. & M. Craig, *Synergic Power: Beyond Domination and Permissiveness*, Berkeley, Ca. (Proactive Press) 1974.

16 Peter Marin: »Spiritual Obedience: The Transcendental Game of Follow the Leader«, in *Harper's*, Februar 1979, S. 44.

17 Da Free John (Da Love-Ananda): *Scientific Proof of the Existence of God Will Soon Be Announced by the White House!* Clearlake, Ca. (Dawn Horse Press) 1980, S. 31.

18 W. Sargant: *Battle for the Mind*, London (Pan Books) 1970, S. 215.

19 W. Sargant: »The Physiology of Faith«, in *British Journal of Psychiatry*, 115 (1969), S. 510.

20 Siehe A. D. Biderman: »The Image of ›Brainwashing‹«, in *Public Opinion References Quarterly* 26 (1962), S. 547–563.

21 Aus psychologisch-psychiatrischer Sicht siehe z. B.: J. T. Ungerleider und D. K. Wellisch: »The Programming (Brainwashing) / Deprogramming Religious Controversy«, in: D. G. Bromley & J. T. Richardson (Hg.): *The Brainwashing / Deprogramming Controversy: Sociological, Psychological, Legal and Historical Perspectives*, New York & Toronto (Ewin Mellen Press) 1983, S. 205–214. Aus soziologischer Sicht siehe z. B.: J. A. Beckford: *The Trumpet of Prophecy*, Oxford, England (Basil Blackwell) 1975.

22 Der Begriff »proteischer Mensch« wurde von R. J. Lifton in seinem Buch *Boundaries,* New York (Vintage Books) 1969, benutzt, um die Fähigkeit und Tendenz des modernen westlichen Menschen zu beschreiben, die eigene Selbst-Definition mit relativer Leichtigkeit und Häufigkeit zu verändern. Wie dem Proteus der griechischen Mythologie gefällt es auch vielen westlichen Menschen unserer Zeit, ihre Rollen und Identitäten ständig zu wechseln. Lifton schreibt: »Der proteischen Art entspricht es, eine unbegrenzte Zahl von Experimenten und Untersuchungen durchzuführen, von denen einige oberflächlich, andere tiefgründig sind und alle jederzeit zugunsten einer noch aktuelleren psychischen Suche aufgegeben werden können.« (S. 44) Diese Fähigkeit des proteischen Menschen unterscheidet sich von der Tendenz des *Puer aeternus,* sich treiben zu lassen.

23 Siehe J. T. Richardson (Hg.): *Conversion Careers: In and Out of the New Religions*, Beverly Hills, Ca., & London (Sage Publications) 1978.

24 F. Vaughan: »Eine Frage des Gleichgewichts – Gesundes und Pathologisches in den neuen religiösen Bewegungen«, in *Meister, Gurus, Menschenfänger*, a. a. O., S. 67 f.

25 Siehe K. Wilber, *Der glaubende Mensch*, München (Goldmann) 1988.

26 Siehe D. Bakan: *The Duality of Human Existence: An Essay on Psychology and Religion*, Chicago (Rand McNally) 1966.

27 Siehe E. Underhill: *Mysticism: A Study in the Nature and Development of Man's Spiritual Consciousness*, New York (E. P. Dutton) 1961, S. 177.

28 Im Sinne von Da Love-Anandas Sieben-Stufen-Modell, das in Kapitel 6 beschrieben wurde, gehört spirituelle Konversion zur vierten Stufe des Lebens. Menschen auf der vierten Stufe wissen, wie sie die Verantwortung für ihre eigene Entwicklung und für ihr Leben übernehmen können, und sie sind frei von emotionaler Reaktivität und von selbstzerstörerischem Verhalten. Auf dieser Stufe beginnt der eigentliche spirituelle Prozeß der Selbst-Transzendenz und der höheren Selbst-Transformation.

29 Gemäß Da Love-Anandas Entwicklungsschema tritt diese *transzendente Konversion* auf der sechsten Stufe des Lebens auf, die oft mit derjenigen der Erleuchtung selbst verwechselt wird.

30 Siehe B. S. Narsimha und S. Subbarao: *Sage of Sakuri: Life Story of Shree Upasani Maharaj*, Sakuri, India (B. T. Wagh), o. J., S. 182–184.

31 Da Love-Anandas unentwegte Kritik kultischer Tendenzen unter seinen Anhänger ist erstaunlich. Ebenso erstaunlich ist das Fortbestehen dieser Tendenzen innerhalb seiner Gemeinschaft und die Tatsache, daß die Art, wie er mit seinen Schülern interagiert, in vielerlei Hinsicht geradezu

zwangsläufig Kult-Tendenzen fördert. Im Laufe der Jahre hat sich Da Love-Ananda in zunehmendem Maße von der Gemeinschaft seiner Schüler isoliert, und der Kontakt hat stark formalistische Züge angenommen. Die Tatsache, daß er in unnahbare Ferne gerückt ist, hat kindische Verhaltensweisen und Machtspiele unter seinen Anhängern sehr begünstigt. Viele, die ihn wegen seiner hohen spirituellen Entwicklung respektieren, haben das Gefühl, daß er in bedauernswerter Weise von der alltäglichen Wirklichkeit abgeschnitten ist. So wie Papst Johannes XXIII. hat er oft geklagt, er sei ein Gefangener seiner Institution. In einem gewissen Sinne mag er tatsächlich ein Opfer der Umstände sein, doch vielleicht ist er mehr noch ein Opfer seiner eigenen Entscheidungen, unter anderem auch seines Bedürfnisses, sich von der Welt und sogar von der Gemeinschaft seiner Anhänger zu isolieren.

32 *Guru-Gītā*, Vers 20, 39, 52, 77, 81, 101 und 257. Die Übersetzung aus dem Sanskrit ins Englische stammt vom Autor des Buches.

33 R. A. Masters: *The Way of the Lover: The Awakening & Embodyment of the Full Human*, West Vancouver, B. C. (Xanthyros Foundation) 1988, S. 141.

34 B. J. Groeschel: »Obedience: A Practical Approach to a Difficult Dimension of the Spiritual Life«, in *Studies in Formative Spirituality*, Vol. 5, Nr. 2 (Mai 1984), S. 208.

35 Meister Eckehart: *Deutsche Predigten und Traktate*. Reden der Unterweisung I, a.a.O., S. 53 f.

36 D. A. Helminiak: *Spiritual Development: An Interdisciplinary Study*, Chicago (Loyola University Press) 1987, S. 77–78.

37 H. Fingarette: *The Self in Transformation: Psychoanalysis, Philosophy and the Life of the Spirit*, New York (Harper Torchbooks) 1963, S. 316.

38 Eckehart,. a.a.O., Reden der Unterweisung II, S. 73.

Kapitel 8: Gott, Erleuchtung und der Tod des Ich

1 Friedrich Nietzsche: *Die fröhliche Wissenschaft*, Frankfurt/M. (Insel), S. 138.

2 Dies ist der Titel von Peter Bergers ausgezeichneter soziologischer Studie, in der er vorschlägt, man solle nicht einfach hinnehmen, daß Transzendenz zu einem bloßen Gerücht reduziert worden sei, sondern wir könnten dieses Gerücht jederzeit bis zu seinem Ursprung zurückzuverfolgen und das »Übernatürliche« selbst entdecken. Siehe P. L. Berger: *A Rumour of Angels: Modern Society and the Rediscovery of the Supernatural*, Harmondsworth, England (Penguin Books) 1971.

3 F. Nietzsche: *Also sprach Zarathustra*. Stuttgart (Alfred Kröner Verlag) 1988; S. 8, Teil 1, Vorrede 3.

4 P. Berger et al.: *The Homeless Mind: Modernization and Consciousness*, Harmondsworth, England (Penguin Books) 1974, S. 166–168.

5 Zu meinen Ansichten über die spirituelle Entwicklung der Menschheit

siehe *Structures of Consciousness: The Genius of Jean Gebser - an Intro-duction and Critique*, Lower Lake. Ca. (Integral Publishing) 1986.

6 Ich habe den Begriff des »religiösen Provinzialismus« aus dem Werk Da Love-Anandas entlehnt, der diese spezifische Geisteshaltung sehr präzise beschrieben hat. Leider hat ihn dies nicht daran gehindert, eben diese Haltung bei seinen eigenen Anhänger zu fördern.

7 Theodore Reik: *Dreißig Jahre mit Sigmund Freud*. München (Kindler) 1976.

8 A. Watts: *Psychotherapie und östliche Befreiungswege*, München (Kösel) 1981.

9 Siehe P. Tillich: *Der Mut zum Sein*, a.a.O.

10 Siehe z.B.: F. Bird: »Charisma and Ritual in New Religious Movements«, in J. Needleman & G. Baker (Hg.): *Understanding the New Religions*. New York (Seabury Press) 1978, S. 173-189.

11 Siehe Da Free John (Da Love-Ananda): *The Paradox of Instruction*. San Francisco (Dawn Horse Press) 1977.

12 Siehe z.B.: R. Johannson: *The Psychology of Nirvāna*. London (Allen & Unwin) 1969.

13 Da Free John (Da Love-Ananda): *The Transmission of Doubt*. Clearlake, Ca. (Dawn Horse Press) 1984, S. 242.

14 A. Watts: *Beyond Theology: The Art of Godmanship*, New York (Vintage Books) 1964, S. 214-215.

15 Da Free John (Da Love-Ananda): *The Bodily Sacrifice of Attention*, Clearlake, Ca. (Dawn Horse Press) 1981, S. 128.

16 Bubba Free John (Da Love-Ananda): *The Method of the Siddhas*, Middletown, Ca. (Dawn Horse Press) 1978, S. 171-172.

17 Bubba Free John (Da Love-Ananda): *The Enlightenment of the Whole Body*, Middletown, Ca. (Dawn Horse Press) 1978, S. 500.

18 Swami Satprakashananda: *Methods of Knowledge*, London (Allen & Unwin) 1965, S. 280.

19 Ibid., S. 280.

20 Ibid., S. 281.

21 Dieser Ausdruck stammt aus Agehananda Bharatis Buch *The Light at the Center*, Santa Barbara, Ca. (Ross-Erikson) 1976.

22 Übersetzt aus *Tripura-Rahasya* X. 20-21.

23 Übersetzt aus *Tripura-Rahasya* X. 37-38.

24 Chögyam Trungpa: *Spirituellen Materialismus durchschneiden*, Küsnacht (Theseus) 1989, S. 219.

25 Tart, a.a.O.

26 Siehe R.A. Nicholson, *Studies in Islamic Mysticism*, Cambridge, England (Cambridge University Press) 1921, S. 200.

27 Plotinus, Ruysbroeck und Swami Turiyananda gehören zu den bemerkenswerteren Ausnahmen unter denen, die sich nicht der allgemeinen Annahme anschließen, das Ich könne vollständig transzendiert werden. Siehe z.B.: Swami Turiyananda: »Spiritual Talks«, in C. Isherwood (Hg.): *Vedanta for Modern Man*, New York (Mentor Books) 1972, S. 65.

462

28 Da Free John (Da Love-Ananda): *Scientific Proof of the Existence of God Will Soon Be Announced by the White House!* Clearlake, Ca. (Dawn Horse Press) 1980, S. 161.

29 A. Osborne (Hg.): *The Teachings of Ramana Maharshi*, New York (Samuel Weiser) 1978, S. 10.

30 R. Powell (Hg.): *The Nectar of the Lord's Feet: Final Teachings of Sri Nisargadatta Maharaj*, Longmead, England (Element Books) 1987, S. 82.

31 H. Smith: »The Sacred Unconscious«, in R. Walsh & D. H. Shapiro (Hg.): *Beyond Health and Normality: Explorations in Exceptional Psychological Well-Being*, New York (Van Nostrand Reinhold) 1983, S. 269.

32 Ibid., S. 266.

33 R. Metzner: *Opening to Inner Light: The Transformation of Human Nature and Consciousness*, Los Angeles (J. P. Tarcher) 1986, S. 77.

34 Im Hinblick auf diesen Schlußsatz machte John White die interessante Bemerkung, daß die Leuchtphänomene, die mit Erleuchteten assoziiert werden, »eine zukünftige Stufe der menschlichen Evolution vorwegnehmen, auf der wir Lichtwesen werden«. Diese gnostische Vorstellung, die mittlerweile in der heutigen Science-fiction aufgegriffen worden ist, hat sehr alte Wurzeln. Aufgrund von Einsteins Entdeckungen über die Verwandlung von Materie in Energie erscheint sie uns heute nicht mehr ganz so weit hergeholt. Als evolutionäres *Ideal* kann sie ganz sicher einen machtvollen steuernden Einfluß auf unser moralisches Verhalten haben.

**Kapitel 9:** Heilige Verrücktheit und die Nebelschleier

1 Die Bezeichnung »neue Religionen« ist etwas irreführend, da zumindest einige der so bezeichneten Bewegungen sich von uralten östlichen Traditionen herleiten. Die Hare-Krishna-Bewegung ist hierfür ein gutes Beispiel. Ich habe die summarische Bezeichnung jedoch aus praktischen Gründen beibehalten.

2 Es sollte jedoch hier ausdrücklich auf die folgende Beobachtung der Autoren von *Strange Gods* hingewiesen werden: *»Es gibt keine Lawine schnell wachsender Kulte.«* (Hervorhebung entsprechend dem Original.) D. G. Bromley und A. D. Shupe: *Strange Gods: The Great American Cult Scare*, Boston (Beacon Press) 1981, S. 3. Harvey Cox bezeichnet dieses Buch in seiner Einleitung dazu als »ausgewogenes, unparteiisches und wissenschaftlich zuverlässiges Werk« (S. XV).

3 Lewis Thompson: *Mirror to the Light: Reflections on Consciousness and Experience*, Hg. Richard Lannoy; London (Coventure) 1984, S. 128.

4 Siehe G. W. Allport und J. M. Ross: »Personal Religious Orientation and Prejudice«, in *Journal of Personality and Social Psychology*, Vol. 5 (1967), S. 432–442.

5 Da Free John (Da Love-Ananda): *The Dreaded Gom-Boo, or the Imaginary*

*Disease That Religion Seeks to Cure*, Clearlake, Ca. (Dawn Horse Press) 1983, S. 214–215.

6 Eine intelligente Kritik dieser »Erlösungstherapien« enthält der Aufsatz von M. K. Termelin und J. W. Termelin: »Psychotherapy Cults: An Iatrogenic Perversion«, in *Psychotherapy: Theory, Research, and Practice*, Jahrg. 19, Nr. 2 (Sommer 1982), S. 131–41.

7 Persönliche Mitteilung während eines Gesprächs am 13. Juli 1985.

8 Ken Wilber: »What is Transpersonal Psychology?«, in *The Laughing Man*, Jahrg. 5, Nr. 2 (1984), S. 16.

9 Ibid.

10 Ibid.

11 Alan Watts: *Die Illusion des Ich,* München (Kösel) 1980, S. 123.

12 In einem Interview mit Jacqueline Piatier, das unter dem Titel »Jean-Paul Sartre s'explique sur ›Les Mots‹« am 18. April 1964 in *Le Monde* erschien.

13 Siehe A. Watts: *Psychotherapy East and West*, New York (Mentor Books) 1961.

14 Gregory Bateson: *Ökologie des Geistes,* Frankfurt/M. (Suhrkamp) 1981.

15 Ibid., S. 593.

16 Der Ausdruck »höchste Belange« *(ultimate concern)* wurde vom Theologen Paul Tillich eingeführt, der damit der Vorstellung von einem bedingungs-freien Seinsgrund Ausdruck geben wollte, welcher das letztendliche Ziel jeder religiösen Suche des Menschen ist, der Suche nach dem Sinn unse-res essentiellen Seins. In unserer pluralistischen Gesellschaft kann diese höchste Orientierung sich in weltlichen Obsessionen verbergen.

17 Das Konzept des »falschen Bewußtseins« entstammt der marxistischen Phi-losophie, die den Begriff jedoch nur im soziopolitischen Sinne benutzt. Doch ist diese Vorstellung auch im ontologischen Sinne von Bedeutung. Die Verfälschung der Realität geht mit dem Auftauchen des Selbst-Be-wußtseins, des Ich einher; sie ist also nicht nur eine Folge politischer In-teressen (die sekundäre Auswirkungen der Ich-Annahme sind).

18 Siehe z. B. Kshemarajas ausgezeichneten Kommentar zum *Shiva-Sutra* (1.2). Eine wissenschaftlich fundierte Übersetzung dieses wichtigen Sans-krit-Werks ist enthalten in J. Singh: *Siva Sūtras: The Yoga of Supreme Identity*, Delhi (Motilal Banarsidass) 1979. Die umfassenden praktischen Implikationen des Konzepts der Selbst-Kontraktion sind erst kürzlich in den Schriften Da Love-Anandas verdeutlicht worden, der auf die Notwen-digkeit hinweist, sich dieser Kontraktion in jedem Augenblick bewußt zu sein und sie zu transzendieren.

19 Eine scharfsinnige Kritik der wissenschaftlichen Methode aus spiritueller Sicht enthält Da Free John (Da Love-Ananda): *The Transmission of Doubt*, Clearlake, Ca. (Dawn Horse Press) 1980.

20 Paul Feyerabend: *Wider den Methodenzwang. Skizze einer anarchistischen Erkenntnistheorie,* Frankfurt/M. (Suhrkamp) 1976, S. 399.

21 Siehe R. S. Scorer: *The Clever Moron*, London (Routledge & Kegan Paul) 1977, S. 30.

464

22 Siehe R. S. Jones: *Physics as Metaphor*, Minneapolis, Minn. (University of Minneapolis Press) 1982.

23 Siehe E. Gellner: *Thought and Change*, Chicago (University of Chicago Press) 1964, S. 72.

24 Meister Eckehart, a. a. O., Predigt 16, S. 227.

Kapitel 10: Heilige Verrücktheit verstehen

1 Siehe E. Allison Peers (Übers./Hg.): *The Autobiography of St. Teresa of Avila*, Garden City, N. Y. (Image Books) 1960.

2 Siehe z. B. S. Niskar: *Crazy Wisdom*, Berkeley, Ca. (Ten Speed Press) 1990.

3 Rudolf Otto: *Das Heilige*, a. a. O., S. 13 f.

4 Nicolaus Cusanus: *Of Learned Ignorance*, Übers. G. Heron; New Haven, Conn. (Yale University Press) 1954, S. 11–12.

5 H. Benoit: *The Supreme Doctrine: Psychological Studies in Zen Thought*, New York (Viking Press) 1959, S. 31.

6 F. Perls, R. F. Hefferline und P. Goodman: *Gestalt Therapy: Excitement and Growth in the Human Personality*, Harmondsworth, England (Penguin Books) 1973, S. 277.

7 *Sahaja* kann als Adjektiv und als Substantiv verwendet werden.

8 Die Idee, daß der Kosmos eins mit Gott ist, und die Vorstellung, daß es keine zwingende Notwendigkeit für die Erscheinung der Welt gibt, sind reinste Vedanta-Lehre. Beide Anschauungen werden von vielen Adepten als die unwiderlegbaren Intuitionen eines erleuchteten Wesens dargestellt. Auch in den Publikationen von Da Love-Ananda ist von diesen Ideen häufig die Rede, ohne daß sie jedoch metaphysisch erklärt oder philosophisch untermauert werden. Trotz Da Love-Anandas gelegentlichen Ansätzen in Richtung philosophischer Formulierungen hat er stets abgestritten, daß er Philosophie oder Theologie »betreibe«; er zieht es vor, seine Schriften und Reden als bloßes Bezeugen dessen zu verstehen, was für ihn offensichtlich ist.

9 H. V. Guenther: *The Royal Song of Saraha: A Study in the History of Buddhist Thought*, Berkeley, Ca. (Shambala) 1973, S. 63–70. Siehe auch: *Ecstatic Spontaneity – Saraha's Three Cycles of Dohā*; Berkeley, Ca. (Asian Humanities Press) 1993, S. 156.

10 Daisetz T. Suzuki: *Kōan – Der Sprung ins Grenzenlose*, München / Bern (O. W. Barth / Scherz) 1988; S. 86.

11 Ibid., S. 102–103.

12 A. Curle: *Mystics and Militants: A Study of Awareness, Identity and Social Action*, London (Tavistock Publications) 1972. S. 15.

13 L. Reymond: *To Live Within*, Baltimore, Md. (Penguin Books) 1973, S. 85.

14 Siehe Johan Huizinga: *Homo Ludens*, Reinbek (Rowohlt) rde 435.

15 J. P. Carse: *Finite and Infinite Games: A Vision of Life as Play and Possibility*, New York (Free Press) 1986, S. 18.

16 Ibid., S. 14–15.

17 D. F. K. Steindl-Rast: »The Price of Wholeness«, in *Parabola*, Jahrg. X, Nr. 1 (Frühjahr 1985), S. 94.

18 A. Coomaraswamy: *The Dance of Shiva: Fourteen Indian Essays*, Bombay / Calcutta (Asia Publishing House) 1956, S. 147.

19 Aufgrund solcher Aussagen hält M. Lewis es für gerechtfertigt, Ekstase *generell* als einen Zustand der Besessenheit zu bezeichnen. Siehe hierzu sein Buch *Ecstatic Religion: A Study of Shamanism and Spirit Possession*, London (Routledge) 1989, S. 15.

20 Siehe Advayavajras *Yuganaddha-Prakasha* (S. 49), ein Sanskrit-Text der zitiert wird in H. V. Guenther: *Yuganaddha: The Tantric View of Life*; Varanasi, India (Chowkhamba Sanskrit Series Office) 1969, S. 135.

21 A. Coomaraswamy: *The Dance of Shiva*, S. 140.

22 J. P. Carse: *Finite and Infinite Games*, a. a. O., S. 25.

23 Da Free John (Da Love-Ananda): *The Transmission of Doubt: Talks and Essays on the Transcendence of Scientific Materialism through Radical Understanding*, Clearlake, Ca. (The Dawn Horse Press) 1984, S. 394–395. Daß selbst konventioneller Humor eine befreiende Funktion hat, stellt Paul E. McGhee in seinem Buch *Humor: Its Origin and Development* fest.

24 Ibid., S. 398.

25 Siehe A. W. Watts: *Psychotherapy East and West*, New York (Mentor Books) 1963, S. 107.

26 Bubba Free John (Da Love-Ananda): *The Method of the Siddhas*, Middletown, Ca. (The Dawn Horse Press), Neuaufl. 1978, S. 252.

27 Siehe S. Kierkegaards philosophische Abhandlung über die Rolle des Lehrers, in der er auf Sokrates' Einsicht verweist, daß ein Lehrer den Schüler nur auf sich selbst zurückwerfen kann. Er muß die Wahrheit durch eigene Aktivität entdecken, muß verstehen wie er selbst sich jene Wahrheit vorenthält. S. Kierkegaard: *Philosophische Brocken*, Gütersloh (GTB 807).

Kapitel 11: Heiligkeit, Verrücktheit und Moral

1 E. Allison Peers (Übers./Hg.): *The Autobiography of St. Teresa of Avila*, a. a. O., S. 166.

2 Bhagwan Shree Rajneesh: *Notes of a Madman*, Rajneeshpuram, Or. (Rajneesh Foundation International) 1985, S. 44–45.

3 Ibid., S. 103.

4 Da Free John (Da Love-Ananda): *God Is Not a Gentleman and I Am That One*; Clearlake, Ca. (The Dawn Horse Press), S. 58.

5 Ibid., S. 28.

6 Ibid., S. 65.

7 Ibid., S. 87.

8 R. E. Svoboda: *Aghora: At the Left Hand of God*, Albuquerque, N. M. (Brotherhood of Life) 1986, S. 36.

9 Ibid.

10 Diese Definition basiert auf der Formulierung von John Rowan: *Subpersonalities: The People Inside Us*, London & New York (Routledge) 1990, S. 8.

11 B.-A. Scharfstein: *Mystical Experiences*, Baltimore, Md. (Penguin Books) 1974, S. 164.

12 Ibid.

13 Siehe T. S. Szasz: *Ideology and Insanity: Essays on the Psychiatric Dehumanization of Man*, Garden City, N. Y. (Anchor Books) 1970.

14 Siehe Ronald D. Laing: *Das geteilte Selbst*, Köln (Kiepenheuer & Witsch).

15 Ronald D. Laing: *Phänomenologie der Erfahrung*, Frankfurt/M. (Suhrkamp) 1969, S. 60.

16 R. D. Laing: *Die Stimme der Erfahrung*, München, (dtv) 1983, S. 41.

17 Ibid.

18 Siehe Karen Horney: *The Neurotic Personality of Our Time*, New York (W. W. Norton) 1937.

19 A. Bharati: *The Ochre Robe: An Autobiography*, Garden City, N. Y. (Doubleday) 1970, S. 92.

20 Arthur Koestler: Von Heiligen und Automaten, Bern (Scherz) 1961, S. 95 f.

21 Siehe A. Hiltebeitel (Hg.): *Criminal Gods and Demon Devotees: Essays on the Guardians of Popular Hinduism*, New York (SUNY Press) 1989.

22 J. Brodskyu (Hg.): »More Conversations with U. G. Krishnamurti«, in *Yoga Journal*, Jahrg. 2, Nr. 3 (Mai/Juni 1976), S. 20.

23 Siehe R. E. Svoboda: *At the Left Hand of God*, Albuquerque, N. M. (Brotherhood of Life) 1986, S. 183–184.

24 Ken Wilber: »Das Spektrum des Bewußtseins und Wege der Schulung des Geistes«, in Wilber, Ecker, Anthony: *Meister, Gurus, Menschenfänger*, a. a. O., S. 194.

25 Siehe A. Maslow: *The Farther Reaches of Human Nature*; Harmondsworth, England (Penguin Books) 1973.

26 Siehe Patañjalis *Yoga-Sutra* (IV.7). In dieser Hindu-Schrift wird auch deutlich gemacht, daß die »Ablagerungen« des *Karma* in dem, was wir als Unbewußtes bezeichnen, unendlich sind. Diese Unendlichkeit wird als Folge der Verbundenheit aller Wesen erklärt. Siehe dazu auch das von mir verfaßte Buch *The Yoga-Sutra of Patanjali: A New Translation and Commentary*, Rochester, Vt. (Inner Traditions) 1990.

27 J. E. Royster: »Personal Integration and Mystic Union in Sufism«, in *The Journal of Religious Studies*, Patiala (Punjabi University), Jahrg. 8, Nr. 1 (Frühjahr 1980), S. 63.

28 Erich Neumann: *Tiefenpsychologie und neue Ethik*, Frankfurt/M. (Fischer) 1985, S. 82 f.

29 A. Maslow: *The Farther Reaches of Human Nature*, a.a.O., S. 48–49.

30 Mittlerweile müssen alle, die Schüler von Da Love-Ananda werden wollen, eine mehrseitige Nicht-Haftungs-Erklärung unterschreiben, deren juristischer Wert jedoch zweifelhaft ist.

31 Bubba Free John (Da Love-Ananda): *Garbage and the Goddess*, a. a. O., S. 23.
32 George B. Leonard: *Education and Ecstasy*, New York (Dell Publishing) 1979, S. 96.
33 Irina Tweedie: *Wie Phönix aus der Asche*, Reinbek (Rowohlt) 1984, S. 222.
34 a. a. O., S. 236.
35 Chögyam Trungpa: *Spirituellen Materialismus durchschneiden*, a. a. O., S. 117.
36 Ibid., S. 228.
37 Bhagwan Shree Rajneesh: *Notes of a Madman*, a. a. O., S. 71–72.
38 Wilber, Ecker, Anthony, a. a. O., S. 264.
39 Ibid., S. 264.
40 Ibid., S. 262 f.
41 »Spiritual Authenticity: Separating the Wheat from the Chaff«, in *Clarion Call*, Jahrg. 2, Nr. 4 (1989), S. 63.
42 Siehe G. Feuerstein: *Enlightened Sexuality*, Freedom, Ca. (Crossing Press) 1989.
43 N. Shreck (Hg.): *The Manson File*, New York (Amok Press) 1988, S. 17.
44 Ibid., S. 18.
45 Ibid., S. 19.
46 Ibid., S. 22.
47 Ibid., S. 46.
48 Ibid., S. 65.
49 Siehe R. C. Zaehner: *Our Savage God: The Perverse Use of Eastern Thought*, Mission, Kans. (Seed and Ward) 1975.
50 Siehe P. Tillich: *Morality and Beyond*, New York (Harper & Row) 1966.

## Epilog

1 Dies wird heftig kritisiert von Alondra Oubre in ihrem Manuskript *The Guru Principle in Human Evolution: The Anthropology of Transcendence and the Numinous Mind* (1988).
2 Siehe A. Stein, *Seeds of the Seventies*, Hanover, N. H. (University Press of New England) 1985.
3 Siehe Jean Gebser: *Ursprung und Gegenwart*, München (dtv); sowie G. Feuerstein: *Structures of Consciousness: The Genius of Jean Gebser – An Introduction and Critique*, Lower Lake, Ca. (Integral Publishing) 1986; und Jean Gebser: *What Color Is Your Consciousness?* San Francisco (Robert Briggs) 1989, in: Gesamtausgabe, 9 Bde. Schaffhausen (Novalis) 1986.
4 B. Z. Bokser: »Freedom and Authority«, in Bryson et al.: *Freedom and Authority in Our Time: Twelfth Symposium of the Conference of Science, Philosophy and Religion*, New York (Harper & Row) 1953, S. 488–489.
5 N. F. S. Ferre: »Authority and Freedom«, in Bryson et al., a. a. O., S. 491.
6 T. Merton: *Seeds of Contemplation*, Norfolk, Conn. (New Direction Books) 1949, S. 117–118.

7 E. A. Peers, (Übers./Hg.): *The Autobiography of St. Teresa of Avila*, a. a. O., S. 145.

8 Ibid., S. 144.

9 H. Cox: *The Feast of Fools*, a. a. O., S. 161.

10 Ibid., S. 162.

11 P. Coukoulis: *Guru, Psychotherapist, and Self: A Comparative Study of the Guru-Disciple Relationship and the Jungian Analytic Process*, Marina del Rey, Ca. (DeVorss) 1976, S. 105.

# Literaturverzeichnis

## 1. Liste der zitierten Literatur

D  Anthony, und T. Robbins (Hg.): *In Gods we Trust: New Patterns of Religious Pluralism in America*, New Brunswick, N. Y. (Transaction Books) 1981.

Ardussi und L. Epstein: »The Saintly madman in Tibet«, in James F. Fisher (Hg.): *Himalayan Anthropology: The Indo-Tibetan Interface*, Den Haag (Mouton) 1972.

D. Bakan: *The Duality of Human Existence: An Essay on Psychology and Religion*, Chicago (Rand McNally) 1966.

Gregory Bateson: *Ökologie des Geistes*, Frankfurt/M. (Suhrkamp) 1981.

J G. Bennett: *Das Durchqueren des großen Wassers*, Oberbrunn (Ahorn) 1984.

E. Benoit: *The Supreme Doctrine: Psychological Studies in Zen Thought*, New York (Viking Press) 1959.

P L. Berger: *A Rumour of Angels: Modern Society and the Rediscovery of the Supernatural*, Harmondsworth (Penguin Books) 1971.

F. L. Berger *et al.*: *The Homeless Mind: Modernization and Consciousness*, Harmondsworth (Penguin Books) 1974.

M. Berman: *Die Wiederverzauberung der Welt. Am Ende des Newtonschen Zeitalters*: (Rowohlt) 1985.

Agehananda Bharati: *The Light at the Center*, Santa Barbara, Ca. (Ross-Erikson) 1976.

D. Bhattacharya: *Songs of the Bards of Bengal*, New York (Grove Press) 1969.

John Blofeld: *Der Weg zur Macht*, Weilheim (O. W. Barth) 1970. (Ullstein) 1981.

S. Bolshakoff: *Russian Mystics*. Kalamazoo, Mich. (Cistercian Publications) 1977.

D. G. Bromley und A. D. Shupe: *Strange Gods: The Great American Cult Scare*, Boston (Beacon Press) 1981.

D. G. Bromley & J. T. Richardson (Hg.): *The Brainwashing/Deprogramming Controversy: Sociological, Psychological, Legal and Historical Perspectives*, New York & Toronto (Ewin Mellen Press) 1983.

J. P. Carse: *Finite and Infinite Games: A Vision of Life as Play and Possibility*, New York (Free Press) 1986.

G. Claxton (Swami Anand Ageha): *Wholly Human: Western and Eastern Visions of the Self and Its Perfection*. London (Routledge & Kegan Paul) 1981.

470

P. Coukoulis: *Guru, Psychotherapist, and Self: A Comparative Study of the Guru-Disciple Relationship and the Jungian Analytic Process*, Marina del Rey, Ca. (DeVorss) 1976.

Harvey Cox: *The Feast of Fools: A Theological Essay on Festivity and Fantasy*, New York (Colophon Books) 1970.

ders.: *Turning East: The Promise and Peril of the New Orientalism*, New York (Simon & Schuster) 1977.

A. Curle: *Mystics and Militants: A Study of Awareness, Identity and Social Action*, London (Tavistock Publications) 1972.

Da Love-Ananda, *siehe unter* Free John.

E. C. Dimock, Jr.: *The Place of the Hidden Moon: Erotic Mysticism in the Vaisnava-Sahajiya Cult of Bengal*, Chicago (University of Chicago Press) 1966.

W. Donkin: *The Wayfarers*, Ahmednagar (Adi K. Irani) 1948.

Keith Dowman: *Der heilige Narr*, München (O. W. Barth) 1982.

ders.: *Die Meister des Mahamudra: Leben, Legenden und Lieder der vierundachtzig Erleuchteten*, München (Diederichs) 1991.

G. Feuerstein: *Structures of Consciousness: The Genius of Jean Gebser – An Introduction and Critique*, Lower Lake, Ca. (Integral Publishing) 1986.

ders.: *Enlightened Sexuality*, Freedom, Ca. (Crossing Press) 1989.

R. Fields: *How the Swans Came to the Lake: A Narractive History of Buddhism in America*, Boston (Shambala) 1986.

H. Fingarette: *The Self in Transformation: Psychoanalysis, Philosophy and the Life of the Spirit*, New York (Harper Torchbooks) 1963.

M. Foucault: *Wahnsinn und Gesellschaft: Eine Geschichte des Wahnsinns im Zeitalter der Vernunft*, Frankfurt/M. (Suhrkamp) 1973.

Nat Freedland: *The Occult Explosion*, New York (Berkley Medallion Books) 1972.

Free John, Bubba (Da Love-Ananda): *The Enlightenment of the Whole Body*, Middletown, Ca. (Dawn Horse Press) 1978.

ders.: *Garbage and the Goddess: The Last Miracles and Final Spiritual Instructions of Bubba Free John*, Lower Lake, Ca. (Dawn Horse Press) 1974.

ders.: *The Method of the Siddhas*, Middletown, Ca. (Dawn Horse Press) 1978.

Free John, Da (Da Love-Ananda): *Das Knie des Lauschens*, Amsterdam (Dawn Horse Press) 1988.

Jean Gebser: *Ursprung und Gegenwart*, (dtv) 1992.

J. S. Gordon: *The Golden Guru: The Strange Journey of Bhagwan Shree Rajneesh*, Lexington, Mass. (Stephen Greene Press) 1987.

R. Greenfield: *The Spiritual Supermarket: An Account of Gurus Gone Public in America*, New York (Dutton) 1975.

M. U. Hatengdi: *Nityananda: The Divine Presence*, Cambridge, Mass. (Rudra Press) 1984.

D. A. Helminiak: *Spiritual Development: An Interdisciplinary Study*, Chicago (Loyola University Press) 1987.

A. Hiltebeitel (Hg.): *Criminal Gods and Demon Devotees: Essays on the Guardians of Popular Hinduism*, New York (SUNY Press) 1989.

L. Nixon: *Coming Home: The Experience of Enlightenment*, Los Angeles (J. P. Tarcher) 1989.

Tom und Dorothy Hopkinson: *Viel Schweigen. Meher Baba. Sein Leben und Wirken*, Berlin (Sadhana) 1981.

C. Humphreys: *Zen: A Way of Life*, London (English Universities Press) 1962.

M. C. Hyers: *Zen and the Comic Spirit*, London (Rider) 1974.

ders.: *The Comic Vision and the Christian Faith: A Celebration of Life and Laughter*, New York (Pilgrim Press) 1981.

ders.: *And God Created Laughter: The Bible and Divine Comedy*, Atlanta, Ga. (John Knox Press) 1987.

C. G. Jung: *Modern Man in Search of a Soul*, New York (Harcourt, Brace & Co.) 1933, S. 237.

ders.: »Zur Psychologie der Trickster-Figur«, JGW Bd. 9/I, Olten (Walter).

N. S. Karandikar: *Biography of Sri Swami Samarth Akkalkot Maharaj*, Bombay (Akkalkot Swami Math) 1978.

S. Keen: *To a Dancing God*, New York (Harper & Row) 1970.

Arthur Koestler: *Von Heiligen und Automaten*, Bern (Scherz) 1961.

Ronald D. Laing: *Das geteilte Selbst*, Köln (Kiepenheuer & Witsch) 1994.

ders.: *Phänomenologie der Erfahrung*, Frankfurt/M. (Suhrkamp) 1969.

ders.: *Die Stimme der Erfahrung*, München (dtv) 1983.

Lame Deer, J. & R. Erdoes: *Lame Deer: Seeker of Visions*, New York (Pocket Books) 1972.

D. C. Lane: »The Paradox of Da Free John: Distinguishing the Message from the Medium«, in *Understanding Cults and Spiritual Movements*, research series, Bd. 1, Nr. 2 (1985).

M Lewis: *Ecstatic Religion: A Study of Shamanism and Spirit Possession*, London (Routledge) 1989.

Albert Low: *The Iron Cow of Zen*, Wheaton. Ill. (Quest Books) 1985.

Lee Lozowick: *The Cheating Buddha*, Tabor, N. J. (Hohm Press) 1989.

P. Marin: »Spiritual Obedience: The Transcendental Game of Follow the Leader«, in *Harper's* (Februar 1979).

A. Maslow: *The Farther Reaches of Human Nature*, Harmondsworth (Penguin Books) 1973.

R. A. Masters: *The Way of the Lover: The Awakening & Embodiment of the Full Human*, West Vancouver, B. C. (Xanthyros Foundation) 1989.

Thomas Merton: *New Seeds of Contemplation*, New York (New Directions) 1961.

ders.: *Der Aufstieg zur Wahrheit*, Einsiedeln (Benziger) 1952.

R. Metzner: *Opening to Inner Light: The Transformation of Human Natur and Consciousness*, Los Angeles (J. P. Tarcher) 1986.

B. Miles: *Ginsberg: A Biography*, New York (Simon & Schuster) 1989.

S. Milgram: *Das Milgram-Experiment. Zur Gehorsamsbereitschaft gegenüber Autorität* (Rowohlt) 1982.

H Milne: *Bhagwan: The God That Failed*, New York (St. Martin's Press) 1986.

Swami Muktananda Paramahansa: *Chitshakti Vilas: The Play of Consciousness*, Ganeshpuri (Shree Gurudev Ashram) 1972.

472

B. S. Narsimha und S. Subbarao, *Sage of Sakuri: Life Story of Shree Upasani Maharaj*, Sakuri, India (B. T. Wagh) o. J.

Jacob Needleman: *The New Religions*, London (Penguin Press) 1972.

Erich Neumann: *Tiefenpsychologie und neue Ethik*, Frankfurt/M. (Fischer) 1985.

R. A. Nicholson: *Studies in Islamic Mysticism*, Cambridge, England (Cambridge University Press) 1921.

ders: *The Mystics of Islam*, London (Routledge & Kegan Paul) 1963.

B. S. Niskar: *Crazy Wisdom*, Berkeley, Ca. (Ten Speed Press) 1990.

A. Osborne (Hg.): *The Teachings of Ramana Maharshi*, New York (Samuel Weiser) 1978.

Rudolf Otto: *Das Heilige*, München (Beck) 1963, Nachdruck der ungekürzten Sonderausgabe 1991.

Louis Pauwels: *Gurdjew der Magier*, Bern und München (Scherz) 1974.

G. T. Peck: *The Fool of God: Jacopone da Todi*, Montgomery, Ala. (University of Alabama Press) 1980.

E. Allison Peers, (Übers./Hg.): *The Autobiography of St. Teresa of Avila*, Garden City, N. Y. (Image Books) 1960.

F. Peters: *Boyhood with Gurdjieff*, Baltimore, Md. (Penguin Books) 1972.

R. Powell (Hg.): *The Nectar of the Lord's Feet: Final Teachings of Sri Nisargadatta Maharaj*, Longmead (Element Books) 1987.

Quint (Hg.): *Meister Eckehart: Deutsche Predigten und Traktate* (Diogenes) 1979.

Bhagwan Shree Rajneesh: *Dimensions Beyond the Known*, Los Angeles (Wisdom Garden) 1975.

ders.: *Tantra: The Supreme Understanding*, Puna, Indien (Rajneesh Foundation) 1975.

ders.: *Meditation: The Art of Ecstasy*, New York (Perennial Library) 1978.

*Notes of a Madman*; Rajneeshpuram, Or. (Rajneesh Foundation International) 1985,

Ram Dass: *Reise des Erwachens. Handbuch zur Meditation,* München (Knaur) 1986.

ders.: *Subtil ist der Pfad der Liebe – Geschichten über Neem Karoli Baba*, Berlin (Sadhana) 1983.

Paul Reps: *Ohne Worte – Ohne Schweigen*, München (O. W. Barth) 1976.

L. Reymond: *To Live Within*, Baltimore, Md. (Penguin Books) 1973.

J. T. Richardson und D. G. Bromley (Hg.): *The Brainwashing/Deprogramming Controversy: Sociological, Psychological, Legal and Historical Perspectives*, New York & Toronto (Ewin Mellen Press) 1983.

Saiyid Athar Abbas Rizvi: *A History of Sufism in India*, Bd. 1: *Early Sufism and Its History in India to 1600 A. D.*, New Delhi (Munshiram Manoharlal) 1978.

M. Ross: *Pillars of Flame: Power, Priesthood, and Spiritual Maturity*, San Francisco (Harper & Row) 1988.

John Rowan: *Subpersonalities: The People Inside Us*, London & New York (Routledge) 1990.

W. Sargant: *Battle for the Mind*, London (Pan Books) 1970.

John Saward: *Perfect Fools: Folly for Christ's Sake in Catholic and Orthodox Spirituality*, Oxford, GB (Oxford University Press) 1980.

B.-A. Scharfstein: *Mystical Experience*, Baltimore, Md. (Penguin Books) 1974.

R. Schiffman: *Sri Ramakrishna: A Prophet for the New Age*, New York (Paragon House) 1989.

N. Shreck (Hg.): *The Manson File*, New York (Amok Press) 1988.

H. Smith: »The Sacred Unconscious«, in R. Walsh & D. H. Shapiro (Hg.): *Beyond Health and Normality: Explorations in Exceptional Psychological Well-Being*, New York (Van Nostrand Reinhold) 1983.

Kathleen Riordan Speeth: *The Gurdjieff Work*, Los Angeles (J. P. Tarcher) 1989.

S. Spencer: *Mysticism in World Religion*, London (Allen & Unwin) 1966.

A. Stein: *Seeds of the Seventies*, Hanover, N. H. (University Press of New England) 1985.

D. T. Suzuki: *Studies in Zen*, New York (Dell Publishing) 1955.

ders.: *Koān – Der Sprung ins Grenzenlose*, München/Bern (O. W. Barth/Scherz) 1988.

J. Symonds und K. Grant (Hg.): *The Confessions of Aleister Crowley: An Autohagiography*, London (Routledge & Kegan Paul) 1979.

T. S. Szasz: *Ideology and Insanity: Essays on the Psychiatric Dehumanization of Man*, Garden City, N. Y. (Anchor Books) 1970.

ders.: *The Manufacture of Madness: A Comparative Study of the Inquisition and the Mental Health Movement*, New York (Harper & Row) 1970.

ders.: *The Myth of Mental Illness: Foundations of a Theory of Personal Conduct*, New York (Hoeber-Harper) 1961.

Charles T. Tart: *Hellwach und bewußt leben*, München und Bern (O. W. Barth) 1988.

S. Thaker: *Songs of the Avadhut*, Kampala, India (Avadhut Parivar) 1972.

L. Thompson: *Mirror to the Light: Reflections on Consciousness and Experience*, Hg. von Richard Lannoy. London (Coventure) 1984.

Paul Tillich: *Der Mut zum Sein*, Stuttgart (Steingrüber) 1953.

ders.: *Morality and Beyond*, New York (Harper & Row) 1966.

Chögyam Trungpa: *Born in Tibet*, Baltimore, Md. (Penguin Books) 1971.

ders.: *Spirituellen Materialismus durchschneiden*, Küsnacht (Theseus) 1989.

ders.: *Journey Without Goal: The Tantric Wisdom of the Buddha*, Boulder, Colo. (Prajna Press) 1981.

ders.: *First Thought Best Thought: 108 Poems*, Boulder, Colo. (Shambala) 1983.

Irina Tweedie, *Wie ein Phönix aus der Asche*, Reinbek (Rowohlt) 1984.

dies.: *Der Weg durchs Feuer*, Interlaken (Ansata) 1992.

E. Underhill: *Mysticism: A Study in the Nature and Development of Man's Spiritual Consciousness*, New York (E. P. Dutton) 1961.

Janwillem van de Wetering: *Der leere Spiegel*, Reinbek (Rowohlt) 1994.

F. Vaughan: *The Inward Arc. Healing and Wholeness in Psychotherapy and*

*Spirituality*, Boston (Shambala) 1986; dt.: *Die Reise zur Ganzheit*. München (Kösel) 1990.

dies.: *Intuitiver leben*, Frankfurt/M. (Fischer) 1991.

dies.: »Eine Frage des Gleichgewichts – Gesundes und Pathologisches in den neuen religiösen Bewegungen«, in *Meister, Gurus, Menschenfänger*, a.a.O.

Wilson D. Wallis: *Messiahs: Their Role in Civilization*, Washington, D. C. (American Council on Public Affairs) 1943.

Alan Watts: *Die Illusion des Ich*, München (Kösel) 1980.

ders.: *Zeit zu leben – Erinnerungen eines »heiligen Barbaren«*, München/Bern (Scherz/O. W. Barth) 1979.

ders.: *Psychotherapie und östliche Befreiungswege*, München (Kösel) 1981.

ders.: *Beyond Theology: The Art of Godmanship*, New York (Vintage Books) 1964.

J. White (Hg.): *What Is Enlightenment?* Los Angeles (J. P. Tarcher) 1985.

Ken Wilber: *Das Ātman-Projekt*, Paderborn (Junfermann) 1990.

Ken Wilber, B. Ecker, D. Anthony: *Meister, Gurus, Menschenfänger. Über die Integrität spiritueller Wege*, Frankfurt/M. (Krüger) 1995.

Ken Wilber, Jack Engler, Daniel P. Brown: *Psychologie der Befreiung*, München (O. W. Barth/Scherz) 1990.

C. Wilson: *Aleister Crowley: The Nature of the Beast*, Wellingborough, (Aquarian Press) 1987.

Swami Anand Yarti: *The Sound of Running Water: A Photobiography of Bhagwan Shree Rajneesh and His Work, 1974–1978*. Puna, Indien (Rajneesh Foundation) 1980.

R. C. Zaehner: *Our Savage God: The Perverse Use of Eastern Thought*, Mission, Kans. (Seed and Ward) 1975.


## 2. Weiterführende Literatur

T. Brooke: *Riders of the Cosmic Circuit*, Tring (Lion Publishing) 1986.

C. R. Cammel: *Aleister Crowley: The Man. The Image, The Poet*, London (University Books) 1962.

S. C. Chakravarti: *Bauls: The Spiritual Vikings*, Calcutta (Firma KLM Private Ltd.) 1980.

Swami Chetananda: *The Breath of God*, Cambridge, Mass. (Rudra Press) 1988.

D. Chidester: *Salvation and Suicide: An Interpretation of Jim Jones, the Peoples Temple, and Jonestown*, Bloomington, Ind. (Indiana University Press) 1988.

W. O. Cole: *The Guru in Sikhism*, London (Darton, Longman & Todd) 1982.

M. M. Fortune: *Is Nothing Sacred? When Sex Invades the Pastoral Relationship*, San Francisco (Harper & Row) 1989.

D. Gold: *Comprehending the Guru: Toward a Grammar of Religious Perception*, Atlanta, Ga. (Scholars Press) 1988.

ders.: *The Lord as Guru: Hindi Saints in the Northern Indian Tradition*, New York & Oxford, England (Oxford University Press) 1987.

J. Green: *God's Fool: The Life and Times of Francis of Assisi*, San Francisco (Harper & Row) 1985.

G. I. Gurdjieff: *Aus der wirklichen Welt. Gurdjieffs Gespräche mit seinen Schülern*, Basel (Sphinx) 1982.

T. & O. de Hartmann: *Our Life with Mr. Gurdjieff*, San Francisco (Harper & Row) 1983.

C. Isherwood: *My Guru and His Disciples*, Harmondsworth (Penguin Books) 1980.

A. Jha: *The Imprisoned Mind*, New Delhi (Ambika Publications) 1980.

W. A. Johnson: *The Search for Transcendence: A Theological Analysis of Non-theological Attempts to Define Transcendence*, New York (Harper Colophon Books) 1974.

C. G. Jung: *Zur Psychologie westlicher und östlicher Religion*, JGW Bd. 11, Olten (Walter).

S. Kakar: *Shamans, Mystics and Doctors: A Psychological Inquiry into India and Its Healing Traditions*, Boston (Beacon Press) 1982.

Sheldon B. Kopp: *Guru: Metaphors from a Psychotherapist*, New York (Bantam Books) 1976.

C. O. McMullen: *The Nature of Guruship*, Delhi (I. S. PC. K.) 1976.

*Mother as Revealed to Me*, Übersetzt von G. Das Gupta. Varanasi, Indien (Shree Shree Anandamayee Sangha) 1972.

D. Nicholl: *Holiness*, Mahwah, N. J. (Paulist Press) 1987.

K. R. Pelletier: *Toward a Science of Consciousness*, New York (Dell) 1978.

Bhagwan Shree Rajneesh: *My Way: The Way of the White Clouds*, New York (Grove Press) 1975.

T. Robbins: *Cults, Converts & Charisma*, London & Newbury Park, Ca. (SAGE Publications) 1988.

E. Schur: *The Awareness Trap: Self-Absorption Instead of Social Change*, New York (McGraw-Hill) 1977.

R. Sennett: *Authority*, New York (Vintage Books) 1981.

Kathleen Riordan Speeth: *The Gurdjieff Work*, Los Angeles (J. P. Tarcher) 1989.

C. A. Stark: *God of All: Sri Ramakrishna's Approach to Religious Plurality*, Cape Cod, Mass. (Claude Stark) 1974.

R. Stark (Hg.): *Religious Movements: Genesis, Exodus, and Numbers*, New York (Paragon House) 1985.

J. Symonds: *The Great Beast: The Life and Magic of Aleister Crowley*, London (Macdonald) 1971.

Charles Tart: *Transpersonale Psychologie*, Olten (Walter) 1978.

ders.: *Open Mind, Discriminating Mind: Reflections on Human Possibilities*, San Francisco (Harper & Row) 1989.

R. N. Walsh: *The Spirit of Shamanism*, Los Angeles (J. O. Tarcher) 1990.

R. Walsh & Frances Vaughan (Hg.): *Psychologie in der Wende*, Reinbek (Rowohlt) 1983.

J. Welwood (Hg.): *The Meeting of the Ways: Explorations in East/West Psychology,* New York (Schocken Books) 1979.

J. White (Hg.): *The Highest State of Consciousness,* Garden City, N. Y. (Anchor Books) 1972.

P. L. Wilson & Nasrollah Pourjavady: *The Drunken Universe: An Anthology of Persoan Suf Poetry,* Grand Rapids, Mich. (Phanes Press) 1987.

»Deine Grenzen sind nur in deinem Kopf.«


Maura O'Halloran

# Im Herzen der Stille
Aufzeichnungen einer Zen-Schülerin

336 Seiten. Gebunden
ISBN 3-8105-1246-X


»Die meisten mystischen Erfahrungen sind fast unmöglich
zu beschreiben, doch dieses Buch kommt einer Vermittlung
des echten Zen-Geistes sehr nahe . . .
Das Buch dürfte ein Klassiker der westlichen Zen-Literatur werden.«
*Library Journal*

»Religion, behauptet Nietzsche, ist die letzte Zuflucht für
Schwächlinge und Feiglinge. Daß gerade das Gegenteil der Fall ist,
verdeutlicht nicht nur das Leben von Menschen wie Gandhi
oder Thomas Morus. Von einer anderen, stilleren und weniger
spektakulären Art des spirituellen Wagemuts zeugt dieses Buch:
von dem Mut, aus dem Alltag mit seinen üblichsten
Vernichtungen – Kochen. Essen, Atmen –
eine Geste der Hingabe an das Absolute zu machen.«
*New York Times*


Wolfgang Krüger Verlag

»Der Taoist ist jemand, der nicht so sehr danach sucht,
was ihm fehlt, sondern der genießt, was er hat.«

Raymond Smullyan

## Das Tao ist Stille

312 Seiten. Gebunden
ISBN 3-8105-1558-1

Östliche Weisheit und westliche Intellektualität
ergeben bei Smullyan eine heitere und geistvolle Synthese.
*Das Tao ist Stille* ist mehr als ein Buch über den Taoismus:
Es ist eine Sammlung von überraschenden,
irritierenden und weisen Gedanken über das Leben
in seinen bestimmenden Aspekten.
Dem Leser wird ein großzügiges und beschauliches Konzept
der Welt entwickelt, dessen Klugheit und Charme
er sich nur zu gern hingibt.

Wolfgang Krüger Verlag

€ 4,80